만문노당

滿文老檔

태조 2

알타이학번역총서 **2**

만문노당 | 태조 2 |

초판 1쇄 인쇄 2019년 3월 20일
초판 1쇄 발행 2019년 3월 25일

역주자 김주원 외
펴낸이 오세정
펴낸곳 서울대학교출판문화원

출판등록 제15-3호

주소 08826 서울 관악구 관악로 1
대표전화 02-880-5252 | 팩스 02-889-0785
홍보마케팅팀(주문 상담) 02-889-4424, 02-880-7995
이메일 snubook@snu.ac.kr
홈페이지 www.snupress.com

ISBN 978-89-521-2061-8 94910
978-89-521-1978-0 (세트)

이 저서는 2007년 정부(교육과학기술부)의 재원으로
한국연구재단의 지원을 받아 수행된 연구임(NRF-2007-361-AL0016).

알타이학번역총서 2

만문노당 滿文老檔

태조 2

김주원 외 역주

서울대학교출판문화원

Tongki Fuka Sindaha Hergen i Dangse

The Chronicles of Early Qing Dynasty
1607~1626 C.E.

Taizu Vol. 2

Translated and Annotated

by KIM Juwon et al.

Seoul National University Press

머리말

2010년 중국의 선양시에 있는 랴오닝성 도서관에서 만주어 서적을 조사하고 촬영하는 작업을 마치고, 랴오닝민족출판사에 들렀다. 만주어 관련 서적을 많이 취급하는 출판사이다. 새로운 책이 여럿 출판되었는데 그중에『만문노당(滿文老檔)』영인본이 눈에 띄었다. 태조조 7권, 태종조 9권 등 모두 20권으로 된 거질의 책이 컬러로 영인된 것이다.『만문노당』은 일본의 청사(淸史) 연구 학자들에 의해서 이미 60여 년 전에 번역이 이루어졌고(1955~1963), 이를 통해서 한문 사료를 중심으로 한 기존의 청 초기사 연구를 만주어 사료를 통한 연구로 바꾸어놓았을 뿐 아니라, 이후의 청사 연구의 흐름을 바꾸어놓은 중요한 문헌으로 잘 알려져 있다. 다른 한편으로『만문노당』은 만주어를 연구하는 데 필수 불가결한 책이기도 하다. 당시까지는 이 책의 원본을 보기가 어려웠는데 이제 영인본이 출판됨으로써 비로소 이용이 가능해진 것이다.

마침 서울대학교 인문학연구원에서 번역을 지원하는 프로그램이 있어서 알타이학연구소를 통해서 신청을 하여 지원을 받게 되었다. 2011년에 시작하였으니 지금으로부터 8년 전의 일이다. 본서의 주 번역자는 필자와 고동호 교수였다. 그러나 번역을 시작하고 보니 절대량이 많아서 시간과 노력이 엄청 들어가는 작업이었다. 그리하여 2014년 5월부터는 박사과정 학생들과 공동 작업을 하기로 하였다. 이후 학기 중에는 일주일에 최소 한 차례씩, 방학 기간 중에는 최대 나흘씩 머리를 맞대고 번역 작업을 하였다.

이와는 별도로 한국연구재단이 지원한 "만주어문학의 통합적인 연구를 위한 만주어 사전 및 만주문학 자료 DB 구축"(2012. 9. ~ 2015. 8.) 작업도 병행하였다. 지금 돌이켜보니 2011년부터 6년간은 만주어 문어에 파묻혀 지낸 나날이었다. 2017년 여름에 번역이 끝나고, 그 뒤로 삼독 사독을 하면서 다듬는 과정을 거쳤다. 기록을 보니 2018년 1월까지 모두 237차례의 모임을 가졌다. 그 이후 거의 1년 동안 색인을 작성하고 교정 작업을 하였다.

번역 작업은 언어학 연구와는 다른 종류의 작업이었다. 특히『만문노당』은 언어학 문헌이 아니라 역사 문헌인 점에서 언어학 전공자인 우리에게는 무척 힘이 들었다. 청사에 대한 지식이 일천한 역자들로서는 정확한 번역을 하려고 안간힘을 썼지만 오류가 없지 않을 것이다. 앞으로 고칠 기회가 있기를 바란다. 한편 우리 역자들은 대용량의 만주어 문장 자료를 다루는 작업을 통해서 만주어에 관해서 많은 것을 깨달아 알 수 있게 되었다.

위에서 말한 대로 『만문노당』은 청대사 연구와 만주어 연구에 매우 중요함에도 불구하고 원본의 면모를 보기 어려웠으며 2009년에야 비로소 영인되어 나왔다. 더구나 이 책의 원본인 내각본에는, 숭모각본(랴오닝성 당안관 소장)에는 없는 난해 어구에 대한 두주(頭註)까지 원본에 있는 그대로 영인 출간됨으로써 자료로서의 가치가 높고 한층 더 정확한 번역이 가능하게 되었다.

간단하게 이 책의 특징을 제시하면 다음과 같다. 첫째, 만주문을 전자(轉字)하고 그와 나란히 번역문을 제시하였다. 만주문 전자는 행 바꿈을 원문과 동일하게 했을 뿐만 아니라, 존귀한 대상이나 그의 말을 대두(擡頭)한 경우에 화살표로 표시를 하여 원문의 대두 부분을 그대로 반영하였다. 즉 원문의 형식을 그대로 반영하면서 가장 정확한 번역이 되도록 노력하였다. 둘째, 전자와 번역에 정확성을 기하기 위하여, 저본인 내각본과 이본인 숭모각본을 대조하였다. 셋째, 각주에서는 역사적 사실에 관한 주석과 언어학적 주석을 붙임으로써 여러 분야에서 연구의 텍스트로 이용할 수 있도록 하였다. 넷째, 기록 당시의 상황에 대한 이해를 돕기 위해서 명말 청초 요동·요서지역의 지도를 첨부하였다. 다섯째, 권말에는 각 기사의 내용을 한두 행으로 요약하여 제시함으로써 원하는 내용을 쉽게 찾아볼 수 있도록 하였다. 여섯째, 인명 색인과 지명 색인에는 조선의 역사 기록 자료에 나오는 한자 고유명사를 추가함으로써 상호 참조가 가능하게 하였다.

비록 외국에 비해 늦은 감은 있지만, 이 책이 한국의 만주어 연구자들이나 청사 연구자들에게 길잡이가 되어서 앞으로의 연구에 도움을 줄 수 있으면 더 이상의 바람이 없겠다.

필자를 포함한 대부분의 역주자들은 우리나라 만주어 연구의 선구자이신 고(故) 성백인 선생님을 통해서 만주어를 접하였다. 이 책의 번역 과정에서 따뜻한 격려를 아끼지 않으셨던 성백인 선생님께 진심으로 감사를 드린다. 그리고 많은 시간을 들여 번역문 전체를 일별한 후 의견을 주신 권재일 교수께 감사드리며, 권두 부분에 있는 요동·요서지역의 지도를 작성하는 데 도움을 준 고예나 양에게 감사드린다.

2019년 2월

역주자를 대표하여
김주원 씀

일러두기

1. 이 번역서의 저본은 내각본(內閣本)『만문노당(滿文老檔)』이며, 저본의 영인본은 다음과 같이 출판되었다. 中國第一歷史檔案館 整理 · 編譯(2009),『內閣藏本滿文老檔』, 瀋陽: 遼寧民族出版社.
2. 만주문자의 로마자 전자(轉字)는 기본적으로 Möllendorff(1892)의 전자 방식을 따르고, 한어 등을 표기할 때 사용되는 특수문자는 성백인(1977)의 전자 방식을 따른다.
3. 원문에 따라 행을 나누며 각 장의 첫 행마다 (권차: 장차) 번호를 표시한다. 각 장의 앞면은 'a', 뒷면은 'b'로 표시한다. 예) (15:17a)는 '제15권 제17장 앞면', (27:12b)는 '제27권 제12장 뒷면'.
4. 원문의 체제(體制)를 반영하기 위해 다음의 부호를 사용한다.
   (1) 원문의 점 하나는 로마자 전자에서 쉼표(,)로, 점 두 개는 마침표(.)로 옮긴다.
   (2) ○ : 원문에서 기사가 시작되는 곳에 표시한 동그라미를 나타낸다.
   (3) ← : 원문에서 행을 한 단계 대두(擡頭)하여 한(汗)의 말을 높이는 것을 나타낸다(아래 그림 1의 1단 대두 참고).
   (4) ⇦ : 원문에서 행을 두 단계 대두하여 abka '하늘', han '한(汗)' 등의 존귀한 단어를 높이는 것을 나타낸다(아래 그림 1의 2단 대두 참고).
   (5) [原檔殘缺] : 원문이 소실된 부분에 '原檔殘缺'이라고 써서 붙인 찌지를 나타낸다. 번역문에는 '□□□'로 표시한다.
   (6) _____ : 원문에서 난상(欄上)의 두주(頭註)로 설명하는 난해어구(難解語句) 왼쪽에 붙인 황색 띠지를 나타낸다. 원문의 두주는 이 책에서 각주 위치에 '頭註'라고 적고 옮긴다(아래 그림 2 참고).

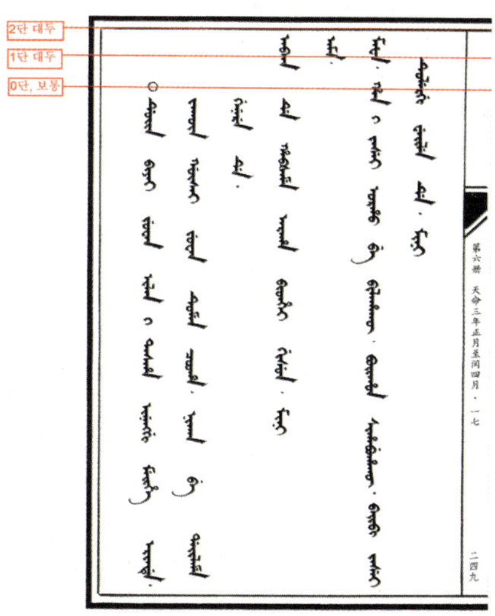

그림 1 대두(擡頭)의 예

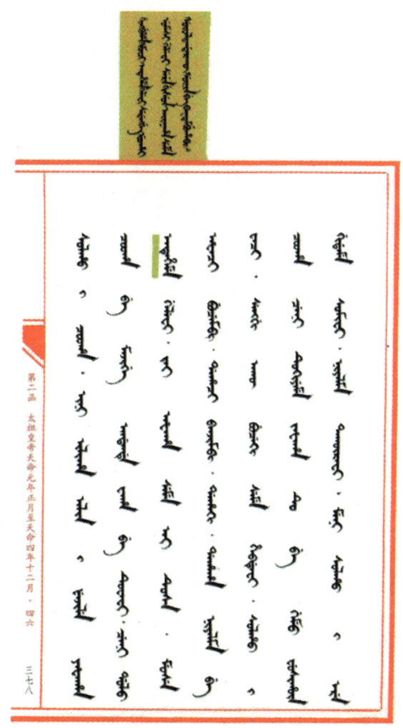

그림 2 두주(頭註)의 예

(7) 협주(夾註)는 괄호 안에 본문보다 작은 글씨로 쌍행(雙行)으로 적는다.
(8) 원문에서 기사와 기사를 구분하는 빈 행은 그대로 빈 행으로 남긴다.

5. 번역은 직역에 가깝게 하되, 자연스러운 한국어로 읽히도록 최소한의 의역을 한다.
6. 인명과 지명 등 고유명사는 다음과 같이 옮긴다.
   (1) 원래 한어이거나 관습적으로 한자로 표기되는 고유명사는 한국 한자음으로 옮기고, 각 권에서 최초로 나타나거나 환기할 필요가 있는 경우 괄호 안에 한자를 병기한다. 예) giyang gung liyei: '강홍립(姜弘立)', guwangning: '광녕(廣寧)', kubuhe suwayan i gūsa: '양황기(鑲黃旗)' 등.
   (2) 그 외에는 로마자로 적되, 단어의 첫 글자는 대문자로 적는다.
   예) bujantai: 'Bujantai', yehe: 'Yehe', omoho suru: 'Omoho Suru' 등.
7. 일반명사는 다음과 같이 옮긴다.
   (1) 한국어 대역어가 있는 경우 그것으로 번역한다.
   예) bira: '강', cooha: '병사', niyalma: '사람' 등.
   (2) 정확한 한국어 대역어가 없는 경우 한국어 독음(讀音)으로 적거나 의미를 풀어서 번역한다.
   예) beile: '버일러', fujin: '푸진', gucu: '구추', gucihi: '남편의 다른 부인'.
   (3) 원래 한어이거나 관습적으로 한자로 표기되는 경우 6의 (1)에 따른다. 예) pu: '보(堡)', sohon honin aniya: '기미년(己未年)' 등.
8. 10 이하의 수는 뒤따르는 단위 명사에 따라 한국어 고유어 수사 또는 아라비아 숫자를 선택하여 표기한다. 10을 초과하는 수는 아라비아 숫자로 표기한다. 만(萬) 단위 이상은 아라비아 숫자에 '만'을 더하여 표기한다. 원문에서 단위 명사가 사용되지 않은 경우라도 문맥을 보아 적절한 단위 명사를 추가한다. 예) 한 개, 석 냥, 5전, 열 명, 30마리, 200명, 3000벌, 보병 1만, 1만 5000명 등.
9. 날짜에 ice, 즉 '초(初)'가 붙은 형태는 '초하루, 초이틀, 초사흘' 등으로 옮기고, tofohon은 '15일'로 옮긴다. 그 밖에는 '10일', '26일' 등으로 적는다. 달은 숫자로 표기한다. 예) ice ilan de: '초사흘에', juwan juwe: '12일', ninggun biya: '6월' 등.
10. 직접 인용의 경우에는 큰따옴표(" ")로 표시하고, 인용문 내에서 다시 인용을 하는 경우에는 작은따옴표(' ')로 표시한다.

차례

만문노당 태조 1 차례

해제

이 책은 입관 전 청나라 초기의 역사적 사실들을 기록한 내각본 유권점자당(Tongki fuka sindaha hergen i dangse)을 번역한 것이다. 이 문헌은 학계에서 만문노당(滿文老檔)으로 지칭된다. 이 문헌에 대해서는 관련 연구 논저에서 여러 차례 소개가 되었으므로 여기에서는 최소한의 필요한 내용만 정리해보기로 한다.

[명칭과 종류]

청 초기의 역사 기록물이 한꺼번에 발견된 것이 아니고 시간적으로 간격을 두고 발견되었기 때문에 발견한 당시에 적절한 명칭을 붙였으나, 종합적인 고려를 하지 않고 붙인 명칭이므로 결국에는 혼란스럽게 되고 말았다. 이 사료의 명칭 문제를 논의하고 있는 옌충녠(閻崇年, 1998)이 제시한 명칭을 임시로 채택하면서 논의하고자 한다.

(1) 無圈點老檔
(2) 無圈點字檔(底本)
(3) 無圈點字檔(內閣本)
(4) 無圈點字檔(崇謨閣本)
(5) 有圈點字檔[1](底本)
(6) 有圈點字檔(內閣本)
(7) 有圈點字檔(崇謨閣本)
(8) 有圈點字檔(上書房本)

여기에서 보듯이 이 책은 무권점자로 된 것과 유권점자로 된 것이 있음을 알 수 있는데, 무권점노당(無圈點老檔)(1)과 그것을 베낀 것이 (2)이고, 그것을 바탕으로 하여 정자체로 베낀 것이 (3)과 (4)이며, (2)를 유권점자로 고친 (5)가 있고, 그것을 정자체로 베낀 것이 (6)과 (7)

---

1) 閻崇年(1998)에서는 가권점자당(加圈點字檔)이라고 하였으나 여기에서는 학계에서 일반적으로 쓰는 유권점자당(有圈點字檔)이라는 용어를 사용한다. 그러나 만주어로 "tongki fuka sindaha hergen[권(圈)과 점(點)을 둔 글자]"이므로 가권점자(加圈點字)라고 하는 것도 무방할 것으로 생각한다.

이다. (8)은 기록에는 있으나 현물은 없다.

작성 연대순으로 보면 (1)은 원 사료이며 1607년에서 1636년까지의 기록물이다. (1)은 후세에 『구만주당(舊滿洲檔)』 또는 『만문원당(滿文原檔)』으로 불리는 책으로 태조조 20책, 태종조 20책으로 모두 40책이다. 이 중에 37책이 1774년 이래에 중초(重抄)의 대상이 되었다.[2)]

1741년에 무권점자당을 후대에 이해하지 못할 것을 염려하여 오르타이(鄂爾泰), 서원몽(徐元夢) 등이 어휘집에 해당하는 무권점자서(Tongki fuka akū hergen i bithe)를 만들었으며, 33년 뒤인 1774년에 슈허더(舒赫德)가 다시 건의를 하여 중초 작업을 시작하였다. 구체적으로는 1774년에서 1778년 사이에 (2)와 (5)를 제작한 후, 이를 바탕으로 하여 정자체로 (3)과 (6)을 제작하여 북경의 내각대고(內閣大庫)에 보관하였으며, 다시 그것을 바탕으로 하여 1778년과 1779년 사이에 (4)와 (7)을 각각 제작하여 성경(盛京), 즉 선양의 숭모각(崇謨閣)에 보관하였다.

이 중에서 (1)이 두 차례 영인 출판되었으며[3)] (6)이 그 후에 영인 출판되었다.[4)] 우리가 이 책에서 번역한 것은 (6), 즉 내각본 유권점자당(有圈點字檔)이다.

[원문과 중초문의 관계]

위에서도 말했듯이 본서의 번역 저본은 2009년에 간행된 (6), 즉 유권점자당(有圈點字檔, 內閣本)의 영인본이다. (6)의 저본은 무권점자본 (1), (2)와 그것을 유권점자로 중초한 (5)이다. 우리의 번역 작업에서는 특별한 경우가 아니면 무권점자본, 즉 『만문원당』을 참고하지 않고 작업을 하였으므로 이에 대한 상세한 언급은 피하기로 하며, 사진 자료를 첨부하여 이해를 돕기로 한다.[5)](그림 1 참고)

무권점자본 『만문원당』을 유권점자본으로 개수(改修)하는 과정에 대한 연구는 역사학에서도 중요하겠지만, 언어학적인 고찰을 위해서도 매우 중요하다. 한 예로 성백인(1981)은 무권점자 당안의 만주어 표기 양상을 검토함으로써 당시 만주어의 음운체계를

2) 나머지 3책은 1935년에 발견되었는데 1624년(天命9)과 1626년(天命11)의 기사가 1책, 1632년(天聰6)의 기사가 1책, 1635년(天聰9)의 기사가 1책이다. 이 중 천총9년 당안은 일본 동양문고 청대사연구실에서 번역하여 『구만주당 천총구년(舊滿洲檔 天聰九年)』이라는 제목으로 간행하였고(1972, 1975), 중국에서도 1987년에 『천총구년당(天聰九年檔)』이라는 제목으로 간행하였다.

3) 『舊滿洲檔』 1~10, 臺北: 國立故宮博物院, 1969와 『滿文原檔』 1~10, 臺北: 國立故宮博物院, 2006이다. 동일한 내용인데 다른 제목으로 출판되었다. 이 사료의 명칭 문제에 관심을 기울였음을 알 수 있다.

4) 中國第一歷史檔案館 整理 · 編譯(2009), 『內閣藏本滿文老檔』 1~20, 瀋陽: 遼寧民族出版社.

5) 『만문노당(滿文老檔)』 내각본 영인본의 판광(板匡)은, 『만문노당(滿文老檔)』 숭모각본을 보아서도 알 수 있듯이 원래의 것이 아니며 영인본을 제작할 때 활자로 된 판심제를 페이지 표시와 함께 새로 넣은 것이다. 실제로 『만문노당』 내각본 영인본은 전체에 걸쳐서 동일한 형태의 광곽(匡郭) 형식을 반복해서 사용하고 있다. 그리고 『만문노당』 내각본 영인본에서는 원래의 책에 없던 장차를 넣었는데, 현대식 책의 개념으로 반엽당 한 페이지씩 매겼으나, 전통적인 책이라면 응당 한 엽당 한 페이지씩 매겨 넣어야 한다. 본 역주서에서는 전통적인 방법으로 장차를 고쳐 매겼는데, 예를 들어 1권 13은 1권 7a로 표기하였다.

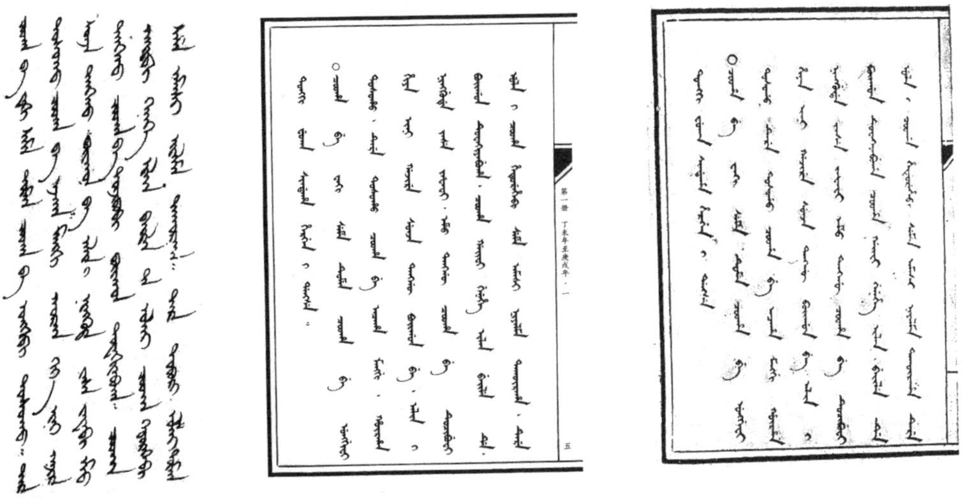

그림 1 왼쪽에서부터 각각『滿文原檔』,『滿文老檔』내각본,『滿文老檔』숭모각본의 첫 페이지

이해하려 하였다. 유권점자로의 개수 양상을 정밀하게 고찰하면 당시 만주어의 어휘 문법면에서도 중요한 측면을 발견할 수 있을 것으로 기대된다. 개수의 양상에 대해서는 김두현(2010) 및 김주원·이형미(2017)에 몇몇 사례를 예로 들어서 언급하고 있으므로 참고가 된다. 이러한 연구는 차후의 과제로 남겨둔다.

[만문노당(滿文老檔)]

위의 (6) 유권점자당(有圈點字檔, 內閣本)과 (7) 유권점자당(有圈點字檔, 崇謨閣本)은 학계에서『만문노당(滿文老檔)』이라는 명칭으로 그 영인본과 번역서가 간행되었다. 이 역주서에서 더 적합한 명칭을 붙일 수 없는 것은 아니지만 혼란을 피하기 위하여 관행에 따라『만문노당(滿文老檔)』이라고 부르기로 한다.

(6)의 구성은 다음과 같다. 전체 26함(函) 180책으로, 태조조 10함 81책, 태종조 16함 99책이며, 태종조는 다시 태종 천총조(天聰朝) 10함 61책, 태종 숭덕조(崇德朝) 6함 38책으로 나누어져 있다. 그 세부 내용은 표 1과 같다. 이 역주서에서는 태조조 10함 81책을 번역했다.[6]

[기존의 번역서]

이 사료의 존재가 처음 알려진 것은 1905년에 선양을 방문한 일본인 신문기자 나이토 고난(內藤湖男, 본명은 나이토 도라지로[內藤虎次郎])에 의해서였다. 그는 숭모각(崇謨閣)에 소장되

6) 태종조 부분은 고려대학교 민족문화연구원 만문노당역주회에서『만문노당 역주(滿文老檔 譯註) 태종(太宗)』(1권~4권)이라는 제목으로 출간하였다(2017, 소명출판).

표 1

시대		함	권	한국어 역주본
태조	萬曆	1	1~4	본서 제1권 1607~1622
	天命	2	5~13	
		3	14~22	
		4	23~31	
		5	32~42	
		6	43~50	본서 제2권 1623~1626
		7	51~59	
		8	60~66	
		9	67~72	
		10	73~81	
태종	天聰	1	1~8	
		2	9~15	
		3	16~20	
		4	21~27	

시대		함	권	한국어 역주본
태종	天聰	5	28~33	
		6	34~39	
		7	40~44	
		8	45~50	
		9	51~56	
		10	57~61	
	崇德	11	1~6	
		12	7~12	
		13	13~18	
		14	19~25	
		15	26~32	
		16	33~38	
합계		26함	180책	

어 있던 책 (4)와 (7)을 발견하고, 1912년에 하네다 도오루(羽田亨)와 함께 선양을 다시 방문하여 위의 (7), 즉 숭모각본을 사진으로 촬영하였으며, 그 이후 번역과 연구를 진행하였다. 몇몇 연구자가 번역을 시도하였으나 완성하지 못하였다가 일본의 동양문고(東洋文庫)에 소속된 만문노당연구회(滿文老檔研究會)에서 번역 작업을 한 끝에 1955년부터 1963년에 걸쳐서 전권의 만문 로마자 전자와 일본어 번역(축자 번역과 의역), 그리고 인명 · 지명 색인을 넣어서 7권으로 출간하였다.[7] 이 번역으로 인해서 일본의 청사(清史) 연구는 크게 도약하였다고 할 수 있다.

(7)은 (6)을 베껴서 쓴 것이므로 원문의 내용은 대략 같지만 완전히 같은 것은 아니다. 첫째, 필사 작업이다 보니 글자 크기나 간격 등이 차이가 나서 한두 단어가 당겨지거나 밀려나는 경우가 있다. 둘째, 만주어의 격어미 -be나 -i 등을 앞 단어에 붙여쓰기도 하고 떼어 쓰기도 해서 서로 달라진 부분이 있다. 셋째, 구두점에 해당하는 한 점 표시가 달라져 있는 부분이 많다. 넷째, 고유명사 특히 인명의 표기가 달라진 곳이 여러 곳 있다. 다섯째, 가장 큰 차이가 나는 것으로 내각본, 즉 (6)에는 두주(頭註, 添註라고도 한다)가 있고, 숭모각본, 즉 (7)에는 그것이 없다.[8]

---

7) 滿文老檔研究會 譯註(1955~1963), 『滿文老檔』 1~7, 東京: 東洋文庫.

8) 한편 (3)과 (6)은 두주(頭註) 면에서 차이가 있는데 둘 모두 주석할 문구의 왼쪽에 황색 띠지를 붙여놓고 서미(書眉)에 황색지를 붙여놓은 점은 같으나 (3)에는 아무런 글씨가 쓰여 있지 않으며, (6)에는 주석이 적혀

중국에서도 부분적인 번역은 몇 차례 시도되었지만 완역된 것은 다음의 두 가지인데 둘 모두 (6), 즉 내각본 유권점자당(有圈點字檔)을 번역한 것이다. 첫째는 중국제일역사당안관(中國第一歷史檔案館)과 중국사회과학원 역사연구소(中國社會科學院 歷史研究所)의 합작으로 1990년에 전 2권(각각 태조편, 태종편)으로 번역하여 간행하였다.[9] 이 역주본에는 만문 원문 전자가 없이 중국어 번역만 있으며, 원문에는 없지만 차례에 기사 내용을 항목별로 요약하여 제목으로 추가하였으며 본문에 이에 해당하는 번호를 넣어두었다. 이것은 독자들이 찾아보기 쉽도록 배려한 것이라고 볼 수 있다. 그리고 인명 · 지명 색인(한자 획순)을 붙였다. 그리고 페이지 상단, 즉 서미(書眉)의 두주(頭註)는 일부만 번역하였다. 둘째는 2009년에 랴오닝민족출판사에서 제일역사당안관 소장 유권점자본, 즉 (6)을 20책으로 영인 출판하였는데, 제1책부터 제16책까지는 원문 영인, 제17, 18책은 로마자 전자, 제19, 20책은 한어 번역문 및 인명 · 지명 색인을 수록하였다. 한편 서미에 있는 두주는 로마자 전자 부분(제17, 18책)에서 각주란에 그대로 전자해놓았으며, 한어 번역 부분(제19, 20책)의 각주란에서 의미를 번역해두었고, 또 다시 첨주만한문대역(添註滿漢文對譯)이라는 제목으로 로마자 전자와 한어 번역을 나란히 제시해놓았다. 번역문은 1990년 간행본의 한어 번역을 약간 수정한 것이다.

한편 영어로 앞부분만 번역하여 온라인상에 일부 공개된 것도 있다.[10]

[두주(頭註)]

두주는 (6)에 다음과 같이 되어 있다. 두주가 필요한 만주어 어구의 왼쪽에 황색의 띠지를 붙여 표시를 하고 그 페이지 상단에 황색지를 붙이고 거기에 주석 사항을 적었다. 대개는 "gingguleme kimcici X sere gisun ainci Y dere"(신중히 살펴보니 X라는 말은 아마도 Y일 것이다)라거나 "이전의 책에서 찾을 수가 없어서 있는 그대로 베껴놓았다" 등으로 1770년대에 이미 140여 년 전에 적힌 단어에 대해서 모르거나 문맥상의 문제가 있을 때 주석을 달아서 이해하기 쉽도록 해놓은 것이다. 두주는 모두 410곳에 있는데 태조조 부분에 236곳, 태종조 부분에 174곳이 있다.[11] 우리의 역주본에서는 각 페이지의 하단에 두주의 내용을 전자하고 우리말로 번역하였다. 본문의 번역문에는 두주의 내용을 반영하였다.

있다.

9) 中國第一歷史檔案館 · 中國社會科學院歷史研究所 譯註(1990), 『滿文老檔』 上 · 下, 北京: 中華書局.

10) 엘리엇(M. Elliott) 교수가 편집한 것으로 태조조 제3책까지만 번역이 되어 있으며(The Old Manchu Chronicles), 2006년 이후로는 더 이상 업데이트되지 않고 있다(http://www. manchustudiesgroup.org/translations/lao-manwen-dang/).

11) 이에 대해서는 今西春秋(1959b)의 상세한 연구가 있다.

제6함

태조황제 천명(天命) 8년(1623)
정월부터 5월까지

ningguci dobton,
taidzu hūwangdi i abkai fulingga i
jakūci aniya aniya biyaci,
sunja biyade isinahabi.

제43권 천명(天命) 8년(1623) 1월
제44권 천명(天命) 8년(1623) 1월~2월
제45권 천명(天命) 8년(1623) 2월
제46권 천명(天命) 8년(1623) 2월~3월
제47권 천명(天命) 8년(1623) 3월
제48권 천명(天命) 8년(1623) 3월~4월
제49권 천명(天命) 8년(1623) 4월
제50권 천명(天命) 8년(1623) 4월~5월

제43권

천명(天命) 8년(1623) 정월

dehi ilaci debtelin,
abkai fulingga i jakūci
aniya aniya biya.

tongki fuka sindaha hergen i dangse. (43:1a)
유권점 당안

○ [原檔殘缺] gūsa ci fakcafi emke juwe i
□□□ 구사로부터 이탈해서 한두 명이서

ume genere, genere jugūn de nikan i aika
가지 말라. 가는 길에 한인의 어떤

jaka be durime cuwangnarahū, saikan gama.
물건이든 빼앗고 노략질하지 않도록 잘 데려가라.

○ ineku tere inenggi, fusi efu, si uli efu,
같은 날, Fusi 어푸, Si Uli 어푸가

julergi mederi jakarame tehe boigon guribume genere de,
남쪽 바다에 연하여 살던 가호를 옮기러 갈 때,

pai de latubufi gamaha bithei gisun, lii fuma (43:1b)
패(牌)에 붙여서 가지고 간 문서의 내용이다. "이(李) 부마(駙馬),

ere dain be dade
이 전쟁은 원래

⇦ aisin han deribuhekū, nikan han deribuhe, nikan han
금나라 한(汗)이 시작한 것이 아니다. 명나라 황제가 시작했다. 명나라 황제가

etehe bici, aisin gurun be uttu ujirakū
이겼다면, 금나라 백성을 이렇게 돌보지 않았을

bihe kai,
것이다.

⇦ aisin han etefi onco be gūnime wahakū, umai
금나라 한(汗)이 이기고서 관대함을 생각하여 죽이지 않고, 아무

jaka be acinggiyahakū ujihe, tuttu ujihe baili be
것도 건드리지 않고 돌봤다. 그렇게 돌본 은혜를

gūnirakū, julergi mederi jakarame tehe niyalma ukame (43:2a)
생각하지 않고, 남쪽 바다에 연하여 살던 사람들이 도망하며

ubašame geneme, jafu bithe alime gaifi, cooha
배반하여 가며, 차부(箚付)를[1] 받아들이고, 군대를

boljofi gajifi sucufi gamame, facuhūn [原檔殘缺]
약속하고 이끌고 와서 습격하고 잡아가며, 어지러운 □□□

amargi ergide gamaki seci, geli generakū, [原檔殘缺]
북쪽으로 데리고 가겠다 하니, 또 가지 않겠다 □□□

⇦ han takūrafi meni beye aššafi jihe, iogi hafasa be
한(汗)이 파견하여 우리 자신이 움직여 왔다. 유격(遊擊) 관원들을

takūrafi jailaha niyalma be baicambi, niyaman hūncihin
파견하여 도피한 사람을 조사하겠다. 친인척

seme geneci, minde tere gašan i tere gebungge
이라면서 가면, '나에게 저 마을의 아무개라는

niyalma, tuttu haha jihebi seme baicara iogi (43:2b)
사람이, 이래저래 장정이 와 있다'라고 조사하는 유격

1) 차부(箚付)는 명나라와 청나라 시기에, 상급 관원이 하급 관원에게 내린 명령의 지시용 공문서이다. "札付"라고도 쓴다.

hafan de ala, niyaman hūncihin akū oci, genehe
관원에게 알리라. 친인척이 없으면, 간

gašan i ciyanjang bejang, meni gašan de minggan
마을의 천장(千長)과 백장(百長)이, '우리 마을에 장정

haha jihebi, tanggū haha jihebi, juwan haha
1000명이 와 있다. 장정 100명이 와 있다. 장정 열 명이

jihebi, emu haha jihebi seme baicara iogi de
와 있다. 장정 한 명이 와 있다'라고 조사하는 유격에게

ala, gurire de bulcame ukame gūwa gašan de
알리라. 옮길 때 모면하려고 도망하여 다른 마을에

genehe niyalma oci, meni meni beyebe tucibume
간 사람은, 각자 스스로 나서서

baicara iogi hafan de ala, tuttu alaha de, (43:3a)
조사하는 유격 관원에게 알리라. 그렇게 알리면,

unggire bade kemuni unggimbi, weile akū, ere
보낼 곳에 그대로 보낸다. 죄가 없다. 이렇게

baicara de alarakū gidafi, gūwa gercilehe de,
조사할 때 고하지 않고 숨겨서, 다른 이가 고발했거나,

baicafi baha de, ukaka niyalma de ukaka weile,
조사하여 잡았을 때는, 도망한 사람에게는 도망한 죄,

alime gaiha niyalma de niyalma hūlhaha weile,
받아들인 사람에게는 사람을 훔친 죄가 있다.

juwe boigon be gemu olji arafi aha
두 가호를 모두 포로로 만들어 노복으로

obumbi, gurirakū gašan gašan i niyalma, fe kooli
삼는다. 옮기지 않는 각 마을들의 사람들은, 옛 전례대로

okdoro bade okdono, fudere bade fude. (43:3b)
맞이할 곳에 맞으러 가고, 배웅할 곳에서 배웅하라."

○ lii fuma hendume, niyalma baicara geren hafasa, suwe
이 부마가 말하기를, "사람을 조사하는 여러 관원들, 너희는

⇦ han i ujihe baili be gūnime, tondo mujilen i muterei
한(汗)이 보살핀 은혜를 생각하여, 충성된 마음으로 할 수 있는

teile faššame, ukaka niyalma be kimcime baicame
한 힘써서, 도망한 사람을 자세히 살펴 조사해

tucibu, yaya niyalma be dere ume banire, ulin
내라. 어떤 사람이든지 사정을 봐주지 말고, 재물을

ume gaijara, mini ere gisun be jurceme, baicara
받지 말라. 나의 이 말을 어기고 조사할

niyalma be saikan baicame tuciburakū, ulin gaiha be (43:4a)
사람을 잘 조사해내지 않고, 재물을 받은 것을

donjiha de,
듣게 되면,

⇦ han de wesimbufi wambi.
한(汗)께 상주하여 죽이겠다."

○ ice juwe de, kalka i monggo sengge tabunang,
초이틀에, Kalka 몽골인 Sengge 타부낭이

deo manggo tabunang, dehi boigon gajime ukame jihe.
동생 Manggo 타부낭과 40가호를 이끌고 도망해 왔다.

○ ice ilan de, (43:4b)
초사흘에,

⇦ han, amba yamun de tucifi, hacin hacin i efin
한(汗)이 대아문에 나가서 갖가지 놀이를

efibume amba sarin sarilaha, tere efin efihe
놀게 하며 큰 주연을 베풀었다. 그 놀이를 논

nikasa de susai yan menggun šangname buhe.
한인들에게 50냥의 은을 상으로 주었다.

⇦ han i bithe, ice duin de guwangning de unggihe,
한(汗)의 글을 초나흘에 광녕(廣寧)에 보냈다.

← ši san šan de tehe coohai niyalma, alin ci wasifi
"십삼산(十三山)에 주둔한 병사는 산에서 내려와

← orho hadure be naka, guwangning ni minggan yafahan be, (43:5a)
풀 베는 것을 그만두라. 광녕의 보병 1000명을,

← yegude fujiyang, ušitai, jonggodoi i jergi jakūn iogi gene,
Yegude 부장, Ušitai, Jonggodoi 등 여덟 유격이

← ilan yafahan de emu uksin gamame genefi, moo
보병 세 명당 갑병 한 명을 데리고 가서, 나무를

← unume juwefi ši san šan i alin i dele wesimbufi sinda,
지고 운반해서 십삼산의 산 위에 올려다 놓으라.

← deijikini, guwangning de tehe cooha be, ši san šan de
그것을 불 때게 하겠다. 광녕에 주둔하던 군사는, 십삼산에서

← kemuni hala, monggo de udaha yali be, ši san šan i
그대로 교대하라. 몽골인에게서 산 고기를, 십삼산의

← coohai niyalma de salabu, jai monggo i hūdašame jihe
병사들에게 나누어주라. 또 몽골의 장사하러 온

← niyalma be hendufi, meni cooha dube lakcarakū amasi (43:5b)
사람에게, '우리 군사는 끊이지 않고

← julesi yabumbi, aikabade argiyaburahū seme, hendume hūdun
이리저리 다닌다. 행여나 가버릴까 염려된다'라고 말하여 신속히

← hūdašafi unggi.
매매하고 보내라."

○ du tang ni bithe wasimbuha, niowanggiyaha i halhūn mukei
도당(都堂)의 글을 내렸다. "청하(淸河)의 온천

ba i niyalma, suwe meni jušen i nungnere de geleme,
지역의 사람들, 너희는 우리 여진인이 침해하는 것을 경계하여,

gūwa gašan de burulame jailahabi sere, ereci
다른 마을에 도망하여 피해 있었다 한다. 이후로는

amasi, ya niyalma nungneci, dung ging hecen i (43:6a)
어떤 사람이 침해하면, 동경성(東京城)의

du tang ni yamun de habšanju, tenteke nungnehe
도당의 아문(衙門)에 와서 고발하라. 그렇게 침해한

niyalma be baicaki, meni meni usin tarime
사람을 조사하겠다. 각자의 밭을 경작하며

boo de tefi banji.
집에 거주하며 살라."

○ korcin i ooba hūwang taiji de unggihe
Korcin의 Ooba Hūwang 타이지에게[2] 보낸

⇦ bithei gisun, hūwang taiji i gisun, cahar, kalka, korcin i

글이다. "Hūwang 타이지의 말에, 'Cahar와 Kalka가 Korcin을

← baru aba coohai gisun donjici, niyalma morin be (43:6b)

향했다고 하는 사냥이나 군사에 대한 말을 들으면 사람과 말을

← ume hairandara, elcin takūra seme henduhe bihe, aba

아끼지 말라. 사신을 보내라'고 말했었는데, 사냥과

← coohai gisun donjici, niyalma morin be hairandara anggala,

군사에 대한 말을 들으면, 사람과 말을 아끼기는커녕

← mini amba cooha aššarakū bio, aba coohai gisun be

나의 대군을 움직이지 않겠는가. 사냥과 군사에 대한 말을

← bi donjihakū, ukanju jifi alame, cahar, korcin de

내가 듣지 못했다. 도망자가 와서 알리기를, Cahar가 Korcin을

← olhome, emte juwete tanggū coohai niyalma, korcin i ergide

경계하여 100, 200명씩의 병사가 Korcin 쪽에

← anafu sindafi, morin turgalahabi seme donjiha, tere gisun

수자리 살고, 말이 여위어 있다고 들었다. 그 말이

← yargiyan tašan be sarkū, jai kalka i morin turga (43:7a)

진실인지 거짓인지를 알 수 없다. 또한 Kalka의 말이 여위었다고

← seme donjiha, mini donjiha gisun tere inu, dain i

들었는데, 내가 들은 말이 그것이나, 적이었던

← niyalma de akdaci ombio, sereme yabuci sain kai,

사람을 믿을 수 있겠는가. 경계하며 다니면 좋을 것이다.

← darhan baturu beile i jidere onggolo, sanggarjai, ilduci,

Darhan 바투루 버일러가 오기 전에는 Sanggarjai, Ilduci,

---

2) Ooba Hūwang 타이지는 1593년 Nurhaci에 대항하여 형성된 9부 연합군의 일원이었던 Unggadai의 아들로 Cinggis 한(汗)의 동생 Qasar의 후손이다.

← hatan baturu taijisai beye yabuha, terei amala, darhan
Hatan 바투루 타이지들이 몸소 다녔다. 그 후에, Darhan

← baturu beile i beye jihe manggi, amba niyalmai beye
바투루 버일러 자신이 온 후에는 높은 사람이 몸소

← jihe, erei amala, niyaman hūncihin seme uttu lakcarakū
왔다. 이후로 친인척이라며 이렇게 끊이지 않고

← yabuci, foholon jugūn golmin ombi dere, narhūn jugūn (43:7b)
왕래하면, 짧은 길이 길어지고, 좁은 길이

← onco ombi dere seme gūnifi, jargūci beile, darhan
넓어지겠다고 생각해서, 자르구치 버일러, Darhan

← baturu, ilduci, ere ilan beise de genehe ula i
바투루, Ilduci, 이 세 버일러들에게 간 Ula의

← ukanju be bikini seme henduhe bihe, darhan baturu
도망자들을 그냥 두자고 말했었는데, Darhan 바투루가

← beye jifi genehe manggi, gisurehe gisun be efuleme
몸소 왔다 간 후에는, 했던 말을 어기고

← taijisai beye yabure be nakaha. (darhan baturu, ⇦ genggiyen han i amha, gebu minggan.
타이지들이 스스로 왕래하는 것을 그만두었다." (Darhan 바투루는 경기연 한(汗)의 장인으로, 이름은 Minggan이다.

jargūci beile, [공격][3] sure han i amha, gebu manggūs. ilduci, minggan i amba haha jui, gebu tonggor. ere gemu korcin i beise.)

자르구치 버일러는 수러 한(汗)의 장인으로, 이름은 Manggūs이다. Ilduci는 Minggan의 장자로, 이름은 Tonggor이다. 이들은 모두 Korcin의 버일러들이다.)

---

3) 공격(空格)은 본문 중에서 존귀한 인물임을 표기하기 위하여 빈칸을 두는 것이다. 이 책에서는 '[공격]'으로 표기한다.

頭註: gingguleme kimcici, ere emu meyen suhe hergen i dorgide, ⇦ sure han seme arahabi, ere ⇦ abkai fulingga forgon i ejehe dangse, te ⇦ sure han seme arahangge, ainci ⇦ taidzung hūwangdi forgon de niyeceme ejehengge dere. [신중하게 살펴보니, 이 한 단락의 주해 안에, 수러 한(汗)이라고 써놓았는데, 이것은 천명(天命) 대에 기록한 당안이므로 지금 수러 한(汗)이라고 쓴 것은 아마도 태종(太宗)황제 시기에 보충하여 기록한 것일 것이다.]

(43:8a)

○ abtai nakcu i booi niyalma, ula de elbihe
Abtai 외삼촌의 노복이, Ula에 너구리를

butame genefi, baha nadanju ninggun elbihe be,
사냥하러 가서 잡은 너구리 76마리를

korcin i monggo durime gaiha seme alaha, damin i
Korcin의 몽골인이 빼앗아갔다고 알렸다. 수리

tusihiya sindara niyalma jifi alame, tusihiya de taha
그물을 놓는 사람이 와서 알리기를, "그물에 걸린

gasha, tusihiya be, gemu korcin i monggo gamaha
새와 그물을 모두 Korcin의 몽골인이 가져갔다"라고

seme alaha, gūwa geren isinjire unde, meni
알렸다. 다른 여러 명이 아직 도착하지 않았다. 우리

niyalma suweni bade genefi bahaci, suweni gaijara (43:8b)
사람이 너희 지역에 가서 잡았다면, 너희가 가져가는 것이

mujangga kai, tere genehe niyalma be bi inu
옳다. 그 간 사람을 나 역시

weile arambihe, meni ula i ba, yehe i bade, suweni
치죄했을 것이다. 그러나 우리의 Ula 지역, Yehe 지역을 너희의

korcin i yabure mujanggao, meni bade jifi yabume, meni
Korcin이 다니는 것이 옳은가. 어찌 우리 지역에 와서 다니면서, 우리

niyalmai bahangge be suwe ainu durime gaimbi, meni
사람이 얻은 것을 너희가 빼앗아가는가. 우리

niyalma, suweni korcin i nuktere bade genefi nukteme
사람이 너희 Korcin의 유목지에 가서 유목하고

yabuci, suweni dolo antaka. (abtai, ula i gurun i mantai han i jui,
mantai han boco de amuran ofi, ini

다닌다면, 너희 마음이 어떻겠는가. (Abtai는 Ula국의 Mantai 한(汗)의 아들이다.
Mantai 한(汗)은 색에 빠져, 그의

gurun i niyalma waha, deo bujantai sirame ejen oho manggi, abtai yehe de
ukame genehe bihe, amala yehe be efulefi, abtai be gajifi amban obufi ujihe.) (43:9a)

나라 사람들이 죽였다. 동생 Bujantai가 이어서 수장이 된 후에, Abtai는 Yehe에
도망가 있었는데, 후에 Yehe를 무너뜨리고 Abtai를 데려와서 대신으로 삼고 보살폈다.)

○ tere inenggi, bak taiji be jimbi seme

그날, Bak 타이지가 오겠다고

alanjiha manggi,

알려오자,

⇦ han fonjime, ainu jimbi seme fonjire jakade, tere

한(汗)이 묻기를, 왜 오느냐고 물었다. 그러자 그

jihe niyalma alame, bak taiji imbe jafafi

온 사람이 알리기를, Bak 타이지가, 그를 잡았다가

sindafi unggire de,

놓아 보낼 때

⇦ han de aniyadari hengkileme jimbi seme henduhe bihe, (43:9b)

한(汗)에게 해마다 절하러 오겠다고 말했었는데,

gisun be jurcerakū hengkileme jimbi seme alaha.

약속을 어기지 않고 절하러 온다고 고했다.

○ bak taiji, manggūldai taiji, bahūn taiji, aniya

Bak 타이지, Manggūldai 타이지, Bahūn 타이지가 새해를

araha doroi

축하하는 예로

⇦ han de hengkileme jihe, gajiha temen, morin, ihan,
한(汗)에게 절하러 왔다. 가져온 낙타, 말, 소,

honin be gaihakū, gemu amasi bederebume buhe.
양을 받지 않고, 모두 되돌려주었다.

(43:10a)

○ ineku tere inenggi, enggeder efu, aniya araha doroi
같은 날, Enggeder 어푸가 새해를 축하하는 예로

⇦ han de hengkileme jihe, ere gemu monggo gurun i beise.
한(汗)에게 절하러 왔다. 이들은 모두 몽골국의 버일러들이다.

○ ice sunja de, beidehe weile, hahana, baduhū,
초닷새에 심판한 사건이다. Hahana, Baduhū가

ši san šan de anafu tenehe baci, nomin,
십삼산에 수자리 살러 간 곳으로부터 Nomin,

bulakan de dehi niyalma be adabufi, dalingho i
Bulakan에게 40명을 붙여서 대릉하(大凌河)

ergide karun unggifi, monggo be ucarafi afafi (43:10b)
방면으로 정탐하러 보냈다가, 몽골인과 마주쳐 싸워

juwan morin gaibuhabi, tere weile be geren
말 10마리를 빼앗겼다. 그 죄를 여럿이

duilefi, hahana, baduhū be suwe unggici, sain
심리하고, Hahaha, Baduhū를 "너희는 보낼 때, 어찌 좋은

haha sain morin be suweni beye tuwame
장정과 좋은 말을 너희 스스로 보고

saikan simnefi ainu unggihekū seme, fujiyang ni
잘 뽑아서 보내지 않았는가"라고 하며, 부장(副將)의

hergen be nakabufi beiguwan obume, guwangning ci ebsi
직위를 그만두게 하고 비어(備禦)가 되게 하고, 광녕에서부터 지금까지

šangnaha aika jaka be gemu gaime beidehe,
포상했던 온갖 물건을 모두 빼앗는 것으로 판결했다.

nomin, bulakan be, suwe beise i hendufi unggihe (43:11a)
Nomin과 Bulakan은, "너희는 버일러들이 말하여 보낸

gisun be ainu jurcehe seme, nomin i iogi
말을 어찌 어겼는가"라고 하며, Nomin의 유격

hergen be nakabufi beiguwan obume, bulakan i beiguwan i
직위를 그만두게 하고 비어가 되게 하고, Bulakan의 비어

hergen be nakabufi bai niyalma obume, guwangning ci
직위를 그만두게 하고 일반 백성이 되게 하고, 광녕에서부터

ebsi šangnaha aika jaka be gemu gaime beidefi,
지금까지 포상한 온갖 물건을 모두 빼앗는 것으로 판결하고서,

⇦ han de alara jakade,
한(汗)에게 아뢰자

⇦ han beidehe songkoi weile araha.
한(汗)이 판결한 대로 치죄했다.

(43:11b)

○ ice ninggun de, hahana, baduhū, nomin, bulakan i
초엿새에 Hahana, Baduhū, Nomin, Bulakan의

hergen be efulehe.
직위를 박탈했다.

○ ice ninggun de,
초엿새에

⇦ han, amargi monggo i ergi jase jakarame sain babe
한(汗)이, 북쪽 몽골 쪽 경계를 따라 좋은 곳은

usin tarimbi, jase neimbi seme, fujisa be
밭을 경작하고 경계를 개척하겠다며 푸진들을

gaifi tuwaname genehe. (43:12a)
데리고 보러 갔다.

○ ice jakūn de liyoha bira de deduhe, ice
초여드레에 요하(遼河)강에서 묵었다. 초아흐레에는

uyun de liyoha bitume abalafi, ineku liyoha
요하를 따라 몰이사냥을 하고, 그 요하강에

bira de deduhe, juwan de abalafi, dadai
묵었다. 10일에는 몰이사냥을 하고, Dadai

subargan i julergi bigan de deduhe, tere inenggi,
Subargan의 남쪽 들에서 묵었다. 그날,

enggeder efu, manggūldai taiji, bahūn taiji, baigal
Enggeder 어푸, Manggūldai 타이지, Bahūn 타이지, Baigal

taiji, ceni nuktere baci emte ihan, jakūta honin, (43:12b)
타이지가, 자신들이 유목하는 곳으로부터 소 한 마리씩과 양 여덟 마리씩을

⇦ han de benjihe, tereci sarin sarilafi, enggeder efu de
한(汗)에게 보내왔다. 그 후 주연을 베풀고, Enggeder 어푸에게

emu seke i hayaha jibca, emu dobihi dahū,
담비 털로 테를 두른 가죽옷 한 벌, 여우 털옷 한 벌,

foloho enggemu hadala tohohoi emu morin buhe,
장식을 새긴 안장과 굴레를 멘 말 한 마리를 주었다.

manggūldai, bahūn, baigal, ilan taiji de emte
Manggūldai, Bahūn, Baigal 이 세 타이지에게는

dobihi dahū, foloho enggemu hadala tohohoi emte
여우 털옷 한 벌씩과 장식을 새긴 안장과 굴레를 멘

morin buhe, juwan duin de boode jihe.
말 한 마리씩을 주었다. 14일에 성으로 돌아왔다.

(43:13a)

○ tere inenggi, monggo gurun i kalka i labasihib taiji,
그날 몽골국 Kalka의 Labasihib 타이지가

ini harangga dehi boigon, adun ulha be
그에게 속한 40가호, 가축 떼를

gajime ubašame jihe.
이끌고 배반하여 왔다.

○ tere inenggi, labasihib taiji de, seke i hayaha
그날 Labasihib 타이지에게 담비 털로 테를 두른

jibca, dobihi dahū, seke i mahala, sohin gūlha,
가죽옷, 여우 털옷, 담비 털모자, 검은 비단신,

foloho umiyesun [原檔殘缺] uyun suje, mocin samsu (43:13b)
장식을 새긴 허리띠, □□□ 비단 아홉 필, 모청포

tanggū, menggun i cara emken, moro juwe, fila
100필, 은으로 만든 잔 하나, 사발 두 개, 접시

juwe, jakūn guise, duin gio, dehi ulhūma, jakūn
두 개, 궤짝 여덟 개, 고라니 네 마리, 꿩 40마리,

sin bele, jakūn sejen moo, ai ai tetun
쌀 여덟 되, 나무 여덟 수레, 갖가지 그릇

yooni buhe, dahaha gucu sede ninggun jibca,
일습을 주었다. 따라온 구추들에게는 가죽옷 여섯 벌,

duin elbihe dahū, emu umiyesun buhe, manggo
너구리 털옷 네 벌, 허리띠 하나를 주었다. Manggo

tabunang de seke i hayaha jibca, silun i dahū,
타부낭에게는 담비 털로 테를 두른 가죽옷, 스라소니 털옷,

seke i mahala, sohin gūlha, foloho umiyesun, mocin (43:14a)
담비 털모자, 검은 비단신, 장식을 새긴 허리띠, 모청포

samsu tanggū, emu gecuheri, uyun suje, jakūn
100필, 망룡단 한 필, 비단 아홉 필,

guise, ai ai tetun yooni buhe, jai duin
궤짝 여덟 개, 갖가지 그릇 일습을 주었다. 또

gio, dehi ulhūma, jakūn sin bele, jakūn sejen
고라니 네 마리, 꿩 40마리, 쌀 여덟 되, 나무 여덟 수레를

moo buhe, dahaha juwan gucu de ulhun sindaha
주었다. 따라온 구추 열 명에게 옷깃을 단

hubtu juwan, duin umiyesun buhe.
솜옷 열 벌, 허리띠 네 개를 주었다.

○ orin emu de, ocirsang be tucibufi unggire de, (43:14b)
21일에 Ocirsang을 내보낼 때

bak taiji i gashūha gisun, bak mimbe dain de
Bak 타이지가 맹세한 말이다. "저 Bak을, 전쟁에서

bahafi wara beyebe,
잡아 죽였을 몸을,

⇦ han ama ujifi mini bade unggihe, mini beyei funde
아버지 한(汗)께서 돌봐주시고 나의 지역으로 보내셨습니다. 나 대신

damtun tebuhe jui ocirsang be geli tucibufi
볼모로 살게 했던 아들 Ocirsang을 또 내보내

unggimbi, uttu ujifi gosiha
주십니다. 이렇듯 보살피고 아껴주신

⇦ han ama be urgedefi, gūwa niyalmai huwekiyebuhe gisun de
아버지 한(汗)을 저버리고, 다른 사람이 부추긴 말에

dosifi gūwaliyaci, bak, dorji, ocirsang, meni ilan (43:15a)
빠져들어 변심하면, Bak, Dorji, Ocirsang, 우리 세

niyalma be,
사람을

⇦ abka na wakalafi ehe sui isikini,
하늘과 땅이 책망하여 나쁜 죄업이 미칠 것입니다.

⇦ han ama de ehe, ildeng beile i juse ci fakcafi
아버지 한(汗)께 나쁘게 대하고, Ildeng 버일러의 자식들로부터 떨어져

cargi dubede yaburakūci,
저쪽 끝으로 가지 않으면,

⇦ abka na wakalafi ehe sui mende isikini. (ocirsang, bak beile i jui, ama i funde gaifi tebuhe bihe.)
하늘과 땅이 책망하여 나쁜 죄업이 나에게 미칠 것입니다.” (Ocirsang은 Bak 버일러의 아들로, 아버지 대신 데려다 살게 했었다.)

○ tere inenggi, ibari, hife, korcin i ooba taiji de (43:15b)
그날 Ibari와 Hife가 Korcin의 Ooba 타이지에게

elcin genehengge isinjiha, ooba taiji unggihe bithei
사신으로 갔다가 돌아왔다. Ooba 타이지가 보낸 글이다.

gisun, alin i han, sumbur[1] alin be aisin i

"산의 황제인 Sumbur산을 황금의

buya alisa šurdehe gese, eiten buya gurun i

작은 산들이 둘러쌌듯이, 온갖 작은 나라들의

han beise i dulimbade elhe taifin i tehe

한(汗)과 버일러들의 가운데 태평하게 앉으신

⇦ genggiyen han de bithe wesimbuhe, bingtu i jui bumbi,

경기연 한(汗)께 글을 올립니다. Bingtu의 자식을 드리겠습니다.

(bingtu i gebu konggor,
⇦ genggiyen han i ajigan sargan i ama.)

(Bingtu의 이름은 Konggor로,
경기연 한(汗)의 작은 부인의4) 아버지이다.)

⇦ han i sui[2] be, bi wede bumbi sembi, neneme buhekūngge, (43:16a)

'한(汗)에게5) 줄 자식을, 내가 누구에게 주겠는가'라고 합니다. 먼저 드리지 못한 것은,

erguwen i aniya, jai beye geli elhe akū ofi

자신의 띠의 해이고, 몸도 편치 못하여

buhekū bihe, hūwang taiji de yabure elcin de

드리지 못하고 있었습니다. 'Hūwang 타이지에게 다니는 사신에게는

bi burakū, minde cohome elcin jio, bi bure sembi,

내가 주지 않겠다. 내게 따로 사신이 오라. 내가 주겠다'라고 합니다.

⇦ han, tubaci tacibume hendufi unggihe gisun mujangga, meni

한(汗)께서 그곳에서부터 가르쳐 말해서 보내신 말씀이 옳습니다. 우리의

頭註1: gingguleme baicaci, tanggūt gisun de, 須彌山 alin be sumbur alin seme gisurembi. [신중하게 조사하니, Tanggūt어에서 수미산(須彌山)을 sumbur alin이라고 말한다.]

4) 여기에서 '작은 부인'은 측비(側妃)를 가리키며 Nurhaci와 1615년에 결혼했다. 책봉을 받은 비(妃)이며, 후에 수강태비(壽康太妃)로 봉해진다.

頭註2: gingguleme kimcici, sui sere gisun, ainci jui be sui seme jorime gisurere gisun dere. [신중하게 살펴보니, sui라는 말은 아마도 jui(자식)를 sui라고 가리켜 한 말일 것이다.]

5) 실제로는 한(汗)에게 주는 것이 아니고, 열두째 아들인 Ajige에게 주는 것이다.

nukte jugūn jugūn i ofi isame mutehekū, bingtu i
유목지가 여러 갈래 길이 되어서 모이지 못했습니다. Bingtu의

jui be gaiki seme jihe elcin de, be isafi
아이를 데려가겠다며 온 사신에게, 우리가 모여서

⇦ han de gisun wesimbure, aikabade cooha ambula komso (43:16b)
한(汗)께 말씀을 올리겠습니다. 만약 군사를 많든 적든

nemere be,
더한다면,

⇦ han tubade sakini, suweni mende jidere, meni suwende
한(汗)께서 그곳에서 아시게 하겠습니다. '너희가 우리에게 오고 우리가 너희에게

genere ba goro kai, ba i dulimbade acafi
갈 곳이 멀다. 길 중간에서 만나서

gisureki seci,
이야기하자'라고 해도

⇦ han sakini, cahar i emgi acarakū, yabuha elcin sarkū bio,
한(汗)께서 아시게 하겠습니다. Cahar 쪽과 화친하지 않은 것을 다녀간 사신이 모르겠습니까.

aikabade acaci,
만약 화친한다면,

⇦ han i gisun i acambi, bi suwende buceci emu ergen, (43:17a)
한(汗)의 말씀에 따라 화친하겠습니다. 제가 당신과 죽어도 한목숨,

banjici emu jurgan oho, mende beri sirdan be
살아도 한뜻이 되었는데, 우리에게 활과 화살을

šajilafi ainu uncarakū, be geli šajilafi, cahar,
어찌 금지하여 팔지 않습니까. 우리도 금지하여 Cahar와

kalka de uncaburakū oki.
Kalka에 팔지 않겠습니다."

○ tere inenggi, labasihib taiji, deo sonom taiji,
그날, Labasihib 타이지가 동생 Sonom 타이지와

ini harangga jušen irgen be gajime ubašame jihe.
그에게 속한 속민과 백성을 이끌고 배반하여 왔다.

(43:17b)

○ orin juwe de, guwangning de takūraha
22일에 광녕에 파견하면서 보낸

⇦ bithei gisun, hoton i dorgi, han i tehe yamun i šurdeme
글이다. "성 안, 한(汗)이 사는 아문 주변의

← hecen sahara babe, emu dere be susaita da
성을 쌓는 곳을, 한 면을 50발(庹)씩

← dasa seme henduhe bihe, te emu dere be
정리하라고 말했었는데, 이제 한 면을

← emte tanggūta da dasa, tsang ni jeku be,
100발씩 정리하라. 창고의 곡식을,

← hoton arambi seme futalaha ba i dorgi boode doola,
성을 짓겠다고 측량한 곳 안의 건물에 부려두라.

← ere jeku be aniya biya be ambume hūdun (43:18a)
이 곡식을 정월 안으로 빨리

← doolame wacihiya, aniya biya be duleke de, halhūn de
모두 부려두라. 정월을 넘겨서 더위가

← ambufi jeku wenjehe de, genehe amban de weile.
와서 곡식이 더위에 상하면, 간 대신들에게 죄가 있다."

○ ineku tere inenggi, bayot gurun i manggūldai, baigal,
같은 날, Bayot국의 Manggūldai, Baigal,

kicenggu, ubasi, bak taiji de henduhe
Kicenggu, Ubasi, Bak 타이지에게 한

⇦ gisun, niyaman oki sere gisun inu kai, suwembe golombio,
말이다. "인척이 되자고 하는 말은 진심이다. 너희를 멀리하겠느냐.

← suweni gese bigarame meni juse banjime baharakū, meni (43:18b)
너희처럼 초야를 돌아다니면서 우리 아이들은 살 수 없다. 우리

← juse leose taktu ninggude tefi, araha be bahaci
아이들은 누각 위에 살며, 지은 것을 받아서

← etume, tukiyehe be bahaci jeme banjimbi kai, mini jui be
입으며, 상에 올린 것을 받아서 먹으며 산다. 나의 아이를

← beye joboro bade burakū, tumen booi gurun be
몸이 고달픈 곳에 주지 않고, 1만 가구의 백성을

← salibufi, leose taktu ninggude tebufi mini hanci ujimbi,
거느리게 하며, 누각 위에 살게 하며 내 가까이에서 보살피겠다.

← jai suweni kalka i beise,
또 너희 Kalka의 버일러들은

⇦ abka de šanggiyan morin, na de sahaliyan ihan wame,
하늘에 흰 말, 땅에 검은 소를 잡아,

← batangga nikan be dailambi seme gashūha gisun be (43:19a)
적(敵)인 명나라를 정벌하겠다며 맹세했던 말을

← aifufi, nikan de dafi minde farhūn dain ohobi,
지키지 않고, 명나라를 도와 나에게 몽매한 적이 되었으니,

← suweni tere ulin be bahaki seme,
너희가 그리 재산을 얻겠다고

⇦ abka de gashūha gisun be aifuhangge, beise i beyebe
하늘에 맹세했던 말을 어긴 것은, 버일러들의 몸을

← uncarangge kai,
판 것이다.

⇦ abka be sarkū, sui isirakū seme ume gūnire, suweni
하늘이 모른다고, 죄업이 미치지 않는다고 생각하지 말라. 너희의

← hūng baturu, sirhūnak, bagadarhan, minde farhūn dain oho
Hūng 바투루, Sirhūnak, Bagadarhan은 나에게 몽매한 적이 된

← bata, suwe ebele bici, cargi ci jidere ukanju, (43:19b)
원수이다. 너희가 이쪽에 있으면, 저쪽으로부터 오는 도망자를

← suweni beise i beye saci, doro be gūnime warakū
너희 버일러들 자신이 알게 됐을 때 도를 생각하여 죽이지 않고

← gaijarakū dere, fejergi buya niyalma saha de, doro be
빼앗지 않을 것이나, 아래의 소인이 알게 되면, 도를

← gūnirakū ceni bahara de dosifi, niyalma be wame
생각하지 않고 그들이 얻는 것에만 몰두하여, 사람을 죽이고

← ulha be gaimbi kai, tuttu oci, hairakan, jafaha doro
가축을 빼앗을 것이다. 그러면, 안타깝게도, 잡은 정권은

← efujembi, niyaman hūncihin ehe ombikai, minde dain oho
무너지고 친인척은 사이가 나빠진다. 내게 적이 된

← cargi beise de bi korofi cooha yabuci, suweni
저쪽의 버일러를 내가 원망하여 출병하면, 너희

← gurun de cargi niyalma niyaman hūncihin seme lakcarakū (43:20a)
나라에 저편 사람이 친인척이라며 끊이지 않고

← yabumbi, mini cooha yabure be casi alanaha manggi,
왕래하니, 내가 출병하는 것을 저쪽에 알려서,

← cargi niyalma gemu casi burulambi, tuttu oci, mini
저쪽 사람이 모두 저편으로 도망할 것이다. 그러면 내

← cooha untuhun bade genefi jimbio, tuttu oci, geli
군대는 아무도 없는 곳에 출병했다가 올 것인가. 그러면 또

← jafaha doro efujembi, niyaman hūncihin ehe ombikai, tuttu
잡은 정권이 무너지고, 친인척도 사이가 나빠지는 것이다.

← ofi, cargi dubede yabu sembikai, mini gisun be
그러므로 저쪽 끝에 가라고 하는 것이다. 내 말을

← gaifi cargi dubede yabuha de, jafaha doro, niyaman
받아들여 저쪽 끝으로 가면, 잡은 정권과 친인척이

← hūncihin kemuni bi seme, suweni ukanju be bederebumbi, (43:20b)
여전하다 하며, 너희 도망자를 돌려보내겠다.

← suwe cala generakū ebele bici, mini hojihon enggeder i
너희가 저리로 가지 않고 이쪽에 있겠다면, 내 사위 Enggeder와

← adali cargi ci jidere ukanju be gaijara, kalka i
같이 저쪽에서 오는 도망자를 받아들이거나 Kalka의

← beise i ukanju tuwakiyara saracin i adali kai, suweni
버일러들의 도망자를 감시하는 Saracin과 같은 것이다. 너희

← ukanju be bi bedereburakū, te bicibe, suweni kalka i
도망자들을 나는 돌려보내지 않겠다. 이제라도 너희 Kalka의

← beise dasame gisurefi, mini emgi gashūha fe hebe
버일러들이 다시 이야기하여, 나와 맹세한 옛 협의

← kemuni nikan be dailaki seci, mini ambula ushara be
그대로 명나라를 정벌하겠다 하면, 내가 크게 분노하는 것을

← bi nakara, muse kemuni sain banjiki, mini emgi da (43:21a)
멈추겠다. 우리는 여전히 잘 지낼 것이다. 나와 함께 원래

← gashūha hebe gūwaliyakakū bici, mini gese alha, gecuheri,
맹세한 협의를 바꾸지 않았다면, 나처럼 색색 비단, 망룡단,

← suje jodoro nikan bahambihe kai,
비단 짜는 한인을 얻었을 것이다.

⇦ abka de wakalabume, beye be uncafi gala alibufi nikan i
하늘에 책망당하면서 몸을 팔아 그 손으로 건네고 명나라의

← ulin be gaijarangge sain akū, beye be uncarangge kai,
재물을 받는 것은 좋지 않다. 몸을 파는 것이다.

⇦ abka be sarkū, sui isirakū seme ume gūnire, mini
하늘이 모를 것이라고, 죄업이 미치지 않을 것이라고 생각하지 말라.

← gese suje jodoro nikan be baha bici, musei
나처럼 비단 짜는 한인을 얻었다면, 우리

← ejen i cihangga jaka be jorime arabume enteheme (43:21b)
주인이 좋아하는 것을 지시하여 짓게 하며 영원히

← bihe kai, jai suweni jeku udara be nikan i
살았을 것이다. 또 너희가 곡식 사는 것은 명나라의

← kooli seme henduhe bihe, te emu honin de
전례대로 하라고 말했었다. 이제 양은 한 마리에

← juwe mocin okini, udame genembi sehede, ubade neneme
모청포 두 필로 하겠다. 사러 가려고 한다면, 여기에 먼저

← niyalma takūra.
사람을 보내라."

○ orin ilan de, solho i elcin sunja niyalma
23일에 조선의 사신 다섯 명이

jimbi seme alanjiha manggi, (43:22a)
온다고 알리자,

⇦ han hendume, ere jidere solho be okdome jafafi
한(汗)이 말하기를, "이 오는 조선인을 맞아 붙잡아서

← faksalafi fonji, ai gisun i jiheni seme hendufi, sunja
격리시켜서 물으라. 무슨 말을 가지고 왔는지"라고 말하여,

solho be jafafi fonjici, tere sunja solho
조선인 다섯 명을 붙잡아서 물으니, 그 조선인 다섯이

alame, meni duleke aniya jihe hafan, jimbi
고하기를, "작년에 왔던 우리 관원이 오겠다

seme lung cuwan i hecen de bi, membe neneme
하며 용천성(龍川城)에 있다. 우리를 먼저

medege alana seme unggihe seme alaha, jai tere
소식을 알리러 가라며 보냈다"라고 고했다. 또 그

hafan i unggihe bithei gisun, musei juwe gurun (43:22b)
관원이 보낸 글이다. "우리 두 나라가

unenggi doro acafi banjiki seci, emu mao
진심으로 화친하여 지내고자 한다면, 모문룡(毛文龍) 하나

wen lung ni turgunde efujembio, neneme hendume, muse
때문에 무너지겠는가. 전에 말하기를, '우리

juwe gurun doro acaci, yaya wesihun fusihūn
양국이 화친한다면, 아무 위아래

akū, gese banjiki sehe gisun be, te tuwaci
없이, 동등하게 살고 싶다'라고 했던 말은, 이제 보니

tašan kai,
거짓이었구나.

⇦ abka be <u>fisa de sindarangge</u> sain akū, yadalinggū be
하늘을 등지는 것은 좋지 않다. 약한 이를

gidašarangge sain mujilen waka seme arahabi, tere (43:23a)
업신여기는 것은 선한 마음이 아니다"라고 적혀 있었다. 그

gisun de,
말에

⇦ han jili banjifi hendume, solho si umai dubengge gisun
한(汗)이 화를 내며 말하기를, "조선 너는 전혀 이렇다 할 말도

← akū bime, baibi mimbe geoleme medege baime ainu
없으면서, 어찌 공연히 나를 염탐하고 정보를 얻으러

← jimbi seme, sunja solho be gemu jafaha.
오는가"라고 하여 조선인 다섯을 모두 잡아들였다.

○ tere inenggi, manggūldai taiji, baigal taiji genehe.
그날 Manggūldai 타이지와 Baigal 타이지가 갔다.

頭註: gingguleme kimcici, abka be fisa de sindarangge sere gisun, ainci abka ci cashūlarangge sere gisun dere. [신중하게 살펴보니, abka be fisa de sindarangge라는 말은 아마도 '하늘을 등지는 것'이라는 말일 것이다.]

제44권

천명(天命) 8년(1623) 정월부터 2월까지

dehi duici debtelin,
abkai fulingga i jakūci
aniya aniya biyaci juwe
biyade isinahabi.

tongki fuka sindaha hergen i dangse. (44:1a)
유권점 당안

○ orin sunja de, bak taiji, ocirsang, dorji,
25일에, Bak 타이지, Ocirsang, Dorji가

(dorji, ocirsang, bak beile i juwe jui.) genere de unggihe
(Dorji, Ocirsang은 Bak 버일러의 두 아들이다.) 갈 때, 보낸

⇦ bithei gisun, sonom taiji arki omire be juse sargan
글이다. "Sonom 타이지가 술 마시는 것을 자식들과 아내가

← tafulahakū, bucehe manggi songgoro be, meni gurun i niyalma
말리지 않았다가 죽은 후에 우는 것을 우리나라의 사람들이

← basumbi, terei gese dorji, ocirsang, suweni juwe nofi
비웃는다. 그와 같이 Dorji, Ocirsang 너희 두 사람은

← ama i arki omire be tafularakū, ama arki de
아버지가 술 마시는 것을 말리지 않고 아버지가 술이

← dabafi bucehe manggi, aliyaha seme amcambio, songgoho seme (44:1b)
과해서 죽은 후에 후회한다고 해서 되돌릴 수 있겠는가. 운다고 해서

← bahambio, suweni gurun i niyalma, yaka hacihiyame arki omibuci,
얻겠는가. 너희 나라의 사람은 누구든 강제로 술을 마시게 하면

← weile arafi, sain niyalma oci morin gaisu, dulimbai
치죄하여 상급인 사람이면 말을 빼앗고, 중급인 사람이면

← niyalma oci ihan gaisu, dubei niyalma oci honin gaisu.
소를 빼앗고, 말단인 사람이면 양을 빼앗으라."

○ ineku tere inenggi, yahican, hife, gosin, korcin i
같은 날, Yahican, Hife, Gosin이 Korcin의

konggor beile de elcin genehe.
Konggor 버일러에게 사신으로 갔다.

(44:2a)

⇦ han i bithe, orin ninggun de wasimbuha, emu haha de
한(汗)의 글을 26일에 내렸다. "장정 한 명당

← emte hule jeku gaimbi, guribuhe ba i jeku be
곡물 한 섬을 징수한다. 이주시킨 지역의 곡물을

← juwefi bu, weile de afabuha baksi, faksi, tai
운송하여 내라. 일을 맡긴 박시, 장인, 대(臺)의

← karun, ulgiyan ujire niyalma, guwangning de tehe orin
초병, 돼지를 기르는 사람, 광녕(廣寧)에 주둔한 갑병 20명,

← uksin, julergi de tehe orin sunja uksin, emu
남쪽에 주둔한 갑병 25명, 한

← nirui sunja bayarai morin, nirui hūwaitaha sunja morin,
니루당 바야라 기사(騎士) 다섯 명, 니루의 말 묶어둔 기사 다섯 명,

← usin fehume genere juwe morin, ere beyei teile (44:2b)
밭을 다지러 갈 기사 두 명, 이러한 자들에 한하여

← jeku i alban guwembi, erei dabala, bireme emu haha de
공곡을 면제한다. 이 외에는 모두 장정 한 명당

← emte hule jeku gaimbi, meni meni gūsai goiha
곡물 한 섬씩을 징수한다. 각각 구사의 배분된

← ulha ulebure ba i jeku be juwe, juwere de,
가축을 먹이는 지역의 곡물을 운송하라. 운송할 때,

← ihan morin de gemu aci, emu nirude emu
소와 말에 모두 실으라. 한 니루당

← janggin, sunja nirude emu ejen arafi hoki banjibufi
장긴 한 명, 다섯 니루당 수장 한 명을 세우고 조를 짜서

← unggi, jugūn de aika nungneme cuwangnaha de, gaifi
보내라. 길에서 만약 침해하여 노략질한다면 데리고

← genehe ejen janggin de weile. (44:3a)
간 수장과 장긴에게 죄가 있다."

○ orin nadan de, hergen buhe niyalmai bithe be
27일에 직위를 준 사람의 글을

tuwara de,
살펴보면서,

⇦ han, donggo efu i baru hendume mini omolo be suwe
한(汗)이 Donggo 어푸에게 말하기를, "나의 손자를 너희가

← waci weile akū, suwe inu mini hojihon omolo kai,
죽여도 죄가 없다. 너희도 나의 사위이고 손자이다.

← suweni beyebe gūwa waci inu weile akū kai
너희 자신을 다른 사람이 죽여도 또 죄가 없다"라고

seme hendufi, niyalma waha niyalma de hergen ainu (44:3b)
말하고 사람을 죽인 사람에게 어떻게 직위를

bumbi seme, donggo efu i du tang ni hergen,
주겠느냐며 Donggo 어푸의 도당(都堂) 직위,

hošotu i fujiyang ni hergen, jartu i iogi i hergen be
Hošotu의 부장(副將) 직위, Jartu의 유격(遊擊) 직위를

gemu efulehe, busan i ilaci jergi dzung bing guwan be
모두 박탈했다. Busan의 3등 총병관(總兵官)을

wesibufi uju jergi dzung bing guwan obuha, abtai
승직시켜서 1등 총병관으로 삼았다. Abtai

nakcu i ilaci jergi fujiyang ni hergen be wesibufi ilaci
외삼촌의 3등 부장 직위를 승직시켜서 3등

jergi dzung bing guwan obuha, holhoi i beiguwan i hergen be
총병관으로 삼았다. Holhoi의 비어(備禦) 직위를

efulehe, ula i yarbu i beiguwan i hergen be efulehe, (44:4a)
박탈했다. Ula의 Yarbu의 비어 직위를 박탈했다.

erketu i beiguwan i hergen be efulehe, ula i ilden i
Erketu의 비어 직위를 박탈했다. Ula의 Ilden의

beiguwan i hergen be efulehe, yemji i fujiyang ni hergen be
비어 직위를 박탈했다. Yemji의 부장 직위를

efulefi beiguwan obuha, abai age i fujiyang ni hergen be
박탈해서 비어로 삼았다. Abai 아거의 부장 직위를

nakabufi iogi obuha, sele i iogi i hergen be nakabufi
그만두게 하고 유격으로 삼았다. Sele의 유격 직위를 그만두게 하고

beiguwan obuha, muhaliyan i beiguwan i hergen be wesibufi ilaci
비어로 삼았다. Muhaliyan의 비어 직위를 승직시켜서 3등

jergi tsanjiyang obuha, jirhai i beiguwan be wesibufi iogi
참장(參將)으로 삼았다. Jirhai의 비어를 승직시켜서 유격으로

obuha, keri i beiguwan i hergen be wesibufi iogi obuha, (44:4b)
삼았다. Keri의 비어 직위를 승직시켜서 유격으로 삼았다.

yecen i iogi i hergen be nakabufi beiguwan obuha, šorhoi i
Yecen의 유격 직위를 그만두게 하고 비어로 삼았다. Šorhoi의

beiguwan i hergen be wesibufi iogi obuha, murtai i ama be
비어 직위를 승직시켜서 유격으로 삼았다. Murtai의 아버지를

calame waha seme, amai gung de wesibufi, yarbu i
실수로 죽였다며 아버지의 공(功)으로 승직시키고, Yarbu가

niru kadalara be nakabufi murtai be kadala seme
니루를 관할하는 것을 그만두게 하고, Murtai가 관할하라며

guribuhe, sirana i beiguwan i hergen be wesibufi iogi obuha,
이동시켰다. Sirana의 비어 직위를 승직시켜서 유격으로 삼았다.

sintai i beiguwan i hergen be wesibufi iogi obuha.
Sintai의 비어 직위를 승직시켜서 유격으로 삼았다.

(44:5a)

○ kiowan iogi ginjeo ba i emu minggan boigon i
Kiowan 유격이 금주(金州) 지역의 1000호의

niyalma be facabufi, juwe tanggū orin ulgiyan
사람을 흩어지게 하고 돼지 220마리를

gajifi, fu jeo i wang beiguwan de afabuha.
이끌고 와서, 복주(復州)의 왕(王) 비어에게 맡겼다.

頭註: gingguleme kimcici, calame waha sere gisun, ainci tašarame waha sere gisun dere. [신중하게 살펴보니, calame waha라는 말은 아마도 '실수로 죽였다'라는 말일 것이다.]

○ orin nadan de,
27일에

⇦ han yamun de tucifi, beise ambasai baru hendume,
한(汗)이 아문에 나와서, 버일러들과 대신들에게 말하기를,

⇦ abkai jui han, han i jui beise ambasa, beise ambasai jui (44:5b)
"하늘의 자식이 한(汗)이고, 한(汗)의 자식이 버일러들과 대신들이며, 버일러들과 대신들의 자식이

← irgen, ejen i jui aha, han,
백성이고, 주인의 자식이 노복이다. 한(汗)이

⇦ abka be ama arafi, gingguleme onggorakū gūnime,
하늘을 아버지로 삼고 존경하고 잊지 않고 생각하며,

⇦ abkai buhe doro be genggiyen i dasame banjici, han i doro
하늘이 준 도리를 맑게 다스리고 살면, 한(汗)의 도리가

← aide efujembi, beise ambasa, han be ama arafi,
어찌 무너지겠는가. 버일러들과 대신들이 한(汗)을 아버지로 삼아서

← gingguleme onggorakū gūnime, ai jaka be beyei baru
존경하고 잊지 않고 생각하며, 무엇이든 자신에게

← doosidame gūnirakū, hūlha holo koimali jalingga ehe kiyangdu be
탐욕스럽게 생각하지 않고, 도적질, 간계, 나쁘고 사나움을

← deriburakū tondo banjici, beise ambasai doro aide efujembi, (44:6a)
꾀하지 않고 바르게 살면, 어찌 버일러들과 대신들의 도리가 무너지겠는가.

← irgen, beise ambasa be ama arafi, gingguleme onggorakū gūnime,
백성이 버일러들과 대신들을 아버지로 삼아서 존경하고 잊지 않고 생각하며,

← hūlha holo koimali jalingga ehe kiyangdu be deriburakū, šajin
도적질, 간계, 나쁘고 사나움을 꾀하지 않고, 법률을

← fafun be jurcerakū akūmbume banjici, jobolon gasacun aide
어기지 않고 진력하여 살면, 어찌 괴로움과 고난을

← tušambi, aha, ejen be ama arafi, gingguleme onggorakū
당하겠는가. 노복이 주인을 아버지로 삼아서 존경하고 잊지 않고

← gūnime, hūlha holo koimali jalingga ehe kiyangdu be
생각하여, 도적질, 간계, 나쁘고 사나움을

← deriburakū, olhome geleme aha i weile be akūmbume weileme
꾀하지 않고, 조심하고 두려워하며 노복의 일을 진력하여 일하면서

← banjici, erun koro aide goimbi, han, (44:6b)
살면, 어찌 형벌을 맞겠는가. 한(汗)이

⇦ abkai kesi de banjimbime,
하늘의 은혜로 살면서도

⇦ abka be daburakū, ini erdemu ini hūsun de banjimbi
하늘을 생각하지 않고 자신의 재주와 자신의 힘으로 산다고

← seme, doro yoso be kiceme dasarakū ehe jurgan i
하여 도의를 열심히 다스리지 않고 악행을

← yabuci,
행하여서,

⇦ abka wakalafi han be efuleci, han i beyebe han etembio,
하늘이 질책하여 한(汗)을 무너뜨리면, 한(汗) 자신을 스스로 지켜내겠는가.

← beise ambasa, han i kesi de banjimbime, han be
버일러들과 대신들이 한(汗)의 은혜로 살면서도, 한(汗)을

← daburakū, ini erdemu ini hūsun de banjimbi seme, (44:7a)
생각하지 않고, 자신의 재주와 자신의 힘으로 산다고 하여

← hūlha holo koimali jalingga ehe kiyangdu mujilen jafafi
도적질, 간계, 나쁘고 사나운 마음을 먹고서

← doosi miosihon banjici, han wakalafi beise ambasa be
탐욕과 간사함으로 살고, 한(汗)이 질책하여 버일러들과 대신들을

← efuleci, beise ambasai beyebe beise ambasa etembio,
무너뜨리면, 버일러들과 대신 된 몸을 버일러들과 대신들이 얻어내겠는가.

← irgen, beise ambasai šajin fafun be jurceme, hūlha
백성이 버일러들과 대신들의 법률을 어기고, 도적질,

← holo koimali jalingga ehe kiyangdu facuhūn yabuci, beise
간계, 나쁘고 사나움, 소동을 행하면, 버일러들과

← ambasa wakalafi jobolon gasacun tušambi kai, aha, ejen i
대신들이 질책하여 괴로움과 고난을 당한다. 노복이 주인이

← afabuha weile be olhome geleme akūmburakū jurceme, hūlha (44:7b)
맡긴 일을 조심하고 두려워하며 진력하지 않고 어겨서, 도적질을 하고,

← holo koimali jalingga ehe kiyangdu oci, ejen wakalafi
간계를 부리고, 나쁘고 사나워지면, 주인이 질책하여

← erun koro goimbi kai, julgei kooli be donjici, hūturi de
형벌을 맞는다. 예전의 선례를 들으니 복에

← akdaha niyalma wesikebi, hūsun de akdaha niyalma wasikabi,
의지한 사람은 귀해졌고, 힘에 의지한 사람은 몰락했다.

← tondo sain mujilen jafaha niyalma ufarahangge akū, ehe
바르고 좋은 마음을 가진 사람이 실패한 적이 없고, 나쁘고

← miosihon hūlha holo mujilen jafaha niyalma jabšahangge akū,
간사함, 도적의 마음을 가진 사람이 성공한 적이 없다.

← dergici fejergi de isitala yaya niyalma, tondo sain
위에서부터 아래에 이르기까지 어떤 사람이든 바르고 좋은

← mujilen i banjire niyalma, hūturi isaburengge kai, hūturi ambula (44:8a)
마음으로 사는 사람은 복을 모으는 것이다. 복이 크면,

← oci, atanggi bicibe sain ojorakū doro bio, hūlha
언제가 되었든 잘되지 않을 도리가 있겠는가. 도적질,

← holo koimali jalingga ehe kiyangdu mujilen i banjire niyalma,
간계, 나쁘고 사나운 마음으로 사는 사람은

← sui isaburengge kai, sui ambula oci, atanggi bicibe
죄를 모으는 것이다. 죄가 크면, 언제가 되었든

← ehe de tušarakū doro bio, jušen nikan monggo
나쁜 일을 당하지 않을 도리가 있는가. 여진인, 한인, 몽골인

← yaya niyalma, gemu hūlha holo ehe mujilen be
어떤 사람이든, 모두 도적질과 나쁜 마음을

← waliya, tondo sain mujilen jafa, han, beise ci
버리고, 바르고 좋은 마음을 가지라. 한(汗)과 버일러들

← fusihūn, moo ganara haha, muke juwere hehe ci (44:8b)
이하, 나무하는 장정, 물을 나르는 여자[1]

← wesihun, jobolon tulergi ci jiderakū, gemu meni meni
이상 괴로움은 밖으로부터 오지 않고, 모두 각자의

← beye ci tucimbi kai, adarame seci,
몸으로부터 나오는 것이다. 왜인가 하면,

⇦ abkai sindaha han, beise,
하늘이 임명한 한(汗)과 버일러들이

⇦ abka de saišabume, niyalma be urgunjebume, doro dasame sain
하늘에게 칭찬받고 사람들을 즐겁게 하고, 도리로 다스리며 좋은

← jurgan i banjirakū buya mujilen jafaci,
뜻으로 살지 않고 소인의 마음을 가지면

---

1) 한어 초동급부(樵童汲婦)에 해당하는 말로, 일반 백성을 일컫는다.

⇦ abka wakalafi doro efujembi, han i sindaha ambasa, afabuha
하늘이 질책하여 도리가 무너진다. 한(汗)이 임명한 대신들이 맡긴

← weile be tondoi kiceme akūmburakū, miosihon heolen mujilen (44:9a)
일을 정직하게 부지런히 진력하지 않고, 간사하고 태만한 마음을

← jafaci, han wakalafi beye efujembi, moo ganara haha,
가지면, 한(汗)이 질책하여 몸이 무너진다. 나무하는 장정,

← muke juwere hehe, ejen i afabuha moo mukei weile be
물을 나르는 여자가 주인이 맡긴 나무 베고, 물 긷는 일을

← olhome geleme jurcerakū akūmbuci, ejen, jai tede ai
조심하고 두려워하며 거스르지 않고 진력하면, 주인이 또 거기에 무엇을

← gaji seme koro arambi, akūmburakū heoledeme jurceci, ejen
가지고 오라고 해를 가하겠는가. 진력하지 않고 태만하며 거스르면, 주인이

← jili banjifi koro arambi kai, yaya niyalmai beye ci
화를 내어 해를 가하는 것이다. 무릇 사람들 자신으로부터

← jobolon tucimbi serengge tere inu.
괴로움이 나온다고 하는 것이 그것이다."

(44:9b)

○ juwe biyai ice inenggi,
2월 초하루에,

⇦ han i hojihon konatai, suwan i efu i jui tohoi, efime
한(汗)의 사위 Konatai가 Suwan 어푸의[2] 아들 Tohoi를, 희롱하며

gisurehe turgunde, morin i dergi ci dara gidame
말했다는 이유로 말 위에서 허리를 누르며

---

2) Suwan 어푸는 대자르구치 Fiongdon을 지칭한다.

šusihalara jakade, konatai be tohoi de afabufi
채찍질했기 때문에 Konatai를 Tohoi에게 넘겨서

karu tantaha.
보복으로 때렸다.

○ ineku tere inenggi, teodengge booi nikan hehe (44:10a)
같은 날에, Teodengge가 집의 한인 여자가

ukafi, mujakū nikan be jafafi, mini ukanju
도망해서, 무고한 한인을 잡아서 "나의 도망자를

gaji seme, šajin de alarakū enculeme uju be
데려오라"고 하며 법관에게 알리지 않고 독단적으로 머리를

futa i murime erulere jakade, teodengge be karu
줄로 꼬는 고문을 가했기 때문에 Teodengge를 보복으로

gūsin šusiha tantaha.
채찍 30대를 때렸다.

○ ice juwe de, munggatu, bada, ginggūlda, ere
초이틀에, Munggatu, Bada, Ginggūlda 이

ilan niyalmai beiguwan i hergen be wesibufi ilaci (44:10b)
세 사람의 비어 직위를 승직시켜서 3등

jergi iogi obuha, cangju be ciyandzung obuha,
유격으로 삼았다. Cangju를 천총(千總)으로 삼았다.

bada i bahara ubu de, nirui duin ciyandzung ni
"Bada가 얻을 몫에서 니루의 네 천총의

dele jai emu ciyandzung ofi gaisu.
위의 또 한 명의 천총이 되어서 받으라."

○ ice juwe de wasimbuha gisun, io tun wei
초이틀에 내린 말이다. "우둔위(右屯衛)의

jeku i jalin de, ilan haha de neneme emu
곡식에 대하여, 장정 세 명당 한

hule gaiha, jai julergi gurihe ba i jeku be (44:11a)
섬을 먼저 받았다. 그리고 남쪽으로 이주한 지역의 곡식을

juwebufi, ilan haha de emu hule gaimbi,
운송하게 하여 장정 세 명당 한 섬을 받겠다.

juwerakū sini booi jeku buci inu wajiha.
운송하지 않고 너의 집의 곡식을 내도 또한 된다."

○ ice ilan de, guwangning de tehe coohai
초사흘에, 광녕에 주둔한

niyalma, hūlhame jeku gajiha monggo be bošofi,
병사가 몰래 곡식을 가지고 온 몽골인을 쫓아내고

juwe tanggū ihan baha, emu tanggū susai
소 200마리를 얻었다. 그중 150마리를

ihan benjihe, jai susai ihan be coohai (44:11b)
보내오고, 50마리를

niyalma de buhe, ai ai furdehe tana seke
병사에게 주었다. 갖가지 모피, 동주(東珠), 담비를

butaha, butarangge, daci jakūn beile boo emte
획득했다. 사냥할 때에는 원래 여덟 버일러 집에서 장정

tanggū haha sindafi, baha jaka be meni meni
100명씩을 보내고, 얻은 물건은 각자

gaimbihe, tuttu facuhūn ojorahū seme, sahaliyan indahūn
가졌었는데, 그렇게 하면 혼란스러울까 염려된다고 하여 임술년(壬戌年, 1622)에

aniyai butaha tana seke silun tasha niohe
획득한 동주, 담비, 스라소니, 호랑이, 늑대,

hailun ulhu, tenteke ai ai butaha jaka be
수달, 청설모 등 그렇게 갖가지 획득한 것을

gemu jakūn ubui neigen dendehe. (44:12a)
모두 여덟 몫으로 공평하게 나누었다.

○ ice sunja de bodonggo i deote,
초닷새에 Bodonggo의 동생들이,

⇦ han de bithe alibume,
한(汗)에게 글을 바치기를,

⇦ han gosime, membe ama i gung ni tsanjiyang ni hergen de
"한(汗)께서 사랑하여 우리를 아버지의 공(功)으로 참장(參將) 직위를

bahakini sehe bihe, bodonggo i weile baha turgunde, ama i
주겠다고 했었습니다. Bodonggo가 죄를 지었다고 해서 어찌 아버지의

gung ni hergen be ainu efulembi seme bithe
공(功)으로 받은 직위를 박탈하십니까"라고 글을

alibure jakade, (44:12b)
바치자

⇦ han hendume, suwe bahara de dule bahaki seme sambi,
한(汗)이 말하기를, "너희는 얻을 것에 대해 원래대로 얻을 줄은 알면서

← bodonggo weile araci, suwe doigonde tafulame sarkū, suwe
Bodonggo가 죄를 지어도 너희가 먼저 말릴 줄은 모른다. 너희가

← tafulaci ojorakū oci, sini weile araha de ama i
말리지 못한다면, '어찌 네가 죄를 지어서 아버지의

← hergen be ainu efulebumbi seme doigonde beye hokocina,
직위를 박탈하게 하는가'라고 하며 미리 연을 끊었어야지,

← tafulahakū ofi, te amala gisurehe seme daburakū
말리지 않아놓고, 이제 와서 말했다고 해도 헤아려주지 않겠다"라고

seme nakabuha.
하여 그만두게 했다.

(44:13a)

○ ice sunja de, labsihi taiji i deo de buhengge,
초닷새에 Labsihi 타이지의 동생에게 준 것이다.

sunja suje, juwanta yan i juwe menggun i moro,
비단 다섯 필, 열 냥씩으로 만든 은사발 두 개,

amba mocin juwan, ajige mocin juwan, boso juwan,
큰 모청포 열 필, 작은 모청포 열 필, 베 열 필,

elbihe dahū emke, mocin i kurume juwe, emu
너구리 털옷 한 벌, 모청포 겉옷 두 벌,

ergume buhe.
조의 한 벌을 주었다.

○ jakūn gūsai enculehe ambasai butaha seke uhereme (44:13b)
8구사의 전관대신(專管大臣)들이 사냥한 담비가 모두 하여

ton, emu minggan duin tanggū uyunju ilan, emu
수가 1493마리,

tanggū juwe hailun, ulhu uyun tanggū gūsin
수달이 102마리, 청설모 936마리,

ninggun, elbihe juwe tanggū jakūnju emu, silun
너구리 281마리, 스라소니

juwan ninggun, damin emu tanggū duin, tasha
16마리, 수리 104마리, 호랑이

duin, solohi orin, dobihi jakūn.
네 마리, 족제비 20마리, 여우 여덟 마리이다.

○ enculehe ambasa hergen i bodome haha sindafi butaha (44:14a)
전관대신(專管大臣)들이 직위로 헤아려서 장정을 보내서 사냥한

jaka be meni meni gaimbihe, tere be nakafi,
물건을 각자 가졌는데, 그렇게 하기를 그만두고

butafi baha tasha silun seke dobihi hailun
사냥하여 얻은 호랑이, 스라소니, 담비, 여우, 수달,

elbihe ulhu, damin i dethe, ai ai furdehe be,
너구리, 청설모, 수리의 깃, 갖가지 가죽을

butaha sindaha sindahakū niyalma de, ice ninggun i inenggi,
사냥했거나 장정을 보냈거나 보내지 않은 사람 모두에게, 초엿새에,

dzung bing guwan ci fusihūn, beiguwan ci wesihun, ilhi ilhi
총병관 이하 비어 이상에게 차례차례

hergen i bodome buhe, uju jergi de orin jakūta,
직위를 헤아려서 주었다. 1등급에게 28마리씩,

jai jergi de orin ilata, ilaci jergi de (44:14b)
2등급에게는 23마리씩, 3등급에게는

juwan jakūta, duici jergi de tofohoto, sunjaci
18마리씩, 4등급에게는 15마리씩, 5등급에게는

jergi de juwan ilata, ningguci jergi de juwan
13마리씩, 6등급에게는 11마리씩,

emte, nadaci jergi de uyute, jakūci jergi de
7등급에게는 아홉 마리씩, 8등급에게는

sunjata, uyuci jergi de duite buhe, seke
다섯 마리씩, 9등급에게는 네 마리씩 주었다. 담비를

bure de hergengge niyalmai gebu be tuwafi wesibuhe
줄 때 직위가 있는 사람의 이름을 보아서 직위를 승직시키거나

wasibuha hergen, abutu baturu fujiyang bihe, nimeme
강등시켰다. Abutu 바투루는 부장이었는데, 병에 걸려

bucere jakade, juse akū seme efulehe, muhaliyan i (44:15a)
죽자 자식이 없어서 직위를 박탈했다. Muhaliyan의

tsanjiyang ni hergen be nakabufi beiguwan obuha, šumuru i
참장직을 그만두게 하고 비어가 되게 했다. Šumuru의

uju jergi iogi be nakabufi jai jergi iogi
1등 유격을 그만두게 하고 2등 유격이

obuha, ibari iogi bihe, nimeme bucefi, funde
되게 했다. Ibari는 유격이었는데, 병에 걸려 죽자 그 대신에

ibari i eshen boitohoi be beiguwan obuha, obondoi,
Ibari의 숙부 Boitohoi를 비어로 삼았다. Obondoi와

baihū uju jergi iogi be ilaci jergi iogi
Baihū는 1등 유격을 3등 유격이

obuha, oforo amba moohai, uju jergi iogi be
되게 했다. 코가 큰 Moohai는 1등 유격을

jai jergi iogi obuha, hoose i jui balan de (44:15b)
2등 유격이 되게 했다. Hoose의 자식 Balan에게

beiguwan i hergen buhe, gisha, sintai, mandulai, cergei,
비어직을 주었다. Gisha, Sintai, Mandulai, Cergei,

bada, tainju, jirhai i ilaci jergi iogi be jai
Bada, Tainju, Jirhai 3등 유격을 2등

jergi iogi obuha, monggo kultei iogi, abutu
유격으로 삼았다. 몽골인 Kultei와 Abutu의

iogi be efulehe, salu i ilaci jergi iogi be
유격직을 박탈했다. Salu 3등 유격을

beiguwan obuha, inggūldai i beiguwan be ilaci jergi iogi
비어로 삼았다. Inggūldai 비어를 3등 유격으로

obuha, nakada beiguwan, kūniyakta i beiguwan be efulehe,
삼았다. Nakada와 Kūniyakta의 비어직을 박탈했다.

buyan, kesiktu, langkio, toktoi, ere duin beiguwan be (44:16a)
Buyan, Kesiktu, Langkio, Toktoi 이 네 사람의 비어직을

efulehe, unege nirui tohoci beiguwan be efulehe,
박탈했다. Unege 니루의 Tohoci의 비어직을 박탈했다.

borhoi beiguwan be nakabufi, burantai de hahai
Borhoi의 비어직을 그만두게 하고, Burantai에게 장정의

ubu bodome gaisu sehe, yehe i udahai beiguwan be
몫을 헤아려서 취하라고 했다. Yehe의 Udahai의 비어직을

nakabuha, detde hontoho beiguwan be efulehe.
그만두게 했다. Detde는 절반 비어직을 박탈했다.

○ solho i ilan jergi elcin jihe hafan i
세 번 사신으로 왔던 조선의 관원이

⇦ han de gajiha menggun, ceceri, miyanceo, hoošan, ai (44:16b)
한(汗)에게 가지고 온 은, 깁, 면주(綿紬), 종이 등 갖가지

jaka be, gemu juwe gurun i weile wajire
물건을 모두 두 나라의 일이 끝나는

dube be tuwame, warkasi dain de jafafi
결말을 보아가며, Warkasi 전투에서 잡아서

ujihe hafasai boode asarabuha bihe, jorifi gaji
보살피던 관원들의 집에 보관하여 두게 했었는데, 지시하여 데리고 오라

sere mao wen lung be burakū, baibi jaldame
한 모문룡(毛文龍)을 주지 않고, 공연히 속이며

medege gaime yabure jakade, tere asaraha jaka be
정보를 얻으러 다녔기 때문에, 그 보관한 물건을

gemu gaifi siden i ku de sindaha, ceceri
모두 가져다가 공용 창고에 두었다. 깁

uyunju sunja, miyanceo emu tanggū orin, fulgiyan (44:17a)
95필, 면주 120필, 붉은

boso emu tanggū, yacin boso emu tanggū,
베 100필, 아청색 베 100필,

hoošan uyunju sunja kiyan, efulehe hoošan nadanju
종이 95축, 훼손된 종이 75축,

sunja, iolehe hoošan i boro dobton tofohon, niruha
기름 먹인 종이로 만든 회색 책갑 15개, 그림 그려진

derhi juwan, šanggiyan derhi orin, angga amba
삿자리 열 개, 하얀 삿자리 20개, 입이 큰

nimaha emu tanggū, wen ioi sere nimaha juwan,
물고기 100마리, 문어(文魚)라는 물고기 열 마리,

huwesi tofohon, menggun emu tanggū yan, jai susai
작은 칼 15개, 은 100냥이다. 그리고 베 50필은

boso be piyoo gui ing ni emgi jihe niyalma de (44:17b)
박규영(朴葵英)과[3] 함께 온 사람에게

etu seme ce buhebi, ušisan i gajiha juwe tanggū
입으라 하고 그들이 주었다. Ušisan이 가지고 온 은

yan menggun be ehe, hūlašambi seme i amasi gamahabi.
200냥이 나빠서 바꾸겠다며 그가 도로 가져갔다.

○ ice nadan de, niowanggiyaha i halhūn muke de basa
초이레에, 청하(淸河)의 온천에 사례를

bume hoošan deijihe be,
하며 종이를 불사른 것을

⇦ han donjifi, neneme basa bume hoošan deijihe we, hasa
한(汗)이 듣고서 "먼저 사례를 하고 종이를 불사른 것이 누구인가. 급히

← baica seme du tang de afabufi baicaci, muhaliyan (44:18a)
조사하라"고 하여 도당에 맡겨서 조사하니, Muhaliyan

age neneme genefi, nikan i kooli seme miyoo de
아거가 먼저 가서 한인의 예법이라고 하며 묘(廟)에서

hoošan deijihebi, terei amala,
종이를 불살랐다. 그 이후에

⇦ han i booi gojonggi i sargan genefi halhūn mukei ujude
한(汗)의 노복 Gojonggi의 부인이 가서 온천의 발원지에서

3) 박난영(朴蘭英)의 동생이다. 사르후 전투에서 강홍립과 함께 청에 잡혀간 박난영과 접촉하기 위해 파견되었다가 억류되었다. 『朝鮮實錄』〈인조 5년(1627) 8월 12일〉에 박난영 등과 함께 돌아왔다는 기사가 있다.

hoošan deijihebi, tere be alhūdame, afuni, gosin i
종이를 불살랐다. 그것을 본떠서, Afuni, Gosin

eigen sargan, ilangga i eigen sargan genefi mukei
부부, Ilangga 부부가 가서 물의

ujude hoošan deijihebi, du tang duilefi
발원지에서 종이를 불살랐다. 도당이 심리하여

⇦ han de alara jakade, (44:18b)
한(汗)에게 아뢰자

⇦ han jili banjifi hendume, koolingga babe adarame nakabure
한(汗)이 화를 내어 말하기를, "어찌 예법이 있는 바를 그만두게

← sembikai, kooli akū babe kooli arame ainu deribumbi
하는가라고 하지만, 어찌 선례가 없는 바를 선례를 만들기 시작하는가"라고

seme, muhaliyan de tanggū yan i weile araha,
하여 Muhaliyan에게 100냥으로 치죄했다.

dahame genehe gucu be waha, gojonggi i sargan be
따라서 간 구추를 죽였다. Gojonggi의 부인을

oforo šan faitafi, angga jayafi, ilan inenggi
코와 귀를 자르고, 입을 베고 사흘간

eruleme asarafi waha, gosin i eigen sargan, afuni,
형벌을 내리며 가두어서 죽였다. Gosin 부부, Afuni,

ilangga i eigen sargan de tanggūta yan i weile (44:19a)
Ilangga 부부에게 100냥씩으로 치죄했다.

araha, šumuru i deo sunaha be halhūn muke de
Šumuru의 동생 Sunaha를 온천에

basa bure anggala, si simiyan i yamji gidaha
사례했을 뿐만 아니라 "너는 심양(瀋陽)에서 저녁에

yafahan kuren i cooha de, si bulcame ainu
보병 부대의 적병을 격파할 때, 어찌 벗어나서

dosikakū seme wara weile maktaha bihe, sunaha,
진격하지 않았는가"라고 하여 죽일 죄를 내렸었는데, Sunaha가

jai dasame ini tusa araha babe beise de
재차 자신이 이롭게 한 바를 버일러들에게

bithe arafi wesimbure jakade, wara be nakafi
글로 써서 올린 까닭에, 죽이지 않고,

eigen sargan i gala jafafi tucibuhe, boo be talaha, (44:19b)
부부의 손에 들 수 있는 것만 들려서 쫓아냈고, 집은 몰수했다.

tanggū šusiha šusihalaha.
채찍 100대를 때렸다.

○ fusi efu i ginjeo ci wesimbuhe bithei gisun,
Fusi 어푸가 금주(金州)에서 올린 글이다.

ginjeo i hoton i šurdeme juwan ba i dolo bisire
"금주성(金州城)의 주변 10리 안에 있는

šulhe moo juwe tanggū susai ninggun, pinggu moo
배나무가 256그루, 사과나무가

emu tanggū juwan duin, guilehe moo juwe tanggū
114그루, 살구나무가 246그루,

dehi ninggun, soro moo juwe minggan jakūn tanggū (44:20a)
대추나무가 2818그루,

juwan jakūn, toro moo susai jakūn, uhereme
복숭아나무가 58그루 등 총

tubihe mooi ton, ilan minggan nadan tanggū
과일나무의 수는 3792그루입니다.

uyunju juwe, ere moo yafan i ton jakūnju, mu cang i
이 과수원의 수는 80곳입니다. 목장역보(木場驛堡)의

pu i šulhe moo jakūnju duin, toro moo susai,
배나무가 84그루, 복숭아나무가 50그루,

guilehe moo juwan nadan, soro moo ninggun tanggū,
살구나무가 17그루, 대추나무가 600그루,

foyoro moo duin, uli moo duin, uhereme mooi
자두나무가 네 그루, 산앵두나무 네 그루 등 총 나무의

ton, jakūn tanggū, moo i yafan juwe, ere moo be (44:20b)
수는 800그루입니다. 과수원은 두 곳입니다. 이 나무를

tuwakiyabume ilan tanggū haha werihe, jai dabsun
지키도록 장정 300명을 남겼습니다. 그리고 소금

fuifure niyalma orin, nimaha butara niyalma juwan,
끓이는 사람 20명, 물고기 잡는 사람 열 명,

gasha butara niyalma juwan, ere niyalma be gemu
새 잡는 사람 열 명, 이 사람들을 모두

ginjeo i hoton de werihe.
금주성(金州城)에 남겼습니다."

제45권

천명(天命) 8년(1623) 2월

dehi sunjaci debtelin,
abkai fulingga i
jakūci aniya juwe
biya.

tongki fuka sindaha hergen i dangse. (45:1a)
유권점 당안

◯ ice nadan de, jakūn gūsade jakūn du tang,
초이레에, 8구사에 도당(都堂) 여덟 명과,

emu gūsade juwete beidesi, monggo beidesi jakūn,
한 구사당 심사관 두 명씩, 몽골인 심사관 여덟 명,

nikan beidesi jakūn, beise i bithe monggolifi gisun
한인 심사관 여덟 명, 버일러들의 글을 목에 걸고 말하는 것을

tuwakiyara niyalma duite sindaha, tere sindaha ambasai
살펴보는 사람[1] 네 명씩을 임명했다. 그 임명한 대신들의

gebu, du tang ni jergi urgūdai, abtai nakcu,
이름이다. 도당 급은 Urgūdai, Abtai 외삼촌,

yangguri, dobi ecike, joriktu ecike, yehe i subahai,
Yangguri, Dobi 숙부, Joriktu 숙부, Yehe의 Subahai,

asidarhan, boitohoi, beidesi jergi kubuhe suwayan i baduri, (45:1b)
Asidarhan, Boitohoi, 심사관 급은 양황기(鑲黃旗)의 Baduri,

1) 천총(天聰) 5년(1631) 7월에 6부를 설치하면서 계심랑(啓心郎, mujilen bahabukū)으로 바뀐다.

soohai, gulu suwayan i turgei, asan, gulu fulgiyan i
Soohai, 정황기(正黃旗)의 Turgei, Asan, 정홍기(正紅旗)의

tobohoi ecike, moobari, kubuhe lamun i hūsibu, neodei,
Tobohoi 숙부, Moobari, 양람기(鑲藍旗)의 Hūsibu, Neodei,

gulu lamun i eksingge, ikina, kubuhe šanggiyan i yahican,
정람기(正藍旗)의 Eksingge, Ikina, 양백기(鑲白旗)의 Yahican,

yegude, kubuhe fulgiyan i langge, hūwašan, gulu šanggiyan i
Yegude, 양홍기(鑲紅旗)의 Langge, Hūwašan, 정백기(正白旗)의

gūwalca ecike, bojiri, gulu lamun i bithe monggolire de,
Gūwalca 숙부, Bojiri이다. 정람기의 글을 목에 거는 자는

bangsu, sele, nikari, yambulu, gulu fulgiyan i bithe
Bangsu, Sele, Nikari, Yambulu이고, 정홍기의 글을

monggolire de, tanggūdai, baindari, anggara, toktoi, kubuhe (45:2a)
목에 거는 자는 Tanggūdai, Baindari, Anggara, Toktoi이며,

fulgiyan i bithe monggolire de, santan, hahana, bulanju,
양홍기의 글을 목에 거는 자는 Santan, Hahana, Bulanju,

obohoi, kubuhe lamun i bithe monggolire de, sirin,
Obohoi이고, 양람기의 글을 목에 거는 자는 Sirin,

kangkalai, mungtan, munggan, kubuhe šanggiyan i nanjilan, fukca,
Kangkalai, Mungtan, Munggan이다. 양백기는 Nanjilan, Fukca,

hūngniyaka, jonoi, gulu šanggiyan i yahū, mandarhan, bakiran,
Hūngniyaka, Jonoi이고, 정백기는 Yahū, Mandarhan,[2] Bakiran,

bohūca, kubuhe suwayan i mandulai, yangšan, gisun, janu
Bohūca이며, 양황기는 Mandulai, Yangšan, Gisun, Janu

---

2) Mandarhan은 『朝鮮實錄』에 滿月介로 표기되어 있다. Mafuta(마부대(馬夫大))의 형이다.

korkon, gulu suwayan i bithe monggolire de, šajin,
Korkon이고, 정황기의 글을 목에 거는 자는 Šajin,

suijan, cergei, moohai, (45:2b)
Suijan, Cergei, Moohai이다.

⇦ han hendume, jakūn hošoi beise de, jakūn amban adafi,
한(汗)이 말하기를, "여덟 호쇼 버일러들에게 대신들 여덟 명이 붙어서,

← beise i mujilen be duileme tuwa, wei mujilen beyei
버일러들의 마음을 심리해 보라. 누구의 마음이 자신의

← weile be, weri weile be gemu emu adali geren i
죄와 남의 죄를 모두 똑같이 여럿의

← sidende sindafi gisurembi, wei mujilen beyei weile ohode,
사이에 놓고 말하는지, 누구의 마음이 자기의 죄가 되었을 때

← waka be alime gaijarakū cira aljambi, tere be
잘못을 받아들이지 않고 안색이 변하는지, 그것을

← jakūn amban uhe tuwafi, waka be saha de
여덟 대신이 함께 보아서 그른 것을 알게 되면

← wakalame hendu, wakalame hendure gisun be alime gaijarakūci, (45:3a)
잘못되었다고 말하라. 지적한 말을 받아들이지 않으면

← han de ala, ere emu giyan, gurun i eiten
한(汗)에게 알리라. 이것이 첫 번째 방침이다. 나라의 온갖

← weile be adarame oci jabšambi, adarame oci ufarambi
일을 어찌하면 이익이 되고, 어찌하면 실패하게 될지

← seme saikan bodo, doroi jurgan de aisilaci ojoro
잘 헤아리라. 정치에 도움이 될

← niyalma bici, tucibufi ere be doroi weile de
사람이 있으면 내세워서 이 사람을 정무에

← afabuci ombi seme, sain be sain seme wesibu,
임하게 할 수 있다 하고, 좋은 이를 좋다 하여 승직시키라.

← afaha weile de muterakū niyalma oci, ere muterakū
맡은 일에 무능한 사람이라면 이 사람은 능력이 없다

← seme, ehe be ehe seme wasibu, ere juwe giyan, (45:3b)
하고, 나쁜 이를 나쁘다 하여 강직시키라. 이것이 두 번째 방침이다.

← dzung bing guwan ci fusihūn coohai ambasa, dain i weile be
총병관(總兵官) 이하 군사 대신들은 전쟁에 관한 일들을

← adarame oci jabšambi, adarame oci ufarambi seme saikan
어찌하면 잘되고, 어찌하면 실패할지 잘

← bodo, bigan de afaci, ai agūra acambi, hecen
헤아리라. 들에서 싸울 때는 어떤 병기가 적당하고, 성을

← afara de, ai agūra acambi seme acara jaka be
공격할 때는 어떤 병기가 적당한가 하여 적합한 것을

← dagila, cooha kadalaci etere niyalma be ere cooha
준비하라. 군사를 지휘하는 것에 대해서는, 승리할 만한 사람을 이 사람이

← kadalaci etembi, eterakū niyalma be ere cooha kadalame
군사를 지휘하면 이긴다 하고, 승리하지 못할 사람은 이 사람이 군사를 지휘하면

← eterakū seme wesimbu, ere ilan giyan, ehe be (45:4a)
이기지 못한다 하며 글을 올리라. 이것이 세 번째 방침이다. 나쁜 자를

← wasiburakū efulerakūci, ehe aide isembi, sain be wesiburakū
강직시키거나 파직시키지 않으면, 나쁜 자가 어찌 두려워하겠는가. 좋은 이를 승직시키지 않거나

← tukiyerakūci, sain aide yendembi, suwe uttu gurun i
천거하지 않으면 좋은 이가 어찌 분발하겠는가. 너희가 이렇게 나라의

← weile be giyan giyan i icihiyame geterembuhe de, mini
일을 이치에 맞게 처리해 깨끗하게 했을 때, 나는

← dolo juse omosi geren ujihe, ambasa geren ilibuha
내심, '아들 손자들을 여럿 키웠고, 대신들을 여럿 세운

← tusa seme elehun gūnire seme henduhe.
덕이다'라고 하며 기쁘게 여길 것이다"라고 말했다.

○ emu gūsai beise de, duite amban be afabufi (45:4b)
한 구사의 버일러마다 네 명씩의 대신을 붙여서,

tacibure bithe monggolibufi sindaha
교시하는 글을 목에 걸게 하고 임명한

⇦ bithei gisun, julgei han, beise, ehe mujilen jafafi wasika
글이다. "옛적 한(汗)과 버일러들이 나쁜 마음을 가져서 몰락하거나

← efujehe kooli, sain mujilen jafafi jabšaha wesike kooli
무너진 선례, 좋은 마음을 가져서 성공하거나 흥성한 선례의

← bithe be monggolifi, beise i beye ci hokorakū, kemuni
글을 목에 걸고 버일러들의 몸에서 떨어지지 말고 계속해서

← bithe be neifi tuwabume mujilen bahabume onggorakū hendu,
글을 펼쳐 보여주어 깨우치도록 잊지 않고 말하라.

← jakūn beise i booi butafi baha tana, seke, silun ci
여덟 버일러들의 집에서 사냥하여 획득한 동주(東珠)와 담비, 스라소니부터

← fusihūn, ulhu, solohi ci wesihun, ai ai furdehe, (45:5a)
청설모, 족제비까지 온갖 털가죽,

頭註: gingguleme baicaci, fe manju gisun i bithede, elehun gūnire sere gisun, uthai selame gūnire sere gūnin sehebi. [신중하게 조사하니, 『舊清語』에 elehun gūnire라는 말은 곧 selame gūnire(기쁘게 여길 것이다)라는 뜻이라고 했다.]

← gasha i dethe, jetere tubihe ci aname, jakūn boode
새 깃털, 먹을 과일을 비롯하여 팔가(八家)에

← dosire jaka be, gemu meni meni butaha ejen i
들어갈 물건은 모두 각각 사냥한 주인의

← gebu, baha jaka i ton be bithe arafi benjikini,
이름, 얻은 물건의 숫자를 글로 적어 보내게 하라.

← tere be bithe monggoliha emu beile i duite niyalma,
그것을 버일러당 네 명씩 임명된, 글을 목에 건 사람인

← suwe okdofi alime gaifi, sain ehe be tuwame
너희가 맞이하여 받아서 좋고 나쁜 것을 보아

← hūda salibufi wajiha manggi, jakūn boode gese dendeme bu,
값을 매긴 후에 팔가에 똑같이 나누어 주라.

← beise be ume dabure, suweni cihai icihiya, hendure (45:5b)
버일러들을 고려하지 말고 너희의 뜻대로 처리하라.

← gisun be beise donjirakū, bithe be tuwarakū, bahara
버일러들이 말을 듣지 않고, 글을 보지 않고, 얻을

← bade gūwa ci fulu bahaki seme somime, gūwa i
때 다른 이보다 많이 얻고자 하여 감추고, 다른 이의

← waka be hendume, ini waka be henduci ojorakū
잘못을 말하며 자신의 잘못은 말하면서 듣지 않으면

← oci, mini beile, han i buhe bithe be tuwarakū,
'나의 버일러는, 한(汗)이 주신 글을 보지 않고,

← gisun be donjirakū, bi henduci ojorakū seme sini
말을 듣지 않고, 내가 말해도 듣지 않는다'라고 너의

← duwali niyalma de neneme ala, tereci jai dergi
동료에게 먼저 알리라. 그러고 나서 다시 상부의

← ambasa de ala, ambasa hebdefi jai nadan wang de (45:6a)
대신들에게 고하라. 대신들은 상의해서 다시 일곱 왕에게

← ala, tereci han de wesimbu, bithe monggolibufi sindaha
고하라. 그리고 한(汗)에게 글을 올리라. 글을 목에 걸게 하고 임명한

← niyalma, meni meni beile i ehe waka babe safi
사람이 각자의 버일러들의 나쁜 죄를 알고도

← hendurakūci, beile i fonde ulhun monggo,[3] asibu i gese wambi.
말하지 않으면, 버일러 시절의 Ulhun Monggo와 Asibu처럼 죽일 것이다."[4]

(ulhun monggo, asibu, han i deo darhan baturu
beile i juwe amban bihe, doro be efulere weile arafi waha.)

(Ulhun Monggo와 Asibu는, 한(汗)의 동생 Darhan 바투루
버일러의 두 대인이었는데, 도리를 저버리는 죄를 지어서 죽였다.)

○ mandarhan, jakūn gūsai dehi niyalma be gaifi,
Mandarhan은, 8구사의 사람 40명을 데리고,

korcin i konggor mafa de elcin genehe hife, (45:6b)
Korcin의 Konggor 마파에게 사신으로 갔던 Hife와

yahican be okdome genehe.
Yahican을 맞이하러 갔다.

○ solho i elcin jihe sunja niyalma be jafahangge,
조선에서 사신으로 온 다섯 사람을 잡았었는데,

ice uyun de emu niyalma ukame genehe,
초아흐레에 한 사람이 도망해 갔다.

---

3) ulhun monggo는 제1권 15a 제2행에는 ulkun monggo로 표기되어 있다.
4) 이것은 1609년에 있었던 일이며, Nurhaci가 한(汗)을 칭하기 이전의 시기이므로 beile i fonde(버일러 시절)라고 했다. 한편, 『滿文原檔』의 표기는 fonde와 funde 두 가지로 읽을 수도 있는데, 만일 funde로 읽는다면 beile i funde가 되어서 '버일러 대신에'라는 해석도 가능하다.

duin niyalma be waha, ukaka niyalma be
네 사람을 죽이고, 도망간 사람을

amala bahafi waha.
그 후에 잡아 죽였다.

(45:7a)

○ juwan emu de, jakūn gūsai jakūn niyalma be
11일에 8구사의 여덟 명을

da arafi, nadan fere de tebume unggihe.
수장으로 삼아서, Nadan Fere에 살도록 보냈다.

⇦ han, ciyan šan i halhūn muke de juwan de genehe,
한(汗)이 천산(千山)의 온천에 10일에 갔다가,

juwan ninggun de amasi jihe.
16일에 돌아왔다.

○ juwan de, du tang ni bodofi wesimbuhe bithe, (45:7b)
10일에 도당이 헤아려서 올린 글이다.

emu aniya, emu hahai alban i tucirengge, alban i
"1년에 장정 한 명이 공물로 내는 것이

jeku, alban i menggun, coohai morin de ulebure
공곡, 공물인 은, 군마를 먹일

liyoo, uhereme ilan yan, ilan yan menggun be
양식, 모두 해서 석 냥입니다. 은 석 냥씩으로

bodofi, aisin werere ninggun tanggū haha de,
계산하여, 금을 일어 씻을 장정 600명에게서는

emu aniya ilan tanggū yan aisin gaimbi,
1년에 금 300냥을 받습니다.

menggun urebure emu tumen haha de, ilan
은을 제련할 장정 1만 명에게서는

tumen yan menggun gaimbi. (45:8a)
은 3만 냥을 받습니다."

○ juwan emu de, gecuheri suje puse jodombi
11일에 망룡단, 비단, 흉배를 짠다고

seme, nadanju ilan niyalma tucifi jodoho gecuheri
73명을 뽑아서 짠 망룡단,

suje puse be
비단, 흉배를

⇦ han tuwafi, jodorakū bade gecuheri suje puse jodoci, boobai kai
한(汗)이 보고, "짜지 못하던 곳에서 망룡단, 비단, 흉배를 짜다니 보배로다"라고

seme saišame hendufi, sargan akū niyalma de, sargan,
칭찬했다.[5] 그리고 "아내가 없는 사람에게는 아내와

aha, eture jetere be yooni bufi, alban (45:8b)
노복, 입고 먹을 것 일체를 주고, 공역과

cooha ai ai de daburakū hanci gocifi ujimbi,
군역 갖가지에 셈에 넣지 않고 가까운 곳에 두고 보살핀다.

emu aniya gecuheri suje udu jodombi, ambula
1년에 망룡단, 비단은 얼마나 짜는가. 많이

5) 한(汗)의 말이 시작되는 것 같으나, 대두되어 있지 않다.

jodoci ambula šangnara, komso jodoci, komso šangnara,
짜면 크게 상을 주고, 적게 짜면 적게 상을 줄 것이다.

weilefi bahara be tuwame šangnara, ai ai
일해서 얻는 것을 보아 상을 줄 것이다. 모든

alban de daburakū, cooha iliburakū, jai sese,
공역에 포함시키지 않고, 군사로 징병하지 않는다. 또 금사(金絲),

lio hūwang arara niyalma bici tucinu, tere
유황을 만들 사람이 있으면 함께 나오라. 그

niyalma inu boobai kai, gecuheri suje jodoro (45:9a)
사람 역시 보배로다. 망룡단, 비단을 짜는

uju jergi niyalmai jergi de obure, te
최상급 사람과 같은 품급으로 삼을 것이니, 지금

gecuheri suje jodoro niyalma bici tucinu, ai
망룡단, 비단을 짤 사람 있으면 함께 나오라. 모든

ai alban waliyara.
공역을 면제할 것이다."

○ juwan juwe de, monggo i bahūn beile i ukanju
12일에 몽골의 Bahūn 버일러의 도망자

obogo tabunang, dehi boigon, ilan temen,
Obogo 타부낭이 40가호와 낙타 세 마리,

jakūnju morin, ihan emu tanggū ninju, honin (45:9b)
말 80마리, 소 160마리, 양

duin tanggū, baigal beile i jakūn boigon, ihan
400마리, Baigal 버일러의 여덟 가호, 소

juwan juwe, honin gūsin gajime jihe.
12마리, 양 30마리를 이끌고 왔다.

○ enggeder efu i babai bithe benjime jifi, juwan
Enggeder 어푸 예하의 Babai가 글을 가지고 왔다가

duin de amasi genehe, unggihe
14일에 되돌아갔다. 답하여 보낸

⇦ bithei gisun, efu sini juwe tanggū haha, casi kalka de
글이다. "어푸, 너의 장정 200명이 저쪽 Kalka에

← acanaha seme kalka i doro wesimbio, ebsi minde jihe (45:10a)
만나러 갔다 하여 Kalka의 정권이 흥하겠는가, 이쪽의 나에게 왔다

← seme meni doro wesimbio, casi genehe seme sinde
하여 우리의 정권이 흥하겠는가. 저쪽에 갔다 하여 너에게

← bi aika seme ushambio, mini gisun be gaifi
내가 어찌 노여워하겠는가. 나의 말을 받아들이고

← casi genehe de, sinde buhe emu minggan haha de,
저쪽에 가면 너에게 주던 장정 1000명에게서

← emu aniya gaiha ninju ninggun yan menggun, emu
1년에 얻는 은 66냥과

← tanggū juwan hule jeku be kemuni bure, mini
곡식 110섬은 그대로 줄 것이다. 나의

← gisun be gaijarakū cala generakū ebele bihede, emu
말을 받아들이지 않고, 저쪽으로 가지 않고 여기에 있으면

← minggan haha de, gaiha alban i menggun jeku bure (45:10b)
장정 1000명에게서 얻는 공물인 은과 곡식을 주기는커녕

← anggala, sini elcin hono yabuburakū, kalka i beise i ukanju
너의 사신조차 다니지 못하게 하겠다. Kalka의 버일러들의 도망자를

← tuwakiyara saracin sambi, simbe kemuni dain seme gūnimbi,
지킬 Saracin이[6] 보고, 너를 여전히 적이라고 생각할 것이다.

← tuttu akū amasi jimbi seci jio, sini beyede
그렇지 않고 돌아오려면 오라. 너에게

← ainaha weile, sini anggala, neneme jihe gūwa de,
어찌 죄가 있겠는가. 너뿐만 아니라 먼저 온 다른 이에게

← gemu juse omosi jalan halame buhe hergen be
모두 아들 손자 대를 이어서 준 직위를

← lashalarakū, weile be gaijarakū seme, suwayan ejehe de
끊어버리지 않고 죗값을 징수하지도 않겠다고 황색 칙서에

← bithe arafi doron gidafi buhebi, beye bucere weile be (45:11a)
글을 적어서 인장을 눌러 주었었다. 어찌 죽을 죄를

← anggai dubede ainu gisurembi, si ujihe ama han i
입 끝에 올리는가. 네가 길러준 아버지 한(汗)과

← emgi soorin temšembio, soorin temšeme ujihe ama han be
왕위를 다투겠는가. 왕위를 다투어 길러준 아버지 한(汗)과

← efute meyete be wafi, monggo i bade ubašame geneci,
처남과 매부들을 죽이고 몽골 땅으로 반역하여 간다면

← amcaha niyalma niru sirdan i dubede buceci bucembi dere,
뒤쫓은 사람들이 쏜 화살 끝에 죽는다면 죽는 것이다.

← terei dabala, gūwa weile de simbe geli wara
그 밖의 다른 죄로는 너를 죽일

---

6) saracin을 niyalma('사람')의 옛말 또는 방언이라고 보는 견해가 있다.

← doro bio, tere gisun be jai ume gisurere,
리가 또 있겠는가. 그런 말을 다시는 하지 말라.

← buyeme dancalame jifi banjire niyalma seme, suwende jakūn (45:11b)
원하여 처가에 와서 살 사람이라 하여 너희에게

← minggan hahai alban i jeku menggun be bufi, etume
장정 8000명분의 공물인 곡식과 은을 주니 입고

← jeme beye jirgame, sini cihalahai aba abalame, giyahūn
먹음에 몸을 편히 하고, 네 뜻대로 몰이사냥에 참가하고, 매를

← maktame, amasi julesi ilgašame, sini cihai yabumbi dere,
날리며, 어디로든 여행하고, 자유롭게 다니라.

← simbe ainu ilibumbi, banjime dosorakū seci, iletu hendufi
너를 어찌 멈추겠는가. 참으며 살지 않겠다고 하면, 당당히 말하고

← monggo i bade geneci, simbe iliburakū, bira doome, han,
몽골 땅으로 간다 해도, 너를 막지 않을 것이다. 강을 건너며 한(汗)과

← beise i beye fudefi unggire, amasi jihe de, efu de
버일러들이 몸소 배웅해서 보내줄 것이다. 돌아왔을 때, 어푸에게

← juwe minggan, gege de juwe minggan, daicing de emu (45:12a)
2000명, 공주에게 2000명, Daicing에게

← minggan, uhereme sunja minggan haha bure, tede emu
1000명, 모두 해서 장정 5000명을 줄 것이다. 그들에게서

← aniya gaijarangge, ilan tanggū gūsin yan menggun, sunja
1년에 얻는 것은 은 330냥,

← tanggū susai hule jeku, alban weilere niyalma uyunju,
곡식 550섬, 공역할 사람 90명,

← ihan dehi sunja, beyei aika jaka be asarara
소 45마리, 온갖 장비를 갖춘

← cooha uyunju, sini deo de juwe minggan haha
병사 90명이다. 너의 동생에게 장정 2000명을

← bure, tede gaijarangge, emu tanggū gūsin juwe yan
줄 것이다. 그들에게서 얻을 것은 은 132냥,

← menggun, juwe tanggū orin hule jeku, alban weilere (45:12b)
곡식 220섬, 공역할

← gūsin ilan niyalma, juwan ninggun ihan, beyei aika
사람 33명, 소 16마리, 온갖

← jaka be asarara coohai niyalma gūsin ilan, sini
장비를 갖춘 병사 33명이다. 너의

← juwe jui de sunjata tanggū haha bure, emu
두 아들에게 장정 500명씩을 줄 것이다. 한

← jui de buhe sunja tanggū haha de emu
아들에게 준 500명의 장정에게서

← aniya gaijarangge, gūsin ilan yan menggun, susai sunja
1년에 얻을 것은 은 33냥, 곡식 55섬,

← hule jeku, alban weilere niyalma uyun, duin ihan,
공역할 사람 아홉 명, 소 네 마리,

← beyei aika jaka be asarara coohai niyalma uyun, (45:13a)
온갖 장비를 갖춘 병사 아홉 명이다.

← efu, gege, sini emu deo, ilan jui de,
어푸와 공주, 너의 동생 한 명과 아이 세 명에게 준 것은

← uhereme jakūn minggan haha de, emu aniya sunja
모두 해서 장정 8000명에게서는 1년에

← tanggū orin yan menggun, jakūn tanggū jakūnju hule
은 520냥, 곡식 880섬,

← jeku, alban weilere emu tanggū dehi niyalma, nadanju
공역할 사람 140명,

← ihan, beyei aika jaka be asarara coohai niyalma
소 70마리, 온갖 장비를 갖춘 병사

← emu tanggū dehi.
140명이다."

(45:13b)

○ juwan duin de, amba beile, amin beile,
14일에 대버일러와 Amin 버일러가

monggo i urut ci beise be gaifi, emu
몽골의 Urut에서 온 버일러들을 데리고, 한

nirui sunjata šanggiyan bayara be gaifi, guwangning ni
니루당 다섯 명씩의 백(白) 바야라를 이끌고 광녕의

wargi ginjeo, i jeo bade, monggo i jeku
서쪽 금주(錦州)와 의주(義州)에 몽골이 곡식을

juweme yaburengge be gaiki seme juraka bihe,
운송하는 것을 빼앗으려고 출발했었다.

tere inenggi, puho, sancara, kundu kuren ilan
그날 포하(蒲河), 삼차아(三岔兒), Kundu Kuren 세

bade ice guribume benehe nikan de jeku (45:14a)
곳에서 새로 이주해 보낸 한인들에게 곡식이

akū ofi, gūsin niyalma de, emu sin
없어서 30명당 한 되의

jeku buhebi seme alanjire jakade, genehe cooha
곡식을 주었다고 알려오자 간 군사가

tuilatu de isinahangge be dobori amcafi bederebufi,
Tuilatu에 도달한 것을 밤 동안 돌아가게 하여

coohai morin de liyoodung ni tsang ni jeku be
군마에 요동 창고의 곡식을

acifi benehe, jakūn beile i booi morin de
실어 보냈다. 여덟 버일러 집의 말에도

inu acifi benehe.
실어서 보냈다.

(45:14b)

○ juwan ninggun i dobori ihan erinde na
16일 밤 축시(丑時)에 땅이

aššaha, šun tuhere amargi hošoi ergici, šun
흔들렸다. 서북 방향에서

dekdere julergi hošoi baru acaha.
동남 방향으로 이어졌다.

○ du tang ni bithe, juwan ninggun de wasimbuha,
도당의 글을 16일에 내렸다.

emu nirui ilan tanggū haha de, juwe
"한 니루의 장정 300명에게서

tanggū hule jeku gaimbi, emu tanggū hule be (45:15a)
곡식 200섬을 받는다. 100섬을

simiyan de benembi, jai emu tanggū hule be,
심양에 보낸다. 나머지 100섬을

hai jeo i ici niyalma, hai jeo i tsang de
해주(海州) 방면 사람은 해주의 창고에

sinda, liyoodung ni ici niyalma liyoodung ni tsang de
두고, 요동(遼東) 방면 사람은 요동의 창고에

sinda, simiyan de benere emu tanggū hule be,
두라. 심양(瀋陽)에 보내는 100섬을

ilan biyai juwan de wajiha seme bithe
3월 10일까지 다 마쳤다고 글로

arafi du tang de benju, dzung bing guwan ci fusihūn,
써서 도당에게 보내오라. 총병관 이하

beiguwan ci wesihun, ere gisun be jurceci (45:15b)
비어 이상, 이 말을 어기면

amba weile arafi hergen efulembi, jušen i hafasai
크게 치죄하고 직위를 박탈한다." 여진 관원들이

kadalara nikasa de henduhe gisun, ilan haha de
관할하는 한인들에게 한 말이다. "장정 세 명에게서

gaijara juwe hule jeku be, emu hule be
받을 곡식 두 섬 중 한 섬은

simiyan i tsang de bene, emu hule be
심양의 창고에 보내라. 한 섬은

liyoodung ni ici niyalma liyoodung ni tsang de sinda,
요동 방면의 사람은 요동의 창고에 두고

fu jeo, g'ai jeo, hai jeo ici niyalma hai jeo i
복주(復州), 개주(蓋州), 해주(海州) 방면 사람은 해주의

tsang de sinda, simiyan de benere jeku be, (45:16a)
창고에 두라. 심양에 보내는 곡식을

g'ai jeo ci ebsi niyalma, ilan biyai orin de
개주로부터 이쪽 사람은 3월 20일까지

wajiha seme du tang de bithe wesimbu,
다 마쳤다고 도당에게 글을 올리라.

g'ai jeo ci casi, fu jeo ci ebsi niyalma, ilan
개주에서 저쪽, 복주에서 이쪽 사람은

biyai gūsin de wajiha seme du tang de
3월 30일까지 다 마쳤다고 도당에게

wesimbu.
글을 올리라."

○ juwan nadan de, jing fujiyang mungtan, isun, (45:16b)
17일에 정(正) 부장(副將) Mungtan, Isun과

daise fujiyang borjin, yahican, emu gūsai emte
부장 서리 Borjin, Yahican이 한 구사당 한 명씩의

iogi, emte beiguwan be gaifi, guwangning de
유격(遊擊)과 한 명씩의 비어(備禦)를 데리고 광녕(廣寧)에

anafu tenehe ambasa be halame genehe.
수자리 사는 대신들과 교대하러 갔다.

○ ineku tere inenggi, julergi mederi jakarame tehe
같은 날 "남쪽 바다에 연(沿)하여 주둔하고 있는

emu gūsai nadan tanggū cooha be, juwe
한 구사의 병사 700명 중에

tanggū cooha be iogi sa gaifi te, (45:17a)
200명은 유격들이 이끌고 머물라.

頭註: gingguleme kimcici, jing fujiyang sere gisun, ainci jingkini fujiyang sere gisun dere. [신중하게 살펴보니, jing fujiyang이라는 말은 아마도 '정(正) 부장(副將)'이라는 말일 것이다.]

sunja tanggū cooha be beiguwan sa gajime,
병사 500명은 비어들이 이끌고

sunjata sin jeku acifi jio seme, emu
5되씩 곡식을 싣고오라"고 하여 한

gūsai juwete niyalma be takūrafi unggihe.
구사당 사람 두 명씩을 파견했다.

○ juwan jakūn de, demtu, duka funtuhulehe turgunde,
18일에 Demtu가 성문을 비웠다는 이유로

juwan yan weile arafi, ini ama unege
열 냥으로 치죄해서 그의 아버지 Unege

baksi i ejehe i juwan yan be efulehe. (45:17b)
박시 칙서의 열 냥을 삭감했다.

○ juwan jakūn de,
18일에

⇦ han hendume, yaya beise, argangga jalingga niyalma be amasi
한(汗)이 말하기를, "여러 버일러들은, 간교한 자를 뒤로

← bederebu, tondo sijirhūn niyalma be hanci obu, beise i
물리고, 정직한 사람을 가까이 두라. 버일러들의

← hanci bisire niyalma, dain cooha de juleri afara,
가까이에 있는 사람은 군대에서 앞장서서 싸우고

← juleri kadalara niyalma, boode sarin sarilaci, omire jetere
앞장서서 지휘하는 사람이라면, 집에서 주연을 벌일 때 마시고, 먹고,

← tere ilire bade juleri yabukini, beise i hanci tekini, (45:18a)
앉고, 서는 경우에 앞서 행해도 좋다. 버일러들의 가까이에 앉아도 좋다.

← dain cooha de juleri afarakū, juleri yaburakū bime,

군대에서 앞장서서 싸우지 않고, 앞장서서 행하지 않으면서,

← jetere omire tere ilire bade, si ainu juleri

마시고, 먹고, 앉고, 서는 경우에만 네가 어찌 앞서

← yabume jabdumbi, tenteke argangga jalingga niyalma, meni meni

행할 여유가 있는가. 그와 같이 간교한 자는 각자

← beyebe meni meni bedereburakū ofi, serebuhe manggi, munggu i

스스로 물러나지 않고 발각되면 Munggu처럼

← adali ombikai. (munggu be jalingga oliha seme waha.)

될 것이다." (Munggu를 간사한 자, 겁쟁이라 하여 죽였다.)

○ juwan uyun de, monggo barin i darake i ukanju, (45:18b)

19일에, 몽골 Barin의 Darake 예하의 도망자와

sereng beile i ukanju, uheri orin boigon, orin

Sereng 버일러 예하의 도망자가 모두 하여 20가호,

haha, tanggū ihan, dehi morin, emu tanggū

장정 20명, 소 100마리, 말 40마리,

gūsin honin gajime ukame jihe.

양 130마리를 이끌고 도망해 왔다.

○ ineku tere inenggi, korcin i konggor mafa de,

같은 날 Korcin의 Konggor 마파에게

sui turgunde elcin genehe hife, yahican, gosin

자식 때문에 사신으로 갔던 Hife, Yahican, Gosin이

頭註: gingguleme kimcici sui sere gisun, ainci jui be sui seme jorime gisurere gisun dere. [신중하게 살펴보니, sui라는 말은 jui(자식)를 sui라고 가리켜 하는 말일 것이다.]

isinjiha, sui be buhekū. (45:19a)
돌아왔다. 자식은 주지 않았다.

○ korcin i ooba taiji de elcin genehe jenjuken,
Korcin의 Ooba 타이지에게 사신으로 갔던 Jenjuken,

baise isinjiha, jenjuken, baise casi genere de,
Baise가 돌아왔다. Jenjuken과 Baise가 그쪽으로 갈 때,

kalka i gurun i kara ot ba i angga beile i
Kalka국의 Kara Ot 지역의 Angga 버일러 예하의

orin sunja niyalma jugūn de tosofi, angga
사람 25명이 길을 막았다. Angga

beile i harangga ama jui ilan taiji, uheri
버일러 휘하의 부자인 세 타이지 등 모두

orin sunja niyalma kafi, duin jergi afafi, (45:19b)
25명이 에워싸고 네 번 싸워서

monggo i emu niyalma wabuhabi, tereci baise, jenjuken
몽골의 한 사람이 죽임을 당했다. 그 후 Baise와 Jenjuken이

tucifi, minggan mafa i jui conoko taiji i harangga
빠져나와 Minggan 마파의 아들 Conoko 타이지 소속의

sibe i gašan de isinaci, kalka i jongnon beile i
Sibe 촌락에 다다르니 Kalka의 Jongnon 버일러의

jusei elcin ilan niyalma, conoko taiji de
아들들의 사신 세 사람이 Conoko 타이지에게

isinaci, kalka i elcin genehe biheni, baise, jenjuken be
갔다가 Kalka의 사신으로 갔던 Baise, Jenjuken과

ucarafi, fusihūlame morin yaluhai baise i etuhe mahala be
마주쳤다. 그들이 업신여기며, 말 탄 채로 Baise가 쓴 모자를

gaijara, kutule yafahan niyalma be šusihalara jakade, (45:20a)
낚아채 가고, 말구종을 채찍으로 때리자,

baise, jenjuken jili banjifi, juwe niyalma be
Baise와 Jenjuken이 화가 나서 두 사람을

sacime tuhebuhe, emu morin waliyafi yafahan burulame
베어 떨어뜨렸다. 한 사람은 말을 버리고 패하여

sujuhe, ilan niyalmai yaluha ilan morin be
달아났다. 세 사람이 탔던 말 세 마리를

bahafi gaiha, tere be conoko taiji donjifi,
획득하여 가졌다. 그것을 Conoko 타이지가 듣고서,

minde jihe elcin be suwe ainu wambi,
"나에게 온 사신을 너희가 어찌 죽이는가.

yaluha morin be geli ainu gaimbi seme,
타고 왔던 말을 또 어찌 갖는가"라고 하며,

geren niyalma be takūrafi, baise, jenjuken i gala ci (45:20b)
여러 사람을 보내 Baise와 Jenjuken의 손에서

durime gaifi gamaha, tereci baise, jenjuken ooba
가로채 가져갔다. 그 후에 Baise와 Jenjuken이 Ooba

taiji de isinafi alara jakade, ooba taiji hendume,
타이지에게 이르러서 고하자 Ooba 타이지가 말하기를,

⇦ han i elcin gala nenere, fusihūlame toore oci,
"한(汗)의 사신이 번저 손을 쓰고 업신여기며 욕했다면

頭註: gingguleme kimcici, gala nenere sere gisun, ainci neneme gala isika sere gisun dere. [신중하게 살펴보니, gala nenere라는 말은 아마도 '먼저 손썼다'라는 말일 것이다.]

⇦ han i elcin waka kai, kalka i elcin ce neneme fusihūlame
한(汗)의 사신이 잘못한 것이다. Kalka의 사신인 저들이 먼저 업신여기며

toore, neneme gala aššaci, ce waka, bucehe
욕하고 먼저 손이 움직였으니 저들이 잘못한 것이다. 죽은 것이

jing sanggū,
정말 잘되었다.

⇦ han i elcin, gaiha morin be, conoko si ainu gaimbi, (45:21a)
한(汗)의 사신이 얻은 말을 Conoko 네가 어찌 갖는가.

hasa amasi bu seme elcin takūraci, conoko
속히 돌려주라"고 하며 사신을 보내어도 Conoko는

buhekū.
주지 않았다.

○ guwangning ni ši san šan i alin i ninggude, emu
광녕 십삼산(十三山) 정상에 한

nirui emte niyalma, uheri juwe tanggū niyalma be
니루당 한 사람씩 모두 200명을

santan beiguwan, beide beiguwan gaifi anafu tehe
Santan 비어와 Beide 비어가 이끌고 수자리 살고

bihe, coohai niyalma be maca gurufi jefu (45:21b)
있었다. 군사들에게 달래를 캐서 먹으라고

seme hūlafi, gūsin niyalma alin ci wasifi,
포고하여 30명이 산에서 내려왔다.

頭註: gingguleme kimcici, bucehe jing sanggū sere gisun, ainci bucehengge kek seme sanggūšaha sere gisun dere. [신중하게 살펴보니, bucehe jing sanggū라는 말은 아마도 '죽은 것이 정말 잘되었다'라는 말일 것이다.]

monggo i jeku juweme jihe niyalma safi buksifi
몽골의 곡식을 나르러 왔던 사람이 알고 매복해 있다가

alime gaifi, emu niyalma be weihun gamaha,
끌어들여서, 한 사람을 사로잡아갔고

ilan niyalma wabuha seme alanjiha, alanjiha manggi,
세 사람이 죽임을 당했다고 알려왔다. 알려오자

dzung bing guwan, fujiyang idu banjifi, emu idu de
총병관과 부장으로 하여금 당번을 짜고, 한 순번에

juwe amban genefi te seme idu banjibuha,
두 명의 대신이 가서 지키라 하며 당번을 짜게 했다.

ujui idu de daimbu, kanggūri, jai idu de (45:22a)
첫 번째 순번에 Daimbu, Kanggūri, 두 번째 순번에

darhan efu, seoken, ilaci idu de yangguri,
Darhan 어푸, Seoken, 세 번째 순번에 Yangguri,

baduri, duici idu de abtai nakcu, kakduri,
Baduri, 네 번째 순번에 Abtai 외삼촌, Kakduri이다.

orin de daimbu dzung bing guwan, kanggūri fujiyang
20일에 Daimbu 총병관과 Kanggūri 부장이

guwangning de teme genehe, santan, beide isinjiha
광녕에 주둔하러 갔다. Santan과 Beide가 돌아오자

manggi, šajin de duilefi, santan be beiguwan i
법으로 심리해서 Santan을 비어

hergen be efulefi niru ci hokobuha, tuhere
직위를 박탈하고 니루에서 나가게 했으며, 정죄하던

an i tofohon yan i weile araha, beide, mafa be (45:22b)
관습대로 15냥으로 치죄했다. Beide는, 할아버지를

waha gašan i hūrhan janggin be, beide hendume,
죽인 마을의 Hūrhan 장긴이, Beide가 말하기를,

maca fetenere niyalma tome agūra jafabufi unggi
"달래를 캐는 사람마다 무기를 쥐어 보내라"고

seme henduhe gisun be jurceme henduhekū ofi,
한 말을 어기고 말하지 않아서

agūra akū genefi wabuha seme susai šusiha
무기가 없이 가서 죽임을 당했다고 채찍으로 50대를

šusihalaha.
쳤다.

○ emu gūsa de amba boo juwanta, emu (45:23a)
"한 구사당 큰 집 10채씩과 한

nirui tucifi yabure tanggū uksin i niyalma be,
니루당 선발하여 다닐 100명의 갑병은

šanggiyan bayara, fulgiyan bayara, sahaliyan ing ilan
백(白) 바야라, 홍(紅) 바야라, Sahaliyan영(營)에 셋으로

ubu banjibufi yabu, juwan niyalma de emu
편제하여 다니게 하라. 10인에 한 명씩

ejen ara, emu ba i niyalma de juwan boo
수장을 정하라. 한 곳의 사람에게 10채의 집을

jafabu, boo akū oci tobo, sunja tanggū
배정하라. 집이 없다면 Tobo를[7] 배정하라. 500명의

7) 야외에서 숙영할 때 사용하는 작은 집이다. tatan tobo로 쓰기도 한다.

nikan de emu ciyandzung sindahabi, coohai niyalma be
한인에 한 명의 천총을 임명하고, 군사를

ilan ubu sindafi, emu ubu be hafan i (45:23b)
셋으로 나누어, 한 무리는 관원의

aika jaka be asarakini, juwe ubu be,
갖가지 물건을 지키게 하고, 두 무리는

tere sindaha
그 임명한

⇦ han i ciyandzung gaifi yabukini, nikan de inu juwan niyalma de
한(汗)의 천총이 이끌고 다니게 하라. 한인에게도 역시 10명당

emu ejen ara, tuttu ciyandzung de tatan
한 명씩 수장을 정하라. 천총에게 타탄을

banjiburakū, geren i siden de takūrame ohode, sain
편성해주지 않고 여럿 사이에 보내게 되면 좋은

niyalma tucifi cooha ilirakū ombi, jušen nikan,
사람이 나와서 군사를 일으키지 못한다. 여진인과 한인,

monggo yaya hafasa, (45:24a)
몽골인인 모든 관원은

⇦ han i bure šang ni dabala, nikan i benjire jaka be
한(汗)이 주는 상 외의 한인이 보내는 물건을

ume alime gaijara seme,
받아 갖지 말라고

⇦ han, hergen bodome haha buhebi, tere haha be sindafi
한(汗)이 직위에 따라 장정을 주었다. 그 장정을 배정하여

butafi jefu, nikan de aika jaka be ume
사냥하여 먹으라. 한인에게 어떠한 물건도

benjire seme bithe wasimbu, benjici, benjihe niyalma de
보내지 말라고 글을 내리라. 보내면 보낸 사람에게

weile, alime gaici, gaiha niyalma de weile,
죄가 있고, 받아 가지면 받은 사람에게 죄가 있다.

juwan niyalmai gaifi yabure juwan inenggi deijire (45:24b)
10명이 가지고 다니며 10일 동안 불 피울

yaha, šoro dagilafi sinda, šoro be yaha
숯을, 광주리를 준비해서 넣으라. 광주리는 숯이

nikcaburahū, akdun dagila, tere araha šoro be
부서질까 염려되니, 튼튼한 것을 준비하라. 그렇게 만든 광주리를

sunja nirui ejen de tuwabu.
다섯 니루 수장에게 보이라."

○ korcin i ooba hūwang taiji de emu yacin
Korcin의 Ooba Hūwang 타이지에게 아청색

gecuheri unggihe, elcin jihe danggalai de emu
망룡단 한 필을 보냈다. 사신으로 온 Danggalai에게

gecuheri, duin mocin, kutule de emu (45:25a)
망룡단 한 필과 모청포 네 필, 말구종에게

suje, ilan mocin buhe.
비단 한 필과 모청포 세 필을 주었다.

제46권

천명(天命) 8년(1623) 2월부터 3월까지

dehi ningguci debtelin,
abkai fulingga i jakūci
aniya juwe biyaci ilan
biyade isinahabi.

tongki fuka sindaha hergen i dangse. (46:1a)
유권점 당안

○ orin ilan de, nacin beiguwan be wara weile
23일에, Nacin 비어(備禦)를 죽일 죄로

arafi wahakū ujihe, weile i turgun, indahūn aniya
치죄하고는 죽이지 않고 살렸다. 죄의 이유이다. 임술년(壬戌年, 1622)

uyun biyai juwan i dobori,
9월 10일 밤에

⇦ han i hūwa i wargi ajige duka tuwakiyaha turgei nirui deku
한(汗)의 궁정 서쪽 작은 문을 지키던 Turgei 니루의 Deku

mergen, dantan nirui bulehen, tere juwe mafa duka
Mergen과 Dantan 니루의 Bulehen, 그 두 마파가 문을

yaksihakūbi, tere be
잠그지 않았다. 그것을

⇦ han i booi nure jafaha hehe safi, julergi amba duka be (46:1b)
한(汗)의 집에서 술을 담당하던 여인이 알고 남쪽 대문을

tuwakiyame deduhe tambai, budai de alafi yaksihabi, jai
지키며 묵던 Tambai와 Budai에게 알려서 문을 잠갔다.

cimari tambai, budai,
다음 날 Tambai와 Budai는

⇦ han de alaki seme nacin de alara jakade, nacin
"한(汗)께 아뢰자"라고 Nacin에게 고했는데, Nacin이

alara seme alime gaifi alahakūbi, gucuse de inu
"아뢰겠다"라고 하며 받아들이고는 아뢰지 않았고, 구추들에게도

donjibuhakūbi, juwan emu de,
알리지 않았다. 11일에

⇦ han, amargi jasei tulergi dadai subargan i ergi babe, jase
한(汗)이 북쪽 경계 밖 Dadai Subargan 쪽 지역을 "변방을

neiki usin tariki seme tuwaname genefi, ba ehe (46:2a)
개척하자. 밭을 경작하자"라고 하며 보러 가서 "땅이 나빠서

usin tarici ojorakū seme aldasi bederefi, juwan
밭을 경작하지 못하겠다"라고 하며 중간에 돌아와서

duin de isinjiha, isinjiha manggi, tambai, budai,
14일에 도착했다. 도착한 후에 Tambai와 Budai가

nacin i baru fonjire jakade, nacin jabume, alara
Nacin에게 묻자 Nacin이 대답하기를 "아직 아뢰지 않았다.

unde, te alaki seme hendufi, geli alahakūbi,
지금 아뢰겠다"라고 말하고서 또 아뢰지 않았다.

tereci tambai, julergi mederi ergide anafu teme
그 후 Tambai가 남쪽 바다 쪽에 수자리 살러

genefi jifi, juwe biyai orin juwe de nacin i
다녀와서 2월 22일에 Nacin에게

baru fonjire jakade, alara unde, te alaki seme (46:2b)
묻자 "아직 아뢰지 않았다. 지금 아뢰겠다"라고 하며

⇦ han de alame, hūwa i ajige duka be duka tuwakiyaha
한(汗)에게 아뢰기를, "궁정의 작은 문을 지키던

deku mergen, bulehen, ere juwe mafa yaksihakūbi seme
Deku Mergen과 Bulehen 이 두 마파가 문을 잠그지 않았습니다"라고

alara jakade,
아뢰자,

⇦ han, duka tuwakiyaha niyalma be jafa seme jafaha, nacin
한(汗)이 "문 지키던 사람을 체포하라"고 하여 체포했다. Nacin은

inde tambai, budai alaha be i alahakūbi, tere be
자신에게 Tambai와 Budai가 알렸다는 것을 아뢰지 않았다. 그것을

tambai, budai donjifi,
Tambai와 Budai가 듣고

⇦ han de alara jakade, nacin donjifi, huthufi asaraha bulehen be, (46:3a)
한(汗)에게 아뢰었다. 그러자 Nacin이 듣고서 묶어서 가두었던 Bulehen을

ini cisui emhun gonggifi ini boode gajifi gisun
자신의 마음대로 독단적으로 사람을 보내서 집에 데려와서

fonjihabi, tere be
물었다. 그것을

⇦ han donjifi, šajin de duile seme duilefi, nacin be
한(汗)이 듣고서 "법으로 심리하라"고 하여 심리해서 Nacin을

wara weile tuhebuhe bihe,
죽일 죄로 정죄했었는데,

⇦ han ujifi, šoto beile be uji seme buhe, nacin i
한(汗)이 살려서 Šoto 버일러가 보살피라고 하며 주었다. Nacin의

boigon be gaifi, nacin de duin juru niyalma,
가호를 빼앗고, Nacin에게 사람 네 쌍과

ilan morin, juwe ihan buhe, duka yaksihakū seme (46:3b)
말 세 마리, 소 두 마리를 주었다. 문을 잠그지 않았다 하여

bulehen be, emu inenggi emu babe faitame eruleme
Bulehen은 하루에 한 군데를 자르는 형벌을 가하여

waha, deku mergen be bulehen de afabufi genefi,
죽였다. Deku Mergen은 Bulehen에게 맡겨놓고 가서,

akū bihe seme susai šusiha šusihalaha, bulehen be
자리에 없었다 하여 채찍으로 50대를 때렸다. Bulehen을

asaraha janggin be, nacin i ganaha de ainu unggihe,
가두고 있던 장긴은 "Nacin이 데리러 갔을 때 어찌하여 보냈는가.

huthuhe futa be ainu sula obuha seme susai
어찌 묶은 밧줄을 풀게 했는가"라고 하여 채찍으로

šusiha šusihalaha, bulehen i jui burai be, huthufi asaraha
50대를 때렸다. Bulehen의 아들 Burai는 "묶어서 가둔

niyalma be nacin i jakade gajime ainu jihe seme (46:4a)
사람을 어찌 Nacin에게로 데려왔는가"라고 하여

susai šusiha šusihalaha, tambai, budai be, juwe ilan
채찍으로 50대를 때렸다. Tambai와 Budai는 "두세 번

jergi nacin de alara anggala,
Nacin에게만 알렸을 뿐

⇦ han de ainu alahakū seme juwanta šusiha šusihalaha.
한(汗)께는 어찌 아뢰지 않았는가"라고 하여 채찍으로 10대씩을 때렸다.

○ orin ilan de, niowanggiyaha i beiguwan tsoo fung ni
23일에 청하(淸河)의 비어인 Tsoo Fung이

wesimbuhe bithei gisun, tsoo ho i niyalma be guribufi
올린 글이다. "초하(草河)의 사람을 이주시켜서

gu šan i julergi bagiya gebungge bade tebuhe bihe, (46:4b)
고산(孤山)의 남쪽 Bagiya라는 곳에 살게 했었는데,

orin i dobori gemu ukame juse sargan boigon gamame
20일 밤 모두 도망하여 자식들과 아내, 가호를 데리고

julesi genehebi seme henduhebi, tere bithe be du tang,
남쪽으로 갔습니다"라고 말했다. 그 글을 도당(都堂)과

⇦ han de wesimbure jakade, emu gūsai juwete niyalma tucibufi
한(汗)에게 올리자, "한 구사당 두 명씩 사람을 뽑아서

← lenggeri fujiyang, yecen daise fujiyang gaifi, fung hūwang de
Lenggeri 부장과 Yecen 부장 서리가 이끌고 봉황(鳳凰)에

← tehe juwe tanggū coohai jakade genefi, emu tanggū
주둔한 군사 200명 쪽으로 가서 군사 100명을

← cooha be neneme gamame, julergi be tosome songko
먼저 데리고 남쪽 길을 가로막기 위해서 추격해

← faitame gene, cing tai ioi, sio yan i ergi de (46:5a)
가라. 청태욕(靑苔峪), 수암(岫巖) 쪽에

← tehe cooha ibeme, fung hūwang de jifi tekini,
주둔했던 군사가 나와서 봉황(鳳凰)에 와서 주둔하게 하라.

← tere ibeleme jidere cooha isinjiha manggi, fung hūwang ni
그 점점 전진해 오는 군사가 도착하면 봉황(鳳凰)의

← jai emu tanggū cooha geli amcame genekini seme
남은 군사 100명도 따라가게 하라"고 하여

頭註: gingguleme kimcici, ere ibeleme sere gisun, ainci ibedeme sere gisun dere. [신중하게 살펴보니, 이 ibeleme라는 말은 아마도 ibedeme(점점 전진하여)라는 말일 것이다.]

unggihe, tere ukame genehe nikan be ukame genembi
보냈다. 그 한인들이 도망해 갔다는 사실을

seme, juwan nadan de emu niyalma geren du tang de
17일에 어떤 사람이 여러 도당에게

habšanjihabi, tere habšanjiha gisun be,
고하러 왔었다. 그 고한 말을

⇦ han de alahakū, ceni cisui lii dusy i daise beiguwan be (46:5b)
한(汗)에게 알리지 않고 그들이 임의로 Lii 도사의 비어 서리에게

dacila seme afabufi, daise beiguwan ilan niyalma
조사하라고 맡겨서 비어 서리가 세 명을

tucibufi jafame gana seme unggihebi, tere turgunde,
뽑아서 잡으러 가라고 보냈었다. 그러한 이유로

geren du tang be, ukame genere medege be donjifi,
여러 도당을, 도망해 간 소식을 듣고서

⇦ han, beise de ainu alahakū, alafi uthai niyalma takūrafi
"한(汗)과 버일러들에게 어찌 고하지 않았으며, 고한 후 즉시 사람을 파견하여

jafame gonggirakū, anduhūri ainu gisurehe seme jakūn
잡아오게 하지 않고, 어찌 남의 일처럼 말했는가"라고 하여 여덟

du tang be weile arafi, dzung bing guwan i hergen i
도당을 치죄하고 총병관(總兵官) 직위의

urgūdai efu, yangguri, fusi efu, si uli efu de (46:6a)
Urgūdai 어푸, Yangguri, Fusi 어푸, Si Uli 어푸에게

orita yan, abtai nakcu be akū bihe seme
20냥씩 죗값을 물렸다. Abtai 외삼촌은 자리에 없었다 하여

dabuhakū, fujiyang ni hergen i joriktu ecike de tofohon
제외했다. 부장(副將) 직위의 Joriktu 숙부에게 15냥,

yan, tsanjiyang ni hergen i yehe i subahai, asidarhan, iogi
참장(參將) 직위인 Yehe의 Subahai, Asidarhan, 유격(遊擊)

hergen i dobi ecike, boitohoi de juwanta yan i weile
직위의 Dobi 숙부, Boitohoi에게는 열 냥씩 죗값을

araha bihe, jai seolefi gemu weile nakaha.
물렸다가 다시 생각하고는 모두 벌을 거두었다.

○ orin duin de, barin i nangnuk beile i orin duin (46:6b)
24일에 Barin의 Nangnuk 버일러 예하의 사람 24명이

niyalma, orin ninggun ihan, emu morin gajime ukame
소 26마리, 말 한 마리를 이끌고 도망해

jihe, hūwang ni wa i babe dosika.
왔다. 황니와(黃泥窪) 지방에 들어왔다.

○ jakūn gūsai duin niyalma be tucibufi, julergi mederi
"8구사에서 네 사람을 뽑아서, 남쪽 바다에

jakarame emu gūsai juwete tanggū anafu tehe cooha be,
연하여 한 구사당 200명씩 수자리 사는 군사들은

ginjeo i ergi wang hai to ci, aiha i ergi saimagi de
금주(金州) 방면 망해과(望海堝)로부터 애하(靉河) 쪽 쇄마길(洒馬吉)에

isitala sarafi, juwan ninggun bade te, emu bade (46:7a)
이르기까지 전개하여 16곳에 주둔하라. 한 곳에

emu tanggū cooha, iogi, beiguwan ci emu ejen
100명의 군사를 유격, 비어 중 한 명의 수장이

gaifi te seme takūraha.
이끌고 주둔하라"고 하여 파견했다.

○ urgūdai efu, yangguri, abtai nakcu, asidarhan, beise de
Urgūdai 어푸, Yangguri, Abtai 외삼촌, Asidarhan이 버일러들에게

alafi, beise i gisun i
고하니, 버일러들이

⇦ han de fonjifi, jao iogi i jung giyūn tung wen ming be
한(汗)에게 물어서 조(趙) 유격의 중군(中軍) Tung Wen Ming을

beiguwan hergen obuha. (46:7b)
비어로 삼았다.

○ orin sunja de, guwangning de tehe coohai ambasai
25일에 광녕(廣寧)에 주둔한 군사 대신들이

unggihe bithe, ši san šan de, donoi, harahūi
보낸 글이다. "십삼산(十三山)에 Donoi, Harahūi가

tuwanaha bihe, dabsun fuifure pu de emu tuwa bi,
보러 갔었다. 소금을 끓이는 보(堡)에 불이 하나 있고,

bele i ku i bakcilame pu de juwe tuwa bi, boso
곡식 창고의 맞은편 보(堡)에 불이 두 개 있다. 베를

salaha pu de emu tuwa bi, guwangning ni
분배하는 보(堡)에 불이 하나 있다. 광녕의

amargi alin i ninggude bada tuwanaha bihe, cing ho pu i (46:8a)
북쪽 산 정상에 Bada가 보러 갔었다. Cing Ho보의

dolo tuwa bi, be tu cang ni ergide ilan bade
내부에 불이 있다. 백토창(白土廠) 쪽 세 곳에

tuwa bi.
불이 있다."

⇦ han tucifi, tang šan ala i teisu birai julergi su e jai
한(汗)이 나와서 탕산(湯山) 언덕 맞은편 강의 남쪽 Su E Jai

sere gašan i šurdeme nimalan moo tebure babe tuwafi,
라는 마을 둘레에 뽕나무 심을 곳을 살펴보고 나서

ihan wafi sarin sarilafi jihe.
소를 잡아서 주연을 베풀고 왔다.

(46:8b)

○ orin ninggun de, hife, garin, korcin i ooba taiji de
26일에 Hife와 Garin이 Korcin의 Ooba 타이지에게

elcin genehe, mandarhan, korcin i ukšan taiji de elcin genehe.
사신으로 갔다. Mandarhan은 Korcin의 Ukšan 타이지에게[1] 사신으로 갔다.

○ du tang ni bithe wasimbuha, alban i tumen ihan,
도당의 글이 내려왔다. "공역 소 1만 마리를

ere aniya ujihe niyalma usin tarikini, nikan i fe
올해 키운 사람은 밭을 경작하기 바란다. 한인의 옛

kooli turigen, emu ihan de nikan i hule i sunja
관례대로 삯은 소 한 마리당 한인의 섬으로 곡식 다섯

hule jeku, orho tanggū fulmiyen bu. (46:9a)
섬과 목초 100단을 주라."

○ orin ninggun de, bahūn taiji ini ukanju baihanjime jihe.
26일에 Bahūn 타이지가 그의 도망자를 찾으러 왔다.

1) Manggūs의 손자이며, Jaisang의 아들이다.

○ orin nadan de, goho be erdemu akū bicibe,
27일에 Goho를 재주가 없지만

mujilen tondo seme beiguwan obuha, nacin i beiguwan i
마음이 올바르다 하여 비어로 삼았다. Nacin의 비어

hergen be efulefi, nacin i nikan be goho de buhe.
직위를 박탈하고, Nacin의 한인을 Goho에게 주었다.

(46:9b)

○ eksingge baksi nirui sehene, hūsibu, jajulan, behio, daidabuha,
Eksingge 박시 니루의 Sehene, Hūsibu, Jajulan, Behio, Daidabuha,

anggūna, ere ninggun niyalma boigon dalime genefi, nikan i
Anggūna, 이 여섯 사람이 가호를 몰러가서 한인인

eigen bisire hehe be durime boode horifi dedure be,
남편이 있는 여자를 강탈하여 집에 가두고 자는 것을,

hehe i eigen langtu jafafi afanjire jakade, ilan
여자의 남편이 쇠몽둥이를 들고 싸우러 오자,

nikan be wahabi, tere turgunde, ujulaha sehene,
한인 세 명을 죽였다. 그런 까닭에 주도했던 Sehene와

hūsibu be karu waha, jai ilan niyalma be
Hūsibu는 보복으로 죽였다. 다른 세 사람은

tanggūta šusiha šusihalafi oforo šan tokoho, emu (46:10a)
채찍으로 100대씩 때리고 코와 귀를 찔렀다. 한

niyalma be tanggū šusiha šusihalaha, nantai be,
사람은 채찍으로 100대를 때렸다. Nantai에게는

gaifi genehe amban, si donjifi ainu jafahakū sula
"인솔해 간 관원인 너는 듣고서 어찌 포박하지 않고 허술하게

gajiha seme weile arafi, beiguwan i hergen be
데려왔는가"라고 치죄하여 비어 직위를

efulefi susai šusihalafi, yehe ci jihe ci ebsi
박탈하고 채찍으로 50대를 때렸다. 그리고 Yehe에서 온 이래로

šangnaha jaka be hontoholome gaiha, jai tofohon yan
포상받았던 물건의 절반을 몰수하고, 또 15냥으로

weile araha.
죗값을 정했다.

(46:10b)

○ nomhon, neodei be, asarara solho be asarabuhakū
Nomhon과 Neodei가 감금해야 할 조선인을 가두게 하지 않고

ukambuha seme, nomhon be fujiyang ni hergen be
도망치게 했다 하여 Nomhon은 부장 직위를

efulefi beiguwan obuha, tuhere an i gūsin yan
박탈하고 비어가 되게 했다. 정죄하던 관습대로 30냥으로

weile arafi gung faitaha, neodei tsanjiyang ni
죗값을 정하고 공은을 깎았다. Neodei는 참장

hergen be wasibufi beiguwan obuha, tuhere an i
직위를 강직하여 비어가 되게 했다. 정죄하던 관습대로

orin sunja yan weile arafi gung faitaha,
25냥으로 죗값을 정하고 공은을 깎았다.

kangkalai be solho ukakabi seme alanaha niyalmai (46:11a)
Kangkalai는 조선인이 도망했다고 고한 사람에게,

baru, mini jurgan waka seme alanjihakū seme,
"내 일이 아니다"라고 하며 알리러 오지 않았다고

orin sunja yan weile arafi gung faitaha,
25냥으로 젖값을 정하고 공은을 깎았다.

asaraha sunja niyalma be bodofi, ilan niyalma be
가두었던 다섯 명은 헤아려서 세 명은

nadanju ilata šusihalafi oforo šan tokoho, juwe
73대씩 채찍질하고 코와 귀를 찌르고, 두 명은

niyalma be gūsita šusiha šusihalaha.
30대씩 채찍으로 때렸다.

○ sele age, neneme fe ala de ini booi emu (46:11b)
Sele 아거는 이전에 Fe Ala에서 자기 집의

hehe, nirui emu hehe, juwe hehe be bušuku
여자 한 명과 니루의 여자 한 명, 이 두 여자를 귀신

bi seme tantame wahabi, jai dung ging de ini
들렸다 하여 때려죽였다. 또 동경(東京)에서 자기

eme akū oho manggi, hoošan weilere turgunde,
어머니가 돌아가신 후에 지전(紙錢)을 만들었다는 이유로

nirui langšan janggin i sargan be tantame yasa
니루의 Langšan 장긴의 아내를 때려 눈이

busalahabi, langšan janggin ini sargan i jalin de
멀게 했다. Langšan 장긴이 자기 아내의 사연에 대해

habšame, neneme waha juwe hehe be gercileme alara
고소하며, 먼저 죽였던 두 여자 사건을 함께 고발하자,

jakade, sele age be beiguwan i hergen be efulefi, (46:12a)
Sele 아거를 비어 직위를 박탈하고,

tantame waha juwe hehe be toodame gaiha, tuhere
때려죽였던 두 여자에 대해서 배상받고, 정죄하던

an i tofohon yan i weile gaiha.
관습대로 15냥으로 죗값을 징수했다.

○ jaisai beile be sindafi unggihe manggi, bagadarhan i
Jaisai 버일러를 놓아보낸 후에, Bagadarhan의

ukanju ilan jergi jidere be, jaisai i amban daihal
도망자가 세 번 오는 것을, Jaisai의 대인 Daihal이

facabufi juse hehe ulha be gaihabi, ukanju beyei
흩어지게 하고 아이들과 여자, 가축을 빼앗았다. 도망자가 몸만

canggi tucifi jidere jakade, jaisai simbe inu ujifi (46:12b)
빠져나와서 오자, "Jaisai 너도 살려서

sindafi unggihe, daihal simbe inu ujifi sindafi unggihe,
놓아보냈고, Daihal 너 역시 살려서 놓아보냈다."

⇦ han hendume, hehe juse ulha be gaici tetendere, niyalmai
한(汗)이 말하기를, "여자와 아이들, 가축들을 빼앗았으니, 그렇다면 사람의

← beyei teile be bi ainu alime gaimbi, ukanju be
몸만을 내가 어찌 받아 갖겠는가. 도망자를

← si amasi ejen de bederebumbio, si gaimbio, sini
네가 다시 원래 주인에게 돌려보내든지, 네가 갖든지 네

← ciha oso seme amasi unggire jakade, jaisai beile,
마음대로 하라"고 하며 다시 보낸 까닭에, Jaisai 버일러가

ukanju i hehe juse ulha be baicafi yooni
도망자의 여자, 아이들, 가축들을 조사하여 온전히

benjire be, bagadarhan amcafi gaihabi, jaisai beile, (46:13a)
보내오려는 것을 Bagadarhan이 추격하여 빼앗았다. Jaisai 버일러가

bagadarhan i baru leheme gisurefi, ihan honin be
Bagadarhan을 향해 여러 번 말하여, 소와 양을

gaifi benjihe, honin ilan tanggū, ihan ninju,
받아서 보낸 것이 양 300마리, 소 60마리이다.

jaisai, bagadarhan i baru hendume, ukanju,
Jaisai가 Bagadarhan을 향해 말하기를, "도망자가

⇦ han de isinafi,
한(汗)에게 이르렀고,

⇦ han i sindaha ukanju be si ainu burakū seme, bagadarhan i
한(汗)이 놓아준 도망자를 네가 어찌 주지 않는가"라고 하여, Bagadarhan의

duin amban be jaisai jafaha sere.
대인 네 명을 Jaisai가 잡았다고 한다.

(46:13b)

○ orin uyun de, garu tsanjiyang de monggo boo be
29일에 Garu 참장에게 몽골 집을

fa hūbalahakū seme, nadan yan i weile arafi
창틈을 봉하지 않았다 하여 일곱 냥으로 치죄하고

gung faitaha.
공은을 깎았다.

○ orin uyun de,
29일에

← saimagi de lenggeri, yecen, detde, suweni ilan nofi
"쇄마길(洒馬吉)에 Lenggeri, Yecen, Detde, 너희 세 사람이

← emu tanggū niyalma be gaifi te, be ta ho de (46:14a)
사람 100명을 이끌고 주둔하라. 백탑하(白塔河)에

← yeodehe, abutai, suweni juwe nofi emu tanggū niyalma be
Yeodehe와 Abutai, 너희 두 사람이 100명을

← gaifi te, meni meni tehe babe saikan akdulame
이끌고 주둔하라. 각각 주둔한 곳을 잘 지키며

← songko faita, sele urebure nikan, ice jase i tule
흔적을 쫓으라. 철을 제련할 한인이 새로운 경계 밖

← gūsin ba i dubede tehebi sere, tere be jafame lenggeri si,
30리 끝에 머물고 있다 하니 그를 잡으러 Lenggeri 네가

← susai niyalma be gamafi, jafafi saikan akdulame huthufi unggi.
50명을 이끌고 잡아서 잘 지키며 포박하여 보내라."

○ orin uyun de, du tang ni bithe wasimbuha, mao (46:14b)
29일에 도당의 글을 내렸다. "모문룡(毛文龍)이

wen lung susai niyalma be tucibufi, musei gurun be
50명을 뽑아서 우리 백성을

šusihiyeme unggihebi sere, mao wen lung ni takūraha
선동하러 보냈다고 한다. 모문룡이 파견하여 보낸

niyalma be jafafi tucibume benjihede gung bure, tucibufi
사람을 잡아내 보내오면 공은을 줄 것이다. 잡아서

benjirakū ofi gūwa gercileme alaha de, enen hūncihin be
보내지 않고 다른 이가 고발해서 알리면 자손과 친족을

suntebume wambi, gercilehe niyalma de gung bure seme
멸하여 죽이고 고발한 사람에게 공은을 줄 것이다"라고

bithe arafi, sio yan ci julesi aita fujiyang be
글을 쓰고, "수암(岫巖)에서 남쪽은 Aita 부장이

baica, cing tai ioi, tiyan šui jan i babe u yen (46:15a)
조사하라. 청태욕(青苔峪)과 첨수참(甜水站)에는 U Yen

iogi genefi baica, gu šan i ergide jao i ho
유격이 가서 조사하라. 고산(孤山) 쪽에는 조일곽(趙一霍)

iogi genefi baica seme unggihe.
유격이 가서 조사하라"고 하며 보냈다.

○ kalka i gurbusi beile i emu haha, emu hehe, juwe
Kalka의 Gurbusi 버일러 예하의 장정 한 명과 여자 두 명, 말 두 마리,

morin, joriktu beile i juwe niyalma yafahan ukame jihe.
Joriktu 버일러 예하의 두 사람이 걸어서 도망해 왔다.

○ gūsin de, sele urebure ši ceng ni bedzung jang bing i, (46:15b)
30일에, 철을 제련하는 석성(石城)의 백총(百總) Jang Bing I가

mao wen lung ni jafu bithe benjihe niyalma be
모문룡의 차부(箚付)를 보낸 사람을

jafafi benjihe seme, bedzung jang bing i be
잡아서 보냈다고 해서 백총 Jang Bing I를

wesibufi ciyandzung obuha, emgi jafaha sele faksi de
승직시켜 천총(千總)으로 삼았다. 함께 잡은 철 장인에게

juwan yan menggun šangnaha.
은 열 냥을 상으로 주었다.

⇦ han i bithe, gūsin de wasimbuha, mao wen lung susai
한(汗)의 글을 30일에 내렸다. "모문룡이 50명을

← niyalma be bithe jafabufi takūrafi šusihiyeme unggihebi sere, (46:16a)
글을 들려서 선동하러 보냈다고 한다.

← julergi mederi bitume anafu tehe coohai ambasa, suwe
남쪽 바다를 따라서 수자리 사는 군사 대신들, 너희는

← meni meni tehe ba i juwe siden be funtuhulerahū,
각각 주둔한 곳의 양쪽 사이에 빈틈이 생길까 염려되니,

← saikan songko faitabu.
흔적을 잘 쫓게 하라."

◯ gūsin de, aohan ci juwe haha, emu hehe,
30일에, Aohan부로부터 장정 두 명과 여자 한 명이

juwe morin, emu temen gajime ukame jihe.
말 두 마리, 낙타 한 마리를 이끌고 도망해 왔다.

(46:16b)

◯ šajin tsanjiyang be ini booi hehe gercileme, nikan de
Šajin 참장을 그의 하녀가 고발했다. 한인에게서

dehi ulgiyan, tanggū coko gaihabi seme gercilere jakade,
돼지 40마리, 닭 100마리를 취했다고 고발했으므로

orin sunja yan i weile arafi ejehe gung faitaha,
벌금 25냥을 물리고 칙서의 공은을 깎았다.

dehi ulgiyan de dehi yan, tanggū coko de
돼지 40마리에 40냥, 닭 100마리에

juwan yan toodame gaiha, gerci hehe be jafafi
열 냥으로 배상 받았다. 고발자인 여인을 잡아서

huthuhe, jai du tang de alahakū ini cisui
묶고, 또 도당에게 알리지 않은 채 자기 마음대로

koro arafi sindaha seme, kuri, jakdan, ninggucin, ilan (46:17a)
해를 가하고 풀어주었다 하여 Kuri, Jakdan, Ninggucin, 이 세

ciyandzung de juwanta yan i weile arafi gung faitaha,
천총에게 열 냥씩으로 치죄하여 공은을 깎았다.

gerci hehe gercileme duka de jihe be amasi
고발한 여인이 고발하러 문에 이른 것을 도로

gamaha seme, miosihon de juwan ninggun yan
데리고 갔다 하여, Miosihon에게 16냥으로

weile araha.
치죄했다.

○ šajin nirui maikun ciyandzung, ula de niyalma gidaha
Šajin 니루의 Maikun 천총이 Ula에서 사람을 숨겼다고

seme weile arafi juwan yan i gung faitaha, niyalmai (46:17b)
하여 치죄하여 열 냥의 공은을 깎고 사람의

beye toodame gaiha.
몸으로 배상 받았다.

○ jukšu, ini nirui niyalmai waha weile be gidaha
Jukšu가 자기 니루 사람이 살인한 죄를 숨겼으므로,

seme, sunja yan i weile arafi gung faitaha.
다섯 냥으로 치죄하고 공은을 깎았다.

○ ubahai, bayartu, hūsibu nirui karun i bosun be,
Ubahai, Bayartu와 Hūsibu 니루의 초병 Bosun을,

ukame genehe juwe monggo, sini babe jase efulefi (46:18a)
"도망해 간 몽골인 두 명이 너희 담당 구역을 경계를 무너뜨리고

tucici si ainu sahakū, saikan kederehekū heoledehe
나오는데 너는 어찌 몰랐는가. 잘 순찰하지 않고 태만했다"

seme, ubahai, bayartu de tofohoto yan, karun i
하여, Ubahai와 Bayartu에게 15냥씩, 초병

bosun de juwan yan i weile araha, ukame genehe
Bosun에게 열 냥으로 치죄했다. 도망쳐 간

juwe monggo, juwe morin be toodame gaiha.
몽골인 두 명과 말 두 마리에 대해서 배상 받았다.

○ jongtoi, hūsita be amcame genefi, jasei jaka be
Jongtoi가 Hūsita를 뒤쫓아 가서 변경을

kedereme deduhekū, pu i dolo deduhe seme, tofohoto (46:18b)
순시하며 묵지 않고 보의 안에서 묵었다 하여 15냥씩으로

yan i weile araha.
치죄했다.

○ ilan biyai ice inenggi, guwangning de unggihe bithe,
3월 초하루에 광녕에 보낸 글이다.

hecen sahara be nakaha, coohai niyalma gemu guwangning ni
"성 쌓는 것을 그만두었다. 모든 군사는 광녕성

hecen i dorgi tulergide aika umbuha eye baime fete,
안팎으로 혹시나 묻어둔 움 구덩이가 있는지 찾아서 파라.

juwe ilan tanggū yan bahaci, baha niyalma gemu
200, 300냥을 얻으면, 얻은 사람이 모두

gaikini, minggan yan tumen yan bahaci, baha niyalma de (46:19a)
가지게 하라. 천 냥 만 냥을 얻으면, 얻은 사람에게

emu hontoho bumbi, suje gecuheri ambula bahaci, ajige
절반을 준다. 비단, 망룡단을 많이 얻으면,

ajige deji bufi baha niyalma gemu gaikini, jeku
가장 좋은 것은 조금 바치고 나서 얻은 사람이 모두 갖게 하라. 곡식을

bahaci, baha niyalma uncakini.
얻으면, 얻은 사람이 팔게 하라."

○ ineku tere inenggi, du tang ni bithe, nikan de
같은 날, 도당의 글을 한인에게

wasimbuha, aisin menggun tucire ba i niyalma, usin
내렸다. "금이나 은이 나는 곳에 사는 사람은

weilere erinde ume fetere, usin i weile tookaburahū, (46:19b)
밭일 할 시기에 땅을 파지 말라. 밭일을 미룰까 염려된다.

usin weilere šolo tucike erinde, aisin wereki
밭일 하고 짬이 나는 시기에, 금을 일어내고

menggun feteki sere niyalma bithe wesimbufi, were
은을 파고자 하는 사람은 글을 올려서, 금을 일고

fete sehe manggi, were, fete, dele bithe
은을 파라고 한 후에 금을 일고 은을 파라. 상부로 글을

wesimburakū, dergi gisun akū, suweni cisui werehe de
올리지 않고 상부의 말 없이, 임의로 금을 일고

fetehe de weile, usin isirakū niyalma, jasei jakarame
은을 파면 죄이다. 밭이 부족한 사람은 경계 주변의

tulergi dorgi be cihai tari, tai niyalma, ere
안팎을 마음대로 경작하라. 대(臺)의 사람은 올해

aniya tai jakarame usin tari, ishun aniya jeku (46:20a)
대(臺) 주변의 밭을 경작하라. 다음해에 곡식이

akū seme burakū.
없다 해도 주지 않을 것이다."

○ emu gūsai emte kiru i ejen, emu nirui emte
한 구사당 한 명씩 기(旗)의 수장이, 한 니루당 한 명씩의

šanggiyan bayara be gaifi, solho i ergide anafu
백(白) 바야라를 이끌고, 조선 쪽으로 수자리

teme genehe.
살러 갔다.

○ ice juwe de, tantaiju weile i jalin de, moobari (46:20b)
초이튿날에 Tantaiju가 죄를 이유로 Moobari 히야의

hiya i orin yan i gung faitaha.
공은을 20냥 깎았다.

○ enggeder efu i deo sanggarjai taiji, emu haha,
Enggeder 어푸의 동생 Sanggarjai 타이지가 장정 한 명,

emu hehe, juwe morin gajime ukame jihe.
여자 한 명, 말 두 마리를 이끌고 도망해 왔다.

○ ice ilan de, wangšan ecike, arai, tung yuwan pu de
초사흘에, Wangšan 숙부와 Arai가 통원보(通遠堡)에[2]

jakūn tanggū cooha, tuhei, ši fang sy de duin (46:21a)
군사 800명, Tuhei가 십방사(十方寺)에 군사

tanggū cooha be gaifi, anafu teme genere de
400명을 이끌고 수자리 살러 갈 때

unggihe bithei gisun, suwe jecen i bade tehe
보낸 글이다. "너희 변경에 주둔한

niyalma ume dulbadara, saikan olhome sereme akūmbure be
사람은 어리석게 굴지 말라. 잘 경계하여 정성을 다할 것을

gūni, fejergi buya niyalmai gisun de dosifi,
생각하라. 아래의 소인의 말에 빠져서,

⇦ han i tacibuha gisun be jurceme, hūlha holo mujilen
한(汗)이 교시한 말을 어기며, 도적의 마음을

jafafi sula heolen oci, suweni beye de jobolon
먹고 태만하면, 너희의 몸에 우환이

isimbi kai, (46:21b)
닥칠 것이다.

⇦ han i gisun be jurcerakū, olhome sereme tondoi akūmbufi,
한(汗)의 말을 어기지 않고, 경계하여 바르게 정성을 다해서,

⇦ han de sain sabuci, suwende gung kai.
한(汗)에게 좋은 모습을 보이면 너희에게 공이 있다."

---

2) 이전까지는 jeng i pu(鎭夷堡)로 불렸는데 1623년부터 명칭이 바뀌었다.

○ ice duin de, sele urebure ši ceng ni ba i
초나흗에, 철을 제련하는 석성(石城) 지방의

beiguwan wang dzy deng be, ubašame genere niyalma be
비어 왕자등(王子登)이 모반하여 가는 사람을

juwe tanggū bade isitala amcaha, mao wen lung ni
200리에 달하도록 추격했고, 모문룡이

šusihiyeme unggihe niyalma be jafafi benjihe seme (46:22a)
선동하도록 보낸 사람을 잡아서 보냈다 하여

iogi obuha.
유격으로 삼았다.

○ niyehe šancin de, kubuhe lamun i gūsai tanggū
Niyehe 산채(山寨)에, 양람기(鑲藍旗)의 갑병

uksin be suji gaifi tembi.
100명을 Suji가 이끌고 주둔한다.

○ giyaha de, kubuhe šanggiyan i gūsai tanggū uksin be
Giyaha에, 양백기(鑲白旗) 갑병 100명을

menggušen gaifi tembi. (46:22b)
Menggušen이 이끌고 주둔한다.

○ samcan de, gulu suwayan i gūsai tanggū uksin be
Samcan에, 정황기(正黃旗) 갑병 100명을

langjuhū gaifi tembi.
Langjuhū가 이끌고 주둔한다.

○ tsoo ho pu de, juwe šanggiyan, juwe lamun i duin
초하보(草河堡)에, 백기(白旗) 두 구사, 남기(藍旗) 두 구사의 갑병 400명을

tanggū uksin be aidahan sencehe gaifi tembi.
Aidahan Sencehe가 이끌고 주둔한다.

(46:23a)

○ yengge de, kubuhe suwayan i gūsai tanggū uksin be
영액(英額)에, 양황기(鑲黃旗) 갑병 100명을

urikan gaifi tembi.
Urikan이 이끌고 주둔한다.

○ undehen ho de, kubuhe šanggiyan i gūsai susai uksin be
Undehen Ho에 양백기 갑병 50명을

muhaliyan gaifi tembi.
Muhaliyan이 이끌고 주둔한다.

○ tung yuwan pu de, juwe fulgiyan, juwe suwayan i duin (46:23b)
통원보(通遠堡)에, 홍기(紅旗) 둘, 황기(黃旗) 둘의 갑병 400명을

tanggū uksin be mina gaifi tembi.
Mina가 이끌고 주둔한다.

○ ši fang sy de, jakūn gūsai simnehe duin tanggū
십방사(十方寺)에, 8구사에서 선발된 갑병 400명을

uksin be soohai nirui arba gaifi tembi.
Soohai 니루의 Arba가 이끌고 주둔한다.

○ siowan juce ci gio meifehe i sidende, gulu šanggiyan i
Siowan 담(潭)에서 Gio 기슭 사이에, 정백기(正白旗)의

duin niru be ehelen gaifi tembi. (46:24a)
네 니루를 Ehelen이 이끌고 주둔한다.

○ cilin de, gulu fulgiyan i gūsai ilan niru be
철령(鐵嶺)에, 정홍기(正紅旗)의 세 니루를

gosin, kiyangkiyan gaifi tembi.
Gosin과 Kiyangkiyan이 이끌고 주둔한다.

○ fung ji pu de, gulu lamun i gūsai ilan niru be
봉집보(奉集堡)에, 정람기(正藍旗)의 세 니루를

kubuhe šanggiyan i arbuha gaifi tembi.
양백기의 Arbuha가 이끌고 주둔한다.

(46:24b)

○ sung šan pu de, kubuhe fulgiyan i gūsai ilan niru be
송산보(松山堡)에, 양홍기(鑲紅旗)의 세 니루를

subsingga gaifi tembi.
Subsingga가 이끌고 주둔한다.

○ fan ho de, gulu suwayan i duin niru be kubuhe
범하(范河)에, 정황기의 네 니루를 양황기의

suwayan i bula gaifi tembi, tenere mafari de,
Bula가 이끌고 주둔한다. 가서 주둔할 여러 마파에게

hergengge niyalma de monggolibuha bithe de nemefi unggihe
직위 있는 사람들에게 목에 걸도록 한 글에 추가하여 보낸

○[3] gisun, suwe jecen i bade tehe niyalma ume dulbadara, (46:25a)
말이다. "너희 변경에 주둔한 사람은 어리석게 굴지 말라.

saikan olhome sereme akūmbure be gūni, fejergi
잘 경계하며 정성을 다할 것을 생각하라. 아래의

buya niyalmai gisun de dosifi,
소인들의 말에 빠지고,

⇦ han i tacibuha gisun be jurceme, hūlha holo mujilen jafafi
한(汗)이 교시한 말을 어기며, 도적의 마음을 먹고

sula heolen oci, suweni beyede jobolon isimbi kai,
태만해지면, 너희의 몸에 우환이 닥칠 것이다.

⇦ han i gisun be jurcerakū, olhome sereme tondoi akūmbufi
한(汗)의 말을 어기지 않고, 경계하여 바르게 정성을 다해서

⇦ han de sain sabuci, suwende gung kai.
한(汗)에게 좋은 모습을 보이면, 너희에게 공이 있다."

(46:25b)

○ ineku tere inenggi, hūwang tung pan be guwangning de
같은 날, Hūwang 통판(通判)이 광녕에서

takūrafi wabuha seme, jui hūwang yan jeng be
일하다가 죽었다 하여, 아들 Hūwang Yan Jeng을

tukiyefi šeo pu obufi, u jing ing de ejen arafi unggihe.
등용하여 수보(守堡)로 삼고, 무정영(武靖營)에 수장으로 삼아 보냈다.

○ ice duin de, eksingge fujiyang, gu šan ci
초나흘에 Eksingge 부장이 고산(孤山)에서부터

3) 기사의 시작이 아닌 부분에 동그라미(○)가 위치하므로 오류로 볼 수 있다.

tung yuwan pu i baru ice jase tondolome ilibume genehe.
통원보(通遠堡) 쪽으로 새로운 경계를 바로 세우기 위해 갔다.

제47권

천명(天命) 8년(1623) 3월

dehi nadaci debtelin,
abkai fulingga i
jakūci aniya ilan
biya.

tongki fuka sindaha hergen i dangse. (47:1a)
유권점 당안

○ ice sunja de, fusi efu, si uli efu, emu
초닷새에, Fusi 어푸와 Si Uli 어푸가, 한

gūsai emte iogi, duite niyalma be gaifi niowanggiyaha i
구사당 한 명의 유격(遊擊)과 네 사람씩을 이끌고 청하(淸河)

ergide usin icihiyame genehe.
쪽에 밭일을 처리하러 갔다.

○ emu nirui orin sunjata uksin be tucibufi,
한 니루당 25명씩 갑병을 뽑아서,

jecen i ba bade boigon tebume unggire de, ganggada
변경 곳곳에 가호를 살게 하여 보낼 때, Ganggada

saman, dadai, dodari be habšabume, dadai sunja jui (47:1b)
사만이 Dadai, Dodari로 하여금 청원하게 하여, "Dadai의 자식 다섯 명과

emu sargan, dodari emu jui, garsa i deo kirsa,
아내 한 명, Dodari의 자식 한 명, Garsa의 동생 Kirsa와

ganggada i eshen be unggimbi, ama jui ahūn deo
Ganggada의 숙부를 보낼 것입니다. 부모, 자식, 형제,

sargan adarame fakcara seme beise de alara jakade,
부인이 어떻게 헤어지겠습니까"라고 버일러들에게 고하자,

beise geren du tang de duile seme afabuha,
버일러들이 여러 도당(都堂)에게 심리하라고 맡겼다.

du tang, ganggada be gana fonjiki seme juwe
도당이 "Ganggada를 데리고 오라. 묻겠다"라고 하며 두

jergi ganaci, jihekū oho manggi, geren beidesi
번 데리러 가도 오지 않았다. 그러자 여러 심사관이

duilefi, sini cisui gisun donjime jici adarame (47:2a)
심리해서, "너의 사적인 말만 들으러 어찌

ombi, si
올 수 있겠는가. 너는

⇦ han i unggire be yebelerakū, mujakū ama jui ahūn deo
한(汗)이 보내는 것을 기꺼이 하지 않고, 다른 부자, 형제,

eigen sargan be faksalafi ainu unggimbi, emu
부부를 어찌 갈라 보내는가.

tanggū susai uksin de, giyan i tucibure niyalma
갑병 150명 중에서, 원칙대로 뽑는 사람이

bikai, tuttu oci,
있다. 그리하여

⇦ han i buhe hergen, šangnaha jaka, salibuha nikan be gemu
한(汗)이 준 직위, 상으로 준 물건, 거느리도록 준 한인들을 모두

gaime, sini cisui sula banji seme beidefi (47:2b)
빼앗으니 너의 뜻대로 벼슬 없이 살라"고 판결하고

⇦ han de alaha,
한(汗)에게 아뢰었다.

⇦ han hendume, sula bici acambio, ejen akū niyalmao,
한(汗)이 말하기를, "벼슬 없이 있다니 합당한가. 수장이 없는 사람인가.

← ganggada be gana fonjiki seme ganaci, jiderengge
Ganggada를 데려오라. 묻겠다"라고 하여 데리러 가니, 오는 것이

goidara jakade,
더뎠다. 그러자

⇦ han fonjime, ganggada aba seme fonjire jakade, tede geren
한(汗)이 묻기를, "Ganggada가 어디에 있는가"라고 물으니, 그곳에 있던 여러

beidesi alame, be duilere bade juwe jergi
심사관이 "우리가 심리할 때 두 번

ganaci jihekū seme alaha manggi, (47:3a)
데리러 가도 오지 않았습니다"라고 아뢰었다. 그러자

⇦ han jili banjifi huthume ganabufi, ganaggada i iogi i hergen be
한(汗)이 화가 나서 포박한 채 데려오게 해서, Ganggada의 유격 직위를

efulefi, beiguwan i hergen bufi daise iogi obuha,
박탈하고, 비어(備禦)의 직위를 주어서 유격 서리가 되게 했다.

ganggada, dadai de, emu minggan sunja tanggū nikan buhe
Ganggada와 Dadai에게 1500명의 한인을 주었었는데,

bihe, minggan nikan be gaiha, sunja tanggū nikan be
1000명을 빼앗고, 한인 500명을

ahūn deo de acan buhe.
형제에게 공동으로 주었다.

○ ilan biyai ice ninggun de, kalka i bagadarhan (47:3b)
3월 초엿새에, Kalka의 Bagadarhan

beile i dehi niyalma, hehe juse be gajime
버일러 예하의 사람 40명이, 여자와 아이들을 데리고

yafahan ukame jihe.
걸어서 도망해 왔다.

○ ice jakūn de, juwe gūsa acan emu fujiyang,
초여드레에 두 구사당 부장(副將) 한 명,

emu gūsai emte iogi, emte beiguwan, mederi jakarame
한 구사당 유격 한 명과 비어 한 명이 바닷가를 따라서

anafu teme genehe.
수자리 살러 갔다.

(47:4a)

○ enggeder efu i deo bahūn taiji, ini ukanju be
Enggeder 어푸의 동생 Bahūn 타이지가, 자신의 도망자를

gaji seme ini beye jihe bihe,
데려오라 하며 직접 와 있었다.

⇦ han hendume, sini mujilen be niyanciha de isitala tuwaki,
한(汗)이 말하기를, "너의 마음을 풀이 푸르게 될 때까지 보겠다.

← mujilen kemuni gūwaliyandarakū sain oci, niyanciha bahafi
마음이 여전히 변하지 않고 좋으면 푸른 풀을 얻어서

← morin tarhūha manggi, sini beye jio, jihe manggi,
말을 살찌운 후에 네가 직접 오라. 온 후에,

← ukanju be bederebume bure, sini bade gamaci gama,
도망자를 돌려보내 줄 것이다. 너의 땅에 데려가려면 데려가라.

← gamarakū yaya bade bikini seci, bikini seme hendufi unggihe. (47:4b)
데려가지 않고 어떤 곳이든 있게 하려면 있게 하라"고 말하여 보냈다.

○ ineku tere inenggi, hūsitun nirui yaran janggin
같은 날, Hūsitun 니루의 Yaran 장긴이

nikan i boigon dalime genefi, nadan boigon be
한인의 가호를 몰러가서, 일곱 가호를

werifi dehi yan menggun be gaifi, jakūn niyalmai
남게 해주고 은 40냥을 받아서, 여덟 명과

emgi acan dendefi gajihabi, tere be šušalan,
함께 공동으로 나눠 가졌다. 그것을 Šušalan과

kūwaktaka donjifi jafahakū seme, šušalan be orin
Kūwaktaka가 듣고서도 잡지 않았다 하여 Šušalan을

sunja yan i weile araha, kūwaktaka be ice niyalma (47:5a)
25냥으로 치죄했고, Kūwaktaka는 새로 온 사람이라고

seme weile akū bai nakaha, menggun gaiha
하여 벌 없이 그냥 두었다. 은을 받은

yaran janggin, jai jakūn niyalma be tanggūta šusiha
Yaran 장긴과 여덟 사람은 100대씩 채찍으로

šusihalafi, oforo šan be tokoho.
때리고, 코와 귀를 찔렀다.

○ ice uyun de, monggo babu be iogi obuha.
초아흐레에 몽골의 Babu를 유격으로 삼았다.

○ kaljan not i batai, yanggur i juwan duin morin, (47:5b)
Kaljan Not의 Batai와 Yanggur의 말 14마리,

ilan tanggū nadanju ilan ihan, uyun tanggū
소 373마리, 양 940마리,

dehi honin, ere be tungginai, soosar, ere juwe
이것을 Tungginai와 Soosar 이 두

niyalma gaiha, horot i bahatai, gu šan i juwan jakūn
사람이 빼앗았다. Horot의 Bahatai와 고산(孤山)의 소 18마리와

ihan, emu hehe, urat i hajagai gaiha, baising
여자 한 명을 Urat의 Hajagai가 빼앗았다. Baising

nirui saintu i nadan ihan be daihal tabunang,
니루의 Saintu의 소 일곱 마리를 Daihal 타부낭과

aduci, kobjilak gaiha.
Aduci, Kobjilak이 빼앗았다.

(47:6a)

○ bagadarhan ci ukame jidere haraldai, bodohū i ninju
Bagadarhan으로부터 도망해 오는 Haraldai와 Bodohū의

ihan be dehi ninggun ihan benjihebi, juwan
소 60마리 중에서 46마리를 보내왔고,

duin ihan benjire unde, ilan tanggū honin be
14마리는 아직 보내지 않았다. 양 300마리 중

juwe tanggū jakūnju emu honin benjihebi, juwan uyun
281마리를 보내왔고, 양 19마리는 아직

honin benjire unde, ere be daihal tabunang gaihabi.
보내지 않았다. 이것을 Daihal 타부낭이 받았다.

○ juwan de, aohan dureng beile i elcin be, fukatu (47:6b)
10일에 Aohan부 Dureng 버일러의 사신을, Fukatu

beiguwan orin duin šanggiyan bayarai niyalma be
비어가 백(白) 바야라 24명을

gaifi benehe.
이끌고 배웅했다.

○ fusi efu, si uli efu usin icihiyame generengge
Fusi 어푸와 Si Uli 어푸가 밭일을 처리하러 가는 것을

amcafi gajiha.
쫓아가서 데려왔다.

○ juwan emu de, yehe i asan i beiguwan i hergen be (47:7a)
11일에 Yehe의 Asan의 비어 직위를

efulehe, abai age i iogi hergen be nakabufi
박탈했다. Abai 아거의 유격 직위를 그만두게 하고

beiguwan obuha.
비어가 되게 했다.

○ donggo efu de dzung bing guwan i hergen, hošotu de
Donggo 어푸에게 총병관(總兵官) 직위, Hošotu에게

fujiyang ni hergen, babuhai age de beiguwan i hergen,
부장 직위, Babuhai 아거에게 비어 직위,

narin de beiguwan i hergen buhe.
Narin에게 비어 직위를 주었다.

(47:7b)

○ borjin hiya, ošan, boitohoi, kangkalai, langgida, munggan,
Borjin 히야, Ošan, Boitohoi, Kangkalai, Langgida, Munggan

ere ninggun niyalma be daise fujiyang obuha.
이 여섯 사람을 부장 서리로 삼았다.

○ juwan ilan de, korcin i manggūs mafa i orin haha,
13일에 Korcin의 Manggūs 마파 예하의 장정 20명과

uheri susai jakūn anggala, emu morin, dehi sunja
총 58명의 인구가 말 한 마리, 소 45마리,

ihan, orin honin gajime ukame jihe.
양 20마리를 이끌고 도망해 왔다.

(47:8a)

○ unege baksi be uksin akū ajige jui de
"Unege 박시는 갑옷이 없는 어린아이에게

morin gaiha, aha bisire niyalma de dere banime
말을 빼앗고, 노비가 있는 사람에게 체면을 보아

sargan buhe, fulata be ini boode dosika uksin
아내를 주었다. Fulata는 자기 집에 들어온 갑옷을

etuhekū niyalma de morin gaiha, nahaculai be morin
입지 않은 사람에게 말을 빼앗았다. Nahaculai는 말을

gidaha, morin bisire niyalma de morin buhe seme
숨겼으며, 말이 있는 사람에게 말을 주었다"라고

cindahū gercilefi, unege baksi de orin sunja
Cindahū가 고발해서, Unege 박시를 25냥,

yan i weile, fulata de tofohon yan i weile (47:8b)
Fulata를 15냥으로 치죄했다.

araha, nahaculai be susai šusiha šusihalafi gidaha
Nahaculai를 채찍으로 50대 때리고 숨긴

morin be gaiha, jai cindahū imbe nahaculai
말을 빼앗았다. 또 Cindahū 자신에 대해 Nahaculai가

karu feteme emu nikan hehe, emu monggo hehe,
보복으로 들추어내기를 "한인 여자 한 명, 몽골인 여자 한 명,

emu sargan jui, ilan yan menggun gaiha seme
여아 한 명, 은 석 냥을 빼앗았다"라고

gercilehe manggi, gidaha aika jaka be gemu gaifi
고발하자 감춘 모든 물건을 모두 빼앗고

uyun yan i weile araha.
아홉 냥으로 치죄했다.

(47:9a)

○ juwan ilan de, nadan jurgan i weile be nakabufi,
13일에 일곱 부서의 업무를 중지시키고,

dasame sunja jurgan obuha.
정비하여 다섯 부서가 되게 했다.

○ ice jihe niyalmai anggala toloro, usin, boo, derhi,
새로 온 사람의 인구를 세는 것, 밭, 집, 삿자리,

tetun, suhe, mucen, sargan, aha, etuku, aika
그릇, 도끼, 가마, 아내, 노비, 의복, 온갖

jaka be bure, boo arabure, ku i jeku be
물건을 주는 것, 집을 짓게 하는 것, 창고의 곡식을

ejeme gaijara, salame bure, ere emu jurgan i weile. (47:9b)
기록하여 받는 것, 분배하여 주는 것, 이것이 한 부서의 업무이다.

○ karun tai, poo miyoocan, songko, mama, juse hehesi
초소와 대(臺), 포와 총, 탐색, 역질, 아이들이나 여자들이

tokso de geneci fonjire, ukanju, ere emu jurgan i weile.
장원에 가면 탐문하는 것, 도망자, 이것이 한 부서의 업무이다.

○ jafaha niyalma be asarabure, wara niyalma be afabufi
잡힌 사람을 투옥시키는 것, 죽일 사람을 맡겨서

wara, den hashan, weihu, kiyoo cara, ihan madara,
죽이는 것, 높은 담장, 통나무배, 다리 놓는 것, 소 불리는 것,

ulgiyan wara, ujima ujibure, ere emu jurgan i weile. (47:10a)
돼지 잡는 것, 가축을 기르게 하는 것, 이것이 한 부서의 업무이다.

○ genere be fudere, jidere be okdoro, baha
가는 사람을 보내고, 오는 사람을 맞는 것, 획득한

ulha be asarara, kiyoo de hūdašabure cifun,
짐승을 간수하는 것, 다리에서 매매하게 하는 세금,

giyai ehe nantuhūn be icihiyabure, tule genere
거리의 나쁘고 더러운 것을 처리하게 하는 것,

horho tuwara, bucehe niyalma be waliyara, hūdun
측간(厠間)을 관리하는 것, 죽은 사람을 제사지내는 것, 빠른

mejige, sarin sarilara, ere emu jurgan i weile.
소식, 연회를 벌이는 것, 이것이 한 부서의 업무이다.

(47:10b)

○ uksin saca, loho gida, beri sirdan, enggemu
갑옷과 투구, 칼과 창, 활과 화살, 안장과 굴레,

hadala, nemerhen, yaki ucika, maikan, wan, kalka sejen,
도롱이, 화살 우비, 활 우비, 장막, 사다리, 방패차,

huncu, olbo, emu tatan i juwan niyalmai tofohon
썰매, 면갑, 한 타탄의 10명이 15일 동안

inenggi gaifi yabure jaka, morin yalure be baicara,
가지고 다닐 물건, 말 타는 것을 감찰하는 것,

morin tarhūbure, ere emu jurgan i weile.
말을 살찌우는 것, 이것이 한 부서의 업무이다.

○ juwan duin de, hahana, baduhū, ceni weile be (47:11a)
14일에, Hahana와 Baduhū가 자신들의 사건에 대해서

dahire jakade, gisun uru ofi, fe kemuni
거듭 말하자 말이 옳으므로 이전대로

fujiyang ni hergen šangnaha, aika jaka be gemu
부장 직위에 따라 상으로 주었던 온갖 물건을 모두

amasi bederebume buhe.
되돌려주었다.[1)]

○ ineku tere inenggi, miosihon i juwan ninggun yan i
같은 날, Miosihon의 16냥의

gung faitaha.
공은을 깎았다.

---

1) 이들이 저지른 죄와 판결 내용은 제43권 10a에 나온다.

(47:11b)

○ ineku tere inenggi, kalka i gurbusi taiji i juwe
같은 날, Kalka의 Gurbusi 타이지 예하의

haha emu hehe ukame jihe.
장정 두 명, 여자 한 명이 도망해 왔다.

○ barin i nangnuk i juwan niyalma yafahan ukame jihe.
Barin의 Nangnuk 예하의 사람 10명이 걸어서 도망해 왔다.

○ ineku tere inenggi, julergi hūng ciling ni bade
같은 날, 남쪽의 Hūng Ciling 지역에

tehe lio yen cang gebungge niyalma, dalime genehe (47:12a)
살던 Lio Yen Cang이라는 사람이, 몰러 간

cooha be daburakū, ini cisui doigonde hūng
군대와는 상관없이 자기 의지로 먼저 Hūng

ciling ni ba i ilan tanggū susai haha be
Ciling 지역의 장정 350명을

gaifi, fanaha i bade genehe seme šeo pu i hergen
데리고, 범하(范河) 지역으로 갔다고 수보(守堡)의 직위를

buhe, ilan tanggū susai haha be ilan aniya
주었다. 350명의 장정은 3년 동안

alban de daburakū.
공역에 넣지 않는다.

○ tofohon de, guwangning de unggihe bithe, tubade (47:12b)
15일에 광녕(廣寧)에 보낸 글이다. "그곳에

tehe duin minggan coohai niyalma, guwangning ni isabuha
주둔한 군사 4000명은, 광녕에 모은

jeku be, neneme juwe minggan niyalma liyoha i dalin i
곡식을 먼저 2000명이 요하(遼河)강 기슭의

ša ho pu de benju, tere juwe minggan niyalma
사하보(沙河堡)에 보내라. 그 2000명이

amasi genehe manggi, jai tehe juwe minggan niyalma
돌아간 후에, 다시 남은 2000명이

jurceme benju, juwe idu jafafi jurceme jeku juwebu,
번갈아 보내라. 두 번에 걸쳐 번갈아 곡식을 나르게 하라.

juwehe jeku be gaijarakū, meni meni juwehe niyalma
나른 곡식을 받지 않을 것이다. 각각 나른 사람이

uncambio jembio, ejen i ciha, jeku i hūda mangga, (47:13a)
팔 것인지 먹을 것인지는 수장의 뜻이다. 곡식의 값이 비싸다.

emu sin jeku de, emu yan menggun salimbi kai.
곡식 한 되에 은 한 냥 가격이다."

○ tofohon de,
15일에

⇦ han de darhan hiya i wesimbuhe bithe,
한(汗)에게 Darhan 히야가 올린 글이다.

⇦ han ama, juwan duin se de ujihe, umai weile
"한(汗) 아버지께서 14세부터 보살펴주셨습니다. 전혀 벌

bahakū, liyoodung de jihe ci ebsi,
받지 않았습니다. 요동(遼東)에 온 이래로,

⇦ han ama, geren deote i afabuha jurgan be tondoi (47:13b)
아버지 한(汗)과 여러 동생이 맡기신 업무를 올바르게

akūmbuhakū, mini mujilen gūwaliyaka turgunde, mini gaiha
진력하지 않았고, 저의 마음이 변했었기 때문에, 제가 맞은

sargan ujihe jui fejergi deo gemu bucehe,
아내와 키운 아들, 아래의 동생이 모두 죽었습니다.

beye nimeku bahafi elekei bucehe, jalan jalan i
제 자신도 병을 얻어서 거의 죽어갑니다. 대를 이어

weile bahara sui ere inu, ereci julesi ehe
벌을 받을 죄가 이것입니다. 앞으로는 나쁜

babe waliyame sain babe gingguleme,
것을 버리며 좋은 것을 공경하며,

⇦ han ama, geren deote i afabuha jurgan be kiceme
한(汗) 아버지와 여러 동생이 맡긴 업무를 열심히 하며

banjiki, dain aba de geneci, dain aba i (47:14a)
살겠습니다. 전쟁과 사냥에 가서는 전쟁과 사냥의

jurgan be kiceme yaburakū, beye banjire de
업무를 부지런히 수행하지 않고, 자신이 살 때

tondoi banjirakūci,
충성되이 살지 않으면,

⇦ han ama, geren deote de jai dasame waka
한(汗) 아버지와 여러 동생에게 또 다시 잘못이

sabufi wasikini,
알려져 몰락해도 좋습니다."

⇦ han, darhan hiya de karu bithe wasimbume,
한(汗)이 Darhan 히야에게 답글을 내리기를,

⇦ abkai hūturingga han i tukiyefi ujihe be gūnirakū, si argangga
“하늘의 복 받은 한(汗)이 등용하고 보살핀 것을 생각하지 않고, 너는 공직의 사람이 되어서

← jalingga mujilen jafafi, alban i niyalma ofi, banjiha babe (47:14b)
간계 부리는 자, 간사한 자의 마음을 먹고 사는 것을

← gemu doigonde saha, guwangning de si ai baita genehe
모두 이미 알고 있다. 광녕에 너는 무슨 일로 가

← bihe, dain i medege be sini beye donjifi amasi
있었는가. 전쟁 소식을 네가 직접 듣고도 도로

← bederefi dacilarakū, anduhūri hendufi waliyafi jihengge, si minde
물러나서 자세히 살피지 않고, 무관심하게 말하고 버리고 온 것은 네가 “나에게

← ai jobolon seme jihebi kai, sini tere weile amban,
무슨 걱정인가”라고 하며 와 있는 것이다. 너의 그 죄가 크다.

← tere weile be gemu waliyaha, te gashūfi banjiki
그 죄를 모두 면제했다. 지금 맹세하고 살겠다고

← seme henduhebi, gashūci bucembi kai, gashūfi ainambi, hada,
말하는데, 맹세해도 죽을 것이다. 맹세해서 어찌하겠는가. Hada,

← yehe, ula, hoifa i beise, fusi, niowanggiyaha, keyen, cilin, (47:15a)
Yehe, Ula, Hoifa의 버일러들, 무순(撫順), 청하, 개원(開原), 철령(鐵嶺),

← simiyan, liyoodung, guwangning ni hafasa, gemu
심양(瀋陽), 요동, 광녕의 관원들, 모두

⇦ abkai sindafi gurun ejelehe niyalma wakao, tese be mini
하늘이 임명해서 나라를 다스린 사람이 아닌가. 그들을 내가

← manggai efulehengge waka,
간단히 패배시킨 것이 아니다.

⇦ abka minde dafi, tere encu gurun i ejete be inu
하늘이 나를 도와서, 그 다른 나라의 수장들을 역시

← efulefi buhe kai, si tesei gese encu gurun i ejen
패배시켜 주었도다. 너는 그들처럼 다른 나라의 수장

← biheo, jebele i yasa de sisiha luhu i gese minde
이었는가. 화살통의 눈에 꽂힌 무촉전처럼 나에게

← takūrabukini seme banjibuha niyalma kai, te si (47:15b)
부려달라고 하여 살려준 사람이다. 지금 네가

⇦ abkai banjibuha hūturingga han be, yasa nicubuci ojorakū
하늘이 내린 복 받은 한(汗)을 눈을 가릴 수 없을 것이다 하여

← nikai seme, argangga jalingga mujilen be waliyafi, tondo
간교한 마음을 버리고, 공정한

← mujilen jafafi banjici, niyalma endembio, kemuni arga jali be
마음을 먹고 살면 사람들이 모르겠는가. 여전히 계책과 간계를

← dele arafi banjici, gashūre anggala,
최상으로 삼고 살면 맹세한다 해도

⇦ abka sarkū bio.
하늘이 모르겠는가."

○ tofohon de, hūsitai i tofohon yan i gung faitaha, sakjai (47:16a)
15일에 Hūsitai의 15냥의 공은을 깎았다. Sakjai

nirui sunai janggin i juwan ninggun yan i gung
니루의 Sunai 장긴의 16냥의 공은을

faitaha, usitai nirui conoi janggin i juwan yan i
깎았다. Usitai 니루의 Conoi 장긴의 열 냥의

gung faitaha.
공은을 깎았다.

○ gusantai efu, ilden, anggū, gisun, solho i ergide
Gusantai 어푸, Ilden, Anggū, Gisun이 조선의 경계에서

anafu tenehengge jihe, ineku tere inenggi nimaraha.
수자리 살다가 왔다. 그날 눈이 내렸다.

(47:16b)

○ juwan ninggun de, du tang ni bithe, sio yan de
16일에 도당의 글을 수암(岫巖)에

unggihe, dai iogi, g'o iogi, suwe sio yan i beiguwan
보냈다. "Dai 유격과 G'o 유격 너희는 수암의 비어인

kiyoo bang kui i uksun ahūta deote be gemu
교방괴(喬邦魁)의 일족 형제를 모두

jafafi gajime jio, kiyoo bang kui de hebe dahaha
잡아서 데려오라. 교방괴의 뜻을 따른

gašan i niyalma be, kiyoo bang kui genefi deduhe
촌락의 사람과 교방괴가 가서 묵은

tai niyalma be, gemu jafafi gajime jio.
대(臺)의 사람을 모두 잡아서 데려오라."

(47:17a)

○ juwan nadan de, baduhū fujiyang, kangkalai fujiyang,
17일에 Baduhū 부장, Kangkalai 부장,

tainju fujiyang, asidarhan tsanjiyang, emu nirui juwete
Tainju 부장, Asidarhan 참장(參將)이 한 니루당 둘씩

uksin i niyalma be gaifi solho i ergide anafu
갑병을 이끌고 조선 방면으로 수자리

teme genehe.
살러 갔다.

○ juwan jakūn de, baduri fujiyang ni hergen be
18일에 Baduri 부장의 직위를

wesibufi dzung bing guwan obuha. (47:17b)
승직시켜 총병관으로 삼았다.

○ sirin, ubahai, iogi i hergen be nakabufi beiguwan
Sirin, Ubahai의 유격 직위를 그만두게 하고 비어가

obuha, obohoi beiguwan be hontoho beiguwan obuha.
되게 했다. Obohoi 비어를 절반 비어가 되게 했다.

○ ineku tere inenggi, abtai dzung bing guwan, busan
같은 날, Abtai 총병관, Busan

dzung bing guwan juwe nofi,
총병관 두 사람이

⇦ han i juleri gisun temšeme jamaraha seme weile arafi, (47:18a)
한(汗)의 앞에서 말다툼하며 소리쳤다 하여 치죄하고,

gūsin ilata yan i gung faitaha, duleke aniya
33냥씩 공은을 깎았다. 지난해

sunja biyade, busan ini weile be dahire jakade,
5월에, Busan이 자신의 죄를 다시 봐달라고 하니,

gisun uru ofi, gaiha aika jaka be bederebume
그 말이 옳아서 "빼앗았던 모든 물건을 회수하여

bu seme tanggūdai age, hahana efu de afabuha,
주라"고 하며 Tanggūdai 아거와 Hahana 어푸에게 맡겼다.

afabuha babe tanggūdai age, hahana efu, fuliyame
맡은 바를 Tanggūdai 아거와 Hahana 어푸가 사정을 봐주며

bošorakū, ulgiyan aniya ilan biyade isibuha seme
재촉하지 않고 계해년(癸亥年, 1623) 3월에 이르게 했다 하여

tanggūdai age i dzung bing guwan i hergen be efulefi (47:18b)
Tanggūdai 아거의 총병관 직위를 박탈하고

uju jergi tsanjiyang obuha, hahana fujiyang ni
1등 참장이 되게 하고, Hahana 부장의

hergen be efulefi, uju jergi iogi obuha, gūsita
직위를 박탈하고, 1등 유격이 되게 하고, 30냥씩으로

yan i weile araha.
치죄했다.

○ juwan uyun de, wang dzung šeng beiguwan be caiha de
19일에 Wang Dzung Šeng 비어를 채하(柴河)에

daiselame unggihe, g'ao yung fu beiguwan be dongsingga de
서리로 보냈다. G'ao Yung Fu 비어를 Dongsingga에

unggihe, kiowan ceng liyang beiguwan be fe ala de (47:19a)
보냈다. Kiowan Ceng Liyang 비어를 Fe Ala에

daiselame unggihe, wang i wei beiguwan be
서리로 보냈다. Wang I Wei 비어를

yengge de unggihe, jang sing guwan beiguwan be sio yan de
영액(英額)에 보냈다. Jang Sing Guwan 비어를 수암(岫巖)에

unggihe, io tiyan ceng beiguwan be simiyan de
보냈다. Io Tiyan Ceng 비어를 심양에

unggihe, tung wen ming beiguwan be jakūmu de unggihe.
보냈다. Tung Wen Ming 비어를 Jakūmu에 보냈다.

○ ineku tere inenggi, yangguri efu, nanjilan,
같은 날, Yangguri 어푸와 Nanjilan이

⇦ han de fonjifi, tuku be nirui ejen beiguwan obuha. (47:19b)
한(汗)에게 물어서 Tuku를 니루 수장인 비어로 삼았다.

○ guwangning de kakduri dzung bing guwan, jakūn gūsai
광녕에 Kakduri 총병관이 8구사에서 한 구사당

emte kirui ejen, emu nirui emte šanggiyan bayarai
한 명씩 기(旗)의 수장과 한 니루당 한 명씩 백(白) 바야라를

niyalma be gaifi, anafu teme genehe.
이끌고 수자리 살러 갔다.

○ orin i inenggi, nimanggi nimaraha.
20일에 눈이 내렸다.

(47:20a)

⇦ han i bithe, nikasa de wasimbuha, gurun i suilara joborongge, mini
한(汗)의 글을 한인들에게 내렸다. "백성이 괴로워 하는 우환은 내가

← araha weile waka, gemu nikan i wan lii han i araha
지은 죄가 아니라 모두 명의 만력제(萬曆帝)가 지은

← weile, wan lii han mujakū jasei tulergi encu gurun i
죄이다. 만력제가 몹시 경계 밖 다른 나라의

← weile de daha be,
일에 간섭한 것을

⇦ abka wakalafi wan lii han i beye bucehe, beye teile oci
하늘이 책망해서 만력제 자신이 죽었다. 자신뿐이면

⇦ abka ini wakalaha be gurun ulhirakū ojorahū seme,
하늘이 책망한 것을 백성이 이해하지 못할까 하여,

← wan lii han i jui tai cang han, emu biya hono (47:20b)
만력제의 아들 태창제(泰昌帝)가 한 달이 채

← ohakū geli bucehe, tuttu nikan han be
못 되어 또 죽었다. 그렇게 명의 황제를

⇦ abka wakalafi, ama jui han bucere, beise ambasa wabure,
하늘이 책망해서, 부자(父子) 황제가 죽는 것, 버일러들과 대신들이 죽임당하는 것,

← ba na gaibure, wan lii han i ehe turgunde, nikan
영토를 빼앗기는 것, 만력제의 악행 때문에 명나라

← gurun i suilarangge tere inu,
백성이 괴로운 것이 그것이다.

⇦ abka mimbe urulefi, nikan han i liyoodung ni babe buhe,
하늘이 나를 옳게 여겨, 명 황제의 요동 지역을 주었다.

⇦ abkai buhe bade jifi, liyoodung ni šurdeme nikan i boode
하늘이 준 곳에 와서, 요동 주변 한인의 집에

← jušen kamcime tefi, jeku be acan jeke, usin be (47:21a)
여진인이 합쳐서 살고, 곡물을 함께 먹고, 밭을

← dendeme tariha, meni jušen i ba i boo usin jeku be,
나누어 경작했다. 우리 여진 지역의 집과 밭과 곡물을

← gemu guribuhe nikan de buhe, ere gurun gurifi
모두 이주해 온 한인에게 주었다. 이 나라가 이주해서

← irgen i joboro aniya, jušen i kamcihakū ba i niyalma, suwe
백성이 수고로운 해에 여진인과 합치지 않은 지역의 사람들, 너희는

← sidende jabdufi jeku ainu uncambi, jeku bisire bayasa,
그 사이에 여유가 있다고 곡식을 어찌 파는가. 곡식 있는 부자들은

← uncara jeku be han de benju, ajige ajige hūda
팔 곡물을 한(汗)에게 보내라. 조금이나마 값을

← bure, tuttu benjirakū ofi gūwa gercilehe de, jeku be
줄 것이다. 그렇게 보내지 않아서 다른 이가 고발하면, 곡물을

← gemu talame gaimbi, beyebe wambi. (47:21b)
모두 몰수하고, 죽일 것이다."

○ orin emu de, jase ilibume genehe eksingge fujiyang,
21일에 경계를 세우러 갔던 Eksingge 부장과

moobari tsanjiyang isinjiha.
Moobari 참장이 돌아왔다.

○ guwangning ci alanjiha mejige, guwangning de tehe coohai
광녕에서 알려온 소식이다. 광녕에 주둔한 군사

ambasa, casi io tun wei i baru genefi, karacin i
대신들이 저쪽 우둔위(右屯衛) 쪽으로 가서 Karacin의

monggo be jakūnju isime ucarafi, tofohon niyalma be (47:22a)
몽골인을 80명 가까이 맞닥뜨려서 15명을

waha, dehi jakūn morin baha, juwe niyalma be
죽이고 말 48마리를 얻었다. 두 명은

weihun jafafi lenggeri benjime jihe.
사로잡아 Lenggeri가 보내왔다.

○ ineku tere inenggi, ubahai, ukanju amcame genefi
같은 날, Ubahai가 도망자를 쫓아가서

jase be songko faitabuhakū boode deduhe seme
경계의 병사들을 자취를 쫓게 하지 않고 집에서 잤다 하여

weile arafi, tofohon yan i gung faitaha.
치죄하고, 15냥의 공은을 깎았다.

(47:22b)

○ šajin bayan i susai yan i gung be, sihan saman
Šajin Bayan의 공은 50냥을 Sihan 사만이

jifi faitaha bihe, dahire jakade, orin yan faitaha,
와서 깎았는데 다시 봐달라고 요청했기 때문에 20냥을 깎고

gūsin yan nakaha.
30냥은 그대로 두었다.

○ orin ilan de,
23일에

⇦ han hendume, duin beile i tana, jakūn fun ci fusihūn,
한(汗)이 말하기를, "네 버일러의 동주(東珠)를 3푼 이상

← ilan fun ci wesihun dagila, fiyanggū age, jaisanggū (47:23a)
8푼 이하로 준비하라. Fiyanggū 아거, Jaisanggū 아거,

← age, jirgalang age, dodo age, yoto age, šoto
Jirgalang 아거, Dodo 아거, Yoto 아거, Šoto 아거

← age, ere ninggun beile i tana, ninggun fun ci fusihūn, juwe
이 여섯 버일러의 동주는 2푼 이상

← fun ci wesihun dagila, jai fujisa be dahara hehesi,
6푼 이하로 준비하라. 또 푸진들을 따르는 여자들과

← gašan i hehesi de, ulhungge etuku, mahala, gidakū dagilabu.
촌락의 여자들에게 다람쥐 가죽 옷, 모자, 머리장식을 준비하게 하라."

○ ineku tere inenggi, du dang ni bithe, cing tai
같은 날, 도당의 글이다. 청태욕(靑苔峪)에

ioi de tehe hoto jaisa de unggihe gisun, (47:23b)
주둔한 Hoto와 Jaisa에게 보낸 말이다.

cing tai ioi ba i juwe niyalma alanjime, mao
"청태욕(靑苔峪)의 두 사람이 알려오기를,

wen lung ni takūraha niyalmai gebu jang hūwai, ilan
'모문룡(毛文龍)이 파견한 사람의 이름이 Jang Hūwai이다. 세

gašan i ilan booi niyalma ubašame genembi sere, emu
촌락의 세 집의 사람과 모반하여 갈 것이라 하는데,

gašan lan pan i, tere niyalmai gebu ging tiyan yan, emu
Lan Pan I 촌락의 사람의 이름이 Ging Tiyan Yan이고,

gašan da ta ioi tere niyalmai gebu wang be cio,
Da Ta Ioi 촌락의 사람의 이름은 Wang Be Cio이고,

emu gašan hūwa pi ioi, tere niyalmai gebu tsoo lio
Hūwa Pi Ioi 촌락의 사람의 이름은 Tsoo Lio Ciowan이다'라고 했다.

ciowan, cing tai ioi de tehe hoto jaisa, suwe (47:24a)
청태욕(靑苔峪)에 주둔한 Hoto와 Jaisa, 너희는

coohai niyalma be gaifi, tere ilan gašan i ilan
군사를 이끌고 그 세 촌락의 세

niyalma be, mao wen lung ni takūraha niyalma be
사람과 모문룡이 파견한 사람을

gemu gaicame jafafi benju.
모두 찾아서 잡아 보내라."

○ guwangning de anafu tehe ambasa, daimbu dzung bing guwan,
광녕에 수자리 살던 대신들인 Daimbu 총병관,

gangguri fujiyang, isun fujiyang, mungtan fujiyang, borjin
Gangguri 부장, Isun 부장, Mungtan 부장, Borjin

daise fujiyang, yahican daise fujiyang, moohai iogi, (47:24b)
부장 서리, Yahican 부장 서리, Moohai 유격,

hargūji iogi, onoi iogi, donoi iogi, keri iogi,
Hargūji 유격, Onoi 유격, Donoi 유격, Keri 유격이

orin ilan de isinjiha.
23일에 돌아왔다

제48권

천명(天命) 8년(1623) 3월부터 4월까지

dehi jakūci debtelin,
abkai fulingga i jakūci
aniya ilan biyaci duin
biyade isinahabi.

tongki fuka sindaha hergen i dangse. (48:1a)
유권점 당안

○ orin sunja de,
25일에,

⇦ han i <u>saoli</u>, lii ši gung be, giyansi[1] jafaha seme
한(汗)의 Saoli인 Lii Ši Gung을 첩자를 잡았다 하여

wesibufi šeobei obuha.
승직시켜서 수비(守備)로 삼았다.

○ kuwan diyan i jao iogi, mao wen lung ni takūraha
관전(寬奠)의 조(趙) 유격(遊擊)이 모문룡(毛文龍)이 파견한

tsoo dusy be waha, tsoo dusy i emgi jihe
Tsoo 도사(都司)를 죽이고, Tsoo 도사와 함께 온

niyalma be jafafi benjihe seme, jao iogi de emu (48:1b)
사람을 잡아서 보냈다 하여, 조 유격에게

頭註: gingguleme baicaci, fe manju gisun i bithe, manju gisun i buleku bithede, gemu saoli sere gisun akū, da songkoi sarkiyaha. [신중하게 조사하니, 『舊淸語』와 『御製淸文鑑』에, 모두 saoli라는 말은 없다. 원래대로 베껴 썼다.]

1) giyansi는 한어 奸細의 음차이다.

tanggū yan menggun šangnafi, juse omosi jalan halame
은 100냥을 상으로 주고, 아들 손자 대를 거듭하여

ejehe sirara gung buhe, jao iogi i jung giyūn tung
칙서를 잇는 공을 주었다.[2] 조 유격의 중군(中軍) Tung

wen ming be wesibufi beiguwan obuha, orin yan
Wen Ming을 승직시켜 비어(備禦)로 삼고, 은 20냥을

menggun šangnaha.
상으로 주었다.

○ jang de ioi be, lang iogi de jihe giyansi be
Jang De Ioi가 Lang 유격에게 온 첩자를

gercileme alaha seme wesibufi iogi obuha. (48:2a)
고발하여 알렸다 하여 승직시켜 유격으로 삼았다.

○ wang yuwan giyo gebungge niyalma be, giyansi be
Wang Yuwan Giyo라는 사람이 첩자를

jafaha seme wesibufi beiguwan obuha.
잡았다 하여 승직시켜 비어로 삼았다.

○ lio ji kuwan gebungge niyalma, šuwang šan i beiguwan
Lio Ji Kuwan이라는 사람이 쌍산(雙山)의 비어인

miyoo i juwang be, mao wen lung ni baru hebe
Miyoo I Juwang을 모문룡과 모의했다고

seme gercilere jakade, miyoo beiguwan be efulefi, (48:2b)
고발했다. 이에 Miyoo 비어를 파직하고,

---

2) 『滿文老檔』 태종편 제15권 3a~3b에 칙서의 내용이 실려 있다.

lio ji kuwan be beiguwan obuha.
Lio Ji Kuwan을 비어로 삼았다.

○ be gi jai ba i wang dzung kui gebungge niyalma, be gi jai i
Be Gi Jai 지역의 Wang Dzung Kui라는 사람이 Be Gi Jai의

niyalma be ubašambi seme, tsoo ho i beiguwan, su ši deng de
사람이 배반할 것이라고, 초하(草河)의 비어인 Su Ši Deng에게

juwe jergi alaci, su ši deng baicahakū, be gi jai i niyalma
두 번 알렸는데도 Su Ši Deng이 조사하지 않아서 Be Gi Jai의 사람이

genehe seme, su ši deng ni ahūn deo be waha,
갔다고 하여 Su Ši Deng 형제를 죽였다.

wang dzung kui be wesibufi beiguwan obuha. (48:3a)
Wang Dzung Kui를 승직시켜 비어로 삼았다.

○ mao wen lung ni šusihiyeme takūraha giyansi niyalma be,
모문룡이 선동하려고 파견한 첩자를

ša cang ni beiguwan wang dzy deng baicafi baha seme, wang dzy deng be
석성(石城)의 비어인 왕자등(王子登)이 조사하여 잡았다 하여, 왕자등을

wesibufi iogi obuha, giyansi be jafaha bedzung jang
승직시켜 유격으로 삼고, 첩자를 잡은 백총(百總) Jang

bing i be wesibufi ciyandzung obuha, jang bing i de
Bing I를 승직시켜 천총(千總)으로 삼았다. Jang Bing I에게

aisilaha emu niyalma de juwan yan menggun šangnaha.
협조했던 한 사람에게 은 열 냥을 상으로 주었다.

(48:3b)

○ lii dusy, jang dzy jing gebungge niyalma be, mao
Lii 도사와 Jang Dzy Jing이라는 사람이 모문룡이

wen lung takūraha emu giyansi be serefi jafaha
파견한 첩자 한 명을 알아채서 잡았다

seme wesibufi beiguwan obuha.
하여 승직시켜 비어로 삼았다.

○ tang šan i šeo pu tang ing yuwan be, mao
탕산(湯山)의 수보(守堡)인 Tang Ing Yuwan이

wen lung ni giyansi be jafafi benjihe seme wesibufi
모문룡의 첩자를 잡아서 보냈다 하여 승직시켜

beiguwan obuha. (48:4a)
비어로 삼았다.

○ sio yan i beiguwan kiyoo bang kui, mao wen lung ni baru
수암(岫巖)의 비어 교방괴(喬邦魁)가 모문룡과

hebe araha be, kiyoo bang kui i booi niyalma gercileme
모의한 것을 교방괴 집의 사람이 고발하여

alara jakade, kiyoo bang kui i uksun mukūn be gemu
아뢰자 교방괴의 혈족 씨족을 모두

waha, kiyoo bang kui i sargan, booi aika jaka be,
죽였다. 교방괴의 아내와 집의 온갖 물건을

gemu gercilehe aha de buhe,
고발한 노복에게 모두 주었다.

⇦ han hendume, tulergi ba i buya niyalma, jing kemuni giyansi (48:4b)
한(汗)이 말하기를, "바깥 지역의 하급 병사들이 계속해서 첩자를

← bahafi benjici, musei ubade geli giyansi jihekū doro bio,
잡아서 보내오는데, 우리가 있는 이곳에 또한 첩자가 오지 않았을 리가 있는가.

← geren hafasa suwe dulga niyalma nikan han de
여러 관원들 너희는 절반은 명 황제에게

← bucere weile bahafi loo de bihe, dulga niyalma
죽을 벌을 받아서 감옥에 있었고, 절반은

← efujefi beye bihe, jai gemu dain de bahafi
파면당한 신분이었다. 또한 모두 전투에서 잡아서

← ujihe niyalma kai, bi tukiyefi hafan obufi ujici,
살려주었던 사람들이다. 내가 등용하여 관원으로 삼아 살게 했는데도

← suwe ujihe baili be gūnime, mao wen lung ni
너희는 어찌하여 살려준 은혜를 생각하면서 모문룡이

← takūraha giyansi be suwe emke ainu tuciburakū, ukandara (48:5a)
파견한 첩자를 하나도 색출하지 않으며, 도망가고

← ubašara ehe facuhūn be ainu baicarakū, tuttu han i
배반하는 포악함과 문란함을 조사하지 않는가. 그렇게 한(汗)을

← jalin de faššarakūci, suwembe ujihe ai tusa, yaya
위해 애쓰지 않으면 너희를 살린 것이 무슨 이익인가. 누구든지

← niyalma ukandara ubašara be serefi alara, giyansi jihe be
도망하거나 배반하려는 것을 알아채서 고하거나 첩자가 온 것을

← safi jafafi benjihe de, nenehe niyalmai gese hafan
발견하고 잡아서 보내면 이전 사람들처럼 관원으로

頭註: gingguleme kimcici, efujefi beye sere gisun, ainci hafan efulefi sula beye oho sere gisun dere. [신중하게 살펴보니, efujefi beye라는 말은 아마도 '관원이 파직당하여 벼슬 없는 몸이 되었다'라는 말일 것이다.]

← obufi gung šang bumbi, ukandara ubašara be donjifi
삼고 공과 상을 줄 것이다. 도망하고 배반하려는 것을 듣고서도

← alarakū, giyansi jihe be safi jafarakū, gūwa gercilehe de,
고하지 않고 첩자가 온 것을 알고도 잡지 않아서, 다른 사람이 고발하게 되면,

← su ši deng, kiyoo bang kui i songkoi ombikai. (48:5b)
Su Ši Deng과 교방괴와 마찬가지가 되게 하겠다."

○ gurbusi efu i eyun, sargan, sengge tabunang sargan,
Gurbusi 어푸의 손위 누이와 아내, Sengge 타부낭의 아내,

manggo tabunang sargan, eniye, labsihi eniye sargan,[3)]
Manggo 타부낭의 아내와 어머니, Labsihi의 아내,

eyun, eniye, harakcin fujin, ooba tabunang sargan,
손위 누이, 어머니, Harakcin 푸진, Ooba 타부낭의 아내,

ere juwan niyalma de emte aisin i monggolikū,
이 10명에게 금목걸이 하나씩,

emte aisin i šerin, juwete juru aisin i ancun buhe.
금불두(金佛頭) 하나씩, 금귀고리 한 쌍씩을 주었다.

(48:6a)

○ orin duin de, yeodehe tsanjiyang, abutai beiguwan,
24일에 Yeodehe 참장과 Abutai 비어가

jeng giyang ni baru anafu teme genefi isinjiha.
진강(鎭江) 쪽으로 수자리 살러 갔다가 돌아왔다.

⇦ han hendume, musei etenggi bade kadalara fafularangge ambula,
한(汗)이 말하기를, "우리가 강성한 상황에는 지휘하고 통제하는 사람이 많고,

---

3) eniye sargan은 eniye가 잘못 들어간 것으로 보인다.

← musei joboro bade kadalara fafularangge komso, liyoodung ni
우리가 고전하는 상황에는 지휘하고 통제하는 사람이 적다. 요동성(遼東城)을

← hecen be gaijara de, han i tukiyehe geren ambasa,
획득할 때, 한(汗)이 등용했던 여러 대신은

← gemu musei coohai bedereme jidere be safi, yaya (48:6b)
모두 우리 군사가 물러나 오는 것을 보고, 아무도

← tucifi kadalame dosimburakū, gemu booi dalda de ukakabi,
나와서 지휘하며 진격하게 하지 않고, 집의 은신처로 도망했다.

← busan emhun tucifi kadalame jurceme cooha unggihebi, tuttu
Busan만이 홀로 나와 지휘하며 맞서 군사를 보냈다. 그렇게

← musei joboro bade, busan emhun beyede alifi kadalaha
우리가 고전하는 곳에서, Busan이 홀로 감당하여 지휘했다

← seme amba gung arafi, busan be uju jergi
하여 큰 공을 인정하여 Busan을 1등

← dzung bing guwan i hergen bufi, gūsa de ejen obuha,
총병관(總兵官) 직위를 주고, 구사 수장으로 삼았다.

← juse omosi jalan halame bucere weile baha seme
자손 대대로 죽을 죄를 지었다고 해도

← ainaha seme warakū, ulin gaijara weile baha seme (48:7a)
여하를 막론하고 죽이지 않고, 재물을 빼앗을 죄를 지었다 해도

← ulin gaijarakū, juwe minggan duin tanggū juwan yan i
재물을 빼앗지 않고, 2410냥의

← weile waliyambi, yaya niyalma gemu busan i adali musei
죗값을 면제한다. 여러 사람 모두 Busan과 같이 우리가

← joboro bade, beyede alifi kadalaci, tenteke niyalma de
고전하는 상황에 감당하여 지휘하면 그러한 사람을

← han, beise akdambi kai, tuttu han, beise akdaci,
한(汗)과 버일러들이 신뢰한다. 그렇게 한(汗)과 버일러들이 신뢰하면

← geli busan i gese amba gung arafi, bucere weile
모두 Busan처럼 큰 공을 인정하여 죽을 죄를

← bahaci warakū, ulin gaijara weile bahaci waliyambi kai,
지어도 죽이지 않고, 재물을 빼앗을 죄를 지어도 면제할 것이다."

ere gisun be jakūn beile ci fusihūn, iogi ci (48:7b)
이 말을 여덟 버일러 이하, 유격

wesihun, monggolire bithede arafi monggolihabi, suwayan ejehe de
이상이 목에 거는 글에 적어서 목에 걸고, 황색 칙서에

bithe arafi doron gidafi busan de buhebi.
글로 써서 인장을 찍어 Busan에게 주었다.

⇦ han i bithe, guwangning de unggihe, hecen i dorgi akdun babe
한(汗)의 글을 광녕(廣寧)에 보냈다. "성 안의 견고한 곳을

← gemu doigonde baicame efule, boo gemu tuwa sinda,
모두 미리 살펴 부수라. 집은 모두 불을 지르라.

← nenehe inenggi tuwa sindafi duleme wajihakū boo be,
전날에 불을 지르고 다 타지 않은 집은

← jai inenggi dasame wacihiyame sindame gilgabu, hecen dukai (48:8a)
다음날 다시 불을 질러 완전히 잿더미로 만들라. 성문의

← sele be hūwakiyame gaifi tuwa sinda, jeku juweme
쇠를 떼어두고 불을 지르라. 곡식을 나르는 것을

← wajime jakade gemu jio.
마치자마자 모두 오라."

○ orin sunja de, du tang hendume, g'ao giya jung sebe
25일에 도당(都堂)이 말하기를, "G'ao Giya Jung 등을

gecuheri suje jodombi, sese arambi seme tukiyefi,
망룡단과 비단을 짜고, 금사를 만든다고 하여 등용하고,

sargan, aha, eture jeterengge yooni buhe, jai usin
아내와 노비, 입을 것과 먹을 것을 모두 주었다. 또 밭을

tarifi jeku bukini, deijire orho moo bukini (48:8b)
경작하고 곡식을 주겠다. 불을 땔 목초와 나무를 주겠다

seme, uju jergi niyalma de sunjata haha, jai
하여, 1등인 사람에게 장정 다섯씩, 2등인

jergi niyalma de duite haha, ilaci jergi niyalma de
사람에게 장정 넷씩, 3등인 사람에게

ilata haha ioi ding buhe, te yaya niyalma
장정 셋씩을 여정(餘丁)으로 주었다. 지금 어떤 사람이든

gecuheri suje jodoro, sese arara, hoošan hergere,
망룡단과 비단 짜는 것, 금사 만드는 것, 종이 만드는 것,

sain narhūn alha moro fila arara, tenteke
질 좋고 섬세한 채색 사발과 접시를 만드는 것, 그러한

ai ai baitangga niyalma bici tucinu, tucike manggi,
갖가지 재주가 있는 사람이 있으면 함께 나오라. 나왔을 때,

tuwafi bahanara yargiyan oci, g'ao giya jung sei adali (48:9a)
살펴보고 할 수 있는 것이 사실이라면, G'ao Giya Jung 등과 같이

tukiyefi ujimbi.
등용하여 보살필 것이다."

○ šušalan i orin sunja yan i gung be jaciba
Šušalan의 공 25냥을 Jaciba가

jifi faitaha.
와서 깎았다.

○ nadan fere de genehe singgiya isinjiha.
Nadan Fere에 갔던 Singgiya가 돌아왔다.

(48:9b)

○ orin ninggun de unggihe bithei gisun, hai jeo i
26일에 보낸 글이다. "해주(海州)의

tsang, simiyan i tsang de jeku alime gaiha
창고, 심양(瀋陽)의 창고에 곡식을 받아놓는

hafasa, suwe gaijara jeku be tondoi gaisu,
관원들, 너희는 받을 곡식을 정확하게 받으라.

gaiha jeku be asararakū, te bumbi kai, suwe
받은 곡식을 보관하지 않고, 지금 주겠다. 너희가

menggun basa gaifi, jeku be ekiyehun gaifi buci,
은을 보답으로 받고 곡식을 부족하게 받아서 주면,

isirakū ohode ainambi.
모자라게 되면 어찌하겠느냐."

(48:10a)

○ cohono i emde yungšun i nirui niyalma, sio yan de
Cohono와 함께 Yungšun의 니루 사람이 수암(岫巖)에

alban i jeku bošome genehe be, sio yan i nikasa
공곡을 관리하러 갔다. 이를 수암(岫巖)의 한인들이

jafafi ubašame huthufi sejen de tebufi gamame
배반하여 잡아서 묶고서 수레에 태워 데리고

genefi, musei anafu i cooha tehe akdun be
가다가 우리의 수자리 군사가 주둔한 것이 견고한 것을

safi, tere niyalma be wafi, nikasa ceni beye
보고 그 사람을 죽이고 한인들 자신은

amasi bedereme jifi alin de tafakabi, tere
도로 물러나와서 산에 올라가 있었다. 그

niyalmai emde genehe gucu, gašan i nikan be (48:10b)
사람과 함께 갔던 구추가 촌락의 한인을

jafafi, oforo šan tokome angga baire jakade,
잡아서 코와 귀를 찌르며 진술을 받으니

waha niyalma alin de tafakabi seme alara
죽인 사람들이 산에 올라가 있다고 고했다.

jakade, tere waha nikan be baicafi, juwan
이에 그 죽인 한인들을 조사해서

niyalma be waha.
10명을 죽였다.

○ orin nadan de, yekšu i orin sunja yan i
27일에 Yekšu의 공은 25냥을

gung be samha jifi faitaha. (48:11a)
Samha가 와서 깎았다.

頭註: gingguleme kimcici, angga baire sere gisun, ainci jabun gaire sere gisun dere. [신중하게 살펴보니, angga baire 라는 말은 아마도 '진술을 받는다'라는 말일 것이다.]

○ orin nadan de, hahana i uyunju yan i gung faitaha.
27일에 Hahana의 공은 90냥을 깎았다.

⇦ han i bithe, orin jakūn de wasimbuha, jušen nikan i
한(汗)의 글을 28일에 내렸다. "여진인, 한인의

← hafasa de meni meni goiha nikan aika benjihe de,
관원들에게 각각 담당한 한인이 무엇인가를 보냈을 때,

← nimaha, ulhūma, bigan i niyehe, tubihe alime gaisu, ihan,
물고기, 꿩, 들오리, 과일은 받아 가지라. 소,

← honin, niman, ulgiyan, ulin menggun, orho jeku be (48:11b)
양, 염소, 돼지, 재물, 은, 목초와 곡물은

← ume alime gaijara, gaici weile.
받아 가지지 말라. 가지면 죄이다."

○ ping lu pu i šeo pu de, enggeder efu juwan
평로보(平虜堡)의 수보에게 Enggeder 어푸가 사람

ilan niyalma be takūrafi ši fang sy ci dosinjiha,
13명을 파견하여 십방사(十方寺)로부터 들어왔다.

šun tuhere jakade pu de isinjiha, ilan sejen,
해가 질 무렵 보에 이르렀다. 수레 세 대,

sunja ihan, ninggun morin gajime, ini fe asarabuha
소 다섯 마리, 말 여섯 마리를 이끌고, 그가 예전에 맡긴

bele ufa tubihe be gaji seme jihebi, bele (48:12a)
쌀, 밀가루, 과일을 받겠다고 와 있었다. 쌀,

ufa tubihe be, jušen baksi genefi bithe
밀가루, 과일을 여진인 박시가 가서 글로

araha, du tang de fonjifi jidere seme ilibuhabi,
쓰고 도당에게 묻고 올 것이다 하여 세워두었다.

ere gisun be
이 말을

⇦ han de fonjire jakade, ufa tubihe be bufi unggihe.
한(汗)에게 묻자, 밀가루와 과일을 주고 보냈다.

○ orin uyun de, baduhū i gūsin yan i gung be
29일에 Baduhū의 공은 30냥을

jaciba jifi faitaha. (48:12b)
Jaciba가 와서 깎았다.

○ fu jeo, sio yan i sidende nacibu, hūsi tembi.
복주(復州), 수암(岫巖)의 사이에 Nacibu, Hūsi가 주둔한다.

○ sio yan de baban, gaha tembi.
수암에 Baban과 Gaha가 주둔한다.

○ saimagi de hūsimu, aidaha sencehe tembi, ese de
쇄마길(洒馬吉)에 Hūsimu와 Aidaha Sencehe가 주둔한다. 이들에게

eksingge fujiyang hoton arara babe jorime genehe. (48:13a)
Eksingge 부장이 성 쌓을 곳을 지시하러 갔다.

○ guwangning de takūraha namtai isinjiha.
광녕에 파견했던 Namtai가 돌아왔다.

⇦ han i bithe, duin biyai ice inenggi wasimbuha, emu nirui
한(汗)의 글을 4월 초하루에 내렸다. "한 니루당

← tanggū uksin be šanggiyan bayara de juwan niyalma
갑병 100명 중에서 백(白) 바야라에 10명을

← obuki, juwe poo, ilan gida, jai uyunju uksin be
편제하고, 포를 둘, 창을 셋으로 하라. 또 갑병 90명을

← dendefi, fulgiyan bayara de dehi uksin obuki, juwan (48:13b)
나누어서, 홍(紅) 바야라에 갑병 40명을 편제하라.

← poo, orin gida, jai juwan niyalma juwe sejen
포가 10명, 창이 20명, 또 10명은 방패차 둘과

← kalka, muke tebure juwe kukuri, sahaliyan ing ni
물 담을 단지 둘에 배치하라. Sahaliyan영의

← susai niyalma de, juwan poo, orin gida, jai orin
50명에게는 포가 10명, 창이 20명, 또 20명에게

← niyalma de, juwe sejen kalka, emu wan, juwe sacikū,
방패차 두 대, 사다리 하나, 곡괭이 둘,

← juwe bon, juwe dehe, juwe hadufun, juwe suhe,
얼음 도끼 둘, 낚시 갈고리 둘, 낫 둘, 도끼 둘,

← duin derhi, juwe fasilan, emu lasihikū, muke tebure
삿자리 넷, 갈퀴 둘, 도리깨 하나, 물 담을 단지 둘,

← juwe kukuri, emu biya dabure yaha, tofohon olbo, (48:14a)
한 달 불을 땔 숯, 면갑 15개,

← emu jalan de juwe amba poo, morin adulara de,
한 잘란에 대포 두 대를 배치하라. 말을 방목할 때는

← sunja niru emu bade acafi, meni meni coohai
다섯 니루가 한 곳에서 만나고, 각각 군대의

← nikasa morin be, emgi acabufi ping lu pu ci
한인들은 말을 함께 모아서 평로보(平虜堡)로부터

← wasihūn, nio juwang ci wesihun adula, emu niru de
아래로, 우장(牛莊)으로부터 위로 방목하라. 한 니루에서

← emte daise be ejen arafi unggi, jušen nikan
한 명씩 서리를 수장 삼아 보내라. 여진인, 한인,

← monggo juwan morin de, emu niyalma be tuwakiyabu,
몽골인은 말 10마리에 한 사람이 지키게 하라.

← morin ukanju gamara, hūlha de hūlhabure, jušen i morin (48:14b)
말을 도망자가 가져가거나, 도적에게 도적질당하거나, 여진인의 말은

← tarhūn, nikan i morin turga oci, gaifi genehe daise de
살찌고, 한인의 말은 여위거나 하면, 이끌고 간 서리에게

← weile, emu niru juwete morin hūwaita, emu
죄가 있다. 한 니루당 말 두 마리를 준비해 매어두라.

← beiguwan emte morin, iogi, tsanjiyang juwete morin, fujiyang
비어 한 명이 말 한 마리씩, 유격과 참장(參將)은 말 두 마리씩, 부장은

← ilata morin, dzung bing guwan duite morin, uju jergi
말 세 마리씩, 총병관은 말 네 마리씩, 1등

← dzung bing guwan sunjata morin hūwaita.
총병관은 말 다섯 마리씩 매어두라."

○ beise i bithe wasimbuha, gašan i giyai de tebuhe (48:15a)
버일러들의 글을 내렸다. "마을의 거리에 놓여 있는

hija be gemu nakabufi, gašan i tule goro bade
화로를 모두 치워서 마을 바깥 먼 곳에

hija tebu, gašan i giyai de hija tebuhe be
놓으라. 마을의 거리에 화로가 놓인 것을

saha de, tuwa bošoro niyalma de weile.
발견하면, 불이 날 일을 조사하는 사람에게 죄가 있다."

○ ice juwe de, sele age i tofohon yan i ejehe
초이틀에 Sele 아거의 15냥의 칙서의

gung be jaciba jifi faitaha.
공은을 Jaciba가 와서 깎았다.

(48:15b)

○ niyanioke beiguwan i hergen be wesibufi, ini ama i
Niyanioke 비어의 직위를 승직시켜, 그의 아버지의

tsanjiyang ni hergen buhe.
참장 직위를 주었다.

○ deo ši tiyan ju funde, ahūn ši guwe ju be
동생 석천주(石天柱) 대신, 형 석국주(石國柱)를

iogi obuha.
유격으로 삼았다.

○ ice ilan de, nikan i šanaha ci emu medege (48:16a)
초사흘에, 명나라의 산해관(山海關)으로부터 한 가지 정보를

gaijara nikan jifi, ini beyebe i tucibume
가지고 한인이 와서 스스로 몸을 드러내며

頭註: gingguleme kimcici, tuwa bošoro niyalma sere gisun, ainci tuwa turibure baita be baicara niyalma sere gisun dere. [신중하게 살펴보니, tuwa bošoro niyalma라는 말은 아마도 '불이 날 일을 조사하는 사람'이라는 말일 것이다.]

alame, šanaha i susai tumen cooha de, monggo
고하기를, "산해관의 50만 군대에, 몽골

juwan tumen cooha guwangning ni jugūn be jimbi,
10만 군대가 광녕 길로 올 것이고,

mao wen lung ni orin tumen cooha julergi be
모문룡의 20만 군대가 남쪽으로

jimbi, juwe jugūn cooha, gemu ere duin biyai
올 것입니다. 두 길의 군대가 모두 이번 4월

juwan uyun de isinjime jimbi seme alaha manggi,
19일에 이르러 올 것입니다"라고 알렸다. 그러자

si emhun jiheo, gucu jihebio seme fonjici, emu (48:16b)
"너는 혼자 왔는가, 구추도 왔는가"라고 물으니, "한

gucu jihe bihe, bi alafi ubade banjimbi seme
구추가 와 있었는데, 저는 알리고 나서 이곳에 살겠다고 하자,

hendure jakade, gucu amasi genehe seme jabure
구추가 돌아갔습니다"라고 대답했다.

jakade, si unenggi ubade banjici, gucu be ainu
그러자 "네가 정말로 여기서 살 것이면 어찌하여 구추에 대해서

alarakū, jortai iletu gisureme algin sindame sartabume
알리지 않는가. 고의로 공공연히 말하여 소문을 퍼뜨리며 일을 그르치려고

jihebi kai seme waha.
와 있는 것이다"라고 하며 죽였다.

○ alban i fetehe menggun uyun tanggū gūsin (48:17a)
공물로 캐낸 은 930냥과

yan, aisin ninggun yan nadan jiha benjire jakade,
금 여섯 냥 7전을 보내왔다. 이에

ere menggun fetehe niyalma juwe jergi bure
"이 은을 캐낸 사람은 두 번 낼

jeku buheo seme fonjifi, juwe jergi jeku gemu
곡식을 냈는가"라고 물어서, "곡식을 두 번 모두

buhe sere jakade, aisin be gaiha, menggun
냈다"라고 하니, 금은 받고, 은은

gemu amasi bederebume fetehe niyalma de buhe,
모두 돌려보내게 하여 캐낸 사람에게 주었다.

bošome weilebuhe ši guwe ju de ninju yan buhe,
독려하며 일을 시킨 석국주(石國柱)에게 90냥을 주었다.

jakūn booi tuwame weilebuhe jakūn niyalma de (48:17b)
팔가의 감독하며 일을 시킨 여덟 명에게

sunjata yan buhe, alban i jeku be
다섯 냥씩 주었다. 공곡에 대해

fonjihangge, jeku buhekū bici, tere be nakabufi
물었을 때, 곡식을 내지 않았다면, 그를 파직시키고

weile araki sehebi.
치죄하겠다고 했다.

○ ice sunja de, darhan efu tehe mio mawai
초닷새에, Darhan 어푸가 주둔했던 Mio Mawai라는

baci nadanju niyalma bahafi benjihe.
곳으로부터 70명을 얻어서 보냈다.

(48:18a)

○ hoto tehe cing tai ioi baci nadanju niyalma
Hoto가 주둔한 청태욕(靑苔峪)이라는 곳으로부터 사람 70명과

ninggun morin bahafi benjihe.
말 여섯 마리를 잡아서 보냈다.

○ du tang ni bithe, ice ninggun de wasimbuhe, baban,
도당의 글을 초엿새에 내렸다. "Baban,

nacibu i jergi jakūn gūsai emte amban be hoton
Nacibu와 같은 품급으로 8구사당 한 명씩 대신을 성을

ara seme unggihe bihe, hoton arara be naka,
쌓으라고 보냈었는데, 성을 쌓는 것을 멈추라.

hoton arara babe tuwafi toktobu, šolo tucike (48:18b)
성 쌓을 곳을 보아서 결정해 두라. 여유가 생기면

manggi arambi, yafahan cooha be beiguwan gaifi,
쌓겠다. 보병을 비어가 이끌고,

meni meni da tehe bade bederefi, juwe siden be
각각 본래 주둔했던 곳으로 물러나서, 두 곳 사이를

saikan songko faitame te, baban, nacibu i jergi
잘 정찰하며 주둔하라. Baban, Nacibu 품급의

ambasa, inu meni meni gūsai yafahan be gaifi,
대신들은 또한 각각 구사의 보병을 이끌고,

tehe beiguwan i dade genefi te.
주둔했던 비어의 본 근무지에 가서 주둔하라."

○ irešen, afuni de goiha soosoi, san šan ioi, sio (48:19a)
Irešen과 Afuni에게 배당된 Soosoi, San Šan Ioi, Sio

ioli, janja sui se, ere duin gašan i juwe
Ioli, Janja Sui Se, 이 네 촌락의 장정 2000명이

minggan haha, juse hehe be gamame julesi ubašame
아이들과 여자들을 데리고 남쪽으로 배반해

genere be, jase jakarame tehe coohai niyalma amcafi,
가는 것을 경계 주변에 주둔했던 군사가 쫓아가서

haha be gemu waha, juse hehe be olji araha.
장정을 모두 죽이고, 아이들과 여자들을 포로로 잡았다.

○ du tang ni bithe, duin biyai ice ninggun de
도당의 글을 4월 초엿새에

wasimbuha, nikan i coohai niyalma, baisin niyalma, yaya de (48:19b)
내렸다. "한인의 군사, 일반 백성은 모두에게

bisire beri sirdan, loho gida, poo, coohai
있는 활과 화살, 창과 칼, 포, 병장기를

agūra be, orin ci dosi, meni meni kadalara
20일 안으로 각각 관할하는

hafan de benju, orin ci casi, coohai agūra be
관원에게 보내라. 20일을 넘겨서 병장기를

benjihekū asarahabi seme gercilehe de, ujen weile
보내지 않고 감추어놓았다고 고발하면 중죄로

arambi, nikan faksisa sirdan loho gida coohai
삼겠다. 한인 장인들은 화살, 창, 칼, 병장기를

agūra be uncara be naka, juwan ci casi
파는 것을 멈추라. 10일 이후에

uncaci, uncaha niyalma de weile, udaci, udaha (48:20a)
팔면 판 사람에게 죄가 있고, 사면 산

niyalma de weile, coohai agūra be meni meni
사람에게 죄가 있다. 병장기를 각각

harangga niyalma benjime wajiha seme, hafasa orin de
휘하의 사람이 보내기를 마쳤다고 관원들이 20일에

bithe wesimbu.
글을 올리라."

○ darhan baturu beile i kicenggu ubasi ninggun niyalma,
Darhan 바투루 버일러 예하의 Kicenggu와 Ubasi가 사람 여섯 명,

juwan emu morin, juwe temen, sunja hehe be
말 11마리, 낙타 두 마리, 여자 다섯 명을

gajime elcin jihe. (48:20b)
이끌고 사신으로 왔다.

○ kakduri booi ninggun haha ninggun hehe be,
Kakduri 집의 장정 여섯 명과 여자 여섯 명을

guwangning ni jang tsanjiyang hūlhame gamafi, singgebume
광녕의 Jang 참장이 몰래 데려갔다가 제것으로

baharakū benjihe manggi, jang tsanjiyang de weile arafi,
하지 못하고 보내자, Jang 참장을 치죄하고,

頭註: gingguleme kimcici, singgebume baharakū sere gisun, ainci singgebume mutehekū sere gisun dere. [신중하게 살펴보니, singgebume baharakū라는 말은 아마도 '제것으로 하지 못했다'라는 말일 것이다.]

booi aha ihan morin ai jaka be ilan ubu
집의 노복, 소와 말 온갖 것을 세 몫으로

sindafi, juwe ubu be ejen de buhe, emu ubu be
나누어, 두 몫을 본인에게 주었고, 한 몫을

šajin i niyalma gaiha, juwe eigen emu hehe be (48:21a)
법관이 징수했다. 남편 두 명과 여자 한 명을

kakduri de toodabuha, ninggun haha ninggun hehe
Kakduri에게 배상하게 했다. 장정 여섯 명과 여자 여섯 명이

ukaci, jang tsanjiyang de toodame gaimbi.
도망했다면, Jang 참장에게 배상 받는다.

○ dodo age i lang iogi i wei yūn deng daise
Dodo 아거 예하 Lang 유격의 Wei Yūn Deng은

beiguwan bihe, mao wen lung ni giyansi jihe niyalma be
비어 서리였는데, 모문룡의 첩자로 온 사람을

jafaha seme wesibufi jing beiguwan obuha, menggun
잡았다 하여 승직시켜서 정(正) 비어로 삼고, 은을

šangnaha, jihe giyansi be waha. (48:21b)
상으로 주었다. 온 첩자는 죽였다.

○ solho i ergi de lenggeri fujiyang, duin tanggū
조선 방면으로 Lenggeri 부장이 400명의

šanggiyan bayarai niyalma be gaifi anafu tenefi,
백(白) 바야라를 이끌고 수자리 살러 가는데

頭註: gingguleme kimcici, jing beiguwan sere gisun, ainci jingkini beiguwan sere gisun dere. [신중하게 살펴보니, jing beiguwan이라는 말은 아마도 '정(正) 비어'라는 말일 것이다.]

gajihangge, emu tanggū juwan ilan niyalma, orin
이끌고 간 것이다. 사람 130명,

jakūn morin, sunja ihan, sunja losa, duin eihen,
말 28마리, 소 다섯 마리, 노새 다섯 마리, 나귀 네 마리,

juwe tanggū susai yan menggun gajiha bihe, juwe
은 250냥을 가지고 갔었다.

tanggū susai yan menggun be, genehe bayarai (48:22a)
은 250냥을 간 바야라

niyalma de buhe.
병사에게 주었다.

○ ice nadan de, ošan i nirui namida hari be,
초이레에, Ošan 니루의 Namida Hari를

gūwa niyalma, wei ning ni ebele amba jugūn de
다른 사람이, 위녕(威寧)의 변경 큰길에서

butuleme wahabi seme alanjire jakade,
암살했다고 알려오자,

⇦ han donjifi, namida hari, beri jebele ashaha biheo
한(汗)이 듣고, "Namida Hari가 활과 화살통을 차고 있던가"라고

seme fonjici, jebele beri akū seme alara jakade, (48:22b)
물으니, 화살통과 활이 없다고 아뢰자

← jebele beri ainu asharakū sula yabumbi, dain i ba kai seme
"화살통과 활을 어찌하여 차지 않고 빈손으로 다니는가. 전쟁터이다"라고 하며

頭註: gingguleme baicaci, fe manju gisun i bithede, butuleme wahabi sere gisun, uthai butui wahabi sere gisun inu sehebi. [신중하게 조사하니, 『舊淸語』에 butuleme wahabi라는 말은, 즉 butui wahabi(암살했다)라는 말이라고 했다.]

⇦ han jili banjifi, giran jafara unde oci, yali be
한(汗)이 노하여서, "시신을 화장하기 전이면, 살을

← faitarafi waliya, giran jafaci, jafaha giran be
베어서 버리라. 시신을 화장했으면, 화장한 시신을

← so, etuku ume sindara seme nakabuha, jai geren
뿌리라. 의복은 매장하지 말라"고 하여 그만두게 했다. 또 여러

← ambasa be isabufi, namida hari be waha niyalma be
대신을 모아서, "Namida Hari를 죽인 사람을

← baica seme henduhe.
찾으라"고 말했다.

(48:23a)

○ ice jakūn de, julergi de teme genehe jakūn
초여드레에, 남쪽에 주둔하러 갔던 여덟 초소의

karun i niyalma de unggihe bithei gisun, suwe
사람에게 보낸 글이다. "너희

jecen i bade tehe niyalma ume dulbadara, saikan
변경에 주둔한 사람은 절대 어리석게 굴지 말라. 잘

olhome sereme akūmbure be gūni, fejergi buya
경계하며 정성을 다할 것을 생각하라. 아래의

niyalmai gisun de dosifi,
소인의 말에 빠져들어서

⇦ han i tacibuha gisun be jurceme, hūlha holo mujilen
한(汗)이 가르친 말을 어기며, 도적의 마음을

jafafi sula heolen oci, suweni beye de jobolon (48:23b)
먹고 태만해지면, 너희의 몸에 우환이

isimbi kai,
닥칠 것이다.

⇦ han i gisun be jurcerakū, olhome sereme tondoi akūmbufi
한(汗)의 말을 어기지 않고, 경계하며 바르게 정성을 다해서

⇦ han de sain sabuci, suwende gung kai.
한(汗)에게 좋은 모습을 보이면, 너희에게 공이 있다."

⇦ han i bithe, ice jakūn de wasimbuha, emu nirui emu
한(汗)의 글을 초여드레에 내렸다. "한 니루당 한

← janggin gaifi morin adula, emu janggin coohai agūra be
장긴은 이끌고 말을 방목하고, 한 장긴은 병장기를

← bošome weilebu, emu janggin usin bošome weilebu. (48:24a)
독려하여 만들게 하며, 한 장긴은 밭일을 독려하여 일하게 하라."

○ eksingge fujiyang, saimagi, sio yan i babe hoton
Eksingge 부장이 쇄마길, 수암(岫巖) 지역을 성을

arambi seme tuwanafi jihe.
쌓는다고 둘러보고 왔다.

⇦ han i bithe, ice uyun de wasimbuha, han i duka de,
한(汗)의 글을 초아흐레에 내렸다. "한(汗)의 문에,

← hecen i duka de suwayan tu tukiyehe de, hergen
성의 문에 황색 둑(纛)을 걸면 직위가

← bisire niyalma gemu han i duka de isanju, sarin (48:24b)
있는 사람은 모두 한(汗)의 문에 와서 모이라. 주연을

← sarilara, aika gisun hūlara hendure medege bi,
벌이거나, 어떤 명령을 포고할 소식이 있는 것이다.

← fulgiyan tu tukiyehe de, ikiri buren burdehe de,
붉은 둑(纛)을 걸거나 연달아 고동을 불면

← dain coohai medege bi, uksin saca etufi, morin
전쟁과 군대의 소식이 있다. 갑옷과 투구를 걸치고, 말이

← bisire niyalma morin yalufi, morin akū niyalma yafahan
있는 사람은 말을 타고, 말이 없는 사람은 걸어서

← meni meni teisu gašan i dubede ilinafi, beiguwan ci
각각 해당하는 촌락의 끝에 나와 서고, 비어

← wesihun, gūsai beile duka de medege gaisu, šanggiyan
이상은 구사 버일러의 문에서 소식을 받으라. 흰색

← tu tukiyehe de, poo sindaha de, ukanju ukaka (48:25a)
둑(纛)을 걸거나 포를 쏘면 도망자가 도망갔다는

← medege bi, olbo etufi jebele ashafi hūwaitaha
소식이다. 면갑을 입고 화살통을 차고 묶어놓았던

← morin yalufi jio.
말을 타고 오라."

○ juwan de, julergi de baha olji ton, niyalma
10일에, 남쪽에서 얻은 노획물의 수가 사람

emu minggan, morin ihan losa eihen ilan
1000명, 말과 소, 노새, 나귀가 300마리라고

tanggū seme, burgi nirui lumbušan alanjime jihe.
Burgi 니루의 Lumbušan이 알려왔다.

제49권

천명(天命) 8년(1623) 4월

dehi uyuci debtelin,
abkai fulingga i
jakūci aniya duin
biya.

tongki fuka sindaha hergen i dangse. (49:1a)
유권점 당안

○ juwan emu de, darhan baturu beile i elcin
11일에 Darhan 바투루 버일러의 사신인

kicenggu ubasi de sunja yan menggun buhe,
Kicenggu와 Ubasi에게 은 다섯 냥을 주고

kutule de ilan yan menggun, duin šangšaha
말구종에게는 은 석 냥과 떡 네

efen, emu malu hibsu unggihe.
버들고리, 꿀 한 동이를 보냈다.

○ juwan juwe de, jekui baksi kuri, natai, dayangga,
12일에 곡물 박시인 Kuri, Natai, Dayangga,

logi, ciyandzung ni hergen be wesibufi beiguwan obuha. (49:1b)
Logi를 천총(千總)의 직위를 승직시켜서 비어(備禦)로 삼았다.

○ lii fuma hendume, julergi ba ba i niyalma suwe
이(李) 부마(駙馬)가 말하기를, "남쪽 각지의 백성들아, 너희는

ainu ubašambi, jušen

어찌 배반하려고 하는가. 여진

⇦ han i ehe sain be suwe ulhire unde kai,

한(汗)의 나쁜 점과 좋은 점을 너희는 아직 깨치지 못했다.

nikan i wan lii han i gese g'ao taigiyan be

명나라의 만력제(萬曆帝)와 같이 고태감(高太監)을

sindafi, sabka i tokome[1] menggun gaihakūbi, liyoodung be

임명하여, 탐욕스럽게 은을 취하지 않았다. 요동(遼東)을

baha manggi, meni meni tehe boo, tariha usin be (49:2a)

얻은 후, 각자가 살던 집, 경작하던 밭을

umai acinggiyahakū tehei bihe, mao wen lung ni šusihiyere

전혀 건드리지 않고 살던 대로 두었는데, 모문룡(毛文龍)의 부추기는

gisun de dosifi, julergi mederi jakarame tehe gurun

말에 넘어가서, 남쪽 바다에 연하여 살던 사람은

mini niyalma be wafi ubašame ofi guribuhe,

나의 사람을 죽이고 배반하게 되어서 이주시켰다.

suweni ubašame genere turgunde guribuhe, tere guribuhe gurun de

너희가 배반해 가는 까닭에 이주시켰다. 그 이주시킨 사람들에게

jeku uleburakū boihon ulebureo,[2] guribuhe niyalmai jetere

곡식을 먹이지 않고 흙을 먹이겠는가. 이주시킨 사람이 먹을

jeku akū ofi gaifi buhe, ere guribuhe emu

곡식이 없어서 지급했다. 이주시킨 이 한

頭註1: gingguleme kimcici, sabka i tokome sere gisun, ainci hepereme doosidame gaire be jorime gisurere gūnin dere. [신중하게 살펴보니, sabka i tokome라는 말은 아마도 '탐욕스럽게 취하다'를 가리켜 말하는 뜻일 것이다.]

頭註2: gingguleme baicaci, fe manju gisun i bithede, boihon ulebureo sere gisun, uthai boihon ulebumbio sere gisun inu sehebi. [신중하게 조사하니, 『舊淸語』에 boihon ulebureo라는 말은 곧 boihon ulebumbio(흙을 먹이겠는가)라는 말이라고 했다.]

aniya jobombi dere, jai aniyadari joboho doro bio, (49:2b)
해는 고생할 것이다. 또 해마다 고생할 리가 있느냐.

jušen
여진

⇦ han, nikan han dailandufi we etembi, etehe
한(汗)과 명나라 황제가 싸워서 누가 이기든, 이긴

⇦ han de tehei dahafi ekisaka banjicina, suwe coohai
한(汗)에게 그대로 복종하여 조용히 살면 된다. 너희는 병사가

niyalma geli waka, bithe coohai hafan geli waka,
아니며 문무 관원도 아니다.

suwe baisin irgen kai, suwende ai weile bi,
너희는 일반 백성일 뿐이다. 너희에게 무슨 죄가 있느냐.

suwe banjiha ba tehe boo tariha usin be
너희가 지내던 땅, 살던 집, 경작하던 밭을

waliyafi, ubašame genehe seme we alime gaifi (49:3a)
버리고 배반해 간다고 해서 누가 받아들이고

icihiyame boo usin bumbi, fusi efu ere bithe be
보살펴 집과 밭을 주겠는가." Fusi 어푸가 이 글을

gamame, fu jeo, g'ai jeo de genehe.
가지고 복주(復州), 개주(蓋州)로 갔다.

○ subahai tsanjiyang, moobari tsanjiyang emu minggan cooha be
Subahai 참장(參將)과 Moobari 참장이 군사 1000명을

gaifi, fu jeo, g'ai jeo de anafu teme genehe.
이끌고 복주와 개주로 수자리를 살러 갔다.

○ cohono julergi golo de tehe nikan de jeku (49:3b)
Cohono가 남쪽 지역에 사는 한인들에게 곡식을

gaime genefi, ini emgi genehe niyalma be emhun
징수하러 갔다가 그와 함께 갔던 사람을 홀로

takūrafi nikan de wabuhabi, si emhun ainu takūraha
파견했는데 한인들에게 살해당했다. "너는 어찌하여 홀로 파견했는가"라고

seme niyalma toodame gaiha, orin yan i weile arafi,
하여 사람으로 배상 받았다. 20냥으로 치죄하고

ejehe gung be samha jifi faitaha.
칙서의 공은을 Samha가 와서 깎았다.

○ aiha i bade jeku ganame genefi, g'ao el ting ni
애하(靉河) 지방에 곡식을 가지러 갔다가 G'ao El Ting

ba i niyalma ubašame genere be, songko safi amcafi (49:4a)
지역의 사람이 배반해 가는 것을 Songko가 알고 추격하여

waha, mao wen lung ni takūrafi šusihiyeme gamara ciyandzung be
죽이고, 모문룡이 파견해서 부추겨 데리고 가는 천총을

waha seme, wesibufi tsanjiyang ni hergen buhe, juwan yan i
죽였다고 하여 승직시켜 참장의 직위를 주었다. 열 냥의

pai monggolibufi fulgiyan gecuheri etuku etubuhe, emu
패를 목에 걸게 하고 붉은 망룡단 옷을 입게 했다.

minggan sunja tanggū nikan jalukiyame buhe, emgi genehe
1500명의 한인을 채워주었다. 함께 간

duin ciyandzung de beiguwan i hergen, sunja tanggū
천총 네 명에게는 비어의 직위와 한인 500명을

nikan buhe, nikan i beiguwan de sunja tanggū haha
주었다. "한인 비어에게는 장정 500명을

bumbihe, tere ba seme sunja tanggū haha buhe, (49:4b)
줄 것인데, 주둔하는 지역이라며 장정 500명을 주었다.

jai gung bahaci jalukiyame bure.
또 공을 세우면 채워줄 것이다."

○ busan dzung bing guwan, nanjilan iogi, fukca iogi,
Busan 총병관(總兵官), Nanjilan 유격(遊擊), Fukca 유격,

langgida iogi daise fujiyang, yanjuhū beiguwan daise iogi,
Langgida 유격 부장(副將) 서리, Yanjuhū 비어 유격 서리 등

⇦ genggiyen han, cooha gaifi yabure ambasai baru hendume, taifin
군사를 거느리고 갈 대신들에게 경기연 한(汗)이 말하기를, "태평한

← doro de tondo mujilen dele, dain i doro de
도리에는 올곧음이 최상이요, 전쟁의 도리에는

← arga jali beyebe suilaburakū cooha be joboburakū, mergen (49:5a)
계책과, 스스로를 괴롭히지 않고 병사를 괴롭히지 않는 현명하고

← faksi mujilen dele, musei cooha be suilaburakū dain be
교묘한 마음이 최상이다. 우리의 병사를 괴롭히지 않고 전쟁을

← eteci, mergen arga faksi jali, unenggi coohai ejen
이긴다면, 현명하고 지모가 있고 교묘하며 계략이 있는 것이다. 실로 병사의 수장이라는

← serengge tere kai, musei cooha be jobobume suilabume,
자는 그런 것이다. 우리의 병사를 괴롭히며 힘들게 하여,

← dain be etehe baha seme tere ai tusa,
전쟁을 이기고 얻었다 하더라도 그것이 무슨 소용이 있는가.

← dain i doro de, ai ai ci museingge be gūwa de
전쟁의 도리에 어떤 무엇보다도 우리의 것을 남에게

← gaiburakū dain be eteci, tere yaya ci dele,
내주지 않고 전쟁을 이기면 그것이 무엇보다도 최상이다.[1)]

← jecen i bade tehe niyalma ume dulbadara, saikan olhome (49:5b)
변경에 주둔하는 사람은 어리석게 굴지 말라. 잘 경계하며

← sereme akūmbure be gūni, fejergi buya niyalmai gisun de
정성을 다할 것을 생각하라. 아래의 소인들의 말에

← dosifi, han i tacibuha gisun be jurceme, hūlha holo
빠지고, 한(汗)이 교시한 말을 어기며, 도적의

← mujilen jafafi sula heolen oci, suweni beyede jobolon
마음을 먹고 태만해지면, 너희의 몸에 우환이

← isimbi kai, han i gisun be jurcerakū olhome sereme
닥칠 것이다. 한(汗)의 말을 어기지 않고, 경계하여

← tondoi akūmbufi, han de sain sabuci, suwende gung kai.
바르게 정성을 다해서 한(汗)에게 좋은 모습을 보이면, 너희에게 공이 있다."

○ juwan ilan de, fu jeo, g'ai jeo de unggihe (49:6a)
13일에 복주와 개주에 보낸

bithe, jeku jafaha niyalma be unggifi, g'ai jeo
글이다. "곡식을 걷는 사람을 보내서 개주와

fu jeo de gaijara jeku be, musei subahai
복주에서 징수할 곡식을 우리의 Subahai

1) 제49권 4b 제6행부터 제49권 5a 제7행까지의 내용은, 제6권 5b 제2행부터 제6권 5b 제4행까지와 제6권 6b 제6행부터 제6권 7a 제2행까지의 내용과 일치한다.

gufu, moobari emgi genehe emu minggan coohai
고모부, Moobari와 함께 간 병사 1000명에게,

niyalma de, jai amala genehe monggo i angga be
또 뒤에 간 몽골인의 인구를

bodofi, fu jeo de udu hule ombi, g'ai jeo de
고려하여 복주에 몇 섬이 될지, 개주에

udu hule ombi, tolome gaifi bu.
몇 섬이 될지를 세어서 지급하라."

(49:6b)

○ juwan ilan de, julergi mederi ergide anafu tenehe
13일에 남쪽 바다 쪽에서 수자리를 살던

burgi fujiyang isinjiha.
Burgi 부장이 돌아왔다.

○ du tang ni bithe, juwan ilan de wasimbuha,
도당(都堂)의 글을 13일에 내렸다.

emu beiguwan i sunja tanggū nikan de, emu
"한 명의 비어에 속한 500명의 한인 중에 한 명의

ciyandzung, orin sunja cooha, ciyandzung ni beye, ama
천총과 병사 25명을 뽑아서, 천총 본인과 부모,

eme juse sargan be, juwan juwe coohai niyalmai (49:7a)
자식, 아내와, 12명의 병사

beye juse sargan be, dung ging hecen de
본인과 자식, 아내를 동경성(東京城)에

tebu, booi niyalma ini bade tefi usin weilekini,
살게 하라. 나머지 가솔들은 자신의 땅에 살며 밭을 일구게 하라.

tebure juwan juwe coohai niyalma be sonjome
살게 할 병사 12명은 가려서

sain ba tuwafi tebu, coohai niyalma ehe oci,
좋은 땅을 보아서 살게 하라. 병사가 나쁘면,

ciyandzung de fonjime, uksun geren sain bayan niyalma
천총에게 물어서 일족이 많고 어질고 부유한 사람을

dasame ilibu, orin sunja coohai niyalma be, jakūn
다시 뽑으라. 병사 25명 중에서 여덟

niyalma beiguwan i aika jaka be asarambi, jai (49:7b)
명은 비어의 온갖 물건을 지킨다. 그리고

gabtame bahanara nadan niyalma de gida jafabu,
활을 쏠 줄 아는 일곱 사람에게는 창을 잡게 하고

beri jebele ashabu, gabtame bahanarakū juwan niyalma be
활과 화살통을 차게 하라. 활을 쏠 줄 모르는 열 명은

gemu poo jafabu, coohai niyalmai jafara poo, beri
모두 포를 잡게 하라. 군사가 잡을 포, 활,

jebele, loho gida be gemu gaifi, meni meni
화살통, 칼, 창을 모두 가져다가, 각각

hafan i boode asara, nio juwang ci wesihun,
관원의 집에서 지키라. 우장(牛莊)에서 동쪽으로,

yengge ci wasihūn, tulergi jecen i ergide baisin
영액(英額)에서 서쪽으로는 바깥 경계 지역의 일반

niyalma de poo, beri jebele, loho gida bikini, (49:8a)
백성에게 포, 활, 화살통, 칼, 창이 있어도 좋다.

tereci julergi hecen pu gašan de coohai agūra
그보다 남쪽의 성과 보, 촌락에는 병기를

ume bibure, meni meni kadalara gašan i coohai
두지 말라. 각각 관할하는 촌락의 병기를

agūra be baicame gemu ganafi, ere duin biyaci
조사하여 모두 가지러 가서 이 넉 달

dosi wacihiyame benju, wacihiyame gaijarakū ofi, coohai
이내에 전부 보내오라. 완전히 걷지 않아서 병기가

agūra bisire be gūwa gercilehe de, asaraha
있는 것을 다른 사람이 고발하면 감춘

niyalma de ujen weile, kadalara hafan inu
사람에게 중죄가 있고, 관할하는 관원 또한

weile, nikan, coohai agūra arafi uncaci, jušen de (49:8b)
죄가 있다. 한인이 병기를 만들어서 팔더라도 여진인에게만

unca, nikan de ume uncara, nikan de uncaci,
팔고 한인에게 팔지 말라. 한인에게 팔면

uncaha niyalma de weile, udaci, udaha niyalma de weile.
판 사람에게 죄가 있고, 사면 산 사람에게 죄가 있다."

⇦ han i bithe, juwan duin de unggihe, julergi jase de
한(汗)의 글을 14일에 보냈다. "남쪽 경계에서

← tehe morin cooha yafahan cooha gaifi tehe ambasa,
기마병, 보병을 이끌고 주둔한 대신들

← suwe burgi i gese musei cooha komso de ume
너희는 Burgi처럼 우리의 군사가 적을 때에는

← necire, ba bade bisire cooha de takūrafi isinjifi, (49:9a)
침범하지 말라. 곳곳에 있는 병사를 불러 모아서

← musei etuhun oho manggi, jai neci.
우리의 세력이 강해지면 다시 침범하라."

○ ineku tere inenggi, abatai age, degelei age,
같은 날에 Abatai 아거, Degelei 아거,

jaisanggū age, yoto age, daimbu dzung bing guwan,
Jaisanggū 아거, Yoto 아거, Daimbu 총병관,

unege dzung bing guwan, asan fujiyang, hošotu fujiyang,
Unege 총병관, Asan 부장, Hošotu 부장,

anggara fujiyang, borjin daise fujiyang, eksingge fujiyang,
Anggara 부장, Borjin 부장 서리, Eksingge 부장,

yahican daise fujiyang, tsanjiyang iogi emu minggan (49:9b)
Yahican 부장 서리가 참장과 유격,

cooha be gaifi, yehe i ergi de genehe.
병사 1000명을 이끌고 Yehe 쪽으로 갔다.

⇦ han, beise fujisa urusa juse be gaifi, jasei
한(汗)이 버일러들, 푸진들, 며느리들, 자식들을 데리고, 경계의

tule liyoha bitume usin tariki jase neiki
외곽 요하(遼河)를 따라 밭을 경작하고 경계를 개척하고자

seme, dung ging hecen ci amasi tucifi,
하여 동경성에서 북쪽으로 나가서

⇦ han i beye kiyoo de tefi, jang i jan pu i ebergi
한(汗)이 몸소 가마를 타고, 창의참보(彰義站堡)의 이쪽에 있는

bigan de deduhe, coohai niyalma be gašan i (49:10a)
들에서 숙영했다. 군사들에게 마을의

aika jaka be umai necibuhekū.
어떤 것도 절대 노략질하지 못하게 했다.

○ tofohon de, jase tucifi usin tarire babe
15일에 변경에 나가서 밭을 경작할 지역을

tuwame aba abalafi, buhū gio juwan isime
살피며 몰이사냥을 하여 사슴, 고라니 10여 마리를

wafi, hergengge ambasa de salame buhe, burga i
잡아서 직위가 있는 대신들에게 분배해주었다. Burga

dogon de deduhe.
나루에서 숙영했다.

(49:10b)

○ juwan ninggun de, jang i jan ci wasihūn,
16일에 창의참(彰義站)에서 서쪽으로,

usin tarire be tuwame aba sindafi, buhū
밭을 경작하는 것을 살펴보며 사냥을 했다. 사슴과

gio orin isime wafi, hergengge ambasa de
고라니 20여 마리를 잡아서 직위가 있는 대신들에게

buhekū, geren coohai niyalma de sile jekini seme
주지 않고, 여러 병사에게 고깃국을 먹으라고

salame bufi, liyoha de asu hūrhan sindafi,
나누어주었다. 요하에 작은 그물, 큰 그물을 놓고

⇦ han i beye weihu de tefi, šaka jafafi juwan
한(汗)이 몸소 통나무배에 타고 쇠꼬챙이를 잡고 열 마리

isime nimaha wafi, liyoha dogon de deduhe. (49:11a)
남짓 물고기를 잡았다. 요하 나루에서 숙영했다.

○ juwan nadan de, cimari erde liyoha de hūrhan
17일 아침 일찍 요하에 큰 그물,

asu sindafi,
작은 그물을 놓고

⇦ han i beye weihu de tefi, nimaha baici bahakū
한(汗)이 몸소 통나무배를 타고 물고기를 잡으려 했으나 잡지 못하여서

ofi, tereci weihu hūrhan be amba omo de
통나무배와 그물을 큰 못에

gamafi, nimaha baici inu bahakū, hūrhan hūwajara jakade,
가져가서 물고기를 잡으려고 해도 잡지 못했다. 그물이 찢어져 있어서

⇦ han jili banjifi, wei gūsai hūrhan yooni gajihabi, wei (49:11b)
한(汗)이 화를 내며, "어느 구사가 그물을 온전히 가져왔는지, 어느

← gūsai hūrhan yooni gajihakūbi, hasa baica, weile araki
구사가 그물을 온전히 가져오지 않았는지 당장 조사하라. 치죄하겠다"

seme baicaci, kubuhe šanggiyan i gūsai hūrhan jakūn da,
하고 조사하니 양백기(鑲白旗)의 그물은 여덟 발,

emu kooji, kubuhe fulgiyan i gūsai juwan nadan da,
1 Kooji, 양홍기(鑲紅旗)는 17발,

gulu šanggiyan i gūsai juwan uyun da, gulu suwayan i
정백기(正白旗)는 19발, 정황기(正黃旗)는

gūsai nadan da emu gala, kubuhe suwayan i gūsai
일곱 발 반,[2] 양황기(鑲黃旗)는

頭註: gingguleme baicaci, fe manju gisun i bithe, manju gisun i buleku bithede, gemu kooji sere gisun akū, da songkoi sarkiyaha. [신중하게 조사하니, 『舊淸語』, 『御製淸文鑑』, 모두 kooji라는 말이 없다. 원래대로 베껴 썼다.]

2) da가 '두 팔 벌린 길이'이기 때문에 emu gala(한 팔)를 '반'으로 번역한다.

orin emu da emu gala, gulu fulgiyan i gūsai
21발 반, 정홍기(正紅旗)는

juwan jakūn da, gulu lamun i gūsai tofohon da (49:12a)
18발, 정람기(正藍旗)는 15발이

niyahabi ehe, kubuhe lamun i gūsai juwan nadan da,
썩어 있어서 못 쓰는 것이다. 양람기(鑲藍旗)는 17발이다.

← ere weile be boode genefi gisureki, ambula weile
"이 죄를 본성에 가서 논의하자. 크게 죄를

← maktaki seme gajiha, tere omo i dalin de
내리겠다"라고 하여 가지고 왔다. 그 못가 기슭에서

deduhe.
숙영했다.

○ barin ci juwe niyalma ukame jihe.
Barin에서 두 사람이 도망해 왔다.

(49:12b)

○ juwan uyun de, seoken i sunja morin be, nuktere
19일에 Seoken의 말 다섯 마리를, 유목하는

monggo hūwang ni wa ci ukame gamaha.
몽골인이 황니와(黃泥窪)로부터 도망하며 끌고갔다.

○ juwan uyun de, tereci wesifi liyoha bira be
19일에 그로부터 올라가서 요하강에

hūrhan asu sindafi,
큰 그물, 작은 그물을 놓고

⇦ han i beye weihu de tefi, šaka jafafi nimaha baici
한(汗)이 몸소 통나무배를 타고, 쇠꼬챙이를 잡고 물고기를 잡으려 했는데

bahakū ofi, weihu asu hūrhan be booi (49:13a)
잡지 못하여서 통나무배, 작은 그물, 큰 그물을 집으로

baru amasi unggihe, tereci usin tarire be
돌려보냈다. 그러고 나서 밭을 경작하는 것을

tuwaha, durbi ala be šurdeme tuwafi, hecen
살펴보았다. Durbi 언덕을 둘러보고, 성을

araki seme toktobuha, tereci aba sindafi buhū gio
짓자고 정했다. 그러고 나서 사냥하여 사슴과 고라니를

juwan isime waha, dadai subargan i julergi de
열 마리 남짓 잡았다. Dadai Subargan의 남쪽에

deduhe, jaisai beile i emu haha emu hehe
숙영했다. Jaisai 버일러의 남자 한 명, 여자 한 명,

emu jui ukame jifi, liyoha i cargi dalin de
아이 한 명이 도망해 와서 요하의 저편 강기슭에

bisire be, morin i doobume ganafi gajiha. (49:13b)
있는 것을 말을 타고 건너가서 데리고 왔다.

○ orin de, dadai subargan ci usin tarire be
20일에 Dadai Subargan에서부터 밭을 경작하는 것을

tuwame aba abalafi, gio orin waha, ši fang sy i
살펴보며 몰이사냥을 했다. 고라니를 20마리 잡고, 십방사(十方寺)의

julergi niyo de deduhe.
남쪽 늪지대에서 숙영했다.

○ orin emu de, julergi de tehe suna efu,
21일에 남쪽에 주둔한 Suna 어푸와

senioke i unggihe bithe, jakūn cuwan juwan duin (49:14a)
Senioke가 보낸 글이다. "여덟 척의 배와 14척의

weihu i nikan sio yan i bira be wesime jifi,
통나무배로 한인이 수암(岫巖)의 강을 거슬러와서

suna efu i sunja bade sindaha dubei karun be,
다섯 곳에 배치한 Suna 어푸의 말단 초병을

coko erinde gidanjifi emu niyalma wahabi, nikan i
유시(酉時)에 습격하여 한 사람을 죽였습니다. 한인이

poo sindara jilgan be donjifi, suna, senioke amcafi
포를 쏘는 소리를 듣고 Suna와 Senioke가 추격하여

wahabi, ilan cuwan be baha, ši fang sy ci jifi
죽이고 세 척의 배를 얻었습니다." 십방사(十方寺)로부터 와서

hunehe muke ci amasi juwan ba i dubede
혼하(渾河)에서 북으로 10리 떨어진

niyo de deduhe. (49:14b)
늪지대에서 숙영했다.

○ orin juwe de,
22일에

← jakūn beise i jakūn morin tucibufi, yehe i ergi de
"여덟 버일러의 말 여덟 필을 뽑아서 Yehe 방면으로

← genehe beise be okdome, simiyan de juwe morin
간 버일러들을 맞이하기 위해 심양(瀋陽)에 말 두 마리를

← ilifi aliya, cilin de juwe morin ilifi aliya,
쉬게 하며 대기하라. 철령(鐵嶺)에 말 두 마리를 쉬게 하며 대기하라.

← keyen de juwe morin ilifi ulebume aliya, yehe de
개원(開原)에 말 두 마리를 쉬게 하며 먹이면서 대기하라. Yehe에서

← juwe morin be ulebume aliya. (49:15a)
말 두 마리를 먹이면서 대기하라."

○ orin ilan de, anafu tehe coohai niyalma de,
23일에 수자리 사는 병사와

tai niyalma de wasimbuha, g'ai jeo julergi irešen de
대(臺)의 사람에게 내렸다. "개주 남쪽의 Irešen에게

goiha ukame genere nikan, hahana nirui tai de
배당된, 도망가는 한인은 Hahana 니루의 대(臺)에

tehe ilan jušen be, anda jafafi ini boode
사는 세 여진인을 친구로 사귀어서 자신의 집에

jaldame gamafi wahabi, jai emu bade tehe nadan
속여 데려가서 죽였다. 또 한 곳에 사는 일곱

niyalma, nikan i anda i boode genefi, okto nure (49:15b)
사람이 한인 친구의 집에 가서 약이 든 술을

omifi gemu bucehebi, jai emu bade tehe sunja
마시고 모두 죽었다. 또 한 곳에 사는 다섯

niyalma be, nikan i anda ini boode gamafi soktobufi
사람을 한인 친구가 자신의 집에 데려가서 술에 취하게 하여

gemu wahabi, nikan waliyafi ukame genehebi, tai de
모두 죽였고, 한인이 버리고 도망갔다. 대(臺)에

tehe jušen, ba bade tehe yafahan cooha, morin
사는 여진인과 곳곳에 주둔하는 보병, 기마병,

cooha, karun i niyalma, yaya niyalma nikan i emgi
초병 등 모든 사람은 한인을

anda ume jafara, nikan i boode ume genere, nikan i
친구로 삼지 말라. 한인의 집에 가지 말라. 한인과

emgi anda jafaha de, nikan i boode genehe de (49:16a)
친구를 삼거나 한인의 집에 가면

amba weile arambi, suna efu i karun sindaha ilan
큰 죄로 삼겠다. Suna 어푸가 초소에 배치한 세

niyalma tuwa dulembufi amgafi, sio yan i bira be wesime
사람이 불을 피우고 자서, 한인이 수암(岫巖)강을 거슬러

cuwan i nikan jidere be sahakū ofi, juwe niyalma
배로 오는 것을 알지 못했으므로, 두 사람이

gaibuhabi, tere jihe cuwan i emu minggan nikan be,
잡혔다. 그렇게 온 배의 한인 1000명을

suna efu gidafi gemu waha, ilan cuwan baha,
Suna 어푸가 습격하여 모두 죽이고 배 세 척을 얻었다.

terei adali karun i niyalma amgara, tuwa dulembure
그와 같이 초병이 자거나 불을 피우면

oci wambi, sihan saman, uksin unufi yafahan (49:16b)
죽일 것이다. Sihan 사만이 갑옷을 지고 걸어서

anafu teme genere de,
수자리를 살러 갈 때,

⇦ han safi, suilambi kai seme hendure jakade, sihan saman jabume,
한(汗)이 보고서 '고생하는구나'라고 말하자 Sihan 사만이 대답하기를,

⇦ han i joboro ucuri, be jobokini,
'한(汗)께서 고생할 때, 저희도 고생하겠습니다.

⇦ han jirgaci, meni jirgara inenggi bidere seme, tere emu
한(汗)께서 평안하면, 저희도 평안한 날이 될 것입니다'라고 그 한

gisun jabume jabšabuha turgunde,
마디 대답하기를 잘했기 때문에

⇦ han tukiyefi beiguwan i hergen bufi banjire be, geren gemu
한(汗)이 등용하여 비어의 관직을 주어 사는 것을 여럿이 모두

donjiha dere, terei gese ba bade tehe coohai (49:17a)
들었을 것이다. 그와 같이 곳곳에 주둔하는 병사들은

niyalma, ere emu aniya jobombi dere, kemuni geli
올 한해 고생할 것이다. 또 계속해서

joboho doro bio, joboro be akūmbuci, jirgara inenggi
고생하는 법이 있겠는가. 괴로움이 다하면 즐거운 날이

bidere, ere bithe be anafu tehe coohai niyalma de,
있을 것이다. 이 글을 수자리 사는 병사와

tai niyalma de, busan si ulan ulan i gemu isibu.
대(臺)의 사람에게 Busan 네가 차례차례 모두 보내주어라."

○ jeku bisire, acire ulha bisire niyalma, bilaha
곡식 있고, 짐 실을 가축 있는 사람은 벤

jeku be wacihiyame benju, bure jeku akū, ulha (49:17b)
곡식을 모두 보내오라. 낼 곡식이 없고, 가축이

akū niyalma be, gašan i ambasa ciyanjang bejang
없는 사람을 촌락의 대신들, 천장(千長), 백장(百長)이

endembio, tesebe genehe lii fuma de habša, akū
모르겠는가. 그들에 대해서 거기에 간 이(李) 부마에게 고하라. 없는 것이

yargiyan oci nakabukini, guribuhekū ba i jeku bisire
사실이면 그만두게 하라. 이주하지 않은 곳의 곡식 있는

niyalma, jeku akū niyalma de unca, hūda be seoleme
사람은 곡식 없는 사람에게 팔라. 값은 배려하여

ebereme gaisu, jeku bifi akū niyalma de
줄여서 받으라. 곡식이 있으면서 없는 사람에게

uncarakū ofi, gūwa gercileme alaha de, hūda
팔지 않아서 다른 이가 고발하여 아뢰면 값을

burakū bai gaifi, jeku akū niyalma de bumbi, (49:18a)
주지 않고 그냥 빼앗아서 곡식 없는 사람에게 줄 것이다.

guribuhe ba i niyalma, tehe ba i niyalma, yaya
이주한 지역의 사람이든, 살던 지역의 사람이든 누구라도

enteheme jeku wajiha niyalma, jasei tule jeku gana,
언제든지 곡식이 떨어진 사람은 경계 밖의 곡식을 가지러 가라.

jušen gaifi ganakini.
여진인이 이끌고 가지러 가도록 하라.

○ orin duin de, enggeder efu i unggihe emu
24일에 Enggeder 어푸가 보낸

tarhūn uniyen ihan, emu malu arki, manggūldai
살찐 암소 한 마리, 소주 한 동이와 Manggūldai

taiji, tukšan noho juwe uniyen ihan be (49:18b)
타이지가 보낸 송아지 딸린 암소 두 마리를

babai gajime jihe.
Babai가 가지고 왔다.

○ enggeder efu i deo de puse noho emu yacin
Enggeder 어푸의 동생에게 흉배 놓은 아청색

gecuheri, biyoolan sunja, ajige mocin sunja, elcin
망룡단 한 필, 무늬 놓은 비단 다섯 필, 작은 모청포 다섯 필을, 사신으로

jihe juwe niyalma de, emke de ilan yan
온 두 사람에게, 한 사람에게는 은 석 냥,

menggun, jai emu niyalma juwe yan, babai de
또 한 사람에게는 두 냥, Babai에게는

ilan yan menggun, emu goksi buhe, jai emu (49:19a)
은 석 냥과 조의(朝衣) 한 벌을 주었고, 또 한

niyalma de juwe yan buhe, gege de emu
사람에게는 두 냥을 주었다. 공주에게

fulgiyan gecuheri, enggeder efu de emu goksi unggihe.
붉은 망룡단 한 필, Enggeder 어푸에게 조의(朝衣) 한 벌을 보냈다.

○ yan geng, wang beiguwan bithe wesimbume, tolan šan i
Yan Geng과 왕(王) 비어가 글을 올리기를, "Tolan Šan의

niyalma tanggū funceme ubašambi seme, yuwan sin
사람이 100명 넘게 배반할 것이라고 Yuwan Sin이라는

gebungge ciyandzung anggai alanjiha bihe, be terei
천총이 구두로 고하러 왔었습니다. 우리가 그의

gisun be akdarakū, sung jin jung gebungge niyalma be (49:19b)
말을 믿지 않고 Sung Jin Jung이라는 사람을

takūrafi medege gaici, yargiyan, mao wen lung ni
보내서 정보를 얻으니 사실이었습니다. 모문룡이

šusihiyeme takūraha giya da, giya san gebungge juwe
선동하기 위해 보낸 Giya Da와 Giya San이라는 두

niyalma jifi, tere gašan de bi, ice de
사람이 와서 그 마을에 있는데 초하루에

jurambi sembi sere seme alanjiha, alanjiha manggi,
떠나겠다고 한다 합니다"라고 고해왔다. 그러자

← fusi efu be genefi dacila, weile yargiyan ohode,
Fusi 어푸에게 "가서 자세히 조사하라. 죄가 사실이면,

← ice guribuhe ba i niyalma oci, uju uju be
새로 이주한 곳의 사람이면 각 수장들은

← dung ging de gajime jio, buya niyalma be tere (49:20a)
동경(東京)에 데리고 오라. 소인은 그

← šurdeme jeku bisire gašan i niyalma de kamcibume
주변의 곡식이 있는 마을의 사람과 합치게 해서

← tebufi jeku usin bu, guribuhengge waka daci
살게 하고, 곡식과 밭을 주라. 이주한 사람이 아닌 원래

← tehe niyalma oci, haha be gemu wa, hehe
살던 사람은, 남자는 전부 죽이고 여자와

← juse be olji ara seme unggihe, fusi efu
아이는 포로로 삼으라"고 하며 보냈다. "Fusi 어푸가

← genefi g'ai jeo de tembi, lio fujiyang genefi
가서 개주에 주둔한다. 유(劉) 부장이 가서

← fu jeo, sio yan i sidende tembi, sio yan de tung
복주와 수암(岫巖)의 사이에 주둔한다. 수암(岫巖)에는 Tung

← tsanjiyang tehebi, g'ao el ing de lii ing jiye iogi (49:20b)
참장이 주둔하고 있고, G'ao El Ing에 Lii Ing Jiye 유격이,

← tehebi, ša ho de gin iogi tehebi, loo hū dung de
사하(沙河)에 Gin 유격이, 노호동(老虎洞)에

← jang meng jao iogi tehebi, fu jeo de jao iogi
Jang Meng Jao 유격이, 복주에 조(趙) 유격이

← tehebi, fusi efu i bithe lio fujiyang de wasimbu, lio
주둔하고 있다. Fusi 어푸의 글을 유(劉) 부장에게 내리라. 유(劉)

← fujiyang ni bithe i bithe, jase bitume tehe sunja
부장의 글을 그대로 쓴 글을, 경계를 연하여 주둔하는 다섯

← iogi de wasimbu, sunja iogi meni meni kadalara
유격에게 내리라. 다섯 유격이 각각 관할하는

← ba i teisu jasei tulergici guribume gajifi, jasei dolo
곳의 해당 경계 바깥으로부터 이주시켜서 데리고 와서 경계 안쪽에

← tebuhe niyalma be baica, usin tarifi jetere jeku (49:21a)
살게 한 사람을 조사하라. 밭을 경작하고도 먹을 곡식이

← akū niyalma de jeku bu, jetere jeku inu
없는 사람에게 곡식을 주라. 먹을 곡식도

← akū, usin tarire ulha akū ofi, usin tarihakū
없고 밭을 경작할 가축도 없어서 밭을 경작하지 않았던

← niyalma be baicafi, haha anggala be tolofi, jasei
사람을 조사하여 장정의 수를 헤아리고, 경계

頭註: gingguleme kimcici, bithe i bithe sere gisun, ainci afabuha bithe i songkoi ulame afabure bithe sere gūnin dere.
[신중하게 살펴보니, bithe i bithe라는 말은 아마도 '임무를 맡긴 글을 그대로 전하여 맡기는 글'이라는 뜻일 것이다.]

← dorgi jeku bisire ba i gašan tolofi, tanggū
안쪽에 곡식 있는 곳의 촌락을 헤아려서

← haha de orin haha juwan haha kamcibufi, jetere
장정 100명에 장정 스무 명, 열 명을 합치게 하여, 먹을

← jeku be angga tolome gaifi bu, usin be
곡식을 인구 수를 헤아려서 지급하라. 밭

← inu anggala tolome tariha usin be gaifi bu, (49:21b)
또한 인구를 헤아려서 경작한 밭을 지급하라.

← tuttu bume icihiyame wajiha manggi, mini kadalara ba i
그렇게 주어 처리하기를 마친 후에 '내가 관할하는 장소의

← niyalma be icihiyame wajiha seme lio fujiyang de
사람에 대해 처리하기를 마쳤다'라고 유(劉) 부장에게

← bithe wesimbu, lio fujiyang, fusi efu de bithe
글을 올리라. 유(劉) 부장은 Fusi 어푸에게 글을

← wesimbu, tuttu wajiha manggi, fusi efu, lio fujiyang
올리라. 그렇게 완료한 후에 Fusi 어푸와 유(劉) 부장이

← jikini, ere bithe be gamame orin duin de genehe.
오도록 하라." 이 글을 가지고 24일에 갔다.

○ orin sunja de, šanapu i beiguwan jang u lin (49:22a)
25일에 Šanapu의 비어인 Jang U Lin이

habšarangge, ere biyai juwan jakūn de honin
보고하기를, "이달 18일 미시(未時)에

erinde, mooi hoton bošome arara amban yegude
목성(木城)을 감독하여 만드는 대인인 Yegude와

juwe niyalma, ciyandzung wang di ming ni baru jaha
두 사람이 천총 Wang Di Ming에게 '나룻배를

gaji nimaha baiki sere jakade, wang di ming
가지고 오라. 물고기를 잡자'라고 했다. Wang Di Ming이

uthai emu jaha baifi, nimaha baire jang dase
즉시 나룻배 한 척을 구해서, 어부인 Jang Dase라는

gebungge niyalma de bufi, nimaha baire juwan
사람에게 주어서 어부 열

niyalma, yegude i emgi genefi, ere biyai orin (49:22b)
사람이 Yegude와 함께 갔다. 이달 23일

ilan i inenggi morin erinde, nimaha baire
오시(午時)에 어부

jang dase anggai habšame, ere biyai orin
Jang Dase가 구두로 보고하기를, '이달 21일

emu de coko erinde, jaha i nimaha baime
유시(酉時)에 나룻배로 물고기를 잡으러

šun tuhere baru liyoha de genefi, da lung
해 지는 방향을 따라 요하(遼河)로 가서 대룡만(大龍灣)이라는

wan sere bade isinafi nimaha baire de, tulergi
곳에 다다라서 물고기를 잡을 때, 바깥의

monggo ucarafi, jang dase, hioi da šeng juwe
몽골인과 마주쳐서, Jang Dase와 Hioi Da Šeng 두

nofi feye baha, jaha gamame genehe tungse kio (49:23a)
사람이 부상을 입었다. 나룻배를 가져간 통사 Kio

wailan gabtabufi bucehe, jai gūwa nimaha baire
외랑(外郞)이 화살에 맞아서 죽었다. 그리고 다른 어부가

niyalma bisire be, akū be, dobori ofi sarkū seme
있는지 없는지는 밤이 되어서 알 수 없다'라고

alanjiha, yargiyan medege be amala unggimbi.
와서 고했다. 확실한 정보는 나중에 보내겠다."

○ tainju iogi, tottoi sunja tanggū cooha be gaifi,
Tainju 유격과 Tottoi가 군사 500명을 이끌고

yoo jeo de anafu teme genehe.
요주(耀州)에 수자리를 살러 갔다.

제50권

천명(天命) 8년(1623) 4월부터 5월까지

susaici debtelin,
abkai fulingga i jakūci
aniya duin biyaci sunja
biyade isinahabi.

tongki fuka sindaha hergen i dangse. (50:1a)
유권점 당안

○ orin ninggun de, nimacan iogi juwe tanggū cooha be
26일에, Nimacan 유격이 병사 200명을

ligiya de gaifi tembi, šumuru juwe tanggū cooha be
Ligiya에 이끌고 가서 주둔한다. Šumuru가 병사 200명을

tamisi de gaifi tembi, ušitai juwe tanggū cooha be
Tamisi에 이끌고 가서 주둔한다. Ušitai가 병사 200명을

looli de gaifi tembi, kūbai juwe tanggū cooha be
Looli에 이끌고 가서 주둔한다. Kūbai가 병사 200명을

jakūmu de gaifi tembi, gūlmahūn juwe tanggū cooha be
Jakūmu에 이끌고 가서 주둔한다. Gūlmahūn이 병사 200명을

langgiya de gaifi tembi.
Langgiya에 이끌고 가서 주둔한다.

(50:1b)

⇦ han i takūrafi cooha gaifi tulergi bade anafu teme genehe
한(汗)이 보내 군사를 이끌고 바깥 지역으로 수자리를 살러 간

coohai ejete, suwe tucike bade mujilen gūwaliyafi
군사의 수장들, 너희는 어찌 나간 장소에서 마음이 바뀌어서

⇦ han i tacibuha gisun be jurceme, coohai niyalma be saikan
한(汗)이 가르친 말을 어기고 군사를

getuken i kadalarakū, sula sindafi ainu durime cuwangname
철저하게 관리하지 않고 방치하여서 빼앗고 노략질하여

gurun be jobobumbi, minggan niyalma tanggū niyalma
백성을 괴롭게 하느냐. 1000명, 100명의 사람들이

ubašame geneci, haha be wafi, hehe juse be
배반해 갈 때에나 남자를 죽이고 여자와 아이를

olji aracina, emke juwe komso ukanju be warangge, (50:2a)
포로로 삼는 것이지, 하나 둘 적은 수의 도망자를 죽이는 것은

gemu hubtu bahaki seme wambi kai, genehe coohai
모두 솜옷이나 얻자고 죽이는 짓이다. 주둔하러 간 병사는

niyalma nikan i gašan de ume dosire, nikan i
한인의 촌락에 들어가지 말라. 한인의

jeku be ume jetere, tulergi morin i jetere
곡식을 먹지 말라. 바깥에 말이 먹을

ongko noho bade ebufi morin ulebu, coohai
목초지에 내려서 말을 먹이라. 군대의

ejen i beye orin isime gucu gaifi, nikan
수장은 직접 20명 정도의 구추를 이끌고 한인이

usin tariha tarihakū be tuwa, usin tarihakū
밭을 경작했는지 하지 않았는지를 보라. 밭을 경작하지 않고

facuhūn oci, suwe bithe arafi ubade unggi, (50:2b)
어지러이 있으면, 너희는 글을 써서 이곳에 보내라.

enculeme ume hendure, suwe jecen i bade tehe
독단적으로 말하지 말라. 너희 변방에 주둔한

niyalma ume dulbadara, saikan olhome sereme akūmbure be
사람은 태만히 있지 말라. 잘 경계하여 정성을 다할 것을

gūni, fejergi buya niyalmai gisun de dosifi,
생각하라. 휘하의 소인배의 말에 빠져서

⇦ han i tacibuha gisun be jurceme, hūlha holo mujilen
한(汗)이 가르친 말을 어기고 도적의 마음을

jafafi sula heolen oci, suweni beye de jobolon
가져서 일없이 태만하게 되면, 너희 몸에 우환이

isimbi kai,
닥칠 것이다.

⇦ han i gisun be jurcerakū, olhome sereme tondoi akūmbufi (50:3a)
한(汗)의 말을 어기지 않고 경계하며 바르게 정성을 다해서

⇦ han de sain sabuci, suwende gung kai.
한(汗)에게 좋은 모습을 보이면 너희에게 공이 있다.

⇦ genggiyen han i takūraha elcin be, angga beile jugūn tosofi
경기연 한(汗)이 파견한 사신을 Angga 버일러가 길을 막고

ududu jergi waha, inde takūraha elcin be jafafi
수차례 죽였다. 자신에게 파견한 사신을 잡아서

batangga yehe de bufi waha, tede korsofi abatai
원수인 Yehe에 주어 죽였다. 거기에 원한을 품고 Abatai

age, degelei, jaisanggū, yoto, duin beile de
아거, Degelei, Jaisanggū, Yoto 등 네 버일러와

jušen i cooha emu minggan, monggo cooha emu (50:3b)
여진의 군사 1000명, 몽골의 군사 1000명,

minggan, poo jafaha nikan i cooha jakūn tanggū,
포를 다루는 한인 군사 800명이

duin biyai juwan duin de genefi, orin emu i
4월 14일에 갔다. 21일

dobori dulifi, orin juwe i cimari tasha erinde
밤을 새워서 22일 아침 인시(寅時)에

loo gebungge babe dulefi, liyoha birai dogon be
Loo라는 곳을 지나서 요하(遼河)강의 나루를

doofi, tereci cooha sindafi feksire de, neneme
건넜다. 그러고 나서 군사를 풀어 질주할 때, 먼저

sonjome tucibuhe susai isire sain cooha de, ejen
선발하여 낸 50명에 이르는 정예병을, 수장으로

sindaha daimbu dzung bing guwan juleri gaifi feksihe, (50:4a)
임명한 Daimbu 총병관(總兵官)이 앞에서 이끌고 돌진했다.

ergele gebungge bade šun tucime emu darhūwan
Ergele라는 곳에서 해가 나서 장대 하나에

isirakū mukdeke bihe, tere baci monggo i gašan be
못 미치게 떠올라 있었다. 거기서부터 몽골의 촌락을

baihanafi gaime genehei, tanggū ba i dubede cooha
수색하면서 이끌고 가다가 100리 끝에 군사가

isinafi, daimbu dzung bing guwan, yahican tsanjiyang, borjin hiya,
다다라서 Daimbu 총병관, Yahican 참장(參將), Borjin 히야가

angga beile i boo be baihanafi afara de, angga
Angga 버일러의 집을 찾아내서 공격했다. Angga

beile burulame juse sargan be gaifi morilafi,
버일러가 패주하여 자식과 아내를 데리고 말을 타고

orin funceme gucuse dulga yafahan dulga moringga, (50:4b)
구추 20여 명이 반은 걷고 반은 말을 타고

sejen de ihasa tohofi nukcime genere de, yahican,
수레를 소들이 끌게 하고 허둥지둥 가는데, Yahican과

borjin hiya gūsin funceme cooha be gaifi ebuhe,
Borjin 히야가 30여 군사를 이끌고 말에서 내렸다.

daimbu dzung bing guwan juwan funceme cooha be gaifi
Daimbu 총병관은 10여 군사를 이끌고

morilafi iliha bihe, monggo i cooha, ebuhe yafahan
말을 타고 서 있었다. 몽골의 군사가 말에서 내린 보병을

cooha be waliyafi, morilaha daimbu dzung bing guwan de
내버려두고, 말을 탄 Daimbu 총병관에게

afanafi, fondolome afame mutehekū ofi amasi bederere de,
싸우러 왔다가 돌파하지 못하고 뒤로 물러날 때,

daimbu dzung bing guwan geren ci julesi bata i baru (50:5a)
Daimbu 총병관이 여럿의 앞에서 적병에게

emhun gabtara be, emu monggo gidalafi angga goifi
홀로 활을 쏘는 것을 한 몽골인이 창으로 찔러서 입에 맞고

morin ci tuheke, geren coohai niyalma bošome gamahai,
말에서 굴러 떨어졌다. 여러 군사를 쫓아가서 몰면서,

angga beile ama jui be gemu bahafi waha.
Angga 버일러 부자를 모두 잡아서 죽였다.

⇦ han i bithe, orin nadan de busan dzung bing guwan de
한(汗)의 글을 27일에 Busan 총병관에게

← wasimbuha, tung tsanjiyang be sio yan i hecen de
내렸다. "Tung 참장을 수암(岫巖)성에

← amasi unggi, gurun i usin tariha tarihakū be (50:5b)
돌려보내라. 백성이 밭을 경작하고 경작하지 않는 것을

← baicame bošokini, mao wen lung ni šusihiyeme takūraha
조사하여 재촉하도록 하라. 모문룡(毛文龍)이 선동하려고 파견한

← niyalma be baicakini, sunja bade tehe jušen i morin i
사람을 조사하도록 하라. 다섯 곳에 주둔하는 여진인 기병을

← cooha be, emu ba i juwete niyalma be tucibufi,
한 곳에서 두 사람씩을 뽑아서

← uheri juwan niyalma be unggifi, tung tsanjiyang ni
모두 열 사람을 보내서 Tung 참장을

← beyebe tuwakiyabu.
지키게 하라."

○ šumuru, nimacan, kūbai, gūlmahūn, ušitai, suweni sunja (50:6a)
Šumuru, Nimacan, Kūbai, Gūlmahūn, Ušitai, 너희 다섯

nofi emte tanggū cooha be gaifi te, jai
명은 각각 군사 100명씩 이끌고 주둔하라. 나머지

sunja tanggū cooha be amasi bederebu, giyaha de
군사 500명은 퇴각시키라. Giyaha에

menggušen gaifi, tehe emu tanggū yafahan be,
Menggušen이 이끌고 주둔하는 보병 100명 중에

nimacan sini tere ligiya de susai yafahan be
Nimacan, 네가 주둔할 Ligiya에 보병 50명을

gamafi te, jai susai yafahan be menggušen, goho,
이끌고 가서 주둔하라. 나머지 보병 50명을 Menggušen, Goho,

gūlmahūn i jakade tekini, dongsingga ci wasihūn, jakūmu ci
Gūlmahūn의 가까이에 주둔하도록 하라. Dongsingga에서 서쪽, Jakūmu에서

wesihun, suweni tehe siden siden be hūsihan (50:6b)
동쪽은 너희가 주둔하는 틈 사이를

acabume songko saikan faita, ba funtuhuleburahū, songko
맞추어서 흔적을 잘 추적하라. 틈이 생기는 곳이 있을까 염려된다. 흔적을

faitafi, songko tucike be saha de, geren hūsun be
추적하여 흔적이 나온 것을 발견하면 여러 사람을

gaifi amca, hubtu bahaki seme komso ume amcara,
이끌고 추격하라. 솜옷을 얻고자 적은 수가 쫓지 말라.

samjan[1] de tehe yafahan, songko faitafi ukaka be
Samjan에 주둔하던 보병이 흔적을 추적하다가, 도망간 것을

safi, geren de alanjihakū amcaha seme langjuhū be
발견하고 여럿에게 와서 알리지 않고 쫓았다 하여 Langjuhū를

jafame ganahabi.
잡으러 갔었다.

(50:7a)

○ baduri dzung bing guwan, jakūn gūsai jakūn iogi,
Baduri 총병관이 8구사의 유격(遊擊) 여덟 명,

頭註: gingguleme kimcici, hūsihan acabume sere gisun, ainci acabume sere gisun dere. [신중하게 살펴보니, hūsihan acabume라는 말은 아마도 '맞추어서'라는 말일 것이다.]

1) 제46권 22b 제3행에는 samcan으로 되어 있다.

jakūnju poo, emu minggan cooha be gamame,
포 80문, 군사 1000명을 데리고,

amargi jasei tule liyoha bitume dogon i babe
북쪽 경계의 바깥 요하(遼河)를 따라서 나루터를

niyalma yabumbi seme ulan feteme genehe.
사람들이 다닌다 하여 호(壕)를 파러 갔다.

○ boro i durun šurure faksi de emu ihan buhe.
여름 모자의 틀을 깎는 장인에게 소 한 마리를 주었다.

(50:7b)

○ aisin menggun i hangnara okto be arame bahanara
금은의 땜질 재료를 만들 줄 아는

niyalma bici tucinu, wesimbure.
사람이 있으면 다 나오라. 위에 알리겠다.

⇦ han i bithe, orin jakūn de fusi efu de wasimbuha,
한(汗)의 글을 28일에 Fusi 어푸에게 내렸다.

← monggoso de caliyan i menggun wasimbuhabi, fu jeo, sio yan i
"몽골 사람들에게 전량은(錢糧銀)을 내렸었다. 복주(復州)와 수암(岫巖)의

← siden de, emu bade jetere jaka uncara puseli
사이 한 지역에 먹을 것 파는 상점을

← tucibure, pu jorifi, uncara niyalma gemu tere pu de (50:8a)
낼 것이다. 보(堡)를 지정하여, 팔 사람은 모두 그 보(堡)에

頭註: gingguleme kimcici, ere wasimbuhabi sere gisun, ainci šangnahabi sere gisun dere. [신중하게 살펴보니, 이 wasimbuhabi라는 말은 아마도 '상으로 주었다'라는 말일 것이다.]

← uncanakini, monggoso be meni meni ejete gaifi hoki
가서 팔도록 하라. 몽골사람들을 각각의 수장이 이끌고 무리를

← banjifi kiru jafafi jifi udafi jekini, hoki banjifi
지어서 기(旗)를 들고와서 사서 먹기 바란다. 무리를 지어서

← kiru jafafi jidere dabala, jai sula facuhūn ume yabubure.
기(旗)를 들고온 이들 이외에 상관없는 사람을 어지러이 다니게 하지 말라."

○ ineku tere inenggi, hai jeo i jeku i tsang be
그날 해주(海州) 곡식 창고를

jafaha munggan nirui sirai baksi, monggo de
지키는 Munggan 니루의 Sirai 박시가 몽골에

jeku bume genehe amala, tsang ni anakū be (50:8b)
곡식을 주러 갈 때에 창고의 열쇠를

boode sindafi genehebi, sirai booi aha anakū be
집에 놓고 갔었는데, 후에 Sirai 집의 노복이 열쇠를

hūlhafi, ku i jeku be hūlhaha seme aha be
훔쳐서 창고의 곡식을 훔쳤다고 하여, 노복을

nadanju ilan šusihalafi oforo šan tokoho, ejen be
채찍으로 73대 때리고 코와 귀를 찔렀다. 주인을

nadanju ilan šusiha šusihalafi, oforo šan i jalin de
73대 채찍으로 때리고 코와 귀 대신

uyun yan menggun gaiha.
아홉 냥의 은을 징수했다.

○ gartai be, jeku gaici bireme gaicina, jalu (50:9a)
Gartai를, "곡식을 징수하려면 일괄적으로 해야지, 온

gurun be jobobume gaiha seme, gartai be
백성을 괴롭히며 징수했다"라고 하며 Gartai를

weile arafi, orin sunja yan gaiha.
치죄하고 25냥을 빼앗았다.

⇦ han de yangguri, seoken fonjifi, namtai iogi be daise
한(汗)에게 Yangguri, Seoken이 여쭈어서 Namtai 유격을

fujiyang sindaha, hūsibu beiguwan, narin beiguwan be
부장(副將) 서리로 임명했다. Hūsibu 비어(備禦)와 Narin 비어를

daise iogi sindaha, hūwašan, gebakū, jaosan, mafuta,
유격 서리에 임명했다. Hūwašan, Gebakū, Jaosan, Mafuta,

hithai, elcingge be daise iogi sindaha, hergen, (50:9b)
Hithai, Elcingge를 유격 서리에 임명했다. 직위는

beiguwan i bade araha.
비어의 자리에 적었다.

○ orin uyun de, elcibu, sabigan be acan beiguwan,
29일에, Elcibu와 Sabigan을 공동으로 비어에,

dadai, fangkala be acan beiguwan, dajiha, anabu be
Dadai와 Fangkala를 공동으로 비어에, Dajiha, Anabu를

acan beiguwan be, beise jakūn hošonggo yamun de isaha
공동으로 비어에 임명하는 것을, 버일러들이 팔각 아문(衙門)에 모인

inenggi fonjifi, dangse de araha.
날 물어서 당안(檔案)에 적었다.

頭註: gingguleme kimcici, jalu gurun sere gisun, ainci gubci gurun sere gisun dere. [신중하게 살펴보니, jalu gurun 이라는 말은 아마도 '온 백성'이라는 말일 것이다.]

(50:10a)

⇦ han i bithe, gūsin de wasimbuha, yaya cooha tucifi yabure de,
한(汗)의 글을 30일에 내렸다. "무릇 군사가 출정할 때,

← amba coohai juleri juwe tanggū cooha sinda, tere
대군의 앞에 군사 200명을 배치하라. 그

← juwe tanggū cooha de, arga jali faksi enculeme
군사 200명에 계책이 뛰어난 독자적으로

← seoleme bahanara juwe ejen sinda, juwe tanggū coohai
판단할 줄 아는 수장 두 명을 두라. 군사 200명

← juleri jušen juwan, monggo juwan, orin niyalma sinda,
앞에는 여진인 열 명, 몽골인 열 명, 합해서 20명을 배치하라.

← tere orin niyalma ci jušen juwe, monggo ilan
그 20명 중에서 여진인 두 사람, 몽골인 세

← niyalma tucifi, tere sunja niyalma juleri tuwakini, dain (50:10b)
사람이 나서서 그 다섯 사람이 앞에서 살피는 것이 좋겠다. 적의

← cooha sabuci sunja niyalma yarhūdame, orin niyalma de
군사가 보이면 다섯 사람이 유인하여 20명에게

← gajikini, orin niyalma juwe tanggū niyalma de gajikini,
데리고 오도록 하라. 20명은 200명에게 데리고 오도록 하라.

← juwe tanggū coohai ejen tuwafi, enculeme gidaci ojorongge
군사 200명의 수장이 보아서 단독으로 무찌를 수 있다면

← oci, uthai gidakini, enculeme gidara cooha waka oci,
바로 무찌르도록 하라. 단독으로 무찌를 군사가 아니면

← geren de acafi seolekini, jai jakūn gūsai ing be
여럿과 합류하고서 고려하도록 하라. 또 8구사의 영(營)을

← gaifi yabure ambasa, ing be gaifi yabukini, gūwa
이끌고 가는 대신들은 영을 이끌고 다니고, 다른

← ambasa šanggiyan bayarai emgi yabu, aika baita ohode, (50:11a)
대신들은 백(白) 바야라와 함께 다니라. 만일 일이 생겼을 때

← buya niyalma be takūraci tašarambi, ambasai beye donjifi
소인을 부려 보내면 그르칠 것이다. 대신들이 직접 듣고

← meni meni jalan de bederefi, geren de ejebume
각각의 부대에 물러가서 여럿에게 기억하도록

← hendukini, dzung bing guwan de, beyebe tuwakiyara juwan
말하라. 총병관에게는 몸을 지킬 사람 열 명,

← niyalma, fujiyang de ninggun niyalma, tsanjiyang de duin
부장에게는 여섯 명, 참장에게는 네 명,

← niyalma, iogi de ilan niyalma, beiguwan de juwe
유격에게는 세 명, 비어에게는 두 명을

← niyalma afabufi, beyebe tuwakiyabu.
붙여서 몸을 지키게 하라."

(50:11b)

← ○ julergi jasei tulergici bargiyame jasei dolo gajifi tebuhe,
"'남쪽 경계의 바깥으로부터 거두어서 경계의 안쪽에 데리고 와서 살게 했는데

← usin jeku bahakūbi seme juwe jergi habšanjire jakade,
밭과 곡식을 얻지 못했다'라고 두 차례 와서 청원하므로,

← g'ai jeo i ba i ejen jang iogi, usin jeku icihiyame bu
'개주(蓋州) 지역의 수장인 Jang 유격은 밭과 곡식을 처리하여 주라'고

← seme bithe unggici, si mini niyalma bihe bici, usin
글을 보냈다. 네가 나의 사람이었다면, 밭과

← jeku icihiyame bumbihe kai, nikan han i baru gūnime
곡식을 처리하여 주었을 것이다. 명나라 황제 쪽으로 마음이

← ofi, geneci genekini seme usin jeku icihiyame buhekūbi kai,
기울어서, '갈 테면 가라'고 하며 밭과 곡식을 처리하여 주지 않은 것이다.

← tere emu, jai tso tsoo ioi ba i niyalma be (50:12a)
그것이 하나이다. 또 좌초욕(剉草峪) 지역 사람이

← ubašambi seme, ba i nikan, jušen i anafu tehe coohai
배반한다고 하여 지역의 한인이 여진의 수자리 사는 군사의

← ejete de alanahabi, jušen i tai niyalma de alanahabi,
수장들에게 가서 고했고 여진의 대(臺) 사람에게도 가서 고했다.

← nikan i anafu tehe u iogi, tung iogi de
수자리 사는 한인 U 유격, Tung 유격에게도

← alanahabi kai, tuttu anafu tehe niyalma de gemu
가서 고했다. 그렇게 수자리 사는 사람에게 모두

← alacina, ba i ejen jang iogi sinde geli alanahakū
고하게 되어 있는데 지방의 수장인 Jang 유격 너에게 또 가서 고하지 않았을

← doro bio, tere be si mini niyalma bihe bici
리가 있겠느냐. 그것을, 네가 나의 사람이었다면

← alanjimbihe kai, si inu nikan han i niyalma ofi, (50:12b)
와서 고했을 것이다. 그런 네가 명나라 황제의 사람이 되어서

← genekini seme alanjihakū kai, tere juwe, jai mao
'가도 좋다'라고 하며 와서 고하지 않았다. 이것이 두 번째이다. 또 모문룡에게는

← wen lung de sain gisun bi, sinde sain gisun
좋은 말이 있고 너에게는 좋은 말이

← akūn, si ba i niyalmai baru nikan gurun i joborongge,
없느냐. 너는 지역의 사람들에게 '명나라 사람이 근심하는 것이

← gemu musei nikan han i ehe i turgunde, tutala beise
모두 우리의 명나라 황제의 악업 때문이다. 저리 많은 버일러들,

← ambasa tumen tumen cooha gemu wabuha, ba na
대신들, 수만의 군사를 모두 죽게 했다. 토지를

← gaibuha kai, tere bucehe niyalma jirgame amgahabio, aisin
빼앗겼다. 그 죽은 사람이 평안히 잠들었겠느냐. 금나라의

← han tehe boo tariha usin be acinggiyahakū ujihe, ujici, (50:13a)
한(汗)은 사는 집, 경작하는 밭을 건드리지 않고 살려주었다. 그런데도

← ojorakū, mao wen lung de šusihiyere gisun de dosifi,
소용없이 모문룡의 꼬드기는 말에 넘어가서

← ukame ubašame geneme ofi guribuhe, musei beyei ehe de
도망하고 배반해 가기 때문에 이주당했다. 우리 자신의 악업에

← beye suilambi kai seme, si mini niyalma bihe bici
몸이 고생하는 것이다'라고 네가 나의 사람이었다면

← tuttu hendumbihe kai, si inu nikan han i niyalma
그렇게 말했을 것이다. 네가 명나라 황제의 사람이라서

← ofi hendurakū dere, tere ilan, sini dolo jušen
말하지 않은 것이다. 그것이 셋이다. 너의 마음 속으로 여진

← han be ulhirakū arafi, sini beyebe sula
한(汗)이 깨닫지 못할 것으로 여기고, 너의 몸을 한가로이

← sindafi baicarakū kai. (50:13b)
두고 조사하지 않는 것이다."

○ jaisai beile ci ukame jihe ilan tanggū
Jaisai 버일러에게서 도망해 온 소 300마리,

ihan, juwan morin, sunja tanggū honin, susai
말 열 마리, 양 500마리, 사람 50명 등

niyalma, erebe daya gaiha.
이것을 Daya가 취했다.

○ sunja biyai ice inenggi, jaisai beile i sunja
5월 초하루에 Jaisai 버일러 예하의

haha, nadan hehe, uyun juse, sunja ihan (50:14a)
남자 다섯 명이 여자 일곱 명, 아이 아홉 명, 소 다섯 마리를

gajime ukame jihe.
데리고 도망해 왔다.

○ neici beile i emu haha, emu hehe, duin morin
Neici 버일러 예하의 남자 한 명이 여자 한 명과 말 네 마리를

gajime ukame jihe.
데리고 도망해 왔다.

○ fu jeo de anafu tehe moobari tsanjiyang, mederi
복주에서 수자리를 사는 Moobari 참장이 바다의

ebergi dalin de genefi, uyun cuwan bahafi (50:14b)
이쪽 기슭에 가서 배 아홉 척을 잡아서

tuwa sindaha, ilan cuwan i nikan jifi, musei
불을 질렀다. 배 세 척을 타고 한인이 왔다가 우리의

coohai niyalma be sabufi amasi genere de, emu
병사를 보고 물러날 때, 한 척의

cuwan wehe de hūfufi, tere cuwan be tuwa
배가 암초에 걸려서 그 배를 불

sindafi, juwe cuwan de tefi genehe.
지르고, 두 척의 배를 타고갔다.

○ lišan, donoi, fe ala i garsa, langgiya, giyaha,
Lišan과 Donoi가 Fe Ala의 Garsa, Langgiya, Giyaha,

ligiya, ere duin ba i nikan usin tarihakū (50:15a)
Ligiya 등 네 곳의 한인이 밭을 경작하지 않고

boo arahakū seme tuwame genehe.
집을 짓지 않았다고 하여 확인하러 갔다.

○ soko pu de tehe lio io kuwan iogi, dehi
Soko보(堡)에 주둔하는 유우관(劉尤寬) 유격이

aciha jeku, ninju yan menggun, ninggun etuku
곡식 40바리, 은 60냥, 의복 여섯 벌을

gaihabi seme gercileme jihe bihe, juwe jušen ning
빼앗았다고 고발하러 왔었으므로 노복 두 명과 Ning

beiguwan be ganabuha.
비어로 하여금 데리러 가게 했다.

(50:15b)

○ fusi efu i unggihe bithe, tolasan i niyalma be
Fusi 어푸가 보낸 글이다. "Tolasan의 사람이

ukame genembi seme gercilehe niyalma be angga
도망가려 한다고 고발한 사람을 증언하게 하여

acabufi baicaci, usin tarihakūbi, jeku gemu uncahabi,
조사하니, 밭을 경작하지 않고 곡식을 모두 팔고,

menggun be etuku de ifihabi, tuttu ukame genere
돈을 의복에 꿰매놓았다. 그렇게 도망가려는 것이

yargiyan ofi, guribuhe ba i niyalma oci ume wara,
사실이어서, '이주시킨 지역의 사람이면 죽이지 말라.

ebsi guribume gaju, tesu niyalma oci haha be gemu
이곳으로 이주시켜서 데리고 오라. 원래 살고 있었던 사람이면 남자는 모두

wa, hehe juse be, olji ara seme henduhe (50:16a)
죽이고, 여자와 아이는 포로로 삼으라'고 했던

gisun de, guribuhe boigon i haha hehe uheri
말에 따라 이주시킨 가호의 남자와 여자 모두

gūsin uyun niyalma be ujifi, nio juwang, hai jeo de
39명은 살려서, 우장(牛莊)과 해주(海州)에

acabume unggihe, te tesu gūsin jakūn haha be
합하여 보냈다. 지금 원래 살고 있었던 38명의 남자는

gemu waha, hehe juse be olji araha, olji
모두 죽이고 여자와 아이를 포로로 삼았다." 포로

hehe juwan uyun, ninggun morin, emu losa, duin
여자 19명, 말 여섯 필, 노새 한 마리, 소

ihan, duin eihen, menggun duin tanggū jakūnju yan benjihe.
네 마리, 나귀 네 마리, 은 480냥을 보내왔다.

(50:16b)

⇦ han i bithe, sunja biyai ice juwe de wasimbuha, yaya
5월 초이틀에 한(汗)의 글을 내렸다. "어떤

← niyalma nikan i dain de gidaha ai ai jaka bici,
사람이든 명나라의 전쟁에서 숨긴 갖가지 물건이 있으면,

← meni meni tucibume benju, benjihe de weile akū, tucibume benjirakū,
각각 내어 보내오라. 보내면 죄가 없지만, 내어 보내오지 않고

← amala gūwa gercilehede weile.
나중에 다른 이가 고발하면 죄이다."

⇦ han hendume, baduri suweni genehe babe ulan feteme hūdun
한(汗)이 말하기를, "Baduri 너희가 간 곳에 해자 파는 것을 빨리

← wacihiyafi, wajiha seme bithe benju seme takūraha. (50:17a)
마치고서, 완료했다고 글을 보내오라"고 하며 사람을 파견했다.

○ monggo de cooha genehe beise de takūrame, suwe
몽골에 출병한 버일러들에게, "너희는

ši fang sy i šurdeme ulha be ulebume ili,
십방사(十方寺) 부근에서 가축을 먹이며 대기하라.

ice sunja de, jang jan san i ebergi kojin
초닷새에 Jang Jan San의 이쪽 Kojin

pu de dosinju, ice ninggun de cimari erde acaki.
보(堡)에 들어오라. 초엿새에 아침 일찍 합류하자"라고 하여 파견했다.

⇦ han i bithe, sunja biyai ice juwe de fusi efu, (50:17b)
한(汗)의 글을 5월 초이틀에 Fusi 어푸와

← subahai gufu de unggihe, monggo i baru genehe beise,
Subahai 고모부에게 보냈다. "몽골 쪽으로 간 버일러들이

← monggo i beise be bahafi wafi, gurun be bahafi,
몽골의 버일러들을 잡아서 죽이고, 백성을 잡고,

← morin ihan honin juwe tumen bahafi gajimbi seme,
말, 소, 양 2만 마리를 획득하여 데리고 온다고 하여,

← han i beye ice ninggun de okdome genembi, fusi
한(汗)이 몸소 초엿새에 맞으러 가겠다. Fusi

← efu, subahai gufu sunjata gucu gaifi ice ninggun i
어푸와 Subahai 고모부는 구추 다섯 명씩을 데리고 6일

← onggolo isinjime jio, tottoi, tainju, suweni cooha be
이전에 이르러 오라. Tottoi와 Tainju 너희의 군사는

← subahai gufu tehe bade acafi emgi te seme, (50:18a)
Subahai 고모부가 주둔하는 곳에 합류하여 함께 주둔하라"고 하며

juwe takūrsi be takūrafi unggihe.
전령 두 명을 보냈다.

○ ineku tere inenggi, du tang hendume, wengkei si
같은 날, 도당(都堂)이 말하기를, "Wengkei 너는

emu nirui juwete uksin i niyalma be gaifi, fe
한 니루에서 갑병 두 명씩을 데리고 Fe Ala로

ala de lišan, donoi i jakade nonggime gene,
Lišan과 Donoi가 있는 곳에 증원하러 가라.

lišan, donoi aga holoi hali de bi, lišan
Lišan과 Donoi는 Aga 계곡의 늪지대에 있다. Lišan이

cooha be werifi casi geneci, wengkei si lišan i werihe (50:18b)
병사를 남기고 저쪽으로 갔으면, Wengkei 너는 Lišan이 남긴

coohai jakade bisu, wengkei bi jihebi seme, elcin
병사가 있는 곳에 머물고, 'Wengkei 내가 왔다'라고 사자를

takūra, cooha gemu geneci, lišan be baime gene,
보내라. 병사가 모두 갔으면 Lišan을 찾아서 가라.

jugūn i niyalma fonjici, anafu teme genembi seme
길에서 만난 사람이 물으면 수자리 살러 간다고

ala, balai ume algišame hendure, nikan i aika
말하라. 함부로 떠벌려 말하지 말라. 한인의 어떤

jaka be ume cuwangnara, weile ume arara.
물건도 노략질하지 말라. 죄를 짓지 말라."

○ ineku tere inenggi, nacin be nenehe weile de (50:19a)
같은 날, Nacin을 이전의 죄에서

ujihe bihe, ujihe manggi amala donjici,
살려준 일이 있었는데, 살려준 후 나중에 들으니,

⇦ han i cacari be hūlhame gamafi efulefi ini booi
한(汗)의 천막을 몰래 가져가서 잘라서 자신의 집의

haha de etubuhebi, tere be
장정에게 입혔던 것이었다. 그것을

⇦ han donjifi, ere dule mini booi aika jaka be
한(汗)이 듣고, "이 자가 실로 내 집의 온갖 물건을

← wacihiyaha nikai seme jili banjifi, nacin be waha.
끝장낸 것이다"라고 화를 내고 Nacin을 죽였다.

○ orin jakūn de, ooba i elcin, iduci i elcin, (50:19b)
28일에, Ooba의 사신, Iduci의 사신,

bingtu i elcin, ukšan i elcin, ilduci i elcin, daicing ni
Bingtu의 사신, Ukšan의 사신, Ilduci의 사신, Daicing 예하의

tomontai i elcin, bayartu i elcin, sangtu i elcin, manin i
Tomontai의 사신, Bayartu의 사신, Sangtu의 사신, Manin의

elcin, jisai i elcin, omoktu i elcin, hūrhatu i elcin,
사신, Jisai의 사신, Omoktu의 사신, Hūrhatu의 사신

ongnoi i elcin, hatan i elcin, budasiri i elcin, mamai i
Ongnoi의 사신, Hatan의 사신, Budasiri의 사신, Mamai의

○[2] elcin, beki i elcin, bandi i elcin, bodisuk i elcin,
사신, Beki의 사신, Bandi의 사신, Bodisuk의 사신,

torocin i elcin, soninai i elcin, gungcin i elcin, engkesen i
Torocin의 사신, Soninai의 사신, Gungcin의 사신, Engkesen의

elcin, babai i elcin, bayartu i elcin gemu genehe. (50:20a)
사신, Babai의 사신, Bayartu의 사신이 모두 갔다.

○ sunja biya, erdeni baksi be, ini booi sula
5월에 Erdeni 박시를 그의 집의

hehe gercileme, solhoi benjihe ceceri be alime
시비(侍婢)가 "조선이 보내온 깁을 받아

gaihabi, hūcin de baha nicuhe tana aisin
가졌고, 얻은 진주, 동주(東珠), 금을 우물에다

gidahabi, tana nicuhe aisin be liyoodung de boo
숨겼다. 동주, 진주, 금을 요동에서 집을

2) 기사의 시작이 아닌 부분에 동그라미(○)가 위치하므로 오류로 볼 수 있다.

talara fonde, erdeni baksi sargan i deote i boode
몰수할 때에, Erdeni 박시가 아내의 동생들의 집에

sominaha bihe seme gercilere jakade, (50:20b)
감추러 갔었다"라고 고발했다.

⇦ han erdeni baksi be gajifi hendume, erdeni si ere
한(汗)이 Erdeni 박시를 데리고 와서 말하기를, "Erdeni 너는 이처럼

← duwali[1] tana nicuhe aisin gidaha jaka bici, neneme
동주, 진주, 금을 숨긴 것이 있다니, 예전에

← weile baha eden,[2] geleme somiha bihe seme tucibume bu,
벌 받은 것이 가볍다. '무서워서 숨겼었습니다'라고 하며 내놓아라.

← tucibume buhede, bi du tang de hendufi weile akū
내놓는다면 내가 도당에게 말하여 죄가 없는 것으로

← obure, geduhe giranggi be dasame gedumbio,[3] si alime
하겠다. 죄에 다시 죄를 더하겠는가.3) 네가 받아

← gaijarakū giyangnafi tuheke manggi, bi darakū seme henduhe
가지지 않았다고 우기다가 죄에 떨어진 후에는 내가 돕지 않을 것이다"라고

manggi, erdeni baksi, (50:21a)
말했다. 그러자 Erdeni 박시가

⇦ han de hengkilefi, gidaha jaka akū seme jabuki serede,
한(汗)에게 절하고서 "숨긴 것이 없습니다"라고 대답하려고 하는데,

頭註1: gingguleme kimcici, ere duwali sere gisun, ainci ere gese sere gisun dere. [신중하게 살펴보니, ere duwali라는 말은 아마도 '이처럼'이라는 말일 것이다.]

頭註2: gingguleme kimcici, weile baha eden sere gisun, ainci weile bahangge weihuken sere gisun dere. [신중하게 살펴보니, weile baha eden이라는 말은 아마도 '벌 받은 것이 가볍다'라는 말일 것이다.]

頭註3: gingguleme kimcici, geduhe giranggi be dasame gedumbio sere gisun, ainci weile de geli weile nemebumbio sere gūnin dere. [신중하게 살펴보니, geduhe giranggi be dasame gedumbio라는 말은 아마도 '죄에 다시 죄를 더하겠는가'라는 뜻일 것이다.]

3) 직역하면 '뜯어 먹은 뼈를 다시 뜯어 먹겠는가'라는 뜻이 된다.

⇦ han hendume, si balai ume jabure, amasi bederefi elhei
한(汗)이 말하길, "너는 함부로 대답하지 말라. 뒤로 물러나서 천천히

← seolefi jabu seme hendure jakade, erdeni baksi amasi
생각하고 대답하라"고 말하므로, Erdeni 박시가 되돌아

boode genehe manggi,
집에 갔다. 그 후에

⇦ han, lungsi be takūrame, gidaha tana nicuhe aika jaka
한(汗)이 Lungsi를 보내서 "숨긴 동주, 진주, 금 등 어떤 것이라도

← bici tucibufi bu, buhede weile akū obure seme
있으면 내놓아라. 내놓는다면 죄가 없는 것으로 하겠다"라고

takūrara jakade, erdeni baksi jabume, tana nicuhe aisin (50:21b)
했다. Erdeni 박시가 대답하길, "동주, 진주, 금이

deleo, mini beye fejileo,
높은가, 내 몸보다 귀한가.

⇦ han i gosime weile guwekini seme tucibufi bu serede
한(汗)이 불쌍히 여겨 죄를 면해주고 싶다며 내놓으라고 하니

bumbi dere, tere gidaha tana, yasun i sargan i
내놓겠지만, 그 숨긴 동주는 Yasun의 아내가

buhe tana, yasun i sargan tere duwali orin
준 동주이다. Yasun의 아내가 그러한 종류의

funceme tana be hada i gege de benehe bihe,
동주 20여 개를 Hada의 공주에게 보냈었는데,

alime gaihakūbi, mini sargan, yasun i boode genefi
받아 가지지 않았다. 나의 아내가 Yasun의 집에 가서

tetun doolara[4] de ucarafi, jui weihe nimere de (50:22a)
예물을 나누는 것을 보고, '아이가 이를 앓는 데에

tantafi latubuki seme baire jakade, buhe tana, nicuhe,
빻아서 붙이고자 한다'라고 청하자 준 동주와 진주이다.

nikan i wang guwe cen de udaha, wang guwe cen de
한인인 Wang Guwe Cen에게 산 것이다." Wang Guwe Cen에게

fonjici, wang guwe cen i uncaha nicuhe ci fulu, tere
물으니, Wang Guwe Cen이 판 진주보다 좋은 것이다. 그

gisun de, geren du tang duilefi, erdeni baksi be,
말에 여러 도당이 심리하여 Erdeni 박시를

si yasun i sargan i buhe tana oci, liyoodung de
"너는 Yasun의 아내가 준 동주라면, 요동에서

boigon talara fonde, yasun i booi bele yali ci
가호를 몰수할 때, Yasun의 집의 쌀과 고기는

aname karu feteme tucibufi, tutala tana be ainu (50:22b)
들추어냈으면서 그리 많은 동주는 어찌

tuciburakū, ere yasun i sargan i buhe tana, ere
내지 않았는가. '이것은 Yasun의 아내가 준 동주이다. 이같은

duwali tana yasun de orin funceme bi seme,
동주가 Yasun에게 20여 개가 있다'라고

tere fonde ainu alahakū, sini gidaha tana be
그때 어찌 고하지 않았는가. 네가 숨긴 동주를

yasun de ainu anambi, boigon talara de jailabume
Yasun에게 어찌 미루는가. 가호를 몰수할 때 어찌 빼돌려서

4) tetun šušembi와 같은 뜻으로 며느리가 가져온 물건을 친척들끼리 나누는 것을 말한다.

頭註: gingguleme kimcici, tantafi latubuki sere gisun, ainci nijarabufi latubuki sere gisun de adali dere. [신중하게 살펴보니, tantafi latubuki라는 말은 아마도 '빻아서 붙이고자 한다'라는 말과 같을 것이다.]

ainu benehe seme, erdeni baksi eigen sargan be
보냈는가"라고 하며 Erdeni 박시 부부를

wara weile maktafi, erdeni baksi jailabume benehe
죽일 죄로 판결했다. 그리고 "Erdeni 박시가 빼돌려서 보낸

tana nicuhe aisin be ainu alime gaifi asaraha, (50:23a)
동주, 진주, 금을 어찌 받아 가져서 감추었는가.

hehe gercileme jidere jakade, erdeni emgi erketu,
여자가 고발하러 올 때, Erdeni와 함께 Erketu,

burgatu, buyantu, suwe ainu booi niyalma be bošofi
Burgatu, Buyantu 너희는 어찌 집의 사람을 재촉하여

uce yaksifi gisurembi, daci šajilame amai weile de
대문을 닫아 걸고 말하는가. 애초에 '아버지의 죄를

jui ume dara, ahūn i weile de deo ume
자식이 돕지 말라. 형의 죄를 아우가

dara, daci, wara weile oci suwaliyame wambi, weile
돕지 말라. 돕는다면, 죽일 죄이면 함께 죽인다. 죗값을

gaijara weile oci weile gaimbi seme šajilahakū
징수할 죄이면 죗값을 치르게 한다'라고 금하지 않았는가.

biheo, suwe ainu dambi seme (50:23b)
너희는 어찌 돕는가"라고

⇦ han de alara jakade,
한(汗)에게 아뢰자

⇦ han jili banjifi, erdeni baksi eigen sargan be wa
한(汗)이 화를 내며 "Erdeni 박시 부부를 죽이라"고

seme gemu waha, erketu be tanggū šusiha šusihalafi
하여 모두 죽였다. Erketu를 채찍 100대를 치고

oforo šan tokoho, burgatu, buyantu be susaita
코와 귀를 찔렀다. Burgatu와 Buyantu를 각각 50대씩

šusiha šusihalaha, šan tokoho.
채찍으로 치고 귀를 찔렀다.

제7함

태조황제 천명(天命) 8년(1623)
5월부터 9월까지

nadaci dobton,
taidzu hūwangdi i abkai fulingga i
jakūci aniya sunja biyaci, uyun
biyade isinahabi.

제51권 천명(天命) 8년(1623) 5월
제52권 천명(天命) 8년(1623) 5월
제53권 천명(天命) 8년(1623) 5월~6월
제54권 천명(天命) 8년(1623) 6월
제55권 천명(天命) 8년(1623) 6월
제56권 천명(天命) 8년(1623) 6월~7월
제57권 천명(天命) 8년(1623) 7월
제58권 천명(天命) 8년(1623) 7월~8월
제59권 천명(天命) 8년(1623) 9월

제51권

천명(天命) 8년(1623) 5월

susai emuci debtelin,
abkai fulingga i
jakūci aniya sunja
biya.

tongki fuka sindaha hergen i dangse. (51:1a)
유권점 당안

⇦ han, ice ilan i cimari, beise ambasa be isabufi hendume,
한(汗)이 초사흘 아침에 버일러들과 대신들을 모이게 하여 말하기를,

← erdeni ini beyebe tondoi bucembi seme henduhe sere,
"Erdeni는 스스로를 바른데도 죽는다고 말했다고 한다.

← hada i gege yasun i sargan orin funceme tana benjihe
Hada의 공주가 'Yasun의 아내가 20개 넘는 동주를 보냈던 것이

← bihe mujangga, beise de alaha, beise suwe donjiha
사실이고, 버일러들에게 알렸고, 버일러들 너희가 들은 것이

← mujangga seci, bi miosihon, weri gurun i niyalma be
사실이다'라고 한다면, 내가 잘못된 것이다. 다른 나라의 사람을

← bahaci inu gucu okini seme ujimbi kai, tutala
얻어도 또한 구추로 삼고자 보살피는 것인데, 그렇게

← takūrabuha gucu be warangge jao, emu da sirdan be (51:1b)
부리던 구추를 죽이는 것이 쉬운가. 한 대의 화살조차도

← hono hairambi kai, erdeni adarame tondo, nendehe amba
아끼는 법이다. Erdeni가 어찌 바른가. 예전에

← age i bihe fonde, erdeni, ubatai suweni juwe nofi
대아거가[1] 있던 때, Erdeni와 Ubatai 너희 두 사람이

← gisun alame acuhiyan bihe, jai liyoodung ni hecen be
말을 고하며 비방했었다. 또 요동성(遼東城)을

← gaijara de, si emhun gaihabio, tutala gūsin ulgiyan i
취할 때 네가 혼자 취했는가. 그렇게 많은 돼지 30마리의

← yali be si emhun ainu gaimbi, bi emu jaka
고기를 네가 혼자 어찌 취하는가. 나는 하나의 물건을

← bahaci, neigen beneme uhe jembi kai, hada yehe i
얻어도 균등히 보내 함께 먹는다. Hada와 Yehe의

← beise gemu meni gucu be saikan ujirakū, weri (51:2a)
버일러들이 모두 우리의 구추를 잘 보살피지 않고, 다른

← beise i gucu be bolime, ishunde hiyahame ulin bure
버일러들의 구추를 불러 서로 교류하여 재물을 주며

← baire de, doro facuhūn oho kai, tubabe safi
요구함에 도리가 어지러워진 것이다. 그런 것을 보고

← daci tacibuha gisun, beise buci, meni meni gūsai
본래 가르친 말이, '버일러들이 주려면 각자의 구사의

← niyalma de bu, jušen baici, meni meni gūsai ejen
사람에게 주라. 속민이 청하려면, 각각 구사의 주인인

← beile de baisu, gūsa doome ume bure, baire
버일러에게 청하라. 구사를 넘어서 주지 말라. 청하는

頭註: gingguleme baicaci, fe manju gisun i bithede, nendehe sere gisun, uthai nenehe sere gisun inu sehebi. [신중하게 조사하니, 『舊淸語』에 nendehe라는 말은 곧 nenehe(예전에)라는 말이라고 했다.]

1) 여기에서 amba age(대아거)는 Daišan이 아니라 Nurhaci의 맏아들인 Cuyeng을 지칭한다.

← niyalma ume baire, gūsa doome buci, baici, weile
사람은 청탁하지 말라. 구사를 넘어서 주어도 청해도 죄이다'라고

← seme erdeni sini galai bithe araha bihe kai, si (51:2b)
Erdeni 네 손으로 글을 적었었다. 너는

← dodo age de ejelebuhe niyalma kai, gūsa doome
Dodo 아거를 주인으로 모시는 사람인데, 구사를 넘어서

← jakūn gūsai beise de ainu baimbi, beise i tetun
8구사의 버일러들에게 어찌 청하는가. 버일러들이 예물을

← doolara de ucarafi buhe seci, adarame oci sinde
나눌 때 만나서 주었다고 하면, 어찌해서 너를

← ucarara mangga, beise buci, gūwa de adarame burakū,
만나는 것이 어려운가. 버일러들이 주었다면 다른 이에게 어찌 주지 않고,

← sinde emhun bumbi, jai liyoodung de erdeni seme
너 혼자에게만 주는가. 또 요동에서 Erdeni 하고

← baici, duici beile i giyariha bade genehebi, geli baici,
찾으면 제4버일러가 순찰한 곳에 가 있고 또 찾으면

← duici beile i giyariha bade genehebi, tuttu kemuni geneci (51:3a)
제4버일러가 순찰한 곳에 가 있다. 그렇게 매번 갈 때

← fonjirakū, jici genehe baita be alarakū, tuttu yabuci,
물어보지 않고, 와서도 갔던 일을 알리지 않는다. 그렇게 다녀도

← si acuhiyadame yabure dabala, ainame yabumbi, yasun i sargan
너는 비방하며 다닐 뿐, 무엇하며 다니겠는가. Yasun의 아내가

← hada i gege sinde orin funceme tana beneci, si
Hada 공주 너에게 20개 넘는 동주(東珠)를 보냈다면, 너는

← mini niyaman i gese jui wakao, minde ainu alarakū,
내 심장과 같은 자식이 아니냐. 나에게 어찌 고하지 않겠는가.

← gege, beise de alaci, beise suwe minde ainu
공주가 버일러들에게 알렸다면, 버일러들 너희가 나에게 어찌

← alahakū, suweni tondo serengge tereo, ula i hashū
고하지 않았겠는가. 너희가 바르다고 하는 것이 그것이냐. Ula의 Hashū

← beile de, to de tana bifi muse de uncaci, (51:3b)
버일러에게,[2] 말로 동주가 있어도 우리에게 팔면

← emke juwe i uncambihe kai, muse nikan de uncaci, inu
한두 개를 팔았었다. 우리가 명나라에 팔아도 또한

← emke juwe i uncambihe kai, tutala orin funceme tana be,
한두 개를 팔았었다. 그렇게 20개 넘는 동주를

← yasun aibide baha, yasun de hule de tana bio,
Yasun이 어디서 얻었겠는가. Yasun에게 섬으로 동주가 있는가.

← to de bio, suweni weile beidere ambasa, suwe
말로 있는가. 너희 죄를 심판하는 대신들아, 너희는

← tondo mujilen jafafi, dele abka bi, fejile na bi, be
바른 마음을 먹고서 '위에 하늘이 있고 아래에 땅이 있다. 우리는

← meni bahanarai teile tondoi beidembi, bahanarakū babe ainara
우리가 할 수 있는 한 바르게 심판할 것이다. 할 수 없는 것은 어찌 하겠는가'라고

← seme tondoi beidecina, hada, yehe, ula, hoifa i gurun i (51:4a)
하며 바르게 심판하려무나. Hada, Yehe, Ula, Hoifa 나라의

← ambasa, tondo mujilen be jafarakū, acuhiyan jalingga doosi
대신들은 바른 마음을 가지지 않고 비방하고 간사하며 탐욕스러워서

← ofi gurun efujehe, ceni beye inu bucehe kai,
나라가 무너졌다. 저들의 몸도 죽었다.

---

2) Bujantai의 별명이다. 왼손으로 활을 쏘기 때문에 붙은 별명이다. 『朝鮮實錄』에서 Bujantai를 何叱耳로도 표기하는 것은 이와 같은 별칭을 나타내는 것이다.

⇦ abkai salgabufi banjibuha meni meni gurun de, meni meni
하늘이 정해서 생겨난 각각의 나라에 각각의

← ambasa kai, tondo be
대신들이다. 올바름을

⇦ abka saišafi, han de hūturi oci, ambasa de inu
하늘이 감탄하여 한(汗)에게 복이 되면 대신들에게도

← hūturi kai,
복인 것이다.

⇦ abka de wakalabufi, miosihon mujilen jafafi, han de hūturi (51:4b)
하늘에게 질책을 받고 사악한 마음을 가져서 한(汗)에게 복이

← akū oci, suwe inu hūturi akū kai, hada,
없게 되면, 너희도 복이 없는 것이다. Hada,

← ula, yehe, hoifa i gurun efujehe kai, tere gurun i
Ula, Yehe, Hoifa 등의 나라가 무너졌다. 그 나라의

← ambasa, te bio, gemu meni meni kūwaran i dorgi
대신들이 지금 있는가. 모두 각자의 영내의

← niyalma kai, han efujeci, ambasa bisirakū bucembi, han
사람이다. 한(汗)이 무너지면, 대신들도 그대로 있지 못하고 죽는다. 한(汗)이

← hūturingga oci, ambasa inu wesihun banjimbi kai, ambasa
복이 있으면, 대신들도 귀하게 사는 것이다. 대신들아,

← suwe tondo tondo mujilen jafafi banjicina seme henduhe.
너희는 바르디 바른 마음을 가지고 살도록 하라"고 말했다.

(51:5a)

○ ineku tere inenggi,
같은 날,

⇦ han hendume, yangguri yaya dain de ujulame yabuha gung de,
한(汗)이 말하기를, "Yangguri는 모든 전투에서 앞장서서 행한 공으로

← uju jergi dzung bing guwan i hergen buhe, juse omosi
1등 총병관(總兵官)의 직위를 주었다. 자손 대대로

← jalan halame ere hergen be lashalarakū, g'ag'ai, adun i
이 직위를 끊지 않는다. G'ag'ai나[3] Adun과

← gese doro be efulere weile araci, beyebe wambi,
같이 도리에 어긋나는 죄를 지으면 죽일 것이다.

← endeme calame weile bahaci, wara weile baha seme
과오를 범하는 죄를 지으면, 죽일 죄를 지었더라도

← warakū, ulin gaijara weile baha seme ulin gaijarakū, (51:5b)
죽이지 않고, 재물을 빼앗을 죄를 지었더라도 재물을 빼앗지 않고,

← emu minggan juwe tanggū sunja yan i weile waliyambi.
1205냥의 죗값을 면제한다.

ere gisun be bithe arafi, jakūn beise ci fusihūn,
이 말을 글로 써서 여덟 버일러 이하

beiguwan ci wesihun monggolihabi, suwayan ejehe de bithe
비어 이상이 목에 걸었다. 황색 칙서에 글을

arafi doron gidafi yangguri de buhebi.
써서 인장을 찍어서 Yangguri에게 주었다.

○ ineku tere inenggi, šoto beile i ulin jafaha
같은 날, Šoto 버일러 예하의 재물을 관리하는

---

3) G'ag'ai 자르구치는 전투에 능했을 뿐만 아니라 Erdeni 박시와 함께 만주문자를 창제하여 만주족 문화에 중요한 기반을 제공한 인물이다(유소맹 2013:209). 1599년에 반역을 모의했다는 이유로 죽였다.

yamburu hoki duin niyalma, menggun faksi juwe (51:6a)
Yamburu 무리의 네 사람과 은(銀) 장인 두

niyalma acafi menggun gidaha seme weile arafi,
사람이 함께 은을 숨겼다고 하여 치죄하고

yamburu be ahūn i gung de sindafi, menggun be
Yamburu는 형의 공으로 풀어주고 은에 대해서는

hontoholome toodame gaiha, jai sunja niyalma be
절반으로 배상 받았다. 나머지 다섯 사람은

orin ilata šusiha šusihalafi, oforo šan tokoho.
23대씩 채찍으로 치고 코와 귀를 찔렀다.

○ surma i booi hehe, surma be gercileme, surma i sargan
Surma의 하녀가 Surma를 고발하기를 "Surma의 아내가

eyun, namida i sargan non, namida hari wabuha inenggi, (51:6b)
언니이고 Namida의 아내가 여동생인데 Namida Hari가 죽임을 당한 날에

namida hari i sargan jifi, surma i baru <u>šušuniyeme</u>
Namida Hari의 아내가 와서 Surma를 향해 귓속말로

gisurehe manggi, surma loho ashafi morin yalufi
말하자 Surma가 칼을 차고 말을 타고서

genehe, tere inenggi namida hari wabuha, amasi
갔다. 그날 Namida Hari가 죽임을 당했고, 그 후

dobori boode jihe seme gercilere jakade, tere
밤에 집으로 왔다"라고 고발하므로, 그

頭註: gingguleme kimcici, šušuniyeme sere gisun, ainci šušunggiyame sere gisun dere. [신중하게 살펴보니, šušuniyeme라는 말은 아마도 '귓속말로'라는 말일 것이다.]

weile be geren du tang duilefi,
죄를 여러 도당(都堂)이 심리하여

⇦ han de alara jakade,
한(汗)에게 아뢰자

⇦ han hendume, namida tokso de geneci, loho beri jebele (51:7a)
한(汗)이 말하기를, "Namida는 장원에 가면서 어찌 칼과 활과 화살통을

← ashafi ainu genehekū untuhun genehe, sini untuhun i
차지 않고 빈손으로 갔는가. 네가 빈손인

← turgunde nikan waci inu waha, surma waci inu
까닭에 한인이 죽여도 죽였고, Surma가 죽여도

← waha, eitereci bucerengge seme, tere weile be namida de
죽였다. 어쨌든 죽는 것이다"라고 하며 그 죄를 Namida에게

tuhebufi, surma be sindaha, gerci hehe be hokobufi
있는 것으로 하여 Surma를 풀어주었다. 고발한 여자를 떠나게 하여

abai age de buhe, namida sargan be, si sargan
Abai 아거에게 주었다. Namida의 아내를 '너는 아내가

akū efu i boode, eigen i genehe amala ainu genehe
없는 형부의 집에, 남편이 출타한 후에 어찌 갔느냐'라고

seme šan faitafi sindaha. (51:7b)
하여 귀를 베고 풀어주었다.

○ ice ilan de, monggo i joriktu beile i haha hehe
초사흘에 몽골의 Joriktu 버일러 예하의 남자와 여자

orin emu niyalma, sunja ihan emu morin gajime
21명이 소 다섯 마리와 말 한 마리를 이끌고

ukame jihe.
도망해 왔다.

○ monggo de cooha genehe beise, eksingge baksi be
몽골에 출병한 버일러들이 Eksingge 박시를

takūrame, morin nadan tanggū, ihan juwe minggan (51:8a)
보내서, 말 700마리, 소 2882마리,

jakūn tanggū jakūnju juwe, honin emu tumen
양 1만 3330마리,

ilan minggan ilan tanggū gūsin, niyalma emu minggan
사람 1280명,

juwe tanggū jakūnju, temen susai, baha ton be
낙타 50마리 등 획득한 수를

alanjime ice ilan de isinjiha.
알리러 초사흘에 도착했다.

○ ice sunja de, amba beile, amin beile, duici
초닷새에, 대버일러, Amin 버일러,

beile, dodo age, jirgalang age, jakūn hošonggo (51:8b)
제4버일러, Dodo 아거, Jirgalang 아거가 팔각

yamun de isafi weile beidembihe, dahai, lungsi,
아문(衙門)에 모여서 일을 심의하고 있었다. Dahai, Lungsi,

tuša, janju, durhu, hamtu genefi, ice daise iogi
Tuša, Janju, Durhu, Hamtu가 가서, "새로 유격(遊擊) 서리로

sindaha, hūwašan, gebakū, mafuta, jaosan, eljige,
임명한 Hūwašan, Gebakū, Mafuta, Jaosan, Eljige,

hithai, ere ninggun niyalmai jalin de daise iogi sindaci,
Hithai 이들 여섯 사람에 대해서 유격 서리를 임명하면,

⇦ han de beiguwan i hergen i jalin fonjici ombio seme
한(汗)에게 비어(備禦)의 직위에 대해 여쭈어도 되겠는가"라고

fonjire jakade, beise ere be ume fonjire, daise
물으니, 버일러들이 "이것을 묻지 말라.

iogi be beiguwan de bahakini sehebi, ere be (51:9a)
유격 서리를 비어에서 구하는 것이 좋겠다고 했었다. 이들을

nakabuci, gūwa be gemu nakabumbi kai.
그만두게 하면 다른 사람들도 모두 그만두게 하는 것이다."

○ dumei iogi, šorhoi iogi, neodei beiguwan be
Dumei 유격, Šorhoi 유격, Neodei 비어를

efulere de
파직할 때

⇦ han i jakade gamaha manggi,
한(汗)에게 문서를 가지고 가니

⇦ han fonjime, hergengge niyalma de šangnara dangse, jakūn
한(汗)이 "직위를 가진 사람에게 상 내리는 문서가 여덟

← beise de gemu bio seme fonjiha manggi, šangnara dangse (51:9b)
버일러에게 모두 있느냐"라고 물었다. "상 내리는 문서가

beise de akū, emu dangse seme alaha manggi,
버일러들에게 없습니다. 문서가 하나입니다"라고 고하니

← emu dangse be jakūn dangse ara, hergen efuleci, jakūn
"하나의 문서를 여덟 개로 만들라. 파직시킬 때는

← dangse be sasa efule, hergen araci, jakūn dangse de
문서 여덟 개를 전부 폐기하라. 직위를 쓸 때는 여덟 개의 문서에

← sasa ara, tuttu oci, baksi sa suwende sain kai
전부 쓰라. 그러면 박시들 너희에게 좋다"라고

seme jakūn dangse araha.
하여 문서를 여덟 개를 만들었다.

○ gulu šanggiyan i g'ai jeo de tehe jang iogi be (51:10a)
정백기(正白旗)의 개주(蓋州)에 주둔하던 Jang 유격을

siren yabure niyalma, ubašara ukandara niyalma be baicarakū
"정보를 수집하는 사람과 배반하거나 도망하는 사람을 조사하지 않고

bime, ubašame genehe niyalma be amcafi, jušen i afara
있으며 배반하여 간 사람을 쫓아가거나 여진인이 싸우는

bade afanarakū, encu iliha seme jafaha bihe,
곳에 싸우러 가지 않고, 따로 있었다"라고 하며 잡아두고 있었는데,

⇦ han, jang iogi be, ere mudan de wara be nakaki,
한(汗)이 Jang 유격을 "이번에는 죽이지 말고

← hergen efuleki seme, iogi i hergen be efulehe, geren
파직시키자"라고 하며 유격의 직위를 박탈하고, 여러

hafasa be isabufi hūlafi sindaha, hojokon be, huthure
관원을 모아서 낭독하고 풀어주었다. Hojokon은 포박할

niyalma be sindafi, losa gaiha seme susai moo (51:10b)
사람을 풀어주고, 노새를 취했다 하여 볼기를

頭註: gingguleme kimcici, siren yabure niyalma sere gisun, ainci mejige gaire niyalma sere gisun dere. [신중하게 살펴보니, siren yabure niyalma라는 말은 아마도 '정보를 수집하는 사람'이라는 말일 것이다.]

ura tūhe, losa be ejen de buhe.
50대 치고, 노새를 주인에게 주었다.

⇦ han, monggo de cooha genehe beise be okdome, fujisa be
한(汗)이 몽골에 출병했던 버일러들을 맞이하기 위해 푸진들을

gaifi dung ging hecen ci dehi ba i dubede gu ceng
데리고 동경성(東京城)에서 40리 밖의 고성보(古城堡)의

pu i julergi bigan de, cooha genehe beise ambasa,
남쪽 들판에서, 출병했던 버일러들과 대신들,

coohai niyalma be acafi, dain be etehe doroi
병사를 만났다. 전쟁을 이긴 예법으로

⇦ han, geren beise ambasa be gaifi, tu sisifi (51:11a)
한(汗)이 여러 버일러와 대신들을 데리고 둑(纛)을 꽂고

⇦ abka de hengkilefi cacari de tehe, tereci cooha genehe
하늘에 절하고 천막에 앉았다. 그러고 나서 출병했던

beise ambasa, geren coohai niyalma,
버일러들과 대신들, 여러 병사가

⇦ han de acame, geren gemu <u>niyakūraha uthai bi</u>, abatai
한(汗)을 알현하며 여럿이 모두 꿇은 채로 있었다. Abatai

age neneme jifi,
아거가 먼저 와서

⇦ han i bethei fejile niyakūrafi buhi be tebeliyehe,
한(汗)의 발 아래 꿇고 넓적다리를 껴안았다.[4)]

頭註: gingguleme kimcici, niyakūraha uthai bi sere gisun, niyakūrahai, bi sere gisun dere. [신중하게 살펴보니, niyakūraha uthai bi라는 말은 '꿇은 채로 있다'라는 말일 것이다.]

4) 포요대례(抱腰大禮)를 의미한다. 포견례(抱見禮)의 일종으로 윗사람에게 경의를 표하는 예법이다.

⇦ han ishun tebeliyehe, tereci jai degelei age, jaisanggū
한(汗)이 마주 안았다. 그러고 나서 다시 Degelei 아거, Jaisanggū

age, yoto age, ilhi ilhi jifi tebeliyehe, (51:11b)
아거, Yoto 아거가 차례로 와서 안았다.

tereci cooha genehe monggo i beise, inu ilhi ilhi
그러고 나서 출병했던 몽골의 버일러들이 또한 차례로

tebeliyeme acaha, terei sirame dain de baha
안으며 알현했다. 거기에 이어서 전쟁에서 얻은

monggo i fujisa hengkileme acaha, tuttu hengkileme acame
몽골의 푸진들이 절하며 알현했다. 그렇게 절하며 알현하기를

wajiha manggi, amba sarin sarilaha.
마친 후에 큰 주연을 베풀었다.

○ ice nadan de, baha olji ulha be hergengge
초이레에, 얻은 포로와 가축을 직위가 있는

ambasa de šangnara de, cooha genehe ilaci jergi (51:12a)
대신들에게 상으로 줄 때, 출병했던 3등

dzung bing guwan unege de emu temen, jakūn ihan,
총병관 Unege에게 낙타 한 마리, 소 여덟 마리,

gūsin honin buhe, eksingge, hošotu, asan, anggara,
양 30마리를 주었다. Eksingge, Hošotu, Asan, Anggara,

ere duin fujiyang de ninggute ihan, orita honin
이들 네 부장에게 소 여섯 마리씩, 양 20마리씩을

buhe, uju jergi tsanjiyang gusantai de sunja ihan,
주었다. 1등 참장(參將) Gusantai에게 소 다섯 마리,

tofohon honin buhe, jai jergi tsanjiyang de
양 15마리를 주었다. 2등 참장에게

duite ihan, juwanta honin buhe, ilaci jergi
소 네 마리씩, 양 10마리씩을 주었다. 3등

tsanjiyang de ilata ihan, jakūta honin buhe, (51:12b)
참장에게 소 세 마리씩, 양 여덟 마리씩을 주었다.

uju jergi iogi de ninggute honin, juwete
1등 유격에게 양 여섯 마리씩, 소 두 마리씩을

ihan buhe, jai jergi iogi de juwete ihan, sunjata
주었다. 2등 유격에게 소 두 마리씩, 양 다섯 마리씩을

honin buhe, ilaci jergi iogi de juwete ihan,
주었다. 3등 유격에게 소 두 마리씩,

sunjata honin buhe, geren beiguwan de emte ihan,
양 다섯 마리씩을 주었다. 여러 비어에게 소 한 마리씩,

duite honin buhe, bayarai kirui ejen de juwe
양 네 마리씩을 주었다. 바야라의 기(旗)의 수장에게는 두

niyalma de acan emu ihan buhe, cooha genehe
사람에게 공동으로 소 한 마리를 주었다. 출병했던

monggo i beise dzung bing guwan manggol efu, dural (51:13a)
몽골의 버일러들인 총병관 Manggol 어푸, Dural

darhan, cing joriktu, ere ilan efu de emte
Darhan, Cing Joriktu,[5)]이들 세 어푸에게 낙타 한 마리씩,

temen, juwanta morin, emte tanggū honin buhe, tsanjiyang,
말 10마리씩, 양 100마리씩을 주었다. 참장과

---

5) Cing Joriktu는 Gurbusi 어푸이다.

iogi, corji, buyantai, bobung, budang, angkūn, ūljeitu,
유격인 Corji, Buyantai, Bobung, Budang, Angkūn, Ūljeitu,

dalai, coirjal, enggelei, kibtar, irincin, ese de emte
Dalai, Coirjal, Enggelei, Kibtar, Irincin, 이들에게 낙타 한 마리씩,

temen, sunjata morin, susaita honin buhe, beiguwan
말 다섯 마리씩, 양 50마리씩을 주었다. 비어인

dalai, g'arma, mancin, sirhūnak, ese de juwete morin,
Dalai, G'arma, Mancin, Sirhūnak, 이들에게 말 두 마리씩과

juwe niyalma de acan geli emu morin, orin (51:13b)
두 사람에게 공동으로 또 말 한 마리, 양

sunjata honin buhe, ish'ab, ajin, gunji, ere ilan
25마리씩을 주었다. Ish'ab, Ajin, Gunji, 이들 세

niyalma de emte morin, juwete honin buhe, cooha
사람에게 말 한 마리씩, 양 두 마리씩을 주었다.

genehekū ambasa, uju jergi dzung bing guwan, ilaci
출병하지 않은 대신, 1등 총병관,

jergi dzung bing guwan de emte temen buhe, uju
3등 총병관에게 낙타 한 마리씩을 주었다.

jergi fujiyang de juwanta honin buhe, ilaci jergi
1등 부장(副將)에게 양 10마리씩을 주었다. 3등

fujiyang de jakūta honin buhe, uju jergi tsanjiyang de
부장에게 양 여덟 마리씩을 주었다. 1등 참장에게

nadata honin buhe, ilaci jergi tsanjiyang de ninggute (51:14a)
양 일곱 마리씩을 주었다. 3등 참장에게 양

honin buhe, uju jergi iogi de sunjata honin
여섯 마리씩을 주었다. 1등 유격에게 양 다섯 마리씩을

buhe, jai jergi iogi de duite honin buhe,
주었다. 2등 유격에게 양 네 마리씩을 주었다.

ilaci jergi iogi de ilata honin buhe, beiguwan de
3등 유격에게 양 세 마리씩을 주었다. 비어에게

juwete honin buhe, darhan hiya de, jakūn beise i
양 두 마리씩을 주었다. Darhan 히야에게, 여덟 버일러의

ubu i juwan ninggute ihan, orin ninggute honin buhe,
몫 중에서 소 16마리씩, 양 26마리씩을 주었다.

cooha genehekū monggo beise labsihi de emu temen,
출병하지 않은 몽골의 버일러들에게는 Labsihi에게 낙타 한 마리,

orin ihan, susai honin buhe, minggan, dorji, misai de (51:14b)
소 20마리, 양 50마리를 주었다. Minggan, Dorji, Misai에게

emte temen buhe, dalai i deo i juwe juse de
낙타 한 마리씩을 주었다. Dalai의 동생의 두 자식에게

emte ihan buhe, juwe bodisuk de emte temen,
소 한 마리씩을 주었다. 두 사람의 Bodisuk에게 낙타 한 마리씩,

emte ihan, juwete honin buhe, nikan i hafasa,
소 한 마리씩, 양 두 마리씩을 주었다. 한인 관원과

fujiyang de juwete ihan buhe, tsanjiyang, iogi de
부장에게 소 두 마리씩을 주었다. 참장과 유격에게

emte ihan buhe, beiguwan de juwe niyalma de
소 한 마리씩을 주었다. 비어에게는 두 사람에게

acan emu ihan buhe, darhan efu de emu temen
공동으로 소 한 마리를 주었다. Darhan 어푸에게 낙타 한 마리를

buhe, jan i birai gu, fusi efu i sargan, abtai (51:15a)
주었다. Jan강 고모,[6] Fusi 어푸의 아내, Abtai

nakcu i sargan, buyantu efu i sargan, babai efu i sargan,
외삼촌의 아내, Buyantu 어푸의 아내, Babai 어푸의 아내,

cambu efu i sargan, ere ninggun gege de emte
Cambu 어푸의 아내, 이들 여섯 공주에게 낙타 한 마리씩을

temen buhe, tere šangname bure inenggi abka agambihe,
주었다. 상을 주는 그날 하늘에서 비가 내리고 있었다.

agara de,
비가 올 때

⇦ han hendume, monggo i banjirengge, abka de tugi banjifi agara
한(汗)이 말하길, "몽골이 생겨나는 것은 하늘에 구름이 생겨서 비가 내리는 것과

← adali kai, geren hamuk acafi cooha ilici, muse
같다. 여럿이 합쳐서 병사를 일으키면 우리는

← nemerhen nerefi teki, ini hamuk cooha fakcarangge, abkai (51:15b)
도롱이를 걸치고 있자. 몽골의 여러 병사가 흩어지는 것은 하늘의

← tugi fakcafi galandara adali kai, ini hamuk cooha
구름이 흩어져서 개는 것과 같다. 몽골의 여러 병사가

← fakcaha manggi, muse ini songko be dahame emdubei
흩어지고 나면 우리가 몽골의 흔적을 좇아서 계속해서

← gaiki seme henduhe.
빼앗자"라고 했다.

---

6) Nurhaci의 여동생이다. 『nenehe genggiyen han i sain yabuha kooli uheri juwan nadan debtelin(先경기연한賢行典例 · 全十七條)』(7b)와 『滿洲實錄』(6:80b)에는 Ajige Fujin으로 표기되어 있다. 여동생인데도 gu, 즉 '고모'라고 한 것은 자식 세대의 호칭을 썼기 때문이다. 초기에 Nurhaci에게 귀부한 Suksuhu강 부락의 Giyamuhū 촌락의 수장 Gahašan Hashū와 1583년 혼인했다가 다음해 Gahašan이 Nurhaci 계모의 동생인 Samjan에게 살해당하자, Gahašan과 함께 귀부해 왔던 Jan강 촌락의 수장 형제 중 한 명인 Yangšu와 재혼했다. 세 아들을 낳아 키웠지만 남편과 사이가 좋지 않아 이혼하고자 했으나 오빠인 Nurhaci의 허락을 받지 못해 별거한 채로 생활했다. 아들 중의 하나가 Darhan인데 후에 Nurhaci의 둘째 딸 Nunje Gege(공주)와 혼인한다.

頭註: gingguleme baicaci, monggo gisun de geren be hamuk sembi. [신중하게 조사하니, 몽골어에 geren(여러)을 hamuk이라고 한다.]

○ daimbu dzung bing guwan i emgi bihe borjin, sele,
Daimbu 총병관과 함께 있던 Borjin, Sele,

tohoci, moohai, turai, ere sunja amban be sasa
Tohoci, Moohai, Turai, 이들 다섯 대신을 어찌 다 같이

ainu dosirakū seme hafan nakabuha, olji faitaha. (51:16a)
진격하지 않느냐며 관직을 그만두게 하고 노획물을 감했다.

○ fu jeo ba i niyalma be ubašambi seme donjifi,
복주(復州) 지방 사람이 배반한다고 듣고서

cooha unggire doigon inenggi,
병사를 보내기 전날,

⇦ han i baru fusi efu jabume, fu jeo i ba i niyalma
한(汗)에게 Fusi 어푸가 대답하기를, “복주 지방 사람이

ubašambi serengge tašan dere, yamka niyalma belehebi kai,
배반한다고 하는 것이 거짓일 것입니다. 아마도 누군가 음해한 것입니다.

tere gisun de akdafi cooha unggici, cargi niyalma
그 말을 믿고 병사를 보내면 저쪽의 사람이

donjiha de urgun kai, tere gisun de, (51:16b)
들으면 기뻐할 것입니다.” 그 말에

⇦ han jili banjifi, fusi efu de wasimbuha bithei gisun,
한(汗)이 화를 내고 Fusi 어푸에게 내린 글이다.

← lii yung fang simbe fusi de bihe fonde, emu sara
“이영방(李永芳) 네가 무순(撫順)에 있던 때에는 깨친

← getuken ulhisu niyalma seme gūniha bihe, tuttu simbe
영명하고 영민한 사람이라고 생각했었다. 그렇게 너를

← gamafi mini aisin giranggi be sinde buhe kai, mimbe
데려와서 나의 Aisin 혈족을 너에게 주었던 것이다. 나를

⇦ abka gosime, yehe, hada, ula, hoifa, nikan i duin
하늘이 사랑하기를, Yehe, Hada, Ula, Hoifa, 명의 네

← golo be tucike cooha, fusi, niowanggiyaha, keyen, cilin,
지역을 나온 병사, 무순(撫順), 청하(淸河), 개원(開原), 철령(鐵嶺),

← simiyan, liyoodung, guwangning, monggo i jase, ere ba bade (51:17a)
심양(瀋陽), 요동(遼東), 광녕(廣寧), 몽골의 경계 등 이 곳곳에서

⇦ abkai mimbe gosire be, lii yung fang si akdarakū nikai,
하늘이 나를 사랑한 것을 이영방 네가 믿지 않는구나.

← tuttu akdarakū ofi, suweni nikan han be enteheme,
그렇게 믿지 않고, 너희 명나라 황제는 영원하고

← mimbe taka adali gūnime, liyoodung ni ba i nikasa
나는 잠시라고 생각하며 요동 땅의 한인들이

← emdubei ubašambi, cargi niyalmai hebei gisun i bithe kemuni
거듭 배반하고, 저곳의 사람들의 모의하는 글이 매번

← dube lakcarakū jimbi seme, bi kemuni baicara bargiyaralaci,
끊임없이 오므로 내가 매번 조사하여 수습하려고 해도

← si nikan i ici ofi mimbe sartabume tafulambi, casi
네가 명나라의 편이 되어서 나를 진정시키며 말린다. 저쪽으로

← genehe de sini dolo sain, serefi waha de sini (51:17b)
가면 너는 속으로 좋아한다. 알아채서 죽이면 너는

← dolo acarakū nikai, si unenggi tondo oci, cooha be
속으로 못마땅해 하는 것이다. 네가 진실로 충성스럽다면, 병사를

頭註: gingguleme kimcici, bargiyaralaci sere gisun, ainci bargiyataci sere gisun de adali dere. [신중하게 살펴보니, bargiyaralaci라는 말은 아마도 bargiyataci(수습하려고 해도)라는 말과 같을 것이다.]

← joboburakū, gurun be suilaburakū, sini beye de alifi
고생시키지 않고, 백성을 괴롭히지 않고 네가 직접 맡아서

← kadalame, ukandara ubašara be gemu ilibume, toktobuha gurun be
관리하며 도망하고 배반하는 것을 모두 그치게 하여, 평정한 백성을

← efuleme gajici bi ehe, sini tafulara mujangga kai,
복속시켜 데리고 온다면 내가 틀리고, 네가 간하여 말리는 것이 옳은 것이다.

← si mimbe fusihūlame gūnici, bi donjici, sini nikan i
네가 나를 천하게 생각하지만, 내가 들으니 너희 한인의

← lio bang, hūwai fejile alban weilere niyalma bošome
유방(劉邦)은 회수(淮水) 하류에서 공역하는 사람을 관리하고

← bihebi, tere be inu (51:18a)
있었는데, 그를 또한

⇦ abka gosifi, han wang han ofi banjihabi, jao taidzu
하늘이 사랑하여 한왕(漢王) 황제가 되어서 살았다. 조(趙) 태조(太祖)가

← giyai de guwanggušame banjifi, jai inu
거리에서 무뢰한으로 살다가 또한

⇦ abka gosifi han tefi, geli emu udu jalan gurun de
하늘이 사랑하여 황제가 되어서 또 몇 대를 나라의

← ejen banjihabi, ju yuwan jang ni beye, ama eme akū
주인으로 살았다. 주원장(朱元璋) 자신은 부모 없이

← emhun giohame yabufi, g'o yuwanšuwai fejile takūrabume banjifi,
홀로 구걸하며 다니면서 곽(郭) 원수(元帥)의 아래에서 부림을 당하며 살다가,

← jai inu
역시 또

⇦ abka gosifi han ofi, juwan ilan juwan duin jalan ohobi, (51:18b)
하늘이 사랑하여 황제가 되어서 13, 14대가 되었다.

← si uttu nikan de dame gūnici, beging ni hecen i
네가 이렇게 명나라 편을 들어 생각한다면, 북경성(北京城)의

← dorgi, bira de juwe jergi senggi eyehe be, yamun
안쪽 강에 두 차례 피가 흐른 것과 여러

← yamun i ambasa sakda moo fulehe ukcame edun daha be,
아문의 크고 오래된 나무의 뿌리가 뽑히도록 바람이 분 것 등

⇦ abka joriha tere ganio be si tafulame ilibume etembio,
하늘이 정한 저 기이한 일을 너는 능히 말려서 멈추게 할 수 있겠느냐.

← si ujihe ama amha de untuhuri hihanakū sabumbi kai,
너는 보살펴준 아버지이자 장인에게 헛되고 쓸모없는 모습을 보인다.

← simbe hojihon obufi ujire be, monggo nikan solho
너를 사위로 삼고 보살피는 것을 몽골, 명, 조선이

← gemu donjihabi, weile araci, gūwa gurun i niyalma mimbe (51:19a)
모두 들었다. 치죄하면 다른 나라의 사람이 나를

← inu basumbi, simbe inu basumbi seme uttu gūnime,
비웃기도 하고 너를 비웃기도 할 것이라고 생각하여

← simbe weile ararakū, ekisaka bici, bi korsome mini
너를 치죄하지 않겠으나, 가만히 있자니 내가 한(恨)이 되어 나의

← gūniha gisun be tucibume hendurengge ere inu.
생각한 말을 꺼내어 말하는 것이 이것이다."

⇦ han, ice uyun de, jakūn hošonggo ordo de jan i
한(汗)이 초아흐레에 팔각전에 Jan

birai gu, sargan juse be gemu isabufi tacibume henduhe
강의 고모와 딸들을 모두 모이게 하여 가르쳐 말한

⇦ bithei gisun, sargan juse ehe facuhūn banjire jalin de (51:19b)
글이다. "딸들이 악하고 혼란스럽게 사는 것에 대해서

← gasame hendurengge,
탄식하며 말하노니

⇦ abkai sindaha gurun i ejen han, doro yoso be
하늘이 내린 나라의 주인인 한(汗)이 정권을

⇦ abka de acabume dasarakūci ombio,
하늘에 맞추어 다스리지 않을 수 있겠느냐.

⇦ abka de acabume dasarangge adarame seci, sain be yendebume
하늘에 맞게 다스리는 것은 어떻게 하는가 하면, 선한 자를 북돋워서

← tukiyembi, ehe be isebume wambi, musei gašan i beise be
천거하고, 악한 자를 징계하여 죽이는 것이다. 우리의 촌락의 버일러들을

← waha girubuhangge, minde aika bata kimun biheo, doro be
죽이고 치욕을 준 것이, 나에게 무슨 원수여서였겠는가. 도리를

← efuleme ehe facuhūn ofi, šajin be jurcerakū gamahangge (51:20a)
파괴하며 포악하고 문란해서 법을 어기지 않고 법대로 처리한 것이

← tere kai, gurun ejelehe doro jafaha beise be
그것이다. 나라를 지배하는 집정 버일러들도

← šajin be jurcerakū gamahangge, suweni hasaha jafaha hehe
법을 어기지 않고 법대로 처리한 터에 너희 가위 잡은 여자가

← niyalma, doro be efuleme facuhūn banjici, dere banire
도리를 파괴하고 문란하게 살면, 체면을 봐주는 것이

← aibi, suwende anafi doro be efulebumbio, haha niyalma
어디 있겠느냐. 너희에게 미루어서 도리를 파괴하게 하겠는가. 남자가

← uksin saca etufi, dain de emu bade bucerengge,
갑옷과 투구를 입고 전쟁에서 어떤 곳에서 죽는 것은

← hebe be efulerakū, doroi jalin de bucembi kai, hasaha
합의를 깨지 않고 도리를 위하여 죽는 것이다. 가위를

← jafafi boode tehe hehe niyalma, suwe šajin fafun be (51:20b)
잡고 집에 사는 여자 너희가 법률을

← jurceme doro be efuleme banjirengge ai sain, hahai
어기며 도리를 파괴하고 사는 것이 무엇이 좋은가. 남자의

← erdemu be gung be tuwafi, teisu acabume suwembe
덕과 공을 보아서 각각 맞추어서 너희를

← tese de buhebi dere, tere be suwende salibuhabio, suwe
그들에게 준 것이지, 그들을 너희에게 거느리라고 준 것이겠는가. 너희가

← eigete be jobobume, asuru ehe facuhūn banjirengge, hutu ci
남편들을 괴롭히며 몹시 악하고 혼란스럽게 사는 것은 악귀보다

← hono ehe kai, šun i elden de eiten jaka banjire
더욱 나쁜 것이다. 햇빛 아래에서 모든 것이 사는 것과

← gese, sargan juse suwe han i elden de ekisaka
같이, 딸들 너희는 한(汗)의 빛 아래에서 조용히

← banjicina, ehe facuhūn ai baita, gu si, sargan (51:21a)
살려무나. 악하고 혼란스러운 어떤 일이든, 고모 너는 딸들을

← juse be doigonde saikan taciburakū ofi, weile de
먼저 잘 가르치지 못하고 일을

← afanaha manggi, jai si mini duka de ume jidere,
저지른다면 너는 다시는 내 문에 오지 말라.

← mimbe ume tafulara.
나를 말리지 말라."

⇦ han hendume, dade bi inu kiyoo de terakū bihe,
한(汗)이 말하기를, "본래 나 또한 가마에 앉지 않았다.

← fujisa inu kiyoo de terakū bihe, jaisanggū age i
푸진들 또한 가마에 앉지 않았다. Jaisanggū 아거의

← eniye bihe fonde, mimbe yohindarakū, mini boode sarilame (51:21b)
어머니가 있던 때에, 나를 존중하지 않고, 내 집에 잔치하러

← jidere genere de, kiyoo de tefi yabumbihe, tuttu
오며 갈 때에, 가마에 앉아서 다녔다. 그렇게

← ehe ofi sui isifi bucehe, jai cergei non
잘못해서 죄업이 미쳐서 죽었다. 또 Cergei의 여동생

← hooge i eniye, ini ama i boode genere jidere de,
Hooge의 어머니는 자기 아버지의 집에 가며 올 때에

← amba age i duka, ajige age i duka be huncu de
큰오빠의 문, 작은오빠의 문을 썰매에

← tehei duleme, mini duka de huncu de tehei
앉은 채로 지나며, 나의 문에도 썰매에 앉은 채로

← dosinjiha, tuttu yohindarakū ehe ofi, sui isifi eigen
들어왔다. 그렇게 홀대하고 잘못해서 죄업이 미쳐서 남편이

← waliyaha, ice uhete, urusa be, beise asuru ume (51:22a)
버렸다. 새로 온 제수들과 며느리들을 버일러들이 절대

← girubure, uhete, urusa inu nenehe sui isika fujisai
모욕하지 말라. 제수들과 며느리들도 전에 죄업이 미친 푸진들처럼

← gese u jalangga niyalma be asuru ume yohindarakū ojoro.
윗세대의 사람을 절대 홀대하지 말라."

頭註: gingguleme baicaci, tongki fuka akū hergen i juwan juwe ujui bithede, u jalangga sere gisun, uthai ungga jalangga sere gisun inu sehebi. [신중하게 조사하니, 『無圈點十二字頭書』에 u jalangga라는 말은 곧 ungga jalangga(윗세대)라는 말이라고 했다.]

제52권

천명(天命) 8년(1623) 5월

susai juweci debtelin,
abkai fulingga i
jakūci aniya sunja
biya.

tongki fuka sindaha hergen i dangse. (52:1a)
유권점 당안

○ juwan duin de,
14일에,

⇦ han, amba beile, jase bitume hoton arara babe tuwame, dung
한(汗)과 대버일러가 경계를 따라서 성 쌓을 곳을 살피려고

ging ni hecen ci morin erinde tucifi hai jeo i baru
동경성(東京城)에서 오시(午時)에 나와서, 해주(海州) 쪽으로

juraka, tofohon de genefi hai jeo i amargi munggan de ilifi,
떠났다. 15일에 가서 해주의 북쪽 큰 언덕에 멈춰서,

← amba beile, geren ambasa be yoo jeo de
대버일러와 여러 대신을, "요주(耀州)

← hoton arara babe futala seme unggihe, hai jeo i
성 쌓을 곳을 측량하라"고 하며 보냈다. 해주의

hecen i guwali be daburakū futalafi, duin dere (52:1b)
성 밑을 헤아리지 않고 측량하니, 네 면이

uhereme juwe minggan dehi da, hecen i dorgi
모두 2040발(庹)이었다. 성의 안쪽

munggan be futalafi ninggun tanggū da ilibuha, juwan
큰 언덕을 측량하니 600발에 달했다. 16일에

ninggun de amasi jase bitume ba tuwame jihei,
뒤로 경계를 따라 터를 살피며 가면서

sin k'ai ho i bigan de inenggi buda budalara
신개하(新開河)의 들판에서 점심 식사를 하는

bade, si mu ceng ni julergi bejang guwan tun
곳에서 석목성(析木城) 남쪽의 Bejang Guwan Tun

gašan i wang sun el gebungge bejang gercileme unggihe
촌락의 Wang Sun El이라는 백장이 고발하며 보낸

bithe, be ši jung gebungge emu niyalma, loho (52:2a)
글이다. "Be Ši Jung이라는 사람이 칼,

gida beri sirdan uksin somihabi seme alanjiha,
창, 활, 화살, 갑옷을 감추었다"라고 고하러 왔다.

tere somiha niyalma be jafame gana seme,
그 감춘 사람을 체포하러 데리러 가라고

hai jeo de tehe jarku de bithe jafabufi
해주에 사는 Jarku에게 글을 들려서

unggihe, tere unggihe bithei gisun,
보냈다. 그 보낸 글이다.

⇦ han i bithe, neneme wasimbume, coohai niyalmai jafara agūra be
"한(汗)의 글을 이전에 내리기를, '병사가 지닐 병기를

← gemu meni meni kadalara hafan i boode karmafi asara,
모두 각각 관할하는 관원의 집에서 지키며 보관하라.

← tulergi hecen pu gašan gašan i baisin irgen, coohai (52:2b)
바깥의 성(城)과 보(堡) 각 촌락의 일반 백성은 병기를

← agūra be gemu tucibufi benju, benjirakū asarafi gūwa
모두 내어서 보내오라. 보내오지 않고 숨겼다가 다른 이가

← gercileme alanjiha de, ujen weile arambi seme henduhekū
고발하며 알려오면 중죄로 삼겠다'라고 말하지

← biheo, han i gisun be jurceme be ši jung coohai
않았는가. 한(汗)의 말을 어기고 Be Ši Jung은 병기를

← agūra be ainu somimbi, uksin be asarafi si jai
어찌 감추는가. 갑옷을 감추어서 네가 또

← atanggi etuki sembi, si mu ceng ni beiguwan be ši
언제 입고자 하는가. 석목성의 비어가 Be Ši

← jung be jafafi juse sargan boigon be benju,
Jung을 잡아서 자식과 처 등 가호를 보내오라.

← ini somiha loho, gida, beri, uksin be, gercilehe (52:3a)
그가 숨긴 칼, 창, 활, 갑옷에 대해서 고발한

← wang sun el be unggi, bejang guwan tun gašan i
Wang Sun El을 보내라. Bejang Guwan Tun 촌락의

← be ši jung ni arafi latubuha bithei gisun, yoo šūn i
Be Ši Jung이 써서 붙인 글은 요순(堯舜)의

← gisun, dolo giyei juo i mujilen kai, yaya gašan de
말이지만 속은 걸주(桀紂)의 마음이다. 어떤 마을에도

← ehe facuhūn ningge emu juwe niyalma kai, bejang guwan tun
포악하고 문란한 자는 한두 사람이로다. Bejang Guwan Tun

← gašan i niyalma suwe, be ši jung ni ehe de suwe
촌락의 사람 너희는 Be Ši Jung의 악함을

← ume olhoro, emu niyalmai ehe de geren gūtubumbi
두려워하지 말라. 한 사람의 악함이 여럿을 더럽힌다고

← sere, jai erei adali ehe niyalma bici, geren suwe (52:3b)
한다. 또 이와 같이 악한 사람이 있으면, 너희 여럿이

← acafi jafafi benju.
합쳐서 잡아 보내라."

○ juwan nadan de, korcin de elcin genehe mandarhan
17일에, Korcin에 사신으로 갔던 Mandarhan이

isinjifi, konggor beile i sargan jui be ini ahūn
돌아와서, Konggor 버일러의 딸을 그의 오빠가

benjime jimbi seme,
보내러 온다고

⇦ han de alaha manggi, juwan jakūn de jaisanggū age,
한(汗)에게 고하자 18일에 Jaisanggū 아거,

dodo age, soohai dzung bing guwan, darhan fujiyang, (52:4a)
Dodo 아거, Soohai 총병관(總兵官), Darhan 부장(副將)이

⇦ han i bayarai hiya sabe gaifi, ninju ba i dubede juwe
한(汗)의 바야라의 시위(侍衛)들을 데리고, 60리 끝에서 소

ihan wame okdoko.
두 마리를 잡으며 맞이했다.

○ tere inenggi sucufi gajiha, angga beile i sargan,
그날에 습격하여 데려왔던 Angga 버일러의 아내,

sangtu i juwe sargan, loosa i eyun, ere duin monggo
Sangtu의 두 아내, Loosa의 손위 누이, 이들 네 명의 몽골

fujin de gecuheri, ojin, teleri, gahari, camci, fakūri,
푸진에게 망룡단, 부인용 조복, 부인용 조의, 윗옷, 속옷, 바지 등

emte jergi etuku buhe. (52:4b)
한 종류씩의 옷을 주었다.

⇦ han i bithe, juwan uyun de wasimbuha, fu jeo de tehe
한(汗)의 글을 19일에 내렸다. "복주(復州)에 사는

← monggo be, geneci ojoro niyalma be gemu ginjeo de
몽골인 중 갈 수 있는 사람은 모두 금주(金州)에

← unggi, jeku bisire bade gurime yabukini, geneci ojorakū
보내라. 먹을 것이 있는 곳으로 옮겨가는 것이 좋겠다. 갈 수 없는

← ehe sakda niyalma be, g'ai jeo i juwe tanggū susai
불편한 노인은 개주(蓋州)의

← hule jeku de teisuleme unggi.
곡식 250섬에 상응하도록 보내라."

(52:5a)

◯ orin de, hūng tsoo gašan de tehe ušan
20일에, 홍초(紅草) 촌락에 주둔하는 Ušan

beiguwan i kadalara giya šan ho gašan i orin booi niyalma
비어가 관할하는 협산하(夾山河) 촌락의 20가구의 사람이

ukame genere be, ini gašan i niyalma gercileme
도망해 가는 것을, 그의 촌락의 사람이 고발하러

ušan beiguwan de alanahabi, ušan beiguwan, karun i
Ušan 비어에게 가서 고했다. Ušan 비어가 초소의

niyalma de alanjihabi, karun i niyalma, mungtan, tottoi de
병사에게 고하러 왔다. 초소의 사람이 Mungtan과 Tottoi에게

alanjiha, alanjire jakade, coohai niyalma be unggifi
고하러 왔다. 와서 고하자 병사를 보내서

jafafi gajiha, mungtan, tottoi, ušan beiguwan, yan geng (52:5b)
잡아서 데리고 왔다. Mungtan, Tottoi, Ušan 비어, Yan Geng

duin nofi acafi duilefi, ukanju da toktobuha
네 사람이 모여서 심리해 보니 도망자, 즉 원래 살도록 정한

orin booi niyalma usin tarihangge, damu nadan
20가구의 사람이 밭을 갈아놓은 것이 단지 일곱

cimari tarihabi, juwe cimari de usehekūbi, sunja
상(晌)을 갈았는데, 두 상에는 씨를 뿌리지 않았고 다섯

cimari de usehebi, tere be umai yangsaha
상에만 씨를 뿌렸다. 그것을 전혀 김을 매거나

weilehekūbi, ulgiyan, coko, yendahūn be gemu wafi, kude de
경작하지 않았다. 돼지, 닭, 개를 모두 죽여서 구유에

tebume gaihabi, orin boode juwe ihan juwe
담아두고 있었다. 20가구에 소 두 마리와 나귀

eihen bi, niyalma haha hehe jakūnju bi. (52:6a)
두 마리가 있고, 사람은 남자 여자 80명이 있다.

○ ineku tere inenggi, konggor beile i jui mujai
그 당일에 Konggor 버일러의 아들 Mujai

taiji ini non be
타이지가 자신의 여동생을

⇦ han de benjime jimbi seme,
한(汗)에게 보내러 온다고 하여

⇦ han i fujisa, geren urusa be gaifi, ihan honin
한(汗)의 푸진들이 여러 며느리를 데리고 소와 양을

wame, dung ging hecen ci tucifi sunja ba i dubede
잡아 동경성에서 나와서 5리 앞에서

okdofi, sarin sarilafi hecen de dosika manggi, (52:6b)
맞이하고 주연을 베풀고서 성에 들어오자

⇦ han, beise ambasa be gaifi, jakūn hošoi yamun de
한(汗)이 버일러들과 대신들을 데리고 팔각 아문(衙門)에

tucifi tehe, tereci ice benjihe fujin yamun de
나와서 앉았다. 그러고 나서 새로 보내온 푸진이 아문에

dosifi,
들어와서

⇦ han de hengkileme acaha, acafi juwe fujin i sidende
한(汗)에게 절하며 알현했다. 알현하고 두 푸진의 사이에

tehe, jihe monggo beile, yamun i dele tafafi
앉았다. 온 몽골의 버일러가 아문의 위에 올라서

uce i tule hengkilefi, jai hanci jifi
문 밖에서 절하고 다시 가까이 와서

⇦ han i bethe be tebeliyeme acaha, acame wajiha manggi, (52:7a)
한(汗)의 다리를 안으며 알현했다. 알현을 마친 후에

jihe monggo beile be yamun i dolo tebufi,
온 몽골의 버일러를 아문의 안쪽에 앉히고

amba sarin sarilafi boode jidere de, sunja kiyoo de
큰 주연을 베풀고 궁에 올 때, 가마 다섯 대에

sunja fujin be tebufi gajiha.
푸진 다섯 명을 태우고 데리고 왔다.

○ orin de, sạngtu i unggihe bithe, eiten gurun i ejen
20일에, Sangtu가 보낸 글이다. "온 나라의 주인인

⇦ genggiyen han ama de bithe wesimbuhe,
경기연 한(汗) 아버지께 글을 올립니다.

⇦ han i cooha de, hehe juse gurun ulha gemu gaibuha, (52:7b)
한(汗)의 병사에게 여자, 아이들, 백성, 가축을 모두 빼앗겼습니다.

mini beye de umai weile akū bihe, weile
제 자신에게는 전혀 죄가 없습니다. 죄가

bici ama i fonde weile bidere, mini beye enculeme
있다면 부친 시절에 죄가 있는 것이지 제 자신은 따로

weile arahakū bihe, majige ushacun bici, beki
죄를 지은 적이 없었습니다. 약간의 원한이 있다면, Beki

turgunde bidere, mini niyalma, sanggūli niyalma ulgiyan de
때문에 있을 것입니다. 제 쪽의 사람과 Sanggūli 예하의 사람이 Ulgiyan강에서

abalaha bihe, aba de ucarafi weilengge korcin i
몰이사냥을 했었는데, 사냥에서 우연히 만나서 죄가 있는 Korcin의

elcin be ilgafi jafaha,
사신을 알아보고 잡았습니다.

⇦ han i elcin de gisun hendufi necihekū unggihe, mini (52:8a)
한(汗)의 사신에게 말을 하고 해치지 않고 보냈습니다. 저

emhun beye teile tucike,
혼자만 탈출했습니다.

頭註: gingguleme baicaci, ⇦ mukden i ejetun i bithede, ulgiyan bira gebungge ba bi, ere ulgiyan de abalaha sere gisun, ainci ulgiyan bira de abalaha sere gisun dere. [신중하게 조사하니, 『Mukden i ejetun i bithe』(盛京志)에, Ulgiyan강이라는 곳이 있다. 이 ulgiyan de abalaha라는 말은 아마도 'Ulgiyan강에서 몰이사냥했다'라는 말일 것이다.]

⇦ han ama, mini hehe juse be genggiyen mujilen de
한(汗) 아버지시여, 저의 여자와 아이들을 영명한 마음으로

safi bure biheo,
살펴주시겠습니까.

⇦ han de bi aika sain jaka bahaci unggiki seme
한(汗)에게 제가 어떤 좋은 것을 얻으면 보내고자 하여

baici bahakū,
구해보아도 얻지 못했습니다.

⇦ han, mimbe yaya fulgiyan dain sehe seme, ume olhoro
한(汗)께서 저를 '어떤 혈전이라 하여도 두려워 말라'고

seme henduhe bihe, gosime gūnici, (52:8b)
말씀하셨습니다. 어여삐 여기시면

⇦ han i elcin unggi.
한(汗)의 사신을 보내십시오."

○ korcin i ooba taiji unggihe bithe,
Korcin의 Ooba 타이지가 보낸 글이다.

⇦ niohon abka de šun tucifi eiten elden be gemu
"푸른 하늘에 태양이 나와서 온갖 빛을 모두

gidaha gese, gurun irgen be horon i gidaha
제압하는 것처럼, 백성을 위엄으로 제압한

geren i ejen,
여럿의 주인인

頭註: gingguleme kimcici, fulgiyan dain sere gisun, ainci senggileme afara dain sere gisun dere. [신중하게 찾아보니, fulgiyan dain이라는 말은 아마도 '혈전을 벌이는 전투'라는 말일 것이다.]

⇦ han genggiyen de fonjimbi, (52:9a)
한(汗)의 영명함에 묻습니다.

⇦ han i gisun be <u>non i beise</u> gemu uru sembi,
한(汗)의 말을 Non강 지역의 버일러들이 모두 옳다고 합니다.

amba doro be adarame jafambi,
어찌 큰 정권을 잡습니까.

⇦ han sakini,
한(汗)이 알았으면 합니다.

⇦ han i gisun be, be efulerengge akū, membe encu gurun i
한(汗)의 말을 우리가 어기는 것이 없습니다. 우리를 다른 나라와

emgi emu ohobi seme, cahar, kalka neneme
함께 하나 되었다고, Cahar와 Kalka가 먼저

sucumbi dere, terei arga be
습격하는 것입니다. 그들의 계략을

⇦ han i genggiyen de sa. (52:9b)
한(汗)의 영명함으로 아십시오."

○ du tang ni bithe, sunja biyai orin emu de
도당(都堂)의 글을 5월 21일에

wasimbuha, fu jeo de tehe monggo jeku akū
내렸다. "복주(復州)에 사는 곡물이 없는

niyalma be, ihan morin bisire niyalma de kamcibufi,
몽골인은, 소와 말 있는 사람과 합치게 하여

頭註: gingguleme baicaci, ⇦ mukden i ejetun i bithede, non bira gebungge ba bi, ere non i beise sere gisun, ainci non bira ba i beise sere gisun dere. [신중하게 조사하니, 『Mukden i ejetun i bithe(盛京志)』에 Non강이라는 곳이 있다. 이 non i beise라는 말은 아마도 'Non강 지역의 버일러들'이라는 말일 것이다.]

juwehe jeku be acan jekini, ganara de inu
나른 곡물을 함께 먹으면 좋겠다. 가지러 갈 때에도

acan gana, ganaha jeku be inu acan jefu,
함께 가지러 가라. 가지러 갔던 곡물은 또한 함께 먹으라.

ihan morin bisire monggo, mini gajiha jeku be (52:10a)
소와 말 있는 몽골인은 '내가 가져온 곡물을

ainu bumbi seme hendumbi dere, morin ihan,
왜 주겠는가'라고 말하겠지만, 말과 소는

⇦ han i buhe morin ihan kai, ere juwe aniya jušen
한(汗)이 준 말과 소이다. 이 두 해에 여진인과

nikan, inu jeku be acan jeke kai, tere be
한인도 곡물을 함께 먹었다. 그것을

suwe sahakūn.
너희가 몰랐는가."

○ orin juwe de, bayarai idui niyalma, duka
22일에, 바야라의 당번인 사람은 문

neihe manggi dosifi te, idui niyalmai dabala, (52:10b)
연 후에 들어와서 있으라. 당번인 사람 외에

gūwa ume dosire, duka tuwakiyara niyalma inu
다른 이는 들어오지 말라. 문 지키는 사람도

ume dosimbure, duka de tefi carki tū seme
들이지 말라. 문에 있다가 딱따기를 치라고

hūlame gajiha manggi, dosifi carki tūme wajiha
부르며 가져오면 들어와서 딱따기 치기를 마친

manggi uthai tucinu, baitangga niyalma dosici, duka de
후에 바로 함께 나가라. 용무가 있는 사람이 들어오면, 문에

ilibufi, dukai niyalma dorgi idui niyalma de alanafi,
세우고 문 지키는 사람이 안쪽의 당번인 사람에게 알려서,

⇦ han de fonjifi dosimbu sehe manggi dosimbu, baita bi
한(汗)에게 물어서 '들이라'고 한 후에 들게 하라. 일이 있다고

sehe seme fonjirakū dosici, dosika niyalma de (52:11a)
하더라도 여쭙지 않고 들어오면, 들어온 사람에게

weile, dukai niyalma iliburakū sindafi dosimbuci, dukai
죄가 있다. 문 지키는 사람이 세우지 않고 놓아서 들여보내면, 문 지키는

niyalma de weile, dorgi idu de dedure niyalma,
사람에게 죄가 있다. 안쪽에서 당번으로 묵는 사람은

jai cimari
다음날 아침에

⇦ han, fujisa iliha manggi, suwe inenggi tuwakiyara sirame
한(汗)과 푸진들이 일어난 후에, 너희는 낮에 지킬 다음

idui niyalma be dosimbufi gene,
당번 사람을 들이고 나서 가라.

⇦ han, fujisa ilire onggolo, deduhe idui niyalma waliyafi
한(汗)과 푸진들이 일어나기 전에, 숙직한 당번이 내버려두고

geneci, genehe niyalma de weile, inenggi tuwakiyara (52:11b)
가면 간 사람에게 죄가 있고, 낮에 지킬

sirame idui niyalma dosici, dosika niyalma de weile,
다음 당번인 사람이 들어오면 들어온 사람에게 죄가 있다.

dedure niyalma suwe šun bisire de alime gaisu,
숙직하는 사람 너희는 해가 있을 때 이어받으라.

šun tuhefi jihede weile.
해가 지고 나서 오면 죄이다.

○ du tang ni bithe, sunja biyai orin ilan de
도당의 글을 5월 23일에

wasimbuha, usin be nikan be alhūdame juwe jergi
내렸다. "밭을 한인을 본떠서 두 번

ume yangsara, musei fe kooli dabgifi dahūme hukše, (52:12a)
김매지 말라. 우리의 옛 관습대로 손으로 김매고 반복해서 흙을 북돋으라.

nikan be alhūdame juwe jergi yangsaha de, usin i
한인을 본떠서 두 번 김매면, 밭의

holo de siyoo dekdembi, jekui da i orho be bahafi
고랑에 초석(硝石)이 올라온다. 곡식 밑동의 풀을 능히

wacihiyame yangsaburahū, usin bošoro janggin hūdun bošome
다 김매게 할 수 있을까 염려된다. 밭일을 독려하는 장긴이 빨리 독려하여

weilebu.
일을 하게 하라."

○ orin ilan de, amba beile de wasimbuha
23일에, 대버일러에게 내린

⇦ bithe, fusi efu i juse be, aita i mukūn be ume (52:12b)
글이다. "Fusi 어푸의 자식과 Aita의 일족을

← huthure, niyalma afabufi tuwakiyame gajime jio, tesei weile be
포박하지 말고, 사람에게 맡겨서 지키며 데리고 오라. 그들의 죄를

← dacilara unde, dube da be ulhirakū jaci facuhūn.
아직 자세히 묻지 못했다. 본말을 깨닫지 못해 매우 어지럽다."

⇦ han, orin duin de, jakūn beise i booi niyalma de
한(汗)이, 24일에, 여덟 버일러의 노복들에게

← henduhe, sarilara dere de sindarangge, sesi efen emu
말했다. "주연상에 놓을 것이 타래떡 한

← hacin, maise efen juwe hacin, solho efen emu
종류, 밀떡 두 종류, 고려떡 한

← hacin, ca ši efen emu hacin, mentu, halu, tubihe, (52:13a)
종류, 튀김떡 한 종류, 만두, 국수, 과일,

← niongniyaha, coko, sile yaya emke, amba yali sile,
거위, 닭, 탕을 모두 하나씩, 큰 고기 탕이다."

ere gisun be jakūn bithe arafi emu beile i
이 말을 글 여덟 개로 써서 버일러의

boode emte bithe buhe.
집에 하나씩 글을 주었다.

○ ineku tere inenggi,
같은 날에,

← jeku bisire niyalma tucibufi bu, buci, hūda bume
"곡물이 있는 사람은 내놓으라. 내놓으면 값을 주고

← gaikini, jeku bifi tucibufi burakū gūwa gercilehe de, hūda (52:13b)
가져가게 하라. 곡물이 있는데 내놓지 않아서 다른 이가 고발하면, 값을

← burakū baibi gaimbi, gercilere niyalma dulin niyalma be
주지 않고 그냥 가져간다. 고발하는 사람이 중간의 사람으로 하여금

← jeku be tuwakiyabu, somirahū, fu jeo, g'ai jeo de
곡물을 지키게 하라. 숨길까 염려된다. 복주(復州)와 개주에

← tehe tung fuma, lio fujiyang de hūlhame gercileme alanju,
사는 동(佟) 부마와 유(劉) 부장에게 몰래 고발하러 오라.

← tung fuma, lio fujiyang niyalma takūrafi gaifi bukini.
동 부마와 유 부장은 사람을 보내 받아서 주도록 하라."

○ orin duin de, beise de wasimbuha gisun,
24일에, 버일러들에게 내린 말이다.

⇦ han hendume, musei gurun i beise ambasa, emu niyalma geli (52:14a)
한(汗)이 말하기를, "우리나라의 버일러들과 대신들은 어떤 사람이라도

← selabume genggiyeken i banjicina, suweni jalin de bi ambula
기쁘게 깨끗하게 살았으면 좋겠구나. 너희 때문에 내가 크게

← akame, suweni dere de cifelembi, suweni weile beidere
상심하며 너희의 얼굴에 침을 뱉을 것이다. 너희의 죄를 심판할

← jurgan waka kai, adame ilihai uju gaijara nikan be,
부서가 없도다. 나란히 선 채로 머리를 취할 한인과

← musei jušen be ai turgunde gese teherebuhebi, musei
우리 여진인을 무슨 이유로 똑같이 취급하는가. 우리

← jušen aika weile araci, gung be fonji, takūrabuha be
여진인이 어떤 죄를 지으면, 공을 묻고 부림당한 것을

← fonji, majige aika turgun bici, terei anagan de
물으라. 적으나마 어떤 이유든 있으면, 그 명분으로

← guwebucina, nikan bucere ergen banjifi tondoi hūsun burakū, (52:14b)
죄를 면해주려무나. 한인이 죽을 목숨이 살고도 충성스럽게 힘을 다하지 않고

← geli hūlha holo oci, tere be enen hūncihin be
다시 도적이 된다면, 어찌 그와 후손을

← suntebume warakū, ainu tantafi sindambi, jai musei fe
멸하여 죽이지 않고, 때리기만 하고 풀어주는가. 그리고 우리가 Fe

← ala de gamafi, musei emgi jihe nikan oci,
Ala에 데리고 갔다가 우리와 함께 온 한인이면

← tere be emu giyan i seoleme beidecina, suweni beiderengge,
그를 같은 기준으로 고려하여 심판하면 좋겠구나. 너희가 심판한 것이

← maribuci ojorakū ihan losa i adali kai, ere bithe be
돌아가게 할 수 없는 소나 노새와 같다. 이 글을

← jakūn beise, suwe meni meni gūsai beise ambasa be
여덟 버일러들 너희가 각 구사의 버일러와 대신들을

← isabufi hūlhame tuwa, niyalma de ume donjibure, yoo jeo i (52:15a)
모아서 은밀히 보라. 남에게 들리게 하지 말라. 요주(耀州)의

← niyalma musei cooha genehe amala, musei juse hehesi be
사람들이 우리의 병사가 간 뒤에 우리의 자식과 여자들을

← wambi seme gisurehe be, ba ba i niyalma musei
죽인다고 말한 것과 곳곳의 사람이 우리

← jušen be oktoloho waha be suwe sarkūn.
여진인을 독살하고 죽인 것을 너희가 모르는가."

○ sunja biyai orin sunja de, i miyan šan i niyalma
5월 25일에, 일면산(一面山)의 사람이

ubašame genere be, juwe niyalma gercileme anafu tehe
배반하여 가는 것을 두 사람이 고발하여 수자리 사는

jušen de alafi amcafi waha seme, alanjiha juwe (52:15b)
여진인에게 알려서 쫓아가서 죽였다고 하여 고하러 온 두

niyalma be beiguwan obuha, si mu ceng ni harangga
사람을 비어로 삼았다. 석목성(析木城)에 소속된

bejang guwan tun gašan i bejang wang sun el,
Bejang Guwan Tun 촌락의 백장 Wang Sun El이,

be ši jung gebungge niyalma, inde uksin loho gida
Be Ši Jung이라는 사람이 갑옷, 칼, 창,

beri somiha be safi gercileme alanjire jakade, be ši
활을 숨긴 것을 알고 고소하러 왔으므로, Be Ši

jung be wafi, be ši jung ni boigon be wang
Jung을 죽이고 Be Ši Jung의 가호를 Wang

sun el de buhe, wesibufi ciyandzung obuha, lii
Sun El에게 주었으며, 승직시켜서 천총(千總)으로 삼았다. 이(李)

iogi i harangga emu niyalma, juwe eihen hūlhaha (52:16a)
유격(遊擊)에게 소속된 어떤 사람이 나귀 두 마리를 훔쳤기

turgunde, hūlhaha niyalma be waha, boigon be
때문에, 훔친 사람을 죽이고 가호를

gercilehe niyalma de buhe, te yaya hecen pu
고발한 사람에게 주었다. 이제 모든 성, 보(堡),

gašan gašan i niyalma, giyansi jafara, ukandara ubašara be
각 촌락의 사람이 첩자를 잡고, 도망하거나 배반하는 것을

gercileme alanjire, hūlha holo be, ehe kiyangdu be
고발하러 오고, 도적과 악한을

tucibume alanjire oci, nendehe songkoi wesibufi šangnambi,
드러내 알리러 오면, 선례에 의거하여 등용하고 상을 줄 것이다.

giyansi be jafarakū, ukandara ubašara be safi gercileme
첩자를 잡지 않고, 배반하여 도망하는 것을 알고도 고발하러

alanjirakū, hūlhara holtoro ehe kiyangdu oci, beye be wambi, (52:16b)
오지 않으며, 도적질하고 속이는 악한은 그 사람을 죽이고,

boigon be gercilehe niyalma de bumbi.
가호를 고발한 사람에게 준다.

○ ineku tere inenggi, hoto beiguwan jecen de anafu
같은 날에, Hoto 비어(備禦)가 변경에 수자리

tenefi, ilan nikan be ukame genembi seme wafi,
살러 가서, 세 명의 한인을 도망해 간다 하여 죽이고,

etuku sume gaiha seme šajin de duilefi,
옷을 벗겨서 취했다고 법으로 심리하여

tuhere weile gaime beiguwan i hergen efuleme, buhe
마땅한 죗값을 징수하고 비어의 직위를 박탈하고, 주었던

nikan be gaime beidehe bihe, (52:17a)
한인을 빼앗는 것으로 심판했다.

⇦ han de alara jakade,
한(汗)에게 아뢰자,

⇦ han hendume, weile naka, nikan be amasi gaisu,
한(汗)이 말하기를, "죗값은 그만두라. 한인은 도로 받으라.

← nirui bošoro beiguwan bikini.
니루를 관리하는 비어로 있도록 하라."

○ ineku tere inenggi,
같은 날에,

⇦ han i bithe wasimbuha, julergi de anafu tehe ambasa, suweni
한(汗)의 글을 내렸다. "남쪽에 수자리 사는 대신들 너희가 있는

← tubade cargi ci dain jifi museingge aikabade jobofi (52:17b)
그곳에 저편으로부터 적이 와서 우리 사람들이 만일 괴로워서

← jimbihede, musei nikan seme akdafi balai samsime ume
온다면, 우리의 한인이라 하여 믿고 함부로 흩어져서 오지

← jidere, nikan, muse be etenggi de buda jeku dagilafi
말라. 한인은 우리가 강성할 때에는 밥과 곡식을 준비하고

← aliyambi, muse yadalinggū ohode heturefi nemembi kai, tede
기다린다. 우리가 약하게 되면 가로채서 보충한다. 그들을

← akdame ume gūnire, yafahan morin i cooha be bargiyafi,
믿지 말라. 보병과 기병을 모아서,

← nikan i boode darirakū tulergi jio.
한인의 집에 들르지 말고 바깥으로 오라."

⇦ han i bithe, sunja biyai orin sunja de wasimbuha, emu (52:18a)
한(汗)의 글을 5월 25일에 내렸다.

← iogi kadalara juwe tumen haha de, dehi ciyandzung ni
"유격 한 명이 관할하는 장정 2만 명과 천총 40명의

← ama aja, ahūn aša, sargan juse be, gemu
아버지와 어머니, 형과 형수, 아내와 자식을 모두

← dung ging ni hecen de tebu, orin ciyandzung ubade
동경성에 살게 하라. 천총 20명이 여기에

← bici, orin ciyandzung iogi i jakade genekini, dehi ciyandzung
있으면 천총 20명이 유격의 곁에 가는 것이 좋겠다. 천총 40명이

← juwe idu banjifi iogi i jakade halame yabu, nikan i
두 조로 당번을 살고, 유격의 곁에 교대로 다니라. 한인의

← coohai morin be hūdun bošome tarhūbu, jakūn biyai
군마를 빨리 재촉하여 살찌게 하라. 8월

← tofohon de tuwambi, morin turga oci, morin i ejen be, (52:18b)
15일에 볼 것이다. 말이 여위었으면, 말의 주인과

← ciyandzung be tantambi, kadalara ejen hafan de, turga
천총을 때리고, 관할하는 우두머리 관원에게는 여윈

← morin tome emte yan menggun gaimbi, meni meni
말마다 은 한 냥씩을 징수한다. 각각

← harangga nikan i morin be, musei jušen i morin i
관하의 한인의 말을 우리 여진인의 말과

← emgi adula, enggemu, hadala, ai ai coohai agūra be,
함께 방목하라. 안장과 굴레 등 갖가지 병기를

← gemu kadalara ejen i boode bargiyame gaifi asara, nikan i
모두 관할하는 수장과 집에 거두어들여서 보관하라. 한인의

← coohai morin turgalara, darin tucire, calire buceci, tere
군마가 여위거나 등창이 생기거나 탈진하거나 죽으면 그

← morin be yaluha ejen toodakini, geren seme nimeku de (52:19a)
말을 탄 주인이 배상하기 바란다. 여럿이라고 해도 병으로

← buceci, neneme bucehe morin be orin haha acan
죽으면, 먼저 죽은 말을 장정 20명이 공동으로

← udafi bukini, amala nimeku de geli buceci, han i
사서 내고, 나중에 병으로 또 죽으면, 한(汗)의

← ku i menggun i udafi bu.
창고의 은으로 사서 내라."

제53권

천명(天命) 8년(1623) 5월부터 6월까지

susai ilaci debtelin,
abkai fulingga i jakūci
aniya sunja biyaci ninggun
biyade isinahabi.

tongki fuka sindaha hergen i dangse. (53:1a)
유권점 당안

⇦ han i bithe, sunja biyai orin ninggun de wasimbuha, si
한(汗)의 글을 5월 26일에 내렸다. "Si

← uli efu, aita, suweni bahai teile jeku be, jai
Uli 어푸, Aita, 너희가 얻은 모든 곡식과, 그리고

← g'ai jeo, fu jeo de dabsun simneme gaifi, nacibu
개주(蓋州), 복주(復州)에서 소금을 선별하여 취해서 Nacibu

← hiya, fulata de bu, jeku akū monggo de salakini.
히야, Fulata에게 주고, 곡식이 없는 몽골인에게 나누어주게 하라."

○ orin uyun de, gunji de unggihe
29일에 Gunji에게 보낸

⇦ bithei gisun, bi gunji sadun de majige endebuhe (53:1b)
글이다. "내가 Gunji 사돈에게 조금 실수했기

← jalin de hengkile seme elcin unggihe.
때문에 절하라고 사신을 보냈다."

○ gūsin de, korcin i ooba taiji, geren beise de
30일에 Korcin의 Ooba 타이지와 여러 버일러에게

unggihe
보낸

⇦ bithei gisun, cahar, kalka, suwende gelerakū bime, geli olhome
글이다. "Cahar와 Kalka가 너희를 두려워하지 않는데도 신중하게

← ceni dolo ehe be waliyafi, gaiha jaka be bederebume
저들 내부의 불화를 그만두고 빼앗은 물건을 돌려보내기로

← hebe acahangge, tere inu facuhūn, ai sain seme (53:2a)
합의했던 것은 그들 역시 혼란이 무엇이 좋겠는가라고

← gūnifi acahabi kai, be inu
생각해서 화해한 것이다. 우리도

⇦ abkai kesi de, gūwa de gelerakū bime, geli beyebe
하늘의 은혜로 남들을 두려워하지 않지만 또 자신을

← sula sindarakū, olhome hecen hoton jase furdan be
태만히 두지 않고 신중하게 성시(城市)와 국경 관문을

← akdulame dasambi, suweni korcin neneme ahūn deo i dolo
견고하게 정비할 것이다. 너희 Korcin이 이전에 형제들 간에

← ulin ulha temšeme facuhūrafi joboho be, tohantai jergi
재물과 가축을 다투어 혼란을 일으켜서 고생했던 것을 Tohantai 등

← ambasa de fonjime tuwacina, ahūn deo i dolo facuhūrame
대신들에게 물어보려무나. 형제들 간에 혼란을 일으켜서

← ishunde ulin ulha gaiha baha seme ai gebu, (53:2b)
서로 재물과 가축을 빼앗고 얻었다 해서 무엇이 명예롭던가.

← tubabe gūnifi, suweni dolo emke be tukiyefi han
그런 것을 생각해서 너희 중에 한 명을 추대해서 한(汗)으로

← obufi, geren gemu emu hebei banjici, cahar, kalka,
삼아서 여럿이 모두 한뜻으로 살면 Cahar와 Kalka가

← suwembe necici ojorakū okini, mini ere gisun be
너희를 범하지 못하게 될 것이다. 나의 이 말을

← suwembe inu saišambi dere seme henduhe, han obure be
너희도 찬성할 것이라고 말했다. 한(汗)으로 삼는 것을

← suwe manggi acarakū ojorakūci, nakaci suweni ciha dere,
너희가 만약 화합하지 않고 못하겠으면 그만두더라도 너희의 뜻일 것이다.

← suwembe wakalaci wakalakini seme, mini geli dasame hendurengge,
너희가 아니라면 아니라고 해도 좋다고 하며, 내가 또 다시 말하는 것이다.

← ahūn deo i dolo, hebe akū ehe facuhūn banjifi, (53:3a)
형제간에 합의 없이 악하고 혼란스럽게 살고,

← ahūn deo ci fakcafi, gūwa de gidabuha niyalma,
형이 동생에게서 떠나서, 남에게 억압당한 사람은

← gaiha sargan, yaluha morin be hono bahafi salirakū kai,
결혼한 아내와 탄 말조차도 통제할 수 없다.

← te bicibe, suweni korcin i beise, gemu emu hebe
이제라도 너희 Korcin의 버일러들이 모두 한마음이

← ofi, julesi nukteci sasa, amasi nukteci sasa yabucina,
되어 남쪽으로 유목해도 같이, 북쪽으로 유목해도 같이 다니려무나.

← ai weile be jargūci sede anafi beideme, meni
무슨 일이든 이사관(理事官)들에게 미루어서 심판하고,

← meni baru haršara niyalma be sain serede, beise i
각자에게 편드는 사람을 좋다고 한다면 버일러들

頭註: gingguleme kimcici, suwe manggi sere gisun, ainci suwe aika sere gisun de adali dere. [신중하게 살펴보니, suwe manggi라는 말은 아마도 suwe aika(너희가 만약)이라는 말과 같을 것이다.]

← beye facuhūn ombikai, jušen niyalma de ya ejen (53:3b)
자신이 혼란하게 될 것이다. 속민에게 누군들 주인이

← waka, ejen halaci, elemangga derengge doro efujerahū
못 되겠는가. 그러나 주인이 바뀌면 오히려 체면과 도리를 더럽히지 않을까 염려된다고

← seme, tere beye de alifi gūnirakū kai, erin
하여, 그 자신이 감당해야 할 것으로 생각하지 않는 것이다.

← erinde ambasa beisei beye, emu bade acafi
그때그때 대신들과 버일러들이 몸소 한 곳에서 만나서

← dulimba de tefi, deote juse be sindafi geren i
가운데에 앉아서 동생들과 자식들에게 맡겨서 여럿이 함께

← duileme, miningge siningge seme haršarakū seme gashūfi,
심리하고 내 것, 네 것 하며 편 가르지 않겠다고 맹세하고

← weile i waka uru be tuwame tondoi beideme, doro be
일의 옳고 그름을 살펴 바르게 판결하며 국정을

← genggiyen i dasame banjici antaka, niyalma weile akū bade (53:4a)
영명하게 다스리고 살면 어떠하겠는가. 사람이 일이 없는 곳에서

← ehe be deribumbio, niyalmai dele ejen
악행을 시작하겠는가. 사람들 위에는 주인인

⇦ abka bikai,
하늘이 있다.

⇦ abka de gelerakūn, angga i weile serengge, mini elcin be
하늘을 두려워하지 않는가. Angga의 죄라는 것은 나의 사신을

← batangga yehe de huthufi bufi wabuha, angga sinde
원수인 Yehe에게 묶어서 주고 죽이게 한 것이다. Angga 너에게

← koroho ba bici, si wacina, batangga niyalma de
한을 품은 바가 있으면 네가 죽여야지, 원수인 사람에게

← huthufi bufi waci, gicuke wakao, jai suweni korcin de
묶어서 주어 죽이니 부끄럽지 않은가. 또 너희 Korcin에

← yabure elcin be, umai dube lakcarakū jing tosofi (53:4b)
다니는 사신을 아주 끝도 없이 계속 가로막고

← waha, yaya kooli de, waci, waha turgunde weile
죽였다. 무릇 상례에 죽이면 죽였다는 이유로 벌을

← bumbi, gaici, gaiha jaka be toodambi, tuttu oci,
주고 빼앗으면 빼앗은 물건에 대해서 배상한다. 그러면

← weile wajire doro tere kai, angga jing wahai
죄를 끝내는 도리가 그것이다. Angga가 끊임없이 죽이고

← dele wara, gaihai dele[1] gaici, ere ainaha seme
또 죽이고 빼앗고 또 빼앗으니 이 자는 어찌 한다고 해도

← hokorakū nikai seme, angga [原檔殘缺] meni korohongge tere
그만두지 않는구나 하여 Angga □□□ 우리가 한을 품은 것이 그것이다.

← inu, jai sangtu i ama jongnon, mini tebuhe urgūdai
또 Sangtu의 아버지인 Jongnon이 내가 주둔케 한 Urgūdai의

← hada i gašan be sucuha, mini sui be gūwa de (53:5a)
Hada의 마을을 습격했다. 나에게 줄 자식을 남에게

← buhe, amaga sui be bure de, nenehe jafan i dele
주려고 했다. 나중에 자식을 줄 때, 이전의 예물 외에

← geli jafan ambula gaiha, sargan jui de ūmci[2]
또 예물을 많이 받고 딸에게 몫을

頭註1: gingguleme baicaci, fe manju gisun i bithede, dele sere gisun, uthai dade sere gisun de adali sehebi. [신중하게 조사하니, 『舊淸語』에 dele라는 말은 곧 dade(본래)라는 말과 같다고 했다.]

頭註2: gingguleme baicaci, monggo gisun de, ufuhi be ūmci seme gisurembi. [신중하게 조사하니, 몽골어에서 ufuhi(몫)를 'ömci(재산)'라고 말한다.]

← buhekū kiyangdulaha, tuttu kiyangdulaha seme, be ushame tehe
주지 않으며 억지를 부렸다. 그렇게 억지를 부렸다고 우리가 노여워하며 주둔하자

← manggi, jongnon hendume, be waka mujangga, ūmci bure
Jongnon이 말하기를 '우리가 잘못한 것이 맞다. 몫을 주겠다'라고

← seme mini elcin be jalidame gamafi, yaluha morin
하며 나의 사신을 간계를 부려 데려가서 탄 말과

← gamaha ulin be gemu gaifi genehe, elcin untuhun
가져간 재물을 모두 빼앗고 가버렸다. 사신을 맨몸으로

← bošofi unggihe, jai juwe jergi elcin be gaihangge, (53:5b)
쫓아서 보냈다. 또 두 차례로 사신을 빼앗았다.

← emgeri daya de genehe elcin be tosofi etuhe
한 번은 Daya에게 간 사신을 막고서 입은

← etuku gajire ulha be gemu gaifi, niohušun bošofi
옷과 가져오는 가축을 모두 빼앗아서 알몸으로 쫓아서

← unggihe, jai bak de genehe elcin be tosofi
보냈다. 그리고 Bak에게 간 사신을 막아서

← niyalma waha, ulha be gemu gaiha, sangtu i beye de
사람을 죽이고, 가축을 모두 빼앗았다. Sangtu 본인에게

← weile akū mujangga, jongnon i araha weile kai, niyalmai
죄가 없는 것은 확실하다. Jongnon이 지은 죄이다. 사람의

← weile ninggun biyade niyambio, jorgon biyade gecembio, sangtu i
죄가 6월에 썩겠는가. 12월에 얼겠는가. Sangtu의

← ama i araha weile be we wacihiyahabi, niyalmai weile (53:6a)
아버지가 지은 죄를 누가 종결했는가. 사람의 죄가

← niyarakū serengge tere kai, jai hūbiltu, ineku elcin be
썩지 않는다는 것이 그것이다. 또 Hūbiltu 역시 사신을

← wafi gamara ulin be gemu gaiha, tuttu ofi,
죽이고 가져가는 재물을 모두 빼앗았다. 그러므로

← sangtu [原檔殘缺]
Sangtu가 □□□"

○ [原檔殘缺] alaha manggi, tuttu oci, jetere
□□□ 알리자 그러면 먹을

dabsun be geren alban i niyalma be ume dabure,
소금은 여러 공역인을 셈에 넣지 말라.

du tang, dzung bing guwan, fujiyang, tsanjiyang, iogi, beiguwan i (53:6b)
도당(都堂), 총병관(總兵官), 부장(副將), 참장(參將), 유격(遊擊), 비어(備禦)를

bodome, nadan tanggū ninggun beiguwan de, emte
감안하여 비어 706명에게

tanggū gin dabsun be salame bufi, emu gūsai
소금 100근씩을 나누어 줘서 한 구사당

emte beiguwan be gaifi šajin tsanjiyang benehe,
비어 한 명씩을 데리고 Šajin 참장이 운반해 갔다.

tariha jeku fangkala yangsame tutaci, beiguwan i bodome
경작한 곡식이 키가 작고 김을 매는 것이 지체되니 비어를 계산하여

emu nirui jušen sunja, nikan sunja, nikan i emu
한 니루당 여진인 다섯 명, 한인 다섯 명 그리고

beiguwan juwanta niyalma be, emu gūsai emte fujiyang,
한인 비어 한 사람당 10명씩, 한 구사당 부장 한 명씩,

emte iogi be, baduri dzung bing guwan gaifi (53:7a)
유격 한 명씩을 Baduri 총병관이 이끌고

usin yangsame genehe, jai emu gūsai sunjata
밭에 김을 매러 갔다. 또 한 구사의 통나무배 다섯 척씩,

weihu, uheri dehi weihu be, simiyan i dogon de
모두 하여 40척의 통나무배를 심양(瀋陽)의 나루터로

emu gūsai emte beiguwan gaifi benehe.
한 구사당 비어 한 명씩이 가지고 운반해 갔다.

○ ineku tere inenggi, nio juwang ni šeo pu lii ši gung
같은 날에 우장(牛莊)의 수보(守堡)인 Lii Ši Gung이

beye bucehe seme, deo lii hiong be funde
죽었다고 동생 Lii Hiong을 대신하여

šeo pu obuha. (53:7b)
수보로 삼았다.

⇦ kundulen genggiyen han de, daya taiji bithe unggihe,
쿤둘런 겅기연 한(汗)에게 Daya 타이지가 글을 보냈다.

⇦ han, mende henduhe bihe, tubaci ubade jidere ukanju be
"한(汗)께서 저희에게 말씀하셨는데 저쪽에서 여기로 오는 도망자를

ume sartabure seme henduhe mujangga, ere ukanju
내버려두지 말라고 하신 말씀이 옳습니다. 이 도망자가

mini jecen i gurun i sunja niyalma be wahabi,
제 경계에 있는 백성 다섯 명을 죽였습니다.

waha niyalmai songko be dahame geneci, jaisai
죽인 사람의 흔적을 따라서 가니 Jaisai의

gūsin dehi niyalma amcame jifi, mini ilan(53:8a)
사람 30, 40명이 쫓아와서 저의 사람 세

niyalma tesei emgi yabuhabi, mini gisun i yabuhangge
명이 그들과 함께 다녔습니다. 제 말을 듣고서 간 것이

waka, cashūn foroho niyalma tondo be gisurerakū
아닙니다. 반대쪽을 향한 사람은 바른 것을 말하지 않는다고

sere, ukanju i gisun de akdafi, jui be
합니다. 도망자의 말을 믿고서 아들의 말은

akdun akū araci, amai gese
믿을 수 없다고 여기신다면, 아버지와 같은

⇦ han genggiyen de sa, jaisai niyalmai emgi mini ilan
한(汗)이 영명함으로 아십시오. Jaisai의 사람과 함께 저의 사람

niyalma daci amcaha seci, ai kooli be
세 명이 처음부터 쫓아갔다고 하면 무슨 수로

⇦ han sarkū, tere ilan niyalma de aika isika bici, (53:8b)
한(汗)이 모르겠습니까. 그 세 사람에게 만약 손이 미치면

bi gaifi bure.
제가 데려다 드리겠습니다."

⇦ han de nangnuk i elcin emu ihan gajime jihe bihe,
한(汗)에게 Nangnuk의 사신이 소 한 마리를 가지고 왔었다.

tede ajige mocin sunja, hacingga samsu sunja
그에게 작은 모청포 다섯 필, 각종의 삼승 다섯 필을

buhe, jihe juwe elcin de juwete biyoolan bufi,
주었다. 온 사신 두 명에게 무늬 놓은 비단 두 필씩을 줘서

頭註: gingguleme kimcici, aika isika bici sere gisun, ainci aika gala isika bici sere gisun dere. [신중하게 살펴보니, aika isika bici라는 말은 아마도 '만약 손이 미치면'이라는 말과 같다.]

ice ilan de unggihe.
초사흘에 보냈다.

(53:9a)

○ ice duin de, bagadarhan i hehe haha, uhereme
초나흘에, Bagadarhan 예하의 여자와 남자 모두 하여

dehi niyalma yafahan ukame jihe.
40명의 사람이 걸어서 도망해 왔다.

○ ineku tere inenggi, mujai taiji de buhengge,
같은 날에, Mujai 타이지에게 준 것이다.

emu gecuheri, emu cekemu, ilan suje, gūsin mocin,
망룡단 한 필, 왜단(倭緞) 한 필, 비단 세 필, 모청포 30필,

foloho enggemu hadala, hilteri uksin saca, suje i
무늬를 새긴 안장과 굴레, 미늘 갑옷과 투구, 비단

ergume juwe, bai hūha dahū emke, aisin i (53:9b)
조의(朝衣) 두 벌, 단순하게 짠 털옷 한 벌, 금으로 된

šerin hadaha mahala emke, gulu menggun i foloho
금불두(金佛頭) 박힌 모자 하나, 순은으로 무늬를 새긴

toohan umiyesun emke, gūlha emu juru, menggun i
띳돈이 달린 허리띠 하나, 가죽신 한 쌍,

moro emke, niruha guise duin, mafa de unggihengge,
은사발 하나, 그림 있는 궤 네 개이다. 마파에게[1] 보낸 것이다.

acinggiyame foloho enggemu hadala, suwayan hūha suje de
흔들리는 장식이 있고 무늬를 새긴 안장과 굴레, 황색으로 짠 비단에

1) Konggor 마파를 지칭한다.

hadaha hilteri uksin saca, sekei hayaha hūha
미늘을 붙인 갑옷과 투구, 담비 털로 테를 두르고 짠

jibca emke, suje i ojin, teleri unggihe,
가죽옷 하나, 비단으로 지은 부인용 조복과 조의를 보냈다.

⇦ han, fujisa, sunja ba i dubede fudeme genefi, orin (53:10a)
한(汗)이 푸진들과 5리 끝으로 배웅하러 가서

sunja dere, juwe ihan, juwe honin wafi sarin
상 25개, 소 두 마리, 양 두 마리를 잡아서 주연을

sarilafi, mujai taiji be, geneci yamjiha seme
베풀었다. Mujai 타이지를, 가면 날이 저문다고

amasi dung ging hecen de gajifi dedubuhe, jai
다시 동경성(東京城)에 데려가서 묵게 했다. 다음날

cimari deheme fujin, ajige age, juwe sargan
아침에 이모 푸진과[2] Ajige 아거, 두 아내가

fudeme genefi, juwan ba i dubeci fujisa bedereme
배웅하러 갔다가 10리 끝에서 푸진들은 돌아왔고

jihe, ajige age emu dedun i ebsihe fudeme
Ajige 아거는 하루에 갈 거리까지 배웅하며

benehe. (53:10b)
보냈다.

○ sangtu i elcin, emu suru morin gajiha bihe,
Sangtu의 사신이 백마 한 마리를 가져왔었다.

---

2) deheme fujin(이모 푸진)은 1615년에 Nurhaci에게 시집온 Konggor Beile의 딸이다. Ajige의 세대에서 보면 그녀는 자신의 모친처럼 한(汗)의 비(妃)이기 때문이다.

tede buhengge, emu gecuheri, emu suje i ergume,
그에게 망룡단 한 필, 비단 조의(朝衣) 한 벌,

orin mocin buhe, elcin jihe ilan niyalma de,
모청포 20필을 주었다. 사신으로 온 세 사람에게

emte mocin i ergume buhe.
모청포 조의(朝衣) 한 벌씩을 주었다.

○ minggan mafa i elcin, emu morin gajihangge be (53:11a)
Minggan 마파의 사신이 말 한 마리를 가져온 것을

amasi bederebuhe, baibi bufi unggihengge, juwan mocin,
돌려주었고, 모청포 열 필만 주어서 보냈다.

elcin jihe juwe niyalma de, uju niyalma de
사신으로 온 두 사람에게는, 우두머리인 사람에게

ilan yan, kutule de juwe yan buhe.
석 냥, 말구종에게 두 냥을 줬다.

○ ice sunja de, jakūn gūsai siden i wehe yaha
초닷새에 8구사 공용 석탄을

deijire yan man dzy, siye man dzy, poo sindara
태우는 Yan Man Dzy, Siye Man Dzy가 포를 쏠 때 쓸

suwayan okto be urebufi benjihe seme, juwe (53:11b)
새로 조제한 석유황(石硫黃)을 정련하여 보내왔다고 하여 두

niyalma de ciyandzung ni hergen bufi, emte etuku
사람에게 천총(千總)직을 주고, 옷,

頭註: gingguleme kimcici, suwayan okto sere gisun, ainci ice toktobuha hurku sere gisun dere. [신중하게 살펴보니, suwayan okto라는 말은 아마도 '새로 조제한 석유황'이라는 말일 것이다.]

gūlha mahala, juwanta yan menggun šangname buhe.
가죽신, 모자 하나씩과 은 열 냥씩을 상으로 주었다.

○ ice hecen de anafu tehe baduhū fujiyang, juwe
신전(新奠)에서 수자리 사는 Baduhū 부장이 두

niyalma takūrafi alanjime, cang diyan i bade, musei
사람을 파견하여 알려오기를 "장전(長奠) 지역에

jeku ganaha juwan ilan niyalma be, mao wen lung ni
곡식을 거두러 간 우리의 사람 13명을 모문룡(毛文龍)의

cooha, giyang ni bira be doofi, dobori aldangga ci (53:12a)
군사가 강의 지류를 건너서 밤에 멀리서부터

poo sindame kaicame gidame jidere de, musei juwan
포를 쏘고 함성을 지르며 공격해 올 때 우리쪽

ilan niyalma poo i jilgan be doigonde donjifi,
13명이 포 소리를 먼저 듣고

morin yalufi jailafi tucike, tere jihe mao wen lung ni
말을 타고 피해서 탈출했다. 왔던 모문룡의

yafahan cooha dobori untuhun bederehe seme alanjiha.
보병이 밤에 빈손으로 돌아갔다"라고 알리러 왔다.

○ fu jeo de tehe monggo, ginjeo de jeku baime
복주(復州)에 살던 몽골인이 금주(金州)에 곡식을 구하러

genefi, jaha i jakūn niyalma be bahafi waha. (53:12b)
가서 나룻배에 탄 사람 여덟 명을 잡아서 죽였다.

○ ice jakūn de, bak taiji, daya taiji de kūbai
초여드레에, Bak 타이지와 Daya 타이지에게 Kūbai

baksi be elcin takūraha, tede unggihe
박시를 사신으로 파견했다. 그에게 보낸

⇦ bithei gisun, minde jidere ukanju be jaisai dehi niyalma
글이다. "나에게 오는 도망자를 Jaisai의 사람 40명이

← amcafi, ninggun niyalma morin yadafi bederehebi, gūsin duin
추격하다가 여섯 명은 말이 지쳐서 뒤돌아갔고 34명은

← niyalma genefi nadan deduhe manggi, jaisai gasame, ukanju
출발한 지 이레가 지나자 Jaisai가 원망하기를 '도망자를

← amcaha niyalma nadan dedutele isinjirakū, ainci bagadarhan (53:13a)
추격한 사람이 이레가 지나도록 오지 않고 있다. 혹시 Bagadarhan이

← heturefi waha aise seme hendure be, mini elcin
가로막고 죽인 것이 아닐까'라고 말하는 것을 우리의 사신인

← ajai donjihabi, jai amcaha niyalma isinjifi jaisai de
Ajai가 들었다. 또 추격했던 사람이 돌아와서 Jaisai에게

← alame, be amcanafi afara de, amargici daya tu
알리기를 '우리가 쫓아가서 싸울 때, 뒤에서부터 Daya가 둑(纛)을

← jafafi jidere be sabufi, holtome hūlame suwe dosinu,
들고오는 것을 보고서 속이며 소리치기를 '너희는 모두 들어가라.

← beile jimbi, beile jifi suwembe sindafi unggimbio, suwe
버일러가 온다. 버일러가 와서 너희를 놓아 보내겠는가. 너희가

← akdarakūci, tu be tuwa seme hūlara jakade, ukanju
믿지 않으면 둑(纛)을 보라'고 소리치니 도망자가

← burulafi ulha baha, daya akū bici baharakū bihe, (53:13b)
달아나버려서 가축을 얻었다. Daya가 없었으면 얻지 못했을 것이다.

← meni baha juwan morin, ilan tanggū ihan, susai
우리가 얻은 말 열 마리, 소 300마리, 사람 50명,

← niyalma, sunja tanggū honin be, daya i emgi gese
양 500마리를 Daya와 함께 같이

← dendeme gaiha seme alara be, meni ajai donjihabi,
나누어 가졌다'라고 알리는 것을 우리의 Ajai가 들었다.

← ukanju alame, jaisai niyalma akū bihe, daya i beye
도망자가 알리기를 'Jaisai의 사람은 없었다. Daya 자신은

← fulgiyan olbo etuhebi, suru morin yaluhabi, amcafi
붉은 면갑을 입었고, 백마를 탔다. 추격하여

← afara de, be hendume, han de genere niyalma be,
공격할 때에 우리가 말하기를 '한(汗)에게 갈 사람을

← daya si ainu heturembi seme henduci, ojorakū, be (53:14a)
Daya 네가 어찌 막는가'라고 말해도 듣지 않아서 우리가

← burulame tucike, ulha niyalma gaibuha seme alaha, jai
도망쳐나왔고 가축과 사람을 빼앗겼다'라고 알렸다. 또

← gaibufi amala tucifi jihe hehe alame, daya i beye
잡혔다가 나중에 나온 여자가 알리기를 'Daya 자신이

← amcaha bihe, jidere de suru morin yaluha bihe,
쫓아간 것이었다. 올 때에 백마를 탔었다.

← amasi bederere de, cabdara morin yalufi, suru morin de
돌아갈 때에는 은색 갈기의 말을 타고 백마에는

← olbo buktuliha[3] bihe seme alaha, daya taiji si, te
면갑을 걸쳐놓았었다'라고 알렸다. Daya 타이지 네가 지금

3) 『漢淸文鑑』에 buktulimbi라는 어형은 없고 buktalimbi(냥식 빳타(堆糧))라는 단어와 buktulin(가죽 부대(皮包))이라는 단어가 나오는데 이 단어와 관련이 있을 가능성이 있다.

← bi endebume gūwa bade genere ukanju dere seme
'내가 실수로 다른 곳으로 가는 도망자일 것이라고 하여

← gaiha mujangga seme, waka be beye de alime (53:14b)
빼앗은 것이 맞다'라고 하며 잘못을 스스로 받아들이고

← gaiha, niyalma ulha be bederebuci weile wajiha, waka be
사람과 가축을 돌려주면 죄가 끝난다. 잘못을

← alime gaijarakū kemuni akū seci, sini akū sere
받아들이지 않고 여전히 아니라고 하면 너의 아니라는

← gisun, mini elcin i gisun, ukanju i gisun, amala jihe
말, 내 사신의 말, 도망자의 말, 나중에 온

← hehei gisun, yaya gisun be bi akdarakū, ere
여자의 말 등, 어떤 말도 내가 믿지 않을 것이다. 이

← weile be tondoi wajimbio, holoi wajimbio, bak taiji
죄를 진실로 끝낼지, 거짓으로 끝낼지는 Bak 타이지가

← sakini.
판단하기 바란다."

(53:15a)

○ buku yahican, julergi de anafu teme genehe
Buku Yahican이 남쪽으로 수자리 살러 간

bade ukanju ukakabi seme, songko faitafi josingga
곳에서 도망자가 도망했다고 흔적을 따라서 Josingga가

alanaci, amcahakūbi, ere weile be, sunja biyai
와서 알려도 쫓아가지 않았다. 이 죄를 5월

orin ilan de, geren beise, du tang, yahican be
23일에 여러 버일러와 도당이 Yahican을

si donjifi ainu amcahakū, josingga be alaname
"네가 듣고서도 어찌 쫓아가지 않았는가. Josingga는 알리러 가는 것이

goidaha seme, juwe niyalma be gemu wame beidefi
늦었다"라고 하여 두 사람을 모두 죽이기로 심판한 후

⇦ han de alara jakade, wara be nakafi, yahican [原檔殘缺] (53:15b)
한(汗)에게 아뢰자 죽이는 것을 그만두고 Yahican □□□

hergen be efulehe, orin yan i gung faitaha,
관직을 박탈하고 20냥의 공은을 깎았다.

josingga be yahican de alaname goidaha seme,
Josingga는 Yahican에게 알리러 가는 것이 늦었다고 하여

hontoho beiguwan be efulehe, tofohon yan i gung
절반 비어직을 박탈하고 15냥의 공은을

faitaha, ere gisun be soohai dzung bing guwan, turgei
깎았다. 이 말을 Soohai 총병관과 Turgei

dzung bing guwan, ice jakūn de alaha, ejehe i gung be
총병관이 초여드레에 알렸다. 기록한 공은을

iodan jifi faitaha.
Iodan이 와서 깎았다.

(53:16a)

◯ ineku tere inenggi, seoken i deo ersungge, nirui
같은 날에 Seoken의 동생인 Ersungge가 니루의

adun ci ini ahūn deo i morin be encu
가축 떼에서 자기 형제의 말을 따로

faksalafi, jasei tule gamaha baci ukanju gamaha
이탈시켜서 경계 밖으로 몰아간 곳에서 도망자가 빼앗았다고

seme, ersungge be weile arafi, ahūn i tofohon
하여 Ersungge를 치죄하고 형의 15냥의

yan i ejehe i gung be buyana jifi faitaha.
칙서의 공은을 Buyana가 와서 깎았다.

○ dzung bing guwan soohai, turgei, fujiyang eksingge, mungtan, (53:16b)
총병관 Soohai, Turgei, 부장 Eksingge, Mungtan,

daise fujiyang borjin, nanjilan, iogi cohono, aimbulu,
부장 서리 Borjin, Nanjilan, 유격 Cohono, Aimbulu,

adahai, donoi, beiguwan samsika, ninggucin, julergi de
Adahai, Donoi, 비어 Samsika, Ninggucin이 남쪽에서

anafu tehe ambasa be halame genehe.
수자리 사는 대신들과 교대하러 갔다.

○ mandarhan iogi, yangšan beiguwan, juwe tanggū cooha be
Mandarhan 유격과 Yangšan 비어가 병사 200명을

gaifi fu jeo de teme genehe.
인솔해서 복주(復州)에 주둔하러 갔다.

(53:17a)

○ ineku tere inenggi, toktoi be wesibufi beiguwan
같은 날에 Toktoi를 승직시켜 비어로

obuha, tohoci niru be toktoi de guribuhe.
삼았다. Tohoci 니루를 Toktoi에게 이주시켰다.

○ ice uyun de,
초아흐레에

⇦ han de unege, moobari fonjifi, toktoi be beiguwan
한(汗)에게 Unege와 Moobari가 여쭙기를, "Toktoi를 비어로

obuha be nakabufi, kemuni tohoci be beiguwan
삼은 것을 그만두게 하고 원래대로 Tohoci를 비어로

obufi monggo niru be teile bošokini, nikan be (53:17b)
삼아서 몽골인 니루만 관리하게 하는 것이 좋겠습니다. 한인의 니루는

nakabu seme alaha.
그만두게 하십시오"라고 했다.

○ monggo babu, gūwa i jeku gidaha be gercilehe seme,
몽골인인 Babu가 남이 곡식을 숨긴 것을 고발했다고

gūsin yan menggun šangnaha, unege alanjiha bihe.
30냥의 은을 상으로 주었다. Unege가 알리러 왔었다.

○ fu jeo i ba i niyalma be ubašambi seme donjifi,
복주(復州) 지방의 사람이 배반할 것이라고 듣고서,

amba beile, jaisanggū taiji, ajige age, dodo taiji, (53:18a)
대버일러, Jaisanggū 타이지, Ajige 아거, Dodo 타이지,

šoto taiji, emu nirui tofohoto uksin i cooha be
Šoto 타이지가 한 니루의 갑병 15명씩을

gaifi ice uyun de genehe, unggihe
인솔하여 초아흐레에 갔다. 보낸

⇦ bithei gisun, fu jeo i ba i niyalma be ubašame genembi
글이다. "'복주(復州) 지방의 사람이 배반해 갈 것이라고

← seme donjifi cooha jihe, suwe ubašame genere niyalma be
듣고 병사가 출정했다. 너희가 배반해 갈 사람을

← tucibume alaci, suweni ergen banjimbi, alarakūci, gemu
색출하여 고하면 너희는 살 것이다. 고하지 않으면 모두

← wambi, ere gisun i songkoi fonjime ilgafi, alahakū boigon
죽일 것이다.' 이 말에 의거하여 묻고 변별해서 고하지 않은 가호의

← lata uksun geren sakdasa juse bisire niyalma be (53:18b)
움직임이 느린 일족의 여러 노인들과 아이들이 있는 사람을

← emu ba, alahakū guwanggusa be emu ba, alaha
한 곳에, 고하지 않은 젊은이들을 한 곳에, 고한

← guwanggusa be emu ba, alaha boigon lata uksun
젊은이들을 한 곳에, 고한 가호의 움직임이 느린 일족의

← geren sakdasa juse bisire niyalma be emu ba,
여러 노인들과 아이들이 있는 사람을 한 곳에,

← uttu tuwame duin bade tebufi wajiha manggi, beise
이렇게 살펴보아 네 곳에 있게 하고 다 마치면, 버일러들이

← tuwakini seme bithe unggifi, amba beile juwe tumen
살피기 바란다"라고 글을 보내서 대버일러가

cooha gaifi genefi, fu jeo i goloi irgen be
병사 2만 명을 데리고 가서 복주로(復州路)의 백성을

ilgafi ambula waha. (ere bade niyalma waha, golo be facabuha, ba ambula arambi.) (53:19a)

변별해서 많이 죽였다. (이곳에서 사람을 죽이고, 복주로를 해산시켰다. 지역을 많이 만들 것이다.)

제54권

천명(天命) 8년(1623) 6월

susai duici debtelin,
abkai fulingga i
jakūci aniya ninggun
biya.

tongki fuka sindaha hergen i dangse. (54:1a)
유권점 당안

○ ninggun biyai ice uyun de fu jeo i ba i niyalma be
6월 초아흐레에, 복주(復州) 지방의 사람이

ubašambi seme donjifi, amba beile, jaisanggū taiji, dodo taiji,
배반할 것이라고 듣고서 대버일러, Jaisanggū 타이지, Dodo 타이지,

šoto taiji, ajige age emu nirui tofohoto uksin i
Šoto 타이지, Ajige 아거가 한 니루당 갑병

cooha be gaifi genehe, genefi ubašara yargiyan ofi,
15명씩을 인솔해서 갔다. 가보니 배반하는 것이 사실이어서

haha be gemu waha, hehe juse, ihan morin
남자를 모두 죽였다. 여자와 아이들, 소와 말,

olji be gajime orin jakūn de isinjiha.
노획물을 가지고 28일에 돌아왔다.

(54:1b)

○ amba beile de, fu jeo i beiguwan wang bin i alaha
대버일러에게 복주(復州)의 비어(備禦)인 왕병(王丙)이 고한

gisun, ha sing wang de, emu jerde morin, menggun susai
말이다. "Ha Sing Wang에게 절따말 한 마리와 은 50냥을

yan bufi, wang du tang de benehe, lo san sa gebungge
주어서 Wang 도당(都堂)에게[1] 보냈습니다. Lo San Sa라는

nikan de, du tang de benere aniyai doro seme, duleke
한인에게, 도당에게 보낼 신년 인사라 하며 작년

aniya jorgon biyade emu tanggū yan menggun bufi, gecuheri
12월에 은 100냥을 주어서 망룡단과

nicuhe udafi gamaha, jai ere aniya duin biyade,
진주를 사서 가져갔습니다. 또 올해 4월에

emu tanggū gūsin yan menggun gamaha, lo san sa (54:2a)
은 130냥을 가져갔습니다. Lo San Sa에게

jorgon biyai orin emu de, sain aisin juwan yan,
12월 21일에 좋은 금 열 냥과

sain juwangduwan emke bufi, hū ši el gebungge
좋은 장단(妝緞) 한 필을 주어서 Hū Ši El이라는

gucu be mini beye gaifi benehe, sunja biyai
구추를 데리고 제가 직접 보냈습니다. 5월

ice ilan de, ilan tanggū susai yan menggun be,
초사흘에 은 350냥을

wang beiguwan, mini beye lo san sa de mini
저 왕 비어가 직접 Lo San Sa에게 저의

dergi booi amargi boode bufi hendume, simiyan, tiyan
동쪽 집의 북쪽 방에서 주고 말하기를 '심양과

1) Urgūdai이다.

šui jan de hafan akū, si ere menggun be wang (54:2b)
첨수참(甜水站)에 관원이 없다. 네가 이 은을 Wang

du tang de benefi, tubade mimbe šangnara biheo
도당에게 보내면 그곳에서 나에게 상을 줄 것인가'라고

seme hendume buhe, tung fuma de emu morin,
말하면서 주었습니다. 동(佟) 부마(駙馬)에게 말 한 마리와

gecuheri etuku emke ušan benehe, tung jeng guwe de
망룡단으로 지은 옷 하나를 Ušan이 보냈습니다. Tung Jeng Guwe에게

menggun jakūnju yan, jao san kui benehe, lii dai
은 80냥을 Jao San Kui가 보냈습니다. Lii Dai

ceng de juwe yan aisin, menggun fiyoose emke,
Ceng에게 금 두 냥과 은 쪽박 하나,

orin muwa boso, juwe narhūn boso, juwe kubun,
굵은 베 20필과 가는 베 두 필, 솜 두 채,

emu kūlan morin buhe, bi jy sai de aisin (54:3a)
고라말 한 마리를 주었습니다. Bi Jy Sai에게 금

juwan yan, menggun fiyoose emke buhe, tung dusy de
열 냥, 은 쪽박 하나를 주었습니다. Tung 도사(都司)에게

emu losa buhe, ju yung ceng de emu alha
노새 한 마리를 주었습니다. Ju Yung Ceng에게 얼룩말 한 마리와

morin, gūsin yan menggun buhe, jai yung ning giyan i
은 30냥을 주었습니다." 그리고 영녕감(永寧監)의

beiguwan lii diyan kui geli alame, sahaliyan indahūn
비어인 Lii Diyan Kui가 또 알리기를 "임술년(壬戌年, 1622)

aniyai jakūn biyai juwan uyun de, lii diyan kui
8월 19일에, Lii Diyan Kui

mini aisin orin yan du tang gaiha, wang
저의 금 20냥을 도당이 빼앗았습니다. Wang

iogi sambi, juwan biyai ice uyun de, du tang (54:3b)
유격(遊擊)이 압니다. 10월 초아흐레에 도당인

urgūdai, dobihi dakūla i jibca de juwan yan menggun
Urgūdai가 받을 여우 뱃가죽으로 만든 가죽옷에 은 열 냥의

salibufi wang iogi gaiha, juwan juwe de, fulan
값을 매겨서 Wang 유격이 빼앗았습니다. 12일에

morin emke, eihen, suru morin emke, tarhū gaifi
청마(青馬) 한 마리, 나귀, 백마 한 마리를 Tarhū가 빼앗아서

du tang de benehe, jorgon biyai tofohon de,
도당에게 보냈습니다. 12월 15일에

niohe dahū emke, wang iogi gaifi du tang de
늑대 털옷 한 벌을 Wang 유격이 빼앗아서 도당에게

buhe, sele faksi emke, gebu ma el, pijan juwe,
주었습니다. 철 장인 한 명, Ma El과 가죽 장인 두 명,

jang gio, lii pei, wang iogi gamafi du tang (54:4a)
Jang Gio와 Lii Pei를 Wang 유격이 데리고 가서 도당에게

debi seme alaha, tere gisun be geren beidesi
있습니다"라고 고했다. 그 말을 여러 심사관과

beise de duile seme afabufi duileci, urgūdai efu
버일러들에게 심리하라고 맡겨서 심리하니 Urgūdai 어푸가

jabume, aisin serengge, neneme juwan yan aisin be
대답하기를 "금이라 하면, 먼저 열 냥의 금을

lii diyan kui, aita bene sehe seme benjihe
Lii Diyan Kui가 'Aita가 보내라고 했다'라고 하며 보내온

manggi, bi gūnime, aita minde kimun bihe, ere
후 내가 생각하기에 Aita가 나에게 원한이 있는데 이

aisin be gercileki seme geodebume benjihebi dere seme
금은 고발하고자 하여 함정에 빠뜨리려고 보내온 것이리라 하여

duici beile de tuwabuha, duici beile hendume, (54:4b)
제4버일러에게 보여주었다. 제4버일러가 말하기를

unenggi aita benjici ai sain, ere aisin be
'확실히 Aita가 보냈으면 좋을 리가 없다. 이 금을

taka asara, weile tucire be tuwaki seme henduhe,
잠시 보관하라. 사건이 발생할 때를 지켜보자'라고 말했다.

degelei age, jirgalang age, yoto age sambi, aisin i
Degelei 아거, Jirgalang 아거, Yoto 아거가 안다. 원래의 금이

beye uthai bi, jai juwan yan aisin be
여전히 있다. 또 다른 열 냥의 금은

sarkū, lii diyan kui hendume, emu inenggi neneme
모르겠다." Lii Diyan Kui가 말하기를 "어느 날 먼저

juwan yan, amala juwan yan benehe, gemu gaiha,
열 냥, 나중에 열 냥을 보냈고 모두 받았습니다.

tarhū sambi, tarhū jabume, neneme juwan yan (54:5a)
Tarhū가 압니다." Tarhū가 대답하기를 "먼저

aisin be ecike alime gaiha, jai juwan yan
금 열 냥은 숙부가 받았습니다. 또 다른

aisin benjihe mujangga, ecike gaihakū seme jabuha,
금 열 냥은 보내온 것은 맞지만 숙부가 받지 않았습니다"라고 대답했다.

頭註: gingguleme kimcici, aisin i beye uthai bi sere gisun, ainci da aisin kemuni bi sere gisun dere. [신중하게 살펴보니, aisin i beye uthai bi라는 말은 아마도 '원래의 금이 여전히 있다'라는 말일 것이다.]

jai urgūdai efu hendume, dobihi cabi jibca be
또 Urgūdai 어푸가 말하기를 "여우 뱃가죽으로 만든 가죽옷을

bi gaihakū, yoto age hūda bume gaiha, terei
나는 받지 않았다. Yoto 아거가 값을 치르고 받았다.

dabala, gūwa be bi sarkū seme jabuha, tarhū de
그뿐 다른 것은 나는 모른다"라고 대답했다. Tarhū에게

fonjici, morin de hūda bume gaiha, niohe dahū
물으니 "말은 값을 치르고 받았는데 늑대 털옷은

benjihe mujangga, amasi gama sehe kai, lii diyan kui (54:5b)
보내온 것은 맞지만 도로 가져가라고 했습니다." Lii Diyan Kui가

hendume, dahū sini boode bikai sehe manggi,
말하기를 "털옷이 당신의 집에 있습니다"라고 말한 후에,

boode tuwanaci, dahū bi, tuttu duilefi gemu tuheke
집에 가서 보니 털옷이 있었다. 그렇게 심리해서 모두 정죄한

manggi, geren beidesi hendume, urgūdai si, adun age i
후에, 여러 심사관이 말하기를 "Urgūdai 네가 Adun 아거의

weile de, sini beyebe tondo sain arame,
죄에 대해서 너 자신을 정직하고 좋게 꾸며서

⇦ han de juleri niyakūrafi, geren ambasa be amala niyakūrabufi
한(汗)의 앞에 꿇어앉고, 여러 대인을 뒤에 꿇어앉게 하고서

hendume, ere acuhiyan ehe be isebume warakū,
말하기를 '이 이간질하는 나쁜 사람을 징계하여 죽이지 않으면

urgūdai jai amala gurun be adarame dasambi seme, (54:6a)
Urgūdai가 또 나중에 백성을 어찌 다스리겠습니까'라고 하며

sini beyebe tondo arafi
너 자신을 정직하게 꾸미고서

⇦ han i baru jabuhangge, dolo ehe arga be asarafi, oilo
한(汗)께 대답한 것은 안으로는 나쁜 계책을 감추고 겉으로는

angga de holtome sain gisun i akdabuhabi, urgūdai
말로 속이고 좋은 말로 신뢰하게 만든 것이었다. Urgūdai

sini weile, erdeni baksi weile ci encu akū,
너의 죄는 Erdeni 박시의 죄와 다름이 없다.

simbe inu terei songko de ombi, jai duici
너도 그 사람처럼 될 것이다. 또

beile, degelei age, jirgalang age, yoto age,
제4버일러, Degelei 아거, Jirgalang 아거, Yoto 아거

suwe neneme erdeni baksi tana nicuhe i weile be, (54:6b)
너희가 이전에 Erdeni 박시의 동주(東珠)와 진주의 사건

inu suweni canggi sahabi, gūwa beise ainu sarkū,
역시 너희만 알고 있었다. 다른 버일러들은 왜 모르는가.

jai amala ere aisin i weile de, geli ineku
또 이후의 이 금 사건에 대해서도 또 마찬가지로

suweni duin beile sambi, gūwa beise sarkū seme
너희 네 버일러만 알고 다른 버일러들은 모른다"라고

wakalame hendufi, beise i weile be
책망하여 말하고서 "버일러들의 죄는

⇦ han beidekini, urgūdai weile be wame beideki seme
한(汗)이 판결하기 바랍니다. Urgūdai의 죄는 죽이기로 판결하겠습니다"라고

tuttu beidefi,
그렇게 판결해서

⇦ han de alanjiha, (54:7a)
한(汗)에게 와서 알렸다.

⇦ han hendume, bi urgūdai be alime gaisu, nikan i ulin i
한(汗)이 말하기를 "내가 Urgūdai에게 '받아들이라. 한인의 재물

← turgunde simbe ainambi seme, dahūn dahūn i ai cira i
때문에 너를 어찌 하겠는가'라고 하여 거듭 엄하게

← henduci, ojorakū, alime gaihakū, ere weile gemu tašan
말해도 듣지 않고 받아들이지 않았다. 이 죄는 모두 틀림없이

← akū mujangga, nikan i ulin i turgunde urgūdai be bucebuci
맞지만, 한인의 재물 때문에 Urgūdai를 죽게 하면

← acambio, tere gisun be naka, urgūdai weile beidere be
되겠는가. 그 말을 그만두라. Urgūdai의 죄를 심문하는 것을

← nakabu, du tang ni hergen be efule, nirui
그만두게 하고 도당의 관직을 박탈하라. 니루의

← beiguwan i hergen bufi, geren i isara bade sarin de (54:7b)
비어 관직을 주고, 여럿이 모일 경우에는 주연에

← isakini, gūwa i boode si emhun ume yabure, sini
모이게 하라. 남의 집에 네가 혼자 다니지 말라. 너의

← boode gūwa be ume yabubure, ede weile arafi
집에 남을 다니게 하지 말라. 이것으로 치죄하는 것을

← joo, inde nikan i benjihe aika jaka be gemu
그만두라. 그에게 한인이 보내온 온갖 물건을 모두

← gaisu, ere weile uttu waji, jai duici beile i baru
몰수하고, 이 죄를 이렇게 끝내라." 또 제4버일러에게

⇦ hendume, si mergen sain oci, ai jaka be
말하기를 "네가 현명하고 착하다면 모든 일을

← siden de sindafi onco be gamame, ahūta deote de
중간에 두고 관대한 마음을 가지고서 형제들에게

← gemu neigen ishun kunduleme banjicina, sini beyebe emhun (54:8a)
모두 공평하고 서로 존중하면서 살아야지, 너만 혼자

← unenggi arafi, gūwa be enggelceme banjifi, ahūta be
진실하게 꾸미고 남을 뛰어넘어 살아서 형들을

← sindafi, si han teki sembio, yamun de isafi
두고 네가 한(汗)이 되고자 하는 것인가. 아문(衙門)에 모였다가

← fakcara de, si ahūta be beneci, ahūta i juse
헤어질 때 네가 형들을 배웅하면 형들의 자식들과

← deote simbe karu sini boode beneci, doro acambi kai,
동생들이 너를 보답으로 너의 집으로 배웅하면 이치가 맞다.

← ahūta be si benerakū bime, ahūta i juse deote
형들을 네가 배웅하지 않으면서 형들의 자식들과 동생들이

← simbe benere be, si ainu ekisaka alime gaimbi,
너를 배웅하는 것을 네가 어찌 가만히 받아들이는가.

← si mergen genggiyen serengge tereo, degelei, jirgalang, yoto (54:8b)
네가 지혜롭고 현명하다고 하는 것이 그것인가. Degelei, Jirgalang, Yoto

← suwe meni meni ahūn ama be sindafi dabali
너희는 각자 형과 아버지를 두고서 어찌 도를 넘어

← ainu yabumbi, suwe tuttu dabali yaburengge, gemu acuhiyan
다니는가. 너희가 그렇게 도를 넘어 다니는 것은 모두 이간질하고

← ehe dabala, sain ai bi, duici beile simbe
나쁠 뿐 좋은 것이 무엇이 있는가. 제4버일러 너를

← ama mini haji sargan de banjiha damu enen
아버지인 내가 사랑하던 아내에게서 태어난 유일한 자손이라며

← seme alimbaharakū gosimbi kai, sini mergen sure serengge
몹시 아낀다. 네가 지혜롭고 총명하다고 하는 것이

← tereo, si ainu tuttu mentuhun banjimbi seme gasafi,
그것인가. 너는 어찌 그렇게 미련하게 사는가"라고 한탄하고

jai weile wajime (54:9a)
또 사건을 끝내며

⇦ hendume, urgūdai de nikan i benjihe aisin menggun be duici
말하기를 "Urgūdai에게 한인이 보내온 금과 은에 대해서는

← beile de toodame gaisu, degelei de emu niru
제4버일러에게 배상 받으라. Degelei에게서 한 니루의

← jušen, jirgalang de juwe niru jušen, yoto de
속민, Jirgalang에게서 두 니루의 속민, Yoto에게서

← emu niru jušen weile gaisu, ere weile uttu
한 니루의 속민을 죗값으로 받으라. 이 사건을 이렇게

← waji seme hendufi unggihe, degelei age i eksingge i
끝내라"고 말하고서 보냈다. Degelei 아거의 Eksingge

niru be gaifi dodo age de buhe, jirgalang age i
니루를 빼앗아서 Dodo 아거에게 주었다. Jirgalang 아거의

hūsitun i niru be gaifi fiyanggū de buhe, sosori i (54:9b)
Hūsitun 니루를 빼앗아서 Fiyanggū에게 주고, Sosori

niru be gaifi amin beile de buhe, duici
니루를 빼앗아서 Amin 버일러에게 주었다.

beile de juwan yan aisin, ilan tanggū yan
제4버일러에게 금 열 냥과 은 300냥을

menggun gaifi ku de sindaha.
몰수해서 창고에 넣었다.

◯ juwan de, ciyan šan i bade anafu tehe seoken,
10일에 천산(千山) 지방에 수자리 사는 Seoken이

mao wen lung ni ninggun niyalma be bahafi, sunja
모문룡(毛文龍)의 사람 여섯 명을 잡아서 다섯 명을

niyalma be wahabi, emu niyalma be jafafi benjihe, (54:10a)
죽였고, 한 명은 잡아서 보내왔다.

terei alahangge, solho i fe han, ice han tehe
그가 고한 것이다. "조선의 옛 임금은 새 임금이 즉위한

manggi, i fasime bucehe, ice han de mao
뒤 목매어 죽었습니다. 새 왕에게

wen lung acanara jakade halbuhakū, nikan de dafi
모문룡이 알현하러 갔을 때 들어오지 못하게 했습니다. '한인 편에 서서

aisin gurun i han de ainu ehe seme, ai jeo,
어찌 금나라의 왕을 적대하는가'라고 하며 Ai Jeo,[2)]

an jeo, hūwang jeo, ping zang, ere duin hoton i
안주(安州), 황주(黃州), 평양(平壤), 이 네 성의

hafan be gemu gamafi uju faitame waha, tereci
관원을 모두 잡아가서 참수하여 죽였습니다. 그때부터

šajilafi mao wen lung ni nikan de jeku uncaburakū, (54:10b)
금지해서 모문룡의 한인에게 곡식을 팔지 못하게 했습니다.

nikasa gemu jeku akū yuyume omihon bi seme
한인들이 모두 곡식이 없어 굶주리고 배가 고픕니다"라고

alaha,
고했다.

2) Ai Jeo는 의주(義州)일 가능성이 있다.

⇦ han, tere niyalma be taka asara seme hendufi,
한(汗)이 그 사람을 당분간 감금하라고 말해서

du tang de benehe.
도당에게 보냈다.

○ juwan emu de, si uli efu i wesimbuhe bithe,
11일에, Si Uli 어푸가 올린 글이다.

yan geng alame, g'ai jeo hecen i šun dekdere (54:11a)
"Yan Geng이 아뢰기를 개주성(蓋州城)의 해 뜨는 쪽의

julergi gašan gašan de baicafi funcehe jeku,
남쪽 각 마을에서 조사하니 남은 곡식이

uheri emu minggan ilan tanggū susai emu
모두 하여 1351섬

hule juwe sin, tere be gašan gašan i jeku
두 되가 있습니다. 그것을 각 마을의 곡식이

akū niyalma de bufi, hūda ekiyembume udabuha,
없는 사람에게 주고 값을 내려서 사게 했습니다.

jai ši fujiyang ni baicahangge, g'ai jeo i šun
또 석(石) 부장(副將)이 조사한 것인데 개주의 해

tuhere amargi gašan gašan i funcehe jeku, jušen i
지는 쪽의 북쪽 각 마을의 남은 곡식 여진인의

sin i dehi nadan hule nadan sin, meni meni (54:11b)
되로 47섬 일곱 되를 각

gašan de sindafi, nacibu salame bumbi, jai geli
마을에 두고 Nacibu가 나누어줄 것입니다. 또 다시

baicafi, gašan gašan i funcehe jeku, emu tanggū
조사해서 각 마을의 남은 곡식 141섬을

dehi emu hule, jeku akū niyalma de hūda
곡식 없는 사람에게 값을

ekiyembume udabuha, jai ši fujiyang, yan geng, wang
내려서 사게 했습니다. 또 석 부장, Yan Geng, 왕(王)

beiguwan baicame tuwaci, julergi ba i niyalma, usin be
비어가 조사하여 보니 남쪽 지방의 사람이 밭을

juwete jergi yangsaha hukšehengge ambula, jeku sain,
두 번씩 김을 매고 북을 돋운 것이 많고 곡식이 좋은데

yuyume bucerenge ambula, gašan gašan de funcere (54:12a)
굶어 죽는 사람이 많고 각 마을에 남는

jeku komso, jai yan giya ja šan gašan i niyalma dade
곡식이 적습니다. 또 염가갑산(閻家閘山) 촌락의 사람이 처음에

boolame, mederi dooha niyalmai werihe jeku, emu
보고하기를 '바다를 건넌 사람이 남긴 곡식이 170섬이

tanggū nadanju hule bi sehe bihe, aikabade
있다'라고 했었습니다. 혹시

akū ayoo seme niyalma takūrafi baicafi, boolaha
없지나 않을까 걱정된다고 사람을 파견해서 조사하고 보고한

ton i nacibu de afabume buhe, jai neneme waha
숫자대로 Nacibu에게 맡겨서 주었습니다. 또 이전에 죽인

mu šu ioi gašan i ho jio cang,
Mu Šu Ioi 촌락의 Ho Jio Cang이

⇦ han i hecen de alame, boode jeku emu tanggū susai (54:12b)
한(汗)의 성에 알리기를 '집에 곡식이 150섬

hule bi sehe bihe, te yan geng niyalma
있다'라고 했었습니다. 지금 Yan Geng이 사람을

takūrafi baicaci, damu orin uyun hule sunja
파견해서 조사하니 단지 29섬 닷 되가

sin bi, bi yan geng be geli niyalma takūrafi
있었습니다. 제가 Yan Geng을, 또 사람을 시켜서

dasame yargiyalame baicafi, jeku i ton be nacibu de
다시 진상을 파악하여 조사하고 곡식의 수만큼 Nacibu에게

bufi salame bukini seme unggihe, ši fujiyang, yan
주어서 나누어주게 하라고 보냈습니다. 석 부장과 Yan

geng de juwan funceme ba i gašan be baicame
Geng이 열 개가 넘는 지역의 마을을 탐문하지

fonjire unde, juwe ilan inenggi dubede baicame (54:13a)
못했는데 2, 3일 안에 조사가

wajiha manggi, bi amasi alaname genembi.
끝나면 제가 나중에 고하러 가겠습니다."

⇦ han i bithe, ninggun biyai juwan juwe de amba beile de
한(汗)의 글을 6월 12일에 대버일러에게

← wasimbuha, fu jeo i ba i usin i jeku be, musei coohai
내렸다. "복주 지역 밭의 곡식을 우리의 군사가

← niyalma morin uleburahū, balai fehuterahū, monggo cooha be
말에게 먹일까 염려되고 함부로 밟을까 염려되니 몽골 군사를

← unege de afabu, usin i jeku be fehuterahū, morin
Unege에게 맡기라. 밭의 곡식을 밟을까 염려되고 말에게

← uleburahū, olji araha niyalma be, boigon araha niyalma be, (54:13b)
먹일까 염려된다. 포로로 삼은 사람, 가호로 편성한 사람과

← tariha usin be, gemu niru tome gese dendefi bu,
경작한 밭을 모두 각 니루마다 똑같이 나누어서 주라.

← ini tehe gašan ini boode musei coohai niyalma
그들이 사는 마을과 그들의 집에 우리의 군사가

← emgi tefi, ini fe jeku, jai ice tariha fulu
함께 살고 그들의 원래 있던 곡식과 새로 경작한 여분의

← jeku be, jugūn de gajire bele niohukini, beise be
곡식을 가는 길에 가져갈 양곡으로 찧도록 하라. 버일러들과

← ere biyai orin de halame genembi, orin sunja de
교대하러 이번 달 20일에 출발하여 25일에

← isinambi, coohai niyalma be halame nadan biyai juwan de
도착할 것이다. 군사와 교대하러 7월 10일에

← genembi, tofohon de isinambi, tere halame genere cooha (54:14a)
출발하여 15일에 도착할 것이다. 그 교대하러 가는 군사가

← isinaha manggi, meni meni nirude goiha gašan usin i
도착한 후에, 각 니루에 배분된 촌락과 밭의

← jeku be, saikan getuken i afabufi, daliha boigon
곡식을 매우 분명하게 맡겨서 몰고온 가호와

← olji be, gemu suwe [原檔殘缺數字] daliha
포로를 모두 너희가 □□□ 몰고온

← boigon i ulgiyan ci wesihun, morin ihan ci fusihūn,
가호의 돼지 이상, 말과 소 이하를

← gemu siden de sindafi, bayan niyalmai boigon be
모두 공용으로 남기고 부자인 가호는

← tofohon angga de juwe morin, juwe ihan, juwe
식구 15명에 말 두 마리, 소 두 마리, 나귀

← eihen bu, yadara boigon de juwan angga de emu (54:14b)
두 마리를 주라. 가난한 가호에게는 식구 열 명에

← ihan, emu eihen bu, yadara niyalmai juwan haha de
소 한 마리, 나귀 한 마리를 주라. 가난한 장정 열 명에

← emu morin bu, ulgiyan be, genehe ambasa tuwame
말 한 마리를 주라. 돼지는 간 대신들이 살펴보며

← boigon i niyalma de elheken i bu, ume wara seme hendu.
가호의 사람에게 천천히 주라. 죽이지 말라고 말하라."

○ juwan juwe de, monggo jongtu i deo dain de
12일에 몽골 Jongtu의 동생이 전쟁에서

bahafi sindafi unggihe baili seme,
잡았다가 풀어 보내준 은혜라 하며

⇦ han de juwan ihan, amba beile de emu (54:15a)
한(汗)에게 소 열 마리, 대버일러에게

morin, duici beile de emu morin, ajige
말 한 마리, 제4버일러에게 말 한 마리, Ajige

age de emu morin gajime, jakūn niyalma hengkileme
아거에게 말 한 마리를 가져오고 여덟 명이 절하러

jihe, niyaman hūncihin de juwan niyalma jihe,
왔다. 친인척에게 열 명이 왔다.

tere jihe niyalma alame, duin biyade tasurhai,
그 온 사람이 알리기를 "4월에 Tasurhai와

toktoi jase de jifi, jakūn ihan emu
Toktoi가 경계에 와서 소 여덟 마리, 말

morin gamaha, jai yentai i jui dureng, liyoha i
한 마리를 가져갔다. 또 Yentai의 아들인 Dureng이 요하(遼河)의

kiyoo de nimaha baire tofohon niyalma be waha. (54:15b)
다리에서 물고기 잡는 사람 15명을 죽였다."

(jongtu, monggo gurun i amban, neneme [공격] han be
baime genehe bihe, jaisai beile be jafaha dain de, jongtu i

(Jongtu는 몽골국의 대인이다. 이전에 한(汗)을
찾아갔었다. Jaisai 버일러를 잡은 전쟁에서 Jongtu의

deo be bahafi sindafi, ini bade unggihe bihe, jaisai be
jafaha manggi, kalkai beise i emgi nikan be emu

동생을 잡았다가 풀어주고 그의 지역으로 보냈었다. Jaisai를
잡은 후에 Kalka의 버일러들과 함께 명나라를 한

hebei dailambi seme gashūha bihe, gisun be efuleme kalka i beise
nikan de dafi dain arame, [공격] genggiyen han i

뜻으로 정벌하겠다고 맹세했었는데 약속을 깨고 Kalka의 버일러들이
명의 편에 서서 전쟁을 일으키고 경기연 한(汗)

jasei tai niyalma be [原檔殘缺])
경계의 대(臺)의 사람을 □□□)

⇦ han i bithe, juwan ilan de wasimbuha, ai ai
한(汗)의 글을 13일에 내렸다. "각

← bade anafu teme yabucibe, tokso de yabucibe, (54:16a)
지역으로 수자리 살러 가든지 장원(莊園)으로 가든지 할 때

← beise hecen i duka be tucime, sara kiru
버일러들은 성문을 나오면서부터 일산(日傘)과 기(旗)를

← tukiyefi, juleri niyalma jailabure nikan ye bu šeo i
들고서 앞에서 사람이 피하게 하는 한인 야불수(夜不收)와[3)]

---

3) '정탐병' 또는 '위엄을 보이기 위해 깃발을 들고 있는 호위 또는 시종'을 가리키는 말이다. 『滿文金瓶梅』에서는 yebešu 또는 yebešeo로 나타나며, 한자로는 夜不收 또는 夜捕手로 적는다. 夜不收는 『朝鮮實錄』에도 빈번하게 나타난다.

← emgi emte jušen be sindafi, horon sindame
함께 여진인 한 명씩을 두고 위엄을 세우고

← yabu, dzung bing guwan, fujiyang yabuci, gašan i
다니라. 총병관(總兵官)과 부장이 다닐 때에는 마을의

← dubeci sara kiru tukiyefi, juleri nikan ye
끝에서부터 일산(日傘)과 기(旗)를 들고서 앞에 한인인

← bu šeo i emgi emu jušen be sindafi,
야불수(夜不收)와 함께 여진인 한 명을 두고서

← niyalma jailabume yabu, tsanjiyang, iogi, han i (54:16b)
사람이 피하게 하고 다니라. 참장, 유격은 한(汗)의

← hecen ci tucifi, sunja ba i dubeci sara
성에서 나와서 5리 떨어진 곳에서부터 일산(日傘)과

← kiru tukiyefi, ineku juleri ye bu šeo
기(旗)를 들고서 역시 앞에 야불수(夜不收)를

← sindafi, niyalma jailabume yabu, beiguwan, han i
두고서 사람이 피하게 하고 다니라. 비어는 한(汗)의

← hecen ci tucifi, juwan ba i dubeci sara
성에서 나와서 10리 떨어진 곳에서부터 일산(日傘)과

← kiru tukiyefi, juleri ye bu šeo sindafi, niyalma
기(旗)를 들고서 앞에 야불수(夜不收)를 두고서 사람이

← jailabume yabu. (nikan be mamgiyame wajire unde i fon, tuttu ofi kobtolo sehebi.)
피하게 하고 다니라. (한인이 분에 넘는 행동을 멈추지 않은 시기이므로 공경하라고 한 것이다.)

頭註: gingguleme baicaci, manju gisun i buleku bithede, gingguleme wesihuleme dorolon yangse be alimbaharakū saikan obume yongkiyafi hing seme kundulere be kobtolombi sembi sehebi. [신중하게 조사하니, 『御製清文鑑』에 존경하여 예의를 극진히 갖추어서 성심껏 공경하는 것을 kobtolombi라고 한다고 했다.]

(54:17a)

⇦ han i hergen buhe ambasa, han i šangnaha
"한(汗)이 관직을 준 대신들은 한(汗)이 상으로 준

← aisin jingse hadaha amba boro, sain etuku
금 정주(頂珠)를 박은 큰 여름 모자와 좋은 옷을

← etu, beisei hiyasa, moncon hadaha boro, sain
입으라. 버일러들의 시위(侍衛)들은 국화정(菊花頂)을 박은 여름 모자와 좋은

← etuku etu, hergen akū bayarai giyajasa, bai sain
옷을 입으라. 관직이 없는 바야라의 시종들과 직위가 없는 좋은

← niyalma, juwari oci, moncon hadame ice ashai
사람은 여름에는 국화정(菊花頂)을 박고 새로운 날개가 달린

← mahala, boso samsu jodon i ergume etu, bolori
모자와 베, 삼승, 갈포(葛布) 조의(朝衣)를 입으라. 가을과

← niyengniyeri oci, mocin i ergume etu, aba cooha de (54:17b)
봄에는 모청포 조의를 입으라. 몰이사냥이나 전쟁을

← yabuci, ajige sorson sika hadame sekiyeku boro etu,
가면 작은 술과 말총을 단 풀로 짠 여름 모자를 쓰라.

← gašan i giyai de sorson hadaha boro be
마을의 길에서 술을 단 여름 모자를

← enteheme naka, jai ša lo be ume eture, ša
쓰는 것을 영원히 그만두라. 나사(羅紗) 옷을 입지 말라.

← lo be hehesi etukini.
나사(羅紗) 옷은 여자들이 입는 것이 좋겠다."

頭註: gingguleme baicaci, fe manju gisun i bithe, manju gisun i buleku bithede, gemu ashai mahala sere gisun akū, da songkoi sarkiyaha. [신중하게 조사하니, 『舊淸語』와 『御製淸文鑑』에 모두 ashai mahala라는 말이 없다. 원래대로 베껴 썼다.]

⇦ han i bithe, ninggun biyai juwan duin de wasimbuha, fu jeo
한(汗)의 글을 6월 14일에 내렸다. 복주

ba i niyalma, cargici jihe giyansi be gidafi (54:18a)
지역의 사람이 저쪽에서 온 첩자를 숨기고

tuciburakū ofi, jušen be sindafi tuwakiyara jakade,
신고하지 않아서 여진인을 두어서 지키게 하니

casi tucime genere giyansi be orin funceme baha,
저쪽으로 떠나가는 첩자를 20명 넘게 잡았다.

tere giyansi alame, emu mukūn i giyansi dehi
그 첩자가 고하기를 "한 무쿤에 첩자 40,

susai, juwe mukūn i giyansi tanggū bi, tere gemu
50명이 있고, 두 무쿤에 첩자 100명이 있다. 그들이 모두

liyoodung be duletele genehebi kai, be emhun
요동(遼東)을 지날 만큼 지나갔다. 우리만

giyansio seme alaha, jai fu jeo ba i niyalma be
첩자인가"라고 고했다. 또 복주 지역의 사람에 대하여

fonjici, ubašame genere yargiyan seme alaha, (54:18b)
물으니, 배반해 갈 것이 사실이라고 알렸다.

⇦ han hendume, fu jeo ba i niyalma, mini emgi banjire
한(汗)이 말하기를 "복주 지역의 사람은 나와 함께 살아갈

← mujilen akū ofi, suwe tutala giyansi jici jafafi
마음이 없어서 너희는 그렇게 많은 첩자가 와도 잡아서

← benjihekū, meni jušen adarame takafi jafaha, suwe tuttu
보내오지 않은 것이다. 우리 여진인은 어떻게 알아채서 잡았겠는가. 너희는 그렇게

← ujici, ojorakū, jing ubašaci tetendere seme, amba beile de
돌보아도 말을 듣지 않고 계속 배반하니 그것으로 되었다 하며 대버일러에게

← juwe tumen cooha adabufi, fu jeo ba i niyalma be
병사 2만 명을 붙여서 복주 지방의 사람을

← wa seme unggihe, tuleri tehe iogi, sini kadalara ba i
죽이라고 보냈다. 밖에서 주둔하는 유격, 너희가 관리하는 지역의

← niyalma be, ukandara ubašara be, giyansi be saikan (54:19a)
사람에 대해서 도망하거나 모반하는 자와 첩자를 잘

← kimcime baica, iogi suweni beyebe inu saikan akdulame
살펴서 조사하라. 유격 너희 본인도 잘 지키고

← olhome te.
경계하며 주둔하라."

○ du tang ni bithe, ineku tere inenggi wasimbuha,
도당의 글을 같은 날에 내렸다.

tuleri tehe iogi, suwe ba i niyalma de arki
"밖에 주둔하는 유격, 너희가 지역 사람에게

nure yali jeku gaifi jembi seme donjihabi,
술과 고기, 곡식을 받아서 먹는다고 들었다.

ba i niyalma de ulin jeku gaiha turgunde, (54:19b)
지역 사람에게 재물과 곡식을 받았다는 이유로

lio io kuwan be wahakūn, jai ilu de
유우관(劉尤寬)을 죽이지 않았는가. 또 의로(懿路)에

tehe jeng gu de iogi, ba i niyalma de
주둔한 Jeng Gu De 유격이 지역 사람에게

emu inenggi sunja sin bele, ilan gin yali,
하루에 쌀 닷 되, 고기 서 근,

ilan tampin nure, sogi, maca alban gaifi jembi
술 세 병과 채소, 달래를 공물로 받아서 먹는다고

seme donjifi jafame ganaha, suwe ba i niyalma de
듣고서 잡으러 갔다. 너희가 지역 사람에게

aika gaici, suweni aika weilebuci, terei kooli
무엇을 받거나 너희가 어떤 일을 시키면 그의 선례대로

weile ujen ombikai, ba i niyalma suwe hafan de (54:20a)
중죄로 삼겠다. 지역 사람이 너희 관원에게

haldabašame aika buci, buhe niyalma be wambi.
아부하여 무엇을 준다면 준 사람을 죽인다."

○ du tang ni bithe, tere inenggi wasimbuha, tuleri
도당의 글을 그날에 내렸다. "밖에서

tehe iogi, sini kadalara ba i bayasa, ambasa i
주둔하는 유격, 너희가 관리하는 지역의 부자들과 대인들의

deote juse be, sini jakade gajifi tebu sehe
동생들과 자식들을 너희의 곁에 데려와서 살게 하라고

bihe, tebume wajici, wajiha seme bithe wesimbu,
했었다. 다 정착시키면 마쳤다고 글을 올리라.

unde oci, unde seme wesimbu. (54:20b)
아직 못했으면 아직 못했다고 올리라."

○ si uli efu i wesimbuhe bithe, fuma dzung bing guwan
Si Uli 어푸가 올린 글이다. "부마 총병관인

頭註: gingguleme baicaci, fe manju gisun i bithede, ambasa sere gisun, uthai ambakan sere gisun inu sehebi. [신중하게 조사하니, 『舊淸語』에 ambasa라는 말은 곧 ambakan(좀 크다)이라는 말이라고 했다.]

tung yang sing, baicaha jeku dabsun be neneme
나 동양성(佟養性)이 조사한 곡식과 소금에 대하여 이전에

bithe wesimbuhe, te takūraha niyalma amasi alanjime,
글을 올렸다. 지금 파견했던 사람이 돌아와서 알리기를

yan giya ja šan i mederi be dooha niyalmai
'염가갑산(閻家閘山)의 바다를 건넌 사람의

jeku be dade lii iogi de boolame, nikan i
곡식에 대하여 원래 Lii 유격에게 보고하기로는 한인의

sin i emu tanggū ninju hule bi sehengge, miyalici, (54:21a)
되로 160섬이 있다고 했는데 재어보니

nikan i sin i emu tanggū dehi ninggun hule
한인의 되로 146섬이다'라고

sere, jai yoo jeo i beiguwan liyang dzung ioi
하고 또 요주(耀州)의 비어인 Liyang Dzung Ioi가

boolame, neneme waha kiyoo bang kui uksun i kiyoo
보고하기를 '이전에 죽인 교방괴(喬邦魁) 일족의 Kiyoo

yūn lei i jeku, nikan i sin i juwan ilan hule
Yūn Lei의 곡식이 한인의 되로 13섬

emu sin, nacibu gaifi monggo i ilan minggan ninggun
한 되이다. Nacibu가 거두어서 몽골인 장정

tanggū gūsin uyun haha de, juwe niyalma de
3639명에게 두 사람당

emu sin buhe, jeku uheri jušen sin i emu (54:21b)
한 되를 주었다. 곡식이 모두 해서 여진인의 되로

tanggū jakūnju emu hule uyun sin emu hontoho,
181섬 아홉 되 반이다.'

jai monggo i nadan minggan ninggun tanggū jakūnju
또 몽골인 7688명에게

jakūn niyalma de, dabsun buci isirakū ofi,
소금을 주니 충분하지 않아서

fuifure ba i dabsun be gaifi, nenehe amaga
끓이는 곳의 소금을 받아서 이전과 이후

uheri emu tumen gin dabsun buhe, tung yang
모두 하여 1만 근의 소금을 주었다. 나 동양성은

sing ninggun biyai juwan juwe de, beile be
6월 12일에 버일러를

dahame fu jeo de genehe. (54:22a)
따라서 복주에 갔다."

○ tere inenggi, julergi jase bitume anafu tehe
그날에 남쪽 경계를 따라 수자리 사는

jirhai iogi isinjifi,
Jirhai 유격이 도착해서

⇦ han de alame, cing tai ioi, sio yan i ba i niyalma
한(汗)에게 고하기를 "청태욕(靑苔峪)과 수암(岫巖) 지역의 사람이

gemu ubašambi seme emgi hebdefi gercilehe juwe
모두 배반한다고, 같이 상의한 후 고발한 두

niyalma be gajihabi, jai ujulafi genere emu udu
사람을 데리고 왔습니다. 또 앞장서서 가는 몇

niyalma be jafahabi, jafaha niyalma gemu ubašara (54:22b)
사람을 잡았습니다. 잡은 사람 모두가 배반하는 것이

yargiyan seme alambi seme alaha manggi,
사실이라고 고합니다"라고 알리자

⇦ han hendume, gercileme jihe šusai wei ing k'o be
한(汗)이 말하여 고발해 온 생원인 Wei Ing K'o를

beiguwan obuha, susai yan menggun, gecuheri etuku,
비어로 삼고, 은 50냥과 망룡단 옷,

amba boro šangnaha, ilhi gercilehe jeng dze io be
큰 여름 모자를 상으로 주었다. 다음으로 고발한 Jeng Dze Io를

ciyandzung obuha, gūsin yan menggun, gecuheri etuku
천총으로 삼고, 은 30냥, 망룡단 옷을

šangnaha.
상으로 주었다.

제55권

천명(天命) 8년(1623) 6월

susai sunjaci debtelin,
abkai fulingga i
jakūci aniya ninggun
biya.

tongki fuka sindaha hergen i dangse. (55:1a)
유권점 당안

⇦ han i bithe, tofohon de, cing tai ioi, sio yan i ergi
한(汗)의 글을 15일에 청태욕(靑苔峪)과 수암(岫巖) 쪽의

← nikasa de wasimbuha, cing tai ioi gašan i wei
한인들에게 내렸다. "청태욕 촌락의 Wei

← ing k'o, ubašambi seme emgi hebdehe gucuse be
Ing K'o가 배반하겠다고 같이 모의한 구추들을

← gercilehe seme, susai yan menggun, gecuheri etuku, amba
고발했다고 하여 은 50냥, 망룡단 옷과 큰

← boro šangnaha, wesibufi beiguwan obuha, jeng dze io be,
여름 모자를 상으로 주었고, 승직시켜 비어(備禦)로 삼았다. Jeng Dze Io는

← sirame geli gercileme alaha seme, gūsin yan menggun,
뒤이어 다시 고발하여 알렸다고 은 30냥,

← gecuheri etuku šangnaha, wesibufi ciyandzung obuha, yaya (55:1b)
망룡단 옷을 상으로 주었고, 승직시켜 천총(千總)으로 삼았다. 모든

← ba i niyalma, erei adali emgi hebdefi neneme gercileme
지역의 사람이 이처럼 함께 모의한 후 먼저 고발하여

← alaha de, erei gese wesibure, buya niyalma suwe
알리면 이와 같이 승직시키겠다. 소인인 너희가

← ainu gercilerakū, jafu gaici ambasa ujulaha niyalma
어찌 고발하지 않는가. 차부(箚付)를 받아도 대인들과 우두머리 된 사람이

← gaihabi dere, suweni sara aibi, terei ehe de
받았던 것이지 너희가 아는 것이 무엇이 있겠는가. 그들의 악행에

← suwe ainu suwaliyabumbi, buya niyalma suwe acafi ubašame
너희가 어찌 말려드는가. 소인인 너희가 힘을 합쳐서 배반하기

← deribuhe ambasa be jafafi benjici, suwende inu gung kai,
시작한 대인들을 잡아서 보내오면 너희에게도 공이 있다.

← g'ai jeo, yoo jeo, si mu ceng, tiyan šui jan i ba i (55:2a)
개주(蓋州), 요주(耀州), 석목성(析木城), 첨수참(甛水站) 지방의

← niyalma, ubašara ukandara mujilen akū ofi, usin be
사람들이 배반하거나 도망할 마음이 없고 밭에서

← kiceme weilefi jeku banjiha sain kai, tuttu weile
부지런히 일하니 곡식이 잘 자란다. 그렇게 죄가

← akū ofi, tere ba i niyalma tariha usin araha
없어서 그곳의 사람들은 경작한 밭과 만든

← boo ci aššarakū elhe banjimbi, yaya ba i niyalma,
집으로부터 이동하지 않으니 태평하게 산다. 모든 지역의 사람이

← terei gese usin kiceme weilefi ubašara ukandara
그와 같이 밭에서 부지런히 일하고 배반하거나 도망할

← mujilen jafarakū banjici, tariha usin araha boo ci
마음을 가지지 않고 살면 경작한 밭과 만든 집으로부터

← aššarakū kai, suwe mao wen lung gemu hafan (55:2b)
이동하지 않을 것이다. 너희는 모문룡(毛文龍)이 모두 관원으로

← obure seme šusihiyeme holtome, gisun de akdafi ba
삼겠다고 부추기며 속이는 그 말을 믿고

← na be waliyafi ubašame geneci, emu gašan i tanggū
땅을 버리고 배반해 가지만 한 마을의 100명,

← minggan niyalma be gemu hafan obuci, jai suweni
1000명의 사람을 모두 관원으로 삼으면 또 너희

← fejile jušen aba, tuttu ofi suwende jobolon
아래의 속민이 어디 있겠는가. 그리하여 너희에게서 고난이

← hokorakū kai. (ere gemu afabuha hafan fudasihūn i haran kai, hafan gemu bithei jurgan be sarkū, ulin de amuran ofi, irgen be wacihiyaha.)
떠나지 않을 것이다." (이것은 모두 해당 관원들이 반역하기 때문이다. 관원이 모두 문치(文治)의 의(義)를 모르고 재물을 사랑하여 백성을 망쳤다.)

[1]yeršen iogi, ancungga beiguwan, emu nirui juwete (55:3a)
Yeršen 유격(遊擊)과 Ancungga 비어가 한 니루의

uksin i cooha be gaifi, sio yan i ergi de
갑병 두 명씩을 인솔하여 수암(岫巖) 쪽에서

anafu tehe cooha de nememe genehe.
수자리 사는 병사를 증원하러 갔다.

○ tofohon de, julergi mederi ergi de anafu tehe
15일에 남해(南海) 쪽에서 수자리 사는

ambasa de unggihe
대신들에게 보낸

⇦ bithei gisun, morin i coohai niyalma, jasei tule susai baci
글이다. "기병들이 경계 밖의 50리에서부터

1) 새로운 기사가 시작하는 부분인데도 동그라미(○)가 누락되어 있다.

← ebsi sunja baci casi, orho be tuwame icangga sain (55:3b)
이쪽, 5리에서부터 저쪽 사이에, 풀을 보아서 적합하고 좋은

← bade ili, morin i cooha iliha babe yafahan de
곳에 머물라. 기병들이 머문 곳을 보병에게

← ejebu, yafahan morin i cooha poo i jilgan be ishunde
기억하게 하라. 보병과 기병은 포의 소리를 서로

← donjime ili, ubašara ukandara niyalma geneci, dergi wargi
들으며 주둔하라. 배반하거나 도망하는 사람이 가면 동쪽과 서쪽의

← coohai niyalma be gemu guilefi, ehe babe dulembufi
병사들이 모두 약속하여 험한 곳은 지나게 하고

← sain bade tucibufi gaisu, jai ba i nikasa jase
좋은 곳으로 나오게 해서 잡으라. 또 그 지역의 한인들이 경계에서

← tucime alin bigan de umbuha jeku bi, ganaki
나와 산야에 묻어둔 곡식이 있으니 가지러 가겠다고

← sembihede, musei cooha dahame genefi jeku gaiha manggi, (55:4a)
말하면 우리의 병사가 따라가서 곡식을 취한 뒤에

← amasi bargiyame dosimbu.
도로 거두어들여서 들어오게 하라."

○ tere inenggi, tung tsanjiyang de unggihe
그날 Tung 참장(參將)에게 보낸

⇦ bithe, tung tsanjiyang si, jasei tulergi ci dosimbuha jeku
글이다. "Tung 참장, 너는 경계의 밖에서 들어오게 한 곡식이

← akū nikan de, fe jeku elgiyen niyalma de
없는 한인에게 원래 살던 곡식이 충분한 사람과

← muji tariha niyalma de jeku muji gaifi bu,
보리를 경작한 사람에게서 곡식과 보리를 받아서 주라.

← niyalma buderahū. (55:4b)
사람이 죽을까 염려된다."

○ ineku tere inenggi, cing tai ioi, sio yan, tung yuwan pu,
같은 날, "청태욕(青苔峪)과 수암(岫巖), 통원보(通遠堡),

sai ma gi, ere duin bade tehe yafahan i cooha,
쇄마길(洒馬吉) 이 네 지역에 주둔하는 보병은

fung hūwang de bisire emu tanggū hule šušu,
봉황(鳳凰)에 있는 100섬의 수수와

gūsin hule bele ganafi jefu.
30섬의 양곡을 가져가서 먹으라"고 했다.

○ tere inenggi, jaciba be sakdaka seme beiguwan i (55:5a)
그날에 Jaciba가 늙었다고 비어의

hergen be nakabuha.
관직을 그만두게 했다.

○ juwan nadan de, kangkalai be solho ukaka seme
17일에 Kangkalai를, 조선인이 도망했다고

alanjici, alime gaihakū seme weile arafi, orin
알리러 왔지만 받아들이지 않았다고 치죄해서 25냥의

sunja yan i gung be iodan jifi faitaha.
공은을 Iodan이 와서 깎았다.

○ amba beile, fu jeo ci, hūri, jai duin niyalma be (55:5b)
대버일러가 복주(復州)로부터 Hūri와 다른 사람 네 명을

takūrafi unggihe bithei gisun, ginjeo, lioi šūn keo de
파견해서 보낸 글이다. "금주(金州)와 여순구(旅順口)로

jeku ganaha niyalma tuwaci, juwe bade jaha bi,
곡식을 가지러 갔던 사람이 보니 두 곳에 나룻배가 있었다.

emu bade nadanju jaha, jai emu bade sunja
한 곳에는 나룻배 70척이 있고, 또 한 곳에는

tanggū isime jaha bi, jai cang šan doo de
500척에 달하는 나룻배가 있었다. 또 장산도(長山島)에서

emu inenggi juwan poo sindaha seme alanjire jakade,
하루에 포를 열 번 쐈다고 알려왔으므로

tuttu ebšeme dobori dulime juwan ilan de isinafi,
급히 밤을 새며 가서 13일에 도착하여

fu jeo hecen i haha be waha, ehelinggu hahai (55:6a)
복주성의 남자를 죽였고, 힘이 없는 남자

buya juse sunja tanggū niyalma be ujihe, tere
어린아이 500명은 살렸다. 그날은

inenggi yamjifi, jai inenggi fu jeo i ice jase ci
날이 저물어서 다음 날에 복주의 새 경계로부터

amasi amba alin i da ci mederi de isitala, hiong
북쪽으로 대산(大山)의 산 밑부터 바다에 이르기까지,

yo ci julesi juwe galai tabcin unggihe, tabcin
웅악(熊岳)에서 남쪽으로 양익(兩翼)을 노략질하러 보냈다. 노략질하러

sindaha niyalma be aliyaci goidambi seme neneme medege
보낸 사람을 기다리면 지체될 것이므로 먼저 정보를

unggihe.
보낸다."

(55:6b)

⇦ han i bithe, ninggun biyai juwan nadan de amba beile de
한(汗)의 글을 6월 17일에 대버일러에게

← unggihe, fu jeo de anafu tehe morin i cooha be
보냈다. "복주에서 수자리 사는 기병을

← ebsi g'ai jeo de acabufi tere emu minggan cooha de,
이쪽 개주에 합쳐서 그 1000명의 병사를

← jakūn gūsade emu fujiyang, emu gūsai emte iogi
8구사에 부장 한 명과 한 구사마다 유격 한 명씩이

← gaifi tekini, fu jeo i yafahan cooha be g'ai jeo i
인솔하여 주둔하게 하라. 복주의 보병은 개주

← teisu, tehe yafahan de neme, yafahan coohai tariha
방면에 주둔하는 보병에게 합류하라. 보병이 경작한

← usin be, fu jeo i usin i jeku de kamcifi tomsokini, (55:7a)
밭을 복주 밭의 곡식과 합쳐서 수확하게 하라.

← monggo de emu gūsade barang ni jergi emte amban
몽골인은 한 구사에 Barang 등의 대신 한 명씩이

← gaifi tekini, jai monggo i uksin etuhe morin akū
인솔하여 살게 하라. 또 몽골의 갑옷을 입고 말이 없는

← niyalma de, yaluci ojoro teisungge morin be icihiyame bu,
사람에게 탈 수 있는 적당한 말을 처리하여 주라.

← sain morin ume bure, arsari weileci ojoro ihan be
좋은 말을 주지 말라. 평범하게 일할 수 있는 소를

← sonjofi emu minggan gajime jio, guwangning ci gajiha
뽑아서 1000마리를 가져오라. 광녕(廣寧)에서 데려온

← boigon de bumbi, uksin etuhekū ulha akū monggo de,
가호에게 줄 것이다. 갑옷을 입지 못하고 가축이 없는 몽골인에게

← duin sunja angga de emu ihan, juwe ilan (55:7b)
네다섯 명에 소 한 마리, 두세

← angga de emu eihen bu, bume funcehe morin,
명에 나귀 한 마리를 주라. 주고 남은 말과

← losa, ihan, eihen be niyalma tucibufi adula, tere
노새, 소, 나귀를 사람을 차출해서 방목하라. 그

← adulara niyalma de olji ci tulgiyen tucibume gaifi,
방목하는 사람에게 포로를 제외하고 뽑아서

← duin niyalma de acan emu hehe bu, jakūn
네 사람당 여자 한 명을 주라. 팔가의

← booi geo i adun tuwakiyara niyalma, inenggi goidaha,
암말 무리를 지키는 사람은 오랜 세월

← suilaha, emu niyalma de emte hehe bu, jai usin
고생했으니 한 사람당 여자 한 명씩을 주라. 또 밭

← weilere aha i gese niyalma be, juse hehe, ama (55:8a)
일하는 노복 같은 사람들은 아이와 아내, 아버지와

← aja be faksalarakū sunja tanggū boigon ara, tere
어머니를 갈라놓지 말고 500가호를 만들어서 그

← boigon i juwan angga de emu ihan, emu eihen bu,
가호의 열 명당 소 한 마리와 나귀 한 마리를 주라.

← nadan fere de tebunembi, ambasa ulgiyan ambula oci,
Nadan Fere에 정착시킬 것이다. 큼직한 돼지가 많으면

← jakūn boo juwete tanggū gaisu, komso oci, emte
팔가가 200마리씩을 가지라. 적으면

← tanggū gaisu, buya ulgiyan be, monggo de ulgiyan
100마리씩을 가지라. 작은 돼지는 몽골인에게 돼지를

← uda seme, buhe menggun gaime bu, icihiyame funcehe
사라고 주었던 은을 받고 주라. 처분하고 남은

← niyalma, icihiyame funcehe ulgiyan, etuku, buyarame aika jaka be (55:8b)
사람과 처분하고 남은 돼지, 옷, 자잘한 온갖 물건을

← niru bodome dendefi gajime jio, ubade dasame icihiyaki,
니루를 고려하여 나누어서 가져오라. 여기에서 정리하고 처분하겠다.

← monggo de, olji, ulha adulara niyalma de, fu jeo i
몽골인 중에서 포로와, 가축을 방목하는 사람에게 복주의

← fe jeku isirakūci, maise muji be hadufi tuwame bu,
원래 있던 곡식이 부족하면 밀과 보리를 수확해서 살펴보고 주라.

← olji, ulha adulara niyalma, monggoso i nukteme ginjeo i baru
포로와, 가축을 방목하는 사람은 몽골인들이 유목하러 금주(金州)에

← ba i sain be tuwame casi duleme genefi amasi
땅이 좋은지를 살펴보러 저쪽으로 지나간 후

← ulebume, jakūn biyade ira hadume jio, fu jeo de
먹이고 8월에 기장을 베러 오라. 복주에

← dosinju, jakūn booi baitalarangge ilata [原檔殘缺] ihan (55:9a)
들어오라. 팔가의 필요한 셋씩 □□□ 소를

← tucibume gaifi beise i sasa gajime jio, nadan biyai
내게 하여 받아서 버일러들이 같이 가져오라. 7월

頭註: gingguleme baicaci, fe manju gisun i bithede, ambasa sere gisun, uthai ambakan sere gisun de adali sehebi. [신중하게 조사하니, 『舊淸語』에 ambasa라는 말은 곧 ambakan(조금 크다)이라는 말과 같다고 한다.]

← ice de juranu.
초하루에 떠나라."

○ juwan jakūn de, ji dase gebungge nikan,
18일에 Ji Dase라는 한인이

lio hūwang urebufi benjire jakade, wesibufi ciyandzung ni
유황(硫磺)을 정련해서 보내오자 승직시켜서 천총의

hergen bufi, ilan suje, mocin samsu sunja, menggun
직위를 주고 비단 세 필, 모청포 다섯 필과 은

juwan yan, gecuheri etuku, mahala gūlha šangnaha. (55:9b)
열 냥, 망룡단 옷, 모자와 가죽신을 상으로 주었다.

○ kubuhe suwayan de, yehe i šanggiyan hada, seheri,
양황기(鑲黃旗)에게는 Yehe의 Šanggiyan봉(峰), Seheri,

yaha muke, hada, uluri meifen ci casi, leke i
Yaha Muke, Hada, Uluri Meifen에서 저쪽, Leke 쪽으로

baru emu ubu.
한 몫이다.

○ gulu suwayan de, botun i meiren ci casi, ehe
정황기(正黃旗)에게는 Botun의 산등성이에서 저쪽, Ehe

oringga bayan ci amasi, ma giya ho, ilan muhaliyan (55:10a)
Oringga Bayan에서 북쪽, Ma Giya Ho, Ilan Muhaliyan이

emu ubu.
한 몫이다.

○ gulu fulgiyan de, hajan, suiha, seoden, fulgiyaci
정홍기(正紅旗)에게는 Hajan, Suiha, Seoden, Fulgiyaci

dabagan ci wesihun, dayangga ci wasihūn, gu ceng,
고개에서 동쪽, Dayangga에서 서쪽, 고성(古城),

tohoro emu ubu.
Tohoro가 한 몫이다.

○ kubuhe fulgiyan de, abdari ci wasihūn, ehe šuwa ci (55:10b)
양홍기(鑲紅旗)에게는 Abdari에서 서쪽, Ehe Šuwa에서

wesihun, dung ci amasi, mahaltu ninggu ci casi
동쪽, Dung에서 북쪽, Mahaltu 정상에서 저쪽,

šanggiyan hada de isitala emu ubu.
Šanggiyan봉(峰)까지 한 몫이다.

○ kubuhe lamun de, dobakū golo, nikata birgan ci
양람기(鑲藍旗)에게는 Dobakū로(路), Nikata 시내에서

casi, salun, silhi, huju, suwayan jidun, [原檔殘缺]
저쪽, Salun, Silhi, Huju, Suwayan 산마루, □□□

hada, ilan hada ere emu ubu.
봉(峰), Ilan봉(峰) 이것이 한 몫이다.

(55:11a)

○ gulu lamun de, uluri meifen ci molokji i
정람기(正藍旗)에게는 Uluri Meifen에서 Molokji 쪽으로

baru uluri ere emu ubu.
Uluri 이것이 한 몫이다.

○ gulu šanggiyan de, tumen i [原檔殘缺] amasi,
정백기(正白旗)에게는 Tumen의 □□□ 북쪽,

liyoo gu šan i muke ci julesi, botun i cargi meiren ci
요고산(遼孤山)의 물에서 남쪽, Botun의 저쪽 산등성이에서

ebsi, tasha muhaliyan i baru emu ubu.
이쪽, Tasha Muhaliyan 쪽으로 한 몫이다.

(55:11b)

○ kubuhe šanggiyan de, mahaltu ninggu ci ebsi,
양백기(鑲白旗)에게는 Mahaltu 정상에서 이쪽으로

hūlan de isitala, bi yen ci julesi, liyoo gu šan i
Hūlan까지, Bi Yen에서 남쪽으로 요고산(遼孤山)의

muke ci amasi, yaki jidun, fulha ci casi,
물에서 북쪽으로 Yaki 산마루, Fulha에서 저쪽,

defe ci ebsi emu ubu.
Defe에서 이쪽이 한 몫이다.

○ juwan uyun de, baduri dzung bing guwan, darja
19일에 Baduri 총병관(總兵官), Darja

fujiyang, hošotu fujiyang, yahican fujiyang usin yangsame (55:12a)
부장(副將), Hošotu 부장과 Yahican 부장이 김을 매러

genefi isinjiha.
갔다가 돌아왔다.

○ orin emu de, munggatu de unggihe bithei gisun,
21일에 Munggatu에게 보낸 글이다.

julergi jecen i kuwa lan ho ba i niyalma, suwende
“남쪽 변경의 Kuwa Lan Ho 지역의 사람들, 너희에게

cargici giyansi lakcarakū jimbi, jafu bithe be
저쪽에서 첩자가 끊임없이 온다. 차부(箚付) 문서를

ambasa alime gaici, buya niyalma gercileme alanjimbi,
대인들이 받으면, 소인들이 고발하러 알리러 올 것이다.

tuttu oci suweni beye bucembi, tubade tehei (55:12b)
그러면 너희 자신이 죽는다. 그쪽에서 그대로 살던 대로

bihede suwende elhe akū, duleke aniya ice jasei
있으면 너희에게 편치 않을 것이다. 작년에 새 경계의

tulergi ci, jasei dolo guribume icihiyaha, hafasa
밖에서 경계 안으로 옮기며 처리했는데 관원들이

usin boo jeku be getuken i icihiyame buhekū
밭과 집, 곡식을 명백하게 처리하여 주지 않아서

ofi, joboho, te suwembe terei gese jobobume guriburakū,
고생했다. 지금 너희는 그들과 같이 고생시키면서 옮기지 않고

tere boo tarire usin be gemu doigonde te
살 집과 경작할 밭을 모두 미리 지금

icihiyafi bumbi, suweni kuwa lan ho i niyalma be gajifi,
처리해서 줄 것이다. 너희 Kuwa Lan Ho 사람을 데리고 와서

jušen i tehe ša ho, cang an, jaling [原檔殘缺] (55:13a)
여진인들이 사는 사하(沙河), 장안(長安) Jaling □□□

tebumbi, juwan tumen inenggi usin bumbi, suwende
살게 할 것이다. 10만 상(晌)의 밭을 줄 것이다. 너희에게

buhe usin i ejen jušen be amasi liyoha bitume
준 밭의 주인인 여진인을 다시 요하(遼河)를 따라

jase neime tebume unggimbi, jai dulga be suweni
경계를 개척하며 살게 하며 보낼 것이다. 그리고 반은 너희가

guribuhe ba i boo usin de tebume unggimbi, gurime
옮긴 지역의 집과 밭에 살도록 보낼 것이다. 옮기러

jidere niyalma suwe ama ahūta neneme hūdun
올 사람 너희는 아버지와 형들이 일단 빨리

jifi, suweni tere boo usin be ejeme gaisu,
와서 너희가 살 집과 밭을 기록하여 가지라.

juse deote booi niyalma be gaifi, usin i jeku be (55:13b)
아이들과 동생들, 식솔들을 데리고 밭의 곡식을

saikan weileme tomsome gaisu, suweni jeku de be darakū,
잘 경작하고 수확하여 가지라. 너희의 곡식에 우리가 관여하지 않을 것이다.

suweni bade teme genere jušen de hūlašame jembio,
너희의 지역으로 살러 가는 여진인과 바꾸어서 먹든지

meni meni jeku be juweme jembio, suweni ciha,
각자 곡식을 운반해서 먹든지 너희 뜻대로 하라.

ya jafu bithe be alime gaifi ubašambi seme
누구든지 차부 문서를 받고서 배반하겠다고

hebdehe niyalma bici, neneme aššafi
모의한 사람이 있으면, 먼저 움직여서

⇦ han i baru jici, amala gercilehe seme weile akū.
한(汗)에게 오면 나중에 남이 고발해도 죄가 없다."

(55:14a)

○ du tang ni bithe, orin emu de wasimbuha,
도당(都堂)의 글을 21일에 내렸다.

g'ai jeo, fu jeo i harangga julergi jecen i ba i
"개주와 복주 소속의 남쪽 변경 지역의

niyalma, suwende cargici giyansi lakcarakū jimbi, jafu
사람들, 너희에게 저쪽으로부터 첩자들이 끊임없이 온다. 차부

bithe be ambasa alime gaici, buya niyalma
문서를 대인들이 받으면 소인들이

gercileme alanjimbi, tuttu oci suweni beye bucembi,
고발하러 알리러 올 것이다. 그러면 너희 자신이 죽는다.

tubade tehei bihede suwende elhe akū, duleke
그쪽에서 그대로 살면 너희에게 편치 않을 것이다.

aniya ice jasei tulergici jasei dolo guribume (55:14b)
작년에 새 경계의 밖으로부터 경계의 안으로 옮기며

icihiyaha, hafasa usin boo jeku be getuken i
처리했는데, 관원들이 밭과 집, 곡식을 명백하게

icihiyame buhekū ofi, joboho, te suwembe terei
처리하여 주지 않아서 고생했다. 지금 너희는 그들과

gese jobobume guriburakū, tere boo tarire usin be
같이 고생시키며 옮기지 않을 것이다. 살 집과 경작할 밭을

gemu doigonde te icihiyafi bumbi, suwembe gajifi
모두 미리 지금 처리해서 줄 것이다. 너희를 데리고 와서

jušen i tehe yoo jeo, hai jeo, nio juwang, an šan,
여진인들이 사는 요주, 해주(海州), 우장(牛莊), 안산(鞍山),

mu giya pu ci wasihūn, gūsin tumen inenggi usin
목가보(穆家堡)에서 서쪽으로 30만 상(晌)의 밭을

bumbi, suwende buhe [原檔殘缺] ejen jušen be (55:15a)
줄 것이다. 너희에게 준 □□□ 주인인 여진인은

amasi liyoha bitume jase neime tebumbi, gurime
다시 요하를 따라 경계를 개척하면서 살게 할 것이다. 옮기러

jidere niyalma suwe ama ahūta neneme hūdun
오는 사람들 너희는 아버지와 형들이 먼저 빨리

jifi, suweni tere boo usin be ejeme gaisu,
와서 너희가 살 집과 밭을 기록하여 가지라.

deote juse booi niyalma be gaifi, usin i jeku be
동생들과 아이들, 식솔들을 데리고서 밭의 곡식을

saikan weileme tomsome gaisu, suweni jeku de be
잘 경작하고 수확하여 가지라. 너희의 곡식에 우리가

darakū, suweni cihai juweme jefu, ya jafu
관여하지 않을 것이다. 너희가 마음대로 운반하여 먹으라. 누구든지 차부

bithe be alime gaifi ubašambi seme hebdehe niyalma (55:15b)
문서를 받고서 배반하겠다고 모의한 사람이

bici, neneme aššafi
있으면 먼저 움직여서

⇦ han i baru jici, amala gercilehe seme weile akū.
한(汗)에게 오면 나중에 남이 고발해도 죄가 없다."

○ sio yan i ba i niyalma ubašambi seme alanjiha manggi,
수암(岫巖) 지역의 사람들이 배반할 것이라고 알리러 오자

orin emu de,
21일에

← subahai tsanjiyang, orin niyalma be gaifi julergi de
"Subahai 참장이 20명을 인솔하여 남쪽에

← anafu tehe cooha de acanafi, geren cooha acafi (55:16a)
수자리 사는 병사와 합류하러 가서 여러 병사가 만나서

← ubašara niyalma be wa seme unggihe.
배반하는 사람을 죽이라"고 하며 보냈다.

○ orin juwe de, salu beiguwan juwe tanggū
22일에 Salu 비어가 병사

cooha be gaifi, cilin i ergide anafu teme
200명을 데리고 철령(鐵嶺) 방면에 수자리 살러

genehe, hūngniyaka iogi emu tanggū cooha be gaifi,
갔다. Hūngniyaka 유격이 병사 100명을 데리고

ši fang sy de anafu teme genehe, ikina
십방사(十方寺)에 수자리 살러 갔다. Ikina

iogi daise fujiyang, emu tanggū cooha be gaifi (55:16b)
유격 부장 서리가 병사 100명을 데리고

liyoha i dogon de anafu teme genehe.
요하의 나루에 수자리 살러 갔다.

○ wei šusai joriha nadan gašan i ninju duin
Wei 생원이 지목한 일곱 마을의 장정 64명을

haha be jafafi, tung tsanjiyang, baindari fonjire
잡아서 Tung 참장과 Baindari가 묻자,

jakade, juwan jakūn haha alame, meni ere nadan
장정 18명이 고하기를 "우리 일곱

gašan i niyalma ukame genembi seme hebdehe mujangga
마을의 사람이 도망가겠다고 모의한 것이 사실입니다"라고 했다.

bihe, ere juwan jakūn niyalma ukame genere be (55:17a)
이 18명은 도망가려는 것을

mujangga seme alime gaifi, ama eme, juse sargan be
사실이라고 인정했기 때문에 아버지와 어머니, 자식들과 아내는

ini cisui banjimbi, booi aha be usin weilekini
그들 뜻대로 살고, 집의 노복을 밭을 경작하게 하라고

seme werihe, jai dehi ninggun niyalma ukame genere
남겼다. 나머지 46명의 사람은 도망간다는

gisun be lasha sarkū sembi, tuttu sarkū sere
말에 대해 전혀 모른다고 한다. 그렇게 모른다고 말하기

jakade, sarkū sere niyalmai juse sargan be booi
때문에, 모른다고 하는 사람의 자식들과 아내, 집의

aika jaka be yooni gajimbi, ere nadan gašan i
온갖 것을 전부 빼앗아 온다. 이 일곱 마을의

ninju duin niyalmai dabala, gūwa niyalma be wei (55:17b)
64명 외에는 다른 사람을 Wei 생원이

šusai daburakū, wei šusai daburakū niyalma be, tung
포함시키지 않았다. Wei 생원이 포함시키지 않은 사람은 Tung

tsanjiyang, baindari fonjire jakade, inu akū sembi, ere
참장과 Baindari가 묻자 역시 아니라고 한다. 이

uheri niyalmai ton emu tanggū ninju duin, juwan
모든 사람의 수가 164명이다. 말 18마리,

jakūn morin, orin emu ihan, juwan duin eihen,
소 21마리, 나귀 14마리,

頭註: gingguleme kimcici, lasha sarkū sere gisun, ainci oron sarkū sere gisun dere. [신중하게 살펴보니, lasha sarkū 라는 말은 아마도 '전혀 모른다'라는 말일 것이다.]

juwe losa, ere ulha i ton uheri susai sunja.
노새 두 마리, 가축의 수는 모두 하여 55마리이다.

○ orin ilan de nio juwang ci niyang niyang gung ni (55:18a)
23일에 우장(牛莊)으로부터 낭랑궁(娘娘宮) 쪽으로

baru ninju ba i dubede tehe hūng tsoo doo,
60리 끝에 위치한 홍초도(紅草島),

lio citon gebungge sunja gašan i niyalma casi
Lio Citon이라는 촌락 등 다섯 촌락의 사람이

ubašame liyoha bira be šušu orho ada
배반해서 요하강을 수숫대로 뗏목을

hūwaitafi doome genehebi seme alanjiha manggi,
엮어서 저쪽으로 건너갔다고 알려오자

← lišan iogi be takūrame, liyoha i dogon de anafu tehe
Lišan 유격을 보내 "요하의 나루에 수자리 사는

← ikina fujiyang de acanafi, coohai niyalma be weihu i
Ikina 부장에게 가서 합류하여, 병사를 통나무배로

← doobufi yafahan genehe songko be amca seme unggihe. (55:18b)
건너게 해서 걸어간 흔적을 추격하라"고 하며 보냈다.

○ du tang ni bithe wasimbuha, lii iogi sini kadalara
도당의 글을 내렸다. "Lii 유격, 네가 관할하는

ba i niyang niyang gung ni teisu sunja gašan i niyalma
지역의 낭랑궁 방면 다섯 촌락의 사람들이

casi bira doome ubašame genehebi, gašan gašan i
저쪽으로 강을 건너서 배반해 갔다. 각 촌락의

ambasa bayasa uksun geren niyalmai akdun akdun be
대인들과 부자들, 일족 등 여러 사람 중 믿을만한 사람을

sini jakade gajifi tebu seme henduhe bihe,
너의 곁으로 데려가서 살게 하라고 말했었다.

tebure unde oci, te hūdun ganafi tebu. (55:19a)
살게 하는 것이 끝나지 않았으면 지금 빨리 데려가서 살게 하라."

○ orin ilan de,
23일에,

← lišan i sirame niyang niyang gung ni bade, dobi ecike, darhan
"Lišan에 이어서 낭랑궁 지역에 Dobi 숙부와 Darhan

← efu be, emu nirui hūwaitaha morin i juwete uksin i cooha be
어푸가 매어놓은 말의 갑병을 한 니루에서 두 명씩

← gaifi gene, liyoha doome amcara be naka, niyang niyang gung ni
인솔해서 가라. 요하를 건너서 쫓는 것은 그만두라. 낭랑궁

← ba i liyoha bitume tehe gašan gašan i hehe juse be, hai jeo,
지역의 요하를 따라 사는 각 촌락의 여자와 아이들을 해주,

← yoo jeo, nio juwang de gajifi tebu, hahasi usin weilekini, (55:19b)
요주(耀州) 우장으로 데려가서 살게 하라. 남자들은 밭을 경작하게 하라.

← facuhūn gašan oci wa seme unggihe.
혼란한 촌락이면 죽이라"고 하며 보냈다.

⇦ han i bithe, tere inenggi wasimbuha, tuleri tehe iogi, suwembe
한(汗)의 글을 그날에 내렸다. "밖에서 주둔하는 유격들, 너희는

← meni meni kadalara ba i ujungga ambasa, uksun geren
각자 관할하는 지역의 우두머리인 대인들과 일족 등 여러

← niyalmai akdun akdun be gajifi suweni jakade tebu
사람 중에 믿을만한 사람을 데려가서 너희의 곁에서 살게 하라고

← seme henduhe bihe kai, suwe akdun sain niyalma be
말했었다. 너희가 견실하고 좋은 사람을

← takūrafi bošome gajifi teburakū, balai niyalma be takūrara, (55:20a)
파견해서 독려하며 데려와서 살게 하지 않고 함부로 사람을 파견하고,

← ulin gaifi niyalma be gajirakū werifi jidere, tere
재물을 받고서 사람을 데려오지 않고 남기고 오며, 그

← werifi jihe niyalma geli jafu bithe alime gaijara,
남기고 온 사람이 다시 차부 문서를 받고

← gūwa geli gercilefi waci, museingge ekiyembi kai, suwe
다른 사람이 또 고발해서 죽이면 우리의 것이 줄어드는 것이다. 너희가

← kadalara amtan akū oci nakacina, baibi ainu sartabumbi.
관할하는 일에 관심이 없으면 그만두려무나. 어찌 공연히 시간을 허비하는가."

○ du tang ni bithe, orin duin de unggihe, hetungge
도당의 글을 24일에 보냈다. "Hetungge

ba i harangga tal ioi gašan i niyalma be ubašara (55:20b)
지역 소속인 탑아욕(塔兒峪) 촌락의 사람이 배반하겠다는

hebe de daha bici, subeliyen benjihe juwan ninggun
모의에 가담한 바가 있으면 연사(練絲)를 보내온 16명의

niyalmai boigon be guwebu, ubašara hebe de dahakū
가호는 면해주라. 배반하겠다는 모의에 가담하지

oci, tere gašan be gemu guwebufi ini gašan de
않았으면 그 촌락을 모두 면해주고 자신들의 마을에

uthai tekini, ere tal ioi gašan i niyalma, ceni
그대로 살게 하라. 이 탑아욕 촌락의 사람들이 그들의

gašan be sio yan ci ebsi, susai ba i dubede bi
촌락이 수암(岫巖)에서부터 이쪽으로 50리 끝에 있다고

sembi, susai ba mujanggao, suweni kūwaraha dehi ba i
한다. 50리가 맞는가. 너희가 둘러싼 40리

dolo dosikabio, ere medege be amasi hūdun takūra. (55:21a)
안에 들어가는 것인가. 이 정보를 빨리 답하여 보내라."

제56권

천명(天命) 8년(1623) 6월부터 7월까지

susai ningguci debtelin,
abkai fulingga i jakūci
aniya ninggun biyaci nadan
biyade isinahabi.

tongki fuka sindaha hergen i dangse. (56:1a)
유권점 당안

○ orin sunja de, fanggina de beiguwan i hergen buhe.
25일에 Fanggina에게 비어(備禦)의 관직을 주었다.

○ julergi de anafu tehe soohai dzung bing guwan, turgei
남쪽에서 수자리 사는 Soohai 총병관(總兵官)과 Turgei

dzung bing guwan be halame, buhatu tsanjiyang, gisha
총병관과 교대하러 Buhatu 참장(參將)과 Gisha

iogi genehe.
유격(遊擊)이 갔다.

○ darja fujiyang, emu tanggū cooha be gaifi, amargi (56:1b)
Darja 부장(副將)이 병사 100명을 인솔해서 북쪽으로

liyoha i dogon de anafu teme genehe.
요하(遼河)의 나루에 수자리 살러 갔다.

○ orin sunja de, jaode nirui yargu be hai jeo
25일에 Jaode 니루의 Yargu를 해주성(海州城)에

hecen de goloi amban obufi tebuhe bihe, tubade
지역 대인으로 삼아서 주둔하게 했었는데, 그 곳에

tehe jušen nikan de arki anju hiyabun šuleme
사는 여진인과 한인에게 술, 안주, 겨릅등을 징수하여

gaihabi, tsang ni jeku hūlhaha niyalma be
빼앗고, 창고의 곡식을 훔친 사람을

⇦ dele alanjihakū, i enculeme sindahabi, yaya de fonjihakū ini (56:2a)
한(汗)에게 아뢰지 않고 자신이 독단적으로 놓아주었으며, 누구에게도 묻지 않고 자신의

boode juwe nikan dosimbuhabi, tere weile be donjifi
집에 한인 두 명을 들였다. 그 죄를 듣고서

jafame ganafi fonjici, mujangga ofi, geren de
잡으러 가서 물으니 사실이어서 여러 사람이

ejebume waha.
기억하도록 죽였다.

○ orin ninggun de, julergi jase bitume anafu tehe
26일에 남쪽 경계를 따라 수자리 사는

soohai dzung bing guwan, turgei dzung bing guwan de, jambulu
Soohai 총병관과 Turgei 총병관에게 Jambulu

nirui sabi, tulai nirui šose, jai juwe niyalma, (56:2b)
니루의 Sabi와 Tulai 니루의 Šose, 그리고 다른 두 명,

ere duin niyalma be takūrame jafabufi unggihe bithei
이 네 명을 파견하며 들려보낸 글이다.

⇦ gisun, sio yan i ba i facabuha niyalmai fe jeku be
"수암(岫巖) 지역의 흩어지게 한 사람들의 묵은 곡식을

← balai ume mamgiyara, boigon i niyalma de, olji niyalma de
함부로 낭비하지 말라. 가호의 사람과 포로인 사람에게

← tuwame bufi, nadan biyade akūtala[1] jetere bele niohubu,
살펴보고 주어서 7월에 끝나도록 먹을 쌀을 찧게 하라.

← musi ambula arabu, ice tariha jeku be balai
미숫가루를 많이 만들게 하라. 새로 경작한 곡식을 함부로

← morin uleburahū, boigon, olji be, bele jaka dagilame
말에게 먹일까 염려된다. 가호와 포로는 양곡과 물건을 준비하여

← bahai teile[2] jurambu, hehe juse bucerahū, sejen de (56:3a)
얻는 것을 살펴보아 출발하게 하라. 여자와 자식들이 죽을까 염려된다. 수레에

← tebu, eihen de yalubu, jaka ambula gaisu se,
앉게 하고 나귀에 타게 하라. 물건을 많이 챙기라고 하라.

← ubade isinjiha manggi, olji dendere de, ninggun nadan
여기에 도착하고 나면 노획물을 나누는 데에 엿새나 이레가

← inenggi ombi, moo akū buda aide arafi jembi,
걸릴 것이다. 나무가 없이 밥을 무엇으로 지어서 먹겠는가.

← fe jeku [原檔殘缺]
묵은 곡식 □□□"

○ tere inenggi, fanggina de unggihe bithe, niyang niyang gung ni
그날에, Fanggina에게 보낸 글이다. "낭랑궁(娘娘宮)

頭註1: gingguleme kimcici, akūtala sere gisun, ainci wajitala sere gisun dere. [신중하게 살펴보니, akūtala라는 말은 아마도 '끝나도록'이라는 말일 것이다.]

頭註2: gingguleme kimcici, bahai teile sere gisun, ainci bahara be tuwame sere gisun dere. [신중하게 살펴보니, bahai teile라는 말은 아마도 '얻는 것을 살펴보아'라는 말일 것이다.]

ba i ubašaha jakūn gašan i maise be, yoo jeo, (56:3b)
지역의 배반한 여덟 마을의 밀을, 요주(耀州),

nio juwang, hai jeo, ere ilan ba i jušen be
우장(牛莊), 해주(海州), 이 세 지역의 여진인을

fanggina si gaifi hadufi walgiyafi saikan umbu, jai
Fanggina 네가 인솔해서, 베고 볕에 말려서 잘 묻으라. 그리고

dabsun fuifure niyalma, meni meni gašan de kemuni
소금 끓이는 사람은 각자의 마을에서 그대로

tekini, akdun akdun be gajifi, yoo jeo de
사는 것이 좋겠다. 믿을만한 사람을 데려와서 요주에

tebu, jai buya niyalma bikini, lio dusy si
살게 하라. 나머지 소인은 그대로 있어도 좋다. Lio 도사(都司) 네가

tubai šurdeme bisire nikasa be gaifi kubun fatabu,
그곳 주변에 사는 한인들을 인솔해서 솜을 따게 하라.

jai aššahakū gašan i niyalma be, bayan mohon (56:4a)
또 이전하지 않은 마을 사람을 부자와 가난한 자 등

geren be tuwame hontoholofi, nio juwang hanci oci,
여럿을 살펴보아 반으로 나누어서 우장에 가까우면

nio juwang de gajifi tebu, yoo jeo hanci oci,
우장에 데려와서 살게 하고, 요주에 가까우면

yoo jeo de gajifi tebu, jušen be emu
요주에 데려와서 살게 하라. 여진인은 한

ici, nikan be emu ici, saikan icihiyame tebu.
쪽에, 한인은 다른 쪽에 잘 처리하여 살게 하라."

○ du tang ni bithe, orin ninggun de geren ciyandzung de
도당(都堂)의 글을 26일에 여러 천총(千總)에게

wasimbuha, neneme wasimbuha g'aoši bithe de hendume, yaya (56:4b)
내렸다. "이전에 내린 공고문에서 말하기를 '어떤

ba i niyalma, meni meni kadalara niyalma be saikan
지역의 사람이든 각자가 관할하는 사람을 잘

kimcime baica, gūwa bade genehe de, genehe niyalma,
살펴 조사하라. 다른 곳으로 갔을 경우에 간 사람과

ukanju halbuha niyalma hūlha kai, tuttu oci, halbuha
도망자를 머물게 한 사람은 반역자이다. 그러면 머물게 한

niyalmai boigon be talambi, ukaka niyalma be aha
사람의 가호를 몰수할 것이다. 도망한 사람은 노복으로

obumbi seme henduhe bihe, fu jeo hecen i teile
삼을 것이다'라고 말했었다. 복주성(復州城)만으로

da toloro de, nadan minggan haha bihe, fu jeo i
원래 수를 셀 때 장정이 7000명이었다. 복주

niyalma ubade gercileme alanjime, fu jeo hecen de da (56:5a)
사람이 여기로 고발하러 와서 고하기를 '복주에 원래

toloho nadan minggan haha ci, fulu emu tumen
수를 센 장정 7000명보다 1만

emu minggan haha ohobi, cargi ci jihe giyansi
1000명이 더 됩니다. 저쪽에서 온 첩자들의

bithe be alime gaihabi, tere ba i niyalma, gemu
글을 받았습니다. 그 지방의 사람들이 모두

ubašame genembi seme alanjiha manggi, tere gerci de
배반해 갈 것입니다'라고 고했는데, 그 고발자를

akdarakū, amba beile be tuwana seme unggifi tuwaci,
믿을 수 없어서 대버일러를 가서 살펴보라고 보내서 보니

hahai ton, da toloho ci emu tumen emu minggan
장정의 수가 원래 셈한 것보다 1만 1000명이

fulu, jai bisire jeku be gemu wacihiyame musi (56:5b)
더 많았다. 그리고 있는 곡식을 모두 남김없이 미숫가루로

arahabi, tuttu ubašara yargiyan ofi, fu jeo i niyalma be
만들었다. 그렇게 배반하려고 한 것이 사실이어서 복주 사람을

wahangge tere inu, yaya ba i niyalma, fu jeo i
죽인 것이 바로 그것이다. 어떤 지역의 사람이든 복주처럼

adali fulu niyalma be gidaci, inu tere kooli
남는 사람을 숨기면 역시 그 선례대로

ombikai, ciyandzung sini kadalara niyalma be kimcime saikan
될 것이다. 천총 네가 관할하는 사람을 살펴 잘

baica, niyalmai gebu be gemu bithe arafi tolo,
조사하라. 사람의 이름을 모두 글로 써서 셈을 하라.

tolofi bihede, [原檔殘缺] dubede emgeri alanju, ciyandzung
셈을 하고 있을 때 □□□ 마지막에 한 번 알리러 오라. 천총

sini kadalara niyalma gūwa bade genefi, si baicafi (56:6a)
네가 관할하는 사람이 다른 곳으로 갔다가 네가 조사해서

jafaha de, tere halbuha niyalmai boigon be hontoholome
잡으면 그 자를 숨긴 사람의 가호를 반으로 나누어

gaifi sinde bure, ukaka niyalma be inu bure,
빼앗아 너에게 줄 것이다. 배반한 사람도 줄 것이다.

gūwa niyalma be si halbufi, tere niyalmai ejen
다른 사람을 네가 숨겨서 그 사람의 주인이

baicafi bahaci, sinde inu terei kooli weile.
조사해서 찾으면 너에게 역시 그의 선례대로 죄가 있다."

○ ši fujiyang, wang beiguwan, suweni juwe nofi, g'ai jeo,
석(石) 부장과 왕(王) 비어, 너희 두 사람이 개주(蓋州),

yoo jeo, hai jeo, ere ilan ba i harangga nikasa be (56:6b)
요주, 해주, 이 세 지역 소속의 한인을

gaifi, fu jeo i harangga facabuha gašan i maise be
인솔해서 복주 관하의 흩어지게 한 마을의 밀을

hadufi walgiyafi saikan umbu, jai kubun be inu
베고 볕에 말려서 잘 묻으라. 또 솜도

saikan fatabu, erin tulirahū, amba jeku be inu
잘 따게 하라. 시기를 놓칠까 염려된다. 큰 밭의 곡식은 역시

alban i nikasa be unggifi hadubumbi.
공역을 하는 한인들을 보내서 베게 할 것이다.

○ ineku tere inenggi, tung tsanjiyang de unggihe bithei
같은 날에, Tung 참장에게 보낸 글이다.

gisun, tung tsanjiyang si, sio yan i ba i facabuha (56:7a)
"Tung 참장 네가 수암(岫巖) 지방의 해산시킨

gašan i maise be, tere šurdeme sini kadalara ba i
마을의 밀을, 그 주변의 네가 관할하는 지역의

facabuhakū gašan i nikasa be gaifi hadufi walgiyabufi
해산시키지 않은 마을의 한인들을 인솔해서 베고 볕에 말리게 해서

umbu, kubun inu saikan fatabu, erin tulirahū, amba
묻으라. 솜도 잘 따게 하라. 시기를 놓칠까 염려된다. 큰 밭의

jeku be alban i nikasa be unggifi tomsobumbi.
곡식은 공역을 하는 한인들을 보내서 수확하게 할 것이다."

○ orin nadan de, yehe i sirin be, beiguwan i hergen be
27일에 Yehe의 Sirin의 비어 관직을

efulehe, tuhere an i weile gaiha, liyoodung ci ebsi (56:7b)
박탈했다. 정죄하던 관습대로 죗값을 받았다. 요동 이후로 지금까지

buhe šang be gemu gaiha, weile i turgun, julergi de
준 상을 모두 빼앗았다. 죄의 이유는 남쪽에

anafu teme genehe bade ukame genere nikan be
수자리 살러 간 곳에서 배반해 가는 한인들을

wafi, terei etuku be gidahabi, tere be booi
죽여서 그들의 옷을 숨기고 있었기 때문이다. 그것을 집의

aha gercilefi šajin de duilefi tuhebuhe, gercilehe
노복이 고발해서 법으로 심리하여 정죄했다. 고발한

aha be hokobuha.
노복을 떠나게 했다.

○ gebakū be daise iogi beiguwan i hergen buhe bihe, (56:8a)
Gebakū에게 유격 서리 비어 관직을 주었는데,

julergi tang šan i ergi de anafu teme genehe bade,
남쪽 탕산(湯山) 쪽에 수자리 살러 갔던 곳에서,

casi jeku ganame genere niyalma de, ejen sindahakū
저쪽으로 곡식을 가지러 가는 사람에게 수장을 세우지 않고

unggifi juwe niyalma wabuhabi, juwan ilan morin, sunja
보내서 두 사람이 살해당했고, 말 13마리, 나귀

eihen, emu losa gaibuhabi, tere wabuha niyalma, gaibuha
다섯 마리, 노새 한 마리를 빼앗겼다. 그 살해당한 사람과 빼앗긴

morin, losa, eihen be, gemu gebakū de toodame
말, 노새, 나귀를 모두 Gebakū에게 배상

gaiha, beiguwan i hergen be efulehe, buhe šang, tuhere
받고, 비어 직위를 박탈했다. 준 상을 빼앗고, 정죄하던

an i tofohon yan i weile gaiha. (56:8b)
관습대로 15냥의 죗값을 징수했다.

◯ sakjai nirui jalikan, fung ji pu i dain de emu
Sakjai 니루의 Jalikan이 봉집보(奉集堡) 전쟁에서

niyalma emu ihan gidahabi, ilducan, ini ehe
사람 한 명과 소 한 마리를 숨겼다. Ilducan이 자신의 나쁜

morin be sindafi sain morin hūlašame gaihabi,
말을 두고 좋은 말로 바꾸어 가졌다.

ini nirui [原檔殘缺] orin yan i gung be
자신의 니루의 □□□ 20냥의 공은을,

jalikan i jalin de juwan yan, ilducan i jalin de
Jalikan에 대해서 열 냥, Ilducan에 대해서

uyun yan be hoose jifi faitaha. (56:9a)
아홉 냥을 Hoose가 와서 깎았다.

◯ orin jakūn de, kūrcan de beiguwan i hergen buhe,
28일에 Kūrcan에게 비어의 관직을 주고,

nikan buhe.
한인을 주었다.

○ aibari be, ama i gung de beiguwan i hergen buhe,
Aibari에게 아버지의 공으로 비어의 관직을 주고,

nikan buhe.
한인을 주었다.

(56:9b)

○ amba beile, fu jeo ci isinjiha, amba beile de,
대버일러가 복주에서 돌아왔다. 대버일러에게

fu jeo i beiguwan wang bin i alaha gisun, ha sing wang de
복주 비어 왕병(王丙)이 고한 말이다.[1] "Ha Sing Wang에게

emu jerde morin, menggun susai yan bufi, wang
절따말 한 마리와 은 50냥을 주어서 Wang

du tang de benehe, lo šen sy gebungge nikan de,
도당에게 보냈습니다. Lo Šen Sy라는 한인에게

du tang de benere aniyai doro seme, duleke
도당에게 보낼 신년 인사라고 하여 작년

aniya jorgon biyade emu tanggū yan menggun bufi,
12월에 은 100냥을 주어서

gecuheri nicuhe udafi gamaha, jai ere aniya duin (56:10a)
망룡단과 진주를 사서 가져갔습니다. 또 올해 4월에

biyade emu tanggū gūsin yan menggun gamaha, lo
은 130냥을 가져갔습니다. Lo

šen sy de, jorgon biyai orin emu de, sain
Šen Sy에게 12월 21일에 좋은

1) 제54권 1b부터 4a까지 같은 내용이 실려 있으나, 인명이 다소 다르다. 제54권 1b 등의 lo san sa가 이 부분에서는 lo šen sy로 되어 있고, 제54권 3b의 tarhū가 이 부분에서는 wang iogi로 되어 있다.

aisin juwan yan, sain juwangduwan emke bufi, hū ši el
금 열 냥과 좋은 장단(粧緞) 한 필을 주어서 Hū Ši El이라는

gebungge gucu be gaifi mini beye benehe, sunja biyai
구추를 데리고 제가 직접 보냈습니다. 5월

ice ilan de, ilan tanggū susai yan menggun be,
초사흘에 은 350냥을

wang beiguwan, mini beye lo šen sy de, mini
저 Wang 비어가 직접 Lo Šen Sy에게 저의

dergi booi amargi boode bufi hendume, simiyan, tiyan (56:10b)
동쪽 집의 북쪽 방에서 주고 말하기를 '심양(瀋陽),

šui jan de hafan akū, si ere menggun be wang
첨수참(甜水站)에 관원이 없다. 네가 이 은을 Wang

du tang de benefi, tubade mimbe šangnara biheo
도당에게 보내면 그곳에서 나에게 상을 줄 것인가'라고

seme hendume buhe, tung fuma de emu morin,
말하며 주었습니다. 동(佟) 부마(駙馬)에게 말 한 마리와

gecuheri etuku emke, ušan benehe, tung jeng guwe de,
망룡단 옷 한 벌을 Ušan이 보냈습니다. Tung Jeng Guwe에게

menggun jakūnju yan, jao san kui benehe, lii dai
은 80냥을 Jao San Kui가 보냈습니다. Lii Dai

ceng de, juwe yan aisin, emu menggun fiyoose,
Ceng에게 금 두 냥과 은 쪽박 하나,

orin muwa boso, juwe narhūn boso, juwe kubun, (56:11a)
굵은 베 20필과 가는 베 두 필, 솜 두 채,

emu kūlan morin buhe, bi jy sai de, aisin juwan yan,
고라말 한 마리를 주었습니다. Bi Jy Sai에게 금 열 냥과

menggun fiyoose emke buhe, tung dusy de, emu
은 쪽박 하나를 주었습니다. Tung 도사에게

losa buhe, ju yung ceng de, emu alha morin,
노새 한 마리를 주었습니다. Ju Yung Ceng에게 얼룩말 한 마리와

gūsin yan menggun buhe, jai yung ning giyan i beiguwan
은 30냥을 주었습니다." 그리고 영녕감(永寧監)의 비어

lii diyan kui geli alame, sahaliyan indahūn aniyai
Lii Diyan Kui가 또 알리기를 "임술년(壬戌年, 1622)

jakūn biyai juwan uyun de, lii diyan kui mini
8월 19일에 Lii Diyan Kui 저의

aisin orin yan du tang gaiha, wang iogi sambi, (56:11b)
금 20냥을 도당이 빼앗았습니다. Wang 유격이 압니다.

juwan biyai ice uyun de, du tang dobihi dakūla i
10월 초아흐레에 도당이 받을 여우 뱃가죽으로 만든

jibca de juwan yan menggun salibufi, wang iogi
가죽옷에 은 열 냥으로 값을 매겨서 Wang 유격이

gaiha, juwan juwe de, fulan morin emke, eihen emke,
빼앗았습니다. 12일에 청마(青馬) 한 마리, 나귀 한 마리,

suru morin emke, wang iogi gaifi du tang de
백마 한 마리를 Wang 유격이 빼앗아서 도당에게

benehe, jorgon biyai tofohon de, niohe dahū emke,
보냈습니다. 12월 15일에 늑대 털옷 한 벌을

wang iogi gaifi du tang de buhe, sele faksi
Wang 유격이 빼앗아서 도당에게 주었습니다. 철 장인

emke, gebu ma el, pijan juwe, jang gio, lii pei, (56:12a)
한 명, Ma El과 가죽 장인 두 명, Jang Gio와 Lii Pei를

wang iogi gamafi du tang debi, tere bithe be
Wang 유격이 데려가서 도당에게 있습니다." 그 글을

gajifi
가져와서

⇦ han de buhe manggi, tere gisun be duilefi, wang
한(汗)에게 올리자 그 말을 심리해서 Wang

du tang de tuhebufi, hafan nakabufi bai niyalma
도당을[2] 정죄해서 직위에서 물러나게 하여 일반 백성이

obuha. (wang du tang, hada gurun i wang han'[3] i omolo,
⇦ genggiyen han i hojihon.)

되게 했다. (Wang 도당은 Hada국 Wang Han의 손자이며
경기연 한(汗)의 사위이다.)

○ orin uyun de, sele urebure ši ceng ni tsanjiyang (56:12b)
29일에, 철을 제련하는 석성(石城)의 참장인

wang dzy deng be, ši ceng ni emu niyalma, cargi nikan i
왕자등(王子登)을 석성(石城)의 한 사람이 저쪽 한인의

bithe be alime gaihabi seme, bithe be gajime
글을 받았다고 하여 글을 가지고

gercileme jihe bihe, tere bithei ujan de arafi
고발하러 와 있었는데, 그 글의 끝에 써서

unggihe gisun, ere bithe be dele duileci, aniya
도로 보낸 말이다 "이 글을 한(汗)께서 심리하니 정월에

biyade unggihe bithede, tsanjiyang seme arahabi, sinde
보낸 글에 참장이라고 적었다. 너에게

2) Wang 도당은 Urgūdai이다.
3) wang han'은 한어 사료에 王台로 기록되어 있으며, wan han, 즉 萬汗으로도 표기된다.

tsanjiyang buhengge, duin biyade buhe, tere emu ba
참장을 4월에 주었으니 그것이 첫 번째

tašan, habšanjiha niyalma, bithe be amba horho de (56:13a)
거짓이다. 고소하러 온 사람이 "그 글은 큰 장(欌)에서

geren dangse bithei suwaliyame bihe, gin iogi niyalma
여러 당안 문서와 섞여 있었고 Gin 유격이 사람을

takūrafi hahai ton i dangse bithe gajire jakade,
파견해서 장정의 수에 대한 당안 문서를 가지고 올 때

wang dzy deng soktofi dangse bithe gaijara de suwaliyame tucike be
왕자등이 술에 취해서 당안 문서를 받을 때에 섞여서 나온 것을

baha seme hendumbi, unenggi cargi ci unggihe bithe oci,
얻었다"라고 말하는데 확실히 저쪽에서 보낸 글이면

narhūn bade encu somime asarambi dere, geren dangse
은밀한 곳에 따로 숨겨서 보관할 것이다. 어찌 여러 당안

bithei emgi ainu asarambi, tere juwe ba tašan
문서와 같이 보관하겠는가. 그것이 두 번째 거짓이다"라고

seme, gerci be tašan obuha, si olhome ume (56:13b)
하며 고발자가 거짓말을 한 것으로 보았다. "너는 두려워하지

gūnire, babe saikan kadala seme bithe arafi, duin
말라. 지역을 잘 관할하라"고 글을 써서

jušen juwe nikan be takūrafi wang dzy deng de bithe unggihe.
여진인 네 명과 한인 두 명을 파견하여 왕자등에게 글을 보냈다.

○ amin beile isinjiha, genehe niyang niyang gung ni ba i
Amin 버일러가 돌아왔다. 그가 갔던 낭랑궁 지역의

niyalma be dalifi, hehe juse be yoo jeo i
사람을 몰아서 여자와 아이들은 요주(耀州)에

hancikingge be yoo jeo de dosimbuha, hai jeo i hancikingge be
가까운 사람은 요주에 들어가게 하고 해주에 가까운 사람은

hai jeo de dosimbuha, hahasi be sindafi meni meni (56:14a)
해주에 들어가게 했다. 장정들은 풀어주고 각자의

usin weile seme unggihe.
밭을 경작하라고 보냈다.

○ nadan biyai ice juwe de, amin beile buhe
7월 초이틀에 Amin 버일러가 준

bithe, fanggina i kadalara yuwan šeobei i kadalara wang bin
글이다. "Fanggina가 관할하는 Yuwan 수비(守備)가 관할하는 Wang Bin

tun i jang jing fu, io ši jung, jao wei sing,
Tun의 Jang Jing fu, Io Ši Jung, Jao Wei Sing과

jang lii tun i tsoo sio fu, tung an lo, jang k'o
장립둔(張立屯)의 Tsoo Sio Fu, Tung An Lo, Jang K'o

dao, niyakuwal tun i ci ši gung, deng wen kui, jao jan (56:14b)
Dao, Niyakuwal Tun의 Ci Ši Gung, Deng Wen Kui, Jao Jan

can tun i pung dzung, tsai šu be, pan deng k'o, jang tsun jing,
Can Tun의 Pung Dzung, Tsai Šu Be, Pan Deng K'o, Jang Tsun Jing,

---

頭註: gingguleme baicaci, ere meyen ci debtelin i dubede isibume, uheri juwan afaha de gemu niyang niyang gung ni jergi baci dalime gajiha nikasa be, yoo jeo, hai jeo i harangga bade, son son i dendeme tebuhe be ejehe dangse, esede umai encu hacin i baita akū ofi, niyalmai gebu, ba i gebu be baicame bahakūngge labdu, gemu da songkoi sarkiyaha. [신중하게 조사하니, 이 단락부터 책의 끝까지 총 열 장은 모두 낭랑궁 등 지역에서 몰아서 데려온 한인들을 요주, 해주 소속 지역으로 흩어져서 나누어 살게 한 것을 기록한 당안이다. 이 사람들에게 전혀 별다른 일이 없어서 사람의 이름과 지역의 이름을 조사할 수 없는 것이 많다. 모두 원래대로 베껴 썼다.] (역자주: son son과 labdu는 원문에 점이 있어 sun son과 lebdu로도 읽을 수 있으나 이 점들은 다른 점들과 모양이 다르다.)

mugiya tun i lio dzung yan, hoo šeobei i kadalara hooguwan
Mugiya Tun의 Lio Dzung Yan, Hoo 수비가 관할하는 Hooguwan

tun i hoo jy jing, hoo sy, koota tun i cin wei sin,
Tun의 Hoo Jy Jing, Hoo Sy, Koota Tun의 Cin Wei Sin,

tsoo ši yoo, an jing jin, ioi dai ceng, suijan tun i
Tsoo Ši Yoo, An Jing Jin, Ioi Dai Ceng, Suijan Tun의

jang ju, lio giya lu, jang hai tun i jang ši hing,
Jang Ju, Lio Giya Lu, Jang Hai Tun의 Jang Ši Hing,

jang šan, ši lii tun i lin jeng gu, lii king cing, fu kung,
Jang Šan, Ši Lii Tun의 Lin Jeng Gu, Lii King Cing, Fu Kung,

liyan jing, siyoo sio tun i sing el, siyoo fu, (56:15a)
Liyan Jing, Siyoo Sio Tun의 Sing El, Siyoo Fu,

yan jeng lii, je yan liyang, ere gūsin emu boigon be
Yan Jeng Lii, Je Yan Liyang, 이 31가호를

yoo jeo de tebuhe.
요주에 살게 했다."

○ amba beile i niyan šeobei i kadalara ioi giya tun i
대버일러 예하의 Niyan 수비가 관할하는 Ioi Giya Tun의

tung jeng fu, tung be se, wang gi dzu, cin san, tsoo
Tung Jeng Fu, Tung Be Se, Wang Gi Dzu, Cin San, 조관둔(曹官屯)의

guwan tun i liyang tiyan ioi, jang tai kuwai, tung jio,
Liyang Tiyan Ioi, Jang Tai Kuwai, Tung Jio,

logiya tun i wang ke bing, ši cing liyang, lo cing šan, (56:15b)
Logiya Tun의 Wang Ke Bing, Ši Cing Liyang, Lo Cing Šan,

lu jing, ioi jan, de ju wei, hūwa i tang, io fun tung,
Lu Jing, Ioi Jan, De Ju Wei, Hūwa I Tang, Io Fun Tung,

hūwang ba, ere juwan ilan boigon be yoo jeo de
Hūwang Ba, 이 13가호를 요주에

tebuhe.
살게 했다.

○ yoto age i cing šeobei i kadalara daguwan tun i jao
Yoto 아거 예하의 Cing 수비가 관할하는 대관둔(大官屯)의 Jao

jio sing, tsoo yung, wang su ming, tsoo io, du se
Jio Sing, Tsoo Yung, Wang Su Ming, Tsoo Io, Du Se

ping, konsoiji tun i hoo giya lu, jao jing tao, g'ao lii ping, (56:16a)
Ping, Konsoiji Tun의 Hoo Giya Lu, Jao Jing Tao, G'ao Lii Ping,

go giya tun i giya san ki, jang dzung guwan, lioming tun i
곽가둔(郭家屯)의 Giya San Ki, Jang Dzung Guwan, 류명둔(留名屯)의

tung sin cang, lio san ju, jang kun jeng, tung bing io,
Tung Sin Cang, Lio San Ju, Jang Kun Jeng, Tung Bing Io,

san kiowan tun i ma sy kuwai, wang guwan cing, liyang tun i
San Kiowan Tun의 Ma Sy Kuwai, Wang Guwan Cing, Liyang Tun의

lio sio cing, jeng io gung, ba giya ho cang tun i nan jing
Lio Sio Cing, Jeng Io Gung, Ba Giya Ho Cang Tun의 Nan Jing

heo, šu jing dzung, ere juwan nadan boigon be
Heo, Šu Jing Dzung, 이 17가호를

yoo jeo de tebuhe.
요주에 살게 했다.

(56:16b)

○ derhi hunio arara cin šeobei i kadalara cin šang
돗자리와 물통을 만드는 Cin 수비가 관할하는 Cin Šang

guwan tun i ceng io sing, kiyoo sio tseng, be ing
Guwan Tun의 Ceng Io Sing, Kiyoo Sio Tseng, Be Ing

heo, ho ju jing, cen i yan, tuwan ho tun i wang cung
Heo, Ho Ju Jing, Cen I Yan, Tuwan Ho Tun의 Wang Cung

hūwai, duwan cing be, wangwang tun i wan wen jo,
Hūwai, Duwan Bing Be, Wangwang Tun의 Wan Wen Jo,

fung cu tung, wang ming tun i lii sung, kiyan can tun i
Fung Cu Tung, Wang Ming Tun의 Lii Sung, Kiyan Can Tun의

wang tsy, ere juwan emu boigon be yoo jeo de tebuhe.
Wang Tsy, 이 11가호를 요주에 살게 했다.

(56:17a)

○ liyang beiguwan i kadalara dai giya tun i si nai, tang sio ling,
Liyang 비어가 관할하는 Dai Giya Tun의 Si Nai, Tang Sio Ling,

sung sio juwan, jao cin tun i lio io šan, yuwan
Sung Sio Juwan, 조친둔(趙親屯)의 Lio Io Šan, Yuwan

tiyan fu, yuwan h'ao jin, ši ho tun i lii tiyan ming,
Tiyan Fu, Yuwan H'ao Jin, Ši Ho Tun의 Lii Tiyan Ming,

tsy dzu ning, lio ceng gung, hooguwal tun i cen
Tsy Dzu Ning, Lio Ceng Gung, Hooguwal Tun의 Cen

king dzo, sung ju tao, su io de, kiyoo ke dang,
King Dzo, Sung Ju Tao, Su Io De, Kiyoo Ke Dang,

gu ning fu, iosan tun i sy io fa, šan cio san,
Gu Ning Fu, Iosan Tun의 Sy Io Fa, Šan Cio San,

jang fang gui, hūng tsoo tun i liyan biyoo, jang dai lu, (56:17b)
Jang Fang Gui, 홍초둔(紅草屯)의 Liyan Biyoo, Jang Dai Lu,

jing dzung, jang da, ja el, jao el, ere orin ilan
Jing Dzung, Jang Da, Ja El, Jao El, 이 23가호를

boigon be yoo jeo de tebuhe.
요주에 살게 했다.

○ tung dusy i kadalara sioji tun i niyan dzai siyang, tung can
Tung 도사가 관할하는 Sioji Tun의 Niyan Dzai Siyang, Tung Can

gung, jang jing be, yan giya jy, sio pu, ere sunja
Gung, Jang Jing Be, Yan Giya Jy, Sio Pu, 이 다섯

boigon be yoo jeo de tebuhe.
가호를 요주에 살게 했다.

(56:18a)

○ buhatu i kadalara sowang tun i sun yan sun, wang jeng
Buhatu가 관할하는 Sowang Tun의 Sun Yan Sun, Wang Jeng

ming, hoo sy i, tung jeng ming, ere duin boigon be
Ming, Hoo Sy I, Tung Jeng Ming, 이 네 가호를

buhatu i jušen i tehe yoo jeo i julergi ku lung šan tun de tebuhe.
Buhatu의 여진인이 사는 요주 남쪽의 Ku Lung Šan Tun에 살게 했다.

○ asan i kadalara loo biyan tun i lio san sin, bi šan, jang
Asan이 관할하는 Loo Biyan Tun의 Lio San Sin, Bi Šan, Jang

loo yūn, u yeng, ba giya tun i hoo yung sun, ere duin
Loo Yūn, U Yeng, Ba Giya Tun의 Hoo Yung Sun, 이 네

boigon be yoo jeo de tebuhe. (56:18b)
가호를 요주에 살게 했다.

◯ antai i kadalara šeo pu tun i wang cin sun, u yang k'ai,
Antai가 관할하는 Šeo Pu Tun의 Wang Cin Sun, U Yang K'ai,

ere juwe boigon be yoo jeo i amargi burantai nirui
이 두 가호를 요주 북쪽의 Burantai 니루의

jušen i tehe jao giya tun de tebuhe.
여진인이 사는 조가둔(趙家屯)에 살게 했다.

◯ ganggada i kadalara [原檔殘缺] jang da gung, cen je gui,
Ganggada가 관할하는 □□□ Jang Da Gung, Cen Je Gui,

ša ho tun i sung yao siye, wang hul, wang ji ioi, (56:19a)
Ša Ho Tun의 Sung Yao Siye, Wang Hul, Wang Ji Ioi,

ere ninggun boigon be hai jeo de tebuhe.
이 여섯 가호를 해주에 살게 했다.

◯ yangguri efu i ša ho kambilin tun i sung šan pu i
Yangguri 어푸의 Ša Ho Kambilin Tun의 Sung Šan Pu의

bu wen, jang lio, tiyan ioi šan, ere duin boigon be
Bu Wen, Jang Lio, Tiyan Ioi Šan, 이 네 가호를

hai jeo i likosa tun de tebuhe.
해주의 Likosa Tun에 살게 했다.

◯ donggo efu i kadalara tuwan tai siyang giya tun i šen šan (56:19b)
Donggo 어푸가 관할하는 Tuwan Tai Siyang Giya Tun의 Šen Šan

duwan, wang dzung jao, ta šan tun i wang sio i,
Duwan, Wang Dzung Jao, 탑산둔(塔山屯)의 Wang Sio I,

wang el, i cu šan, ere sunja boigon be nio juwang de
Wang El, I Cu Šan, 이 다섯 가호를 우장에

tebuhe.
살게 했다.

○ lio dusy i kadalara funggiya tun i fung do ioi, ping
Lio 도사가 관할하는 Funggiya Tun의 Fung Do Ioi, Ping

hing fan, cen pu, lio lio, ere duin boigon be
Hing Fan, Cen Pu, Lio Lio, 이 네 가호를

hai jeo de tebuhe. (56:20a)
해주에 살게 했다.

○ fanggina i kadalara yuwan šeobei, hoo šeobei, ere juwe
Fanggina가 관할하는 Yuwan 수비와 Hoo 수비, 이 두

šeobei i kadalara juwan gašan i gūsin emu boigon be
수비가 관할하는 촌락 열 개의 31가호를

yoo jeo de tebuhe.
요주에 살게 했다.

○ amba beile i niyan šeobei i kadalara ilan gašan i juwan
대버일러 예하의 Niyan 수비가 관할하는 촌락 세 개의 13가호를

ilan boigon be yoo jeo de tebuhe. (56:20b)
요주에 살게 했다.

○ yoto age i cing šeobei i kadalara nadan gašan i juwan
Yoto 아거 예하의 Cing 수비가 관할하는 촌락 일곱 개의 17가호를

nadan boigon be yoo jeo de tebuhe, cin šeobei i
요주에 살게 했다. Cin 수비가

kadalara derhi hunio arara sunja gašan i juwan emu
관할하는 돗자리와 물통을 만드는 다섯 촌락의 11가호를

boigon be yoo jeo de tebuhe.
요주에 살게 했다.

○ yoo jeo i lii jang beiguwan i kadalara nadan gašan i (56:21a)
요주의 Lii Jang 비어가 관할하는 촌락 일곱 개의

orin ilan boigon be yoo jeo de tebuhe.
23가호를 요주에 살게 했다.

○ tung dusy i kadalara emu gašan i sunja boigon be
Tung 도사가 관할하는 촌락 한 개의 다섯 가호를

yoo jeo de tebuhe.
요주에 살게 했다.

○ akšan i kadalara juwe gašan i duin boigon be yoo jeo de
Akšan이 관할하는 촌락 두 개의 네 가호를 요주에

tebuhe. (56:21b)
살게 했다.

○ buhatu i kadalara emu gašan i duin boigon be,
Buhatu가 관할하는 촌락 한 개의 네 가호를 모두

buhatu i jušen tehe yoo jeo i julergi gemu misan
Buhatu의 여진인이 사는 요주의 남쪽 Misan

tun de tebuhe.
Tun에 살게 했다.

○ ganggada i kadalara juwe gašan i ninggun boigon be
Ganggada가 관할하는 촌락 두 개의 여섯 가호를

hai jeo de tebuhe. (56:22a)
해주에 살게 했다.

○ yangguri efu i kadalara juwe gašan i duin boigon be,
Yangguri 어푸가 관할하는 촌락 두 개의 네 가호를

hai jeo i amargi likosa tun de tebuhe.
해주 북쪽의 Likosa Tun에 살게 했다.

○ antai kadalara emu gašan i juwe boigon be, yoo jeo i
Antai가 관할하는 촌락 한 개의 두 가호를 요주

amargi burantai nirui jušen tehe jao giya tun de tebuhe.
북쪽의 Burantai 니루의 여진인이 사는 조가둔(趙家屯)에 살게 했다.

(56:22b)

○ donggo efu i kadalara juwe gašan i sunja boigon be
Donggo 어푸가 관할하는 촌락 두 개의 다섯 가호를

nio juwang de tebuhe.
우장에 살게 했다.

○ [原檔殘缺] dusy i kadalara [原檔殘缺] gašan i
□□□ 도사가 관할하는 □□□ 촌락의

duin boigon be hai jeo de tebuhe.
네 가호를 해주에 살게 했다.

○ uheri dehi duin gašan, emu tanggū orin uyun (56:23a)
모두 하여 촌락 44개,

boigon.
129가호이다.

제57권

천명(天命) 8년(1623) 7월

susai nadaci debtelin,
abkai fulingga i
jakūci aniya nadan
biya.

tongki fuka sindaha hergen i dangse. (57:1a)
유권점 당안

○ ice ilan de,
초사흘에

⇦ han hendume, hūwanglii arara hiya siyang gung de, emu biyade
한(汗)이 말하기를, "책력을 만드는 Hiya Siyang Gung에, 한 달에

← juwan anggala de ilan yan menggun bu seme henduhe.
인구 열 명당 은 석 냥을 주라"고 했다.

○ amin beile liyoha i dalin ci gajiha olji ton,
Amin 버일러가 요하(遼河)강 기슭에서 가져온 노획물의 수(數)가

niyalma emu minggan gūsin nadan, morin susai,
포로 1037명, 말 50마리,

ihan duin tanggū dehi, eihen juwe tanggū (57:1b)
소 440마리, 나귀 206마리,

ninggun, suje i etuku gūsin jakūn, mocin i etuku
비단 옷 38벌, 모청포로 지은 옷

orin ilan, ehe etuku ilan tanggū.
23벌, 거친 옷 300벌이다.

○ du tang ni bithe, ice ilan de wasimbuha,
도당의 글을 초사흘에 내렸다.

mederi de jaha sabumbi seme boolanjiha bihe,
"바다에 나룻배가 보인다고 사람이 와서 알렸었다.

g'ai jeo i hecen ci julesi, hiong yo de
개주성(蓋州城)에서 남쪽으로, 웅악(熊岳)에

isitala, mederi ergi niyalmai juse hehe be, (57:2a)
이르기까지 바다 쪽에 사는 사람들의 아이들과 여자들을

gemu g'ai jeo hecen i dolo bargiya, hahasi
모두 개주성 안으로 거두어 보살피고, 장정들은

kemuni usin weilekini, yoo jeo, hai jeo, nio juwang ni
그대로 밭일을 하게 하라. 요주(耀州), 해주(海州), 우장(牛莊)의

mederi ergi niyalmai juse hehe be gemu bargiyafi,
바다 쪽에 사는 사람들의 아이들과 여자들을 모두 거두어서

yoo jeo, hai jeo, nio juwang ni meni meni kadalara
요주, 해주, 우장, 각각의 관할하는

hecen de dosimbu, hahasi kemuni usin weilekini.
성에 들이고, 장정들은 그대로 밭일을 하게 하라."

⇦ han i hojihon enggeder, gurun irgen adun ulha dalime isinjiha (57:2b)
한(汗)의 사위 Enggeder가 나라 백성과 가축 떼를 몰아 도착한

manggi, ini beye be akdun sabume gashūha gisun,
후에, 자신의 신실함을 보이기 위해 맹세한 말이다.

⇦ genggiyen han de nikefi banjiki seme jihe, jihe be dahame,
"경기연 한(汗)께 의지하여 살겠다고 왔습니다. 왔으므로

⇦ han gosime juse i gese obuha, ere gosiha be
한(汗)께서 어여삐 여겨 아들과 같이 대해주셨으니, 이렇게 아껴주셨는데도

⇦ han ama ci fudasihūn yabuci,
한(汗) 아버지께 거스르는 행동을 하면

⇦ dergi abka sakini, tere ba i ama eme, ahūn deo be
위의 하늘이 알아도 좋습니다. 그곳의 부모 형제가

ehe seme jihe be dahame, ai ai gūniha
나쁘다 하며 한(汗)께 왔으므로 온갖 원하는

jaka be gemu jalukiyame baha, (57:3a)
물건을 모두 충분히 받을 수 있었습니다.

⇦ han i jalukiyame buhe be gūnirakū fudasihūn yabuci, ehe sui
이렇게 한(汗)께서 충분히 주신 것을 생각하지 않고 거스르는 행동을 하면 나쁜 죄업이

isifi bucekini, sain mujilen be jafafi hūsun bume
미쳐 죽어도 좋습니다. 선한 마음을 먹고 힘써

yabuci, sain jirgacun i elhe taifin i jirgame banjikini.
행하면, 좋게 편안하게, 평안하고 태평하게, 안정된 생활을 누리며 살 것입니다."

○ ice duin de, monggo i urut beise i gashūha gisun,
초나흘에, 몽골의 Urut 버일러들이 맹세한 말이다.

⇦ genggiyen han i gebu be donjifi, cahar i han be ehe seme,
"경기연 한(汗)의 명성을 듣고서, Cahar의 한(汗)은 나쁘다 하며,

頭註: gingguleme baicaci, jakan toktobuha fe manju gisun i bithede, akdun sabume sere gisun, uthai akdun tuwabume sere gisun inu sehebi. [신중하게 조사하니, 최근 편찬한 『舊清語』에 akdun sabume라는 말은 곧 akdun tuwabume(신실함을 보이기 위해)라는 말이라 했다.]

⇦ genggiyen han de nikefi dahaki seme jihe, jihe be (57:3b)
경기연 한(汗)께 의지하여 따르려고 온 것입니다. 온 것을

gūnime,
생각하여

⇦ han gosifi juse i gese obuha,
한(汗)께서 어여삐 여기고 자식처럼 대해주셨습니다.

⇦ han i gosiha be gūnirakū, meni monggo beise ehe mujilen
한(汗)께서 아껴주신 것을 생각하지 않고, 우리 몽골 버일러들이 나쁜 마음을

jafaci, tere ehe mujilen jafaha beise be,
먹으면, 그 나쁜 마음을 먹은 버일러들을

⇦ abka neneme tuwafi ehe sui isikini,
하늘이 먼저 보고 나쁜 죄업이 미쳐도 좋습니다.

⇦ han i gosiha be gūnime, tondo mujilen i banjici,
한(汗)께서 아껴주신 것을 생각하며, 충성된 마음으로 살면,

⇦ abka gosifi emgi elhe taifin i jirgame banjikini. (57:4a)
하늘이 어여삐 여겨 함께 평안히 안정된 생활을 누리며 살 것입니다."

⇦ genggiyen han be akdacun seme gūnifi jihe,
"경기연 한(汗)을 믿고서 왔습니다.

⇦ genggiyen han gosime beyei juse niyalma seme gosiha, gosiha be dahame, aika
경기연 한(汗)께서 어여삐 여겨 당신의 자식이라며 아껴주셨습니다. 아껴주셨으므로 만약

⇦ han ama ci fudarame yabuci,
한(汗) 아버지께 거스르는 행동을 하면,

頭註: gingguleme baicaci, ere emu meyen, fe dangse de arahangge monggo hergen, te manjurame ubaliyambuha. [신중하게 조사하니, 이 한 단락은 『滿文原檔』에 쓴 것은 몽골 글자였는데, 이제 만주어로 번역했다.]

⇦ dergi abka bulekušekini, tubai ama eme, ahūn deo be ehe seme waliyafi
위의 하늘이 꿰뚫어보실 것입니다. 그곳의 부모 형제를 나쁘다며 버리고

jihe, jihe erinde, yaya gūniha ele gemu yongkiyabuha,
왔습니다. 왔을 때, 원하는 것은 무엇이든 다 갖추어주셨습니다.

⇦ han i yongkiyabuha baili be gūnirakū, ehe gūnin jafafi yabuci, (57:4b)
한(汗)께서 갖추어주신 은혜를 생각하지 않고 나쁜 마음을 먹고 행하면,

ehe sui isifi bucekini, sain gūnin jafafi hūsun
나쁜 죄업이 미쳐서 죽어도 좋습니다. 선한 마음을 먹고 힘써

bume yabuci, sain jirgacun taifin elhe i sebjeleme banjikini.
행하면, 좋고 편안하며 태평하고 평안하게 즐기며 살 것입니다."

⇦ genggiyen han i gebu be donjifi, cahar i han be ehe seme,
"경기연 한(汗)의 명성을 듣고서, Cahar의 한(汗)이 나쁘다 하며,

⇦ genggiyen han be hukšeme akdafi dahaki seme jihe, jihe be gūnime,
경기연 한(汗)께 감격하여 믿고서 따르겠다고 왔습니다. 온 것을 생각하여

⇦ han gosime bulekušefi juse enen i adali obuha,
한(汗)께서 어여삐 여겨 깊이 헤아리고 자식처럼 대해주셨습니다.

⇦ han i gosiha kesi be gūnirakū, meni monggo ejete we aika ehe (57:5a)
한(汗)께서 아껴주신 은혜를 생각하지 않고, 우리 몽골 수장들 중 누군가가 나쁜

gūnin jafafi fudarame yabuci, tere niyalma be
뜻을 가지고 거스르는 행동을 하면, 그 사람을

⇦ abka doigonde bulekušefi ehe sui isikini,
하늘이 미리 꿰뚫어보고 나쁜 죄업이 미쳐도 좋습니다.

⇦ han i gosiha be gūnime hing sere unenggi gūnin i yabuci,
한(汗)께서 아껴주신 것을 생각하여 지극 정성으로 행하면,

頭註: ere emu meyen, inu monggo hergen i songkoi manjurame ubaliyambuha. [이 한 단락 역시 몽골 글자를 원래대로 만주어로 번역했다.]

⇦ abka gosime uhei elhe sebjen i jirgame banjikini.
하늘이 어여삐 여겨 모두 평안하고 즐겁게 안정된 생활을 누리며 살 것입니다."

⇦ genggiyen han, ini geren juse be gashūbuha gisun,
경기연 한(汗)이 자신의 여러 자식을 맹세시킨 말이다.

⇦ abka, han be gosime encu monggo gurun i ba ba i (57:5b)
"하늘이 한(汗)을 어여삐 여겨 다른 몽골국 곳곳의

beise be acabuha,
버일러들을 모이게 한 것입니다.

⇦ abkai acabuha be gūnime, monggo i beise be ai ai
하늘이 모이게 한 것임을 생각하며, 몽골의 버일러들이 갖가지

bucere weile bahaci buceburakū,
죽을 죄를 지어도 죽게 하지 않겠습니다.

⇦ abkai acabuha be gūnirakū, ubai yaya beise, ehe mujilen
하늘이 모이게 했음을 생각하지 않고, 여기 버일러들 중 누구든, 나쁜 마음을

jafafi ehe be deribuci, deribuhe beise be
먹고 악행을 저지르면, 저지른 버일러를

⇦ abka safi ehe sui isikini,
하늘이 알고 나쁜 죄업이 미쳐도 좋습니다.

⇦ abka de akdulaha gisun de isibume, (57:6a)
하늘에 맹세한 말과 다름없이,

⇦ abkai acabuha be gūnime hebe acafi tondo sain banjici,
하늘이 모으게 한 것을 생각하며 뜻을 모아 충성스럽고 선하게 살면,

⇦ abka gosime jalan halame taifin jirgame banjikini.
하늘이 어여삐 여겨 대대로 태평하고 안정된 삶을 누리며 살 것입니다."

○ ineku tere inenggi,
같은 날,

⇦ han, geren beise ambasa be gaifi, hecen ci tucime
한(汗)이 여러 버일러들과 대신들을 이끌고, 성에서 나와

nimaha hūrhadame genefi, amba sarin sarilafi jihe.
큰 그물로 물고기를 잡으러 가서 큰 주연을 베풀고 왔다.

(57:6b)

○ fusi efu, daimbu dzung bing guwan i hergen be
Fusi 어푸와 Daimbu 총병관(總兵官)의 직위를

efulehe, aita fujiyang ni hergen be efulefi tsanjiyang
박탈했다. Aita 부장(副將)의 직위를 박탈하여 참장(參將)이

obuha, gahai beiguwan i hergen be efulehe, coirjal iogi be
되게 했다. Gahai 비어(備禦)의 직위를 박탈했다. Coirjal 유격(遊擊)을

wesibufi tsanjiyang obuha.
승직시켜 참장으로 삼았다.

⇦ han hendume, kalka i beise de dele ejen akū, ceni
한(汗)이 말하기를, "Kalka의 버일러들에게 위의 우두머리가 없어서 자기들의

← ciha cihai banjimbihe, tere <u>banjire dele geli banjiki</u>, (57:7a)
마음대로 살고 있다가 더 잘살고

← <u>jirgahai dele geli jirgaki</u> seme baime jihe, urut i
더 편히 지내고 싶다며 귀부(歸附)해 왔다. Urut의

頭註: gingguleme baicaci, fe manju gisun i bithede banjire delen geli banjiki, jirgahai dele geli jirgaki sere gisun, uthai banjire dade geli banjiki, jirgaha dade geli jirgaki sere gisun inu sehebi. [신중하게 조사하니, 『舊淸語』에 banjire dele geli banjiki, jirgahai dele geli jirgaki라는 말은 곧 banjire dade geli banjiki, jirgaha dade geli jirgaki(사는 데 더해 더욱 잘살고, 편히 지내는 데 더해 더욱 편히 지내고 싶다)라는 말이라고 했다.]

← beise ini monggo gurun i han be ehe, muse be
버일러들은 자기들 몽골국의 한(汗)이 나쁘고 우리가

← sain seme baime jihe, tuttu baime jihe beise be
좋다 하며 귀부(歸附)해 왔다. 그렇게 귀부해 온 버일러들을

← ai ai weile oci, musei jakūn beise beyei gese
어떤 죄이든지, 우리의 여덟 버일러들은 자신과 같이

← emu adali obu, aika bucere weile oci, ume
한가지로 대하고, 만일 죽을 죄라 하여도,

← bucebure, ini bade unggi, jihe beise suwe ubade
죽게 하지 말고, 자기 고향에 보내라. 온 버일러들 너희는 이곳에서

← niyaman jafafi fulehe oki seme, meni juse be gaiha (57:7b)
혼인하여 뿌리를 내리겠다 하며, 우리 딸들을 얻은

← niyalma, meni juse de ume olhoro, suwembe goro
사람이다. 우리 딸들을 두려워하지 말라. 너희가 먼

← baci baime jihe jilakan seme gosime, juse be suwende
곳으로부터 귀부(歸附)해 왔다고 가상하다고 어여삐 여겨서, 딸들을 너희에게

← buhebi dere, suwembe juse de salibuhabio, suweni monggo i
준 것이지, 딸들에게 너희를 거느리라고 준 것이겠느냐. 너희 몽골의

← cahar, kalka i beise i juse be, sain gucu de
Cahar, Kalka의 버일러들이 딸들을 좋은 구추와

← ambasa de bufi, eigen be jobobure, gurun be
대신들에게 주었는데 남편을 근심하게 하고 백성을

← suilabure be, be inu donjihabi, meni juse terei
괴롭게 하는 것을 우리도 들었다. 우리 딸들이 그와

← adali eigen be jobobure gasabure oci, suwe mende ala, (57:8a)
같이 남편을 힘들게 하고 원망을 품게 하면 너희는 우리에게 알리라.

← wara ba oci, [原檔殘缺] ume wara, ehe oci,
죽일 일이어도, □□□ 죽이지 말라. 나쁜 것이 있으면

← mende ala, wara ba oci, waki, wara ba waka
우리에게 알리라. 죽일 일이면 죽일 것이고, 죽일 일이 아니면,

← oci, imbe hokobufi gūwa juse be geli bure,
그 딸을 이혼시키고 다른 딸을 다시 줄 것이다.

← jusei ehe be mende alarakūci, suwe ehe, suwe
딸들의 악행을 우리에게 알리지 않으면 너희가 나쁘다. 너희가

← alafi meni jusei ehe be harime hendurakūci, be ehe,
알렸는데도 우리 딸들의 악행을 편을 들어 아무 말 하지 않으면 우리가 나쁘다.

← jai suweni aika joboro suilara ba bici, ume gidara,
또 너희가 무엇이든 근심스럽고 고생스러운 일이 있으면, 숨기지 말고

← gūniha be mende ala. (57:8b)
생각한 것을 우리에게 알리라."

⇦ han hendume, urut i beise, ini monggo gurun i han be ehe,
한(汗)이 말하기를 "Urut의 버일러들이 자기들 몽골국의 한(汗)이 나쁘고

← muse be sain seme baime jihe, tuttu baime
우리가 좋다 하며 귀부(歸附)해 왔다. 그렇게 귀부하여

← jihe beise be, ai ai weile oci, musei jakūn
온 버일러들을 어떤 죄이든지 우리의 여덟

← beise beyei emu adali obu, aika bucere weile oci,
버일러들은 자신과 같이 한가지로 대하고, 만일 죽을 죄라 하여도,

← ume bucebure, ini bade unggi, jihe beise suwe,
죽게 하지 말고, 자기 고향으로 보내라. 온 버일러들 너희는

← ubade niyaman jafafi fulehe oki seme, meni juse be (57:9a)
이곳에서 혼인하여 뿌리를 내리겠다 하며, 우리 딸들을

← gaiha niyalma, meni juse de ume olhoro, suwembe
얻은 사람이다. 우리 딸들을 두려워하지 말라. 너희가

← goro baci baime jihe jilakan seme gosime, juse be
먼 곳에서부터 귀부(歸附)해 왔다고 가상하다고 어여삐 여겨서, 딸들을

← suwende buhebi dere, suwembe juse de salibuhabio, suweni
너희에게 준 것이지, 딸들에게 너희를 거느리라고 준 것이겠느냐. 너희

← monggo cahar, kalka i beise i juse be sain gucu de
몽골의 Cahar, Kalka의 버일러들이 자식들을 좋은 구추와

← ambasa de bufi, eigen be jobobure, gurun be suilabure be,
대신들에게 주었는데 남편을 근심하게 하고 백성을 괴롭게 하는 것을

← be inu donjifi, meni juse terei adali eigen be
우리도 들었다. 우리 딸들이 그와 같이 남편을

← jobobure gasabure oci, suwe loho [原檔殘缺] wara, (57:9b)
힘들게 하고 원망을 품게 하면, 너희는 환도 □□□ 죽이지 말라.

← ehe oci, mende ala, wara ba oci, waki,
나쁜 것이 있으면, 우리에게 알리라. 죽일 일이면 죽일 것이고,

← wara ba waka oci, imbe hokobufi gūwa juse be
죽일 일이 아니면, 그 딸을 이혼시키고 다른 딸을

← geli bure, jusei ehe be mende alarakūci, suwe
다시 줄 것이다. 딸들의 악행을 우리에게 알리지 않으면 너희가

← ehe, suwe alafi meni juse be harime ehe be
나쁘다. 너희가 알렸는데도 우리 딸들의 편을 들어 악행에 대해서

← hendurakūci, be ehe, jai suweni aika joboro suilara ba
말하지 않으면, 우리가 나쁘다. 또 너희가 무엇이든 근심스럽고 고생스러운 일이

← bici, ume gidara, mende ala.
있으면, 숨기지 말고 우리에게 알리라."

(57:10a)

⇦ han hendume, babai efu i sargan gege fasire jakade, babai
한(汗)이 말하기를, "Babai 어푸의 아내인 공주가 목매어 죽어서, Babai

← efu i eme gasame hendume, donggo efu i jui de buhe
어푸의 모친이 한탄하여 말하기를 'Donggo 어푸의 아들에게 준

← gege fasime bucehe seme, karu donggo efu i jui be
공주가 목매어 죽었다고 보복으로 Donggo 어푸의 아들을

← waha, muse be terei gese ohode ainara seme
죽였다. 우리가 그와 같이 되면 어찌 하겠는가'라고

← gisurehe sere, suwembe tere be jergileci ombio, mimbe
말했다 하는데, 너희를 그와 똑같이 볼 수 있겠는가. 나를

← ya waki sehekū, mini emu mafa de banjiha
그 누가 죽이려 하지 않았겠는가. 나와 한 조상에게서 난

← ninggun beise i juse omosi inu mimbe waki seme (57:10b)
여섯 버일러들의 자손들도 나를 죽이겠다고 하며

← ududu jergi kicefi mutehekū, tereci ba ba i jušen
수차례 노력했으나 이루지 못했다.[1] 그 후로도 곳곳의 여진국,

← gurun, nikan gurun, ya mimbe waki sehekū, tuttu
명나라, 그 누가 나를 죽이려 하지 않았겠는가. 그렇듯

← waki seme dailandufi etehekū mohofi dahaha, ceni ehe be
죽이겠다며 서로 전쟁을 일으키고서 이기지 못하고 도리 없이 항복했다. '그들의 악행을

1) Nurhaci가 이전에 여러 차례 족인들로부터 습격당했던 일을 이른다. 내부에서는 다섯 할아버지들의 자손들이 연합하여 반대하고, 외부적으로는 주변의 여러 부가 모두 그를 적대시하는 상황에서 Nurhaci는 자객의 습격을 받고 족인들이 Nurhaci의 집에 활을 쏘는 등 여러 차례 위기를 겪었으나, Eidu 등 구추에 의지하여 위기를 넘기고 급속히 성장할 수 있었다.

← gūnime gemu waci, bi emhun banjimbio seme ehe be
생각하여 모두 죽이면, 나 홀로 살겠는가'라고 하며 악행을

← gūnirakū, jui bure, amban obure, ujici, nenehe ehe be
생각하지 않고, 자식을 주고, 대신으로 삼고, 돌봐주는데도, 이전의 악행에 대해서

← toodame baili tusa isiburakū, geli ehe mujilen jafafi
배상하고 은혜와 이익을 미치게 하지 않고, 또 나쁜 마음을 먹고

← mimbe gasabume banjire [原檔殘缺] waka, donggo efu de (57:11a)
나를 근심스럽게 하여 사는 것 □□□ 아니다. Donggo 어푸에게

← mini amba sargan jui be bufi hojihon obuha,
나의 맏딸을 주고서 사위로 삼았다.

← ini juwe jui de, geli mini juwe omolo
그의 두 자식에게는 또 나의 두 손녀를

← sargan jui be buhe, jui be jobobume eigen bisire
주었다. 그런데 Donggo 어푸는 내 딸을 근심시키며 남편도 있는

← emu hocikon sain hehe be, eigen ci faksalafi ini
한 아름다운 미인을 남편에게서 떼어내어 자기

← jui de guweleku buhebi, jai geli dahabume gamaha
자식에게 첩으로 주었고, 또 함께 데려갔던

← juwe sargan jui be, eigen buhekū miyamifi ini
두 딸에게도 남편을 주지 않고, 꾸며서 자기

← jui de buhebi, tuttu ilan sain hehe be miyamifi (57:11b)
자식에게 주었다. 그렇게 세 미인을 꾸며서

← bufi, mini omolo be hihalarakū jobobume ojoro jakade,
주니, 나의 손녀를 귀하게 여기지 않고 고생시키게 된 까닭에,

← jui joboro be ini eshete ahūta de alahabi,
딸이 고생하는 것을 자신의 숙부들과 오빠들에게 알렸다.

← alaha gisun be beise minde wesimbuhekū, ceni cisui
알린 말을 버일러들이 나에게 올리지 않고 자기들 마음대로

← tafulafi unggihebi, tuttu alaha seme ini eigen sargan i
충고하여 보냈다. 그렇게 알렸다고 그 남편이 아내를

← baru becunume feshešeme wahabi, tuttu wafi ce fasime
때리고 발로 차 죽였다. 그렇게 죽이고서 그들이 목을 매

← bucehebi seme alanjiha bihe, geren genefi duileme tuwaci,
죽었다고 알려왔었다. 여럿이 가서 심리하여 보니,

← fasime bucehengge waka, ce wafi faksidame fasibuhabi, weile i turgun (57:12a)
목을 매어 죽은 것이 아니라, 그들이 죽이고서 교묘하게 매어놓았던 것이다. 죄의 이유는

← tere inu, suweni banjiki seme baime jihe beise be, wanume
그것이다. 살겠다고 귀부(歸附)해 온 버일러 너희와 서로 죽이며

← dailafi eterakū dahaha niyalma be gemu emu adali gūnici, mimbe
전쟁하다가 패하여 항복한 사람을 다 똑같이 생각한다면, 나를

← genggiyen serengge ai, ya be, suweni beyebe tesei jergileme ainu gūnimbi,
어찌 영명하다고 하겠는가. 어찌 너희 자신을 저들과 동등하게 생각하는가.

← den alin i ninggu gorokici sabumbi, sain niyalmai gebu enggici
높은 산의 꼭대기는 먼 곳에서도 보인다. 좋은 사람의 이름은 안 보이는 곳에서도

← donjimbi, kalka i beise mimbe sain seme donjifi buyeme sebjeleme
들린다. Kalka의 버일러들이 내가 좋다고 듣고서 선망하여 기뻐하며

← jihe, tuttu buyeme sebjeleme jihe beise be ujire be,
왔다. 그렇듯 선망하여 기뻐하며 온 버일러들을 보살필 것을,

← mini beye te toktobume hendufi, amaga juse omosi jalan (57:12b)
내가 스스로 지금 확실하게 말하고서, 앞으로 자식들과 손주들을 대대로

頭註: gingguleme kimcici, wanume sere gisun, ainci wandume sere gisun dere. [신중하게 살펴보니, wanume라는 말은 아마도 '서로 죽이며'라는 말일 것이다.]

← halame sain ujikini seme hendure gisun ere inu,
잘 돌보겠다고 하는 말이 이것이다.

← suwembe ujime elere unde kai. (babai, monggo gurun i beile, [공격] han i
너희를 아직 충분히 돌보지 못했다." (Babai는 몽골국의 버일러로, 한(汗)의

hojihon. donggo, goloi gebu, efu sehengge, [공격] han i jušen gurun be dahabuha fonde, [공격] ini amba sargan jui be bufi, tuttu efu sehe, gebu hohori.)

사위이다. Donggo는 지역의 이름이다. 어푸라고 한 것은, 한(汗)이 여진국을 복속시켰을 때에 그의 맏딸을 주어서 그렇게 어푸라고 한 것이다. 이름은 Hohori이다.)

○ ice ninggun de,
초엿새에,

⇦ han tucifi fe liyoodung ni julergi ala de, jakūn ihan
한(汗)이 나와 옛 요동(遼東)의 남쪽 산에서, 소 여덟 마리를

wame tu wecefi, amasi bedereme jifi, bira i dalin de (57:13a)
잡아 둑(纛) 제사를 지내고 되돌아와서 강변에서

hergengge ambasa de šangname buhe ton, uju jergi
관직에 있는 대신들에게 상으로 준 것의 수이다. 1등

dzung bing guwan de juwan juwete buhe, ilaci jergi
총병관에게 열둘씩 주었다. 3등

dzung bing guwan de juwanta buhe, fujiyang de jakūta
총병관에게 열씩 주었다. 부장에게는 여덟씩

buhe, tsanjiyang de ninggute buhe, iogi de
주었고, 참장에게는 여섯씩 주었으며, 유격에게는

頭註: gingguleme baicaci, ere emu meyen de, šangname buhe ton be ejehe gojime, ai jaka be umai ejehekū, da songkoi sarkiyame araha. [신중하게 조사하니, 이 한 단락에는 상으로 준 수를 기록했을 뿐, 어떤 물건인지를 전혀 기록하지 않았다. 원래대로 베껴 썼다.]

sunjata buhe, beiguwan de duite buhe, ciyandzung de
다섯씩 주었다. 비어에게는 넷씩 주었으며, 천총(千總)에게는

juwete buhe, juwe šeo pu de acan emke buhe,
둘씩 주었다. 두 수보(守堡)에게는 공동으로 하나를 주었다.

nikan hafasa de, fujiyang de sunjata buhe (57:13b)
한인(漢人) 관원에게는, 부장에게 다섯씩 주었다.

tsanjiyang de duite buhe, iogi de ilata buhe,
참장에게 넷씩 주었다. 유격에게 셋씩 주었다.

beiguwan de juwete buhe, ciyandzung de emte buhe.
비어에게 둘씩 주고, 천총에게 하나씩 주었다.

○ ineku tere inenggi, jekduri, kūniyakta be wesibufi
그날에 Jekduri와 Kūniyakta를 승직시켜

beiguwan i hergen buhe.
비어직을 주었다.

○ ice nadan de, munggatu, cing tai ioi (57:14a)
초이레에, Munggatu가 청태욕(靑苔峪)

ergi de jase ilibure babe tuwame genehe, neneme
방면에 경계를 세울 곳을 보러 갔다. 먼저

kuwa lan ho de unggihe bithei songkoi arafi
Kuwa Lan Ho에 보냈던 글을 그대로 적어

unggihe.
보냈다.

○ urgūdai efu be, ilaci jergi iogi obuha, warka
Urgūdai 어푸를 3등 유격으로 삼았다. Warka

fiyanggū be, yahican buku i funde beiguwan obuha,
Fiyanggū를 Yahican Buku를 대신하여 비어로 삼았다.

dunggami be, gaha i funde beiguwan obuha, fusi (57:14b)
Dunggami를 Gaha를 대신하여 비어로 삼았다. Fusi

efu be, kemuni dzung bing guwan obuha.
어푸는 그대로 총병관으로 삼았다.

○ sio yan i ba i olji ton, niyalma ninggun
수암(岫巖) 지방의 노획물의 수이다. 사람 6700명,

minggan nadan tanggū, morin ninggun tanggū jakūnju
말 683마리,

ilan, ihan juwe minggan nadan, eihen uyun
소 2007마리, 나귀 941마리,

tanggū dehi emu, uhereme olji emu tumen
모두하여 노획물이 1만

ilan tanggū gūsin emu, aisin ninju ninggun yan (57:15a)
331이다. 금 66냥

jakūn jiha, [原檔殘缺] tanggū uyunju yan,
8전, □□□ 190냥,

suje i etuku emu minggan juwe tanggū nadanju
비단 옷 1272벌,

juwe, jibca dahū uyunju emu, juwe yarha i
가죽옷과 털옷 91벌, 표범

sukū, juwe seke mahala, fulgiyan jafu gūsin
가죽 두 장, 담비 털모자 두 개, 붉은 융단 32필,

juwe, šanggiyan boso juwe tanggū dehi, mocin
흰 베 240필, 모청포로

samsu etuku sunja minggan uyun tanggū orin.
지은 옷 5920벌이다.

(57:15b)

◯ ineku tere inenggi, murtai i funde tantaiju be
같은 날에, Murtai를 대신하여 Tantaiju를

beiguwan obuha, nantai i funde boigon be beiguwan obuha.
비어로 삼았다. Nantai를 대신하여 Boigon을 비어로 삼았다.

◯ ice jakūn de, oforo amba moohai unggihe
초여드렛날에, 코가 큰 Moohai가 보낸

gisun, burgi age gamaha ci amala, bahangge morin
말이다. "Burgi 아거가 데리고 간 뒤로 얻은 것이 말

susai, ihan jakūnju, eihen emu tanggū susai,
50필, 소 80마리, 나귀 150마리,

haha juse emu tanggū ninju, jakūn gūsai (57:16a)
남자 아이 160명이다. 8구사의 것을

uheri ton.
모두 합한 수이다."

◯ amba beile, maitari ama beile gaiha tun de
대버일러와 Maitari 아버지 버일러가 취한 섬에

gūsin cuwan bi, ilan inenggi tuwaci kemuni bi.
배 30척이 있다. 사흘간 지켜보아도 그대로 있다.

○ dajuhū gaiha yung ning giyan pu i teisu
Dajuhū가 취한 영녕감보(永寧監堡)를 향하여

emu tanggū [原檔殘缺] dobori dosifi amasi (57:16b)
100 □□□ 밤에 들어갔다가 되돌아

genehe.
갔다.

○ yoo jeo i lii ing giye iogi wesimbuhe,
요주(耀州) Lii Ing Giye 유격이 글을 올렸다.

ice ninggun de, susai ninju jaha, hule
"초엿새날에 50, 60척의 나룻배가 Hule

keo i teisu ilihabi, jai geli tanggū isime
Keo를 향해 포진해 있었다. 그리고 또 100척에 달하는

jaha mederi de amasi julesi yabumbi seme
나룻배가 바다에 앞뒤로 다니고 있다"라고

alanjiha. (57:17a)
알려왔다.

○ ice jakūn de,
초여드레에,

⇦ han, akū oho hafasa de niyalma šangnara jalin de dangse
한(汗)이 죽은 관원들에게 사람을 상으로 주기 위해 당안의

bithe tuwaci, gibkada tsanjiyang ni deo duilešen de, beiguwan i
글을 보니, Gibkada 참장의 아우 Duilešen에게는 비어의

hergen sunja tanggū nikan buhebi, yamburi tsanjiyang ni
직위와 500명의 한인을 내렸고, Yamburi 참장의

deo hūsitun de, iogi i hergen minggan nikan
아우 Hūsitun에게는 유격의 직위와 한인 1000명을

buhebi, hule i yecen gufu i jui sibe de (57:17b)
주었는데, Hule의 Yecen 고모부의 아들 Sibe에게는

nikan buhekūbi,
한인을 주지 않았다.

⇦ han hendume, calahabi, gung gemu emu adali kai seme hendufi,
한(汗)이 말하기를, "잘못했다. 공(功)은 모두 똑같다"라고 말하고서,

← duilešen de sunja tanggū nikan bu, šangnara šang be
"Duilešen에게 한인 500명을 주라. 내리는 상은

← ahūn gibkada tsanjiyang ni hergen de bahakini, tere
형인 Gibkada 참장의 직위에 따라 받기 바란다. 그

← baha nikan, šang be, gemu ahūn i jusei emgi
받은 한인과 상을 모두 형의 자식들과 함께

← acan gaikini, yamburi i deo hūsitun kadalame muteci, enculeme
공동으로 갖기 바란다. Yamburi의 동생 Hūsitun이 잘 관할할 수 있으면 따로

← sunja tanggū nikan bu, iogi i šang de bahakini, (57:18a)
한인 500명을 주라. 유격에게 내리는 상에 준하여 받기 바란다.

← yamburi i gung ni sunja tanggū nikan be, yamburi i jui turešen,
Yamburi의 공(功)에 따른 한인 500명을, Yamburi의 아들 Turešen과

← irešen de bu, šangnara bade ama i tsanjiyang ni šang
Irešen에게 주라. 상을 내릴 경우에는 아버지인 참장의 상을

← bahakini, yecen gufu i jui sibe de [原檔殘缺]
받기 바란다. Yecen 고모부의 아들 Sibe에게 □□□

← šangnara bade ama i tsanjiyang ni hergen de bahakini, dobi
상을 내릴 때는 아버지의 참장 직위에 따라 받기 바란다. Dobi

← ecike i tulkun tsanjiyang ni deo jaisa de sunja tanggū
숙부의 Tulkun 참장의 동생 Jaisa에게 한인 500명을

← nikan bu, šangnara bade ahūn tulkun i tsanjiyang ni hergen de
주라. 상을 내릴 경우에는 형 Tulkun의 참장 직위에 따라

← bahakini, tere baha nikan, šang be, ahūn i jusei (57:18b)
받기 바란다. 그 받은 한인과 상을 형의 자식들과

← emgi acan gaikini seme hendume buhe, ilacin bayan iogi i
함께 공동으로 갖기 바란다"라고 말하며 주었다. "Ilacin Bayan 유격의

← jui begei de, nirui ejen beiguwan buhebi, begei beiguwan i
아들 Begei에게, 니루 수장인 비어직을 주었는데, Begei가 비어의

← hergen de baha sunja tanggū nikan uthai bikini, ama i iogi be
직위에 따라 받은 한인 500명은 그대로 두고, 아버지인 유격을

← beiguwan obu, šangnara bade juwe beiguwan i šang bahakini,
비어로 삼으라. 상을 내릴 경우에는 두 비어 몫의 상을 받기 바란다.

← warkasi langge iogi i jui dungsilu de, sunja tanggū nikan bu,
Warkasi Langge 유격의 아들 Dungsilu에게 한인 500명을 주라.

← šangnara bade ama i iogi i hergen de bahakini, langge i deo
상을 내릴 경우에는 아버지의 유격 직위에 따라 받기 바란다. Langge의 동생

← langse kadalame muteci, encu sunja tanggū nikan bu, šangnara (57:19a)
Langse가 잘 관할할 수 있으면, 따로 한인 500명을 주라. 상을 내릴

← bade iogi i hergen de bahakini, sanduhai iogi i deo sanggari de,
경우에는 유격의 직위에 따라 받기 바란다. Sanduhai 유격의 동생 Sanggari에게

← sunja tanggū nikan bu, šangnara bade ahūn i iogi i
한인 500명을 주라. 상을 내릴 경우에는 형의 유격

← hergen de bahakini seme hendume buhe, samjan bayan i
직위에 따라서 받기 바란다"라고 말하며 주었다. "Samjan Bayan의

← iogi be beiguwan obuha, jui de sunja tanggū nikan buhe,
유격을 비어로 삼고, 그 아들에게 한인 500명을 주었었는데,

← šangnara bade ama i beiguwan i hergen de bahakini, wangge beiguwan,
포상할 때는 아버지의 비어 직위에 따라 받기 바란다. Wangge 비어와

← mandari beiguwan de nikan buhekū, šangnara bade juse deote beiguwan i
Mandari 비어에게는 한인을 주지 않았는데, 상을 내릴 경우에는 자식들과 동생들은 비어의

← hergen de bahakini seme henduhe, jabuhai iogi bihe, ama dobi (57:19b)
직위에 따라 받기 바란다"라고 말했다. "Jabuhai는 유격이었는데, 부친인 Dobi

← ecike be, jui i gung de sunja tanggū nikan, ini beyei
숙부가 아들의 공적에 따라 한인 500명, 그 자신 몫으로도

← sunja tanggū nikan baha seme jabuhai de nikan buhekū, šangnara
한인 500명을 받았다고 Jabuhai에게는 한인을 주지 않았다.

← beiguwan i hergen i šang be, ini emu eme de banjiha juse
비어의 직위에 따라 내릴 상을 그 동복형제들이

← gaikini seme henduhe.
갖기 바란다"라고 말했다.

⇦ han, ini ahūta deote juse omosi de buhengge, joriktu
한(汗)이 자신의 형제와 자손들에게 준 것은 Joriktu

頭註: gingguleme baicaci, ere emu meyen de, šangname buhe ton be ejehe gojime, ai jaka be umai ejehekū, da songkoi sarkiyame araha. [신중하게 조사하니, 이 한 단락에는 상으로 준 수만을 기록했을 뿐 어떤 물품을 주었는지는 전혀 기록하지 않아, 원래대로 베껴 썼다.]

ecike de dehi buhe, boihoci ecike, tabai de (57:20a)
숙부에게 40을 주었고, Boihoci 숙부와 Tabai에게는

orita buhe.
20씩 주었다.

○ ineku tere inenggi, fu jeo de baha olhū
같은 날에, "복주(復州)에서 얻은 노획물을

ulin be, enculeme ainu dendehe seme weile arafi,
어찌 독단적으로 나누었는가"라고 하여 치죄하고,

abtai nakcu, donggo efu, unege baksi de
Abtai 외삼촌, Donggo 어푸, Unege 박시에게

buhe orita etuku, susaita yan i weile gaiha,
주었던 20벌씩의 옷과 50냥씩을 죗값으로 징수했다.

yeodehe, yegude, moobari de juwanta etuku, orin (57:20b)
Yeodehe, Yegude, Moobari에게는 옷 열 벌씩과 죗값 25냥을

sunja yan i weile gaiha, joriktu ecike, asan,
징수하고, Joriktu 숙부, Asan,

tobohoi ecike, burgi age, dajuhū de tofohoto
Tobohoi 숙부, Burgi 아거, Dajuhū에게는 옷 15벌씩과

etuku, gūsita yan i weile gaiha, ilden, baise, loosa,
30냥씩의 죗값을 징수했다. Ilden, Baise, Loosa,

babutai age, boitohoi, yungšun, andarhan, tuntai, keri,
Babutai 아거, Boitohoi, Yungšun, Andarhan, Tuntai, Keri,

頭註: gingguleme baicaci, monggo gisun de, bahara be olhū sembi. [신중하게 조사하니, 몽골어에 '얻는 것'을 olhū라고 한다.]

yehe i subahai, tainju, [原檔殘缺] moohai,
Yehe의 Subahai, Tainju, □□□ Moohai,

yarna, [原檔殘缺] orita yan i weile gaiha,
Yarna, □□□ 20냥씩의 죗값을 징수했다.

uici, ulai yangšan, tuhei, gedurbei, kanangga, hamgū, haningga, (57:21a)
Uici, Ula의 Yangšan, Tuhei, Gedurbei, Kanangga, Hamgū, Haningga,

santan, begei, gabula, cohoro, untai, fanduri, gaha, baindai,
Santan, Begei, Gabula, Cohoro, Untai, Fanduri, Gaha, Baindai,

šose, haksaha, sihan, ede sunjata etuku, tofohoto
Šose, Haksaha, Sihan, 이들에게서는 옷 다섯 벌씩과, 15냥씩의

yan i weile gaiha.
죗값을 징수했다.

○ muhaliyan, abai, sahalca ecike de juwanta buhe,
Muhaliyan, Abai, Sahalca 숙부에게 열씩을 주었다.

warka ecike de jakūn buhe, udahai, handai,
Warka 숙부에게 여덟을 주었고, Udahai, Handai,

šurgei, babuhai de ninggute buhe, nomhon, yemji, (57:21b)
Šurgei, Babuhai에게 여섯씩을 주었으며, Nomhon, Yemji

mucengge, sihan, burhai, sahaliyan de nadata buhe,
Mucengge, Sihan, Burhai, Sahaliyan에게는 일곱씩 주었다.

oode, sibetu, kesitu, fontula, untaiju, dabduri, narin,
Oode, Sibetu, Kesitu, Fontula, Untaiju, Dabduri, Narin,

kintala, ere jakūn de dehi buhe, kecu, keri,
Kintala, 이 여덟 명에게는 40을 주었다. Kecu, Keri,

neodei, burhai, kara, babulai, jabahai, barhai, bambu, lošo de
Neodei, Burhai, Kara, Babulai, Jabahai, Barhai, Bambu, Lošo에게

ilata buhe, jaode, janju, honin, hashū, suni, uju,
셋씩 주었고, Jaode, Janju, Honin, Hashū, Suni, Uju,

tonio, šoto, samhatu, kiolan, langkio, yoolan, ere juwan
Tonio, Šoto, Samhatu, Kiolan, Langkio, Yoolan, 이 12명에게는

juwe niyalma de dehi buhe, gosingga amji, ubatai, baijuhū, (57:22a)
40을 주었다. Gosingga 백부, Ubatai, Baijuhū,

baisanggū, asan, mantai, busan, esede duite buhe,
Baisanggū, Asan, Mantai, Busan, 이들에게는 넷씩 주었다.

muhaliyan i darbu, manggo, dumduri, jorigai, sahasikū, toliga,
Muhaliyan의 Darbu, Manggo, Dumduri, Jorigai, Sahasikū, Toliga,

asai, sahaliyan, niyaha i jui maitu, unggadai, gishū,
Asai, Sahaliyan, Niyaha의 아들 Maitu, Unggadai, Gishū,

komai, esitu, wanjan, balama, tashūri, ušan, honin,
Komai, Esitu, Wanjan, Balama, Tashūri, Ušan, Honin,

obohoi, udahū, doro, daimbu, lodori, erkei, dashū,
Obohoi, Udahū, Doro, Daimbu, Lodori, Erkei, Dashū,

tumburu, tosi, tabai, aršan, getei, arbu i jui anggū,
Tumburu, Tosi, Tabai, Aršan, Getei, Arbu의 아들 Anggū,

joban, ubašakū, dalai, eldei, dahabu, ajilai, tainju, (57:22b)
Joban, Ubašakū, Dalai, Eldei, Dahabu, Ajilai, Tainju,

頭註: gingguleme baicaci, fe dangse de muhaliyan i darbu seme araha gojime, muhaliyan i ai ojoro be umai tucibuhekū, da songkoi sarkiyame araha. [신중하게 조사하니, 『滿文原檔』에 muhaliyan i darbu라고 썼을 뿐, Muhaliyan의 어떻게 되는 사람인지는 전혀 드러나 있지 않아서 원래대로 베껴 썼다.]

sahaliyan, naikan, ningdan, bursan, tulan , muhaliyan i jui
Sahaliyan, Naikan, Ningdan, Bursan, Tulan , Muhaliyan의 아들

joohana, hamugai, muhaliyan i jui sirai, sabihan, talamu,
Joohana, Hamugai, Muhaliyan의 아들 Sirai, Sabihan, Talamu,

usingga, gidašakū, dagana, usitan, lugei, masingga, nayan,
Usingga, Gidašakū, Dagana, Usitan, Lugei, Masingga, Nayan,

lumbu, lodori, hisy, sihan, asai, ere geren de
Lumbu, Lodori, Hisy, Sihan, Asai 이들 여러 명에게는

juwete niyalma buhe.
두 사람씩을 주었다.

제58권

천명(天命) 8년(1623) 7월부터 8월까지

susai jakūci debtelin,
abkai fulingga i jakūci
aniya nadan biyaci jakūn
biyade isinahabi.

tongki fuka sindaha hergen i dangse. (58:1a)
유권점 당안

○ ice jakūn de, solho i amba hafan i ilhi
초여드레에, 조선의 대관이

gin halangga hafan, juwe gurun i acafi banjire be
김(金)씨 성의 부관이[1] 두 나라가 화합하여 지내는 것을

yebelerakū, ini solho han de šusihiyeme bithe unggihe
좋아하지 않고, 조선의 왕을 부추기며 글을 보냈다며

seme amba hafan gercileme alara jakade,
고발하여 아뢰자

⇦ han jili banjifi, imbe amba hafan ci faksalafi, guwangse sangse
한(汗)이 노하여, 그를 대관으로부터 떼어내어, 족쇄와 수갑을

etubufi buya niyalmai emgi horifi tuttu bisire de,
채우고 소인과 함께 가두어 두었더니,

i fasime bucehe. (58:1b)
스스로 목매어 죽었다.

1) 부원수 김경서(金景瑞)를 지칭한다.『朝鮮實錄』〈인조 8년(1630) 2월 16일〉에는 죽임을 당한 것으로 기록되어 있다.

○ juwan de, beise i bithe, gusantai efu de unggihe,
10일에, 버일러들의 글을 Gusantai 어푸에게 보냈다.

jao iogi be g'ai jeo de, ši fujiyang ni
"조(趙) 유격(遊擊)이 개주(蓋州)에서 석(石) 부장(副將)과

emgi g'ai jeo i ba be kadalame umesi tekini seme
함께 개주 지방을 관할하며 영원히 주둔하기 바란다고

unggihe bithe be, gusantai efu si tuwafi
보낸 글을, Gusantai 어푸 너는 보고

gajime jio.
데리고 오라."

(58:2a)

○ langgida, hai jeo de genefi yargu i emgi coko
Langgida가 해주(海州)에 가서 Yargu와 함께 닭을

wafi jeke seme, orin yan gung be singgiya
잡아서 먹었다고 20냥의 공은을 Singgiya가

jifi juwan de faitaha.
와서 10일에 깎았다.

○ sonom taiji, ish'ab, gunji, balji, dorcin, nara,
Sonom 타이지, Ish'ab, Gunji, Balji, Dorcin, Nara,

gumunai, teling, ebugen, namusai hiya, mangko, labsi,
Gumunai, Teling, Ebugen, Namusai 히야, Mangko, Labsi,

manggo tabunang, obogo tabunang, esei, baihū, diyacin (58:2b)
Manggo 타부낭, Obogo 타부낭, Esei, Baihū, Diyacin

頭註: gingguleme baicaci, fe manju gisun i bithede, umesi tekini sere gisun, uthai enteheme tekini sere gisun inu sehebi. [신중하게 조사하니, 『舊淸語』에 umesi tekini라는 말은 곧 enteheme tekini(영원히 주둔하기 바란다)라고 하는 말이라고 했다.]

tabunang, nomci tabunang, todo, altanggol, engke tabunang,
타부낭, Nomci 타부낭, Todo, Altanggol, Engke 타부낭,

namu taiji, sidar tabunang, sengge tabunang, ciyandzung ni
Namu 타이지, Sidar 타부낭, Sengge 타부낭은, 천총(千總)의

jergi de juwete niyalma buhe.
품급에 맞추어 두 사람씩을 주었다.

○ jarut weijeng beile i jui sangtu taiji, dehi
Jarut의 Weijeng 버일러의 아들 Sangtu 타이지가 장정 40명,

haha, ninju [原檔殘缺] duin hehe, juwe
60 □□□ 여자 네 명, 낙타 두 마리를

temen gajime ukame jihe. (58:3a)
이끌고 도망해 왔다.

○ juwan emu de,
11일에,

⇦ han, dung ging hecen ci meihe erinde jurafi genere de,
한(汗)이 동경성(東京城)에서 사시(巳時)에 출발하여 갈 때,

monggo i sangtu beile ukame jidere be, hū pi
몽골의 Sangtu 버일러가 도망해 오는 것을, 호피역(虎皮驛)

i bira de acafi,
강에서 만나서,

⇦ han de hengkileme acaha, tereci genefi ša ho pu de deduhe.
그가 한(汗)에게 절하며 알현했다. 그러고 나서 더 가서 사하포(沙河鋪)에 묵었다.

(58:3b)

○ juwan juwe de, hejige de deduhe.
12일에, Hejige에 묵었다.

○ juwan ilan de, ši fujiyang mederi jecen i hehe juse be
13일에, 석 부장이 연해 지역의 아녀자들을

g'ai jeo i hecen de dosimbume wajiha, yoo jeo de sabumbi sehe
개주성에 들이기를 마쳤고, 요주(耀州)에서 보인다고 했던

cuwan bederehe seme alanjiha, hoton de tutaha beise,
배도 물러갔다고 고하러 왔다. 성에 남았던 버일러들이

⇦ han de takūraha gisun, fu jeo, sio yan i facabuha ba i
한(汗)에게 보낸 말이다. "복주(復州), 수암(岫巖)의 해산시킨 지역에서

emu juwe tucike niyalma be boigon arahabi kai, tede (58:4a)
하나 둘 나온 사람을 가호를 만들어 두었습니다. 그들에게는

ai ba i jeku be ganafi ulebumbi, ere gisun be
어느 곳의 곡식을 가져다가 먹이면 되겠습니까. 이 말에

amasi jasifi unggi, tere gisun de amasi unggihe
회신해주십시오." 그 말에 회신한

⇦ bithe, fu jeo, sio yan i boigon be han i tehe
글이다. "복주, 수암의 가호에게, 한(汗)이 사는

← dung ging hecen de bici, dung ging hecen i
동경성에 있으면 동경성

← šurdeme arfa muji juwen gaifi bu, boigon hai jeo de
주변의 귀리와 보리를 빌려서 주고, 해주에

← bici, hai jeo i tsang ni jeku be gaifi bu,
있으면 해주의 곡물 창고의 곡식을 가져다가 주라.

← tsang ni jeku akūci, muji arfa gaifi bu, boigon(58:4b)
창고에 곡식이 없으면 보리와 귀리를 가져다가 주라. 가호가

← g'ai jeo de bici, g'ai jeo i arfa muji gaifi bu,
개주에 있으면, 개주의 귀리와 보리를 가져다가 주고,

← tuttu salame wajiha manggi, juse hehesi be tere jeku
그렇게 다 나누어준 후에, 아녀자들은 그 곡식을

← salaha bade tebu, hahasi meni meni bade jeku ganakini,
나눠준 곳에 있게 하고, 장정들은 각각의 지역에 곡식을 가지러 가게 하라.

← tere jeku ganara de ejen arafi unggi, emke juwe
그 곡식을 가지러 갈 때 수장을 세워서 보내라. 한두 명으로

← unggirakū seme takūraha, tereci genefi fusi de deduhe.
보내지 않는다"라고 하며 파견하고, 그러고 나서 가서 무순(撫順)에 묵었다.

◯ juwan duin de, duka ala de deduhe. (58:5a)
14일에, Duka 언덕에 묵었다.

◯ tofohon de, ehe holo i emu beiguwan, sarhū i emu iogi, emu
15일에, Ehe 계곡의 비어(備禦) 한 명, Sarhū의 유격 한 명과

beiguwan, šanggiyan hada i emu beiguwan, geren acafi jakūn ihan benjihe.
비어 한 명, Šanggiyan봉(峰)의 비어 한 명 등 여럿이 합쳐서 소 여덟 마리를 보내왔다.

◯ ineku tere inenggi, jakūn beise i ihan i adun i niyalma be,
같은 날에, 여덟 버일러의 소떼를 키우는 사람들을

usin be manabuha seme, gūsita šusiha šusihalaha, jai
밭을 망쳤다고 30대씩 채찍질했다. 또

jakūn beise i tokso i jangturi be, usin de mukšan jafafi (58:5b)
여덟 버일러의 장원의 마름들을, 어찌 봉을 들고 밭에

ainu ilihakū seme, dehite šusiha šusihalaha, coohai niyalmai
서 있지 않았느냐고 40대씩 채찍질했다. 병사의

morin be usin de dosika be saha sahai jafa seme
말이 밭에 들어간 것을 보면 보는 대로 잡으라고

hūlaha, tereci towakui angga de deduhe.
포고하고, 그러고 나서 Towakui Angga에 묵었다.

○ juwan ninggun de, dajuhū i tehe g'ai jeo ci cuwan
16일에, Dajuhū가 주둔하는 개주로부터 배가

bederehe seme alanjime weihede isinjiha, tere gisun de
물러갔다고 알리러 Weihede가 왔다. 그 말에

⇦ han bithe unggihe, alin de burulame tafaka niyalma de jeku gaiburakū (58:6a)
한(汗)이 글을 보냈다. "산으로 달아나서 올라간 사람에게 곡식을 빼앗기지 않으면,

← ohode, ini cisui wasikini, muse cooha gaifi tuwanaha manggi,
그들 스스로 내려올 것이다. 우리가 병사를 이끌고 살펴보러 가면

← wambi seme geleme wasindarakū, ere nadan biyai ebsihe tuwa,
자신들을 죽일 것이라고 두려워하여 내려오지 않을 것이니, 올 7월 말까지는 두고 보라.

← wasindarakūci, tere fonde waki, musei cooha tuwanara be naka,
내려오지 않으면, 그때 죽이자. 우리 병사가 살펴보러 가는 것은 그만두라.

← warakū mejige be donjiha de, ini cisui wasimbi kai
죽이지 않는다는 소식을 들으면, 그들 스스로 내려올 것이다"라고

seme takūrafi unggihe, tereci genefi giyamuhū de isinafi
파견하여 보냈다. 그 후에 가서 Giyamuhū에 이르렀다가

amasi bedereme jifi kobolon i tun de deduhe.
되돌아와서, Kobolon섬에 묵었다.

(58:6b)

○ juwan nadan de, fusi de isinjifi deduhe.
17일에, 무순에 도착하여 묵었다.

○ juwan uyun de, durbi teisu liyoha birai bajila gūsin
19일에, Durbi의 맞은편 요하(遼河)강의 건너편에 30명에

isime monggo hūlha dosika be, musei niyalma safi
달하는 몽골 도적들이 들어온 것을, 우리 쪽 사람이 알아차리고

bošome genefi amcabuhakū, waliyaha mucen, nemerhen, yali
쫓아갔으나 따라잡지 못하고, 버려진 가마솥, 도롱이, 고기

aika jaka be baha, tere monggoso guwangning be tucike.
등 온갖 물건을 획득했다. 그 몽골인들은 광녕(廣寧)을 탈출했다.

(58:7a)

○ juwan jakūn de, liojin leose de deduhe, tere yamji
18일에, Liojin 누각에서 묵었다. 그날 저녁

unahalai be, g'ai jeo de hecen sahame gene seme dobori
Unahalai를, 개주에 성을 쌓으러 가라고 밤새

dulime unggihe, lioi šan de hecen arame yegude be unggihe.
보내고, 여산(閭山)에 성을 짓기 위해 Yegude를 보냈다.

○ juwan uyun de, fung ji pu de cimari buda
19일에, 봉집보(奉集堡)에서 아침밥을

budalara de, si uli efu i ama, juwe ihan, gio benjihe,
먹을 때, Si Uli 어푸의 아버지가 소 두 마리와 고라니를 보내왔다.

hecen i beiguwan, juwe ihan, emu ulgiyan, emu gio benjihe, (58:7b)
성의 비어가 소 두 마리, 돼지 한 마리, 고라니 한 마리를 보내왔다.

fung ji pu be dulefi juwan ba i dubede deduhe.
봉집보를 지나서 10리 끝에서 묵었다.

○ orin de,
20일에,

⇦ han, dung ging hecen de honin erinde dosika.
한(汗)이 동경성(東京城)에 미시(未時)에 들어갔다.

○ du tang ni bithe, orin emu de g'ai jeo i iogi
도당(都堂)의 글을 21일에 개주의 유격

jao i ho de unggihe, jakūn gūsai dabsun (58:8a)
조일곽(趙一霍)에게 보냈다. "8구사의 소금을

fuifure nikan be, jeku hadure, hecen sahara
끓이는 한인을, 곡식을 베고 성을 쌓는

alban de ume dabure, ihan niyalma[1] ume
공역에 넣지 말라. 소를 지키는 사람을

gamara, dabsun fuifure niyalma be bargiyahangge, ujungga
데려가지 말라. 이미 소집한 소금 끓이는 사람은, 우두머리

ambasai boigon bargiyaha uthai bikini,[2] buya niyalmai
대인들의 가호에서 소집해두었으면 그대로 두어도 좋다. 소인의

頭註1: gingguleme kimcici, ihan niyalma sere gisun, ainci ihan tuwakiyara niyalma sere gisun dere. [신중하게 살펴보니, ihan niyalma라는 말은 아마도 '소를 지키는 사람'이라는 말일 것이다.]

頭註2: gingguleme kimcici, bargiyaha uthai bikini sere gisun, ainci bargiyaha bici uthai bikini sere gisun dere. [신중하게 살펴보니, bargiyaha uthai bikini라는 말은 아마도 '소집해 두었으면 그대로 두어도 좋다'라는 말일 것이다.]

juse sargan be sindafi meni meni boode unggi.
자식들과 아내는 놓아주어 각자의 집으로 보내라."

○ obohoi, warka ecike ini nirui niyalma sahaliyen age be (58:8b)
Obohoi와 Warka 숙부가, 자기 니루 사람이 Sahaliyen 아거를,

jušen haha gidafi bithe arahakū seme gercilere be, obohoi,
속민 장정을 숨기고 문서를 작성하지 않았다고 고발하려는 것을, Obohoi와

warka ecike nakabuha seme weile arafi, obohoi iogi
Warka 숙부가 그만두게 했다고 치죄하고, Obohoi의 유격

hergen be efulefi beiguwan obuha, orin yan i weile
직을 박탈하여 비어가 되게 하고, 20냥으로

araha, warka ecike i beiguwan i hergen efulehe, gerci be
치죄했다. Warka 숙부는 비어직을 박탈하고, 고발자를

uru arafi amba beile de buhe.
옳다고 여겨 대버일러에게 주었다.

○ du tang ni bithe, orin emu de wasimbuha, (58:9a)
도당의 글을 21일에 내렸다.

ši ceng ni ba i wang ging lung gebungge niyalma,
"석성(石城) 지방의 Wang Ging Lung이라고 하는 자가,

ši ceng ni tsanjiyang wang dzy deng be, mao wen lung ni
'석성의 참장(參將) 왕자등(王子登)이 모문룡(毛文龍)의

bithe be alime gaihabi, gaiha bithe bi baha
글을 받아 가지고 있었는데, 그 가지고 있던 글을 내가 입수했다'며

seme bithe gajime gercileme jihe bihe, du tang
글을 가지고 고발하러 와 있었던 것을, 도당이

duilefi jakūn wang de wesimbuhe, jakūn wang
심리하여 팔왕(八王)에게 올렸다. 팔왕이

kimcime duileci tašan oho, musei gurun i dolo
자세히 살펴 심리하니 허위였다. 우리나라 안에서는

aika ulin gaiha, irgen be gejurehe weile be, (58:9b)
만일 재물을 취하거나 백성을 착취한 죄,

jai ukame ubašame genere weile be gercilefi
또 도망하여 배반하여 가는 죄를 고발하면

tašan oho bici, gerci de tuheburakū bihe,
허위라 해도, 고발자를 정죄하지 않고 있었다. 그러나

wang dzy deng be nikan han i baru ehe arafi, jušen
왕자등이 명나라 황제에게 나쁘게 하고 여진

⇦ han de tondoi hūsun bumbi seme, dain i nikan gurun
한(汗)에게 충성스럽게 힘을 쓴다고 하여, 적국 명나라가

yebelerakū wakini seme beleme unggihe gisun be
싫어하여 죽이려고 음해하러 보낸 말을

gaifi, wang ging lung si ainu belembi,
받아들이고서 Wang Ging Lung 너는 어찌 음해하는가.

dergi geren wang, hūlha i dolo simhun aššara be (58:10a)
위의 여러 왕은, 도적이 마음속으로 손가락 움직이는 것도

gemu sara niyalma, sini belere gisun be endembio,
모두 아는 사람이다. 너의 음해하는 말에 속겠는가.

dain i niyalmai gisun be gaifi belehe turgunde,
적의 말을 받아들여 음해했으므로

wang ging lung de weile tuheke, wang
Wang Ging Lung에게 죄가 있다. Wang

tsanjiyang, gin iogi baicafi, wang ging lung ni
참장, Gin 유격은 조사하여, Wang Ging Lung의

ama, juwe ahūn, hanci ahūn deo boigon be
아버지와 두 형, 가까운 형제와 가호를

gemu ubade unggi, unggihe boigon jeku be,
모두 이곳으로 보내라. 보낸 가호와 곡식을,

wang tsanjiyang niyalma afabufi tomsome gaibu, aldangga (58:10b)
Wang 참장이 사람을 시켜 모아 받게 하라. 먼

ahūn deo i niyalma tehei bikini.
형제는 그대로 두라."

⇦ han toktobume henduhe gisun, jušen de wasimbuci, han i bithe
"한(汗)이 정하여 말한 것을, 여진인에게 내릴 때에는 한(汗)의 글이라

← seme wasimbu, nikasa de wasimbuci, jakūn wang ni bithe
하며 내리라. 한인들에게 내릴 때에는 팔왕(八王)의 글이라

← seme wasimbu, du tang ni bithe seme arara be naka.
하며 내리라. 도당의 글이라고 쓰는 것을 그만두라."

○ badana de buhengge, juwe yan aisin, susai yan (58:11a)
Badana에게 주는 것이다. 금 두 냥, 은 50냥,

menggun, emu gecuheri, emu debsiku, ilan suje,
망룡단 한 필, 깃털 부채 하나, 비단 세 필,

susai mocin, emu dobihi dahū, jušen seke
모청포 50필, 여우가죽 털옷 한 벌, 여진의 담비 털로

hayaha jibca emke, emu jebele beri niru
테를 두른 가죽옷 하나, 활과 화살을 꽂은 화살통 하나,

sisihai, uksin saca galaktun emu juru, enggemu
갑옷과 투구, 갑옷 소매 한 쌍, 안장과

hadala emke, duin guise, emu horho, moro
굴레 한 개, 궤짝 네 개, 장롱 하나, 사발,

fila eiten hacin i tetun yooni bu, jušen
접시 등 온갖 종류의 그릇 일습을 주고, 여진인

haha hehe ilan juru, nikan haha hehe (58:11b)
장정과 여자 세 쌍, 한인 장정과 여자

ilan juru bu.
세 쌍을 주라.

○ orin juwe de, ši fujiyang, lii iogi de unggihe
22일에, 석 부장과 Lii 유격에게 보낸

⇦ bithe, suwe g'ai jeo de hoton sahame genehe
글이다. "너희는 개주에 성을 쌓으러 간

← ilan minggan emu tanggū nadanju nadan haha,
장정 3177명과

← emu minggan gūsin juwe ihan, ere be
소 1032마리, 이들을

← fu jeo i jeku hadubume unggi, g'ai jeo i hoton (58:12a)
복주(復州)의 곡식을 베게 하러 보내라. 개주성을

← sahara be naka.
쌓는 것은 중단하라."

○ orin ilan de, julgei yung lo han i g'aoming
23일에, 옛 영락제(永樂帝)의 고명(誥命)이라는

sere ejehe be,
칙서를,

⇦ han tuwafi hendume, ere ejehe i gisun gemu sain kai,
한(汗)이 보고 말하기를, "이 칙서의 말이 모두 좋다.

← weri gala be šame, weri kesi be etume
남의 손을 빌리고, 남의 은혜를 입고

← banjimbime, geli ehe facuhūn banjici ombio, han tukiyefi (58:12b)
살면서 또 포악하고 문란하게 살면 되겠는가. 한(汗)이 등용하여

← ujici, han be gingguleme gūnirakū oihori gūnici, efujere
보살피는데도, 한(汗)을 공경하지 않고 가볍게 여기면, 파멸하고

← wasindarangge tere kai, ere bithe asarame gaisu, sain
몰락하는 것이 그것이다. 이 글을 보관하고 있으라. 좋은

← gisun i duwali kai seme henduhe, tere g'aoming sere
말이다"라고 말했다. 그 고명이라는

ejehe de araha gisun,
칙서에 적은 말이다.

⇦ abkai hesei fon be aliha han hendume, bi gūnici,
천명(天命)의 시기를 받은 황제가 말하기를, "내가 생각하니,

han niyalma gurun be dasafi abkai fejergi be
황제는 사람과 나라를 다스리고, 천하를

emu boo obure jalin de, amba cooha be dasafi, (58:13a)
한 집이 되게 하기 위하여, 큰 군대를 다스리고,

gurun irgen be elhe obufi, goroki hanciki be
나라 백성을 평안히 하고, 먼 곳 가까운 곳을

ilgarakū, gemu ambasa be sindafi kadalabuhabi, lingburhan si
구분하지 않고, 모두 대신들을 임명하여 관할해 온 것이다. Lingburhan 네가

jecen i bade tecibe, amba doro be gūnime dahahangge,
변경 지역에 살고 있음에도, 큰 도리를 생각하여 따른 것은

⇦ abkai erin be safi, weile i jurgan be ulhifi, sini
하늘의 때를 알고, 일의 의(義)를 깨치고, 너의

mujilen šumin goro i turgunde, geren ci ilgabume
마음이 깊고 먼 까닭에, 무리들로부터 분리해

tucifi banjimbi, bi sini tondo jurgan be ulhifi,
나와서 사는 것이다. 내가 너의 충의(忠義)를 알고서,

urgunjeme ainu šangnarakū seme, neneme sinde moo lin (58:13b)
어찌 기뻐하며 포상하지 않겠는가 하며, 전에 너를 모린위지휘사(毛憐衛指揮使)

wei jy hūi ši yamun i jy hūi ciyan ši hergen
아문의 지휘첨사(指揮僉事)직으로

obuha bihe, te sinde cohome gebu nememe
삼았었다. 지금 너에게 특별히 이름을 더하여

hūwai yuwan jiyanggiyūn ineku wei de dosimbufi,
회원(懷遠)장군으로 회원위(懷遠衛)에 들게 하여,

jalan halame jy hūi tung jy obuha, si amba
대대로 지휘동지(指揮同知)로 삼는다. 네가 큰

doro be elemangga akdulame saikan gingguleme kiceme,
도리를 더더욱 단단히 지켜 신중히 잘 갈고 닦으며,

sini kadalara coohai irgen be fafulame kadalame, jecen i
네가 관할하는 군대의 백성을 통제하며 관리하고, 변경

babe tuwakiyame elhe obufi, aba abalame ulha (58:14a)
지역을 지키며 평안히 하고, 몰이사냥하고 가축을

ujime, ciha cihai ai jaka be fusembume,
기르며, 마음대로 온갖 것을 번식시켜,

daci dubede isitala ehe akū banjici,
처음부터 끝까지 나쁜 것이 없이 살면,

⇦ abka gosime tuwafi, sini juse omosi jalan de isitala
하늘이 어여삐 보고, 너의 자손들 대에 이르기까지

hūturi isifi julesi wesihun banjimbi, mini ere
복이 미쳐 앞으로 귀하게 살 것이다. 나의 이

jurgan be ume oihorilara.
의(義)를 하찮게 여기지 말라."

○ orin ilan de, (58:14b)
23일에,

⇦ han i kesi, solho hafan de emu nikan hengke, hacin hacin i tubihe benehe.
한(汗)의 어식(御食)으로 조선 관원에게 남방 참외 하나와 각종 과일을 보냈다.

○ orin ilan de, hai jeo, nio juwang de hecen
23일에, 해주, 우장에 성을

arame, lisan, mandulai, unahalai, seoken, yegude, cahara, baicuka genehe.
짓기 위해, Lisan, Mandulai, Unahalai, Seoken, Yegude, Cahara, Baicuka가 갔다.

⇦ han i bithe, ineku tere inenggi wasimbuha, anafu teme genehe
한(汗)의 글을 같은 날에 내렸다. "수자리를 살러 간

← niyalma, durime cuwangname nungnembi sere, jai gurun i dolo (58:15a)
사람이 노략질하고 침해한다고 하고, 또 나라의 안을

← yabure niyalma, inu nikan i ulin, jeku, ai jaka be
다니는 사람 역시 한인의 재산, 곡식, 온갖 물건을

← durime cuwangname yabumbi sere, meni meni nirui niyalma be
노략질하여 빼앗으러 다닌다고 한다. 각각의 니루 사람을

← ainu saikan kimcime baicarakū, sula sindafi durime cuwangname
어찌 잘 살펴 조사하지 않는가. 어찌 방만하게 놓아두어 약탈하고 노략질하며

← ainu yabubumbi, ubade tehe niyalmai gebu be, nirui
다니게 하는가. 여기 사는 사람의 이름을, 니루의

← ejen, juwe daise, duin ciyandzung gemu bithe arame
수장, 두 서리, 천총 네 명이 모두 글로 써서

← gaifi yamji cimari baica, golode tehe niyalmai gebu be,
가지고 아침저녁으로 조사하라. 각 지역에 사는 사람의 이름을

← šeo pu gemu bithe arame gaifi yamji cimari baica, (58:15b)
수보(守堡)가 모두 글로 써서 가지고 아침저녁으로 조사하라.

← suwe kimcime baicarakū, sula sindafi weile tucike manggi,
너희가 잘 살펴 조사하지 않고, 방만하게 놓아두어 일이 생긴 후에

← gūwa gercilehe de, beiguwan, ciyandzung, šeo pu, suwende weile.
다른 이가 고발하면, 비어, 천총, 수보, 너희에게 죄가 있다."

edei, yarbu de beiguwan i hergen buhe.
Edei, Yarbu에게 비어 직위를 주었다.

⇦ han, orin sunja de jakūn hošonggo ordo de tucifi,
한(汗)이 25일에 팔각전에 나와서,

duin ihan wafi, hacin hacin i efin efime
소 네 마리를 잡고, 각종 놀이를 하며

sarin sarilame, tereci bedereme jifi booi yamun de (58:16a)
연회를 열고, 그러고 나서 돌아와서 궁의 아문에

tefi, geren beise i baru
앉아, 여러 버일러에게

⇦ tacibume henduhe gisun, suweni beri musen iliha ehe, igen godohon
가르치며 한 말이다. "너희의 활의 굽어 있는 모양이 나쁘다. 활고자가 곧고

← mangga ehe kai, beri ulgan golmin arafi gabtaci,
센 것은 좋지 않다. 활을 유연하고 길게 만들어 쏘면,

← beye inu joborakū kai, niyalmai beye oci gemu gese kai,
몸도 괴롭지 않다. 사람의 몸은 모두 같은 것이다.

šadaha manggi tere beri be gabtaci ojorakū kai.
피곤한 상태에서는 그 활을 쏘려고 해도 할 수 없다."

○ orin ninggun de, bahūn [原檔殘缺] emu morin (58:16b)
26일에, Bahūn □□□ 말 한 마리를

gajime
이끌고

⇦ han de hengkileme jihe, temen morin be gaihakū
한(汗)에게 절하러 왔다. 낙타와 말을 받지 않고

amasi bederebuhe.
도로 물렸다.

○ orin ninggun de, geren niru niru de sarin
26일에, 여러 니루에서 주연을

sarilame buhe bithe,
베풀며 준 글이다.

⇦ han hendume, musei ajige gurun be tondoi turgunde, (58:17a)
한(汗)이 말하기를, "우리 작은 나라를, 바르다는 이유로

⇦ abka gosifi wesibuhengge,
하늘이 어여삐 여겨 높여준 것이다.

⇦ abka gosiha be dahame, musei gurun i niyalma eture jeterengge gemu
하늘이 어여삐 여겼기 때문에, 우리나라의 사람이 입고 먹는 것을 모두

← baha kai, misun, dabsun amtan acabume dagilafi jecina,
얻었다. 장과 소금으로 간을 맞추어 차려 먹으려무나.

← ulgiyan, coko, niyehe, niongniyaha ujifi jecina, suweni ujihe
돼지, 닭, 오리, 거위를 길러서 먹으려무나. 너희가 기른

← ujima be beise gaimbio,
가축을 버일러들이 빼앗겠는가.

⇦ abkai gosiha tondo be efuleme, hūlha be ainu deribumbi,
하늘이 어여삐 여긴 올바름을 무너뜨리며, 어찌 도적질을 시작하는가.

← hūlhara niyalmai dolo, namburakūci minde kesi okini, nambuci (58:17b)
도적질하는 사람의 마음이란, '잡히지 않으면, 내게 복이요, 잡혀도

← mini yali dere seme uttu gūnime hūlhambi wakao,
나의 육신뿐이리라'고 이리 생각하여 도적질하는 것이 아닌가.

← ereci amasi haha hūlhaci, hehe be bethe de
지금부터 앞으로 남편이 도적질하면, 아내를 발로

← fulgiyan yaha fehubufi, uju de selei hacuhan be
시뻘건 숯불을 밟게 하고, 쇠솥을

← šeringgiyefi hukšebufi eruleme wambi, erun de geleci, meni
달구어 머리에 이게 하여 고문하여 죽일 것이다. 형벌이 두렵거든 각각의

← meni eigete be saikan tafula, tafulaci ojorakū oci
남편들을 잘 말리라. 말려도 안 되면

← gercile, hahai hūlhaha ulin jeku be, hehesi jafarakū
고발하라. 남편이 도적질한 재물과 곡식을, 아내들이 갖지 않고

← we jafambi, yungšun i hūlhaha turgunde yungšun i sargan be (58:18a)
누가 갖겠느냐. Yungšun이 도적질한 까닭에 Yungšun의 아내를

← waha be [原檔殘缺]
죽인 것을 □□□"

○ jakūn biyai orin de,
8월 20일에,

⇦ han, beise i baru hendume, suwe gemu waka bahabi, beye ujen ohobi,
한(汗)이 버일러들에게 말하기를, "너희는 모두 잘못하고 있다. 몸이 무거워져 있다.

← gurun i baita ambula, goidafi dedure erde ilire fon kai,
나라의 일이 많으니, 늦게 자고 새벽에 일어날 때다.

← dobori golmin cimari erde ilifi gurun i baita icihiyacina seme henduhe.
밤에는 길게 깨어 있으며, 새벽에는 일찍 일어나 나라의 일을 처리하라"고 말했다.

(58:18b)

○ orin emu de beise i wesimbuhe bithe, amba beile wesimbume,
21일에, 버일러들이 올린 글이다. 대버일러가 상주하기를,

⇦ han ama, daci mini banjire waka be safi henduci,
"아버지 한(汗)께서 처음부터 제가 지은 죄를 아시고 말씀하셨으나

bi gisun gaihakū ofi weile baha,
제가 말씀을 받아들이지 않아서 죄를 지었습니다.

⇦ han ama, geren deote mimbe dasame kemuni doroi ujihe,
아버지 한(汗)과 여러 아우들이 저를 계속 도리대로 보살폈으나,

ere gosiha be bi ujen gūnirakū, mini ufaraha
이렇게 저를 아껴준 것을 저는 중히 여기지 않았습니다. 제가 잘못한

babe angga de bi waka mujangga seme holtome
것을 입으로는 '내가 잘못한 것이 맞다'라고 거짓으로

aliyame gisurere, dolo mini beye be uru arame gūnici, (58:19a)
후회하며 말하면서, 속으로는 제 자신이 옳다고 생각하면,

⇦ abka geli ombio, mini ufaraha babe onggorakū gūnimbi, gūniha
하늘은 또 괜찮겠습니까. 제가 잘못한 것을 잊지 않고 기억하겠습니다. 기억할

dari mini waka be aliyaha seme elerakū kai,
때마다 저의 잘못을 후회한다고 해도 부족하지만,

te bicibe, ehe be kiceme waliyafi sain be
이제라도 그릇됨을 버리려고 노력하고 선을

kiceme banjiki, te geli ehe oci, mini beyei
쌓으며 살겠습니다. 이제 다시 나쁜 짓을 하면, 제 자신의

sui dere.
죄가 될 것입니다."

○ manggūltai beile i wesimbuhe bithe, bi enculeme (58:19b)
Manggūltai 버일러가 올린 글이다. "저는 별다른

bahanarakū, facuhūn ehe inu minde akū, tana i
능력이 없으며, 문란함과 포악함 역시 제게는 없습니다. 동주(東珠)

weile be geren i jergi de donjiha be donjiha
사건에 대해서는 여럿에게 들은 것을 들었다고

seme jabuha, donjifi
대답했습니다. 듣고서

⇦ ama de alahakū waka mujangga, jai aika waka bici,
아버지께 아뢰지 않은 것은 잘못이 맞습니다. 또 어떤 잘못이 있으면,

⇦ ama henduci sambi dere,
아버지께서 말씀하시면 알 것입니다.

⇦ han ama i doro de, ereci amasi bahanarai teile
이 순간 이후로는, 한(汗) 아버지의 치세에 전력투구하여

kiceme banjiki. (58:20a)
전념하며 살겠습니다."

○ duici beile i wesimbuhe bithe, mini waka de, bi
제4버일러가 올린 글이다. "저의 잘못에 대해, 제가

⇦ ama de waka bahafi beyebe gocime banjici, wakalaha seme
아버지께 잘못을 저질렀으므로 몸을 물려 지내면, '책망했다고

sini beyebe šuwe ainu gocika sereo, aika
어찌 바로 네 몸을 물렸느냐'라고 하실까, 만약

gisun de gisureci, henduci, si ainu bedererakū
말대꾸를 하거나 말을 하면, '너는 어찌 물러나지 않느냐'

seme gūnireo seme, beyei waka de, ere
하고 생각하실까 하여, 스스로의 잘못에 대해, 이

juwe babe mini dolo absi ohode sain (58:20b)
두 가지를 제 속으로 어느 쪽이면 좋겠는가

seme gūnici bahanarakū bikai, bi
하며 생각했으나, 어쩌지 못하고 있습니다. 제가

⇦ ama de tondo be sabureo seme gūnime banjihai, miosihon be
아버지께 충정을 보여드릴까 하고 생각하며 살면서도, 그릇됨을

sabubuha seme mini dolo korsome gūnimbi kai,
보여드렸다고 저의 마음속으로 후회하며 생각합니다.

mini waka beyebe uru seme murime gūniha
잘못한 제 자신을 옳다고 우겼을

doro bio, ere ilan beile i wesimbuhe bithe be,
리가 있겠습니까." 이 세 버일러가 올린 글을,

⇦ han tuwafi hendume, julgei niyalmai henduhengge, dulin tondo oci,
한(汗)이 보고 말하기를, "옛 사람들의 말에, 마음이 바르면,

← ira i mimi i gese gelerakū seme henduhebi, beyei jalin de (58:21a)
기장의 파리와 같이 두렵지 않다고 했다. 스스로를 위하여

← gūnirakū, doroi jalin de weri jalin de gūnime
생각하지 않고, 도리를 위해 타인을 위해 생각하며

← faššame banjici,
힘쓰며 살면,

⇦ abka inu saišambi, ama bi inu urgunjembi, gurun irgen
하늘도 칭찬할 것이고, 아버지인 나 또한 기뻐할 것이다. 나라의 백성

← inu erebe akū oho de, be adarame banjire seme
또한 '이 자가 죽으면 우리가 어찌 살겠느냐'라고 하며

← hairambi, doroi jalin de gūnirakū, beyei banjire
사랑할 것이다. 도를 위해 생각하지 않고, 스스로 살아갈 것과

← bahara jalin de gūnime banjici,
얻을 것을 위해 생각하며 살면,

⇦ abka inu wakalambi, ama inu ibiyambi, gurun irgen inu (58:21b)
하늘도 책망할 것이며, 아버지도 싫어할 것이다. 나라의 백성도

← hairandarakū, suwembe jetere eturengge bahafi benjihe seme bi
사랑하지 않는다. 너희가 먹고 입는 것을 능히 보내왔다 하여 내가

頭註: gingguleme baicaci, jakan toktobuha fe manju gisun i bithede, dulin tondo oci, ira i mimi i gese gelerakū sere gisun, uthai tondo gūnin tebuhe niyalma oci, ira i jergi jeku, mimi umiyaha i gasihiyabure de gelerakū adali sere gūnin inu sehebi. [신중하게 조사하니, 최근 편찬한『舊淸語』에서 dulin tondo oci, ira i mimi i gese gelerakū라고 한 말은 곧 tondo gūnin tebuhe niyalma oci, ira i jergi jeku, mimi umiyaha i gasihiyabure de gelerakū adali(바른 생각을 가진 사람은 기장 등의 곡식이 파리나 벌레의 피해를 입는 것을 두려워하지 않는 것과 같다)라는 뜻이라고 했다.]

← urgunjerakū, suweni mujilen be dasafi doroi jalin de gūnime banjime
기뻐하는 것이 아니라, 너희의 마음을 닦고 도를 위하여 생각하며 살면

← ohode, ama bi urgunjembi kai, tana ijubuha deri
아버지인 내가 기뻐할 것이다. 동주는 문지름으로써

← genggiyen fiyan tucimbi, sain niyalma weile baha deri
밝은 광택이 난다. 선한 사람은 죄를 지음으로써

← mujilen bahambi, waka be safi tuwancihiyame banjici, sain ojorakū
깨달음을 얻는다. 잘못을 알고서 바로잡으며 산다면, 선이 되지 않고

← ainaha seme henduhe.
무엇이 되겠는가"라고 말했다.

제59권

천명(天命) 8년(1623) 9월

susai uyuci debtelin,
abkai fulingga i
jakūci aniya uyun
biya.

tongki fuka sindaha hergen i dangse. (59:1a)
유권점 당안

○ bobotu, ukanju i jalin jarut i neici beile de
Bobotu가 도망자 때문에 Jarut의 Neici 버일러에게

genefi, ice duin de isinjiha, tere ukanju
갔다가 초나흘에 돌아왔다. 그 도망자는

korcin i baru genehebi, bobotu i gamaha tanggū boso de,
Korcin으로 가 있다. Bobotu는 가져간 베 100필에 대해

gūsin honin gaifi gajiha.
양 30마리를 받아 몰고왔다.

○ ice sunja de, usitai bithe wesimbume, fusi
초닷새에, Usitai가 글을 올리기를, "무순(撫順)

dain ci ba bade olbo etuhe, jakūn bade (59:1b)
전투 이래로 곳곳에서 면갑을 입었습니다. 여덟 곳에

feye baha, liyoodung de jihe aniya, beiguwan i
상처를 입었습니다. 요동(遼東)에 온 해에 비어(備禦)

hergen buhe bihe, te hergen akū, usin jeku i
직을 주셨는데, 지금은 직위가 없습니다. 밭과 곡식의

jurgan i weile de yabume ilan aniya oho, mini
부서의 일을 수행한 지 세 해가 되었습니다. 제가

muterei teile afabuha weile de yabure be,
온힘을 다해 맡긴 일을 수행하는 것을

gūsai ambasa gemu sambi seme
구사의 대신들이 모두 압니다"라고

⇦ han de wesimbure jakade, beiguwan i hergen buhe.
한(汗)에게 올리자 비어직을 주었다.

(59:2a)

⇦ han, tulergi beise i niru be icihiyame, duici beile de bihe
한(汗)이 바깥의 버일러들의 니루를 처리하며 제4버일러에게 있던

donggo efu i duin niru be amba beile de buhe,
Donggo 어푸의 네 니루를 대버일러에게 주었다.

⇦ han i gūsai soohai, isun i juwe niru be duici beile de
한(汗)의 구사의 Soohai와 Isun 두 니루를 제4버일러에게

buhe, amba beile i jaode, oode juwe niru be
주었다. 대버일러의 Jaode와 Oode 두 니루를

⇦ han ini jakade gajiha, amba beile i anggara age i
한(汗) 자신이 가지고, 대버일러의 Anggara 아거의

niru, suwan i ulai niru, juwe niru be
니루와 Suwan의 Ulai의 니루, 이 두 니루를

manggūltai beile de buhe. (59:2b)
Manggūltai 버일러에게 주었다.

○ sunja biyade, gulu lamun i beile i aliha biya
5월은 정람기(正藍旗)의 버일러가 담당한 달이었는데,

bihe, beile jase sahara be tuwame genefi
버일러가 경계를 쌓는 것을 살펴보러 갔다가

ice ninggun de isinjiha, ice ninggun i inenggi ci
이 달 초엿새에 돌아왔다. 초엿새 날부터

yaya weile be alime gaiha.
모든 일을 넘겨받았다.

○ ice nadan de wasimbuha (59:3a)
초이레에 내린

⇦ bithei gisun, usin de ulha dosici, saha sahai
글이다. "밭에 가축이 들어가면, 보는 대로

← jafa, jafaha niyalma etuku sume ume gaijara,
붙잡으라. 붙잡은 사람은 옷을 벗겨 빼앗지 말라.

← gašan i janggin de gamafi tuwabume, morin ihan
촌락의 장긴에게 데리고 가서 보여주고, 말과 소,

losa eihen ulha tome, emte yan menggun
노새, 나귀 등 가축마다 한 마리당 한 냥씩 은을

gaisu.
받으라."

○ ice nadan de, eksingge de takūraha (59:3b)
초이레에, Eksingge에게 파견하면서 보낸

⇦ bithei gisun, aiha i golo be dosifi cargici jihe
글이다. "애하로(靉河路)로 들어가서 저쪽에서 온

← niyalma be songko faita, songko baha manggi, sain
사람들의 자취를 쫓으라. 자취를 찾으면, 정예병이

← niyalma tucifi tulergi deri toso, songko de juleri juwan
나가서 바깥으로 길을 막으라. 자취가 있는 곳에는 앞에 열

← niyalma be sinda, jai orin niyalma be sinda, terei
명을 배치하고, 그 뒤에 20명을 배치하라. 그

← sirame geren i baksalafi faksikan i jalan hanci sindafi yabu,
다음으로 여럿으로 나누어 요령 좋게 대오(隊伍)를 가까이 배치해서 다니라.

← jalan goro yabufi koro baharahū, saikan kimcime baime
대오가 멀리 떨어져 다니다가 부상당할까 염려된다. 신중히 살펴가며 찾아서

← wafi, fung hūwang ceng de isinafi tung yuwan pu i (59:4a)
죽이고, 봉황성(鳳凰城)에 이르면 통원보(通遠堡)

← jugūn be tucime jio, juwan ilan de ice
길로 나와서 오라. 13일에 신전(新奠)에

← hecen de isina.
도착하라."

○ unege, dajuhū de takūraha
Unege와 Dajuhū에게 파견하여 보낸

⇦ gisun, suwe sio yan i golo be dosifi cargici jihe
말이다. "너희는 수암로(岫巖路)에 들어가서 저쪽에서 온

← niyalma be songko faita, songko baha manggi, sain
사람들의 자취를 쫓으라. 자취를 찾으면, 정예병이

← niyalma tucifi tulergi deri toso, songko de julergi (59:4b)
나가서 밖으로 길을 막으라. 자취가 있는 곳에는 앞에

← juwan niyalma be sinda, jai orin niyalma be
열 명을 배치하고, 뒤에 20명을

← sinda, terei sirame geren i baksalafi faksikan i jalan
배치하라. 그다음으로 여럿으로 나누어 요령 좋게 대오를

← hanci sindafi yabu, jalan goro yabufi koro baharahū,
가까이 배치해서 다니라. 대오가 멀리 떨어져 다니다가 부상당할까 염려된다.

← saikan kimcime baime wafi, amba alin i cargi deri
신중히 살펴가며 찾아서 죽이고, 대산(大山)의 건너편을 따라서

← fu jeo i golo be tucime jio, juwan ilan de
복주로(復州路)로 나오라. 13일에

← amba alin i cargi da de isina.
대산의 건너편 산 밑에 도착하라."

(59:5a)

○ moobari de takūraha
Moobari에게 파견하여 보낸

⇦ gisun, si fung hūwang ceng ni golo be dosifi cargici
말이다. "너는 봉황성로(路)로 들어가서 저쪽에서

← jihe niyalma be songko faita, songko baha manggi,
온 사람들의 자취를 쫓으라. 자취를 찾으면,

← sain niyalma tucifi tulergi deri toso, songko de
정예병이 나가서 밖으로 길을 막으라. 자취가 있는 곳에는

← juleri juwan niyalma be sinda, jai orin niyalma be
앞에 열 명을 배치하고, 뒤에 20명을

← sinda, terei sirame geren i baksalafi faksikan i jalan hanci
배치하라. 그다음으로 여럿으로 나누어 요령 좋게 대오를 가까이

← sindafi yabu, jalan goro yabufi koro baharahū, saikan (59:5b)
배치해서 다니라. 대오가 멀리 떨어져 다니다가 다칠까 염려된다.

← kimcime baime wafi, sio yan i jugūn be tucime
신중히 살펴가며 찾아서 죽이고, 수암 길로 나와서

← jio, fung hūwang ceng de juwan ilan de isina.
오라. 봉황성에는 13일에 도착하라."

○ tere inenggi, geren beise acafi, kūrcan, tuša,
그날, 여러 버일러들이 만나서, Kūrcan과 Tuša,

aibari, hife be takūrame
Aibari, Hife를 파견하여

⇦ han de fonjifi, hūsimu daise iogi be beiguwan i hergen
한(汗)에게 묻고서, Hūsimu 유격(遊擊) 서리를 비어직으로

obuha, nikan buhe, šumuru i funde jui šojan be (59:6a)
삼고, 한인을 주었다. Šumuru를 대신하여 아들 Šojan을

beiguwan obuha, sibe i funde ini eshen yesi be
비어로 삼고, Sibe 대신에 그 숙부인 Yesi를

sindaha, hoto i jui yeke be ama i funde
임명했다. Hoto의 아들 Yeke를 그 아비를 대신하여

beiguwan obuha, yana i funde buyantu be beiguwan obuha.
비어로 삼았다. Yana를 대신하여 Buyantu를 비어로 삼았다.

○ gembulu, susai niyalma be gaifi toholon muke
Gembulu가 50명을 데리고 수은을

arara juse baime genefi, bira i cargici ilan
만들 아이들을 찾으러 갔는데, 강의 건너편에서

tanggū nikan ebergi dalin de doofi, juwe (59:6b)
한인 300명이 이쪽 강변으로 건너오고 200명이

tanggū niyalma cala tutahabi, jai emu tanggū
저쪽에 남아 있었다. 또 150명이

susai niyalma medege gaime jihe be, gembulu
정보를 얻으러 온 것을 Gembulu가

safi tofohon niyalma be wafi, gaifi jihe
알고 15명을 죽이고, 그들을 이끌고 온

emu bedzung be jafafi gajiha, tede fonjici,
백총(百總) 한 명을 잡아서 끌고왔다. 그에게 물으니,

mao wen lung tiyei šan de bi, giyang
"모문룡(毛文龍)은 철산(鐵山)에 있다. 강을

bitume olhome cooha tehebi, solho i ilan hecen
따라서 경계하며 병사가 주둔해 있다. 조선의 세 성(城)이

ubašaha bihe, tere be gemu waha seme alaha. (59:7a)
배반했는데, 그들을 모두 죽였다"라고 고했다.

○ beise hendume, tulergi golo golo i jeku akū
버일러들이 말하기를, "바깥의 각각의 지역 중 곡식이 없는

ba i nikasa de, dung ging, hai jeo, yoo jeo, g'ai jeo i
지역의 한인들에게, 동경(東京), 해주(海州), 요주(耀州), 개주(蓋州)의

tsang ni jeku be tucibufi uncambi, amba sin i
창고의 곡식을 꺼내서 팔겠다. 큰 되로

emu sin de emu yan menggun gaimbi,
한 되에 은 한 냥을 받겠다.

usin yangsame tuciburakū ojorahū, jeku udafi gamara
밭을 김매러 내보내지도 못할까 염려된다. 곡식을 사서 가져갈

sidende, jeku bisire niyalma juwen sinda, udaha (59:7b)
때까지는 곡식이 있는 사람이 빌려주라. 산

jeku be gamafi toodakini, jušen nikan i jeku
곡식을 가져가서 갚기 바란다. 여진인과 한인 중 곡식이

bisire hafasa, meni meni teisu teisu ba i
있는 관원들은, 각자 자기 지역의

jeku akū nikasa de unca.
곡식이 없는 한인들에게 팔라."

○ ice uyun de, hoton sahara bade tuwame,
초아흐레에, 성을 쌓는 곳에서 보니,

beise, degelei age, jaisanggū age, jirgalang age,
버일러들은 Degelei 아거, Jaisanggū 아거, Jirgalang 아거,

šoto age. (59:8a)
Šoto 아거이다.

[1]beise hendume, musei gurun i niyalma bucehe doro de
버일러들이 말하기를, "우리나라 사람이 장례에서

gasara dufe, beise ambasa, nimembi seme bucehe seme
곡하는 것이 너무 과도하다. 버일러들과 대신들은, 아프다거나 죽었다고

1) 새로운 기사가 시작하는 부분인데도 동그라미(○)가 누락되어 있다.
頭註: gingguleme kimcici, gasara dufe sere gisun, ainci gasarangge jaci dabanambi sere gūnin dere. [신중하게 살펴보니, gasara dufe라는 말은 아마도 '곡하는 것이 너무 과도하다'라는 뜻일 것이다.]

⇦ han de ume alara, beise de neneme alarakū,[2)]
한(汗)께 아뢰지 말라. 버일러들에게 먼저 알리지 않고

⇦ han de alaha de weile arambi,
한(汗)께 아뢰었을 때는 치죄하겠다.

⇦ han emu juwe niyalmai ama waka kai, geren gurun i
한(汗)께서는 한두 사람의 아버지가 아니다. 여러 백성의

ama kai, (59:8b)
아버지인 것이다.

⇦ han de ai baita akū, eiten gurun i banjire doroi jalin de
한(汗)께서 어찌 한가하시겠는가. 온 백성이 살 도리를 위해서

gūnime jobome hono jabdurakū kai, banjire bucerengge
생각하시고 근심하시느라 오히려 여유가 없으시다. 살고 죽는 것은

⇦ abkai kemnehe giyan kai, eiten niyaman hūncihin gemu emu
하늘이 정한 이치이다. 온갖 친인척이 모두 한

hecen de acafi tehebi, ya de gasaci
성에서 함께 살고 있으니, 누구에게나 곡을 하면

beye dosombi, terei bucehe medege be ainu
몸이 견디겠는가. 그들의 죽은 소식을 어찌

alambi, nimeku bucehe de
아뢰는가. 병으로 죽었을 때

⇦ han marame genere be, beise ambasa tafulame nakaburakūci, tere (59:9a)
한(汗)께서 고집스레 가시는 것을, 버일러들과 대신들이 간하여 말리지 않으면, 그

ucuri bihe beise ambasa de weile arambi,
당시에 있었던 버일러들과 대신들을 치죄하겠다.

---

2) 원문에는 여기에 두주를 표시하는 띠지를 붙여놓았으나 해당 두주는 누락되어 있다.

⇦ ama de urgun medege be alambi, gasacun i
아버지께는 기쁜 소식은 알리고 슬픈

medege be alarakū, gurun i amba asihan niyalma
소식은 알리지 않는다. 나라의 나이가 많거나 적은 사람들이

bucehe de dufedeme gasara be naka, ere gisun
죽었을 때 과도하게 곡하는 것을 그만두라. 이 말은

beise i teile gisurehengge waka, tere ucuri
버일러들끼리 말한 것이 아니다. 그 당시에

⇦ han gasara labdu ofi,
한(汗)께서 곡하실 일이 많아서,

⇦ i ališame beise be hendu seme hendubuhengge, ereci (59:9b)
당신이 고민되어 말하라고 버일러들을 말하게 하신 것이다. 이제부터

amasi dufedeme gasaci weile, bucehe niyalmai jalin de
앞으로 과도하게 곡을 하면 죄이다. 죽은 사람을 위해

bucehe seme gasaci, sini beye enteheme banjimbio.
죽었다고 곡을 한들, 너의 몸이 영원히 살겠는가."

○ juwan emu de, nikan ciyandzung wesibufi beiguwan
11일에, 한인 천총(千總)을 승직시켜 비어로

obuha, terei wesimbuhe bithei gisun, inggūldai nirui
삼았다. 그가 올린 글이다. "Inggūldai 니루의

ciyandzung dzeng guwan yoo bi, hūng dzui ci
천총 Dzeng Guwan Yoo 저는, 홍취(紅嘴)로부터

ukame genere juwe tanggū niyalma be amcafi (59:10a)
도망해 가는 200명을 쫓아가서

gemu bahafi gajiha, tere be hele sambi,
모두 잡아 데려왔습니다. Hele가 그것을 압니다.

jai mao wen lung ni giyansi be jafafi
또 모문룡(毛文龍)의 첩자를 잡아서

waha, giyansi be gidaha niyalma be inu
죽였습니다. 첩자를 숨겨주었던 사람도

waha, jai nikan han i coohai niyalma de
죽였습니다. 또 명나라 황제가 병사에게

wasimbuha uyun tanggū yan menggun be gidaha
상으로 내린 은 900냥을 숨긴

niyalma be gercilefi waha, waha niyalmai boode
사람을 고발하여 죽였습니다. 죽인 사람의 집에는

uyun tanggū yan menggun, duin ihan, juwe (59:10b)
은 900냥, 소 네 마리, 말 두 마리,

morin, ilan losa, emu tanggū jakūnju nadan
노새 세 마리, 비단옷 187벌,

suje i etuku, mocin samsu gūsin, juwan ilan
모청포 30필, 곡식 13섬이

hule jeku bihe, gercilehe san ciyandzung be sain
있었는데, 고발한 San 천총에게 잘했다고

seme emu tanggū yan menggun, juwe ihan,
은 100냥과 소 두 마리,

emu losa, emu elbihe i dahū buhe seme
노새 한 마리, 너구리 털옷 한 벌을 주었습니다"라고

頭註: gingguleme kimcici, wasimbuha sere gisun, ainci šangnaha sere gisun dere. [신중하게 살펴보니, wasimbuha 라는 말은 아마도 '상으로 내렸다'라는 말일 것이다.]

wesimbure jakade, wesibufi beiguwan obuha, dorji age,
상주해서, 승직시켜 비어로 삼았다. Dorji 아거와

asidarhan, (59:11a)
Asidarhan이

⇦ han de wesimbuhe.
한(汗)에게 상주했다.

○ gulu šanggiyan gūsai lang wan tse bithe
정백기(正白旗)의 Lang Wan Tse가 글을

wesimbume, lang wan tse bi, guwangning ci ahūn
올렸다. "Lang Wan Tse 저는 광녕(廣寧)으로부터 형제와

deo orin haha be gaifi g'ao ping ni hecen de
장정 20명을 이끌고 고평(高平)의 성에서

okdoko bihe,
맞이했었습니다.

⇦ han gosifi, beiguwan i hergen buhe bihe, ere aniya nadan (59:11b)
한(汗)께서 저를 어여삐 여겨 비어직을 주셨는데, 올해 7월에

biyade hergen nakabuha, te
파직되었습니다. 이제

⇦ han gosifi mini ahūn deo orin haha be minde
한(汗)께서 어여삐 여겨 저의 형제와 장정 20명을 저와

acabure biheo seme wesimbure jakade, juwan haha be
함께 하게 해주시겠습니까"라고 상주해서, 장정 열 명을

buhe, tere juwan hahai alban waliyaha, erebe
주고, 그 열 명의 장정의 부역을 면제했다. 이것을

ineku dorji age, asidarhan,
그대로 Dorji 아거와 Asidarhan이

⇦ han de wesimbuhe.
한(汗)께 상주했다.

(59:12a)

○ lii wei lung, bulanju de kamciha bihe,
이유룽(李維龍)이, Bulanju와 합쳐서 살고 있다가

lii wei lung ukaci, bulanju umai bahafi
도망했으나 Bulanju는 전혀

sahakūbi, tede
알지 못하고 있었다. 그에게

⇦ han hendume, bulanju sinde lii wei lung be kamcibuhangge,
한(汗)이 말하기를, "Bulanju 너와 이유룽을 합쳐서 살게 한 것은,

← ukanara ubašara be baicakini, ehe sain be tuwakini
도망하거나 모반하려는 것을 조사하고, 좋고 나쁨을 지켜보기를 바라며

← seme kamcibuha bihe kai, tutala boode bihe juse hehesi,
함께 있게 했던 것이다. 그렇게나 많이 집에 있던 아녀자들과

← ai ai jaka be gamame geneci, si ainu sarkū, (59:12b)
갖가지 물건을 가져가는데, 너는 어찌 모르고 있느냐.

← tuttu sarkū oci, si hehe i adali kai, ukara
그렇게 모른다면, 너는 여인과 같다. 도망하거나

← ubašara niyalma be baicarakū niyalma, niru be
모반하는 자를 조사하지 않는 사람이, 니루를

← alifi kadalame fafulame mutebumbio seme, niru bošoro be
맡아서 관리하고 통제할 수 있겠는가"라고 하며 니루를 감독하는 것을

nakabuha, tuhere an i weile gaiha, hehe i adali
그만두게 하고, 정죄하던 관례대로 죗값을 징수했다. 여인과 같다고

seme ilan inenggi hehesi fokto hūsihan hūwaitafi
하여 3일간 여인의 저고리와 치마를 둘러매고

yamun de tebuhe.
아문(衙門)에 있게 했다.

(59:13a)

○ jasei pu de unggihe bithei gisun, beise
경계의 보(堡)에 보낸 글이다. 버일러들이

hendume, kalka i elcin hūda jici, jasei tule
말하기를, "Kalka의 사신이 장사하러 오면, 경계의 바깥에서

ilibu, musei elcin bici, musei elcin alanjikini,
멈춰 세우고, 우리의 사신이 있으면, 우리의 사신이 알리러 오기 바란다.

musei elcin akūci, jasei niyalma suwe alanju.
우리 사신이 없으면, 경계의 사람 너희가 알리러 오라."

○ juwan juwe de, nikan iogi lii wei lung
12일에, 한인 유격 이유룡이

ukambi seme alaha heo ši giyūn be wesibufi (59:13b)
도망한다고 알린 Heo Ši Giyūn을 승직시켜

beiguwan obuha.
비어로 삼았다.

○ juwan juwe de,
12일에,

⇦ han i non ajige fujin akū oho, juwe hehe dahame bucehe,
한(汗)의 여동생[3] Ajige Fujin이[4] 죽고, 두 여자가 따라 죽었다.

⇦ han, non be akū oho seme genere de, beise
한(汗)이 여동생이 죽었다고 하며 가려는데, 버일러들이

tafulara jakade,
간하여 말렸기에,

⇦ han hendume, mini emu (59:14a)
한(汗)이 말하기를, "나와 한

⇦ ama, emu
아버지, 한

⇦ eme de banjiha damu non kai seme, genefi ambula songgoho,
어머니에게서 난 유일한 여동생이다"라고 하며, 가서 몹시 울었다.

beise tafulame, emgeri acanjiha kai, te boode
버일러들이 간하여 말리기를 "한 번 와서 보셨으니 이제 집으로

bedereki dere seci, ojorakū ofi, beise geli
돌아갑시다"라고 해도 듣지 않아서 버일러들이 또

tafulaha manggi, akūci, jakūn hošonggo ordo de
간하여 말리고서 "아니면 팔각전에

genefi teki seme, ordo de genefi tefi,
가서 앉읍시다"라고 하여, 전각에 가서 앉았다가

bonio erinde giran benehe manggi, (59:14b)
신시(申時)에 발인한 후에,

---

3) Jan i birai gu(Jan강 고모)를 일컫는다.

4) 『先경기연한 賢行典例』(7b)에 'emu sargan jui gebu ajige fujin'(딸이 하나인데 이름이 Ajige Fujin이다)으로 되어 있고, 『滿洲實錄』에 만주문 'ajige fujin'(7:81b)을 한문 부분에서 '阿吉格福金'(7:80b)으로 대당시켜 놓았으므로 여기에서도 Ajige Fujin으로 번역한다.

⇦ han teni boode amasi bederehe,
한(汗)이 그제야 궁으로 돌아왔다.

⇦ han i non i eigen jecen i goloi amban bihe,
한(汗)의 여동생의 남편은 Jecen로(路)의 대신이었는데,[5)]

⇦ han de daci dayafi emgi yabuha seme non be buhe
한(汗)에게 처음부터 의탁하여 함께 다녔다고 여동생을 주었었다.

bihe, ilan jui ujifi banjime dulin oho
세 아들을 낳고 살며 중년이 된

manggi, eigen be ehe seme hokoki seci,
후에는, 남편을 나쁘다고 하며 이혼하겠다고 했으나,

⇦ han ini emgi daci guculehe be gūnime hokobuhakū, eigen
한(汗)이 그와 함께 처음부터 구추로서 교류했던 것을 생각하여 이혼시키지 않았다.

sargan bucere onggolo delhefi tofohon aniya isime (59:15a)
부부는 죽기 전까지 별거하여 15년이 되도록

encu bihe, eigen aname buceci, sargan acahakū,
따로 살았는데, 남편이 죽어도, 아내가 만나지 않았다.

tuttu ofi,
그리하여,

⇦ han ahūn, non de ushašambihe, meye be
한(汗) 오라버니는 여동생에게 화를 내고, 매제를

⇦ han kemuni gosimbihe.
여전히 아꼈다.

5) Nurhaci 거병 초기에 귀부해 왔던 Jan강의 Yangšu를 가리킨다. 제51권의 각주 6 참고.

○ juwan ilan de, korcin i monggo de
13일에, Korcin 몽골에

elcin genehe turusi, amasi isinjiha, turusi (59:15b)
사신으로 갔던 Turusi가 돌아왔다. Turusi가

alame, [原檔殘缺]
아뢰기를, □□□

○ juwan duin de,
14일에

⇦ han, geren beise fujisa, monggo beise be gaifi, alin
한(汗)이, 여러 버일러들과 푸진들, 몽골 버일러들을 이끌고, 산과

bira be abalambi seme dung ging ni hecen ci juraka,
강에서 사냥을 하겠다며 동경성에서 출발했다.

juraka inenggi, hū pi i hecen i juleri
출발한 날 호피역(虎皮驛) 성 앞

juwan ba i dubei amba jugūn i šun dekdere ergi (59:16a)
10리 끝의 큰길의 해 뜨는 쪽

alin i ninggude deduhe, jai cimari jarut gurun de elcin
산의 정상에서 묵었다. 다음날 아침 Jarut국에 사신으로

genehe arajai isinjifi medege alame, musei bithe be neici
갔던 Arajai가 도착하여 소식을 알리기를, "우리의 글을 Neici

beile tuwafi, ere gisun gemu mujangga, cahar kalka acaha,
버일러가 보고서, '이 말이 모두 사실이다. Cahar와 Kalka가 결탁했다.

korcin muse ilan gurun, ere gisun be dabame encu
우리 Korcin 세 나라가 이 말을 어겨서 다른

mujilen i banjici, tere ehe kai, ai ai gisun oci,
마음으로 살면, 그것은 나쁜 짓이다. 모든 말은

⇦ han i ciha seme hendumbi seme alanjiha, tere elcin i emgi
한(汗)의 뜻이다'라고 합니다"라고 알려왔다. 그 사신과 함께

sangtu i deo sanggūli, emu temen, emu morin, [原檔殘缺] (59:16b)
Sangtu의 아우 Sanggūli가 낙타 한 마리, 말 한 마리, □□□

○ [原檔殘缺]sanggarjai nakcu niyakūrafi hengkilefi tebeliyeme acaha,
□□□ Sanggarjai 외삼촌이[6] 무릎 꿇고 절하고서 끌어안으며 알현했다.

⇦ han de acame wajiha manggi, amba beile, amin beile, manggūltai
한(汗)을 알현하고 난 후, 대버일러, Amin 버일러, Manggūltai

beile, duici beile de ilhi ilhi tebeliyeme acaha, gajiha
버일러, 제4버일러를 차례로 끌어안으며 인사했다. 데리고온

sargan jui aldangga niyakūrafi hengkileme acaha, tere yamji,
딸은 멀리서 무릎 꿇고 절하며 인사했다. 그날 저녁

duin ihan wafi sarilara de, sanggarjai nakcu be
소 네 마리를 잡아 주연을 베풀 때, Sanggarjai 외삼촌을

⇦ han i ici ergi ashan de hanci tebufi sarilaha. (59:17a)
한(汗)의 오른쪽 옆자리에 가까이 앉히고 주연을 베풀었다.

○ juwan ninggun de, fusi hejige i mudan de deduhe,
16일에, 무순의 Hejige의 굽은 길에서 묵었다.

tere inenggi, jarut i loosa beile i sargan jui be,
그날, Jarut의 Loosa 버일러의 딸을

---

6) Sanggarjai는 Minggan 버일러의 넷째 아들이다. Minggan 버일러가 1612년에 딸을 Nurhaci에게 보내왔으므로 그의 자식 세대의 아거(age)들에게는 외삼촌, 즉 nakcu가 된다.

amba beile i jui wakda age i sargan benjime,
대버일러의 아들 Wakda 아거의 아내로 보내와서,

ši fang sy de isinjihabi seme alanjiha manggi,
십방사(十方寺)에 도착해 왔다고 알리러 오자

wakda age emu gūsai juwete bayara be gaifi,
Wakda 아거가 한 구사에서 바야라를 둘씩 이끌고,

juwan ninggun de ši fang sy i baru okdome genehe. (59:17b)
16일에 십방사(十方寺)로 맞으러 갔다.

○ juwan nadan de, duka ala de deduhe.
17일에, Duka 언덕에서 묵었다.

○ juwan jakūn de, giyamuhū angga de deduhe,
18일에, Giyamuhū Angga에서 묵었다.

tere inenggi, enggeder efu manggūldai nuktere baci jifi
그날, Enggeder 어푸와 Manggūldai가 유목하는 곳으로부터 와서

⇦ han de acaha, gajiha ihan wafi,
한(汗)을 알현하고, 몰고온 소를 잡아

⇦ han be sarilaha, tere inenggi, elmin de butaha, butame genehe (59:18a)
한(汗)을 위해 주연을 벌였다. 그날 Elmin에서 사냥했는데, 사냥하러 갔던

amin beile i juwan niyalma be waha seme alanjiha.
Amin 버일러 휘하의 사람 열 명이 살해당했다고 알려왔다.

○ juwan uyun de, giyamuhū angga de indehe inenggi,
19일에, Giyamuhū Angga에서 머물러 쉰 날,

wakda age i sargan isinjifi,
Wakda 아거의 아내가 도착하여,

⇦ han, fujisa de hengkileme acaha.
한(汗)과 푸진들에게 절하며 알현했다.

○ orin de, amasi bederefi duka ala i fejile deduhe. (59:18b)
20일에, 되돌아와서 Duka 언덕의 아래에서 묵었다.

○ unege baksi genehe baci alanjihangge, ginjeo i hoton de
Unege 박시가 간 곳에서부터 알려온 것이다. "금주성(金州城)에

nikan i ilan minggan cooha dosikabi seme alanjiha
한인 병사 3000명이 들어와 있다"라고 알려온

manggi, [原檔殘缺]
후에 □□□

○ orin emu de, fusi i juleri ta šan i fejile
21일에, 무순 남쪽 탑산(塔山) 아래에서

deduhe, tere inenggi, juleri jecen de anafu tehe (59:19a)
묵었다. 그날, 남쪽 변경에 수자리를 살던

senioke, ubai, toktoi unggihe bithei gisun, juwan
Senioke, Ubai, Toktoi가 보낸 글이다. 16일에,

ninggun de, matoli gebungge gašan de nikan i
Matoli라는 촌락에 한인

emu tanggū hūlha dosifi, jušen i morin emke
도적 100명이 들어와서, 여진인의 말 한 마리를

bahafi gamara be, ubai, senioke, toktoi, ere ilan
잡아서 끌고가는 것을, Ubai, Senioke, Toktoi 이 세

nofi juwan nadan i yamji šun tuheke manggi
명이 17일 저녁 해가 진 후에

tucifi, dobori genefi susai ba i dubede emu ehe
나가서, 밤중에 가서 50리 끝에서 어떤 좋지 않은

bade amcanafi kafi gidaki serede, tiyan šui jan de (59:19b)
곳까지 쫓아가서 포위하여 무찌르려 할 때, 첨수참(甜水站)에

tehe šusai tsanjiyang, susai cooha be gaifi
있던 Šusai 참장(參將)이 병사 50명을 이끌고

isinaha manggi, duin baksan i dosifi bata be
도달하여, 네 무리로 들어가 적을

gidaha, gaifi jihe ejen be waha, morin
제압했다. 이끌고 온 수장을 죽이고, 말을

baha, jai ninggun niyalma bahafi waha, jai
획득하고 또 여섯 명을 잡아 죽였다. 또

geren ba habšafi, ehe ba ofi bahakū
여러 곳을 보고했지만, 좋지 않은 곳이어서 잡지 못하고

unggihe, cing tai ioi ebergi dabagan de
보냈다. 청태욕(靑苔峪)의 이쪽 고개로

dobori jugūn tosome genere de, cargici dosime jidere (59:20a)
밤에 길을 막으러 갈 때, 저편에서 들어오는

orin hūlha emu morin be acafi waha,
도적 20명과 말 한 마리와 마주쳐서 죽였다.

ede ilan beri juwan nadan gida bihe.
이들에게 활 세 대와 창 17개가 있었다.

○ orin emu de, ice hecen aiha i baru
21일에, 신전(新奠), 애하(靉河) 쪽으로

tabcin genehe eksingge fujiyang ni wesimbuhe bithei gisun,
노략질하러 갔던 Eksingge 부장이 올린 글이다.

cargici jihe cooha be giyamcan de emu iogi,
"저편에서 온 군대를 감장(鹻場)에서 유격 한 명,

emu ciyandzung, gūsin ilan niyalma waha, jai (59:20b)
천총 한 명, 병사 33명을 죽였습니다. 또

i du ciyang de emu ciyandzung, dehi niyalma waha,
일도장(一堵墻)에서 천총 한 명과 병사 40명을 죽였습니다.

gu šan de emu ciyandzung, dehi ilan niyalma
고산(孤山)에서 천총 한 명과 병사 43명을

waha, ice hecen de emu ciyandzung, dehi
죽였습니다. 신전(新奠)에서 천총 한 명, 병사 44명을

duin niyalma waha, giya šan de emu ciyandzung,
죽이고, Giya Šan에서는 천총 한 명,

juwan emu niyalma waha, tang šan de tofohon
병사 11명을 죽였습니다. 탕산(湯山)에서는 병사 15명을

niyalma waha, uhereme emu tanggū ninggun niyalma
죽였습니다. 모두 해서 106명을

waha, giyang ni bira i ebergi dalin de (59:21a)
죽였습니다. 강의 이쪽 강변에

usin tariha seme donjifi tuwanaha bihe, tuwaci
밭을 경작했다고 듣고서 보러 갔는데, 보니

neneme tehe gese cooha akū, ebergi dalin i ba
먼저 있던 것만큼의 군대는 없고, 이쪽 강변 지역을

ajige ajige tarihabi, baha nikan de fonjire
아주 조금만 경작해 놓았습니다. 잡은 한인들에게 물었더니,

jakade, solho i hanci tehe warka be sucume
'조선 가까이에 사는 Warka를 습격하기 위해

ilan iogi cooha gamame, ini solho i dorgi be
유격 세 명이 군대를 이끌고, 자신들의 조선 안으로

duin biyai ice jakūn de genehe seme
4월 초여드레에 갔다'라고

alambi, tere alanjiha gisun de, anai, nataga, (59:21b)
알립니다." 그 알리러 온 말에, Anai, Nataga,

jonggodoi, keifu, kutule duin niyalma, uheri
Jonggodoi, Keifu, 말구종 네 명, 모두 해서

jakūn niyalma be tucibufi, hoifa, nadan fere, lafa,
여덟 명을 뽑아서, Hoifa, Nadan Fere, Lafa,

hesihe de takūrame, suwe genefi hoifa, nadan fere, morin i
Hesihe에 파견하며, "너희가 가거든, Hoifa와 Nadan Fere의 기병만

coohai teile be casi gama, yafahan i cooha
저쪽으로 데리고 가라. 보병은

bikini, saikan bargiyafi olhobu, lafa i moringga yafahan be
그대로 두라. 잘 거두어서 경계하도록 하라. Lafa의 기병과 보병을

gemu casi hesihe de gama, hesihe i juse
모두 저쪽 Hesihe에 데리고 가라. Hesihe의 아이들과

hehesi be gemu lafa de unggi, aikabade (59:22a)
여자들을 모두 Lafa에 보내라. 만약

cooha jici, buksifi sirdan i gabtame tuhebu, loho
적병이 오면, 매복하고 있다가 활로 쏘아 쓰러뜨리라. 칼이나

gida i dubede ume latundara seme takūraha, tere
창의 끝에 가까이 가지 말라"고 하며 파견했다. 그

genehe cooha yalu giyang be bitume wesifi,
출병한 적병이 압록강을 따라 올라와서,

dergi šanggiyan alin i dusihi deri dabafi, hoifa be
동쪽 백두산의 기슭 쪽으로 넘어서, Hoifa를

sucunjiha be, hoifa de tehe coohai ambasa,
침입해 온 것을, Hoifa에 있던 군사 대인들이

ilan inenggi bošome emke tucibuhekū gemu waha,
사흘 동안 쫓아 한 명도 내보내지 않고 모두 죽였다.

wakda age sargan gaime yengsileme sarilaha. (59:22b)
Wakda 아거가 아내를 맞으며 혼인잔치를 했다.

○ orin juwe de, fusi hejige i wala deduhe.
22일에, 무순의 Hejige의 아래쪽에 묵었다.

○ orin ilan de, simiyan i dergi hejige i ala de
23일에, 심양(瀋陽)의 동쪽 Hejige의 언덕에

deduhe, tere inenggi, jirgalang age, burgi fujiyang,
묵었다. 그날, Jirgalang 아거와 Burgi 부장이

emu gūsai juwanta bayara be gaifi, ping lu pu de
한 구사에서 바야라를 열 명씩 이끌고, 평로보(平虜堡)에

enggeder efu i sargan gege be ganame unggire de, (59:23a)
Enggeder 어푸의 아내인 공주를 맞으러 보낼 때,

頭註: gingguleme baicaci, jakan toktobuha fe manju gisun i bithede, alin i dusihi deri sere gisun, uthai alin i buten deri sere gisun inu sehebi. [신중하게 조사하니, 최근 편찬한 『舊淸語』에 alin i dusihi deri라는 말은 곧 alin i buten deri(산의 기슭 쪽으로)라는 말이라고 했다.]

← efusa ulha i jakade, [原檔殘缺數字] ceni
어푸들은 가축의 일로, □□□ "저들

← cisui bikini, muse ume hendure, gege be, ume
마음대로 내버려두자. 우리 쪽에서는 말하지 말라. 공주는

← marara, urunakū jio se, bi ša ho pu de
거절하지 말고 반드시 오라고 하라. 나는 사하보(沙河堡)에서

← aliyambi, mimbe dulba i bi seme gūnirahū, efu i arbun be
기다리겠다. 내가 넋 놓고 있다고 생각하지 말라. 어푸의 정황은

← serehebi seme hendume, gege be gaju seme
알고 있다"라고 말하며, 공주를 데려오라 하여

ganafi gajiha.
맞으러 가서 데리고 왔다.

(59:23b)

○ orin duin i cimari, baduhū fujiyang alaname, urut i
24일 아침에, Baduhū 부장(副將)이 알리러 가서, "Urut의

kibtar taiji, musei buhe anggara age i jui
Kibtar 타이지가, 우리가 준 Anggara 아거의 딸인

gege be gabtame waha, tuttu waha manggi,
공주를 쏘아 죽였습니다. 그렇게 죽였기에

imbe jafafi fonjime, sinde aika ushacun ehe ba
그를 사로잡아 묻기를, '너에게 혹시 원한이나 안 좋은 것이

geli bio seme fonjici, kibtar jabume, ushara ba
또 있느냐'라고 물으니, Kibtar가 대답하기를, '원망할 것이

akū, mini budere giyan ofi deribuhe seme
없습니다. 내가 죽을 도리가 되어서 일을 저질렀습니다'라고

jabuha, ini urut i beise, (59:24a)
대답했습니다. 그의 Urut의 버일러들이

⇦ han i hūncihin be waha, mende gaji, be faitarame waki
'한(汗)의 친족을 죽였다. 우리에게 데려오라. 우리가 갈가리 베어 죽이겠다'라고

sehe manggi, musei beise hendume, encu baci
하니, 우리 버일러들이 말하기를, '다른 곳에서

jihe beise be faitarame waci, donjire šan de
온 버일러들을 난도질하여 죽이면, 듣는 귀에

ehe seme cende afabufi futa i tatame waha
좋지 않다'라고 하여 저들에게 맡겨 밧줄로 목 졸라 죽였습니다"라고

seme alanaha. (kibtar taiji soktofi suihume gabtahabi, tere jui, [공격] han i hanci uksun i omolo.)

알렸다. (Kibtar 타이지가 술에 취하여 주정을 부리며 쏘았던 것이다. 그 딸은 한(汗)의 가까운 종실 손주이다.)

○ orin sunja de, (59:24b)
25일에,

⇦ han, meihe erinde dung ging ni hecen de dosika, amasi
한(汗)이 사시(巳時)에 동경성에 들어왔다. 왕복으로

julesi uheri juwan juwe inenggi yabuha, nadan
모두 하여 12일 동안 다녔고, 7일간은

inenggi nimaha hūrhadaha, inenggidari sarin sarilaha.
큰 그물로 물고기를 잡았으며, 매일 주연을 베풀었다.

○ orin nadan de, beise hendume, monggo i hūda
27일에, 버일러들이 말하기를, "몽골인이 장사하러

gajiha, amba eje ihan de orin yan,
가져온 다 자란 거세한 소에 20냥,

hebte de tofohon yan, gūna de juwan (59:25a)
배가 흰 소에 15냥, 세 살 소에 열 냥,

yan, iten de sunja yan, amba honin de
두 살 소에 다섯 냥, 다 자란 양에

duin yan, dubei honin de ilan yan
넉 냥, 하급 양에 석 냥으로

salibu, cekemu emu da de juwe yan, mocin
값을 매기라. 왜단 한 발(庹)에 두 냥, 모청포

emken de juwe yan, emu da jafu de
한 필에 두 냥, 융단 한 발에

emu yan, amba honin sukū de ilan
한 냥, 다 자란 양의 가죽에 3전,

jiha, tulhu de juwe jiha, ajige honci de
중간 정도 자란 양 가죽에 2전, 작은 양의 가죽에

emu jiha, ere salibuha be jurceme hūda (59:25b)
1전이다. 이 정가를 어기고 값을

fulu bume hūlhame ume gaijara, hūda fulu
과하게 주고 몰래 받지 말라. 값을 과하게

bume hūlhame gaici, buhe hūda be gemu gaimbi,
주고 몰래 받으면, 준 값을 모두 빼앗고,

weile arambi, neneme emu jergi jušen monggo
치죄할 것이다. 먼저 첫 번째로 여진인과 몽골인,

nikan i hafasa, beiguwan i bodome akūmbume gaikini, terei
한인 관원들은 비어 직위를 고려하여 끝까지 계산하여 받고,

sirame ciyandzung ni bodome akūmbume gaikini, terei sirame
다음으로 천총 직위를 고려하여 끝까지 계산하여 받고, 그에 이어

geren gaikini, neneme gaiha niyalma jergi isinjire
여럿이 받기 바란다. 먼저 받은 사람이 차례가 돌아오기

onggolo geli gaici weile. (59:26a)
전에 또 받으면 죄가 된다."

○ tere inenggi, sanggarjai nakcu de sain foloho
그날, Sanggarjai 외삼촌에게 세밀하게 장식을 새긴

enggemu hadala emke, sain foloho jebele de
안장과 굴레 한 벌, 세밀하게 장식을 새긴 화살통에

beri niru sisihai, saca galaktun foloho hilteri
활과 화살을 꽂은 것, 투구와, 갑옷 소매와, 장식을 새긴 미늘

uksin emke, bai uksin emken de saca
갑옷 한 벌, 보통 갑옷에 투구와

galaktun yooni, emken de saca bi, galaktun
갑옷 소매 일습을 갖추어서 한 벌, 투구만 있고 갑옷 소매는 없이 한 벌,

akū, gecuheri goksi emke, seke hayahan i jibca (59:26b)
망룡단 조의 한 벌, 담비 털로 테를 두른 가죽옷

emke, aisin i šerin hadame boro emke, foloho
한 벌, 금불두(金佛頭)를 단 여름 모자 하나, 장식을 새긴

umiyesun emke, emu gecuheri, emu cekemu, emu
허리띠 하나, 망룡단 한 필, 왜단 한 필,

puse noho suje, emu sese, mocin samsu
흉배 놓은 비단 한 필, 금실 한 타래, 모청포

dehi, susai yan menggun i cara emke.
40필, 50냥짜리 은으로 만든 잔 하나를 주었다.

○ uju jergi de jaka hiya i sargan, ūkujin
1등급에는 Jaka 히야의 아내와 Ūkujin

mama, ere juwe hehe de, suje i teleri, (59:27a)
마마인데, 이 두 여인에게 비단으로 지은 부인용 조의와

puse noho ojin buhe, jai jergi de kobsoni i sargan,
흉배 놓은 부인용 조복을 준다. 2등급에는 Kobsoni의 아내와

jaka hiya i sargan, ere juwe hehe de,
Jaka 히야의 아내인데, 이 두 여인에게

samsu i teleri, mocin i ojin de undurakū ulhun buhe,
삼승으로 지은 부인용 조의와 모청포로 지은 부인용 조복에 용무늬 비단으로 옷깃을 댄 것을 준다.

sanggarjai nakcu be dahame jihe gucu, uju
Sanggarjai 외삼촌을 따라온 구추로 1등급에는

jergi de kobsoni, jaka hiya, ere juwe
Kobsoni와 Jaka 히야인데, 이 두

niyalma de, suje i ergume buhe, jai jergi de
사람에게 비단으로 지은 조의(朝衣)를 준다. 2등급에는

menggetu, budang, cingtai, jūn, nahaculai, bultu, bugūi, (59:27b)
Menggetu, Budang, Cingtai, Jūn, Nahaculai, Bultu, Bugūi,

ugar, hoobai, bursanggū, gida, ere juwan emu
Ugar, Hoobai, Bursanggū, Gida인데, 이

niyalma de, samsu i ergume, ilaci jergi de tohoi,
11명에게는 삼승으로 지은 조의를, 3등급에는 Tohoi,

badali, babai, haise, nuta, darda, urja, iju,
Badali, Babai, Haise, Nuta, Darda, Urja, Iju인데,

ere jakūn niyalma de, boso i ergume buhe,
이 여덟 명에게는 베로 지은 조의를 준다.

coo taiji de, emu gecuheri goksi, silun i
Coo 타이지에게는 망룡단으로 지은 조의 한 벌, 스라소니

dahū emke, emu uksin, menggun i susai yan i
털옷 한 벌, 갑옷 한 벌, 은 50냥으로

cara emke, foloho jebele de beri niru (59:28a)
만든 잔 하나, 활과 화살을 꽂은 장식을 새긴 화살통,

sisihai, foloho umiyesun emke,
장식을 새긴 허리띠 하나이다.

⇦ han i bai burengge emu gecuheri, hacingga samsu juwan, dahaha
한(汗)이 거저 주는 것으로, 망룡단 한 필, 각종 삼승 두 필, 따라온

gucu uju jergi de ubasi, coronggo, ere
구추 중 1등급에는 Ubasi와 Coronggo인데, 이

juwe niyalma de suje i ergume, jai jergi de
두 사람에게 비단으로 지은 조의를, 2등급에는

obogo, tamtoke, saintu, šulengge, haise, yasutai, sira,
Obogo, Tamtoke, Saintu, Šulengge, Haise, Yasutai, Sira

kuji, bayambugū, dari, hara kuji, itegel hiya,
Kuji, Bayambugū, Dari, Hara Kuji, Itegel 히야,

yasukei, ere juwan juwe niyalma de, samsu i (59:28b)
Yasukei인데, 이 12명에게 삼승으로 지은

ergume, ilaci jergi de jajuhū, menggei, burhai,
조의를, 3등급에는 Jajuhū, Menggei, Burhai,

jurgatai, elbegei, coodai, toodai, ere nadan niyalma de,
Jurgatai, Elbegei, Coodai, Toodai인데, 이 일곱 명에게

boso i ergume, dahaha hehe uju jergi de ubasanca,
베로 지은 조의를 준다. 따라온 여자 가운데 1등급에는 Ubasanca인데,

suje i teleri, puse noho ojin, jai jergi de
비단으로 지은 부인용 조의, 흉배 놓은 부인용 조복을 준다. 2등급에는

sargan jui be ujihe eme ubasanca, samsu i
딸아이를 키운 어머니 Ubasanca인데, 삼승으로 지은

teleri, mocin i ojin de ulhun undurakū sinda.
부인용 조의와 모청포로 지은 부인용 조복에 옷깃을 용무늬 비단으로 대어주라.

제8함

태조황제 천명(天命) 9년(1624)
정월부터 천명(天命) 10년(1625) 11월까지

jakūci dobton,
taidzu hūwangdi i abkai fulingga i uyuci
aniya aniya biyaci, abkai fulingga i
juwanci aniya omšon biyade isinahabi.

제60권

천명(天命) 9년(1624) 정월

ninjuci debtelin,
abkai fulingga i
uyuci aniya aniya
biya.

tongki fuka sindaha hergen i dangse. (60:1a)
유권점 당안

○ niowanggiyan singgeri aniya aniyai cimari gūlmahūn erinde,
갑자년(甲子年) 새해 아침 묘시(卯時)에

⇦ han,
한(汗)이

⇦ tangse de hengkilenefi, amasi boode bederefi,
당자(堂子)에 가서 절하고, 궁으로 되돌아와서

⇦ weceku de hengkilefi, muduri erinde jakūn hošonggo ordo de tucifi
신주(神主)에 절했다. 그리고서 진시(辰時)에 팔각전에 나가

tehe manggi, amba beile neneme hengkilehe, jai enggeder
앉으니, 대버일러가 먼저 절하고, 그다음에 Enggeder

efu, geren monggo beile be gaifi hengkilehe,
어푸가 여러 몽골 버일러들을 이끌고 절했다.

ilaci de amin beile, duici de manggūltai beile, (60:1b)
세 번째로는 Amin 버일러, 네 번째로 Manggūltai 버일러,

sunjaci de duici beile, ningguci de ajige age,
다섯 번째로 제4버일러, 여섯 번째로 Ajige 아거,

nadaci de dodo age, jakūci de abatai age,
일곱 번째로 Dodo 아거, 여덟 번째로 Abatai 아거와

dudu age, uyuci de yoto age, šoto age,
Dudu 아거, 아홉 번째로 Yoto 아거, Šoto 아거,

juwanci de fusi efu, si uli efu, solho i
열 번째로 Fusi 어푸와 Si Uli 어푸가 조선의

hafan, nikan i hafasa be gaifi hengkilehe, juwan emuci
관원과 한인 관원들을 이끌고 절했다. 11번째

jergi de jakūn gūsai geren monggoso be, unege
차례에는 8구사의 여러 몽골인을 Unege

baksi gaifi hengkilehe, hengkileme wajiha manggi, cai omifi (60:2a)
박시가 이끌고 절했다. 절하기를 마치자 차를 마시고

⇦ han dosika, tereci meihe erinde sarilame tucifi, jakūn hošonggo
한(汗)이 들어갔다. 그러고 나서 사시(巳時)에 주연을 베풀러 나왔다가

ordo de honin erinde facaha.
팔각전에서 미시(未時)에 파했다.

○ tere inenggi, beise i bithe wasimbume, lii cigu
그날 버일러들의 글을 내리기를, "Lii 기고(旗鼓)는

sini kadalara da he šan gašan i hehe juse be
네가 관할하는 대흑산(大黑山) 촌락의 아녀자들을

gemu gajime jio, jeku hūlhaburahū, hahasi be
모두 데리고 오라. 곡식을 도적질당할까 염려되니, 장정들은

jeku tuwakiyabume weri, hū pi i bade (60:2b)
곡식을 지키도록 남겨두라. 호피역(虎皮驛) 지역에

boo usin buhebi, tubade gurime gene seme
집과 밭을 주었으니, 그곳으로 이주해 가라"고 하여

wasimbuha. (da he šan i niyalma be, morin ambula udahabi, ubašame genembi seme habšanjiha turgun.)
내렸다. (대흑산 사람들이 말을 많이 샀으니 배반해 갈 것이라고 보고해왔기 때문이다.)

⇦ han, ice juwe i yamji, geren beise be gaifi indahūn
한(汗)이 초이틀 저녁에 여러 버일러를 거느리고 술시(戌時)에

erinde tucifi, hecen i wargi fajiran i goroki be
나와서, 성의 서쪽 성벽의 회원문(懷遠門)

gosire dukai dele tefi, pojan cargilakū efibuhe,
위에 앉아서 폭죽놀이와 불꽃놀이를 하게 했다.

efime wajiha manggi, ulgiyan erinde dosika. (60:3a)
다 놀고 난 후에 해시(亥時)에 들어갔다.

(pojan cargilakū be, dekdeni tofohon juwan ninggun de efibumbihe, ba ba i monggo beise jihebi, tuwafi genekini seme tuttu jortai efibuhe.)
(폭죽놀이와 불꽃놀이는 평소에는 15일과 16일에 했다. 각지의 몽골 버일러들이 와 있기에 보고 가기를 바라며 그렇게 일부러 놀게 했다.)

○ ice ilan de wasimbuha bithei gisun,
초사흘에 내린 글이다.

⇦ han hendume, jušen, nikan damtun i puseli be
한(汗)이 말하기를, 여진인과 한인은 전당포를

← gemu naka, damtun jafafi menggun buci, hūlha
모두 그만두라. 저당을 잡고 은을 주면, 도적이나

← ehe niyalma weri etuku be hūlhafi, damtun
나쁜 사람이 남의 옷을 훔쳐서 저당을

← jafabufi menggun gaifi ukambi, damtun i puseli ejen (60:3b)
잡히고 은을 받아서 도망할 것이며, 전당포의 주인인

← si mujakū buyembi kai, jai menggun juwen sindara be
너희는 몹시 좋아할 것이다. 또 은을 빌려주는 것도

← inu gemu naka, juwen sindaha niyalma, aniya
모두 그만두라. 빌려준 사람은, 정월

← biyai juwan ci ebsi gaime wacihiya, burakūci
10일 이내로 모두 받으라. 주지 않으면

← jafafi habša, juwan be tulike de, hetu saha
붙잡아 고발하라. 10일을 넘기면 옆에서 알게 된

← niyalma gaisu, jai morin, ihan, losa, eihen,
사람이 받으라. 또 말과 소, 노새, 나귀,

← honin, niman, niongniyaha, niyehe, coko uncara niyalma,
양, 염소, 거위, 오리, 닭을 파는 사람은

← meni meni ujihengge be unca, aisi bahaki (60:4a)
각자가 기른 것을 팔라. 이익을 얻겠다고

← seme weringge be udafi uncara be saha niyalma,
남의 것을 사서 파는 것을 본 사람은,

← uncara niyalma be jafafi, dele alanjifi, uncara
파는 사람을 잡아서 상부에 고하러 오고, 파는

← jaka be jafaha niyalma gaisu, yaya uncara
물건은 잡은 사람이 가지라. 모든 파는

← niyalma ulha de yan i bodome, emu yan de
사람의 가축을 양(兩)으로 헤아려서 한 냥에

← cifun emu jiha gaisu, juwe ubu be cifun
세금 1전을 징수하라. 그 3분의 2를 세금

← gaijara niyalma gaisu, emu ubu be nirui ejen
걷는 사람이 징수하라. 3분의 1은 니루 수장,

← daise janggin gaikini, nikan i cifun i emu (60:4b)
장긴 서리가 받기 바란다. 한인의 세금의 3분의 1은

← ubu be, kadalara beiguwan, nikan ciyandzung gaikini, monggo i
관할하는 비어(備禦)와 한인 천총(千總)이 받기 바란다. 몽골인이

← gajiha ulha be monggo uncakini, tataha booi ejen
가져온 가축은 몽골인이 팔기 바란다. 숙박한 집의 주인이

← ulame gaifi ume uncara, cifun juwe ubu be
전해 받아서 팔지 말라. 세의 3분의 2를

← cifun i niyalma gaisu, emu ubu be tataha booi
세금 걷는 사람이 징수하라. 3분의 1을 숙박한 집의

← ejen gaikini. erebe ai turgun seci, giyai de bisire
주인이 받기 바란다." 이는 무슨 이유에서인가 하면, 길거리에 있는

ulha be hūlhafi uncambi, gurun de hūlha dekdembi
가축을 훔쳐서 팔고 나라에 도적이 생기기 때문에

seme wasimbuha gisun ere inu, tere cifun gaiha be (60:5a)
내린 말이 이것이다. 그 세금을 걷은 것이

ambula seme, amala
많다고, 후에

⇦ sure han, tehe aniya ci cifun ekiyeniyefi, emu yan de
수러 한(汗)이 즉위한 해부터 세금을 줄여서 한 냥에

ilan fun obuha.
3푼으로 했다.

頭註: gingguleme kimcici, tere cifun gaiha sere gisun ci deribume, duici jurgan de isibume ejehe baita, ainci ⇦ taidzung hūwangdi i forgon de niyeceme ejehengge dere. [신중하게 살펴보니, tere cifun gaiha라는 말에서부터 시작하여 네 번째 줄에 이르기까지 기록한 일은 아마도 태종(太宗)황제 시기에 보충하여 기록한 것일 것이다.]

○ niowanggiyan singgeri aniya aniya biyai ice ilan de,
갑자년(甲子年) 정월 초사흘에

enggeder efu i baru gashūha
Enggeder 어푸에게 약속한

⇦ gisun, (60:5b)
말이다.

⇦ abka gosifi, enggeder be minde jui ofi banjikini seme,
"하늘이 어여삐 여겨, Enggeder를 나의 아들이 되어 살았으면 좋겠다 하여

← banjiha ama be waliyafi, mimbe ama, banjiha ahūta
낳아준 아버지를 버리고 나를 아버지로, 친형제들을

← deote be waliyafi, ubai efute meyete be ahūta
버리고 이곳의 위아래 처남들을 형제로,

← deote, banjiha ba be waliyafi, ubabe ba arafi
태어난 땅을 버리고 이곳을 고향으로 삼아서

← jihe be gūnime, gosime ujirakūci,
온 것을 생각하며, 아끼며 보살피지 않으면,

⇦ abka wakalafi sui isikini,
하늘이 책망하여 죄업이 미쳐도 좋다.

⇦ abkai acabuha hojihon jui be gosime ujici, (60:6a)
하늘이 만나게 한 사위이자 아들을 아끼며 보살피면

⇦ abka gosifi ubai ujire niyalma, jihe niyalma gemu se
하늘이 어여삐 여겨, 이곳에서 보살피는 사람과 온 사람 모두가

← jalgan golmin taifin jirgame banjikini, niowanggiyan singgeri aniya
수명이 길고 평안하고 즐겁게 살게 될 것이다." 갑자년(甲子年)

aniya biyai ice ilan de gashūha, amba
정월 초사흗날에 맹세했다. 대버일러,

beile, amin beile, manggūltai beile, duici beile,
Amin 버일러, Manggūltai 버일러, 제4버일러,

abatai taiji, degelei taiji, jaisanggū taiji, jirgalang
Abatai 타이지, Degelei 타이지, Jaisanggū 타이지, Jirgalang

taiji, ajige taiji, dodo taiji, yoto taiji, šoto
타이지, Ajige 타이지, Dodo 타이지, Yoto 타이지, Šoto

taiji, sahaliyen taiji. (60:6b)
타이지, Sahaliyen 타이지.

○ enggeder efu i gashūha gisun,
Enggeder 어푸가 맹세한 말이다.

⇦ han ama, enggeder mimbe gosime ujire de, ujihe
"한(汗) 아버지께서 저 Enggeder를 아끼며 보살펴주시는데, 보살펴주신

⇦ han ama be waliyafi amasi monggo i bade geneci, jai monggo
한(汗) 아버지를 버리고 다시 몽골 지역으로 가거나, 또는 몽골국에

gurun i baru
대하여

⇦ han ama i sain bade sain, ehe bade ehe gūnime
한(汗) 아버지께서 좋으실 때에 저도 좋게, 안 좋으실 때는 저도 안 좋게 생각하며

banjirakū, bai ahūta deote seme gūnime juwe (60:7a)
살지 않고, 고향 형제들이라고 생각하여 두

mujilen jafaci, enggeder mimbe
마음을 먹으면, Enggeder 저를

⇦ abka wakalafi sui isikini, jihe bade emu mujilen i banjici,
하늘이 책망하여 죄업이 미쳐도 좋습니다. 여기 온 곳에서 한마음으로 살면,

⇦ abka gosifi juse omosi jalan halame
하늘이 어여삐 여겨 자손 대대로

⇦ han ama i kesi be jeme etume taifin jirgame banjikini.
한(汗) 아버지의 은혜로 먹고 입으며 평안하고 즐겁게 살 것입니다."

○ efu gege be jafafi bisu seme buhe
어푸와 공주에게 지니고 있으라며 준

bithei gisun, (60:7b)
글이다.

⇦ han hendume, enggeder de weile seci, soorin temšeci weile dere,
한(汗)이 말하기를, "Enggeder에게 죄라고 한다면, 황제의 자리를 다투면 죄일 것이다.

← tere weilei dabala, jai endebuhe calabuha ai weile be,
그 죄 외에는, 달리 잘못하거나 실수한 어떤 일에 대해서도,

← encu baci jihe hojihon be weile de gamarakū,
다른 곳에서 온 사위를 죄에 따라서 처벌하지 않겠다.

← monggo i bade bihe bici, gege de efu ama bihe,
몽골 지역에 있었더라면, 공주에게 어푸가 아버지였을 것인데,

← ubade jici, efu de gege eniye kai, gege
이곳으로 오니, 어푸에게 공주가 어머니인 것이다. 공주가

← dancan de ertufi efu be jobobuci, jobobumbi dere,
친정에 의지하여 어푸를 괴롭혔으면 괴롭혔지,

← efu, gege be jobobure aibi, gege, efu i mujilen be (60:8a)
어푸가 공주를 괴롭힐 일이 무엇이 있겠는가. 공주가 어푸의 마음을

← sulakan oburakū jobobuci, efu be uru seme efu de
편하게 해주지 않고 괴롭히면, 어푸를 옳다 하여 어푸를

← dara dabala, gege bucehe seme gege de darakū.
편들 뿐, 공주가 죽었다고 해도 공주를 편들지 않겠다."

○ efu gege de bure be henduhengge, nadata hahai
어푸와 공주에게 줄 것에 대해 말한 것이다. "일곱 명씩의 장정이 딸린

jušen tokso juwe, nikan tokso juwe, efu
여진인의 장원 둘, 한인들의 장원 둘, 어푸와

gege de gala hanci takūrabure jušen haha sunja,
공주 가까이 두고 부릴 여진인 장정 다섯 명과

hehe sunja, terei fejile moo sacire haha, (60:8b)
여자 다섯 명, 그 아래로 나무 할 장정과

muke juwere hehe sunja juru, uheri haha
물 긷는 여자 다섯 쌍, 모두 하여 장정과

hehe dehi juru, haha juse sargan juse be
여자 40쌍이며, 남자아이와 여자아이들은

dabuhakūbi, efu de ejehe, kadalara nikan burengge,
셈에 넣지 않았다. 어푸에게 칙서와 관할할 한인을 주는 것은,

babai efu, gurbusi efu i gese bumbi, efu i
Babai 어푸나 Gurbusi 어푸와 똑같이 준다. 어푸의

juse de, dalai, labsihi gese bumbi.
자식들에게는 Dalai나 Labsihi와 똑같이 준다."

○ tere inenggi, hecemu, yengge de wasimbuha bithei gisun, (60:9a)
그날, Hecemu와 영액(英額)에 내린 글이다.

⇦ han hendume, hecemu, yengge de tehe coohai niyalma, suwe gašan i
한(汗)이 말하기를, "Hecemu와 영액에 주둔한 병사들, 너희는 촌락의

← nikan de langtušaburahū, inenggi dobori akū saikan olhome sereme
한인들에게 쇠몽둥이질을 당할까 염려되니, 밤낮 없이 잘 경계하고

← bisu, gašan i nikan i emgi ume bisire.
있으라. 마을의 한인과 함께 있지 말라."

○ ice duin de, amba beile, amin beile,
초나흘에, 대버일러, Amin 버일러,

dodo age, tabai age i hahai ubu bahara
Dodo 아거, Tabai 아거가 장정의 몫을 얻는 것에

jalin de, neneme guwangning de tanggūdai age, (60:9b)
대해, 먼저 광녕(廣寧)에서 Tanggūdai 아거와

moobari hiya,
Moobari 히야가

⇦ han de fonjire jakade,
한(汗)에게 묻자,

← hahai ubu bahakini seme henduhebi, tabai age bahara
"장정의 몫을 얻게 하라"고 말했다. Tabai 아거가 아직 얻지

unde seme fonjire jakade, beiguwan i hergen buhe,
못했다며 묻자, 비어직을 주었다.

noyan be nimembi seme ini jui siteku be
Noyan이 아프다고 그의 아들 Siteku를

beiguwan obuha, tuša yanju, kicungge fonjiha.
비어로 삼았다. Tuša Yanju와 Kicungge가 물었다.

(60:10a)

○ ice sunja de, jeku miyalime genere ambasa de
초닷새에, 곡식의 양을 재러 가는 대신들에게

unggihe bithei gisun,
보낸 글이다.

⇦ han hendume, yengge, hecemu, muki, mardun, jakūmu, fusi, cilin i
한(汗)이 말하기를, "영액(英額), Hecemu, Muki, Mardun, Jakūmu, 무순(撫順), 철령(鐵嶺)

← golode genere sunja niru de genehe ejen, sunja
지역으로 가는 다섯 니루에 간 수장은, 다섯

← nirui niyalma be sini beye ci ume faksalara, sunja
니루의 사람들을 네 자신에게서 떨어뜨리지 말라. 다섯

← nirui nikan be uhe baicame yabu, emu angga de
니루의 한인을 아울러 조사하고 다니라. 한 식구에

← jušen sin i ninggun sin nadan sin bisire niyalma (60:10b)
여진인의 되로 예닐곱 되가 있는 사람은

← tehei bikini, emu angga de sunja sin bisire
그대로 살도록 두어도 좋다. 한 식구에 다섯 되가 있는

← niyalma be, genehe niyalma ulha bisire be, banjici ojoro be
사람은, 이쪽에서 간 사람이 가축이 있는지, 살 수 있는지

← bodofi isici, tekini, bodoci isirakūci, jeku akū niyalmai
헤아려보아 충분하면 살게 하라. 헤아려보아서 충분하지 못하면, 곡식이 없는 사람의

← ton de dosimbu, jeku akū niyalmai hahai ton,
수에 넣으라. 곡식이 없는 사람 중 장정의 수와

← anggala i ton be, bithe arafi han de wesimbu,
식구의 수를, 글로 써서 한(汗)에게 올리라.

← han i gisun be tuwa.
한(汗)의 말을 살피라."

(60:11a)

○ g'ai jeo ci wasihūn, wei ning ing ci
개주(蓋州)에서 서쪽으로, 위녕영(威寧營)에서

wesihun, genere ambasa de unggihe bithei gisun,
동쪽으로 가는 대신들에게 보낸 글이다.

⇦ han hendume, sunja niru de genere ejen, sunja nirui niyalma be
한(汗)이 말하기를, "다섯 니루에 가는 수장은, 다섯 니루의 사람들을

← sini beye ci ume faksalara, sunja nirui nikan be uhe
네 자신으로부터 떨어뜨리지 말라. 다섯 니루의 한인들을 아울러

← baicame yabu, emu angga de jušen sin i ninggun sin
조사하며 다니라. 한 식구에 여진인의 되로 예닐곱

← nadan sin bisire niyalma be boigon jurambufi unggi,
되가 있는 사람은 가호를 이동시켜서 보내라.

← usin boo bumbi, emu angga de sunja sin (60:11b)
밭과 집을 주겠다. 한 식구에 다섯 되가

← bisire niyalma be, genehe niyalma ulha bisire be, banjici
있는 사람은, 간 사람이 가축이 있는지, 살 수

← ojoro be bodofi isici, jeku bisire niyalmai ton de
있는지를 헤아려서 충분하면 곡식이 있는 사람의 수에

← dosimbufi boigon unggi, bodoci isirakūci, jeku akū niyalmai
넣어서 가호를 보내라. 헤아려서 충분하지 못하면 곡식이 없는 사람의

← ton de dosimbu, jeku akū niyalma be gemu
수에 넣으라. 곡식이 없는 사람을 모두

← bargiyafi jafafi, hahai ton anggala i ton be, gemu
거두어들이고 잡아서, 장정의 수와 식구의 수를 모두

← bithe arafi han de wesimbu, han i gisun be tuwa,
글로 적어 한(汗)에게 올리라. 한(汗)의 말을 살피라.

← nikan i jeku be gemu miyalifi, hule i ton be gemu (60:12a)
한인의 곡식을 모두 양을 재서, 섬의 수를 모두

← bithe arafi genehe amban jafa, jeku be jušen be
글로 적어서 간 대신이 가지고 있으라. 곡식을 여진인에게

← tuwakiyabu, emu hule kargibuci, genehe amban de weile,
지키게 하라. 한 섬이라도 축나면, 간 대신에게 죄가 있다.

← buyarame hubtu ume sume gaijara, morin de jeku be
좀스럽게 솜옷을 벗겨서 가져가지 말라. 말에게 곡식을

← ume ulebure, g'ai jeo de kubun tarire tubihe tuwakiyara
먹이지 말라. 개주에 목화를 경작하고 과실을 지키는

← nikan, ilan minggan juwe tanggū haha weri, si mu ceng,
한인 장정 3200명을 남겨두라. 석목성(析木城),

← gin ta sy, tiyan šui jan, wei ning ing ni hecen i šurdeme
금탑사(金塔寺), 첨수참(甜水站), 위녕영의 성 주변으로

← juwan tofohon ba i jeku bisire niyalma be hecen de (60:12b)
10, 15리의 곡식이 있는 사람을 성에

← dosimbufi weri.
들여서 남겨두라."

○ ice ninggun de, amba beile, amin beile,
초엿새에, 대버일러, Amin 버일러,

頭註: gingguleme baicaci, manju gisun i buleku bithede, yaya jaka be necin meiteme gaire be kargimbi sembi sehebi.
[신중하게 조사하니, 『御製淸文鑑』에 어떤 물건이든 평평히 잘라 가지는 것을 kargimbi(가지런히 자르다)라고 했다.]

manggūltai beile, duici beile, abatai taiji, yoto
Manggūltai 버일러, 제4버일러, Abatai 타이지, Yoto

taiji, ajige taiji, jaisanggū taiji, jirgalang taiji,
타이지, Ajige 타이지, Jaisanggū 타이지, Jirgalang 타이지,

dodo taiji, emu nirui juwanta uksin be gaifi,
Dodo 타이지가 한 니루당 갑병 열 명씩을 이끌고서,

enggeder efu i emgi efu i boigon ganame genehe, (60:13a)
Enggeder 어푸와 함께 어푸의 가호를 데리러 갔다.

efu, nangnuk emde genehe, mendu dagan be werihe,
어푸와 Nangnuk이 함께 가고, Mendu Dagan을 남겨두었다.

tere genere de, enggeder efu i ama darhan baturu
그렇게 갈 때, Enggeder 어푸의 아버지 Darhan 바투루

beile de unggihe
버일러에게 보낸

⇦ bithei gisun, sini jui enggeder, juwan mudan jodome lakcarakū
글이다. "당신의 아들 Enggeder가, 열 번을 왕래하며 끊임없이

← yabuci, gosime gungju be buhe, buhe manggi,
다니니, 기특하게 여겨 공주를 주었다. 준 후에,

← monggo bade gamaki seci unggihe, gungju genefi ama
몽골 지역에 데려가겠다 해서 보냈다. 공주가 가서 아버지인

← mini baru hendure gisun, tede mimbe unggire de, (60:13b)
나에게 한 말이다. '그곳에 저를 보내실 때,

← amasi julesi lakcarakū ama de acame yabumbi sehe
끊임없이 오가며 아버지를 뵈러 다니겠다고 했었는데,

頭註: gingguleme baicaci, manju gisun i buleku bithede, emgi sere gisun be, inu emde seme gisurembi sehebi. [신중하게 조사하니, 『御製清文鑑』에 emgi(함께)라는 말은 emde라고도 말한다고 했다.]

← bihe, manggol ci ukaka turgunde, manggūldai, nangnuk mimbe
Manggol로부터 도망했기 때문에 Manggūldai가 Nangnuk과 저를

← juwe inenggi juwe dobori burulame dosi gamaha, unenggi
이틀 밤낮으로 달아나며 안으로 데리고 왔습니다. 진실로

← dain oci, mimbe ama ahūta deote de acaburakū nikai,
적이라면, 저를 아버지와 형제들과 만나지 못하게 할 것입니다.

← jai halhūn nahan de teme taciha niyalma, šahūrun
또한 따뜻한 온돌에 앉는 것이 익숙한 사람은, 찬

← na de teci dosorakū, banjici ojorakū seme gungju,
땅바닥에 앉으면 견디지 못하고 살 수가 없습니다'라고 하며 공주와

← taiji hebdefi boigon ganaki, yabu seme, efute meyete (60:14a)
타이지가 의논하여 '가호를 데리러 가겠다'라고 하므로 '가라'고 하여 위아래 처남들이

← emde boigon ganahangge tere inu, darhan baturu sadun si
함께 가호를 데리러 간 것이 그것이다. Darhan 바투루 사돈 당신은

← ume olhoro, suwembe geli ehe gūniha doro bio.
두려워하지 말라. 그대들을 나쁘게 생각했을 리가 있겠는가."

(manggol, enggeder i deo, [공격] genggiyen han de ukame
jihe, manggūldai, inu enggeder i deo. nangnuk, enggeder i jui.)

(Manggol은 Enggeder의 아우인데, 경기연 한(汗)에게 도망해
왔다. Manggūldai 역시 Enggeder의 아우이고, Nangnuk은 Enggeder의 아들이다.)

○ tere inenggi, fe ala de unggihe bithei gisun,
그날, Fe Ala에 보낸 글이다.

⇦ han hendume, fe ala de genehe cooha be, gemu amasi
한(汗)이 말하기를, "Fe Ala에 간 병사들을 모두 도로

← gajifi, yengge i emu tanggū cooha be, susai be (60:14b)
데리고 와서, 영액의 병사 100명 중 50명을

← siowan juce de tekini, jai susai be jaogiya de tekini,
Siowan 담(潭)에 주둔하게 하고, 나머지 50명은 Jaogiya에 주둔하게 하라.

← undehen ho i ninju yafahan hecemu de tekini, nikan i emgi
Undehen하(河)의 보병 60명은 Hecemu에 주둔하게 하라. 한인과 함께

← ume tere, encu arbungga bade te, aika medege oci,
주둔하지 말고, 따로 지세가 좋은 곳에 주둔하라. 어떤 소식이든

← tere tubade alanakini, songko faitambihede, julesi alin i baru faita.
그들이 그곳에 알리러 가기 바란다. 자취를 쫓을 때에는 남쪽으로 산을 향하여 쫓으라."

○ ice nadan de, gūsin dere dasafi, emu
초이렛날에, 상(床) 30개를 차려놓고,

ihan, emu honin wafi, korcin i daicing taiji be, (60:15a)
소 한 마리와 양 한 마리를 잡아서, Korcin의 Daicing 타이지와

jarut i neici han i jui sereng taiji be
Jarut의 Neici 한(汗)의 아들 Sereng 타이지를

fudere doroi
배웅하는 예로

⇦ han i hūwa i dolo wesibufi, daicing be
한(汗)의 궁정 안으로 오르게 하고, Daicing을

⇦ han i ici ergide, sereng be
한(汗)의 오른쪽에, Sereng을

⇦ han i hashū ergide besergen i fejile tebufi sarin sarilaha.
한(汗)의 왼쪽에 평상 아래 앉히고서 주연을 베풀었다.

○ ice jakūn de, liyoha i dalin de juwe (60:15b)
초여드레에, 요하(遼河)의 강기슭에

monggo cargici hūlhame jifi, g'ao iogi harangga
몽골인 두 명이 저쪽으로부터 도적질하러 왔다가, G'ao 유격(遊擊)에게 소속된

juwe tai nikan be sabufi, morin ci ebufi
대(臺)의 한인 두 명을 보고서, 말에서 내려서

emu nikan be jafafi, etuku sume gaijara de,
한인 한 명을 잡아서 옷을 벗겨 빼앗아가는 것을,

emu u loo han' gebungge nikan, monggo i
어떤 U Loo Han'이라는 어떤 한인이 몽골인의

morin be yalufi,
말을 타고서

⇦ han de alanjire jakade, tere nikan de ini yalufi
한(汗)에게 알리러 오자, 그 한인에게 자신이 타고

gajiha morin be inde buhe, juwan yan (60:16a)
온 말을 주고 은 열 냥을

menggun šangnaha.
상으로 주었다.

○ tere inenggi, bada iogi emu gūsai juwanta
그날, Bada 유격이 한 구사당 열 명씩의

bayara be gaifi, monggo i ergide beise i genehe
바야라를 이끌고, 몽골 쪽에 버일러들이 간

songko de karun genehe.
흔적이 있는 곳으로 정찰하러 갔다.

○ gulu suwayan gūsai nikan beiguwan cen wan (60:16b)
정황기(正黃旗)의 한인 비어 Cen Wan

wei, fu jeo de alban i jeku tūme genefi,
Wei가, 복주(復州)에 공곡을 탈곡하러 가서

orin juwe sejen jeku hūlhame gaihabi, tere be
곡식 수레 22개를 도적질하여 취했다. 그 사람을

gaifi genehe ejen lii ji hiyo tsanjiyang donjifi,
데리고 간 수장 Lii Ji Hiyo 참장(參將)이 듣고서,

gūsin moo ura tūfi sindahabi,
볼기 30대를 치고 석방했다.

⇦ han donjifi,
한(汗)이 듣고서,

⇦ han i alban i jeku hūlhaha weile amban, si enculeme ainu
"한(汗)의 공곡을 도적질한 죄가 큰데, 네가 어찌 독단적으로

← ura tūfi sindaha seme, lii ji hiyo de weile arafi, (60:17a)
볼기를 치고 석방했느냐"라고 하며, Lii Ji Hiyo를 치죄하고,

← cen wan wei be dasame jafa seme jafaha manggi,
"Cen Wan Wei를 다시 잡으라"고 하여 잡고서

cen wan wei beidere bade ini ama i tang šan de
Cen Wan Wei를 심문하려는데, 그의 아비가 탕산(湯山)에서

šeo pu tefi, mao wen lung de gamabufi wabuha
수보(守堡)로 주둔하다가 모문룡(毛文龍)에게 잡혀가 죽임당한

gung be alafi,
공을 고하여,

⇦ han de wesimbure jakade,
한(汗)에게 글을 올리자,

⇦ han hendume, cen wan wei be, ama i gung de beiguwan
한(汗)이 말하기를, "Cen Wen Wei는, 아비의 공에 따라 비어직을

← buhe ejehe de jalan halame gung be lashalarakū (60:17b)
주었던 칙서에 대대로 공을 끊지 않겠다고

← seme arahabi kai, jeku hūlhaha mujangga, hūlhahakūci, lii ji
적었다. 곡식을 훔친 것은 사실이다. 훔치지 않았다면 Lii Ji

← hiyo ura tūci, si ainu habšanjirakū, jeku hūlhaha weile be,
Hiyo가 볼기를 치는데도, 네가 어찌 고발하러 오지 않겠는가. 곡식을 훔친 죄는,

← ama i gung de waliya seme waliyaha. cen wan wei
아비의 공을 봐서 면제하라"고 하며 면제했다. Cen Wan Wei와

emgi jeku hūlhaha wang bing giye gebungge ciyandzung be
함께 곡식을 훔친 Wang Bing Giye라는 천총은

wambihe, ahūn wang ši giye giyansi bahafi benjihe
죽이려 했으나, 그 형 Wang Ši Giye가 첩자를 잡아서 보내온

gung de ujihe.
공으로 살려주었다.

(60:18a)

○ gulu lamun gūsai nikan iogi g'ao ming ho,
정람기(正藍旗)의 한인 유격 G'ao Ming Ho가,

⇦ han i hecen i dolo emu giyansi bahafi benjihe bihe,
한(汗)의 성 안에서 첩자 한 명을 잡아서 보내왔었다.

⇦ han de alara jakade, amala weile tucici gung okini,
한(汗)에게 아뢰자, "나중에 죄가 생기면 공으로 삼겠다.

← ejeme arame gaisu seme henduhe.
기록으로 적어두라"고 말했다.

○ monggo i jaisai beile i [原檔殘缺] gebungge niyalma,
몽골의 Jaisai 버일러 예하의 □□□라는 사람이,

orin jakūn angga, juwe ihan, juwe sejen (60:18b)
28명의 식구와 소 두 마리, 수레 두 대를

gajime, ši fang sy be dosime ukame jihe.
이끌고, 십방사(十方寺)로 들어와 도망해 왔다.

○ ice uyun de, emu nirui sunjata niyalma be,
초아흐레에, 한 니루당 다섯 명씩을

jeku miyalime genehe niyalma de nonggime unggihe,
곡식의 양을 재러 간 사람에게 증원하여 보냈다.

tede unggihe bithei gisun,
그곳에 보낸 글이다.

⇦ han hendume, neneme unggihe bithei songkoi icihiya, dobori inenggi akū
한(汗)이 말하기를, "먼저 보냈던 글에 따라 일을 처리하라. 밤낮 없이

← hūdun icihiyame wacihiyafi medege alanju, saikan olhome yabu. (60:19a)
빨리 처리를 마치고 소식을 알리러 오라. 잘 경계하여 다니라."

○ tere inenggi,
그날

⇦ han hendume, dung ging hecen de tehe emu nirui susai
한(汗)이 말하기를, "동경성(東京城)에 주둔한 한 니루당 갑병 50명의

← uksin i morin, sele faksi, menggun faksi i morin ci aname gajifi
말과 철 장인, 은 장인의 말까지도 이끌고 와서

← ubade hūwaita.
이곳에 매라."

○ liyan šan guwan i nikan dehi haha, orin hehe, juwan (60:19b)
연산관(連山關)의 한인 장정 40명이 여인 20명,

jakūn morin, sunja ihan, duin losa, juwe
말 18마리, 소 다섯 마리, 노새 네 마리, 나귀 두 마리를

eihen gamame ubašame genere be, dobi ecike i
이끌고 배반하여 가려는 것을, Dobi 숙부의

nirui wehede daise baha seme, juwe niyalma be
니루의 Wehede 서리가 잡았다고, 사람 두 명을

takūrafi alanjiha.
보내 알려왔다.

○ juwan de, anafu tenehe cooha de nonggime,
10일에, 수자리 살러 간 병사에 더하여

donggo efu, hai jeo de, dajuhū, yoo jeo de, (60:20a)
Donggo 어푸는 해주(海州)에, Dajuhū는 요주(耀州)에,

moobari, nio juwang de tenehe, tesei genere de,
Moobari는 우장(牛莊)에 수자리 살러 갔다. 그들이 갈 때,

⇦ han i hendufi unggihe gisun, saikan olho, g'ao ping ni teisu,
한(汗)이 보낸 말이다. "잘 경계하라. 고평(高平) 방면과

← io tun wei teisu, tuwai kude be saikan tuwa,
우둔위(右屯衛) 방면은, 화약통을 잘 살피라.

← cargici komsokon cooha sabuci, yafahan be ebele buksibu,
저쪽으로부터 적은 수의 병사가 보이면, 보병을 이편에 매복시키라.

頭註: gingguleme kimcici, tuwai kude sere gisun, ainci tuwai okto be tebure tetun sere gisun dere. [신중하게 살펴보니, tuwai kude라는 말은 아마도 '화약을 넣는 그릇'이라는 말일 것이다.]

← moringga niyalma wacihiyame gajifi yafahan i jakade [原檔殘缺]
기병을 완전히 이끌고 와서, 보병 가까이 □□□

← isibufi amasi gida, cooha geren oci, [原檔殘缺] ume
보내어 뒤에 숨기라. 적군이 여럿이면, □□□

← tucire, jai juce tere niyalma, tatan be [原檔殘缺] (60:20b)
나가지 말라. 또한 진지에 있는 병사는 숙영소를 □□□

← butuleme arafi dolo tuwa dabufi te, tuwai ulden be
덮어서 만들고 안에다가 불을 피우고 있으라. 불빛을

← ume sabubure [原檔殘缺]
들키지 말라. □□□"

○ darhan hiya, dade goloi bai niyalmai jui
Darhan 히야는, 원래 한 지역의 일반 백성의 아들이었는데,

bihe, ajigan de
어릴 때

⇦ han gajifi jui arafi ujihe, gisun mergen, arga ambula,
한(汗)이 데려다 아들로 삼아서 보살폈다. 말하는 것이 총명하고, 꾀가 많아,

sunja amban i jergi de wesihun amban obuha bihe, (60:21a)
오대신(五大臣)의 등급으로 높은 대신으로 삼았었는데,

dube deri mujilen gūwaliyafi fudasihūn ofi wasibuha bihe,
끝내는 변심하여 반역했기에 강직시켰었다.

wasibufi goidahakū akū oho, dehi jakūn se bihe.
강직시키고 오래지 않아서 죽었다. 48세였다.

○ juwan emu de, enggeder efu i sargan gege de
11일에, Enggeder 어푸의 아내인 공주를 위해서

gūsin dere dasafi, emu ihan, emu honin wafi,
30개의 상을 차리고, 소 한 마리와 양 한 마리를 잡아서,

⇦ han, amba fujin gege i boode genefi sarilaha,
한(汗)과 대푸진이 공주의 집에 가서 주연을 베풀었다.

⇦ han i beye genefi kunduleme sarilahangge, gege be encu gurun de (60:21b)
한(汗)이 몸소 가서 정중히 주연을 베푼 것은, 공주가 다른 나라에

genefi dosofi amasi jihe, bucehengge weijuhe, dain de
가서 견디다가 돌아온 것이 죽었을 이가 살아 돌아온 것이나 전쟁에서

gaibuhangge jai dasame baha gese gūnime, tuttu
잡혔던 이를 또 다시 얻은 것과 같다고 생각하여, 그렇게

⇦ han, ini beye genefi kunduleme sarilaha.
한(汗)이 몸소 가서 정중히 주연을 베푼 것이다.

○ hafasa be ilgame hafasai gebu araha niowanggiyan
관원들을 분별하여 관원의 이름을 쓴 녹두패(綠頭牌)의[1)]

ujungga šusihe i bithe tuwara de, abtai nakcu,
글을 살펴볼 때, Abtai 외삼촌이

darhan hiya i bithe be jafafi, erei kiru sara be jui (60:22a)
Darhan 히야의 글을 들고, "이 자의 기(旗)와 일산(日傘)을 아들인

hūnta de guribu sehebi kai, ere bithe be
Hūnta에게로 옮기라고 했습니다. 이 글은

ainambi seme dacilara jakade,
어찌합니까"라고 물으니,

1) 청나라 시기에 대신들이 황제를 알현할 때 지참하던 이름과 관직을 적은 패(牌)이다. 머리 부분을 녹색으로 칠했으므로 녹두패라고 한다.

⇦ han hendume, hiya age de gung bi seci ojorakū,
한(汗)이 말하기를, "히야 아거에게 공이 있다고는 말할 수 없다.

← ini gung be i efulehe, buyarame waka babe
자신의 공을 자신이 무너뜨렸다. 소소하게 그릇된 바를

← ya be hendure, buya deote de alban gaijara
말해서 무엇 하리. 작은 동생들에게 공물을 취하는 것처럼

← gese aname ulin gaihangge ambula waka kai, jai
억지로 재물을 빼앗은 것은 큰 잘못이다. 또

← ši san šan de genefi, monggo bisire medege donjifi (60:22b)
십삼산(十三山)에 가서도, 몽골인이 있다는 정보를 듣고도

← waliyafi jihengge, doro be beyede alirakū, minde ai dalji
버리고 온 것은, 도리를 스스로 다하지 않고, 내가 무슨 상관이냐고

← seme tuttu kai, geren beise deote hihalarakū bihe,
하여 그렇게 한 것이다. 여러 버일러들과 동생들은 만족스럽게 여기지 않겠으나,

← ama bi emgeri ujihe be dahame, lakcarakū gosimbi kai
아버지인 나는 한 번 보살폈으니 끊임없이 사랑할 것이다"라고

seme hendufi, uju jergi dzung bing guwan be nakabufi,
말하고, 1등 총병관(總兵官)을 그만두게 하고,

jui hūnta de uju jergi fujiyang ni hergen buhe.
아들인 Hūnta에게 1등 부장직을 주었다.

제61권

천명(天命) 9년(1624) 정월부터 6월까지

ninju emuci debtelin,
abkai fulingga i uyuci
aniya aniya biyaci ninggun
biyade isinahabi.

tongki fuka sindaha hergen i dangse. (61:1a)
유권점 당안

○ juwan emu de, meihe erin ci nimarame deribuhengge,
11일에 사시(巳時)부터 눈이 내리기 시작한 것이

juwan juwe de, morin erin de galaka,
12일 오시(午時)에 갰다.

nimanggi emu to emu šuru bihe.
눈이 한 뼘 남짓 쌓였다.

○ enggeder efu i boigon be ganame genehe amba
"Enggeder 어푸의 가호를 데리러 간 대버일러,

beile, amin beile, manggūltai beile, duici beile,
Amin 버일러, Manggūltai 버일러, 제4버일러,

abatai taiji, degelei taiji, ajige taiji, jaisanggū (61:1b)
Abatai 타이지, Degelei 타이지, Ajige 타이지, Jaisanggū

taiji, jirgalang taiji, dodo taiji, yoto taiji,
타이지, Jirgalang 타이지, Dodo 타이지, Yoto 타이지가

enggeder efu i tehe bade ice uyun i dobori
Enggeder 어푸가 사는 곳에서 초아흐레 밤을

dulifi, juwan de boigon jurambuha, efu i deo
철야하고, 10일에 가호를 출발시켰다. 어푸의 동생

manggūldai taiji emde jimbi, bahūn, baigal dulire
Manggūldai 타이지도 함께 온다. Bahūn과 Baigal은 철야하는

dobori juleri unggihe babai de medege donjifi
밤에 앞서 보낸 Babai에게 소식을 듣고,

casi genehebi, efu i jui ajige nangnuk, ini
그쪽으로 가 있다. 어푸의 아들 작은 Nangnuk은 자신의

mafa darhan baturu de genehe seme, misai, (61:2a)
할아버지 Darhan 바투루에게 갔다"라고 하며, Misai,

menggetu, begei, daijuhū, juwan juwe de medege
Menggetu, Begei, Daijuhū가 12일에 소식을

alanjiha.
알려왔다.

○ juwan juwe de,
12일에

⇦ han hendume, jeku miyalime genehe ambasa, suwe emu gašan i
한(汗)이 말하기를 "곡식의 양을 재러 간 대신들아. 너희가 한 마을의

← jeku be miyalici, gūwa gašan de niyalma takūrafi
곡식의 양을 잴 때, 다른 마을에 사람을 보내서

頭註: gingguleme baicaci, manju gisun i buleku bithede, emgi sere gisun be, inu emde seme gisurembi sehebi. [신중하게 조사하니, 『御製淸文鑑』에 emgi(함께)라는 말은 emde라고도 말한다고 했다.]

← bisire jeku be gemu eye ci tucibufi sindabu, tucibuhe (61:2b)
있는 곡식을 모두 움 구덩이에서 꺼내놓게 하라. 꺼내놓은

← jeku be isinahai miyalici ja kai, tuttu doigonde
곡식을 도착하는 대로 양을 재면 쉬울 것이다. 그렇게 미리

← niyalma takūrafi jeku be eye ci tuciburakū, isinaha manggi,
사람을 시켜서 곡식을 움 구덩이에서 꺼내지 않고, 도착한 후에

← eye ci tucibufi miyalici atanggi wajimbi, jeku bisire
움 구덩이에서 꺼내 양을 재면 언제 마칠 것인가. 곡식이 있는지

← akū be neneme fonji, jeku bi seme bisire
없는지를 먼저 물으라. 곡식이 있다 하며 있는

← jeku be uthai tucibufi miyalici, ume jafara, tucibume
곡식을 즉시 꺼내 양을 재면 잡지 말라. 꺼내서

← alarakū holtoro niyalma be, jeku akū niyalmai suwaliyame
보고하지 않고 속이는 사람은 곡식 없는 사람과 아울러

← jafa, dobori inenggi akū hūdun wacihiya. (61:3a)
잡아들이라. 밤낮 없이 서둘러 마무리하라."

○ ineku tere inenggi,
같은 날에

⇦ han hendume, gu ceng, durbi de orho hadume genehe niyalma be
한(汗)이 말하기를 "고성(古城), Durbi에 풀 베러 간 사람을

← gemu bedereme unggi, dahame genehe cooha tu ho i niyalma be
모두 되돌려보내라. 따라간 병사는 토하(土河) 사람을

← aliyafi wajiha manggi, uncehen be dahame jifi meni
기다려서 마친 후에 후미를 따라와서 각자

← meni tehe bade te, tere inenggi,
주둔하던 곳에 주둔하라." 그날에

⇦ han hendume, dadai subargan, ši fang sy de orho hadume (61:3b)
한(汗)이 말하기를, "Dadai Subargan, 십방사(十方寺)에 풀 베러

← genehe niyalma gemu bedereme jio, coohai niyalma gemu
간 자는 모두 돌아오라. 군사들은 모두

← bedereme jifi, meni meni tehe bade te, tere inenggi,
돌아와서 각자 주둔하던 곳에 주둔하라." 그날에

⇦ han hendume, bada, tuhei, suweni emgi bisire jakūnju niyalma be
한(汗)이 말하기를, "Bada, Tuhei 너희와 함께 있는 80명은

← tatan arafi, tatan i dolo tuwa dabu, tatan i angga be
숙영소를 짓고, 숙영소 안에 불을 지피라. 숙영소 입구는

← ebsi ara, beise i emgi jio.
이쪽에 만들라. 버일러들과 함께 오라."

○ juwan juwe de, (61:4a)
12일에

← kubun tarire niyalma, tubihe tuwakiyara niyalma isirakū oci okini,
"목화를 재배하는 사람, 과일을 지키는 사람은 충분하지 않아도 괜찮다.

← jeku akū niyalma be neneme unggihe bithei songkoi obu,
곡식이 없는 사람은 먼저 보낸 글에 있는 대로 하라.

← jeku ambula bisire niyalma bithe arame ejeme gaisu, jeku
곡식이 많이 있는 사람은 글로 써서 기록해 두라. 곡식이

← ambula bisire niyalma ini niyaman hūncihin be ujiki seci,
많이 있는 사람이 그의 친인척을 부양하겠다고 하면

← jeku teisuleme bu, jeku bisire niyalma hehe juse be
곡식을 맞추어서 주라. 곡식이 있는 사람은 여자와 아이들을

← dosi benjifi, hahasi beyei teile jeku juwekini, genehe
안으로 보내오고 남자들 자신만 곡식을 운반하기 바란다. 간

← coohai niyalma tuwakiyame te, jeku kargiburahū, jeku akū (61:4b)
군사는 감시하면서 주둔하라. 곡식을 베어갈까 염려된다. 곡식이 없는

← niyalmai baru suwembe gamafi jeku bisire niyalma de
사람에게 '너희를 데리고 가서 곡식 있는 사람들에게

← salame bufi ujibumbi seme hendume, gemu huthufi
배정하여 부양하게 할 것이다'라고 말하고, 모두 묶어서

← asara, ubaci takūrara medege be aliya.
가두어 두라. 여기에서 보낼 소식을 기다리라."

○ juwan ilan de,
13일에

⇦ han hendume, jeku akū niyalma be bata kimun seme gūnicina,
한(汗)이 말하기를 "곡식이 없는 사람은 원수라고 생각하려무나.

← tere muse de ai gucu, nikari, dainju, burantai, (61:5a)
그들이 우리에게 무슨 구추인가. Nikari, Dainju, Burantai

← suwe g'ai jeo de kubun tarire, tubihe ujire ilan
너희는 개주(蓋州)에서 목화를 재배하고, 과실을 기를 장정이 3200명이

← minggan juwe tanggū haha isirakū seme jasihabi, suweni
되지 않는다고 편지를 보냈었다. 어떻게 너희가

← dosika jurgan i teile be ainu hendumbi, g'ai jeo ci
속한 업무만을 말하는가. 개주에서부터

← ebsi si mu ceng ci casi uhereme te, jeku bisire
이쪽으로, 석목성(析木城)에서부터 저쪽으로 모두 하여 현재 곡식이 있는

← niyalma ilan minggan juwe tanggū haha akū doro bio,
사람이 장정 3200명이 없을 리가 있겠는가.

← tere be g'ai jeo de kubun tarire, tubihe tuwakiyara de
그들을 개주에서 목화를 재배하고, 과실을 지키는 일에

← dosimbu. (61:5b)
넣으라."

○ kubuhe lamun gūsai nikan beiguwan ing ting lu, duin
양람기(鑲藍旗)의 한인 비어 Ing Ting Lu가 무뢰한 네 명을

guwanggun be benjihe seme turgei, torai, bakiran,
잡아 보냈다고 Turgei, Torai, Bakiran이

⇦ han de alafi,
한(汗)에게 고하니,

← amala weile tucici gung okini, ejeme gaisu seme gaiha.
"후에 죄가 생기면 공으로 삼겠다. 기록하여 가지고 있으라"고 하여 가졌다.

⇦ han hendume, bada, tuhei, suwe jakūn beile i booi nimaha baire (61:6a)
한(汗)이 말하기를, "Bada, Tuhei 너희는 여덟 버일러의 집의 고기 잡는

← niyalma be, dergi wargi de bisirengge be, gemu ere
사람을, 동쪽이나 서쪽에 있는 사람을 모두 이

← biyai tofohon de durbi de isabufi nimaha baime
달 15일에 Durbi에 모아서 물고기를 잡으며

← aliya, han, fujisa be gamame genembi, gūwalca sa ini
기다리라. 한(汗)이 푸진들을 데리고 간다. Gūwalca 사람들은 자신들이

← baire bade baikini.
잡는 곳에서 잡는 것이 좋겠다."

○ juwan ilan de, fu jeo, g'ai jeo i monggo de
13일에 복주(復州)와 개주의 몽골인에게

unggihe bithei gisun, (61:6b)
보낸 글이다.

⇦ han hendume, fu jeo de nuktere monggo, g'ai jeo de tehe
한(汗)이 말하기를, "복주에서 유목하는 몽골인과 개주에 사는

← monggo, use asara, ere aniya usin tari, ice
몽골인은 종자를 저장하고, 올해 밭을 경작하라. 새

← jeku be suwende burakū, ihan akū niyalma, morin,
곡식을 너희에게 주지 않을 것이다. 소가 없는 사람은 말,

← losa, eihen i tari, enggeder efu i ahūn deo sunja
노새, 나귀로 경작하라. Enggeder 어푸의 형제

← tanggū boo jihebi, jaisai monggo sunja tanggū boo
500호가 와 있고, Jaisai의 몽골인 500호가

← jihebi, jai geli emdubei jimbi, han i ku i jeku be
와 있다. 그리고 또 계속하여 올 것이다. 한(汗)의 창고의 곡식을

← tere ice jihe niyalma de bumbi, suwe usin (61:7a)
그 새로 온 사람에게 줄 것이다. 너희는 밭을

← tarire be ume sartara, ice jeku burakū, suweni
경작하는 것을 지체하지 말라. 새 곡식을 주지 않겠다. 너희

← monggo i tarire biya be ume aliyara, jušen nikan i
몽골인이 경작하는 달을 기다리지 말라. 여진인과 한인이

← tarire biyade tari, usin tarirakū niyalma be amasi ukame
경작하는 달에 경작하라. 밭을 경작하지 않는 자는 도로 도망해

← genembi seme akdarakū gūnimbi, suwende aika alban bio,
갈 것이라고 하여 믿을 수 없다고 생각하겠다. 너희에게 무슨 공역이 있는가.

← meni meni emde angga jetere be kice, monggo
각자 함께 먹는 것에 힘쓰라. 몽골인을

← kadalara jakūn beiguwan suwe saikan kiceme bošo.
관할하는 여덟 비어(備禦) 너희는 잘 힘써 재촉하라."

(61:7b)

○ juwan duin de,
14일에

⇦ han, enggeder efu be okdome fujisa be gaifi, dung ging
한(汗)이 Enggeder 어푸를 맞이하러 푸진들을 데리고 동경성(東京城)에서

hecen ci tucike, hunehe birai dalin i kolpoto de deduhe,
나와서 혼하(渾河)강의 언덕의 Kolpoto에서 묵었다.

mandulai iogi be beise takūrafi, tofohon de liyoha
Mandulai 유격(遊擊)을 버일러들이 파견해서, "15일에 요하(遼河)

dalin de isinjimbi, jidere monggo i boigon juwe
강기슭에 도착할 것입니다. 오는 몽골인의 가호는 200호가

tanggū funcembi, honin tumen funcembi, morin, ihan
넘고, 양이 1만 마리가 넘고, 말, 소,

ulha gemu tarhūn seme alanjiha, mandulai emgi (61:8a)
가축이 모두 살쪄 있습니다"라고 알려왔다. Mandulai와 함께

efu i jui mendu dagan be okdome unggihe,
어푸의 아들 Mendu Dagan을 맞으러 보냈다.

← gajire ulha be hūji, dadai subargan, ši fang sy de,
"이끌고 오는 가축을 Hūji, Dadai Subargan, 십방사(十方寺)에서

← bolori haduha orho de ilibu, genehe beise,
가을에 벤 목초가 있는 곳에 머물게 하라. 간 버일러들은

← enggeder efu, manggūldai, ujungga niyalma be acame
Enggeder 어푸, Manggūldai 등 수장급인 자를 만나서

← gajime jio, genehe cooha be morin silifi
데리고 오라. 간 병사는 말을 선별하고

← jakūn ejen tucibufi duin tanggū cooha be liyoha
여덟 수장을 뽑아서 병사 400명을 요하

← dalin i ergide tuwakiyame tebu seme takūraha. (61:8b)
강기슭 쪽에 지키며 주둔하게 하라"고 하며 파견했다.

○ juwan nadan de, jang i jan i baru aba
17일에, 창의참(彰義站)으로 몰이사냥을

sindafi genere de, jang i jan i teisu jasei
하며 갈 때, 창의참 맞은편 경계

tule genehe beise,
밖으로 갔던 버일러들이

⇦ han de acanjiha, jasei tule ilan ba i dubede ebufi,
한(汗)을 알현하러 왔다. 경계 밖의 3리 끝에서 말에서 내려서

monggo boo arafi, jakūn ihan wafi, jakūn
몽골 집을 만들고, 소 여덟 마리를 잡아서 상 여덟 개를

dere dasafi sarin sarilara de, ici hashū ergi (61:9a)
차리고 주연을 베풀 때, 좌우측에

beise meni meni bade tehe manggi, enggeder
버일러들이 각자 자리에 앉은 후에, Enggeder

efu, ini deo manggūldai taiji be, buya
어푸가 자신의 동생 Manggūldai 타이지와 어린

juse be gaifi, enggemu hadala tohoho juwe
자식들을 데리고, 안장과 고삐를 채운

morin, emu temen yarume,
말 두 마리와 낙타 한 마리를 끌고

⇦ han de ilan jergi niyakūrafi, ilan jergi hengkilefi, manggūldai
한(汗)에게 세 번 꿇고 세 번 절하고 나서, Manggūldai

taiji niyakūraha baci ilifi, genefi
타이지가 꿇은 자리에서 일어나 가서

⇦ han be tebeliyeme acaha,[1] tereci buya juse emke emken i (61:9b)
한(汗)을 끌어안으며 알현했다. 그러고 나서 어린 자식들이 한 명씩

⇦ han be tebeliyeme acaha, acame wajiha manggi, enggeder efu be
한(汗)을 끌어안으며 알현했다. 알현을 마친 후에, Enggeder 어푸를

amba beile i adame tebuhe, manggūldai taiji be
대버일러와 나란히 앉게 하고, Manggūldai 타이지를

duici beile i adame tebuhe, manggūldai sirame enggeder
제4버일러와 나란히 앉게 했다. Manggūldai의 다음으로 Enggeder

efu i jui nangnuk be tebuhe, manggūldai i jui
어푸의 아들 Nangnuk을 앉게 하고, Manggūldai의 아들

manjusiri, enggeder efu i jui mendu dagan be
Manjusiri와 Enggeder 어푸의 아들 Mendu Dagan을

1) 포견례(抱見禮)를 의미한다.

⇦ han i juleri tehe hiyasai dergi dalbade tebuhe, tereci gege
한(汗)의 앞에 앉은 시위들의 위쪽 옆에 앉게 했다. 그러고 나서 공주는

ini gucihi be, manggūldai taiji sargan be, (61:10a)
자기 남편의 다른 부인과 Manggūldai 타이지의 부인,

geren urusa be gaifi,
여러 며느리를 데리고,

⇦ han de emgeri, fujin de emgeri hengkilehe, hengkileme wajiha
한(汗)에게 한 번, 푸진에게 한 번 절했다. 절하기를 마친

manggi, gege be amba fujin i hashū ergide
후에 공주를 대푸진의 왼편에

adame tebuhe, gege i sirame manggūldai taiji i sargan be
나란히 앉게 하고, 공주의 다음으로 Manggūldai 타이지의 부인을

tebuhe, mendu dagan i sargata be amba fujin i
앉게 했다. Mendu Dagan의 부인들을 대푸진의

ici ergide tebuhe, sarilame wajiha manggi, enggeder,
오른편에 앉게 했다. 주연을 마치고 나서, Enggeder와

manggūldai de emte morin foloho enggemu hadala (61:10b)
Manggūldai에게 말 한 마리씩을, 장식을 새긴 안장과 굴레를

tohohoi buhe, efu sede jekini seme juwan
채운 채로 주고, 어푸들에게 먹으라고 소

ihan, juwan malu arki buhe, tere yamji jang
열 마리, 소주 열 동이를 주었다. 그날 저녁 창의참의

i jan i hecen de dosifi deduhe, tere yamji
성에 들어가서 묵었다. 그날 저녁

enggeder efu de
Enggeder 어푸에게

⇦ han i seke i hayaha šanggiyan jibca etubuhe, manggūldai de duici
한(汗)의 담비 털로 테를 두른 흰 가죽옷을 입혔고, Manggūldai에게 제4버일러의

beile i seke i hayahan šanggiyan jibca etubuhe, nangnuk,
담비 털로 테를 두른 흰 가죽옷을 입혔으며, Nangnuk과

manjusiri, mendu dagan de emte silun i dahū (61:11a)
Manjusiri, Mendu Dagan에게 스라소니 털옷을 하나씩

buhe, juwan uyun de, andala ilan ihan
주었다. 19일에 길 도중에 소 세 마리를

wame sarilafi dung ging de dosika, manggūldai
잡아서 주연을 베풀고 동경성에 들어왔다. Manggūldai

eigen sargan be
부부를

⇦ han i boode dosimbufi buda ulebuhe, orin de,
한(汗)의 궁에 들게 하여 밥을 먹였다. 20일에

⇦ han tucifi boo tuwafi boo tucibufi buhe, efu, manggūldai,
한(汗)이 나와서 집을 둘러보고 집을 골라주었다. 어푸와 Manggūldai의

gucuse de hecen i dolo dehi boo, hecen i
구추들에게 성 안에서 40채, 성

tule dehi boo tucibufi buhe. (61:11b)
밖에서 40채를 골라서 주었다.

○ orin de, busan dzung bing guwan, donggo efu be
20일에 Busan 총병관(總兵官)이 Donggo 어푸와

halame hai jeo de genehe.
교대하러 해주(海州)에 갔다.

○ orin de, emu gūsai tofohoto amban be
20일에 한 구사당 대신 15명을

jeku miyalime genehe bade wacihiyame geterembume icihiya
곡식의 양을 재러 간 곳에서 완전히 깔끔하게 처리하라고

seme unggihe, tede unggihe bithei gisun, (61:12a)
하며 보냈다. 그곳에 보낸 글이다.

⇦ han hendume, jeku bisire niyalmai hahai ton, anggala i ton,
한(汗)이 말하기를, "곡식 있는 자의 장정 수, 인구 수,

← jeku i ton be bithe arafi unggi, jeku be
곡식 수를 글로 써 보내라. 곡식을

← da miyaliha ejen tuwakiya, guribume gajiha boigon de
본래 양을 잰 수장이 지키라. 옮겨서 데리고 온 가호에게

← jušen i jeku bumbi, jušen terei jeku ganafi jekini,
여진인의 곡식을 준다. 여진인은 그들의 곡식을 가져다가 먹기 바란다.

← waha niyalmai jeku, tsang ni jeku kai, tere jeku i
죽인 사람의 곡식은 창고에 넣으라. 그 곡식의

← ton be encu bithe arafi unggi, jeku tuwakiyara
수를 다른 글로 써서 보내라. 곡식을 지키는

← ejen uhe tuwakiya, waha niyalmai ulin ulha ai (61:12b)
수장이 아울러 지키라. 죽인 사람의 재산, 가축 등 어떤

← jaka be gemu bithe arame gaifi gajime jio,
것이든 모두 글로 적어서 가지고 오라.

← waha niyalmai hehe juse i etuhe etuku be ume
죽인 사람의 처자식이 입은 옷을

← sume gaijara, sain etucibe ehe etucibe, ini da
벗겨서 빼앗지 말라. 좋게 입었든 나쁘게 입었든 그들이 본래

← etuhe uthai gajime jio, emu angga de sunja
입었던 대로 데리고 오라. 한 식구에 곡식 다섯 되가

← sin jeku bisire niyalma be, jeku bisire niyalmai
있는 사람을 곡식이 있는 사람

← ton de dosimbu, emu angga de duin sin
수에 넣으라. 한 식구에 곡식 네 되가

← jeku bisire niyalma de ihan eihen bici, jeku (61:13a)
있는 사람은, 소나 나귀가 있으면 곡식이

← bisire niyalmai ton de dosimbu, ihan eihen akū
있는 사람의 수에 넣으라. 소나 나귀가 없으면

← oci, jeku akū niyalmai jergi de obu.
곡식 없는 사람의 등급에 넣으라."

○ orin emu de, miosihon, nikan, kicungge, tungsan i
21일에 Miosihon, Nikan, Kicungge, Tungsan의

boode bihe jakūn tanggū jakūnju ilan hoošan be
집에 있던 종이 883축을

ganafi gajiha, erebe dahai, tuša, lungsi, aibari
가서 가지고 왔다. 이것을 Dahai, Tuša, Lungsi, Aibari가

ganabuha. (61:13b)
가지러 가게 했다.

○ yoo jeo de anafu tehe gulu lamun
요주(耀州)에 수자리 사는 사람은 정람기(正藍旗)의

gūsai dajuhū fujiyang, jergene iogi, gulu šanggiyan
Dajuhū 부장, Jergene 유격, 정백기(正白旗)의

gūsai daise iogi hūwašan.
유격 서리 Hūwašan이다.

○ orin emu inenggi coko erinde, niyang niyang
21일 유시(酉時)에 낭랑궁(娘娘宮)의

gung ni dogon ci ebsi tofohon ba i (61:14a)
나루로부터 이쪽으로 15리

dubede, cahar i aohan i monggo juwan yafahan ninggun
끝에 Cahar의 Aohan부의 몽골인 보병 열 명,

morin i niyalma, waliyaha gašan de teišun i jiha
기병 여섯 명이 버려진 마을에 동전 등

aika jaka baime jihe be, karun i niyalma
갖가지 것을 찾으러 온 것을 초병이

safi data de alanjifi amcafi duin morin gaihabi,
보고 Data에게 와서 보고했다. 추격하여 말 네 마리를 빼앗았고,

juwe niyalma be wahabi, juwe niyalma ulhū de
두 사람을 죽였다. 두 사람이 갈대밭에

dosifi tucikebi, juwe niyalma juwe morin yaluhai
들어가서 탈출했고, 두 사람은 말 두 마리를 탄 채로

tucikebi, yafahan i jakūn niyalma be wahabi, emu (61:14b)
탈출했다. 보병 여덟 명을 죽였고, 한

niyalma be weihun jafafi benjihe, tere monggo de
명을 사로잡아서 보내왔다. 그 몽골인에게

fonjici, guwangning de monggo nikan yaya tehekūbi,
묻자 "광녕(廣寧)에는 몽골인이든 한인이든 아무도 살지 않고,

cargi ning yuwan wei hecen de nikan
저쪽 영원위성(寧遠衛城)에 한인이

tehebi seme donjiha seme alaha.
살고 있다고 들었다"라고 고했다.

○ jušen i emgi kamcime tehe niyalma be baicame
여진인과 함께 합쳐서 사는 사람을 조사하러

unggihe bithei gisun, (61:15a)
보낸 글이다.

⇦ han hendume, jušen i emgi kamcime tehe nikan i emu angga de
한(汗)이 말하기를, "여진인과 함께 합쳐서 사는 한인은, 한 식구에

← sunja sin jeku bisire niyalma be, jeku bisire
곡식 다섯 되가 있는 자는 곡식 있는

← niyalmai ton de dosimbu, emu angga de duin
사람의 수에 넣으라. 한 식구에

← sin ilan sin jeku bisire niyalma de ihan
곡식 서너 되가 있는 자는 소나

← eihen bici, inu jeku bisire niyalmai ton de
나귀가 있으면 역시 곡식 있는 자의 수에

← dosimbu, ihan eihen akūci, boigon gajime jio, aha
넣으라. 소나 나귀가 없으면 가호를 데리고 오라. 노복으로

← obuki. (61:15b)
삼겠다."

⇦ han, jakūn hošonggo ordo de tucifi amba sarin sarilame,
한(汗)이 팔각전에 나와 큰 주연을 베풀며

enggeder efu, manggūldai de buhengge, juwanta yan
Enggeder 어푸와 Manggūldai에게 준 것은 금 열 냥씩,

aisin, menggun i cara emte, moro sunjata, fila
은으로 된 잔 한 개씩, 사발 다섯 개씩, 접시

duite, saifi juwete, erebe dabume menggun sunjata
네 개씩, 숟가락 두 개씩이다. 이것에 더하여 은 500냥씩,

tanggū yan, amba gecuheri emte, ilhi gecuheri
대(大) 망룡단 한 필씩, 중급 망룡단

emte, tukšan gecuheri juwete, gecuheri etuku duite, (61:16a)
한 필씩, 송아지 망룡단 두 필씩, 망룡단 옷 네 벌씩,

jiha gecuheri emte, cekemu emte, undurakū emte,
엽전 망룡단 한 필씩, 왜단(倭緞) 한 필씩, 용문단 한 필씩,

sese undurakū emte, puse noho suje emte,
금사(金絲) 용문단 한 필씩, 흉배 놓은 비단 한 필씩,

fangse, lingse, hacin hacin i suje, uheri susaita
방사주와 능자 등 갖가지 비단을 도합 50필씩,

suje, sunjata tanggū mocin, šerin hadaha seke i
모청포 500필씩, 금불두가 박힌 담비

mahala emte, sahalca seke hayaha hūha jibca
털모자 한 개씩, 검은 담비 털로 테를 두르고 짠 가죽옷

emte, sahalca seke dahū emte, foloho umiyesun
한 벌씩, 검은 담비 털옷 한 벌씩, 장식을 새긴 허리띠

頭註: gingguleme baicaci, fe manju gisun i bithe, manju gisun i buleku bithede, gemu tukšan gecuheri, jiha gecuheri sere gisun akū, da songkoi sarkiyaha. [신중하게 조사하니, 『舊清語』과 『御製清文鑑』에 tukšan gecuheri, jiha gecuheri라는 말은 없다. 원래대로 베껴 썼다.]

emte, sohin, gūlha fomoci jibsihai emte juru, (61:16b)
한 개씩, 검은 비단신에 버선을 넣은 채로 한 켤레씩,

foloho enggemu hadala kūdarhan yooni emte, foloho
장식을 새긴 안장과 굴레, 밀치 일습 한 벌씩, 장식을 새긴

jebele de beri niru sisihai emte, efu i
화살통에 활과 화살 꽂은 채로 한 개씩 주었다. Enggeder 어푸의

gucu de juwan ilan elbihe dahū, narhūn
구추에게 너구리 털옷 13벌, 좁게

hayaha i jibca juwan ilan, manggūldai i gucu de
테를 두른 가죽옷 13벌, Manggūldai의 구추에게

elbihe dahū juwan, narhūn hayaha i jibca juwan,
너구리 털옷 열 벌, 좁게 테를 두른 가죽옷 열 벌,

nangnuk, mendu i eme de aisin ilan yan,
Nangnuk과 Mendu의 어머니에게는 금 석 냥,

menggun susai yan, gecuheri juwe, suje (61:17a)
은 50냥, 망룡단 두 필, 비단

duin, mocin gūsin, manggūldai i sargan de emu
네 필, 모청포 30필, Manggūldai의 아내에게 망룡단

gecuheri, nangnuk, manjusiri de aisin ilata
한 필, Nangnuk과 Manjusiri에게 금 석 냥씩,

yan, menggun juwete tanggū yan, juwete
은 200냥씩, 망룡단 두 필씩,

gecuheri, emte debsiku, sunjata suje, emte tanggū
깃부채 한 개씩, 비단 다섯 필씩, 모청포 160필씩,

ninjuta mocin, seke i mahala emte, foloho
담비 털모자 한 개씩, 무늬를 새긴

umiyesun emte, seke i hayaha jibca emte,
허리띠 한 개씩, 담비 털로 테를 두른 가죽옷 한 벌씩,

silun i dahū emte, foloho enggemu hadala (61:17b)
스라소니 털옷 한 벌씩, 장식을 새긴 안장과 굴레

emte, nadan sara foloho jebele de
하나씩, 일곱 장식을 새긴 화살통에

beri niru sisihai, sohin gūlha, fomoci
활과 화살 꽂은 것, 검은 비단신과 버선 한 켤레씩,

emte juru, gucuse de narhūn hayaha
구추들에게 좁게 테를 두른

jibca juwete, juwete elbihe dahū buhe,
가죽옷 두 벌씩, 너구리 털옷 두 벌씩을 주었다.

enggeder efu, manggūldai de guise juwanta, horho
Enggeder 어푸와 Manggūldai에게 궤 열 개씩, 장롱 두 개씩,

juwete, moro fila jakūta tanggū, nangnuk, manjusiri de
사발과 접시 800개씩, Nangnuk과 Manjusiri에게

ninggute guise, horho ninggute, moro fila juwete (61:18a)
궤 여섯 개씩, 장롱 여섯 개씩, 사발과 접시 200개씩,

tanggū, mendu dagan de guise horho juwete,
Mendu Dagan에게 궤와 장롱 두 개씩,

moro fila emte tanggū, enggeder efu i gucuse de
사발과 접시 100개씩, Enggeder 어푸의 구추들에게

guise buhengge, duin niyalma de duite guise,
궤를 준 것은 네 사람에게 궤 네 개씩,

emte horho, jai nadan niyalma de juwete
장롱 한 개씩, 또 일곱 사람에게는 궤 두 개씩,

guise, emte horho, geren de juwete guise
장롱 한 개씩, 여럿에게 궤 두 개씩을

buhe, manggūldai i gucuse de buhengge, emu niyalma de
주었다. Manggūldai의 구추들에게 준 것은 한 사람에게

duin guise, emu horho, jai sunja niyalma de (61:18b)
궤 네 개, 장롱 한 개, 그리고 다섯 사람에게

juwete guise, emte horho, geren de juwete
궤 두 개씩, 장롱 한 개씩, 여럿에게 궤 두 개씩을

guise buhe.
주었다.

○ orin emu de wasimbuha bithei gisun,
21일에 내린 글이다.

⇦ han hendume, ihan morin hūlhafi warangge, bulun i jeku be, gašan i
한(汗)이 말하기를 "소와 말을 도적질하여 죽이는 자, 곡식더미와 마을의

← boo be tuwa sindarangge, gemu usin weilerakū, jeku
집에 불 지르는 자는 모두 밭일하지 않고, 곡식이

← akū, boode toktome terakū, ubade tubade ukame yabure (61:19a)
없고, 집에 정착하여 살지 않고, 여기저기에 도망하며 다니는

← guwanggusa kai, tenteke jeku akū sula yabure giohoto
무뢰한들이다. 그렇게 곡식 없이 놀고 다니는 거지와

← guwanggusa be, jušen nikan yaya saha niyalma jafafi
무뢰한들은 여진인과 한인 누구든 발견한 사람이 잡아서

← benju, juse sargan bici, juse sargan be jafaha
보내오라. 처자식이 있으면 처자식을 잡은

← niyalma de bure, juse sargan akū oci, emu
사람에게 주라. 처자식이 없으면 한

← niyalma de ilan yan menggun šangnara, liyoodung be
사람에 은 석 냥을 상으로 주라." 요동(遼東)을

baha manggi, nikan toktorakū jing ukame genere, giyansi
얻은 후에 한인이 정착하지 않고 늘 도망가고, 첩자로

yabure, usin be saikan kiceme weilerakū ofi, jili (61:19b)
다니고, 밭일을 부지런히 하지 않아서

banjime henduhengge.
성내어 말한 것이다.

○ enggeder efu, manggūldai de nadata hahai jušen
Enggeder 어푸와 Manggūldai에게 장정이 일곱 명씩 있는 여진인

tokso juwete, juwanta hahai nikan tokso juwete,
장원 둘씩, 장정이 열 명씩 있는 한인 장원 둘씩,

gala hanci takūrabure jušen sunjata juru, muke
가까이 두고 부릴 여진인 다섯 쌍씩, 물

ganara moo sacire sunjata juru nikan, nangnuk,
긷고 나무 벨 한인 다섯 쌍씩을 주고, Nangnuk,

manjusiri, daicing, batma de duite hahai jušen (61:20a)
Manjusiri, Daicing, Batma에게 장정이 네 명씩 있는 여진인

tokso emte, juwanta hahai nikan tokso emte,
장원 하나씩, 장정이 열 명씩 있는 한인 장원 하나씩을 주고,

mendu dagan de ilata hahai jušen tokso
Mendu Dagan에게 장정이 세 명씩 있는 여진인 장원

emte, juwanta hahai nikan tokso emte, minggan,
하나씩, 장정이 열 명씩 있는 한인 장원 하나씩을 주고, Minggan,

ūljeitu, bobung, budang, dorji, coirjal, buyantai, corji,
Ūljeitu, Bobung, Budang, Dorji, Coirjal, Buyantai, Corji,

dalai, ere uyun niyalma de guise horho
Dalai 이 아홉 사람에게는 궤와 장롱

jakūta, moro fila juwete tanggū, dorji, misai,
여덟 개씩, 사발과 접시 200개씩을 주고, Dorji, Misai,

irinci, sirhūnak, kibtar, angkūn, g'arma, enggelei, ere (61:20b)
Irinci, Sirhūnak, Kibtar, Angkūn, G'arma, Enggelei 이

jakūn niyalma de guise horho ninggute, moro
여덟 사람에게 궤와 장롱 여섯 개씩, 사발과

fila emte tanggū, teling, gunji, ajin, ish'ab,
접시 100개씩을 주고, Teling, Gunji, Ajin, Ish'ab,

ebugen, bandi, coshi, ere nadan niyalma de
Ebugen, Bandi, Coshi 이 일곱 사람에게는

guise horho sunjata, moro fila susaita.
궤와 장롱 다섯 개씩, 사발과 접시 50개씩을 주었다.

○ orin duin de, udahai age i non be
24일에 Udahai 아거의 여동생을

gurbusi efu i deo dalai de bume, duin (61:21a)
Gurbusi 어푸의 동생 Dalai에게 주며 소

ihan sunja honin wafi,
네 마리와 양 다섯 마리를 잡아서

⇦ han, duka de tucifi, hacin hacin i efin efibume sarilaha, gege de
한(汗)이 문에 나와 갖가지 놀이를 놀게 하며 주연을 베풀었다. 공주에게

juwe tanggū yan menggun, sunja yan aisin, mocin
은 200냥, 금 다섯 냥, 모청포

emu tanggū, amba gecuheri juwe, sese gecuheri juwe,
100필, 큰 망룡단 두 필, 금사 망룡단 두 필,

undurakū juwe, orin duin suje.
용문단 두 필, 비단 24필을 주었다.

○ orin sunja de, adahai iogi, hithai daise (61:21b)
25일에 Adahai 유격과 Hithai 유격 서리를

iogi be, busan dzung bing guwan, dajuhū fujiyang de
Busan 총병관과 Dajuhū 부장(副將)에게

unggihe, unggihe
보냈다. 보낸

⇦ gisun, niyang niyang gung ni [原檔殘缺] teisu, duin tanggū cooha be
말이다. "낭랑궁의 □□□ 맞은편에 병사 400명을

← duin bade buksifi, nikan hehe juse, ihan eihen
네 곳에 매복시켜서, 한인의 여자와 아이들, 소, 나귀를

← gamafi yarkiyame tuwa, yarkiyara de dosici, suweni beye
이끌고 가서 유인하며 지켜보라. 유인에 빠져도 너희가 직접

← balai ume lature.
함부로 접근하지 말라."

(61:22a)

○ tere inenggi,
그날에

⇦ han hendume, ilan nikan juwe morin yalufi, nikan i hafasa
한(汗)이 말하기를, "한인 세 명이 말 두 마리에 타고 한인 관리들이

← takūraha seme casi genere be, nio juwang de anafu
파견했다고 하며 저쪽으로 가는 것을 우장(牛莊)에서 수자리

← tehe niyalma jafafi, juwe jušen benjime jidere de,
사는 사람이 잡아서 여진인 두 명 편에 보내올 때

← juwe jušen be holtošome orita yan menggun bufi
두 여진인을 속여서, 은 20냥씩을 주고

← nure omibufi, tere juwe jušen be soktobufi wafi,
술을 마시게 해서 그 두 여진인을 취하게 하여 죽이고

← morin jebele gamame genehebi, suwe olhome sereme yabu, (61:22b)
말과 활통을 가지고 갔다. 너희는 경계하며 다니라.

← holtome hafasa takūraha seme, tenteke yabure niyalma be
거짓으로 관리들이 파견했다고 하며 저렇게 다니는 사람을

← saha de jafafi dele benju, tubade ume wara.
발견하면 잡아서 상부로 보내라. 그곳에서 죽이지 말라."

○ orin ninggun de, nikan beiguwan ing ting lu, juwe
26일에 한인 비어 Ing Ting Lu가 첩자 두

giyansi jafafi benjire jakade,
명을 잡아서 보내자

⇦ han hendume, benjihe sain, taka tuwaki, jai emgeri sain sabuha de
한(汗)이 말하기를 "보내온 것은 잘했다. 조금 더 지켜보겠다. 한 번 더 잘한 것을 알게 되면

← iogi buki. (61:23a)
유격직을 주겠다."

○ orin nadan de, ba bade simneme unggihe, jeku
27일에 곳곳에 조사하러 보냈다. 곡식이

akū nikan be waha.
없는 한인을 죽였다.

○ bayot i baigal taiji, yaluha juwe sain morin
Bayot의 Baigal 타이지가, 타던 좋은 말 두 마리를

gajime, amin beile be hūlame jihe.
이끌고 Amin 버일러를 부르러 왔다.

(61:23b)

○ orin jakūn de, kalka i darhan baturu beile,
28일에 Kalka의 Darhan 바투루 버일러가

ini jui enggeder efu, manggūldai i turgunde juwe
자신의 아들 Enggeder 어푸와 Manggūldai 버일러 때문에 두

niyalma be takūraha bithei gisun,
사람을 파견해서 보낸 글이다.

⇦ kundulen genggiyen han de, darhan baturu sadun i eigen sargan
"쿤둘런 경기연 한(汗)에게 Darhan 바투루 사돈 내외가

bithe wesimbuhe, amba gurun i yabure onggolo
글을 올립니다. 대국이 왕래하기 전에

⇦ han gosime jui be buhe, jai sunja tatan i kalka,
한(汗)이 어여삐 여겨 자식을 주었습니다. 그리고 Kalka 5부가

yaburakū bade jui be buhe seme, sini (61:24a)
왕래하지 않는 터에 자식을 주었다고 하여 당신의

juwe sadun akdafi genefi doro jafaha, enggeder,
두 사돈이 믿고 가서 정권을 잡았습니다. Enggeder와

manggūldai juwe nofi be cooha jifi neobume
Manggūldai 두 사람을 병사가 와서 고향을 떠나게 하여

gamaha, doro acaha amala, ukanju be, niyamarame
데려갔습니다. 화친한 후에는 도망자와, 친척이라며

yabure niyalma be ilibumbi,
다니는 사람을 멈추게 할 것입니다.

⇦ han sadun muse juwe nofi fudasihūn gūnirakū sehe bihe,
한(汗) 사돈과 우리 두 사람은 거스름을 생각하지 않는다고 했었습니다.

enggeder, manggūldai cihanggai genecibe, juwe niyalma juwe
Enggeder와 Manggūldai가 자발적으로 간다고 한들 두 사람과 말 두 마리를

morin be bi tafulambio, (61:24b)
제가 말리겠습니까.

⇦ han sadun de akdaha bihe,
'한(汗) 사돈을 믿고 있었기 때문에,

⇦ han de akdafi banjimbihe seme amba gurun hendumbi dere.
한(汗)에게 의지하여 살고 있습니다'라고 많은 백성이 말할 것입니다."

○ orin uyun de, meihe erinde hūwang ni wa i ergici
29일 사시(巳時)에 황니와(黃泥窪) 방면으로부터

poo jing sindambi seme alanjire jakade, beise
포를 계속 쏜다고 와서 알리자 버일러들이

neneme cooha tucike, amala
먼저 출정하고 후에

⇦ han tucike, cooha hecen ci tucifi bira doofi ilifi medege (61:25a)
한(汗)이 나갔다. 병사가 성에서 나가 강을 건너고 나서 멈추고 소식을

donjici, tolaitoi julergi nadaci tai niyalma poo i
들으니 Tolaitoi 남쪽의 일곱 번째 대(臺)의 사람이 포의

okto walgiyara de poo fushufi, tereci ulan ulan i
화약을 말릴 때 포가 폭발해서, 그로부터 차례로

sindahabi seme alanjire jakade,
발사되었다고 알려왔기에,

⇦ han hiyabun dabume amasi hecen dosika.
한(汗)이 겨릅등에 점화하고 나서 다시 성에 들어갔다.

○ duin biyai orin juwe de,
4월 22일에

⇦ han hendume, dodo age eniye, si nikan age i eniye be (61:25b)
한(汗)이 말하기를, “Dodo 아거의 모친, 너는 Nikan 아거의 모친을

← da banjiha doroi kemuni kunduleme banji, mini neneme
원래 살던 도리대로 계속 공경하며 살라. 내가 앞서

← tacibuha gisun be onggofi, beye be gese teherebufi
가르친 말을 잊고 자신을 동등히 여기며

← banjirakū, tuttu oci ufarambi kai, eture jetere be
살지 말라. 그렇게 하면 잘못될 것이다. 입고 먹는 것을

← gese teherebufi etuki jeki seme ume gūnire, dodo
똑같이 동등하게 입고 먹겠다고 생각하지 말라. Dodo

← age, sinde nikan age i ulin ai ai jaka be
아거 너에게 Nikan 아거의 재산 갖가지 것을

← uhe acabuhangge, jakūn booi ai jaka be tucire
합치게 한 것은 팔가의 어떤 물건이든 내거나

← bure gaijara bade acaha niyalma sarkū giyalaburahū seme (61:26a)
주거나 받을 때 맡은 사람이 모르고 거를까 염려된다 하여

← acabuhabi, sini booi dolo baitalara eture jetere de,
맡게 한 것이다. 너의 집안에서 일하고 입고 먹을 때

← terei ulin be uhe obufi mamgiyaburahū, kadalara tuwara be
그의 재산을 합쳐서 사치하게 할까 염려된다. 관리하고 살피는 것을

← uhei tuwa.
함께 보라."

○ niowanggiyan singgeri aniya ninggun biyai orin de, han
갑자년(甲子年, 1624) 6월 20일에 "황제가

erdemu be ufarafi, tafulara amban i gisun be gaijarakūci,
덕을 잃고, 간하는 대신의 말을 받아들이지 않으면

⇦ abka guwembi, ama, jui be taciburengge, (61:26b)
하늘이 울린다. 아버지가 자식을 가르치는 것이다.

⇦ abka guwenci, enteheme wesihun niyalma de jobocun golocun bi,
하늘이 울리면 언제나 높은 사람에게 걱정과 두려움이 있다.

usiha tuhere de, niyalma de abkai fejergi facuhūn
별이 떨어질 때, 인간 세상에서 천하가 혼란하면

oci, usiha na de tuhembi, usiha tuhere de,
별이 땅에 떨어진다. 별이 떨어질 때,

頭註: gingguleme baicaci, fe dangse de ejehe ere emu meyen i baita, umai baitai da dube be ejeme tucibuhekū, gingguleme kimcici, ainci ⇦ abkai fulingga i forgon de, yamka baci baha nikasai tuwara bithe ci tukiyeme gaifi manjurame ejehengge dere. [신중하게 조사하니, 『滿文原檔』에 기록한 이 한 단락의 일은 전혀 일의 자초지종이 적혀 있지 않다. 신중하게 살펴보니, 아마도 천명 시기에 어떤 지역에서 얻은 한인들이 보는 책에서 뽑아서 만주어로 기록한 것일 것이다.]

niyalma be eldeme akjan i adali jilgan guwenci, amba
사람을 비추며 우레 같은 소리가 울리면, 큰

dain minggan bade senggi eyembi.
전쟁이 일어나 1000리에 피가 흐른다."

제62권

천명(天命) 9년(1624)

ninju juweci debtelin,
abkai fulingga i
uyuci aniya.

tongki fuka sindaha hergen i dangse. (62:1a)
유권점 당안

⇦ han hendume, eidu baturu, enculeme šulge bujan be gaiha,
한(汗)이 말하기를, "Eidu 바투루는 홀로 Šulge Bujan을 빼앗고,

← barda i hoton be gaiha, sakjai i niyalma cooha jihe be
Barda의 성을 빼앗고, Sakjai의 병사가 온 것을

← gidaha, nimalan i hoton de juleri gaifi afaha seme
제압하고, Nimalan성에서는 앞장서서 싸웠다 하여

← uju jergi amban obufi dzung bing guwan i hergen bufi,
1등 대신으로 삼고 총병관(總兵官)의 직위를 주고

← ini beyei jalan, jui i jalan, omolo i jalan, ere
그 자신의 세대, 자식의 세대, 손자의 세대, 이

← ilan jalan de isitala, tanggū niyalmai caliyan jembi,
삼대에 이르도록, 100명분의 전량(錢糧)을 먹는다.

← ula i amba gurun i dain de, geren coohai niyalma de (62:1b)
Ula 대국과의 전투에서는 여러 군사에게

← anahakū, ini beye morin ci ebufi, yafahan juleri
미루지 않고 몸소 말에서 내려서, 걸으며 선봉에서

← gaifi afame, tere ula i cooha be gidafi, amba
싸우며 그 Ula군을 격파해서, 대국을

← gurun be efulefi gajiha. adahai, uju jergi beiguwan i
멸망시켜서 빼앗아왔다. Adahai는 1등 비어(備禦)의

← caliyan, juwan niyalma, emu ciyandzung de duin niyalma,
전량과 사람 열 명, 천총(千總) 한 명에 네 사람,

← ilan bedzung de ilata niyalma, ilan šeo pu de juwete
백총(百總) 세 명에 세 사람씩, 수보(守堡) 세 명에 두 사람씩,

← niyalma, han i hecen de tehe uksin i niyalma, karun,
한(汗)의 성에서 주둔하는 갑병과 초병,

← duka, faksi de juwete niyalma, sele, wase[1] de ilata (62:2a)
문지기, 장인에 두 사람씩, 철 장인, 기와 장인에 세 사람씩,

← niyalma, tai de duin niyalma, ulgiyan de ninggun
대에 네 사람, 돼지에 여섯 사람이다.

← niyalma,[2] darungga, ula de emu feye sacibuha seme
Darungga는 Ula에서 한 군데 칼에 베였으므로

← nadan niyalma, weji, ula de juwe feye gidalabuha,
일곱 사람이다. Weji는 Ula에서 두 군데 창에 찔렸고,

← emu feye sacibuha seme juwan ilan yan i weile
한 군데 칼에 베였으므로 13냥의 죗값을

← waliyambi, looja, hoifa de emu feye, ula de emu
면제한다. Looja는 Hoifa에서 한 군데 부상을, Ula에서 한 군데

頭註1: gingguleme kimcici, sele, wase sere gisun, ainci sele faksi, wase faksi sere gisun dere. [신중하게 살펴보니, sele, wase라는 말은 아마도 '철 장인, 기와 장인'이라는 말일 것이다.]

頭註2: gingguleme kimcici, ulgiyan de ninggun niyalma sere gisun, ainci ulgiyan tuwakiyara ninggun niyalma sere gisun dere. [신중하게 살펴보니, ulgiyan de ninggun niyalma라고 하는 것은 아마도 '돼지를 치는 여섯 사람'이라는 말일 것이다.]

← feye baha, ehecu, jakūta de jakūn feye, ula de
부상을 입었고, Ehecu는 Jakūta에서 여덟 군데 부상을, Ula에서

← emu feye baha seme nadata yan i weile waliyambi, (62:2b)
한 군데 부상을 입었으므로 일곱 냥씩의 죗값을 면제한다.

← ningguri, ula de emu feye, tungse, ula de emu
Ningguri는 Ula에서 한 군데 부상을, Tungse는 Ula에서 한 군데

← feye baha seme sunjata yan i weile waliyambi, ahai,
부상을 입었으므로 다섯 냥씩의 죗값을 면제한다. Ahai는

← ihan alin de emu feye, tomido, jakūta de emu
Ihan산에서 한 군데 부상을, Tomido는 Jakūta에서 한 군데

← feye, alibu, ihan alin de emu feye baha
부상을, Alibu는 Ihan산에서 한 군데 부상을 입었으므로

← seme, ere ilan de sunjata yan i weile waliyambi,
이 세 명에게 다섯 냥씩의 죗값을 면제한다.

← niyalma guwehe niyalma de menggun i weile nakaha, niyalma
사람의 공역을 면한 사람에게는 은으로 죗값을 면하게 하는 것을 그만두고, 사람의

← guwehekū niyalma de menggun i weile kemuni waliyambi. (62:3a)
공역을 면하지 않은 사람에게는 그대로 은으로 죗값을 면제한다."

⇦ han hendume, bantasi, ula de morin emu feye gidalabuha
한(汗)이 말하기를, "Bantasi는 Ula에서 말이 한 군데 창에 찔렸다

頭註: gingguleme kimcici, niyalma guwehe niyalma de menggun i weile nakaha, niyalma guwehekū niyalma de menggun i weile kemuni waliyambi sere gisun, ainci hahai alban guwebuhe niyalma de, menggun guwebure ejehe šangnahakū, hahai alban guwebuhekū niyalma de, kemuni menggun guwebure ejehe šangnambi sere gūnin dere. [신중하게 살펴보니, niyalma guwehe niyalma de menggun i weile nakaha, niyalma guwehekū niyalma de menggun i weile kemuni waliyambi라는 말은 아마도 '장정의 공역을 면해준 사람에게 은으로 죄를 면해주는 칙서를 상으로 주지 않고 장정의 공역을 면해주지 않은 사람에게는 그대로 은으로 죄를 면해주는 칙서를 상으로 준다'라는 뜻일 것이다.]

← seme, uju jergi beiguwan obufi juwan niyalmai caliyan
하여 1등 비어로 삼고, 열 명의 전량을

← jembi, yabai, ula de juwe feye, laida, ula de
먹는다. Yabai는 Ula에서 두 군데 부상을 입었고, Laida는 Ula에서

← emu feye gabtabuha, emu feye langtulabuha seme juwan
한 군데 활에 맞고, 한 군데 쇠몽둥이에 맞았다 하여 11냥씩

← emute yan i weile waliyambi, oolan, ihan alin de
죗값을 면제한다. Oolan은 Ihan산에서

← emu feye, jakūta de emu feye, loohan, jakūta de (62:3b)
한 군데 부상을, Jakūta에서 한 군데 부상을, Loohan은 Jakūta에서

← ilan feye, hoifa de emu feye baha seme
세 군데 부상을, Hoifa에서 한 군데 부상을 입었다 하여

← sunjata yan i weile waliyambi, lali, anculakū de, ihan
다섯 냥씩의 죗값을 면제한다. Lali는 Anculakū와 Ihan산,

← alin de, onggolo de, ilan bade afaha, baita, ula de
Onggolo 이 세 곳에서 전투했고, Baita는 Ula에서

← emu feye baha seme nadata yan i weile waliyambi,
한 군데 부상을 입었다 하여 일곱 냥씩의 죗값을 면제한다.

← tsangsari, jakūta de emu feye, ješen, sarhū de emu
Tsangsari는 Jakūta에서 한 군데 부상을, Ješen은 Sarhū에서 한 군데

← feye, tondai, ihan alin de afaha, hūsitun, ihan
부상을 입었고, Tondai는 Ihan산에서 싸웠고, Hūsitun은 Ihan산에서

← alin de emu feye baha seme sunjata yan i (62:4a)
한 군데 부상을 입었다 하여 다섯 냥씩의

← weile waliyambi, emu ciyandzung de duin niyalma, ilan
죗값을 면제한다. 천총 한 명에 네 사람, 백총 세 명에

← bedzung de ilata niyalma, ilan šeo pu de juwete
세 사람씩, 수보 세 명에 두 사람씩,

← niyalma, han i hecen de tehe uksin i niyalma, karun,
한(汗)의 성에 주둔하는 갑병과 초병,

← duka, faksi de juwete niyalma, tuyen baksi emu
문지기, 장인에 두 사람씩, 구멍 뚫는 장인에 한

← niyalma, sele, wase de ilata niyalma, tai de duin
사람, 철 장인, 기와 장인에 세 사람, 대에 네

← niyalma, ulgiyan de ninggun niyalma, niyalma guwehe niyalma de
사람, 돼지에 여섯 사람이다. 사람의 공역을 면한 사람에게는

← menggun i weile nakaha, niyalma gewehekū niyalma de menggun i (62:4b)
은으로 죗값을 면하게 하는 것을 그만두고, 사람의 공역을 면하지 않은 사람에게는

← weile kemuni waliyambi.
그대로 은으로 죗값을 면제한다."

⇦ han hendume, cergei, daise tsanjiyang uju jergi beiguwan i caliyan,
한(汗)이 말하기를, "Cergei는 참장 서리인 1등 비어의 전량과

← juwan niyalma, emu ciyandzung de duin niyalma, ilan
열 사람, 천총 한 명에 네 사람, 백총 세 명에

← bedzung de ilata niyalma, ilan šeo pu de juwete niyalma,
세 사람씩, 수보 세 명에 두 사람씩,

← han i hecen de tehe uksin i niyalma, karun, duka,
한(汗)의 성에 주둔하는 갑병과 초병, 문지기,

頭註: gingguleme baicaci, manju gisun i buleku bithede, sele i jergi jaka be fondolome sangga arara be tuyembi sembi sehebi, ere tuyen baksi sere gisun, ainci tuyere faksi sere gisun dere. [신중하게 조사하니, 『御製淸文鑑』에 쇠 등의 물건을 뚫어 구멍을 만드는 것을 tuyembi라 한다고 했다. 이 tuyen baksi라는 말은 아마도 '구멍 뚫는 장인'이라는 말일 것이다.]

← faksi de juwete niyalma, sele, wase de ilata (62:5a)
장인에 두 사람씩, 철 장인, 기와 장인에 세 사람씩,

← niyalma, tai de duin niyalma, ulgiyan de ninggun
대(臺)에 네 사람, 돼지에 여섯

← niyalma, ilden, ula de emgeri gidalabuha, emgeri langtulabuha,
사람이다. Ilden은 Ula에서 한 번 창에 찔렸고, 한 번 쇠몽둥이에 맞았고,

← emgeri gabtabuha seme jakūn niyalma guwehe, turgei, ula de
한 번 화살에 맞았다 하여 여덟 사람을 면했다. Turgei는 Ula에서

← emgeri gidalabuha, emgeri langtulabuha seme jakūn niyalma guwehe,
한 번 창에 찔렸고, 한 번 쇠몽둥이에 맞았다 하여 여덟 사람을 면했다.

← daimbulu, hejige de bucehe, unggadai, ula de juwe
Daimbulu는 Hejige에서 죽었고, Unggadai는 Ula에서 두 군데

← feye, šušubu, ula de ilan feye baha seme
부상을, Šušubu는 Ula에서 세 군데 부상을 입었다 하여

← juwan emute yan i weile waliyambi, ajigan fiyanggū, juwe bade (62:5b)
11냥씩의 죗값을 면제한다. Ajigan Fiyanggū는 두 곳에서

← afaha seme jakūn yan i weile waliyambi, tahitun, jakūta de
싸웠다 하여 여덟 냥의 죗값을 면제한다. Tahitun은 Jakūta에서

← emu feye, ula de juwe feye gidalabuha, emu
한 군데 부상을 입었고, Ula에서 두 군데 창에 찔렸고, 한 군데

← feye gabtabuha seme nadan yan i weile waliyambi, sihan,
화살에 맞았다 하여 일곱 냥의 죗값을 면제한다. Sihan은

← jakūta de emu feye baha seme sunja yan i
Jakūta에서 한 군데 부상을 입었다 하여 다섯 냥의

← weile waliyambi, jakūcin, jakūta de emu feye baha
죗값을 면제한다. Jakūcin은 Jakūta에서 한 군데 부상을 입었다

← seme duin yan i weile waliyambi, dalaha, ihan alin de
하여 넉 냥의 젖값을 면제한다. Dalaha는 Ihan산에서

← emu feye, bulangga, jakūta de emu feye, sungsi, (62:6a)
한 군데 부상을, Bulangga는 Jakūta에서 한 군데 부상을, Sungsi는

← hada de emu feye baha seme sunjata yan i
Hada에서 한 군데 부상을 입었다 하여 다섯 냥씩의

← weile waliyambi, niyalma guwehe niyalma de menggun i weile nakaha,
젖값을 면제한다. 사람의 공역을 면한 사람에게는 은으로 젖값을 면하게 하는 것을 그만두고,

← niyalma guwehekū niyalma de menggun i weile kemuni waliyambi.
사람의 공역을 면하지 않은 사람에게는 그대로 은으로 젖값을 면제한다."

⇦ han hendume, boihoci ecike, jai jergi tsanjiyang ni caliyan, orin
한(汗)이 말하기를, "Boihoci 숙부는 2등 참장의 전량과 22사람,

← juwe niyalma, emu ciyandzung de duin niyalma, ilan
천총 한 명에 네 사람, 백총 세 명에

← bedzung de ilata niyalma, ilan šeo pu de juwete (62:6b)
세 사람씩, 수보 세 명에 두 사람씩,

← niyalma, han i hecen de tehe uksin i niyalma, karun,
한(汗)의 성에 있는 갑병과 초병,

← duka, faksi de juwete niyalma, sele, wase de
문지기, 장인에 두 사람씩, 철 장인, 기와 장인에게

← ilata niyalma, tai de duin niyalma, ulgiyan de
세 사람씩, 대에 네 사람, 돼지에

← ninggun niyalma, arai, ula de juwe feye sacibuha,
여섯 사람이다. Arai는 Ula에서 두 군데 칼에 베였고,

← emu feye gabtabuha seme jakūn niyalma, arbuha, akiran de
한 군데 화살에 맞았다 하여 여덟 사람을, Arbuha는 Akiran에서

← emu feye baha seme juwan emu yan i weile waliyambi,
한 군데 부상을 입었다 하여 11냥의 죗값을 면제한다.

← yekšu, ula de emu feye gabtabuha, nikari, emgeri (62:7a)
Yekšu는 Ula에서 한 군데 화살에 맞았고, Nikari는 한 번

← gidalabuha, oohan, jakūta de emgeri langtulabuha, sunjaci, ula de
창에 찔렸고, Oohan은 Jakūta에서 한 번 쇠몽둥이에 맞았고, Sunjaci는 Ula에서

← emu feye, yangguri, hoifa de emu feye, jakūta de
한 군데 부상을, Yangguri는 Hoifa에서 한 군데 부상을, Jakūta에서

← emu feye baha seme nadata yan i weile waliyambi,
한 군데 부상을 입었다 하여 일곱 냥씩의 죗값을 면제한다.

← uciha, hoifa de bucehe seme juwan emu yan i
Uciha는 Hoifa에서 죽었다 하여 11냥의

← weile waliyambi, haisangga, nitangga, jakūta de emte feye,
죗값을 면제한다. Haisangga와 Nitangga는 Jakūta에서 한 군데씩 부상을,

← jakūci, akiran de emu feye baha seme sunjata
Jakūci는 Akiran에서 한 군데 부상을 입었다 하여 다섯 냥씩의

← yan i weile waliyambi. (62:7b)
죗값을 면제한다."

⇦ han hendume, nikari, ebsi mini baru oho ci, emgeri
한(汗)이 말하기를, "Nikari가 지금까지 나의 편이 된 이후, 한 번도

← amasi julesi tuwahakū, teng seme emu mujilen i hūrha
앞뒤를 가리지 않았다. 굳건히 한마음으로 Hūrha로(路)의

← goloi cooha be jaldafi, mini dajuhū be afabuha,
군사를 속여서 내가 Dajuhū를 맡겼고,

← jai boigon jici, umai jobobuhakū ini cihai jihe,
또 가호가 올 때 전혀 고생시키지 않고, 자신이 원해서 왔다.

← udu muterakū bicibe, ere gung de gosime tsanjiyang
다소 무능한 면이 있더라도, 이 공을 사랑하여 참장으로

← obufi, uju jergi iogi i caliyan, juwan ninggun niyalma, (62:8a)
삼는다. 1등 유격의 전량과 16사람이다.

← ereci julesi gung gaici, geli wesibumbi, gung gairakūci,
이후 앞으로 공을 세우면 또 올려줄 것이며, 공을 세우지 않아도

← ere caliyan kemuni bimbi, weihede, ilaci jergi beiguwan i
이 전량은 그대로 있을 것이다. Weihede는 3등 비어의

← caliyan, ninggun niyalma, emu ciyandzung de duin niyalma,
전량과 여섯 사람, 천총 한 명에 네 사람,

← ilan bedzung de ilata niyalma, ilan šeo pu de
백총 세 명에 세 사람씩, 수보 세 명에

← juwete niyalma, han i hecen de tehe uksin i niyalma,
두 사람씩, 한(汗)의 성에 있는 갑병,

← karun, duka, faksi de juwete niyalma, sele, wase de
초병, 문지기, 장인에 두 사람씩, 철 장인, 기와 장인에

← ilata niyalma, tai de duin niyalma, ulgiyan de ninggun (62:8b)
세 사람씩, 대에 네 사람, 돼지에 여섯

← niyalma, senioke, ula de emu feye gidalabuha, jalangga,
사람이다. Senioke는 Ula에서 한 군데 창에 찔렸고, Jalangga는

← ula de emu feye gidalabuha, ladu, ula de emu
Ula에서 한 군데 창에 찔렸고, Ladu는 Ula에서 한 군데

← feye gidalabuha seme juwan emute yan i weile waliyambi,
창에 찔렸다 하여 11냥씩의 죗값을 면제한다.

← yeru, ula de bucehe seme juwan emu yan i
Yeru가 Ula에서 죽었다 하여 11냥의

← weile waliyambi, nikan, doyonggo, ula de emte feye
죗값을 면제한다. Nikan과 Doyonggo가 Ula에서 한 군데씩 창에

← gidalabuha seme uyute yan i weile waliyambi, luduri, kušu,
찔렸다 하여 아홉 냥씩의 죗값을 면제한다. Luduri, Kušu,

← alibi, hingga, cabina, jekune, ula de emte feye (62:9a)
Alibi, Hingga, Cabina, Jekune가 Ula에서 한 군데씩 부상을

← baha seme nadata yan i weile waliyambi.
입었다 하여 일곱 냥씩의 죗값을 면제한다."

⇦ han hendume, hara, daise fujiyang ilaci jergi iogi i caliyan,
한(汗)이 말하기를, "Hara는 부장(副將) 서리인 3등 유격의 전량과

← juwan juwe niyalma, afuni, ilaci jergi iogi i caliyan,
12사람이고, Afuni는 3등 유격의 전량과

← juwan juwe niyalma, jafuni, ihan alin de orin
12사람이다. Jafuni는 Ihan산에서 23군데

← ilan feye baha, ninggun feye yali dahabi, ula de
부상을 입었고, 여섯 군데 화상을 입었으며, Ula에서

← emu feye baha seme uju jergi beiguwan i caliyan, (62:9b)
한 군데 부상을 입었다 하여 1등 비어의 전량과

← juwan niyalma, otonggo, ula de juwe feye gidalabuha,
열 사람이다. Otonggo는 Ula에서 두 군데 창에 찔렸고,

← emgeri langtulabuha, yaran de emu feye baha seme
한 군데 쇠몽둥이에 맞았고, Yaran에서 한 군데 부상을 입었다 하여

← nadan niyalmai caliyan, kambulu, akiran de neneme hoton de
일곱 사람의 전량이다. Kambulu는 Akiran에서 먼저 성을

← dabafi uksin i niyalma be waha, hūlhame genefi ilan
넘어서 갑병을 죽였고, 몰래 가서 세

← niyalma tucifi genere be amcafi waha, ula de morin
사람이 탈출해 가는 것을 추격하여 죽였고, Ula에서 말이

← sacibuha seme sunja niyalmai caliyan, fakūna be geren i
베였다 하여 다섯 사람의 전량이다. Fakūna는 여러 사람의

← usin bošoro tusa seme ciyandzung ni caliyan, duin niyalma, (62:10a)
밭일을 독려하여 이익을 얻었다 하여 천총의 전량과 네 사람,

← emu ciyandzung de duin niyalma, ilan bedzung de ilata
천총 한 명에 네 사람, 백총 세 명에 세 사람씩,

← niyalma, ilan šeo pu de juwete niyalma, fakūna, jakūta de
수보 세 명에게 두 사람씩이다. Fakūna는 Jakūta에서

← emu feye baha seme sunja yan i weile waliyambi,
한 군데 부상을 입었다 하여 다섯 냥의 죗값을 면제한다.

← daiju, jakūta de emu feye baha seme juwan
Daiju는 Jakūta에서 한 군데 부상을 입었다 하여 11냥의

← emu yan i weile waliyambi, fuhan, ula de emu
죗값을 면제한다. Fuhan은 Ula에서 한 군데

← feye, langse, hoifa de emu feye baha seme
부상을, Langse는 Hoifa에서 한 군데 부상을 입었다 하여

← uyute yan i weile waliyambi, booši, akiran i dain de (62:10b)
아홉 냥씩의 죗값을 면제한다. Booši는 Akiran 전투에서

← bucehe seme juwan emu yan i weile waliyambi, ikina,
죽었다 하여 11냥의 죗값을 면제한다. Ikina는

← jakūta de emu feye baha seme nadan yan i
Jakūta에서 한 군데 부상을 입었다 하여 일곱 냥의

← weile waliyambi, tarbahi, ihan alin de emu feye
죗값을 면제한다. Tarbahi는 Ihan산에서 한 군데 부상을

← baha seme sunja yan i weile waliyambi, lidai, hoifa de
입었다 하여 다섯 냥의 죗값을 면제한다. Lidai는 Hoifa에서

← emu feye baha seme sunja yan i weile waliyambi.
한 군데 부상을 입었다 하여 다섯 냥의 죗값을 면제한다."

⇦ han hendume, dajuhū, enculeme hūrha i cooha be gidaha, ba bade (62:11a)
한(汗)이 말하기를 "Dajuhū는 홀로 Hūrha군을 제압하고 곳곳에

← yabuha, emgeri gasabuhakū, jing bahame yabuha seme daise
다녔고, 한 번도 불평하지 않았고, 항상 이기고 다녔다 하여

← fujiyang ni hergen obufi, uju jergi iogi i caliyan, juwan
부장 서리직으로 삼고, 1등 유격의 전량과 16사람,

← ninggun niyalma, emu ciyandzung de duin niyalma, ilan
천총 한 명에 네 사람,

← bedzung de ilata niyalma, ilan šeo pu de juwete
백총 세 명에 세 사람씩, 수보 세 명에 두 사람씩이다.

← niyalma, jumbulu, huye de bucehe seme juwan emu
Jumbulu는 Huye에서 죽었다 하여 11냥의

← yan i weile waliyambi, jejungge, ula de bucehe seme
죗값을 면제한다. Jejungge는 Ula에서 죽었다 하여

← juwan emu yan i weile waliyambi, alca, hesihe de (62:11b)
11냥의 죗값을 면제한다. Alca는 Hesihe에서

← bucehe seme juwan emu yan i weile waliyambi, wajingga,
죽었다 하여 11냥의 죗값을 면제한다. Wajingga는

← ihan alin de emu feye baha seme sunja
Ihan산에서 한 군데 부상을 입었다 하여 다섯 냥의

← yan i weile waliyambi, hele, hūsitun, hūcihari de emu
죗값을 면제한다. Hele와 Hūsitun은 Hūcihari에서 한 군데

← feye, hada de emu feye, jang de emu feye,
부상을, Hada에서 한 군데 부상을, Jang에서 한 군데 부상을,

← fulgiyaha de emu feye, ula de juwe feye
Fulgiyaha에서 한 군데 부상을 입었고, Ula에서 두 군데

← gidalabuha seme uyun yan i weile waliyambi, yamsida, ula de
창에 찔렸다 하여 아홉 냥의 죗값을 면제한다. Yamsida는 Ula에서

← emgeri gidalabuha seme juwan emu yan i weile waliyambi, (62:12a)
한 번 창에 찔렸다 하여 11냥의 죗값을 면제한다.

← šugi, hoifa de emu feye, weji, hoifa de emu
Šugi는 Hoifa에서 한 군데 부상을, Weji는 Hoifa에서 한 군데

← feye baha seme sunjata yan i weile waliyambi, unggadai be
부상을 입었다 하여 다섯 냥씩의 죗값을 면제한다. Unggadai는

← baksi seme beyei teile.
박시라 하여 본인만이다."

⇦ han hendume, tumei, daise tsanjiyang uju jergi beiguwan i caliyan,
한(汗)이 말하기를, "Tumei는 참장 서리인 1등 비어의 전량과

← juwan niyalma, emu ciyandzung de duin niyalma, ilan
열 사람, 천총 한 명에 네 사람, 백총 세 명에

← bedzung de ilata niyalma, ilan šeo pu de juwete niyalma, (62:12b)
세 사람씩, 수보 세 명에 두 사람씩이다.

← jaosan be baksi seme emu niyalma.
Jaosan은 박시라 하여 한 사람이다."

⇦ han hendume, emu ciyandzung de duin niyalma, ilan bedzung de
한(汗)이 말하기를, "천총 한 명에 네 사람, 백총 세 명에

← ilata niyalma, ilan šeo pu de juwete niyalma, adu,
세 사람씩, 수보 세 명에게 두 사람씩이다. Adu는

← ula de emu feye gabtabuha, emu feye gidalabuha
Ula에서 한 군데 화살에 맞았고, 한 군데 창에 찔렸다

← seme juwan emu yan i weile waliyambi, sihada, ihan
하여 11냥의 죗값을 면제한다. Sihada는 Ihan산에서

← alin de emu feye, ula de emu feye gidalabuha (62:13a)
한 군데 부상을 입었고, Ula에서 한 군데 창에 찔렸다

← seme juwan emu yan i weile waliyambi, dungga, ula de
하여 11냥의 죗값을 면제한다. Dungga는 Ula에서

← emu feye gabtabuha, emu feye gidalabuha seme tofohon
한 군데 화살에 맞았고, 한 군데 창에 찔렸다 하여 15냥의

← yan i weile waliyambi, iduri, noimohon, wangge, ere ilan
죗값을 면제한다. Iduri, Noimohon, Wangge 이 세

← niyalma ula de emte feye baha seme nadata
사람은 Ula에서 한 군데씩 부상을 입었다 하여 일곱

← yan i weile waliyambi, jombu, yangsi, yabai, ere ilan
냥씩의 죗값을 면제한다. Jombu, Yangsi, Yabai 이 세 사람은

← niyalma ihan alin de emte feye baha seme
Ihan산에서 한 군데씩 부상을 입었다 하여

← sunjata yan i weile waliyambi, asina, jakūta de emu (62:13b)
다섯 냥씩의 죗값을 면제한다. Asina는 Jakūta에서 한 군데

← feye baha, wanggiya, hoifa de emu feye baha
부상을 입었고, Wanggiya는 Hoifa에서 한 군데 부상을 입었다

← seme sunjata yan i weile waliyambi.
하여 다섯 냥씩의 죗값을 면제한다."

⇦ han hendume, boihon, jang ni erne be waha, ula de emu
한(汗)이 말하기를, "Boihon은 Jang의 Erne를 죽였고, Ula에서 한 군데

← feye gidalabuha seme ilaci jergi beiguwan i caliyan, ninggun
창에 찔렸다 하여 3등 비어의 전량과 여섯

← niyalma, emu ciyandzung de duin niyalma, ilan bedzung de
사람, 천총 한 명에 네 사람, 백총 세 명에

← ilata niyalma, ilan šeo pu de juwete niyalma, noimohon, (62:14a)
세 사람씩, 수보 세 명에 두 사람씩이다. Noimohon은

← ula de emu feye gabtabuha, emu feye langtulabuha
Ula에서 한 군데 화살에 맞았고, 한 군데 쇠몽둥이에 맞았다

← seme nadan yan i weile waliyambi, sirha, hoifa de
하여 일곱 냥의 죗값을 면제한다. Sirha는 Hoifa에서

← emu feye, mihaci, hoifa de emu feye, yecengge,
한 군데 부상을, Mihaci는 Hoifa에서 한 군데 부상을 입었고, Yecengge는

← monggo i jugūn de yehe i niyalma be acafi afaha
몽골의 길에서 Yehe의 병사를 맞아 싸웠다

← seme sunjata yan i weile waliyambi, sektu, hada de
하여 다섯 냥씩의 죗값을 면제한다. Sektu는 Hada에서

← emu feye [原檔殘缺]
한 군데 부상을 □□□"

(62:14b)

⇦ han hendume, janggalji, monggo i yun de tosome genefi, yehe i
한(汗)이 말하기를 "Janggalji는 몽골의 길을 막으러 가서, Yehe의

← niyalma be waha seme ilaci jergi beiguwan i caliyan, ninggun
병사를 죽였다 하여 3등 비어의 전량과 여섯

← niyalma, emu ciyandzung de duin niyalma, ilan bedzung de
사람, 천총 한 명에 네 사람, 백총 세 명에

← ilata niyalma, ilan šeo pu de juwete niyalma, alimba,
세 사람씩, 수보 세 명에 두 사람씩이다. Alimba는

← hoifa de emu feye baha seme sunja yan i
Hoifa에서 한 군데 부상을 입었다 하여 다섯 냥의

← weile waliyambi, tabudai, ihan alin de emu feye
죗값을 면제한다. Tabudai는 Ihan산에서 한 군데 부상을

← baha seme nadan yan i weile waliyambi, sihan, ula de (62:15a)
입었다 하여 일곱 냥의 죗값을 면제한다. Sihan은 Ula에서

← emu feye gidalabuha, emu feye sacibuha seme juwan
한 군데 창에 찔렸고, 한 군데 칼에 베였다 하여 17냥의

← nadan yan i weile waliyambi, urla, jakūta de emu
죗값을 면제한다. Urla는 Jakūta에서 한 군데

← feye baha seme sunja yan i weile waliyambi, aibari,
부상을 입었다 하여 다섯 냥의 죗값을 면제한다. Aibari는

← hūcihari de emu feye baha, jai baksi seme
Hūcihari에서 한 군데 부상을 입었고, 또 박시라 하여

← sunja niyalmai caliyan, moobari, ula de emu feye
다섯 사람의 전량이다. Moobari는 Ula에서 한 군데 부상을

← baha seme nadan yan i weile waliyambi, naige, ula i
입었다 하여 일곱 냥의 죗값을 면제한다. Naige는 Ula의

← fio hoton i dain de juwe feye baha seme (62:15b)
Fio성 전투에서 두 군데 부상을 입었다 하여

← sunja yan i weile waliyambi, mandabu, jakūta de emu
다섯 냥의 죗값을 면제한다. Mandabu는 Jakūta에서 한 군데

← feye baha seme uyun yan i weile waliyambi, aldai, jakūta de
부상을 입었다 하여 아홉 냥의 죗값을 면제한다. Aldai는 Jakūta에서

← ilan feye baha, ula de emgeri langtulabuha, emu
세 군데 부상을 입었고, Ula에서 한 번 쇠몽둥이에 맞았고, 한 군데

← feye gabtabuha seme juwan emu yan i weile waliyambi,
화살에 맞았다 하여 11냥의 죗값을 면제한다.

← tonjuhū, ula de emu feye baha seme nadan
Tonjuhū는 Ula에서 한 군데 부상을 입었다 하여 일곱 냥의

← yan i weile waliyambi, damin, hoifa de emu feye,
죗값을 면제한다. Damin은 Hoifa에서 한 군데 부상을,

← dahara, hoifa de emu feye baha seme sunjata (62:16a)
Dahara는 Hoifa에서 한 군데 부상을 입었다 하여 다섯 냥씩의

← yan i weile waliyambi, hadangga, hoifa de emu feye
죗값을 면제한다. Hadangga는 Hoifa에서 한 군데 부상을

← baha seme sunja yan i weile waliyambi.
입었다 하여 다섯 냥의 죗값을 면제한다."

⇦ han hendume, tumburu, uju jergi beiguwan i caliyan, juwan niyalma,
한(汗)이 말하기를, "Tumburu는 1등 비어의 전량과 열 사람,

← emu ciyandzung de duin niyalma, ilan bedzung de
천총 한 명에 네 사람, 백총 세 명에

← ilata niyalma, ilan šeo pu de juwete niyalma, ehede,
세 사람씩, 수보 세 명에 두 사람씩이다. Ehede는

← jakūta de emu feye, ula de emgeri langtulabuha, juwe (62:16b)
Jakūta에서 한 군데 부상을 입었고, Ula에서 한 번 쇠몽둥이에 맞았고, 두 손가락에

← simhun gabtabuha seme juwan emu yan i weile waliyambi,
화살을 맞았다 하여 11냥의 죗값을 면제한다.

← darsun, jaogiya de juwe feye, giyang de emu
Darsun은 Jaogiya에서 두 군데 부상을, 압록강에서 한 군데

← feye baha seme ilaci jergi beiguwan i caliyan, ninggun
부상을 입었다 하여 3등 비어의 전량과 여섯

← niyalma, muina, hoifa de emu feye, ula de emu
사람, Muina는 Hoifa에서 한 군데 부상을, Ula에서 한 군데

← feye baha seme uyun yan i weile waliyambi, indahūci
부상을 입었다 하여 아홉 냥의 죗값을 면제한다. Indahūci

← janggin, ula de bucehe seme tofohon yan i weile
장긴은 Ula에서 죽었다 하여 15냥의 죗값을

← waliyambi, ukuri, ula de emu feye baha seme (62:17a)
면제한다. Ukuri는 Ula에서 한 군데 부상을 입었다 하여

← nadan yan i weile waliyambi, weheden, yehe i dain de
일곱 냥의 죗값을 면제한다. Weheden은 Yehe 전투에서

← emu feye, caiha de emu feye baha seme
한 군데 부상을, 채하(柴河)에서 한 군데 부상을 입었다 하여

← ciyandzung ni caliyan, duin niyalma, burantai, hada de emu
천총의 전량과 네 사람이다. Burantai는 Hada에서 한 군데

← feye baha seme sunja yan i weile, waliyambi, akšan,
부상을 입었다 하여 다섯 냥의 죗값을 면제한다. Akšan은

← ula de gala sacibuha seme uyun yan i weile
Ula에서 팔을 베였다 하여 아홉 냥의 죗값을

← waliyambi, doosha, ula de ishun emu feye baha
면제한다. Doosha는 Ula에 맞서 한 군데 부상을 입었다

← seme nadan yan i weile waliyambi, busan be baksi (62:17b)
하여 일곱 냥의 죗값을 면제한다. Busan은 박시라

← seme sunja niyalmai caliyan, unggadai, hoifa de emu
하여 다섯 명의 전량이다. Unggadai는 Hoifa에서 한 군데

← feye, ucitai, ihan alin de emu feye baha
부상을, Ucitai는 Ihan산에서 한 군데 부상을 입었다

← seme sunjata yan i weile waliyambi, fungkū, baksi seme
하여 다섯 냥씩의 죗값을 면제한다. Fungkū는 박시라 하여

← beyei teile.
본인만이다."

⇦ han hendume, šušalan, ihan alin de emu feye, ula de
한(汗)이 말하기를, "Šušalan은 Ihan산에서 한 군데 부상을 입었고, Ula에서

← emgeri langtulabuha seme ilaci jergi iogi, uju jergi (62:18a)
한 번 쇠몽둥이에 맞았다 하여 3등 유격과 1등

← beiguwan i caliyan, juwan niyalma, emu ciyandzung de duin
비어의 전량, 열 사람, 천총 한 명에 네

← niyalma, ilan bedzung de ilata niyalma, ilan šeo pu de
사람, 백총 세 명에 세 사람씩, 수보 세 명에

← juwete niyalma, samhana, ihan alin de emu feye
두 사람씩이다. Samhana는 Ihan산에서 한 군데 부상을

← baha seme sunja yan i weile waliyambi.
입었다 하여 다섯 냥의 죗값을 면제한다."

⇦ han hendume, irešen, ilaci jergi iogi, uju jergi beiguwan i
한(汗)이 말하기를, "Irešen은 3등 유격과 1등 비어의

← caliyan, juwan niyalma, emu ciyandzung de duin niyalma, (62:18b)
전량, 열 사람, 천총 한 명에 네 사람,

← ilan bedzung de ilata niyalma, ilan šeo pu de
백총 세 명에 세 사람씩, 수보 세 명에

← juwete niyalma, hiyamsu, ula de emu feye baha
두 사람씩이다. Hiyamsu는 Ula에서 한 군데 부상을 입었다

← seme sunja yan i weile waliyambi, argio, jakūta de
하여 다섯 냥의 죗값을 면제한다. Argio는 Jakūta에서

← emu feye baha seme sunja yan i weile waliyambi,
한 군데 부상을 입었다 하여 다섯 냥의 죗값을 면제한다.

← nantu, ula de emu feye baha seme nadan
Nantu는 Ula에서 한 군데 부상을 입었다 하여 일곱 냥의

← yan i weile waliyambi, eidege, yarhana, ula de emte
젓값을 면제한다. Eidege와 Yarhana는 Ula에서 한 군데씩

← feye baha seme nadata yan i weile waliyambi. (62:19a)
부상을 입었다 하여 일곱 냥씩의 젓값을 면제한다."

⇦ han hendume, jaisa, sunjata hoton de emu feye baha
한(汗)이 말하기를, "Jaisa가 Sunjata성에서 한 군데 부상을 입었다

← seme uju jergi beiguwan i caliyan, juwan niyalma, emu
하여 1등 비어의 전량과 열 사람, 천총 한 명에

← ciyandzung de duin niyalma, ilan bedzung de ilata
네 사람, 백총 세 명에 세 사람씩,

← niyalma, ilan šeo pu de juwete niyalma, wangginu be
수보 세 명에 두 사람씩이다. Wangginu는

← jeku jafaha dusy seme ilaci jergi beiguwan i caliyan,
곡식을 담당한 도사(都司)라 하여 3등 비어의 전량과

← ninggun niyalma, jaciba, uju jergi beiguwan i caliyan, juwan (62:19b)
여섯 사람이다. Jaciba는 1등 비어의 전량과 열

← niyalma, yecen, ula de emu feye gidalabuha, bangsu,
사람이다. Yecen은 Ula에서 한 군데 창에 찔렸고, Bangsu는

← ula de juwe feye sacibuha seme juwan emute
Ula에서 두 군데 칼에 베였다 하여 11냥씩의

← yan i weile waliyambi, tsuiban saman be takūraha ba labdu
젓값을 면제한다. Tsuiban 사만은 파견된 지역이 많다

← seme juwan emu yan i weile waliyambi, eji, ula de
하여 11냥의 젓값을 면제한다. Eji는 Ula에서

← emu feye sacibuha, jaotai, ula de juwe feye,
한 군데 칼에 베였고, Jaotai는 Ula에서 두 군데 부상을,

← yanggiya, jakūta de emu feye, ula de emu feye
Yanggiya는 Jakūta에서 한 군데 부상을, Ula에서 한 군데 부상을

← baha seme uyute yan i weile waliyambi, wanjiha, ula de (62:20a)
입었다 하여 아홉 냥씩의 죗값을 면제한다. Wanjiha는 Ula에서

← emu feye baha seme uyun yan i weile waliyambi,
한 군데 부상을 입었다 하여 아홉 냥의 죗값을 면제한다.

← tahai, ula de emu feye baha, ailu, ula de
Tahai는 Ula에서 한 군데 부상을 입었고, Ailu는 Ula에서

← emu feye baha seme nadata yan i weile waliyambi,
한 군데 부상을 입었다 하여 일곱 냥씩의 죗값을 면제한다.

← sunggeri, jakūta de emu feye, ahadan, jakūta de emu
Sunggeri는 Jakūta에서 한 군데 부상을, Ahadan은 Jakūta에서 한 군데

← feye baha seme sunjata yan i weile waliyambi, hakūn
부상을 입었다 하여 다섯 냥씩의 죗값을 면제한다. Hakūn은

← baksi seme duin niyalmai caliyan, hasitu, geopi be baksi
박시라 하여 네 사람의 전량이다. Hasitu와 Geopi는 박시라

← seme beyei teile, wasina, baksi seme beyei teile. (62:20b)
하여 본인만이다. Wasina는 박시라 하여 본인만이다."

⇦ han hendume, unahalai, hoifa de emu feye baha seme
한(汗)이 말하기를, "Unahalai는 Hoifa에서 한 군데 부상을 입었다 하여

← uju jergi beiguwan i caliyan, juwan niyalma, emu ciyandzung de
1등 비어의 전량과 열 사람, 천총 한 명에

← duin niyalma, ilan bedzung de ilata niyalma, ilan
네 사람, 백총 세 명에 세 사람씩, 수보

← šeo pu de juwete niyalma, erhetu, ula de emgeri
세 명에 두 사람씩이다. Erhetu는 Ula에서 한 번

← sacibuha, baksi seme sunja niyalmai caliyan, dandari, ula de
칼에 베였고, 박시라 하여 다섯 사람의 전량이다. Dandari는 Ula에서

← juwe ba sacibuha, cakiri, ula de emu feye (62:21a)
두 곳을 칼에 베였고, Cakiri는 Ula에서 한 군데

← gidalabuha, udaha, ula de juwe ba langtulabuha seme
창에 찔렸고, Udaha는 Ula에서 두 곳을 쇠몽둥이에 맞았다 하여

← juwan emute yan i weile waliyambi, hanai, jakūta de
11냥씩의 죗값을 면제한다. Hanai는 Jakūta에서

← emu feye baha seme sunja yan i weile waliyambi,
한 군데 부상을 입었다 하여 다섯 냥의 죗값을 면제한다.

← eljitu, ula de emgeri langtulabuha seme juwan emu
Eljitu는 Ula에서 한 번 쇠몽둥이에 맞았다 하여 11냥의

← yan i weile waliyambi, unggadai, jakūta de emu feye,
죗값을 면제한다. Unggadai는 Jakūta에서 한 군데 부상을,

← ula de emu feye, dumbai, ula de juwe feye
Ula에서 한 군데 부상을, Dumbai는 Ula에서 두 군데 부상을

← baha seme uyute yan i weile waliyambi, ningguni, udaha, (62:21b)
입었다 하여 아홉 냥씩의 죗값을 면제한다. Ningguni와 Udaha는

← ula de emte feye baha seme nadata yan i
Ula에서 한 군데씩 부상을 입었다 하여 일곱 냥씩의

← weile waliyambi, baijuhū, burai, jakūta de emte feye
죗값을 면제한다. Baijuhū와 Burai는 Jakūta에서 한 군데씩 부상을

← baha seme sunjata yan i weile waliyambi.
입었다 하여 다섯 냥씩의 죗값을 면제한다."

⇦ han hendume, jambulu, jakūta de juwe feye baha seme
한(汗)이 말하기를, "Jambulu는 Jakūta에서 두 군데 부상을 입었다 하여

← uju jergi beiguwan i caliyan, juwan niyalma, emu ciyandzung de
1등 비어의 전량과 열 사람, 천총 한 명에

← duin niyalma, ilan bedzung de ilata niyalma, ilan (62:22a)
네 사람, 백총 세 명에 세 사람씩, 수보

← šeo pu de juwete niyalma, yandaguru, jakūta de emu
세 명에 두 사람씩이다. Yandaguru는 Jakūta에서 한 군데

← feye, ula de juwe feye sacibuha seme uyun
부상을 입었고, Ula에서 두 군데 칼에 베였다 하여 아홉

← yan i weile waliyambi, loodoi, hoifa de emu feye,
냥의 죗값을 면제한다. Loodoi는 Hoifa에서 한 군데 부상을,

← jakūta de emu feye, harha, lederi, lijuhū, šose,
Jakūta에서 한 군데 부상을, Harha, Lederi, Lijuhū, Šose는

← ula de emte feye, udai, jakūta de emu feye,
Ula에서 한 군데씩 부상을, Udai는 Jakūta에서 한 군데 부상을,

← ula de emu feye baha seme nadata yan i
Ula에서 한 군데 부상을 입었다 하여 일곱 냥씩의

← weile waliyambi, kurne, gisan, jakūta de emte feye, (62:22b)
죗값을 면제한다. Kurne와 Gisan은 Jakūta에서 한 군데씩 부상을,

← jaisa, hoifa de emu feye baha seme sunjata
Jaisa는 Hoifa에서 한 군데 부상을 입었다 하여 다섯 냥씩의

← yan i weile waliyambi, booi siraba, ula de bucehe
쥣값을 면제한다. 노복 Siraba는 Ula에서 죽었다

← seme juwan emu yan i weile waliyambi.
하여 11냥의 쥣값을 면제한다."

⇦ han hendume, hūsitun, ilaci jergi beiguwan i caliyan, ninggun niyalma, emu
한(汗)이 말하기를, "Hūsitun은 3등 비어의 전량과 여섯 사람, 천총

← ciyandzung de duin niyalma, ilan bedzung de ilata
한 명에 네 사람, 백총 세 명에 세 사람씩,

← niyalma, ilan šeo pu de juwete niyalma, baisi, jolbi, (62:23a)
수보 세 명에 두 사람씩이다. Baisi, Jolbi,

← cengsuni, ula de emte feye baha seme nadata
Cengsuni는 Ula에서 한 군데씩 부상을 입었다 하여 일곱 냥씩의

← yan i weile waliyambi, tabišan, baksi seme beyei teile.
쥣값을 면제한다. Tabišan은 박시라 하여 본인만이다."

⇦ han hendume, šose, jai jergi beiguwan i caliyan, jakūn niyalma,
한(汗)이 말하기를, "Šose는 2등 비어의 전량과 여덟 사람이다.

← sulhio, ula de yasa ehe ohobi seme jai
Sulhio는 Ula에서 눈이 나쁘게 되었다 하여 2등

← jergi beiguwan i caliyan, jakūn niyalma, emu ciyandzung de
비어의 전량과 여덟 사람, 천총 한 명에

← duin niyalma, ilan bedzung de ilata niyalma, ilan (62:23b)
네 사람, 백총 세 명에 세 사람씩, 수보 세 명에

← šeo pu de juwete niyalma, dalhio, ula de emu
두 사람씩이다. Dalhio는 Ula에서 한

← feye gidalabuha, juwe feye gabtabuha seme nadan yan i
군데 창에 찔렸고, 두 군데 화살에 맞았다 하여 일곱 냥의

← weile waliyambi, danggū, yaran de bucehe seme juwan
죗값을 면제한다. Danggū는 Yaran에서 죽었다 하여 11냥의

← emu yan i weile waliyambi, icengge, imio, ula de
죗값을 면제한다. Icengge와 Imio는 Ula에서

← emte feye baha seme nadata yan i weile waliyambi,
한 군데씩 부상을 입었다 하여 일곱 냥씩의 죗값을 면제한다.

← yekšu, dada, jakūta de emte feye baha seme
Yekšu와 Dada는 Jakūta에서 한 군데씩 부상을 입었다 하여

← sunjata yan i weile waliyambi. (62:24a)
다섯 냥씩의 죗값을 면제한다."

⇦ han hendume, nikan, ula de emu feye gidalabuha seme
한(汗)이 말하기를, "Nikan은 Ula에서 한 군데 창에 찔렸다 하여

← ilaci jergi beiguwan i caliyan, ninggun niyalma, emu ciyandzung de
3등 비어의 전량과 여섯 사람, 천총 한 명에

← duin niyalma, ilan bedzung de ilata niyalma, ilan
네 사람, 백총 세 명에 세 사람씩, 수보

← šeo pu de juwete niyalma, asibu, ula de amba
세 명에 두 사람씩이다. Asibu는 Ula에서 대어푸를

← efu be tukiyehe seme ilaci jergi beiguwan i caliyan,
대어푸를 천거했다 하여 3등 비어의 전량과

← ninggun niyalma, delken, ilaci jergi iogi, uju jergi (62:24b)
여섯 사람이다. Delken은 3등 유격과 1등

← beiguwan i caliyan, juwan niyalma, gūlmahūn be baksi seme
비어의 전량, 열 사람이다. Gūlmahūn은 박시라 하여

← beyei teile, wanca, ula de emu feye gidalabuha
본인만이다. Wanca는 Ula에서 한 군데 창에 찔렸다

← seme sunja yan i weile waliyambi, šose, ula de
하여 다섯 냥의 죗값을 면제한다. Šose는 Ula에서

← emgeri langtulabuha seme juwan emu yan i weile waliyambi,
한 번 쇠몽둥이에 맞았다 하여 11냥의 죗값을 면제한다.

← urgude, hoifa de emu feye baha seme sunja
Urgude는 Hoifa에서 한 군데 부상을 입었다 하여 다섯 냥의

← yan i weile waliyambi, niyahan, ula de simhun sacibuha
죗값을 면제한다. Niyahan은 Ula에서 손가락이 칼에 베였다 하여

← seme uyun yan i weile waliyambi, cagan, ihan alin de (62:25a)
아홉 냥의 죗값을 면제한다. Cagan은 Ihan산에서

← emu feye baha seme juwan emu yan i weile
한 군데 부상을 입었다 하여 11냥의 죗값을

← waliyambi, mantasi, baksi seme beyei teile.
면제한다. Mantasi는 박시라 하여 본인만이다."

⇦ han hendume, bahi, ula de emu feye baha seme jai jergi
한(汗)이 말하기를, "Bahi는 Ula에서 한 군데 부상을 입었다 하여 2등

← beiguwan i caliyan, jakūn niyalma, emu ciyandzung de duin
비어의 전량과 여덟 사람, 천총 한 명에 네

← niyalma, ilan bedzung de ilata niyalma, ilan šeo pu de
사람, 백총 세 명에 세 사람씩, 수보 세 명에

← juwete niyalma, muhada, jakūta de emu feye, ula de (62:25b)
두 사람씩이다. Muhada는 Jakūta에서 한 군데 부상을, Ula에서

← emu feye baha seme juwan emu yan i weile
한 군데 부상을 입었다 하여 11냥의 죗값을

← waliyambi, hahana, monggo i yun de tosome genefi, yehe i
면제한다. Hahana는 몽골의 길을 막으러 가서, Yehe

← niyalma be waha seme sunja yan i weile waliyambi,
병사를 죽였다 하여 다섯 냥의 죗값을 면제한다.

← kece, yehe de elcin genefi bucehe seme tofohon
Kece는 Yehe에 사신으로 가서 죽었다 하여 15냥의

← yan i weile waliyambi, meru, bayangsu, ula de emte
죗값을 면제한다. Meru와 Bayangsu는 Ula에서 한 군데씩

← feye baha seme nadata yan i weile waliyambi, badzari,
부상을 입었다 하여 일곱 냥씩의 죗값을 면제한다. Badzari는

← ula de emu feye baha seme juwe yan i weile (62:26a)
Ula에서 한 군데 부상을 입었다 하여 두 냥의 죗값을

← waliyambi, sunja, hada de emu feye, inggada, ula de
면제한다. Sunja는 Hada에서 한 군데 부상을, Inggada는 Ula에서

← emu feye baha seme sunjata yan i weile waliyambi,
한 군데 부상을 입었다 하여 다섯 냥씩의 죗값을 면제한다.

← yahai be baksi seme beyei teile.
Yahai는 박시라 하여 본인만이다."

⇦ han hendume, yarna, uju jergi beiguwan i caliyan, juwan niyalma,
한(汗)이 말하기를 "Yarna는 1등 비어의 전량과 열 사람,

← emu ciyandzung de duin niyalma, ilan bedzung de
천총 한 명에 네 사람, 백총 세 명에

← ilata niyalma, ilan šeo pu de juwete niyalma, dasu, (62:26b)
세 사람씩, 수보 세 명에 두 사람씩이다. Dasu는

← jakūta de emu feye, modo, ula de emu feye
Jakūta에서 한 군데 부상을, Modo는 Ula에서 한 군데 부상을

← baha seme sunjata yan i weile waliyambi, haliona, ula de
입었다 하여 다섯 냥씩의 죗값을 면제한다. Haliona는 Ula에서

← emu feye baha seme juwan emu yan i weile
한 군데 부상을 입었다 하여 11냥의 죗값을

← waliyambi, hūyana, jakūta de emu feye baha seme
면제한다. Hūyana는 Jakūta에서 한 군데 부상을 입었다 하여

← sunja yan i weile waliyambi, tuyana, hūrha i dain de
다섯 냥의 죗값을 면제한다. Tuyana는 Hūrha 전투에서

← afaha, monggo i yun de tosome genefi, yehe i niyalma be
싸웠고, 몽골의 길을 막으러 가서 Yehe 병사를

← waha seme nadan yan i weile waliyambi. (62:27a)
죽였다 하여 일곱 냥의 죗값을 면제한다."

제63권

천명(天命) 9년(1624)

ninju ilaci debtelin,
abkai fulingga i
uyuci aniya.

tongki fuka sindaha hergen i dangse. (63:1a)
유권점 당안

⇦ han hendume, eidu baturu, enculeme šulge bujan be gaiha,
한(汗)이 말하기를, "Eidu 바투루는 홀로 Šulge Bujan을 빼앗고,

← barda i hoton be gaiha, sakjai i niyalma cooha jihe be
Barda의 성을 빼앗고, Sakjai의 병사가 온 것을

← gidaha, nimalan i hoton de juleri gaifi afaha seme,
제압하고, Nimalan성에서는 앞장서서 싸웠다 하여

← gung arafi uju jergi de obuha, ilan niru
공을 인정하여 1등으로 삼고, 세 니루를

← bufi enculebuhe, ula i amba gurun i dain de, geren
주어서 단독으로 다스리게 했다. Ula 대국과의 전투에서는 여러

← coohai niyalma de anahakū, ini beye morin ci ebufi
군사에게 미루지 않고 몸소 말에서 내려서,

← yafahan juleri gaifi afame, tere ula i cooha be (63:1b)
걸으며 선봉에서 싸우며 그 Ula군을

← gidafi, amba gurun be efulefi gajiha, koose janggin,
격파해서, 대국을 멸망시켜서 빼앗아왔다. Koose 장긴은

← juwan yan i weile waliyambi, juwanci jergi, darungga, ula de
열 냥의 죗값을 면제한다. 10등이다. Darungga는 Ula에서

← emu feye sacibuha seme orin ilan yan i weile
한 군데 칼에 베였다 하여 23냥의 죗값을

← waliyambi, ningguci jergi, weji, ula de juwe feye
면제한다. 6등이다. Weji는 Ula에서 두 군데

← gidalabuha, emu feye sacibuha seme juwan juwe yan i
창에 찔렸고, 한 군데 칼에 베였다 하여 12냥의

← weile waliyambi, juwan emuci jergi, looja, hoifa de
죗값을 면제한다. 11등이다. Looja는 Hoifa에서

← emu feye, ula de emu feye baha seme (63:2a)
한 군데 부상을, Ula에서 한 군데 부상을 입었다 하여

← jakūn yan i weile waliyambi, juwan juweci jergi, ningguri
여덟 냥의 죗값을 면제한다. 12등이다. Ningguri

← janggin, ula de emu feye, basun janggin, sama,
장긴은 Ula에서 한 군데 부상을 입었다. Basun 장긴과 Sama까지

← ere ilan niyalma de uyute yan i weile waliyambi,
이 세 사람에게는 아홉 냥씩의 죗값을 면제한다.

← juwan ilaci jergi, dungsan janggin, ula de emu
13등이다. Dungsan 장긴은 Ula에서 한 군데

← feye baha seme juwan emu yan i weile waliyambi,
부상을 당했다 하여 11냥의 죗값을 면제한다.

← juwan juweci jergi, ahai janggin, ihan alin de
12등이다. Ahai 장긴은 Ihan산에서

← emu feye baha seme uyun yan i weile waliyambi, (63:2b)
한 군데 부상을 입었다 하여 아홉 냥의 죗값을 면제한다.

← juwan juweci jergi, tomido, jakūta de emu feye
12등이다. Tomido는 Jakūta에서 한 군데 부상을

← baha, alibu, ihan alin de emu feye baha
입었고, Alibu는 Ihan산에서 한 군데 부상을 입었다

← seme sunjata yan i weile waliyambi, tofohoci jergi,
하여 다섯 냥씩의 죗값을 면제한다. 15등이다.

← ehecu, jakūta de jakūn feye baha, ula de emu
Ehecu는 Jakūta에서 여덟 군데 부상을 입었고, Ula에서 한 군데

← feye baha, juwan ilaci jergi, nadan yan sunja
부상을 입었다. 13등이다. 일곱 냥 5전의

← jiha i weile waliyambi.
죗값을 면제한다."

(63:3a)

⇦han hendume, cergei nirui ilden, ula de emgeri gidalabuha, emgeri
한(汗)이 말하기를, "Cergei 니루의 Ilden은 Ula에서 한 번 창에 찔렸고, 한 번

← gabtabuha, emgeri langtulabuha seme gung arafi, ningguci jergi,
화살에 맞았고, 한 번 쇠몽둥이에 맞았다 하여 공을 인정하여, 6등이다.

← orin ilan yan i weile waliyambihe, emu yan sunja jiha
23냥의 죗값을 면제했었는데, 한 냥 5전을

← faitaha, orin emu yan sunja jiha bi, turgei,
깎아서, 21냥 5전이 있다. Turgei는

← ula de emgeri langtulabuha, emgeri gidalabuha seme orin ilan
Ula에서 한 번 쇠몽둥이에 맞고, 한 번 창에 찔렸다 하여 23냥의

← yan i weile waliyambi, ningguci jergi, tahitun janggin, jakūta de
죗값을 면제한다. 6등이다. Tahitun 장긴은 Jakūta에서

← emu feye, ula de juwe feye gidalabuha seme duin (63:3b)
한 군데 부상을 입었고, Ula에서 두 군데 창에 찔렸다 하여 넉 냥의

← yan i weile waliyambi, juwan emuci jergi, daimbulu, hejige de
죗값을 면제한다. 11등이다. Daimbulu는 Hejige에서

← bucehe seme juwan juweci jergi, juwan yan i weile
죽었다 하여 12등이다. 열 냥의 죗값을

← waliyambi, unggadai, ula de juwe feye baha, šušubu,
면제한다. Unggadai는 Ula에서 두 군데 부상을 입었고, Šušubu는

← ula de ilan feye baha, hakūn, jakūta de emu
Ula에서 세 군데 부상을 입었고, Hakūn은 Jakūta에서 한

← feye, ula de emu feye baha seme juwan
군데, Ula에서 한 군데 부상을 입었다 하여 11냥씩의

← emute yan i weile waliyambi, ere duin niyalma juwan
죗값을 면제한다. 이 네 사람은 12등이다.[1]

← juweci jergi, ajigan fiyanggū, juwe bade afaha seme (63:4a)
Ajigan Fiyanggū는 두 곳에서 싸웠다 하여

← nadan yan i weile waliyambi, jakūcin, jakūta de emu feye
일곱 냥의 죗값을 면제한다. Jakūcin은 Jakūta에서 한 군데 부상을

← baha seme ilan yan i weile waliyambi, juwan duici
입었다 하여 석 냥의 죗값을 면제한다. 14등이다.

← jergi, beliyen, gaha be ula i niyalma be tuwakiyaha
Beliyen과 Gaha는 Ula의 병사를 감시했다

← seme, juwe niyalma juwan yan i weile waliyambi, dalaha,
하여, 두 사람은 열 냥의 죗값을 면제한다. Dalaha는

1) 세 사람을 언급하고 네 사람이라고 했다. 제63권 전반적으로 언급된 사람과 숫자가 맞지 않는 경우가 많다. 이후에 나타나는 이와 같은 경우에 대해서는 따로 언급하지 않는다.

← ihan alin de emu feye baha, bulangga, jakūta de
Ihan산에서 한 군데 부상을 입었고, Bulangga는 Jakūta에서

← emu feye baha, sunjata yan i weile waliyambi, ere
한 군데 부상을 입었다. 다섯 냥씩의 죗값을 면제한다. 이

← ilan niyalma tofohoci jergi, aiguri janggin, juwan ilaci (63:4b)
세 사람은 15등이다. Aiguri 장긴은 13등이다.

← jergi, nadan yan i weile waliyambi, sihan, jakūta de
일곱 냥의 죗값을 면제한다. Sihan은 Jakūta에서

← emu feye baha seme, sunja yan i weile waliyambi,
한 군데 부상을 입었다 하여 다섯 냥의 죗값을 면제한다.

← tofohoci jergi, sungsi, hada de emu feye baha,
15등이다. Sungsi는 Hada에서 한 군데 부상을 입었다.

← tofohoci jergi, duin yan i weile waliyambi.
15등이다. 넉 냥의 죗값을 면제한다."

⇦ han hendume, bantasi, ula de morin emu feye gidalabuha
한(汗)이 말하기를, "Bantasi는 Ula에서 말이 한 군데 창에 찔렸다

← seme, orin emu yan i weile waliyambi, nadaci jergi, (63:5a)
하여 21냥의 죗값을 면제한다. 7등이다.

← adahai, ula de emu feye gidalabuha seme, orin
Adahai는 Ula에서 한 군데 창에 찔렸다 하여 25냥의

← sunja yan i weile waliyambi, sunjaci jergi, yabai, ula de
죗값을 면제한다. 5등이다. Yabai는 Ula에서

← juwe feye baha, oolan janggin, ihan alin de
두 군데 부상을 입었고, Oolan 장긴은 Ihan산에서

← emu feye, jakūta de emu feye baha, laida,

한 군데 부상을, Jakūta에서 한 군데 부상을 입었으며, Laida는

← ula de emu feye gabtabuha, emu feye langtulabuha

Ula에서 한 군데 화살에 맞았고, 한 군데 쇠몽둥이에 맞았다

← seme, ere duin niyalma de juwan emute yan i

하여, 이 네 사람에게 11냥씩의

← weile waliyambi, juwan juweci jergi, loohan janggin, jakūta de (63:5b)

죗값을 면제한다. 12등이다. Loohan 장긴은 Jakūta에서

← ilan feye baha, hoifa de emu feye baha

세 군데 부상을 입었고, Hoifa에서 한 군데 부상을 입었다

← seme, juwan emu yan i weile waliyambi, juwan juweci

하여 11냥의 죗값을 면제한다.[2)] 12등이다.

← jergi, kambulu janggin de, uyun yan i weile waliyambi,

Kambulu 장긴은 아홉 냥의 죗값을 면제한다.

← juwan ilaci jergi, lali, anculakū de, ihan alin de,

13등이다. Lali는 Anculakū, Ihan산,

← onggolo de, ilan bade afaha seme, nadan yan i weile

Onggolo, 이 세 곳에서 싸웠다 하여 일곱 냥의 죗값을

← waliyambi, juwan duici jergi, baita, hūnta, ula de

면제한다. 14등이다. Baita, Hūnta는 Ula에서

← emte feye baha seme, nadata yan i weile waliyambi, (63:6a)

한 군데씩 부상을 입었다 하여 일곱 냥씩의 죗값을 면제한다.

← juwan duici jergi, tsangsari, jakūta de emu feye,

14등이다. Tsangsari는 Jakūta에서 한 군데 부상을,

---

2) 동일인 Loohan에 대해서 앞의 기사(제62권 3b)에서는 다섯 냥의 죗값을 면한 것으로 되어 있다.

← ješen, sarhū de emu feye, sunjata yan i weile
Ješen은 Sarhū에서 한 군데 부상을 입었다 하여 다섯 냥씩의 죗값을

← waliyambi, ere ilan niyalma tofohoci jergi, hūsitun, ihan
면제한다. 이 세 사람은 15등이다. Hūsitun은 Ihan산에서

← alin de emu feye baha seme, sunja yan i
한 군데 부상을 입었다 하여 다섯 냥의

← weile waliyambi, tofohoci jergi, tundai, ihan alin de
죗값을 면제한다. 15등이다. Tundai는 Ihan산에서

← afaha seme, tofohoci jergi, duin yan i weile waliyambi.
싸웠다 하여 15등이다. 넉 냥의 죗값을 면제한다."

(63:6b)

⇦ han hendume, boihoci ecike i arai, ula be gaiha de juwe
한(汗)이 말하기를, "Boihoci 숙부 예하의 Arai는 Ula를 빼앗았을 때 두 군데

← feye sacibuha, emu feye gabtabuha seme, orin ilan
칼에 베였고, 한 군데 화살에 맞았다 하여 23냥의

← yan i weile waliyambi, ningguci jergi, arbuha, akiran de
죗값을 면제한다. 6등이다. Arbuha는 Akiran에서

← emu feye baha, tongkiri janggin, ula be gaiha de
한 군데 부상을 입었고, Tongkiri 장긴은 Ula를 빼앗았을 때

← emgeri gidalabuha seme, juwan emute yan i weile waliyambi,
한 번 창에 찔렸다 하여 11냥씩의 죗값을 면제한다.

← ere juwe niyalma juwan juweci jergi, ildangga janggin,
이 두 사람은 12등이다. Ildangga 장긴,

← sunjacin janggin seme uyute yan i weile waliyambi, juwan (63:7a)
Sunjacin 장긴은 장긴이라고 하여 아홉 냥씩의 죗값을 면제한다. 13등이다.

← ilaci jergi, yekšu, ula be gaiha de emu feye
Yekšu는 Ula를 빼앗았을 때 한 군데

← gabtabuha, nikari, emgeri gidalabuha, oohan, jakūta de emgeri
화살에 맞았고, Nikari는 한 번 창에 찔렸고, Oohan은 Jakūta에서 한 번

← langtulabuha, sunjaci, ula be gaiha de emu feye baha,
쇠몽둥이에 맞았고, Sunjaci는 Ula를 빼앗았을 때 한 군데 부상을 입었고,

← yangguri, hoifa de emu feye baha, jakūta de emu feye
Yangguri는 Hoifa에서 한 군데 부상을 입었고, Jakūta에서 한 군데 부상을

← baha seme, nadata yan i weile waliyambi, ere sunja
입었다 하여 일곱 냥씩의 죗값을 면제한다. 이 다섯

← niyalma juwan duici jergi, uciha, hoifa de bucehe
사람은 14등이다. Uciha는 Hoifa에서 죽었다

← seme, juwan emu yan i weile waliyambi, juwan juweci (63:7b)
하여 11냥의 죗값을 면제한다. 12등이다.

← jergi, haisangga, nitangga, jakūta de emte feye baha,
Haisangga, Nitangga는 Jakūta에서 한 군데씩 부상을 입었고,

← jakūci, akiran de emu feye baha seme, sunjata
Jakūci는 Akiran에서 한 군데 부상을 입었다 하여 다섯 냥씩의

← yan i weile waliyambi, ere ilan niyalma tofohoci jergi.
죗값을 면제한다. 이 세 사람은 15등이다."

⇦ han hendume, nikan nirui dungga, ula de emu feye gabtabuha,
한(汗)이 말하기를, "Nikan 니루의 Dungga는 Ula에서 한 군데 화살에 맞았고,

← emu feye gidalabuha seme, tofohon yan i weile waliyambi,
한 군데 창에 찔렸다 하여 15냥의 죗값을 면제한다.

← juwanci jergi, muhaliyan janggin, kundu janggin, oose janggin, (63:8a)
10등이다. Muhaliyan 장긴, Kundu 장긴, Oose 장긴,

← amiyan janggin seme uyun yan i weile waliyambi, juwan
Amiyan 장긴은 장긴이라고 하여 아홉 냥의 죗값을 면제한다. 13등이다.

← ilaci jergi, wanjiha, ula de juwe feye baha
Wanjiha는 Ula에서 두 군데 부상을 입었다

← seme, uyun yan i weile waliyambi, juwan ilaci jergi,
하여 아홉 냥의 죗값을 면제한다. 13등이다.

← šanggiyatu, iduri, noimohon, wangge, ere duin niyalma ula de
Šanggiyatu, Iduri, Noimohon, Wangge, 이 네 사람은 Ula에서

← emte feye baha seme, nadan yan i weile waliyambi,
한 군데씩 부상을 입었다 하여 일곱 냥의 죗값을 면제한다.

← juwan duici jergi, jombu, yangsi, yabai, ere ilan
14등이다. Jombu, Yangsi, Yabai, 이 세

← niyalma ihan alin de emte feye baha seme, (63:8b)
사람은 Ihan산에서 한 군데씩 부상을 입었다 하여

← sunjata yan i weile waliyambi, tofohoci jergi, sihan, ula de
다섯 냥씩의 죗값을 면제한다. 15등이다. Sihan은 Ula에서

← emu feye gidalabuha, emu feye sacibuha seme, juwan
한 군데 창에 찔렸고, 한 군데 칼에 베였다 하여 17냥의

← nadan yan i weile waliyambi, uyuci jergi, ahana, ningguta,
죗값을 면제한다. 9등이다. Ahana, Ningguta,

← bartai, jakūta de feye baha seme, sunjata yan i
Bartai는 Jakūta에서 부상을 입었다 하여 다섯 냥씩의

← weile waliyambi, tofohoci jergi.
죗값을 면제한다. 15등이다."

⇦ han hendume, wangginu mafa, juwanci jergi, emu niyalma juwan yan i (63:9a)
한(汗)이 말하기를, "Wangginu 마파는 10등이다. 한 사람과 열 냥의

← weile waliyambi, jaciba, juwanci jergi, tofohon yan i weile
죗값을 면제한다. Jaciba는 10등이다. 15냥의 죗값을

← waliyambi, yecen, ula de emu feye gidalabuha, bangsu,
면제한다. Yecen은 Ula에서 한 군데 창에 찔렸고, Bangsu는

← ula de juwe feye sacibuha seme, juwan emu
Ula에서 한 군데 칼에 베였다 하여 11냥의

← yan i weile waliyambi, tsuiban saman be takūraha labdu
죗값을 면제한다. Tsuiban 사만은 파견한 일이 많았다

← seme, juwan emu yan i weile waliyambi, ere ilan
하여 11냥의 죗값을 면제한다. 이 세

← niyalma juwan juweci jergi, niyanika janggin, laida janggin,
사람은 12등이다. Niyanika 장긴, Laida 장긴,

← gembu janggin, furdan janggin, ere duin janggin de (63:9b)
Gembu 장긴, Furdan 장긴, 이 네 장긴은

← uyute yan i weile waliyambi, eji, ula de emu
아홉 냥씩의 죗값을 면제한다. Eji는 Ula에서 한 군데

← feye sacibuha, jaotai, ula de juwe feye baha,
칼에 베였고, Jaotai는 Ula에서 두 군데 부상을 입었고,

← yanggiya, jakūta de emu feye, ula de emu feye
Yanggiya는 Jakūta에서 한 군데 부상을, Ula에서 한 군데 부상을

← baha, wanjiha, ula de emu feye baha seme,
입었고, Wanjiha는 Ula에서 한 군데 부상을 입었다 하여

← uyute yan i weile waliyambi, ere jakūn niyalma juwan
아홉 냥씩의 죗값을 면제한다. 이 여덟 사람은 13등이다.

← ilaci jergi, aibari, hūcihari de emu feye, ailu,
Aibari는 Hūcihari에서 한 군데 부상을, Ailu는

← ula de emu feye, tahai, ula de emu feye, (63:10a)
Ula에서 한 군데 부상을, Tahai는 Ula에서 한 군데 부상을,

← moobari, ula de emu feye baha seme, nadan
Moobari는 Ula에서 한 군데 부상을 입었다 하여 일곱

← yan i weile waliyambi, juwan duici jergi, ahadan, sunggeri,
냥의 죗값을 면제한다. 14등이다. Ahadan, Sunggeri는

← jakūta de emte feye baha seme, sunja yan i
Jakūta에서 한 군데 부상을 입었다 하여 다섯 냥의

← weile waliyambi, tofohoci jergi.
죗값을 면제한다. 15등이다."

⇦ han hendume, tumburu nirui aldai, jakūta de emu feye baha,
한(汗)이 말하기를, "Tumburu 니루의 Aldai는 Jakūta에서 한 군데 부상을 입었고,

← ula de emu feye gidalabuha, emgeri langtulabuha, emu (63:10b)
Ula에서 한 군데 창에 찔렸고, 한 번 쇠몽둥이에 맞았고, 한 군데

← feye gabtabuha, ehede, jakūta de emu feye, ula de
화살에 맞았다. Ehede는 Jakūta에서 한 군데 부상을 입었고, Ula에서

← emgeri langtulabuha, juwe simhun gabtabuha seme, juwan emu
한 번 쇠몽둥이에 맞았고, 두 손가락이 화살에 맞았다 하여 11냥의

← yan i weile waliyambi, juwan juweci jergi, mandabu, jakūta de
죗값을 면제한다. 12등이다. Mandabu는 Jakūta에서

← emu feye, mina, hoifa de emu feye, ula de
한 군데 부상을, Mina는 Hoifa에서 한 군데 부상을, Ula에서

← emu feye baha seme, uyute yan i weile waliyambi,
한 군데 부상을 입었다 하여 아홉 냥씩의 죗값을 면제한다.

← juwan ilaci jergi, indahūci janggin, ula de bucehe
13등이다. Indahūci 장긴은 Ula에서 죽었다

← seme juwanci jergi, tofohon yan i weile waliyambi, lumburi (63:11a)
하여 10등이다. 15냥의 죗값을 면제한다. Lumburi

← janggin de nadan yan sunja jiha bi, mujan janggin,
장긴에게 일곱 냥 5전이 있다. Mujan 장긴,

← gooni janggin, jakūn yan sunja jiha bi, darsun,
Gooni 장긴은 여덟 냥 5전이다. Darsun은

← jaogiya de juwe feye, giyang de emu feye baha seme,
Jaogiya에서 두 군데 부상을, 압록강에서 한 군데 부상을 입었다 하여

← jakūn yan i weile waliyambi, juwan ilaci jergi, [原檔殘缺]
여덟 냥의 죗값을 면제한다. 13등이다. □□□

← weile waliyambi, ere duin janggin, juwan ilaci jergi,
죗값을 면제한다. 이 네 장긴은 13등이다.

← ukuri, ula de emu feye baha seme, nadan
Ukuri는 Ula에서 한 군데 부상을 입었다 하여 일곱 냥의

← yan i weile waliyambi, juwan duici jergi, weheden, yehe i (63:11b)
죗값을 면제한다. 14등이다. Weheden은 Yehe

← dain de emu feye, caiha de emu feye baha
전투에서 한 군데 부상을, 채하(柴河)에서 한 군데 부상을 입었다

← seme, sunja yan i weile waliyambi, burantai, tofohoci jergi,
하여 다섯 냥의 죗값을 면제한다. Burantai는 15등이다.

← akšan, ula de gala emu feye sacibuha seme,
Akšan은 Ula에서 팔이 한 군데 칼에 베였다 하여

← uyun yan i weile waliyambi, juwan ilaci jergi, doksoho,
아홉 냥의 죗값을 면제한다. 13등이다. Doksoho는

← ula de ishun emu feye baha seme, nadan
Ula에 맞서서 한 군데 부상을 입었다 하여 일곱 냥의

← yan i weile waliyambi, juwan duici jergi, monggo janggin de
죗값을 면제한다. 14등이다. Monggo 장긴에게는

← ninggun yan bi. (63:12a)
여섯 냥이다."

⇦ han hendume, dajuhū, enculeme hūrha i cooha be gidaha, ba bade
한(汗)이 말하기를, "Dajuhū는 홀로 Hūrha군을 제압했고, 곳곳에

← yabuci, emgeri gasabuhakū, jing bahame yabuha seme, orin
다녔으나, 한 번도 원성을 사지 않았고, 언제나 성공하며 다녔다 하여, 25냥의

← sunja yan i weile waliyambi, sunjaci jergi, delken de
죗값을 면제한다. 5등이다. Delken은

← juwan ilan yan i weile waliyambi, juwan emuci jergi,
13냥의 죗값을 면제한다. 11등이다.

← jumbulu, huye de bucehe seme, juwan yan i weile
Jumbulu는 Huye에서 죽었다 하여 열 냥의 죗값을

← waliyambi, juwan juweci jergi, jejungge, ula de bucehe (63:12b)
면제한다. 12등이다. Jejungge는 Ula에서 죽었다

← seme, juwan emu yan i weile waliyambi, juwan juweci
하여 11냥의 죗값을 면제한다. 12등이다.

← jergi, alca, hesihe de bucehe seme, juwan emu
Alca는 Hesihe에서 죽었다 하여 11냥의

← yan i weile waliyambi, juwan juweci jergi, wajingga janggin,
젖값을 면제한다. 12등이다. Wajingga 장긴은

← ihan alin de emu feye baha, wanca janggin,
Ihan산에서 한 군데 부상을 입었고, Wanca 장긴은

← ula de emu feye gidalabuha, šose, ula de
Ula에서 한 군데 창에 찔렸고, Šose는 Ula에서

← emgeri langtulabuha seme, uyute yan i weile waliyambi, ere
한 번 쇠몽둥이에 맞았다 하여 아홉 냥씩의 젖값을 면제한다. 이

← duin niyalma juwan juweci jergi, sangjan janggin, ula de (63:13a)
네 사람은 12등이다. Sangjan 장긴은 Ula에서

← emu ba langtulabuha, nikan, ula de emgeri gidalabuha,
한 곳을 쇠몽둥이에 맞았고, Nikan은 Ula에서 한 번 창에 찔렸다.

← jakūn yan i weile waliyambi, juwan juweci jergi, sama,
여덟 냥의 젖값을 면제한다. 12등이다. Sama는

← ninggun yan i weile waliyambi, juwan juweci jergi, hele,
여섯 냥의 젖값을 면제한다. 12등이다. Hele,

← hūsitun, hūcihari de emu feye, hada de emu
Hūsitun은 Hūcihari에서 한 군데 부상을, Hada에서 한 군데

← feye, fulgiyaha de emu feye, ula de emu
부상을, Fulgiyaha에서 한 군데 부상을 입었고, Ula에서 한 군데

← feye gidalabuha, šugi janggin, hoifa de emu feye
창에 찔렸으며, Šugi 장긴은 Hoifa에서 한 군데 부상을

← baha seme, uyute yan i weile waliyambi, juwan ilaci (63:13b)
입었다 하여 아홉 냥씩의 젖값을 면제한다. 13등이다.

← jergi, janggalji, monggo i yun de tosome genefi, yehe i
Janggalji는 몽골의 길을 막으러 가서 Yehe의

← niyalma be waha seme, uyun yan i weile waliyambi,
병사를 죽였다 하여 아홉 냥의 죗값을 면제한다.

← juwan ilaci jergi, alimba, hoifa de emu feye
13등이다. Alimba는 Hoifa에서 한 군데 부상을

← baha seme sunja yan i weile waliyambi, tofohoci jergi,
입었다 하여 다섯 냥의 죗값을 면제한다. 15등이다.

← urgude, juwe yan i weile waliyambi, hadangga, unggadai, hoifa de
Urgude는 두 냥의 죗값을 면제한다. Hadangga와 Unggadai는 Hoifa에서

← emte feye baha, ujitai, ihan alin de emu
한 군데씩 부상을 입었고, Ujitai는 Ihan산에서 한 군데

← feye baha seme sunjata yan i weile waliyambi, ere (63:14a)
부상을 입었다 하여 다섯 냥씩의 죗값을 면제한다. 이

← duin niyalma tofohoci jergi, weji, tofohoci jergi.
네 사람은 15등이다. Weji는 15등이다."

⇦ han hendume, šušalan, ihan alin de emu feye, ula de
한(汗)이 말하기를, "Šušalan은 Ihan산에서 한 군데 부상을 입었고, Ula에서

← emgeri langtulabuha seme, juwan ilan yan i weile waliyambi, ningguci
한 번 쇠몽둥이에 맞았다 하여 13냥의 죗값을 면제한다. 6등이다.

← jergi, yamsida, ula de emgeri gidalabuha seme, juwan
Yamsida는 Ula에서 한 번 창에 찔렸다 하여 11냥의

← emu yan i weile waliyambi, juwan juweci jergi, hunio
죗값을 면제한다. 12등이다. Hunio

← janggin, inggari janggin, ibede janggin, nitangga janggin seme, (63:14b)
장긴, Inggari 장긴, Ibede 장긴, Nitangga 장긴은 장긴이라 하여

← uyute yan i weile waliyambi, juwan ilaci jergi, samhana,
아홉 냥씩의 죗값을 면제한다. 13등이다. Samhana는

← ihan alin de emu feye baha seme sunja
Ihan산에서 한 군데 부상을 입었다 하여 다섯

← yan i weile waliyambi, tofohoci jergi.
냥의 죗값을 면제한다. 15등이다."

⇦ han hendume, ula i tumei niru be, duin aniya oho manggi,
한(汗)이 말하기를, "Ula의 Tumei 니루는 4년 후에

← weilere alban de dabukini seme henduhe.
공역에 넣는 것이 좋겠다"라고 말했다.

(63:15a)

⇦ han hendume, bahi, ula de emu feye baha, muhada,
한(汗)이 말하기를, "Bahi는 Ula에서 한 군데 부상을 입었고, Muhada는

← jakūta de emu feye, ula de emu feye baha
Jakūta에서 한 군데 부상을, Ula에서 한 군데 부상을 입었다

← seme, juwan emute yan i weile waliyambi, juwan juweci
하여 11냥씩의 죗값을 면제한다. 12등이다.

← jergi, hahana, monggo i yun de tosome genefi, yehe i
Hahana는 몽골의 길을 막으러 가서, Yehe

← niyalma be waha seme, juwe yan sunja jiha i
병사를 죽였다 하여 두 냥 5전의

← weile waliyambi, tofohoci jergi, wanjiha janggin, yoge janggin,
죗값을 면제한다. 15등이다. Wanjiha 장긴, Yoge 장긴,

← gargiyen janggin, cooliyan janggin de duite yan sunjata (63:15b)
Gargiyen 장긴, Cooliyan 장긴에게 넉 냥 5전씩의

← jiha i weile waliyambi, juwan ilaci jergi, meru, bayangsu,
젓값을 면제한다. 13등이다. Meru와 Bayangsu는

← ula de emte feye baha seme, ninggute yan i
Ula에서 한 군데씩 부상을 입었다 하여 여섯 냥씩의

← weile waliyambi, juwan duici jergi, kece, yehe de
젓값을 면제한다. 14등이다. Kece는 Yehe에

← elcin genefi bucehe seme, juwan duin yan i weile
사신으로 가서 죽었다 하여 14냥의 젓값을

← waliyambi, juwanci jergi, damin, hoifa de emu feye,
면제한다. 10등이다. Damin은 Hoifa에서 한 군데 부상을,

← naige, fio hoton de juwe feye, dahara, hoifa de
Naige는 Fio성에서 두 군데 부상을, Dahara는 Hoifa에서

← emu feye, sunja, hada de emu feye baha (63:16a)
한 군데 부상을, Sunja는 Hada에서 한 군데 부상을 입었다

← seme, sunjata yan i weile waliyambi, ere duin niyalma
하여 다섯 냥씩의 젓값을 면제한다. 이 네 사람은

← tofohoci jergi, inggada, ula be gaiha de emu feye
15등이다. Inggada는 Ula를 빼앗았을 때 한 군데 부상을

← baha seme duin yan i weile waliyambi, tofohoci jergi.
입었다 하여 넉 냥의 젓값을 면제한다. 15등이다."

⇦ han hendume, kara i jui jafuni, ihan alin de orin ilan
한(汗)이 말하기를, "Kara의 아들 Jafuni는 Ihan산에서 23군데

← feye baha, ninggun feye yali dahabi, ula de emu
부상을 입었고, 여섯 군데 화상을 입었고, Ula에서 한 군데

← feye baha seme, orin ilan yan i weile waliyambi, (63:16b)
부상을 입었다 하여 23냥의 죗값을 면제한다.

← ningguci jergi, booši, akiran i dain de bucehe seme,
6등이다. Booši는 Akiran 전투에서 죽었다 하여

← juwan emu yan i weile waliyambi, juwan juweci jergi,
11냥의 죗값을 면제한다. 12등이다.

← fakūna janggin, jakūta de emu feye baha, daiju,
Fakūna 장긴은 Jakūta에서 한 군데 부상을 입었고, Daiju는

← jakūta de emu feye, otonggo, ula de juwe
Jakūta에서 한 군데 부상을 입었으며, Otonggo는 Ula에서 두 군데

← feye gidalabuha, emgeri langtulabuha, yaran de emu feye
창에 찔렸고, 한 번 쇠몽둥이에 맞았고, Yaran에서 한 군데 부상을

← baha seme, orin sunja yan i weile waliyambi, sunjaci
입었다 하여 25냥의 죗값을 면제한다. 5등이다.

← jergi, ikina, jakūta de emu feye baha seme, (63:17a)
Ikina는 Jakūta에서 한 군데 부상을 입었다 하여

← nadan yan i weile waliyambi, juwan duici jergi, tarbahi
일곱 냥의 죗값을 면제한다. 14등이다. Tarbahi

← janggin, ihan alin de emu feye baha seme,
장긴은 Ihan산에서 한 군데 부상을 입었다 하여

← juwan emu yan i weile waliyambi, juwan juweci
11냥의 죗값을 면제한다. 12등이다.

← jergi, lidai, hoifa de emu feye baha, sunja yan i
Lidai는 Hoifa에서 한 군데 부상을 입었다 하여 다섯 냥의

← weile waliyambi, tofohoci jergi, laha janggin, fuhan, ula be
죗값을 면제한다. 15등이다. Laha 장긴과 Fuhan은 Ula를

← gaiha de emu feye baha, langse, hoifa de emu
빼앗을 때 한 군데 부상을 입었고, Langse는 Hoifa에서 한 군데

← feye baha seme, uyute yan i weile waliyambi, juwan (63:17b)
부상을 입었다 하여 아홉 냥씩의 죗값을 면제한다. 13등이다.

← ilaci jergi, kambulu, akiran de neneme hoton de dabafi
Kambulu는 Akiran에서 앞서 성에 넘어 들어가서

← uksin i niyalma be waha, jai hūlhame genefi ilan
갑병을 죽였고, 몰래 가서 세

← niyalma tucifi genere be amcafi waha, ula de
사람이 탈출하여 가는 것을 쫓아가서 죽였고, Ula에서는

← sacibuha seme, sunjaci jergi, orin sunja yan i weile
칼에 베였다 하여 5등이다. 25냥의 죗값을

← waliyambi, kara, jakūta de emu feye, yaran de
면제한다. Kara는 Jakūta에서 한 군데 부상을, Yaran에서

← emu feye, ula de juwe feye.
한 군데 부상을, Ula에서 한 군데 부상을 입었다."

(63:18a)

⇦ han hendume, jambulu juwan ninggun janggin, jakūta de juwe
한(汗)이 말하기를, "Jambulu와 16장긴은 Jakūta에서 두 군데

← feye baha seme, tofohon yan i weile waliyambi, uyuci
부상을 입었다 하여 15냥의 죗값을 면제한다. 9등이다.

← jergi, manggilu janggin, jakūta de emu feye baha,
Manggilu 장긴은 Jakūta에서 한 군데 부상을 입었고,

← udaha janggin, ula de emu feye gidalabuha seme,
Udaha 장긴은 Ula에서 한 군데 창에 찔렸다 하여

← nadata yan i weile waliyambi, juwan duici jergi, booi
일곱 냥씩의 죗값을 면제한다. 14등이다. 노복

← hūsita, ula de emu feye baha, emgeri langtulabuha
Hūsita는 Ula에서 한 군데 부상을 입었고, 한 번 쇠몽둥이에 맞았다

← seme, juwan emte yan i weile waliyambi, juwan juweci (63:18b)
하여 11냥씩의 죗값을 면제한다. 12등이다.

← jergi, yandaguru, jakūta de emu feye baha, ula de
Yandaguru는 Jakūta에서 한 군데 부상을 입었고, Ula에서

← juwe feye sacibuha, šojugū janggin, uyute yan i weile
두 군데 칼에 베였다. Šojugū 장긴과 더불어 아홉 냥씩의 죗값을

← waliyambi, ere juwe niyalma juwan ilaci jergi, buhūnarin
면제한다. 이 두 사람은 13등이다. Buhūnarin

← janggin, sunjata hoton de gala emu feye baha
장긴은 Sunjata성에서 팔에 한 군데 부상을 입었다

← seme, nadan yan sunja jiha i weile waliyambi, juwan
하여 7냥 5전의 죗값을 면제한다. 12등이다.

← juweci jergi, lodoi, hoifa de emu feye, jakūta de
Lodoi는 Hoifa에서 한 군데 부상을, Jakūta에서

← emu feye baha, ningguni, harha, booi sunggani, udaha, (63:19a)
한 군데 부상을 입었고, Ningguni, Harha, 노복 Sunggani, Udaha,

← nadari, lijuhū, šose, ere nadan niyalma ula de
Nadari, Lijuhū, Šose, 이 일곱 사람은 Ula에서

← emte feye baha, booi udai, jakūta de emu
한 군데씩 부상을 입었고, 노복 Udai는 Jakūta에서 한 군데

← feye, ula de emu feye baha seme, nadata
부상을, Ula에서 한 군데 부상을 입었다 하여 일곱 냥씩의

← yan i weile waliyambi, ere uyun niyalma juwan duici
젖값을 면제한다. 이 아홉 명은 14등이다.

← jergi, booi siraba, ula de bucehe seme, juwan
노복 Siraba는 Ula에서 죽었다 하여 11냥의

← emu yan i weile waliyambi, juwan juweci jergi, kurne,
젖값을 면제한다. 12등이다. Kurne,

← baijuhū, gisan, burai, jakūta de emte feye baha, (63:19b)
Baijuhū, Gisan, Burai는 Jakūta에서 한 군데씩 부상을 입었고,

← jaisa, hoifa de emu feye baha seme, sunjata
Jaisa는 Hoifa에서 한 군데 부상을 입었다 하여 다섯 냥씩의

← yan i weile waliyambi, tofohoci jergi.
젖값을 면제한다. 15등이다."

⇦ han hendume, hūsitun, juwan aniya oho manggi, geren i jergi de
한(汗)이 말하기를, "Hūsitun은 10년 후에, 여럿과 같은 급에

← tekini, yaran janggin, abuyan janggin, cambu janggin, bangnio
두는 것이 좋겠다. Yaran 장긴, Abuyan 장긴, Cambu 장긴, Bangnio

← janggin de uyute yan i weile waliyambi, juwan ilaci
장긴에게 아홉 냥씩의 젖값을 면제한다. 13등이다.

← jergi, baisi, jolbi, cengsuni, ula de emte feye baha (63:20a)
Baisi, Jolbi, Cengsuni는 Ula에서 한 군데씩 부상을 입었다

← seme nadata yan i weile waliyambi, juwan duici jergi.
하여 일곱 냥씩의 젖값을 면제한다. 14등이다."

⇦ han hendume, asibu, ula de amba efu be tukiyehe seme,
한(汗)이 말하기를, "Asibu는 Ula에서 대어푸를 천거했다 하여

← juwan emu yan i weile waliyambi, juwan juweci jergi,
11냥의 죗값을 면제한다. 12등이다.

← jaisa, sunjata hoton de emu feye baha seme,
Jaisa는 Sunjata성에서 한 군데 부상을 입었다 하여

← nadan yan i weile waliyambi, baisi janggin, uyute yan i
일곱 냥의 죗값을 면제한다. Baisi 장긴은 아홉 냥씩의

← weile waliyambi, juwan ilaci jergi, cagan, ihan alin de (63:20b)
죗값을 면제한다. 13등이다. Cagan은 Ihan산에서

← emu feye baha seme, juwan emu yan i weile
한 군데 부상을 입었다 하여 11냥의 죗값을

← waliyambi, juwan juweci jergi, toitono, ula de bucehe
면제한다. 12등이다. Toitono는 Ula에서 죽었다

← seme, juwan emu yan i weile waliyambi, juwan juweci
하여 11냥의 죗값을 면제한다. 12등이다.

← jergi, niyahan, ula be gaiha de simhun sacibuha, jantamu
Niyahan은 Ula를 빼앗았을 때 손가락을 베였다. Jantamu

← janggin de nadata yan i weile waliyambi, juwan ilaci jergi.
장긴과 함께 일곱 냥씩의 죗값을 면제한다. 13등이다."

⇦ han hendume, irešen, ini hontoho juwan aniya oho manggi, (63:21a)
한(汗)이 말하기를, "Irešen은 그의 절반인 직위를 10년 후에,

← geren i jergi de tekini, giyamsu janggin, ula de
여럿과 같은 급에 두는 것이 좋겠다. Giyamsu 장긴은 Ula에서

← emu feye baha seme, juwan emu yan i weile
한 군데 부상을 입었다 하여 11냥의 죗값을

← waliyambi, juwan juweci jergi, argio janggin, jakūta de
면제한다. 12등이다. Argio 장긴은 Jakūta에서

← emu feye baha seme, juwan emu yan i weile
한 군데 부상을 입었다 하여 11냥의 죗값을

← waliyambi, juwan juweci jergi, adu, ula de emu
면제한다. 12등이다. Adu는 Ula에서 한 군데

← feye baha seme, nadan yan i weile waliyambi, juwan
부상을 입었다 하여 일곱 냥의 죗값을 면제한다. 14등이다.

← duici jergi, jai juwe janggin de uyute yan i (63:21b)
다른 두 장긴은 아홉 냥씩의

← weile waliyambi, juwan ilaci jergi, argio, jakūta de
죗값을 면제한다. 13등이다. Argio는 Jakūta에서

← juwe feye baha, sunjata hoton de feye bahafi
두 군데 부상을 입었고, Sunjata성에서 부상을 입고

← bucehe seme, juwan emu yan i weile waliyambi, juwan
죽었다 하여 11냥의 죗값을 면제한다.

← juweci jergi.
12등이다."

⇦ han hendume, šusai nirui sulhio, ula de yasa ehe
한(汗)이 말하기를, "Šusai 니루의 Sulhio는 Ula에서 눈이 나쁘게

← oho seme, orin ilan yan i weile waliyambi, sunjaci (63:22a)
되었다 하여 23냥의 죗값을 면제한다. 5등이다.

← jergi, dalhio, ula de gida i juwe feye, sirdan i
Dalhio는 Ula에서 창으로 두 군데 부상을, 화살로

← emu feye baha, juwan emu yan i weile waliyambi,
한 군데 부상을 입었다. 11냥의 죗값을 면제한다.

← juwan juweci jergi, duin janggin de uyute yan i
12등이다. 네 장긴은 아홉 냥씩의

← weile waliyambi, juwan ilaci jergi, icengge, imio, ula de
죗값을 면제한다. 13등이다. Icengge와 Imio는 Ula에서

← emte feye baha seme, nadata yan i weile waliyambi,
한 군데씩 부상을 입었다 하여 일곱 냥씩의 죗값을 면제한다.

← juwan duici jergi, yekšu, dada, jakūta de emte
14등이다. Yekšu와 Dada는 Jakūta에서 한 군데씩

← feye baha seme, sunjata yan i weile waliyambi, tofohoci (63:22b)
부상을 입었다 하여 다섯 냥씩의 죗값을 면제한다. 15등이다.

← jergi, danggoo, yaran de bucehe seme, juwan emu
Danggoo는 Yaran에서 죽었다 하여 11냥의

← yan i weile waliyambi, juwan juweci jergi.
죗값을 면제한다. 12등이다."

⇦ han hendume, yarna niru niyalma ahūta deote, suwe yarna i
한(汗)이 말하기를, "Yarna 니루 사람 형제들아. 너희는 Yarna의

← sain de, suweni juse sargan gurun de olji
선행 덕분에 너희의 자식들과 아내가 나라의 포로가

← ohakū, yooni alban cagan akū banjimbi, tere alban
되지 않았고, 전혀 공역이 없이 산다. 그 공역이

← akū banjire ubu be, nirui ejen be ume gasabure, (63:23a)
없이 사는 몫으로 니루 수장이 원망하도록 하지 말라.

← suweni cihai jihe dabala, meni dalifi gajiha niyalma
너희가 원해서 왔을 뿐이다. 우리가 몰아서 데려온 사람이

← bihede, seire de yali sindaha manggi, geren i jergi
있다면 등에 살을 찌운 후에, 여럿과 같이

← aiha de tekini, dasu janggin, jakūta de emu
애하(靉河)에서 사는 것이 좋겠다. Dasu 장긴은 Jakūta에서 한 군데

← feye baha, modo janggin, ula de emu feye
부상을 입었고, Modo 장긴은 Ula에서 한 군데 부상을

← baha, haliona, ula de emu feye baha seme,
입었고, Haliona는 Ula에서 한 군데 부상을 입었다 하여

← juwan emte yan i weile waliyambi, juwan juweci jergi,
11냥씩의 죗값을 면제한다. 12등이다.

← aisu janggin, minggatu janggin de uyute yan i weile (63:23b)
Aisu 장긴과 Minggatu 장긴은 아홉 냥씩의 죗값을

← waliyambi, juwan ilaci jergi, hūyana, jakūta de emu
면제한다. 13등이다. Hūyana는 Jakūta에서 한 군데

← feye baha seme, duin yan i weile waliyambi, tofohoci
부상을 입었다 하여 넉 냥의 죗값을 면제한다. 15등이다.

← jergi, tuyana, hūrha i dain de afaha seme, juwe
Tuyana는 Hūrha 전투에서 싸웠다 하여 말

← morin buhe, monggo i yun de tosome genefi, yehe i
두 마리를 주었고, 몽골의 길을 막으러 가서 Yehe

← niyalma be waha seme, nadan yan i weile waliyambi,
사람을 죽였다 하여 일곱 냥의 죗값을 면제한다.

← juwan duici jergi.
14등이다."

(63:24a)

⇦ han hendume, dandari, ula de juwe feye sacibuha, cakiri, ula de
한(汗)이 말하기를, "Dandari는 Ula에서 두 군데 칼에 베였고, Cakiri는 Ula에서

← emu feye gidalabuha, udaha, ula de juwe ba
한 군데 창에 찔렸고, Udaha는 Ula에서 두 곳에

← langtulabuha, hanai janggin, jakūta de emu feye baha,
쇠몽둥이를 맞았고, Hanai 장긴은 Jakūta에서 한 군데 부상을 입었고,

← eljitu, ula de emgeri langtulabuha seme, juwan emu
Eljitu는 Ula에서 한 번 쇠몽둥이에 맞았다 하여 11냥의

← yan i weile waliyambi, juwan juweci jergi, kipai i jui
죗값을 면제한다. 12등이다. Kipai의 아들

← erketu, ula de emgeri sacibuha, unggadai, jakūta de emu
Erketu는 Ula에서 한 번 칼에 베였고, Unggadai는 Jakūta에서 한 군데

← feye, ula de emu feye baha, ere duin (63:24b)
부상을, Ula에서 한 군데 부상을 입었다. 이 네

← niyalma de uyute yan i weile waliyambi, juwan ilaci
사람은 아홉 냥씩의 죗값을 면제한다. 13등이다.

← jergi, dumbai de uyun yan bihe, emu yan
Dumbai에게 아홉 냥이 있었는데, 한 냥

← sunja jiha faitaha, nadan yan sunja jiha bi,
5전을 깎아서, 일곱 냥 5전이 있다.

← unahalai, juwan emu yan bihe, duin yan faitaha,
Unahalai는 11냥이 있었는데 넉 냥을 깎아서

← nadan yan bi.
일곱 냥이 있다."

제64권

천명(天命) 10년(1625) 정월부터 3월까지

ninju duici debtelin,
abkai fulingga i juwanci
aniya, aniya biyaci ilan
biyade isinahabi.

tongki fuka sindaha hergen i dangse. (64:1a)
유권점 당안

○ niohon ihan aniya aniya biyai ice juwe de,
을축년(乙丑年, 1625) 정월 초이틀에,

⇦ han, han i fujisa, jakūn gūsai geren beise, fujisa, monggo i
한(汗)이 한(汗)의 푸진들, 8구사의 여러 버일러들과 푸진들, 몽골의

beise, fujisa, nikan hafasa, hafasai sargata be gamame,
버일러들과 푸진들, 한인 관원들과 관원들의 아내들을 데리고

tai dzy ho birai juhe de mumuhu fesheleme efime
태자하(太子河)강의 얼음에서 공을 차며 놀러

tucifi, beise geren giyajasa be gaifi, mumuhu juwe
나가서, 버일러들이 여러 시종을 이끌고서 두 차례

jergi efihe,
공놀이를 했다.

⇦ han, fujisa, juhe i dulimbade tefi juwe ergide ba boljofi sujubume, (64:1b)
한(汗)과 푸진들이 얼음의 가운데에 앉아서 양쪽에 장소를 정해서 달리게 하여

neneme isinjiha niyalma de aisin menggun šangname efihe,
먼저 도달한 사람에게 금과 은을 상으로 주는 놀이를 했다.

uju de orita yan, jai jergi de juwanta yan,
1등에게 20냥씩, 2등에게 열 냥씩의

menggun be juwan jakūn bade jafabufi, nikan hafasai
은을 18곳에서 잡고 있게 하여서 한인 관원들의

sargata be sujubume gaibuha, sujume amala tutaha juwan
아내들을 달리게 해서 가지게 했다. 달리다가 뒤에 처진

jakūn hehe be menggun bahakū seme ilata yan
여자 18명은 은을 얻지 못했다고 은 석 냥씩을

menggun buhe, terei ilhi orita yan menggun be
주었다. 그다음 순서로 은 20냥씩을

jakūn bade sindafi, monggo i buya taijisa i sargata be (64:2a)
18곳에 두고, 몽골의 소(小) 타이지들의 아내들을

sujubume gaibuha, amala tutaha jakūn hehe de
달리게 하여 가지게 했다. 뒤에 처진 여자 여덟 명에게

juwanta yan menggun buhe, terei ilhi orita
은 열 냥씩을 주었다. 그다음 순서로

yan menggun, emte yan aisin be juwan juwe
은 20냥씩과 금 한 냥씩을 12곳에

bade sindafi, geren sargan juse, buya taijisa i
두고, 여러 딸들과, 소 타이지들의

sargata fujisa, monggo i fujisa be sujubufi, sargan
아내들과 푸진들, 몽골의 푸진들을 달리게 하여서, 딸들과

juse, beise i sargata fujisa, neneme isinafi gaiha,
버일러들의 아내들과 푸진들이 먼저 도착해서 가졌다.

monggo i fujisa tutafi bahakū seme, juwan juwe (64:2b)
몽골의 푸진들이 뒤처져서 얻지 못했다고 여자 12명에게

hehe de emte yan aisin, sunjata yan menggun
금 한 냥씩과 은 다섯 냥씩을

buhe, tere sujure de, juhe de tuhere be
주었다. 그렇게 달릴 때 얼음에 넘어지는 것을

⇦ han tuwame ambula injehe, ihan honin wafi dere dasafi
한(汗)이 보고서 크게 웃었다. 소와 양을 잡고 상을 차려서

juhe i dele sarilafi, indahūn erinde hecen de dosika.
얼음 위에서 주연을 벌이고, 술시(戌時)에 성에 들어갔다.

○ julge jušen nikan, taifin i fonde, hūda hūdašame
예전에 여진인과 한인이 태평하던 시절에 장사를 하러

yabure de, nikan i hafasai sargata i anggala, buya (64:3a)
다닐 때, 한인 관원들의 아내들뿐만 아니라 소인(小人)들의

niyalmai sargata be hono jušen de sabuburakū,
아내들조차 여진인에게 보이지 않고,

jušen i ambasa be yohindarakū, fusihūlame gidašame šukišame
여진의 대인들을 무시하고 천대하며 업신여기고 주먹질하면서

duka de hono iliburakū bihe, nikan i buya
문간에도 서지 못하게 했었다. 한인 소(小)

hafasa, bai niyalma, jušen i bade genehe de, beise
관원들이나 일반 백성이 여진 지역에 갔을 때는, 버일러들과

ambasa i boode balai dosime gese tefi sarilame
대인들의 집에 함부로 들어가도 같이 앉아서 주연을 벌이며

kundulembihe, liyoodung be baha manggi, nikan i hanja
대접했었다. 요동(遼東)을 얻고 나자 한인의 염치가

narhūn gemu efujehe. (64:3b)
모두 무너졌다.

○ solho i ergide songko tuwaname genehe moobari, samsika,
조선 쪽으로 자취를 살펴보러 갔던 Moobari, Samsika,

ušan se, han' yūn, han' i gebungge juwe
Ušan 등이 한윤(韓潤), 한의(韓義)라는 두

solho be bahafi gajifi fonjici, alame, han' yūn i
조선인을 잡아서 데리고 와서 물으니, 고하기를 "한윤의

ama han' ming liyan, solho i nendehe han i fonde
아버지 한명련(韓明璉)은 조선의 선왕(先王) 시절에

dzung bing guwan bihe, ice han weile arafi
총병관(總兵官)이었는데, 새 왕이 치죄하여

tsanjiyang obuha bihe, lii g'o gebungge niyalma, (64:4a)
참장(參將)이 되게 했습니다. 이괄(李适)이라는 사람이

ice han be tebuhe gungge amban bihe,
새 왕을 즉위시킨 공신이었는데,

tere be ice han ini jakade biburakū tulergi
그를 새 왕이 자신의 곁에 있게 하지 않고 바깥

golo de dzung bing guwan obufi unggire jakade,
지역에 총병관으로 삼아서 보내자

lii g'o, han i baru korsofi mini ama han'
이괄이 왕에게 원한을 품고 나의 아버지 한명련과

ming liyan i emgi hebdefi, ice han i baru cooha
함께 모의하여 새 왕을 향해 군사가

dosifi, andala ilan ba i cooha be gemu gidaha,
진격하여 도중에 세 지역의 군사를 모두 제압했습니다.

han donjifi soorin ci jailafi julesi burulaha, (64:4b)
왕이 듣고서 왕좌에서 피하여 남쪽으로 달아났고,

han i hecen be meni cooha baha, tereci han be
왕의 성은 우리의 군사가 차지했습니다. 그러고 나서 왕을

baime wame geneki serede, lii g'o dzung bing guwan i
찾아서 죽이러 가자고 할 때, 이괄 총병관 예하의

jung giyūn cooha jimbi seme urkilafi burgibufi, lii g'o be,
중군이 '군사가 온다'라고 큰 소리를 지르고 당황하게 해서 이괄과

mini ama be gemu waha, meni juwe nofi
나의 아버지를 모두 죽였습니다. 우리 두 사람은

afame tucifi genere ba akū ofi,
싸우러 나왔다가 갈 곳이 없어져서

⇦ han be baime jiki seme jifi, i jeo i harangga ba i
한(汗)께 귀부하러 오고자 하여 오다가 의주(義州) 관할 지역의

niru faksi boode ukafi bihe, dogon jafaha (64:5a)
활 장인의 집에 도망하여 있었습니다. 강나루가 언

manggi jiki seci, mao wen lung ni karun
후에 오고자 했으나 모문룡(毛文龍)의 초소가

fisin ofi, teni bahafi jihe seme alaha,
빽빽하여 이제야 올 수 있었습니다"라고 고했다.

⇦ han donjifi, baime jihe jilakan seme, han' yūn be iogi
한(汗)이 듣고서 귀부해 온 것이 가상하다고 하여 한윤을 유격(遊擊)으로

obuha, eshen i jui deo han' i be beiguwan
삼았고, 그의 숙부의 아들인 동생 한의를 비어(備禦)로

obuha, niyalmai baitalara ai ai jaka jalukiyame buhe.
삼았다. 사람이 사용하는 온갖 것을 충분히 주었다.

○ ice ninggun de, ukame jihe solho han' (64:5b)
초엿새에, 도망해 온 조선인 한윤과

yūn, han' i wesimbuhe bithei gisun, i jeo
한의가 올린 글이다. "의주성에

hecen de julergici jihe cooha minggan funceme bi,
남쪽에서 온 군사가 1000명 남짓 있고,

ba i cooha irgen, sakda asihan uheri juwe
지역의 군사와 백성, 노인과 젊은이가 모두 2000명이

minggan isirakū bi, hecen amba cooha komso,
안 되게 있습니다. 성은 크고 군사는 적어서

tuwakiyaci muterakū, bi hūlhame ba i niyalmai baru
지켜낼 수가 없습니다. 제가 몰래 지역의 사람들에게

boljohongge, aisin gurun i cooha tucike de, bi
약속한 것이, '금국(金國)의 군사가 나갈 때 내가

šanggiyan morin yalumbi, šanggiyan tu jafafi coohai (64:6a)
백마를 타고, 하얀 둑(纛)을 들고 군대의

juleri suwembe hūlara, geren acafi coohai ejen be
앞에서 너희를 부를 것이다. 여럿이서 함께 군사의 수장을

jafafi dahame tucinu, tuttu akūci, dobori tucifi
잡아서 항복하러 일제히 나오라. 아니면 밤에 나와서

dahacina sere jakade, gemu mujangga seme akdulame
항복하여도 좋다'라고 하자 모두가 그렇게 하겠다고 맹세하여

henduhe, jai mao wen lung, duleke aniya jakūn
말했습니다. 그리고 모문룡은 지난해 8월부터

biyaci tiye šan de tehebi, jaha gemu tun de bi,
철산(鐵山)에 주둔하고 있습니다. 나룻배가 모두 섬에 있습니다.

cooha nadan jakūn minggan isirakū bi, gemu
군사가 7000, 8000명이 안 되게 있습니다. 전부

acamjaha baitakū cooha bi, dorgici jihe hūdai (64:6b)
긁어모은 쓸모없는 군사가 있습니다. 본토에서 온 상인이

niyalma ambula, ulin, alin i gese isabuhabi, anggalai
많고, 재물을 산처럼 모아놓았습니다. 인구

ton ambula gojime, gaici ja kai, i jeo ci
수가 많지만, 빼앗기 쉽습니다. 의주에서 출발해서

emu dobori duleke de, jai cimari erde, mao
하룻밤 지나면 다음날 아침 일찍 모문룡이

wen lung ni bisire bade isinambi, an jeo hecen de
있는 곳에 도달합니다. 안주성(安州城)에

cooha irgen duin sunja minggan bi, geren
군사와 백성이 4000, 5000명이 있는데, 여러

gaha isaha gese kai, i jeo hecen be gaibuha
까마귀가 모인 것과 같습니다.[1] 의주성을 빼앗겼다고

seme donjiha manggi, ini cihai samsimbi, udu (64:7a)
듣고 나면 스스로 흩어질 것입니다. 비록

hecen be tuwakiyaha seme, gisun i dahabuci inu
성을 지킨다 해도 말로 항복시킬 수도 있을 것입니다.

1) 오합지졸(烏合之卒)이라는 의미이다.

ombi, han i hecen ci julesi orin ba i dubede
왕의 성으로부터 남쪽으로 20리 끝에는

amargici dosika warka tanggū funceme bi, gūwa bade
북쪽에서 들어온 Warka 사람이 100명 남짓 있습니다. 다른 지역에도

inu ambula bi, tere gemu aisin gurun i
많이 있습니다. 그들은 모두 금나라의

niyalma, tere be bederebume gaji seme gisureci,
사람입니다. 그들을 되돌려 데리고 오라고 말할 수도

inu ombi, mao wen lung ni takūraha niyalma,
있을 것입니다. 모문룡이 파견한 사람이

hūwang hai doo golo de, han i hecen de (64:7b)
황해도(黃海道)와 왕의 성에

ambula bi, tere be jafame ganambi seme
많이 있습니다. 그들을 잡아서 데리고 오라고

gisureci inu ombi, nendehe han acaki seme
말해도 될 것입니다. 선왕은 화친하고자 하여

elcin lakcahakū, ice han, mao wen lung de
사신이 끊이지 않았습니다. 새 왕은 모문룡에게

ertufi elcin yaburakū, te acaki seme neneme
기대어서 사신이 다니지 않습니다. 지금 화친하자고 먼저

emu bithe unggifi, amala cooha genefi ping
글 하나를 보내고, 나중에 군사가 가서 평양(平壤)에

zang de isinaha manggi, ice han be sini
도달한 후에 새 왕에게 '네가

beye jio, acaki seme gisureci inu ombi, ice (64:8a)
직접 오라. 화친하자'라고 말해도 될 것입니다. 새

han tehe ci, niyalma mujilen daharakū, fe han be
왕이 즉위하고부터 사람들이 마음으로 따르지 않고 옛 왕을

gūnimbi, mini ama han' ming liyan, lii g'o
생각합니다. 저의 아버지 한명련과 이괄

dzung bing guwan i emgi ilan minggan cooha genefi
총병관이 함께 군사 3000명으로 출병하여

gemu etefi, han i hecen be baha bihe,
모두 이기고 왕의 성을 얻었는데,

cooha irgen ice han be dahame genehengge
군사와 백성 중에 새 왕을 따라서 간 자는

akū, ninggun cangsui wailan se dangse bithe be
없습니다. 상수(常隨) 외랑 여섯 명이 당안을

jafafi, susai ba i dubede okdoko bihe, kesi (64:8b)
들고서, 50리 끝에서 맞이했었는데, 불행하게도

akū meni dolo facuhūrafi efujehe, te
우리 안에서 분란이 일어나서 실패했습니다. 지금

⇦ amba aisin han i cooha, solho i hafasa be gaifi jihe
대금(大金) 한(汗)의 군사가 조선의 관원들을 이끌고서 왔다고

seme donjiha manggi, we urgunjeme daharakū, bi
들으면, 누가 즐거워하며 따르지 않겠습니까. 제가

buyeme baime jifi,
원하여 귀부하러 와서

⇦ han be abka na, ama eme i gese tuwambi, emu gisun be
한(汗)을 하늘과 땅, 아버지와 어머니처럼 봅니다. 말 한마디라도

holtofi jai adarame bimbi, emgeri jobofi enteheme
속이고서 또 어찌 있겠습니까. 한 번 고생하고 영원히

elhe ojoro erin kai. (64:9a)
평안하게 되는 시기입니다."

○ ice nadan de, borjin hiya de juwe minggan
초이레에 Borjin 히야에게 군사 2000명을

cooha bufi,
주어서

← dergi mederi hanci tehe warka be coohala seme unggihe.
동해 가까이에 있는 Warka를 정벌하라고 보냈다.

⇦ han, geren beise i baru hendume, baijuhū amji, gosingga amji,
한(汗)이 여러 버일러에게 말하기를, "Baijuhū 백부와 Gosingga 백부는[2)]

← mimbe daci gasabuha gojime, tusa araha ba akū, (64:9b)
나를 본래 근심스럽게 했을 뿐, 이익이 된 바가 없다.

← ula i mama, yehe i mamari, bata ofi, gasabuha gojime
Ula의 할머니, Yehe의 할머니들이 원수가 되어서 근심스럽게 했을 뿐,

← sain ai bi,[3)] bi hiyoošulara deocilere doroi gajifi sarilambi
좋은 것이 무엇이 있는가. 그래도 나는 효제(孝悌)의 예로 모시고 와서 주연을 베풀겠다"라고

seme hendufi, baijuhū amji, gosingga amji be,
말하고서 Baijuhū 백부와 Gosingga 백부,

jai, ula i mama, yehe i burhanggū efu i eniye,
또 Ula의 할머니, Yehe의 Burhanggū 어푸의 어머니,

---

2) 이들 백부는 Nurhaci에게는 종형(從兄)이지만, 이 말을 듣고 있는 자식들에게는 백부이므로 amji라고 칭했다. 『滿洲實錄』(8권, 天命 10년(1625) 1월)에는 이 부분이 juwe ahūn(두 형님)이라고 되어 있다.

3) 『滿洲實錄』(8권, 天命 10년(1625) 1월)에는 두 문장 사이에 udu tuttu sehe seme(비록 그랬다 할지라도)가 삽입되어 있어서 문장이 자연스럽게 연결되어 있다.

delger age i eniye, cambu i eniye be solifi,
Delger 아거의 어머니, Cambu의 어머니를 초대하여

(ula i mama, ula i gurun i mantai han i sargan, [공격] han de emhe. cambu i eniye, cangju beile i sargan, [공격] han de gege.[4] burhanggū i eniye, delger i eniye,

(Ula의 할머니는 Ula국의 Mantai 한(汗)의 아내이고 한(汗)에게는 장모이다. Cambu의 어머니는 Cangju 버일러의 아내이고 한(汗)에게는 공주이다. Burhanggū의 어머니, Delger의 어머니는

yehe i bujai beile, gintaisi beile i sargan, [공격] han de ašata ombi.) gajifi dulimbai boode (64:10a)

Yehe의 Bujai 버일러, Gintaisi 버일러의 아내이고 한(汗)에게는 형수들이 된다.) 모시고 와서 중궁(中宮)에

dosimbufi, juwe amji be dergi nahan de
들어가게 하고 백부 두 명을 상석 온돌에

tebufi,
앉게 하여

⇦ han i beye juwe amji de aniya baha doroi emgeri
한(汗)이 몸소 백부 두 명에게 새해를 맞는 예로 한 번씩

hengkilehe, duin mama de emgeri hengkilehe, tereci
절을 하고, 할머니 네 명에게 한 번씩 절을 했다. 그러고 나서

⇦ han amasi bederefi, wargi nahan i fejile falan de jafu sektefi
한(汗)이 뒤로 물러나서, 말석 온돌의 아래 바닥에 융단을 펴고서

tehe, ilan fujin, juwe amji duin mama de
앉았다. 푸진 세 명이 백부 두 명, 할머니 네 명에게

urun i doroi hengkilehe, dere tukiyefi juwe amji de, (64:10b)
며느리의 예로 절을 했다. 상을 올려서 백부 두 명과

duin mama de, ambasa be hūntahan jafabuha,
할머니 네 명에게 대신들로 하여금 잔을 올리게 했다.

4) 『滿洲實錄』(8권, 天命 10년(1625) 1월)에는 keke(아내의 언니)로 되어 있다.

⇦ han tehe bade uthai dahame niyakūrafi omibuha, fujisa, urun i
한(汗)이 앉은 자리에서 곧 이어 무릎을 꿇고, 그들이 마시게 했다. 푸진들이 며느리의

doroi aldangga niyakūrafi, hehesi be takūrame hūntahan
예로 멀리서 무릎을 꿇고 여자들을 보내 잔을

jafaha, sarin wajifi genere de,
올렸다. 주연이 끝나고 갈 때

⇦ han hendume, ere aniya aba abalafi gurgu i yali ambula
한(汗) 말하기를 "올해 몰이사냥을 가서 짐승의 고기를 많이

← baha be dahame, suwende ihan honin wafi tukiyehekū
얻었으므로 당신들에게 소와 양을 잡아서 올리지 않았습니다"라고

seme, juwe amji, duin mama de emte (64:11a)
하며 백부 두 명, 할머니 네 명에게 짐승

gurgu i yali tukiyefi unggihe, juwe amji de
한 마리씩의 고기를 올려서 보냈다. 백부 두 명에게

emte puse noho sujei goksi buhe,
흉배 놓은 비단 조의 한 벌씩을 주었다.

⇦ han, geli beise i baru hendume, sarin sarilara de
한(汗)이 또 버일러들에게 말하기를 "주연을 벌이고

← omire jetere de, musei canggi sarilaci ehe, boihoci
마시고 먹을 때 우리만 주연을 벌이면 나쁘다. Boihoci

← ecike, dobi ecike be gajifi emgi sarilame jefu
숙부와 Dobi 숙부를 데리고 와서 함께 주연을 벌이며 먹으라"고

seme hendufi, boihoci ecike, dobi ecike de
말하고, Boihoci 숙부와 Dobi 숙부에게

puse noho sujei goksi emte, puse noho (64:11b)
흉배 놓은 비단 조의 한 벌씩, 흉배 놓은

sujei foholon kurume emte buhe. (baijuhū, gosingga, uksun i ahūn,

짧은 비단 겉옷 한 벌씩을 주었다. (Baijuhū와 Gosingga는 종실의 형이고,

dobi, boihoci, uksun i deo.)

Dobi와 Boihoci는 종실의 동생이다.)

○ juwan de,

10일에,

⇦ han, jakūn hošonggo ordo de tucifi hendume, musei gurun i

한(汗)이 팔각전에 나와서 말하기를, "우리나라

← dolo hūlha dekdehebi, wei niru hūlhafi weile araha

안에 도적이 생겨났다. 누구의 니루가 도적질해서 죄를 지은 것이

← ambula, wei niru hūlhahakū weile arahakūbi, tere be (64:12a)

큰지, 누구의 니루가 도적질을 하지 않아서 죄를 짓지 않았는지, 그것을

← dangsei bithe be tuwame baica seme afabufi, sunja

당안 문서를 살펴 조사하라"고 하며 맡겨서 5일 동안

inenggi baicame wacihiyafi, baicame wajiha seme wesimbure jakade,

조사를 마치고서, 조사를 마쳤다고 글을 올리자

⇦ han hendume, eiterecibe, niru bodome nirui ejen de orin yan,

한(汗)이 말하기를, "대체로 니루를 헤아려서 니루 수장에게 20냥,

← juwe daise, duin janggin de gūsin yan, tanggū

두 서리와 네 장긴에게 30냥, 갑병

← uksin de tanggū yan menggun šangna, nirui ejen

100명에게 100냥의 은을 상으로 주라. 니루 수장은

← emu weile aracibe, inde bure orin yan be
한 번만 죄를 지어도 그에게 줄 20냥을

← gemu faita, nirui niyalma araci, weile i bodome emu (64:12b)
모두 깎으라. 니루의 사람이 죄를 지었으면 죄를 헤아려서

← weile de juwe yan faita, juwe daise, duin
죄 한 번에 두 냥을 깎으라. 두 서리와 네

← janggin i emte yan faita, nirui niyalmai tanggū yan be
장긴은 한 냥씩을 깎으라. 니루 사람의 100냥은

← juwan yan faita, juwan weile oci, nirui ejen,
열 냥을 깎으라. 죄가 10번이면 니루 수장,

← ninggun janggin, tanggū uksin de bure be gemu faita.
여섯 장긴, 갑병 100명에게 주는 것을 모두 깎으라."

○ juwan duin de, manggūltai beile, abtai nakcu,
14일에 Manggūltai 버일러, Abtai 외삼촌,

baduri, ninggun minggan cooha be gamame, lioi šūn (64:13a)
Baduri가 병사 6000명을 이끌고 여순구(旅順口)에

keo de genefi hecen be afame gaiha.
가서 성을 공격하여 빼앗았다.

○ juwan ninggun de,
16일에

⇦ han i jui songgotu gege be, monggo ci ubašame jihe gurbusi
한(汗)의 딸 Songgotu 공주를 몽골로부터 배반해 온 Gurbusi

taiji de buhe.
타이지에게 주었다.

○ aniya biyai orin emu de, warka de genehe (64:13b)
정월 21일에 Warka에 갔던

gartai takūraha bithei gisun, koi de jorgon
Gartai가 사람을 파견하여 보낸 글이다. "Koi에 12월

biyai ice uyun de dosika, holbi, cisina,
초아흐레에 들어갔습니다. Holbi, Cisina,

tsemdehe ere ilan niyalma be bahafi, amala
Tsemdehe 이 세 사람을 잡고, 후에

koi de emu tanggū haha baha, fe ice
Koi에서 장정 100명을 잡았습니다. 기존 인구와 새로운

anggalai ton ilan tanggū nadanju.
인구의 수는 370명입니다."

○ orin ninggun de, (64:14a)
26일에

⇦ han, jakūn hošonggo ordo de tucifi, jakūn gūsai bayara i
한(汗)이 팔각전에 나와서 8구사의 바야라와

niyalma monggoso be gabtabuha, gabtame wajiha manggi,
몽골 사람들을 활을 쏘게 했다. 활쏘기를 마친 후

⇦ han hendume, te i asihata gabtarangge gemu mangga, beri jaci
한(汗)이 말하기를 "지금의 젊은이들이 활 쏘는 것이 모두 힘들다. 활이 심히

← gūwaliyapi amba ohobi, julgei beri ere adali akū
변하여 커졌다. 예전의 활은 이것과 같지 않고,

頭註: gingguleme baicaci, jakan mukden i jiyanggiyūn i baci baicafi benjihe ba i gebu i cese de koi bira gebungge ba bi. [신중하게 조사하니, 최근 심양(瀋陽)의 장군이 자기 지역에서 조사해서 보내온 지명책에 Koi강이라는 곳이 있다.]

← ajige bihe, beri amba bime mangga ohode, beye i
작았다. 활이 크고 세면 몸의

← hūsun isirakū, joriha uthai sindarakū balai babe gabtambi,
힘이 부족하여 겨누기만 하고 바로 놓지 못하여 엉뚱한 곳을 쏜다.

← beri ajige bime uhuken ohode, beye i hūsun etefi (64:14b)
활이 작고 무르면 몸의 힘이 여유가 있어서

← joriha jorihai uthai sindambi kai seme, geren i baru
겨누면 겨누는 대로 바로 놓는다"라고 여럿에게

⇦ tacibume henduhe.
가르쳐서 말했다.

○ juwe biyai ice de, lio wei guwe, gin
2월 초하루에 유유국(劉惟國)과 Gin

šeng jin be, mao wen lung de takūraha
Šeng Jin을 모문룡에게 파견하며 보낸

⇦ bithei gisun, sini takūraha giyansi karun jihe niyalma be kemuni
글이다. "네가 보낸 첩자나 초병으로 온 사람을 매번

← jafafi fonjici, simbe han i takūraha juwe amba hafan be (64:15a)
잡아서 물어보면, 네가 황제가 파견했던 두 대관을

← waha, han de weile bahabi seme alambi, jai
죽여서 황제에게 죄를 지었다고 고한다. 또

← šanaha i ergici ukame jihe niyalma alaci, inu simbe
산해관(山海關) 쪽에서 도망해 온 사람이 알리기를, 역시 네가

← han de weile bahafi, han, solho i han de
황제에게 죄를 지어서 황제가 조선 왕에게

← simbe jafa seme bithe unggihe seme alambi, te
너를 잡으라고 글을 보냈다고 한다. 지금

← lioi šūn keo be gaifi jang ban i hūwang
여순구를 빼앗아서 장반(張盤)의 Hūwang

← io gung de fonjici, inu tere emu songko,
Io Gung에게 물어보니, 역시 그 사실이 일치한다.

← jai solho i amasi nikan han de bithe unggime, (64:15b)
또 조선이 답하여 명 황제에게 글을 보내

← ere mao wen lung julesi emu okson oksome
'이 모문룡은 앞으로 한 걸음도 못 움직입니다.

← baharakū, beyebe somime tefi ukame jihe niyalma be
몸을 숨기고 거주하며, 도망해 온 사람을

← ton arafi, han simbe holtome minde cooha bi seme
수에 넣어서 황제 당신을 속이고 '나에게 군사가 있다'라고 하며

← caliyan gaijara, meni solho gurun be jobobure singgeri
전량(錢糧)을 갈취해 가는, 우리 조선국을 힘들게 하는 쥐이며

← hūlha kai, erebe bi jalidafi jafafi benere, akūci,
도적입니다. 이 자를 제가 계략을 써서 잡아서 보내겠습니다. 아니면

← mao wen lung ini gucuse be huwekiyebufi, imbe
모문룡의 구추들을 부추겨서 그를

← jafabumbi dere seme bithe unggihe sere, si han i (64:16a)
잡게 하겠습니다'라고 글을 보냈다고 한다. 너는 황제를

← jalin de faššambi dere, han ajigen, ambasa [原檔殘缺]
위하여 힘쓰는 것이겠지만, 황제는 어리고, 대신은 □□□

← simbe solho i jakūn goloi ulin, han i wasimbuha
네가 조선의 팔도의 재물과 황제가 내린

← caliyan alin i gese muhaliyahabi seme, sini banjire be
전량을 산같이 쌓아놓았다고 해도 네가 사는 것을

← we buyembi, si han i hecen i tutala ambasa de
누가 좋아하겠는가. 너는 황성(皇城)의 그토록 많은 대신에게

← emke emken i gemu saišabuci akūmbumbio, mini dolo simbe
한 명 한 명씩 모두에게 다 칭찬받을 수 있겠는가. 나의 생각에 네가

← solho i i jeo hecen be gaifi, minde fisa
조선의 의주성을 빼앗고서 나에게 등을

← sindafi tehede, solho simbe adarame necimbi, tuttu si, (64:16b)
대고 주둔하면 조선이 너를 어찌 침범하겠는가. 그렇게 네가

← i jeo de tehe manggi, solho dahaci wajiha, daharakūci,
의주에 주둔한 후에 조선이 따르면 끝난다. 따르지 않으면

← minde cooha ganju,[5] tuttu minde fisa sindafi solho be
나에게 군사를 이끌고 오라. 그렇게 나에게 등을 대고 조선을

← dahabufi banjici, sini banjirengge goro kai, si, sini
따르게 하여 살면 너의 수명이 길 것이다. 너는 너의

← han de weile bahafi nikan de geneci ojorakū,
황제에게 죄를 지어서 명에 갈 수 없다.

← solho simbe biburakū, bi simbe sindambio, si absi
조선도 너를 있게 하지 않을 것이다. 나는 너를 놓아두겠는가. 너는 어디로

← genembi, si aikabade giyansi takūrame ukanju alime gaime
갈 것인가. 네가 혹시 첩자를 보내거나 도망자를 받아들여

---

5) ganju는 『大淸全書』(1683)나 『滿漢同文全書』(1690)와 같은 초기 사전이나, 『三國志』(1650)와 같은 초기 문헌에 등장하는 어형으로 gaju의 이형태 혹은 이른 형태로 보인다. gaji-가 다른 -nji- 결합형의 동사들과는 달리 명령형으로 -nju형이 아닌 불규칙 명령형 gaju를 사용하는데, 초기에는 다른 동사들과 마찬가지로 -nju형을 사용했다는 간접적인 증거가 아닐까 추측된다.

← minde waka sabuha seme gūnirahū, meni meni ejen i (64:17a)
나에게 잘못을 보였다고 생각할까 염려된다. 각자 주군을

← jalin de faššara be, geli ehe gūniha doro bio,
위하여 힘쓰는 것을 또 나쁘게 생각할 리가 있겠는가.

← si minde dahaci, mini jalin de geli terei gese
네가 나를 따르면 나를 위하여 또한 그와 같이

← faššarakūn, julge han' sin, cu ba wang be waliyafi,
힘쓰지 않겠는가. 예전에 한신(韓信)은 초패왕(楚霸王)을 버리고

← han' wang han de dahahabi, hū ging de, lio u
한왕(漢王) 황제를 따랐다. 호(胡) 경덕(敬德)은[6] 유무주(劉武周)를

← jeo be waliyafi tang wang han de dahahabi,
버리고 당왕(唐王) 황제를 따랐다.

← tuttu dahafi amba gung gaifi, amaga jalan de
그렇게 따라서 큰 공을 얻고 후세에

← algin gebu werihebi kai, tese be geli niyalma (64:17b)
명성을 남겼다. 그들을 사람들이

← ini han de tondo akū, weri han de
자신의 황제에게 불충했고, 다른 황제에게

← ubašaha sembio, si sarkūn, tese de abkai gashan
배반해 갔다고 하겠는가. 너는 알지 못하는가. 그들에게 하늘의 재앙이

← bidere, niyalmai jobolon akū kai.
있을지언정 인간의 고통은 없을 것이다."

---

6) 경덕(敬德)은 위지공(尉遲恭, 585~658)의 자이며, 삭주(朔州) 평노(平魯) 하목각(下木角) 사람으로 선비족(鮮卑族) 출신이다. 당나라 초기의 대신이며, 능연각(凌煙閣) 24공신 중 한 명이다.

○ musei nikan i geren hafasa, mao looye de bithe
우리쪽 여러 한인 관원이 모(毛) 노야(老爺)에게 글을

unggihe, te aisin gurun i han, liyoodung ni ba be
보냈다. "지금 금나라의 한(汗)이 요동 지역을

waliyafi ini ba i baru gurime genembi, banjiha ba, (64:18a)
버리고 자신의 고향으로 이동하여 간다. 태어난 지역과

ama mafa i giran be adarame waliyafi genere
아버지와 할아버지의 유해를 어찌 버리고 가는가

seme, meni geren hafasa hebdefi looye sinde
하며 우리의 여러 관원이 상의하여 노야 당신에게

banjire jugūn baime takūraha, looye si meni
살 길을 구하러 사람을 파견했다. 노야 당신이 우리가

eterakū dahafi ergelebufi banjire be safi gosime
할 수 없이 항복하고 핍박받으며 사는 것을 보고서 가련하게

gūnici, sini galai araha emu akdun i gisun i
생각한다면, 당신의 손으로 적은 신뢰할 만한

bithe, jafu bithe unggi, tuttu oho manggi, be
글과 차부(箚付)를 보내라. 그런 후에 가능하면, 우리가

muteci, emu hecen be durifi tere, muterakūci, (64:18b)
성 하나를 빼앗아서 살 것이다. 가능하지 않으면

ciyan šan alin de tafandara, looye sini gūniha
천산(千山)에 오를 것이다. 노야 당신이 생각한

babe tacibume bithe arafi genehe niyalma de hūdun
바를 가르치는 글을 써서 간 사람에게 속히

unggi, goidaha de sereburahū seme arafi unggihe,
보내라. 지체되면 발각될까 염려된다"라고 써서 보냈는데,

nendehe bithe be, mao wen lung ni beyede
"먼저 글은 모문룡 본인에게

isinaha manggi hūlhame bu, amaga bithe be,
도달한 후에 몰래 주라. 나중 글은

andala niyalma ucarafi jafaci tuwabu seme unggihe.
도중에 사람을 맞닥뜨리면 보여주라"고 하며 보냈다.

(64:19a)

○ juwe biyade, korcin i jaisang beile i sargan
2월에 Korcin의 Jaisang 버일러의[7] 딸을[8]

jui be, ini ahūn ukšan taiji,
그녀의 오빠인 Ukšan 타이지가

⇦ genggiyen han i jui duici beile de sargan benjihe, ukšan
경기연 한(汗)의 아들 제4버일러에게 아내로 보내왔다. Ukšan

taiji de non be benjihe doroi kunduleme,
타이지에게 여동생을 보낸 예로 공경하여

suje gecuheri, mocin samsu, aisin menggun, niyalma,
비단, 망룡단, 모청포, 금과 은, 사람,

uksin saca ambula bufi unggihe.
갑옷, 투구 등을 많이 주어서 보냈다.

(64:19b)

○ ilan biyai ice ilan de,
3월 초사흘에

⇦ han, simiyan de gurime muduri erinde dung ging ci
한(汗)이 심양(瀋陽)으로 이주하기 위하여 진시(辰時)에 동경(東京)에서

7) Korcin의 Manggūs 버일러의 아들이다. 이름은 Buhe이며, Jaisang은 한어 재상(宰相)에서 온 말로 일종의 존칭이다.

8) 이름은 Bumbutai이다. 시호는 효장문황후(孝莊文皇后)이며, 순치제(順治帝)의 생모이다.

tucifi, ini
나와서 자신의

⇦ ama,
아버지,

⇦ mafa i eifu de hangsi waliyame, juwe yamun de sunja
할아버지의 무덤에 한식(寒食) 제사를 지내며, 두 아문(衙門)에서 소

ihan wafi hoošan jiha dagilafi waliyaha, waliyafi
다섯 마리를 잡고, 지전(紙錢)을 준비하여 태웠다. 태운 후에

simiyan i baru jime hū pi i pu de deduhe. (64:20a)
심양으로 오며 호피역포(虎皮驛鋪)에서 묵었다.

○ ice duin de, ho šui kiyoo tai de bahūn taiji acafi
초나흘에 Ho Šui Kiyoo 대(臺)에서 Bahūn 타이지가 만나서

⇦ han de hengkileme acaha, simiyan i birai dogon de warka de
한(汗)에게 절하며 알현했다. 심양의 강의 나루에서 Warka에

cooha genehe tayu, garda, fukana,
출병했던 Tayu, Garda, Fukana가

⇦ han de hengkileme acaha, honin erinde hecen de dosika,
한(汗)에게 절하며 알현했다. 미시(未時)에 성으로 들어갔다.

tere inenggi, kalka i nangnuk taiji i elcin ilan niyalma,
그날에 Kalka의 Nangnuk 타이지의 사신 세 명이

⇦ han de emu morin emu yendahūn benjime jihe. (64:20b)
한(汗)에게 말 한 마리와 개 한 마리를 보내왔다.

○ ice sunja de, tayu, garda, fukana i gajiha
초닷새에 Tayu, Garda, Fukana가 데리고 온

hūrha i emu tanggū juwan juwe haha, warka i
Hūrha의 장정 112명과 Warka의

juwe tanggū orin juwe haha,
장정 222명이

⇦ han de hengkileme acaha, ujungga niyalmai gebu fonjifi,
한(汗)에게 절하며 알현했다. 수장 격인 사람의 이름을 묻고서

⇦ han hendume, hūrha, niyehe niongniyaha i gese banjihangge, mimbe baime
한(汗)이 말하기를 "Hūrha 사람들은 오리나 거위처럼 살던 사람들인데, 나에게 귀부하여

← jihebi kai, jihe be dahame, minde bikini, warka (64:21a)
온 것이다. 그러므로 나에게 있는 것이 좋겠다. Warka 사람은

← ini cihangga ahūn deo be baime acanafi banjikini
자신의 뜻대로 형제를 찾아 만나러 가서 살아도 좋다"라고

seme, ini ahūn deo de acabuha.
하며 자신들의 형제를 만나게 했다.

○ ice nadan de, korcin i kitat taiji, ilan
초이레에 Korcin의 Kitat 타이지가 구추

gucu gaifi juwe morin, sunja seke gajime
세 사람을 데리고 말 두 마리, 담비 털가죽 다섯 장을 가지고

⇦ han de hengkileme jihe.
한(汗)에게 절하러 왔다.

(64:21b)

○ ice jakūn de, korcin i ooba taiji, darhan
초여드레에 Korcin의 Ooba 타이지와 Darhan

taiji i elcin duin niyalma,
타이지의 사신 네 명이

⇦ han de ba boljofi acaki seme jihe bihe.

한(汗)에게 장소를 정해서 만나자며 와 있었다.

제65권

천명(天命) 10년(1625) 4월부터 8월까지

ninju sunjaci debtelin,
abkai fulingga i juwanci
aniya duin biyaci jakūn
biyade isinahabi.

tongki fuka sindaha hergen i dangse. (65:1a)
유권점 당안

○ duin biyai ice juwe de,
4월 초이틀에

⇦ han, warka de genehe coohai niyalma be okdome, abalame
한(汗)이 Warka에 갔던 병사들을 맞이하기 위해,

simiyan hecen ci gūlmahūn erinde amargi duka be
심양성(瀋陽城)에서 묘시(卯時)에 몰이사냥하러 북문을

tucifi, sancara de deduhe, ice ilan i cimari,
나가서 삼차아(三岔兒)에서 묵었다. 초사흘 아침에

warka de cooha genehe ambasai takūraha niyalma
Warka에 출정했던 대신들이 파견해 보낸 사람이

⇦ han de alanjime, coohai niyalma hoifa ci tucifi ilaci inenggi
한(汗)에게 알려오기를, "군사들이 Hoifa에서 나온 지 사흘째입니다"라고

seme alanjiha, tere inenggi abalame genefi, bi yen (65:1b)
알려왔다. 그날 몰이사냥하며 가다가 Bi Yen이라는

gebungge bade isinaci, jase i tule mujakū goro
곳에 이르렀는데, 어찌 경계 밖 턱없이 먼

bade usin tarime, boo ainu tehe seme,
곳에서 밭을 경작하며 사는가 하며

duin niyalma be gala bethe be faitame waha,
네 사람은 손과 발을 베어서 죽이고,

jai juwan uyun niyalma be oforo šan
또 19명은 코와 귀를

tokoho, tereci duin inenggi abalame genefi, muhu i
찔렀다. 그러고 나서 나흘을 몰이사냥하며 가서, Muhu의

susu de warka de genehe ambasa be acaha,
황무지에서 Warka에 갔던 대신들을 만났다.

tere inenggi, jakūn ihan wame tu wecehe, (65:2a)
그날 소 여덟 마리를 잡아서 둑(纛) 제사를 지냈다.

cooha genehe wangšan ecike, dajuhū, cergei, geren
출병했던 Wangšan 숙부, Dajuhū, Cergei가 여러

coohai niyalma be gaifi,
병사를 데리고

⇦ han de hengkileme acaha,
한(汗)에게 절하며 알현했다.

⇦ han fonjime, suweni genehe bade sain i yabuhao sehe manggi,
한(汗)이 묻기를 "너희가 갔던 곳에서 잘 다녔는가"라고 하자

wangšan ecike jabume,
Wangšan 숙부가 대답하기를

⇦ han i hūturi de sain i yabuha seme jabuha, tanggū gurgu i
"한(汗)의 복으로 잘 다녔습니다"라고 대답했다. 짐승 100마리의

yali, juwe tanggū malu arki be, coohai (65:2b)
고기와 200동이의 소주로 병사들과

niyalma, boigon i niyalma be sarilaha, ice nadan de
가호의 사람들에게 주연을 베풀고, 초이레에

amasi bederehe, ice jakūn de, coohai niyalma,
되돌아왔다. 초여드레에는 병사들과

boigon i niyalma de sunja minggan hoošan šurdefi werihe.
가호의 사람들에게 종이 5000장을 말아서 남겼다.

○ juwan ilan de, simiyan i amargi ala de
13일에 심양의 북쪽 언덕에

isinjifi, warka ci gajiha boigon i niyalma de
도달해서, Warka에서 데리고 온 가호의 사람들에게

sarilara de, ihan honin dehi wafi, duin (65:3a)
주연을 베풀 때, 소와 양 40마리를 잡고

tanggū dere, arki nure duin tanggū malu
상 400개, 소주와 황주 400동이를

gamafi, coohai niyalma, boigon i niyalma be sarilaha,
가져가서 병사들과 가호의 사람들에게 주연을 베풀었다.

jeci, omici wajihakū.
먹어도 마셔도 끝나지 않았다.

○ juwan jakūn de, warka de genehe borjin
18일에, Warka에 간 Borjin

hiya de takūraha
히야에게 사람을 파견하면서 보낸

頭註: gingguleme baicaci, fe manju gisun i bithe, manju gisun i buleku bithede, gemu hoošan šurdembi sere gisun akū, da songkoi sarkiyaha. [신중하게 조사하니, 『舊淸語』와 『御製淸文鑑』에 모두 hoošan šurdembi라는 말이 없다. 원래대로 베껴 썼다.]

⇦ bithei gisun, cooha genehe ambasa, suwembe saikan olhome sereme (65:3b)
글이다. "출병한 대신들, 너희에게 잘 경계하며

← yabu seme dahūn dahūn i henduhe bihe, genehe ba
다니라고 여러 차례 말했으나 간 지역이

← goro inenggi goidafi, henduhe gisun be onggorahū, nenehe
멀고 날이 오래 되어서 했던 말을 잊을까 염려된다. 이전에 간

← cooha nimanggi de yabuha, te niowanggiyan i erin, gala ci
군사는 눈길에 다녔으나, 지금은 녹음의 계절이므로 손에서

← turibuhe de baharakū, juse sargan geren, boigon lata niyalma be,
놓치면 찾을 수 없다. 아이와 여자들이 많다. 가호 중에 느린 사람은

← encu kūwaran de sula horime gaju, boigon gabsihiyan
따로 느슨하게 무리로 둘러싸서 데리고 오라. 가호 중에 빠르고

← akdaci ojorakū niyalma, encu kūwaran de horime gaju,
믿을 수 없는 사람은 별도의 무리로 둘러싸서 데리고 오라.

← gajire niyalma be, haha hehe juse ci aname (65:4a)
데리고 오는 사람을 장정, 여자, 아이에 이르기까지

← huwesi ume bibure, gemu gaisu, eigen sargan be
소도(小刀)를 가지지 못하게 하고 모두 빼앗으라. 부부를

← ume faksalara, musei tuwakiyara coohai niyalma de inu
떼어놓지 말라. 지키는 우리 병사 또한

← huwesi ume ashabure, loho ashafi mukšan jafabufi tuwakiyabu,
소도를 차지 않게 하고, 환도를 차고 곤봉을 잡게 하여 지키게 하라.

← tabcin unggire de, bi sara seme akdabume hendufi,
노략질하러 보낼 때는, 장담한다며 믿음직하게 말하고 나서

← genehe bade jase jafarakū olhorakū sererakū beliyen niyalma be
간 곳에다 방책(防柵)을 세우지도 않고 조심하지도 않고 경계하지도 않는 미련한 사람은

← ume unggire, takūraha amban i gisun be jurcerakū, genehe
보내지 말라. 파견한 대신의 말을 어기지 않고 간

← bade jase jafara olhoro serere niyalma be unggi, (65:4b)
곳에 울타리를 세우고 경계하는 사람을 보내라.

← unggire niyalma de dahūn dahūn i ulhitele ejebume hendufi,
보내는 사람에게 여러 차례 깨우칠 때까지 기억하도록 말하고

← imbe ishun jabubume tuwafi ejehe manggi unggi, tabcin
그들을 서로 대답하게 하여 살펴보아서 기억하고 나면 보내라. 노략질을

← unggici, emu tanggū juwe tanggū i unggi, neneme šanggiyan
보내려면 100, 200명으로 보내라. 먼저 연기를

← tuwafi guweleme genefi, imbe jabduburakū gidame gaisu, mederi
보고 은밀히 보고 가서 그들을 틈을 주지 않고 제압하여 빼앗으라. 바다의

← tun de ambula bihe de, ubaci unggihe faksisa be
섬에 많이 있다면, 이곳에서 보낸 장인들에게

← cuwan arabufi, cuwan i gaisu, cuwan de siltan moo
배를 만들게 하여 배로 빼앗으라. 배에 돛대를

← ume sindara, siltan moo de huwejen lakiyaha de, (65:5a)
두지 말라. 돛대에 돛을 걸면

← edun de balai geneme ojorahū, ilan jergi genehe
바람에 제멋대로 가게 될까 염려된다. 세 번 간

← niyalma, uhei acafi emu hūsun i yabu, suweni gala de
사람이 함께 만나서 힘을 합쳐서 다니라. 너희의 손에

← tesuhe manggi, marifi jio, boode umai mejige akū,
충분하면 돌아오라. 본성에 전혀 보고가 없다.

頭註: gingguleme kimcici, guweleme sere gisun, ainci guweleceme sere gisun de adali dere. [신중하게 살펴보니, guweleme라는 말은 아마도 guweleceme(은밀히 보고)라는 말과 같을 것이다.]

← baha olji niyalma, morin, ihan, ai ai jaka i
획득한 포로와 말, 소, 온갖 물건의

← ton be getuken i bithe arafi unggi seme, dehi
수를 명백하게 글로 써서 보내라"고 하여 40명을

niyalma be jonggodoi de adabufi unggihe.
Jonggodoi에게 붙여서 보냈다.

(65:5b)

○ warka de, wangšan ecike, cergei, dajuhū i emgi genehe
Warka에 Wangšan 숙부, Cergei, Dajuhū와 함께 갔던

cooha de, emu uksin i niyalma de sunjata yan,
병사들에게 갑병 한 사람에게 다섯 냥씩,

kutule de juwete yan menggun šangnaha.
말구종에게는 은 두 냥씩을 상으로 주었다.

○ orin ilan de,
23일에

⇦ han, geren beise be isabufi, sarin sarilara de henduhe gisun,
한(汗)이 여러 버일러를 모아서 주연을 베풀 때 한 말이다.

← bithe de henduhengge, ama eme de hiyoošungga, ahūta de (65:6a)
"책에서 말하기를, '부모에게 효도하는 사람, 형들에게

← deocilere niyalma de, facuhūn ehe mujilen akū seme
동생의 도리를 하는 사람에게는 혼란하고 악한 마음이 없다'라고

← henduhebi, terei adali musei juse omosi jalan halame
했다. 그와 같이 우리의 자식들과 손자들도 대를 이어가며

← ama eme be hiyoošula, ahūta de deocile, doroi
부모에게 효도하고 형들에게 동생의 도리를 하라. 예를 차리는

← bade, hiyoošulara deocilere doro be ume jurcere, bai
자리에서는 효제(孝悌)의 도리를 어기지 말라. 일상생활에서는

← tehede, dergi niyalma kemuni terei songkoi ume gelebure,
윗사람들이 하던 그대로, 두려워하게 하지 말고

← uhe hūwaliyafi halašame banjikini, fejergi jalan i niyalma, dergi
함께 화합하여 허물없이 사는 것이 좋겠다. 아랫세대의 사람은 윗세대의

← jalan i niyalma be kunduleci, tondo mujilen i unenggi kundule, (65:6b)
사람을 공경할 때 바른 마음으로 진실로 공경하라.

← dergi jalan i niyalma, fejergi jalan i niyalma be gosici,
윗세대의 사람은 아랫세대의 사람을 사랑할 때

← tondo mujilen i unenggi gosi, ume holtoro, musei gurun
바른 마음으로 진실로 사랑하라. 속이지 말라. 우리의 백성이

← julge meni meni bade tehe bihe, te jušen
예전에는 각자의 지역에서 살고 있었지만, 지금은 여진인,

← monggo, nikan, gemu emu hecen de tefi, emu
몽골인, 한인이 모두 한 성에 살고, 한

← hūwa i gese yabumbi, fejergi jalan seme asuru girubuci,
마당처럼 다닌다. 아랫세대라고 크게 욕보이면,

← fejergi jalan i niyalma jirgara šolo akū, komso bicibe,
아랫세대의 사람이 편안할 틈이 없다. 가진 것이 적더라도

← sarin sarilame banji, bi jurgan jorifi buhe, ere (65:7a)
주연을 벌이며 살라. 내가 길을 지시해주었으니 이

← henduhe be ume jurcere.
말한 것을 어기지 말라."

○ sunja biyai ice inenggi, korcin i ooba i elcin
5월 초하루에 Korcin의 Ooba의 사신

danggalai be unggihe, danggalai i emgi isamu, aburhū,
Danggalai를 보냈다. Danggalai와 함께 Isamu, Aburhū,

koboi, dadai be unggihe, hendufi unggihe
Koboi, Dadai를 보냈다. 말하여 보낸

⇦ gisun, musei juwe gurun i acarangge, weri be gaiki, weringge be
것이다. "우리 두 나라가 화친하는 것은 남을 빼앗고, 남의 것을

← bahaki seme acaki serengge waka, ceni beye be abkai jui (65:7b)
얻겠다고 하여 화친하자고 하는 것이 아니다. 저들 자신을 하늘의 아들로

← obufi, muse be morin ihan i adali gūnime gidašame
삼으면서, 우리는 마소와 같이 여겨 업신여기며

← korsobure de dosorakū ofi, emu hebei banjiki seme
원한을 품게 하는 것을 참을 수 없게 되어서 한뜻으로 살고자 하여

← acambi kai. (ceni beye serengge, cahar be.)
화친하는 것이다." (저들 자신이라고 하는 것은 Cahar를 말한다.)

○ ice juwe de, menggun elgiyen ofi, jiha be
초이틀에, 은이 풍부해서 엽전을

takūrarakū seme alara jakade, jiha hungkerere be
사용하지 않는다고 고하자 엽전을 주조하는 것을

nakabuha. (65:8a)
그만두게 했다.

○ ice ilan de,
초사흘에

⇦ han i booi amargi sumargan i ten i wehe be, šurdeme booi niyalma
한(汗)의 궁 북쪽 탑의 주춧돌을 주변의 노복들이

hūlhame efuleme gaihabi seme alara jakade, ambasa be
몰래 무너뜨려서 가져갔다고 고하자 대신들을

unggifi wehe suweleme baha niyalma be susaita moo
보내서 돌을 찾아내고 가져간 사람들을 곤장 50대씩

tantaha, hūwašan sabe suwe ainu tuwakiyahakū seme, ujungga
때렸다. 화상(和尙)들에게 "너희는 왜 지키지 않았는가"라고 하여 우두머리

jakūn hūwašan be hergen i loo arafi omihon horifi, (65:8b)
화상 여덟 명을 금을 그은 감옥을 만들어서 굶기며 가두고

geren hūwašan be dasabume wajiha manggi sindaha.
여러 화상을 수리하게 하고 다 마친 후에 놓아주었다.

⇦ han hendume, dobori aika medege alanjimbihede, dain i ekšere medege
한(汗)이 말하기를, "밤에 무엇인가 소식이 왔을 때, 적에 대한 급한 소식이라면

← oci, pan fori, ukanju ukandara hecen i dorgi medege
운판을 치라. 도망자가 도망가거나 성 안의 소식이면

← oci, can fori, urgun medege oci, tungken fori
징을 치라. 기쁜 소식이면 북을 치라"고

seme toktobufi,
하여 정하고,

⇦ han i duka de pan, can, tungken sindaha. (tere fonde jeku haji, ukandara ubašara ambula facuhūn bihe.) (65:9a)

한(汗)의 성문에 운판, 징, 북을 두었다. (그 당시에 곡물이 흉작이어서 도망하거나 배반하는 자가 많고 혼란스러웠다.)

○ ice ninggun de,
초엿새에

⇦ han hendume, beise ambasai boode, taigiyan be takūra, takūrambi
한(汗)이 말하기를, "버일러들과 대신들의 집에 태감(太監)을 부리라. 부린다

← seme hehesi jakade ume bibure, boo hūwa ai
하더라도 여자들의 곁에 있게 하지 말라. 집 마당에 온갖

← jaka be beye ci aname sula ume obure, saikan
물건을 자신으로부터 소홀히 하지 말라. 잘

← bekile, bekilerakū ofi sini sula i turgunde, weile araha
지키라. 지키지 않고 네가 소홀히 하여 죄를 지었다고

← seme daburakū, fujisa facuhūn oci, sula hehesi gercile, (65:9b)
해도 감안해주지 않겠다. 푸진들이 문란하면 시비(侍婢)가 고발하라.

← gercilehe hehe be tukiyefi ujimbi, gucihi fujin gercilehe de,
고발한 여자는 승급시켜 살게 하겠다. 남편의 다른 부인이 고발하면

← weilengge fujin be wambi, terei fonde gercilehe gucihi be
죄를 지은 푸진은 죽이고, 그때 고발한 남편의 다른 부인을

← eigen de banjimbi, fujisa booi sula hehesi tule
남편과 살게 할 것이다. 푸진들과 집의 시비들은 뒤보러

← geneci, hoki banjifi geren i gene, juwe ilan i ume
가려면 무리를 만들어서 여럿으로 다니라. 두세 명으로

← genere, juwe ilan geneci, si facuhūn, hefeliyeneci, geren be
가지 말라. 두세 명이 가면 너는 문란한 것이다. 설사를 한다면 여럿을

← guilefi geren i juleri kūwatar seme hefeliyenere oci mujangga,
모아서 여럿의 앞에서 꾸르륵거리면서 설사하면 확실하다.

← tuttu hefeliyenerakū oci, facuhūn kai, hehesi emhun yabuha de, (65:10a)
그렇게 설사하지 않으면 문란한 것이다. 여자들이 혼자 다니면

← akū sehe seme daburakū, hūwa i dolo takūršara hahasi
그렇지 않다고 했다고 해도 배려하지 않겠다. 마당의 안에서 부리는 장정들도

← emhun ume yabure, emhun yabuha be saha de, akū
혼자 다니지 말라. 혼자 다니는 것을 보면 그렇지 않다고

← sehe seme daburakū, si ume tuwamgiyara, beile i fujin
했다고 해도 배려하지 않겠다. 너는 변명하지 말라. 버일러의 푸진이

← tule genembihede, mooi toksikū forime, tule genere horho de
뒤보러 갈 때는, 나무 딱따기를 치며 뒤보러 가는 측간에

← dengjan benefi lakiya, amala tule gene, facuhūn niyalma
등잔을 보내서 걸라. 그 후에 뒤보러 가라. 나쁜 사람이

← deribuci ojorakū ombikai.
일을 시작할 수 없게 될 것이다."

(65:10b)

○ ice nadan de, barin i dureng beile i deo
초이레에, Barin의 Dureng 버일러의 동생

gurbusi taiji, juwan boigon ulha gajime ukame jihe.
Gurbusi 타이지가 열 호의 가호와 가축을 데리고 도망해 왔다.

○ juwan duin de,
14일에

⇦ han hendume, hanciki hiyasa, ujulaha geren ambasa, beile ama se,
한(汗)이 말하기를 "측근의 시위들, 우두머리인 여러 대신은 '버일러 아버지'라고 하라.

← hojihon ojoro niyalma, beile amha se, gurun i niyalma,
사위인 사람은 '버일러 장인(丈人)'이라고 하라. 나라의 사람은

頭註: gingguleme kimcici, toksikū sere gisun, ainci ice toktobuha forikū sere gisun dere. [신중하게 살펴보니, toksikū라는 말은 아마도 새로 정한 forikū(딱따기)라는 말일 것이다.]

← han sekini seme hendufi, bithe arafi tuwabufi, (65:11a)

'한(汗)'이라고 하는 것이 좋겠다"라고 말하고, 글로 써서 보이고

⇦ ama sere niyalma be toktobuha. (hanciki hiyasa ambasa be [공격] beile ama seme henduhengge, [공격] ini gosire be ilgahangge.)

'아버지'라고 말하는 사람을 정했다. (측근의 시위들, 대신들이 '버일러 아버지'라고 말한 것은 자신이 아끼는 이를 구별한 것이다.)

○ juwan uyun de, korcin i ooba beile be

19일에 Korcin의 Ooba 버일러가

boljoho bade jimbi seme,

약속한 곳으로 온다고 하여

⇦ han, geren beise be gaifi hecen ci juraka.

한(汗)이 여러 버일러를 데리고 성에서 출발했다.

○ orin duin de, keyen de isinaha inenggi, isamu, (65:11b)

24일에 개원(開原)에 도착한 날 Isamu와

koboi, ooba i elcin danggalai emde[1] isinjifi alame,

Koboi, Ooba의 사신인 Danggalai가 함께 도달해 와서 고하기를

ooba ini gaiha sargan i jalin de, inde

Ooba가 맞이한 아내로 인해 자기에게

weile hadame gisurembi[2] seme jiderakū seme alaha,

죄를 씌우며 말할 것이라며 오지 않을 것이라고 고했다.

tereci uthai amasi bederehe.

그러고 나서 곧 되돌아갔다.

頭註1: gingguleme baicaci, manju gisun i buleku bithede, emgi sere gisun be, inu emde seme gisurembi sehebi. [신중하게 조사하니, 『御製淸文鑑』에 emgi(함께)라는 말은 emde라고도 말한다고 했다.]

頭註2: gingguleme baicaci, jakan toktobuha fe manju gisun i bithede, weile hadame gisurembi sere gisun, uthai weile nikebume gisurembi sere gisun inu sehebi. [신중하게 조사하니, 최근 편찬한 『舊淸語』에 weile hadame gisurembi라는 말은 곧 weile nikebume gisurembi(죄를 씌워 말한다)라는 말이라고 했다.]

○ orin uyun de,
29일에

⇦ taidzu genggiyen han i deo darhan baturu beile i sunjaci jui (65:12a)
태조 경기연 한(汗)의 동생 Darhan 바투루 버일러의 다섯째 아들

jaisanggū taiji akū oho, orin jakūn se bihe.
Jaisanggū 타이지가 죽었다. 28세였다.

○ ninggun biyai ice ninggun de, abai age,
6월 초엿새에 Abai 아거,

babutai age, nikari, kangkalai, mandulai, kamdani, alamu,
Babutai 아거, Nikari, Kangkalai, Mandulai, Kamdani, Alamu,

senio, yahū, bojiri, emu minggan cooha gaifi
Senio, Yahū, Bojiri가 병사 1000명을 이끌고

wesihun warka i golo de cooha genehe.
동쪽 Warka로(路)에 출병했다.

(65:12b)

⇦ han de, danggalai emu morin, juwan seke gajiha bihe,
한(汗)에게 Danggalai가 말 한 마리, 담비 털가죽 10장을 가지고 왔었는데,

頭註: giguleme baicaci, ere afaha de, orin uyun de, ⇦ taidzu genggiyen han i deo darhan baturu beile i sunjaci jui jaisanggū taiji akū oho, orin jakūn se bihe seme arahabi, ⇦ taidzu forgon i dangse bime, ⇦ taidzu genggiyen han seme araci acarakū, kimcime tuwaci, tongki fuka akū hergen i fe dangse de, ere emu meyen be dalbade nonggime arahabi, erei sirame geli juwe jurgan be mahūlahabi, mahūlaha gisun, beyei banjihangge gabsihiyan, dain de baturu, gurgu de mergen, haksan alin i wasihūn gurgu niyamniyarangge, necin na de feksire gese, aba coohai erdemu yooni bihe, ⇦ taidzu genggiyen han ambula gosimbihe seme araha udu gisun be mahūlahabi, gingguleme kimcici, ainci ⇦ taidzu forgon de arahangge waka, ⇦ taidzung forgon de nonggime arahangge dere. [신중하게 조사하니, 이 장에서 orin uyun de, ⇦ taidzu genggiyen han i deo darhan baturu beile i sunjaci jui jaisanggū taiji akū oho, orin jakūn se bihe라고 쓰여 있다. 태조 시기의 당안이므로 태조 경기연 한(汗)이라고 쓰면 맞지 않는다. 살펴서 보니, 무권점『滿文原檔』에 이 한 단락의 옆에 더해 썼는데, 그에 이어서 다시 두 줄을 지워놓았다. 지운 말은 '생긴 것이 민첩하고, 전투에서 용맹하고, 훌륭한 사냥꾼이며, 험한 산 아래로 짐승을 말 위에서 쏘며 달리는 것이 평평한 땅에서 달리는 것 같았다. 몰이사냥과 무(武)에 재능이 온전히 있었다. 태조 경기연 한(汗)이 몹시 사랑했었다'라고 쓴 몇 마디 말을 지워놓았다. 신중하게 살펴보니, 아마도 태조 시기에 쓴 것이 아니고, 태종 시기에 더하여 쓴 것일 것이다.]

gaihakū bederebuhe,
받지 않고 돌려보냈다.

⇦ han hendume, gaihakū seme dolo ehe ume gūnire, mini
한(汗)이 말하기를, "받지 않았다고 속으로 나쁘게 생각하지 말라. 내가

← daci banjiha jurgan, gisun hese i ucuri, niyalmai jeku be
본래 사는 도리이다. 말할 때나 명령을 내릴 때에는 남의 식량을

← jeterakū, ulin be gaijarakū bihe, simbe boljohon de
먹지 않고 재물을 받지 않는 것이었다. 네가 약속에

← jihekū seme ushame gaihakūngge waka, si jici ojorakū
오지 않았다고 노하며 받지 않은 것이 아니다. 네가 올 수 없는 것이

← mujangga, ahūta deote de weile bahafi hoton hecen (65:13a)
확실하다. 형들과 동생들에게 죄를 지어서 성시(城市)가

← akū, jihe amala gurun ulha be gamarahū seme
없으므로 오고 나면 백성과 가축을 끌고 갈까 염려된다고

← jihekū mujangga, mini dolo gūniha babe hafukiyame, suweni
오지 않은 것이 확실하다. 내가 속으로 생각했던 바를 자세히 알려주자면 너희

← non i beise i amata i jalan wajiha, te ere jalan de
Non의 버일러들의 아버지들의 세대는 끝났다. 지금 이 세대는

← konggor, ooba, aduci, suweni ilan nofi ujulahabi, suweni
Konggor, Ooba, Aduci 너희 세 사람이 이끌고 있다. 너희의

← ahūta deote i niyalma hebe acafi doro wesihun oci,
형들과 동생들이 뜻을 모아서 도리가 높게 되면

← inu suweni ilan nofi gebu, ahūta deote hebe
또한 너희 세 사람의 명성이 되고, 형들과 동생들이 논의가

← akū ofi facuhūrafi doro efujeci, inu suweni ilan (65:13b)
없고 혼란해서 도리가 무너지면, 또한 너희 세

← nofi gebu ombikai, suwe doroi jalin de gūnime,
사람의 평판이 되는 것이다. 너희가 도리를 위해 생각하며,

← tondo mujilen jafafi beyei waka be gidarakū tucibume
올바른 마음을 먹고 스스로의 잘못을 감추지 않고 드러내면

← oci, non i birai sekiyen ci wasihūn angga de
Non강의 상류로부터 하구에

← isitala bisire ahūta deote, gemu suwende habšanarakū wede
이르기까지 있는 형들과 동생들이 모두 너희에게 고소하러 가지 않고 누구에게

← habšanambi, ahūta deote i niyalma, suweni ilan nofi waka be
고소하러 가겠는가. 형들과 동생들 중 너희 세 사람의 잘못을

← saha seme hendure niyalma akū kai, suwe membe
안다고 말하는 사람이 없을 것이다. 너희가 '우리를

← we ainambi seme, suweni beyei waka be gidame (65:14a)
누가 어찌 하겠는가'라고 하며 너희가 자신의 잘못을 숨기고

← uru be tucibume murime banjime ohode, suwende we
올바르다고 내세워 우기며 살게 되면 너희를 누가

← akadambi, meni meni cisui facuhūn ombikai, suweni beyei
믿겠는가. 각자 제멋대로 혼란스럽게 될 것이다. 너희가 자신의

← waka be tucibume wakalame girubume, weile be suweni
잘못을 드러내며 책망하고 욕보이며 벌을 너희의

← galai bume banici, ahūta deote i niyalma, suweni emu
손으로 주며 산다면 형들과 동생들이 너희의 한마디

← gisun be adarame maraci ombi seme bithe arafi unggihe.
말을 어찌 거스를 수 있겠는가"라고 글을 써서 보냈다.

○ tuša, nikan bithe tacifi, (65:14b)
Tuša가 한문을 배워서

⇦ han baitalafi kooli alabume,
한(汗)이 등용하여 전례를 고하게 하며

⇦ han i boode dobori dedumbihe,
한(汗)의 궁에서 밤에 머물렀는데,

⇦ han i jui huhun ulebure hehe de latuha seme waha.
한(汗)의 자식의 유모와 통정했다고 죽였다.

○ orin nadan de, yoo jeo i julergi šundoi nirui
27일에 요주(耀州)의 남쪽의 Šundoi 니루가

tehe boigon i fu de, mao wen lung ni ilan
주둔한 가호의 담에서, 모문룡(毛文龍)의 병사

tanggū cooha dobori jifi, fu be dabame (65:15a)
300명이 밤에 와서 담을 넘어

jidere be, gašan i ilan hehe sabufi, sejen i
오는 것을 마을의 여자 세 명이 보고 수레의

fara be fu de sindafi, cinggiyanu i sargan,
채를 담에 걸치고 Cinggiyanu의 아내가

eigen i loho be jafafi juleri tafafi, jai juwe
남편의 칼을 잡고서 앞장서서 오르고, 또 두

hehe sirame tafafi sacime bošoro de, ilan
여자가 이어서 올라서 베며 쫓으니 적병

tanggū cooha fu ci amasi fekufi gemu burulaha,
300명이 담에서 도로 뛰어내려서 모두 달아났다.

⇦ han, ilan hehe be gajifi saišame, cinggiyanu i sargan de uju
한(汗)이 여자 세 명을 데려와서 칭찬하며, Cinggiyanu의 아내에게는 1등

jergi beiguwan i hergen buhe, jai jergi tafuka (65:15b)
비어(備禦)의 직위를 주었다. 두 번째로 올라간

hehe de, jai jergi beiguwan buhe, ilaci jergi
여자에게 2등 비어직을 주었고, 세 번째로

tafuka hehe de, ciyandzung buhe, ilan hehe de,
오른 여자에게 천총(千總)직을 주었다. 여자 세 명에게

jergi bodome suje, ulin, menggun, morin, ihan,
등급을 헤아려서 비단, 재물, 은, 말, 소,

aha ambula šangnafi, terei gebu be gurun de
노복 등을 크게 상주고, 그들의 이름을 백성에게

algimbuha, cinggiyanu, gašan i buya niyalma, beri tabure
퍼뜨렸다. Cinggiyanu와 마을의 소인(小人)이 활에 시위를 매기고

jebele ashara siden de, sargan uthai loho
화살통을 차는 사이에 아내가 바로 칼을

jafafi bata be bošohongge, uksin etuhe budun (65:16a)
잡고 적을 쫓은 것은 갑옷을 입은 겁이 많은

haha ci dele akū seci ombio, hūsihan
장정보다 위가 아니라고 할 수 있는가. 치마를

etuhe hehe niyalma de bata burulahangge,
입은 여자에게 쫓겨 적이 달아난 것은

⇦ genggiyen han de
경기연 한(汗)을

⇦ abka aisilame, hehe niyalma de mujilen bahabume, bata be
하늘이 도와서 여자에게 마음을 먹게 하여 적을

gidahabi dere.
제압한 것이리라.

○ nadan biyai ice nadan de, (65:16b)
7월 초이레에

⇦ han, beise fujisa be gaifi, ilan tanggū niyalma wesihun
한(汗)이 버일러들과 푸진들을 데리고 300명이 상류로

geneci, gurgu nimaha akū ofi, amasi bederehe,
갔으나 짐승과 물고기가 없어서 되돌아왔다.

⇦ han, aba genere onggolo, hūnta be geren niyalma de
한(汗)이 몰이사냥에 가기 전에 Hūnta를 여러 사람의

ejen arafi, birai dergi de adun de
수장으로 삼아서 강의 동쪽의 가축 떼가 있는 곳에

unggire de,
보낼 때

← alin bira be ume abalara seme henduhe bihe,
"산과 강에서 몰이사냥을 하지 말라"고 말했었다.

adun de genefi jihe manggi, (65:17a)
가축 떼에 갔다가 온 후에

⇦ han, hūnta de suwe abalahao seme fonjire jakade, abalahakū
한(汗)이 Hūnta에게 "너희는 몰이사냥을 했는가"라고 묻자, "몰이사냥을 하지 않았습니다"라고

seme jabuha manggi,
대답하자

← abalahakū oci, suwe sile bahafi jekekūbi kai seme emu honin buhe, tereci
"몰이사냥을 하지 않았다면 너희는 탕을 먹지 못했을 것이다"라고 하며 양 한 마리를 주었다. 그러고 나서

⇦ han genefi alin be abalaci, gurgu akū, bira be hūrhadaci,
한(汗)이 가서 산에서 몰이사냥을 해도 짐승이 없고, 강에서 그물로 물고기를 잡아도

nimaha akū ofi, ba i niyalma de fonjici abalahabi,
물고기가 없어서 지역의 사람에게 물으니 몰이사냥을 했던 것이다.

⇦ han bederefi hūnta i baru hendume, suwe abalaci, abalaha seme
한(汗)이 돌아와서 Hūnta에게 말하기를 "너희가 몰이사냥을 했으면 몰이사냥을 했다고

← alacina, tutala morin macume untuhuri yabuha kai seme wakalafi, (65:17b)
고하려무나. 저렇게나 말이 여위도록 공연히 다녔구나"라고 질책하고

fujiyang be wasibufi beiguwan obuha.
부장(副將)직을 강직하여 비어로 삼았다.

○ juwan de, jecen de anafu teme genehe coohai
10일에 경계에 수자리 살러 간 군사의

ejete be halame unggimbi seme, juhūda, comno,
수장들을 교대하러 보낼 것이라며, Juhūda, Comno,

sunai be bithe arafi tuwabure jakade,
Sunai의 이름을 글로 써서 보이자

⇦ han hendume, juhūda, comno be ice niyalma seme jortai
한(汗)이 말하기를 "Juhūda, Comno는 새로운 사람이라고 일부러

← gosime buhe hafan kai, enteke bade takūraci acarakū, (65:18a)
사랑하여 준 관원이다. 이러한 지역에 보내면 맞지 않다.

← sunai geli coohai ejen ofi, webe kadalame mutembi,
Sunai도 군사의 수장이 되어서 누구를 관리할 수 있겠는가.

← cooha gaifi yabure, anafu tere, gurun i baita icihiyara,
군사를 이끌고 다니는 것이나, 수자리 사는 것, 나라의 일을 처리하는 것 등

← jortai bahakini seme gosime hafan bufi bai bikini
일부러 얻게 하고자 사랑하여 관직을 주고, 직위가 없는 것이 좋겠다고

← sere, ere gese babe, hacin hacin i jurgan jurgan i
하는 등, 이 같은 것을 가지가지 조목조목으로

← bithe arafi buhebi kai, tere be mimbe onggobufi mujakū
글로 써서 주었던 것이다. 그것을 나에게 잊게 하며 부적당한

← niyalma be, ainu tuwabumbi seme hendufi, beise be isabufi
사람을 어찌 보여주는가"라고 말하고, 버일러들을 모아서

⇦ hendume, suwe minde jekini seme hacin hacin i jaka (65:18b)
말하기를 "너희는 나에게 먹으라며 갖가지 물건을

← benjimbi kai, mini dolo, suwembe tenteke jetere jaka
보낸다. 나는 속으로 너희가 그렇게 먹을 것을

← benjire anggala, gurun i weile be alime gaifi genggiyen i
보내는 대신에 나라의 일을 받아 가지고 명백하게

← icihiyaha de, minde tere dele kai, yaya niyalma
처리하면 나에게는 그것이 최상이다. 어떤 사람이든지

← gurun de tusangga babe enculeme gūnime bahanaci, bahanaha
나라에 이익이 되는 부분을 독자적으로 생각하며 할 줄 알면, 할 수 있는

← babe ala, gurun de selgiyeki, enculeme bahanarakū oci,
바를 고하라. 백성들에게 포고하겠다. 독자적으로 할 줄 모르면,

← mini joriha jurgan be jurcerakū icihiyacina, mujakū niyalma be
내가 지시한 바를 어기지 말고 처리하라. 부적당한 사람을

← bithe arafi ainu tuwabumbi seme hendufi, dasame icihiyaki (65:19a)
글로 써서 어찌 보여주는가"라고 말하고, 다시 처리하자며

seme nadan jurgan be nakabufi, ilan jurgan obuha.
일곱 가지를 그만두게 하고, 세 가지를 하게 했다.

○ jakūn biyade, ning yuwan, šan hai i cooha,
8월에 영원(寧遠), 산해관(山海關)의 적병이

birai dergi yoo jeo i hecen be gaimbi seme
강의 동쪽 요주성을 빼앗겠다고 하며

jifi, ce gemu gidabufi muke de bucerengge
왔다가 저들 모두가 제압당해서, 물에서 죽는 자는

bucehe, wabuhangge wabuha, tere fonde, yoo jeo i
죽었고 죽임을 당한 자는 죽임을 당했다. 그 시기에, 요주의

hecen be ehe seme dasame sahame, teni (65:19b)
성이 좋지 않다 하여 다시 쌓아서 비로소

niyalmai beyei gese oho bihe, nikan cooha
사람의 키 정도가 되었다. 명나라 군사가

niyang niyang gung ni dogon be doofi, dobori
낭랑궁(娘娘宮)의 나루를 건넜으나 밤에

isinjifi afame mutehekū, gerenderengge, burulafi uncehen de
도착해서 싸우지 못했다. 날이 밝아오자, 패하여 달아나다가 후미로

jušen i cooha dosifi muke de fekumbufi waha,
여진의 군사가 들이닥쳐 물에 뛰어들게 해서 죽였다.

borjin hiya, šun dekdere ergi dergi mederi
Borjin 히야가 해 뜨는 쪽으로 동해에

jakarame tehe gurun be coohalame genefi, sunja
연하여 사는 사람들을 토벌하러 갔다가 500가호를

tanggū boigon gajime isinjifi, birai dalin de (65:20a)
이끌고 돌아와서 강가의 언덕에서

⇦ han okdofi, ice jihe niyalma de, ihan honin wame sarilaha.
한(汗)이 맞이하고 새로 온 사람들에게 소와 양을 잡아서 주연을 베풀었다.

○ ice jakūn de, yoo jeo de anafu tehe
초여드레에 요주에서 수자리 사는

ambasa, nikan i cooha be gidafi, baha ninggun
대인들이 명나라 군사를 제압하고 획득한 말

tanggū nadanju morin, uksin saca, dain de
670마리와 갑옷과 투구 등 전투에서

baha ai ai jaka be gajime jidere de,
얻은 온갖 물건을 가지고 올 때

⇦ han okdofi, (65:20b)
한(汗)이 맞이해서

⇦ tangse de hengkilefi, juwan ba i dubede ihan wafi tu
당자(堂子)에서 절하고 10리 끝에서 소를 잡아서 둑(纛)

wecehe, cooha gidaha ambasa de gidaha medege be
제사를 지냈다. 적병을 제압한 대인들에게 제압한 소식을

fonjifi, gidaha ambasa de hergen i bodome baha
묻고 제압한 대인들에게 직위를 헤아려서 얻은

morin be šangnafi, menggun i pai emte buhe,
말을 상으로 주고, 은으로 된 패(牌)를 하나씩 주었다.

funcehe morin be coohai niyalma de dendeme
남은 말은 군사에게 나누어

gaisu seme buhe.
가지라고 하며 주었다.

(65:21a)

○ ice uyun de, korcin i ooba taiji unggihe
초아흐레에 Korcin의 Ooba 타이지가 보낸

bithei gisun, juwe gurun emu gurun oki seme,
글이다. "두 나라가 한 나라가 되자며

⇦ abka de šanggiyan morin wafi,
하늘에 흰 말을 잡고

⇦ na de sahaliyan ihan wafi, gashūme senggi some gisurehe
땅에 검은 소를 잡아서 맹세하며 피를 뿌리며 말했었습니다.

bihe, muse yaya de dain cooha daki sehe
우리는 어떤 때라도 병사를 원조하자고 했었습니다.

bihe, hūng baturu, unjijekei jargūci be elcin
Hūng 바투루가 Unjijekei 자르구치를 사신으로

takūrame, suwende cahar ice biyai tofohon de (65:21b)
보내서 '너희에게 Cahar가 다음 달 15일에

cooha jurambi, aru i cahar isinjifi, julergi cahar de
군사가 출발한다. Aru[1] Cahar가 도달해서 남 Cahar에

jifi gisureme, juhe jafara orho olhoro onggolo
와서 말하기를 얼음이 얼고 풀이 마르기 전에

hafiraki sembi sere, duleke aniya yargiyan medege
협공하자고 한다'라고 합니다. 지난해에 확실한 정보를

donjifi elcin takūraki seme bitele,
듣고서 사신을 막 보내려고 하고 있을 때,

⇦ han medege donjifi, isamu be juwan morin i ekšeme takūraha
한(汗)께서 정보를 듣고 Isamu를 말 열 마리로 급하게 파견했었습니다.

bihe, te ere medege yargiyalaha, cooha geren
이제 이 정보는 확실해졌습니다. 군사를 많고

---

1) aru는 몽골어로 '북, 뒤, 등'이라는 뜻이다.

komso nemere be, (65:22a)
적게 증원하는 것은

⇦ han sa, minggan poo sindara niyalma gaji, gūwa kalka
한(汗)께서 판단하십시오. 대포 쏘는 사람 1000명을 데리고 오십시오. 다른 Kalka의

(kalka, gurun i be sarkū, hūng baturu usin be gebu.)
(Kalka는 나라의 일은 모릅니다. Hūng 바투루는 밭을 이름이다.)

ekšeme bargiyafi mende acaki sembi, hūng baturu,
급히 거두고서 우리에게 합류하겠다고 합니다. Hūng 바투루와

barin, ere juwe de, be akdahabi, jaisa,
Barin 이 둘을 우리는 믿고 있습니다. Jaisa와

bagadarhan juwe nofi, cahar i emgi jidere dursun bi
Bagadarhan 두 사람은 Cahar와 함께 올 모양이라고

sere, cahar, kalka mende jici, amargi deri ini
합니다. Cahar와 Kalka가 우리에게 공격해 오면 배후에서 그들의

boode genere be, (65:22b)
본거지를 습격하는 것은

⇦ han i genggiyen de sa.
한(汗)의 영명함으로 판단하십시오."

○ ice uyun de,
초아흐레에

⇦ han, gūwalca i boigon be, yahū, kamdani gajime jidere de,
Gūwalca의 가호를 Yahū와 Kamdani가 이끌고 올 때

⇦ han tucifi juwan ba i dubede okdofi,
한(汗)이 나가서 10리 끝에서 맞이해서

⇦ abka de ilan jergi hengkilefi, tereci ihan wafi tu
하늘에 세 번 절하고 나서 소를 잡아 둑

wecehe, juwe tanggū dere dasafi, ihan honin (65:23a)
제사를 지냈다. 상 200개를 차리고 소와 양을

wafi, nikan i hacin hacin i efin efibume amba
잡고, 한인의 갖가지 놀이를 놀게 하고 큰

sarin sarilaha, gajiha anggalai ton, emu minggan
주연을 베풀었다. 데리고 온 인구의 수는 1900명,

uyun tanggū, haha sunja tanggū dehi.
장정은 540명이다.

○ juwan de, korcin de arjin, sindasi, babun,
10일에 Korcin에 Arjin, Sindasi, Babun,

niki, ere duin nofi be elcin takūraha,
Niki 이 네 사람을 사신으로 파견했다.

esede poo sindara jakūn nikan be adabufi unggihe. (65:23b)
이들에게 포를 쏘는 한인 여덟 명을 붙여서 보냈다.

○ ooba taiji de unggihe
Ooba 타이지에게 보낸

⇦ bithei gisun, suweni gaji sehe cooha, ambula gaji seci
글이다. "너희가 데려오라고 했던 군사를 많이 데리고 오라고 하면

← ambula unggire, komso gaji seci komso unggire, suwe
많이 보낼 것이고, 조금 데리고 오라고 하면 조금 보내겠다. 너희는

← asuru ume joboro, geren komso i haran waka,
전혀 걱정하지 말라. 많고 적음의 탓이 아니다.

⇦ abkai haran kai, gemu
하늘의 탓이다. 모두

⇦ abka banjibuha gurun kai, geren seme komso be waci, (65:24a)
하늘이 생기게 한 나라이다. 많다고 해서 적은 것을 죽이면,

⇦ abka geli ombio, suwe hoton be bekileme dasafi, hoton de
하늘이 또 되게 하겠는가. 너희는 성을 견고하게 정비해서, 성에서

← alime gaifi afafi cahar baharakū bederembi, tuttu akūci,
맞아서 싸운다면 Cahar가 얻지 못하고 돌아갈 것이고, 그렇지 않으면

← burulafi terei doro efujembi, burularakū bai bederecibe, tere
패주해서 그들의 정권이 무너질 것이다. 패주하지 않고 그냥 물러나더라도, 그들이

← inu suwembe jai baharakū seme gūnimbi, suwe inu
또 너희를 다시 얻지 못할 것이라고 생각할 것이다. 너희도

← tere fonde dolo sula ombi, neneme jasaktu han,
그때에는 속으로 편해질 것이다. 이전에 Jasaktu 한(汗)이[2)]

← hoifa i sunja tanggū cooha, susai uksin be mutehekū
Hoifa의 병사 500명과 갑병 50명을 이기지 못하고

← bederefi, jai hoifa be necihekūbi, tala de acambi (65:24b)
물러나서, 다시는 Hoifa를 침범하지 않았다. 들판에서 싸우겠다고

← serengge, gacuha maktafi umušuhun oncohon tuhere gese kai,
말하는 것은, Gacuha를[3)] 던져서 앞이나 뒤로 떨어지는 것과 같다.

← tala de afaki sere niyalma, tere oliha niyalma,
들판에서 싸우겠다고 하는 사람은 겁 많은 사람이니,

---

2) Jasaktu 한(汗)(1539~1592)은 북원(北元)의 한(汗)이다. 원래 Kalka 지역이 근거지였으나 세력이 점차 줄어서 Cahar 한(汗)의 지위를 가지게 되었다. 이름은 Tumen이다. Korcin을 공격하려는 Cahar의 Lindan 한(汗), 즉 바투루 Cinggis 한(汗)이 Jasaktu의 증손자이기 때문에 언급한 것이다.

3) gacuha는 직육면체 모양으로 생긴 포유류의 발목관절뼈를 지칭하며 만주인들의 놀이 도구였다.

← terei gisun de ume dosire, hoton de alime
그의 말에 빠지지 말라. 성에서 맞아서

← gaifi afaki sere niyalma, tere baturu niyalma, hoton de
싸우자고 하는 사람은 용감한 사람이다. 성에서

← afafi eterakū bedereci, tere fonde tucifi afaci etembi,
싸우다가 이기지 못하고 물러나면, 그때 나가서 싸우면 이긴다.

← unenggi baturu niyalma serengge tere kai, te cahar i
진실로 용감한 사람이라고 하는 것은 그런 것이다. 이제 Cahar와

← baru acafi weile wajiha seme, julge tumen han i (65:25a)
화합하여 일을 끝냈다고 하면서 예전의 Tumen 한(汗)의[4]

← fon ci ebsi, ere fonde isitala, cahar, kalka
시기 이후로, 이때에 이르도록 Cahar와 Kalka가

← kemuni suwembe sucufi gamarangge, suwende aika weile biheo,
매번 너희를 습격하여 취하려는 것이다. 너희에게 무슨 죄가 있었는가.

← udu acafi weile wajiha seme, cihalafi waki sembihede,
몇 번 화합하여 일을 끝냈다고 하면서 마음대로 죽이겠다고 말하는데

← suwende weile akū seme nakambio, nikan, solho, ula,
너희에게 죄가 없다고 그만두겠는가. 명, 조선, Ula,

← hoifa, yehe, hada, meni manju gurun, mende hoton
Hoifa, Yehe, Hada, 우리 Manju국 등 우리에게 성(城)이

← akūci, suweni monggo membe emu moro buda ulebumbio,
없으면 너희 몽골인이 우리를 밥 한 그릇을 먹이겠는가.

← meni budun de, be hoton de akdafi banjimbi kai. (65:25b)
우리의 유약함 때문에 우리는 성에 의지해서 산다."

---

4) Tumen 한(汗)은 Jasaktu 한(汗)이다.

○ cahar i jalbu taiji, sereng taiji,
Cahar의 Jalbu 타이지, Sereng 타이지가

⇦ genggiyen han de tuktan hengkileme jihe doroi seme, genere de,
경기연 한(汗)에게 처음으로 절하러 온 것에 대한 예로, 갈 때,

gecuheri goksi, seke silun i dahū, suje, ulin,
망룡단 조의, 담비와 스라소니 털옷, 비단, 재물,

uksin saca ambula šangnafi unggihe. (jalbu, sereng, gemu cahar i tumen han de omosi ombi,
갑옷, 투구 등을 많이 상으로 주고 보냈다. (Jalbu, Sereng은 모두 Cahar의 Tumen 한(汗)에게 손자들이 된다.

ini dolo han tere be temšendume facuhūrafi, korcin de dosikabi, korcin ci [공격] han de hengkileme jihe bihe.)
그들의 사이에 한(汗)의 자리를 서로 다투고 혼란스러워서 Korcin에 들어갔다. Korcin에서 한(汗)에게 절하러 와 있었다.)

(65:26a)

○ hai jeo ba i g'an ciowan pu i julergi, yekšu i
해주(海州) 지역의 감천포(甘泉鋪)의 남쪽, Yekšu가 주둔하는

pu de, mao wen lung ni ilan tanggū cooha
보(堡)에 모문룡의 병사 300명이

dobori jifi afara de, pu i dorgi, uksin
밤에 와서 싸울 때 보의 안에서 갑옷이

akū niyalma afame, duin niyalma wara jakade,
없는 사람이 싸워서 네 사람을 죽이자,

bata uthai bederehebi, tere afara poo i jilgan be
적이 곧 물러났다. 그 싸우는 포의 소리를

頭註: gingguleme kimcici, yekšu i pu sere gisun, ainci yekšu i tehe pu sere gisun dere. [신중하게 살펴보니, yekšu i pu라는 말은 아마도 'Yekšu가 주둔하는 보'라는 말일 것이다.]

donjifi, hai jeo i jase de anafu tehe jaisa,
듣고 해주의 경계에서 수자리 사는 Jaisa와

ulkun amcanafi emu tanggū nadanju niyalma waha, (65:26b)
Ulkun이 추격해서 170명을 죽였다.

tere pu de nikan emu tanggū haha
그 보에 한인 장정이 100명

funceme bihe, mao wen lung de niyalma takūrafi,
넘게 있었는데, 모문룡에게 사람을 보내서

genembi serede okdome gajihabi, tuttu ofi, tere
가겠다고 하자 맞이하러 이끌고 온 것이다. 그러하므로 그

gašan i nikan be gemu waha.
마을의 한인을 모두 죽였다.

○ juwan duin de, abtai nakcu, yangguri, baduri,
14일에 Abtai 외삼촌, Yangguri, Baduri,

cergei, gūwalca sai boigon gajime jidere de, (65:27a)
Cergei가 Gūwalca 사람들의 가호를 데리고 올 때

⇦ han, sunja ba i dubede okdofi, ihan honin wafi, arki
한(汗)이 5리 끝에서 맞이하여 소와 양을 잡고 소주와

nure gamafi sarilaha.
황주를 가져가서 주연을 베풀었다.

○ juwan ninggun de, ice gajiha gūwalca sabe
16일에 새로 데리고 온 Gūwalca 사람들을

ilan jergi banjibufi, eture etuku, gecuheri goksi,
세 등급으로 편성해서 입을 옷, 망룡단 조의,

yarga i dahū, suje i sijigiyan, mocin i sijigiyan, camci,
표범 털옷, 비단 웃옷, 모청포 웃옷, 속옷,

fakūri, mahala, gūlha, umiyesun, sektere dasire jibehun (65:27b)
바지, 모자, 신발, 허리띠, 깔고 덮는 이불과

sishe, beri jebele, enggemu hadala, takūrara aha,
요, 활과 화살통, 안장과 굴레, 부리는 노복,

ihan, guise, horho, tere boo, tetun agūra,
소, 궤, 장(欌), 살 집, 가재도구 등

ai jaka jalukiyame jergi bodome haha hehe de
모든 물건을 충분하도록 등급을 헤아려 장정과 여자에게

neigen akūmbume buhe.
골고루 줄 수 있는 대로 주었다.

제66권

천명(天命) 10년(1625) 8월부터 11월까지

ninju ningguci debtelin,
abkai fulingga i juwanci
aniya jakūn biyaci omšon
biyade isinahabi.

tongki fuka sindaha hergen i dangse. (66:1a)
유권점 당안

○ juwan nadan de,
17일에,

⇦ han hendume, julgeci ebsi, arki nure omiha niyalma bi,
한(汗)이 말하기를, "예로부터 지금에 이르기까지, 술 마시는 사람이 있어서,

← omifi tenteke jaka baha, tere erdemu taciha, tuttu
마시고는 저러한 것을 얻었고, 그 덕을 배웠다는 등의 그런

← jabšaha seme gisurere be donjihao, omifi niyalmai emgi
유익했다고 말하는 것을 들어보았는가. 마시고는 남들과

← becunuhe, niyalma be huwesilehe saciha, karu imbe waha,
싸웠다거나, 사람을 찌르고 베었다, 보복으로 그를 죽였다,

← morin ci tuhefi gala bethe bijaha, meifen mokcofi
말에서 떨어져 팔다리가 부러졌다, 목이 부러져서

← bucehe, ibagan ušafi bucehe, fancame nimeku, cilime nimeku (66:1b)
죽었다, 귀신 들려 죽었다, 울화병이나 목 막히는 병을

← baha, ama eme ahūn deo de ehe oho,
얻었다, 부모형제와 사이가 나빠졌다,

← suihume tetun agūra be efuleme, boo manabuha, wasika
주정하며 가재도구를 망가뜨리고 집을 부수었다, 몰락하고

← ufaraha seme gisurehe be donjiha, arki, urundere de
망했다 하고 이야기하는 것은 들어보았다. 술은 배가 고플 때

← ebirakū kai, buya toholiyo[1] efen arafi sile barafi
배를 채울 수 없다. 작은 수제비를 만들어 탕에 말아

← jefu, jai sesi[2] arafi jefu, giyose carufi jefu,
먹으라. 또 타래떡을 만들어 먹고, 교자를 지져 먹으라.

← hala halai efen lala dagilafi jecina, arki teburengge,
각종 떡이나 조밥을 차려서 먹으려무나. 술을 빚는 것과

← efen ararangge, gemu emu fisihe kai, arki de (66:2a)
떡을 만드는 것은 모두 같은 차조이다. 술로는

← efujembi, efen de ebimbi kai, ebire be jeterakū,
망가지지만, 떡으로는 배부르다. 어찌 배부른 것을 먹지 않고,

← efujere be ainu omimbi, bengsen akū niyalma omici,
망가지는 것을 마시겠는가. 재주가 없는 사람이 마시면

← beye bucembi, erdemungge sain niyalma omici, erdemu efujembi,
몸이 죽는다. 재주가 있는 좋은 사람이 마시면 재주가 망가진다.

← han, beise de waka sabumbi, eigen omici, sargan de
한(汗)과 버일러들에게 잘못을 보인다. 남편이 마시면 아내에게

← eimebumbi, sargan omici, eigen de waka sabumbi, booi
미움을 받는다. 아내가 마시면 남편에게 잘못을 보인다. 집의

---

1) toholiyo는 과자의 일종으로 밀가루를 갈아서 동전처럼 둥글고 넙적하게 만든 것이다.
2) sesi는 과자의 일종으로 개암을 쪄서 방망이로 빻아 콩가루를 섞고 꼬아서 튀겨낸 것이다.
頭註: gingguleme baicaci, fe manju gisun i bithede, hala halai sere gisun, uthai hacingga sere gisun inu sehebi. [신중하게 조사하니, 『舊淸語』에 hala halai라는 말은 곧 hacingga(각종)라는 말이라고 했다.]

← aha dosorakū ukambi, arki nure omirengge ai sain,
노복이 견디지 못하고 도망간다. 술을 마시는 것이 무엇이 좋은가.

← julgei mergesei hendurengge, horonggo okto angga de gosihon (66:2b)
옛 현자들이 말하기를, '잘 듣는 약은 입에는 쓰나

← gojime, nimeku de tusa, jancuhūn nure angga de
병에는 효과가 있고, 달콤한 술은 입에는

← amtangga, nimeku be dekdebumbi, haldaba huwekiyebure niyalmai gisun,
달지만 병을 생기게 한다. 아첨하는 사람이나 부추기는 사람의 말은,

← donjire šan de icangga, banjire jurgan de ehe,
듣는 귀에는 흡족하지만, 살아가는 이치에는 나쁘다.

← tondo tafulara niyalmai gisun, šan de icakū,
바르고 충고하는 사람의 말은 귀에는 거슬리지만,

← banjire jurgan de tusa seme henduhebi kai, arki
살아갈 이치에는 이익이다'라고 말했다. 술을

← nure be asuru omire be nakacina.
과도하게 마시는 것을 그만두려무나."

(66:3a)

○ niohon ihan aniya jakūn biyai orin ilan de,
을축년(乙丑年, 1625) 8월 23일에,

damin be takūraha
Damin을 파견하면서 보낸

⇦ bithei gisun, abai, babutai suweni genehe cooha be ningguta de
글이다. "Abai와 Babutai 너희의 출병한 군사가 영고탑(寧古塔)에

← isinjiha manggi, gajire niyalma be asarame isibure, teisuleme
도착하면, 데려올 사람들을 억류하여 보내되, 그에 상응하는 수의

← cooha be suweni beye gajime jio, tereci funcehe
병사를 너희가 직접 이끌고 오라. 그러고 나서 남은

← cooha be, gemu jakūn gūsai ambasa de afabufi
병사는, 모두 8구사의 대신들에게 맡겨서

← ningguta de weri, jaha ara, jaha arara be (66:3b)
영고탑에 남기고 나룻배를 만들라. 배를 만드는 것을

← gašan i niyalma de ume donjibure, hūlhame arafi, jaha
촌락의 사람들이 듣게 하지 말라. 몰래 만들어서, 배를

← šanggahai teile casi doofi, nomin i karun bade gaisu,
완성하는 대로 저편으로 건너가서 Nomin의 초소 지역에서 취하라.

← jali de dosici inu wa, hūsun i bahaci inu
계략에 빠져도 죽이고, 힘으로 잡아서라도

← wa, haha be ume funcebure.
죽이라. 장정을 남기지 말라."

○ juwan biyai ice ilan de, kalka i beise
10월 초사흘에, Kalka의 버일러들이

baibi gisun baime, angga be waha jalin de (66:4a)
공연히 말을 청하며, Angga를 죽인 사건을

jai gisureme, buyarame gisun i elcin jihe manggi,
다시 언급하며, 좀스러운 말로 사신이 오자,

karu elcin unggihekū,
회답 사신을 보내지 않고,

⇦ bithe unggihe, angga be waha jalin de gisureci, angga
글을 보냈다. "Angga를 죽인 연유에 대해 언급하는데, Angga가

← minde ahūn deo biheo, mini elcin be jing
나에게 형제였는가. 나의 사신을 늘

← tosofi waci, bi batangga niyalma seme waha kai,
가로막고 죽이니, 나도 적인 사람이라 하여 죽인 것이다.

← loosa i juse, suweni ahūn deo waha, bata kimun
Loosa의 아들이 너희의 형제를 죽였는데, 원한이

← biheo, encu ba i tanggūt gurun i lama i jalin de, (66:4b)
있었는가. 다른 지역의 Tanggūt 나라의 라마승을 위해서

← suweni ahūn deo be suwe waha kai, ahūn
너희의 형제를 너희가 죽인 것이다. 형제를

← deo be suwe wafi, batangga angga be waha
너희는 죽이면서, 적인 Angga를 죽인 것에

← jalin de, suwe ainu gisurembi, angga i juse be
대해서 너희가 어찌 말하는가. Angga의 자식들을

← suwe gisurefi tucibuheo, enggeder, manggūldai, jušen waka, ujihe
너희가 이야기해서 구했는가. Enggeder와 Manggūldai는 여진인이 아닌데도 키워준

← ama be ehe seme jihe, te bicibe, mini
아버지를 나쁘다 하여 왔다. 지금이라도 내가

← ujihe baili isibufi, amasi ama be baime geneki
보살펴준 은혜를 갚고 나서, 다시 아버지를 찾아 가겠다

← seci, bi ilibuci ombio, generakū niyalma be bi jafafi (66:5a)
한들 내가 멈춰 세울 수 있겠으며, 가지 않겠다는 사람을 내가 잡아서

← buci ombio, ede suwe ainu dambi, jaisai jusei
줄 수 있겠는가. 이것을 너희가 어찌 간섭하는가. Jaisai의 자식들에

← jalin de gisureci, jaisai, i mimbe ama arafi
대해서 말하자면, Jaisai 그는 나를 아버지로 삼아서

← amasi julesi yabumbi seme henduhe bihe, henduhe gisun be
왕래하여 다니겠다고 말했었는데, 했던 말을

← gūwaliyafi yaburakū oci, bi juse be unggirakū gaifi
바꾸고 왕래하지 않게 되니, 내가 자식들을 보내지 않고 데리고

← terengge tere inu, jaisai be suwe gisurefi tucibuheo,
있었던 것이 그것이다. Jaisai를 너희가 말해서 나오게 했는가.

← ede suwe ainu dambi, gisureci meni ama jui
이것을 너희는 어찌 관여하는가. 이야기를 하더라도 우리 부자가

← gisurembi dere, bak, gisun de isibume amasi julesi (66:5b)
이야기할 것이다. Bak은 말을 지켜 왕래하며

← lakcarakū yabure jakade, bak i juse be gemu
끊임없이 다니기 때문에, Bak의 아이들을 모두

← tucibufi unggihe kai, tere be suwe gisurefi tucibuheo,
내보냈던 것이다. 그것을 너희가 말해서 내보냈는가.

← ere gisun be gisurembihede, suwe ume jidere, ereci
이런 말을 할 것이라면, 너희는 오지 말라. 이후로,

← amasi, banjire doroi jalin de gisurembi seci, bak,
살아가는 도리 때문에 이야기하겠다고 해도, Bak과

← bahūn i gisun de akdara gojime, gūwa i gisun de akdarakū,
Bahūn의 말을 믿을 뿐, 다른 사람의 말은 믿지 않겠다.

← nikan be minde acabuki seme ume gisurere, suwe
명나라와 나를 화해시키겠다고 말하지 말라. 너희가

← mini baru ofi gisureci, suwembe siden i niyalma seme suweni (66:6a)
내 편이 되어 말한다면, 너희를 중립적인 사람이라고 하며 너희의

← gisun de dosimbi dere, nikan i baru ofi gisurere de,
말을 들을 것이다. 명나라의 편이 되어 말한다면

← suweni gisun de we dosimbi, dabašara gisun be
너희의 말을 누가 들을 것인가. 주제넘은 말은

← ume gisurere, yertecun ojorahū. (ere bahūn de unggihe bithe, bahūn, monggo i bayot gurun i beile, gisun yabun sain bihe.)
하지 말라. 부끄러워질까 염려된다. (이것은 Bahūn에게 보낸 글이다. Bahūn은 몽골의 Bayot국의 버일러로, 언행이 발랐다.)

○ tere inenggi, tabai age, duin tanggū haha,
그날, Tabai 아거가 장정 400명과

uyun tanggū angga bahabi, abai age, babutai
900명의 인구를 얻었고, Abai 아거와 Babutai 아거가

age, juwe tanggū haha, ninggun tanggū angga (66:6b)
장정 200명과 600명의 인구를

bahabi seme, kimana, sunaha, ice duin de
얻었다고 Kimana와 Sunaha가 초나흘에

alanjime jihe. (haha anggala baha serengge, šun dekdere dergi mederi jaka i gurun be ganaha bihe.)
알리러 왔다. (장정과 인구를 얻었다고 하는 것은, 해 뜨는 동해 부근의 사람들을 데리러 갔었다는 것이다.)

⇦ han hendume, nikan be muse jing ujimbi, nikan i mukšan
한(汗)이 말하기를, "한인을 우리가 늘 살려주는데, 한인 그는 몽둥이

← dagilara be nakarakū, dzung bing guwan ci fusihūn, beiguwan ci wesihun,
준비하는 것을 그만두지 않는다. 총병관(總兵官) 이하, 비어(備禦) 이상은

← meni meni gašan de gene, genefi gašan i nikan be
각각 촌락으로 가라. 가서 촌락의 한인을

← ilga, yarga i boco oilo, niyalma i boco dolo sere, (66:7a)
변별해내라. '표범의 색은 겉에, 사람의 색은 내면에'라고 하는데,

← suwe jalingga faksi niyalma i gisun de dosirahū, tondo
너희가 간사하고 교묘한 사람의 말에 빠질까 염려된다. 바른

← mujilen i saikan kimcime ilga, muse de saišabufi tukiyehe
마음으로 잘 살펴 변별하라. 우리가 추천하여 등용한

← hafan waka, ini nikan de daci hafan bifi,
관원 말고 자기 명나라에서 본래 관원이었다가

← te efujefi bisire niyalma, šusai sa, ambasa, tubaci
지금 파직되어 있는 사람들, 생원들, 대인들이 그곳으로부터

← giyansi takūraha gisun be alime gaijara, uba i gašan i
첩자를 파견하여 한 말을 받아 가지거나, 이곳 촌락의

← niyalma be yendeburengge, gemu tere kai, tere be
사람들을 선동하는 사람들이 모두 그들이다. 그들을

← encu ilgafi dayabu, (dayabu serengge, wara be.) muse de hoton hecen (66:7b)
따로 변별해서 제거하라. (dayabu라는 것은 죽이라는 것을 말한다.) 우리에게 성시의

← weilere, alban bure niyalma be ujifi tokso ara,
일을 해주고, 공역을 제공할 사람은 살려서 장원을 만들라.

← jai juse sargan akū emteli niyalma be, ujici
또 자식이나 아내 없이 홀몸인 사람들은, 살릴

← acara niyalma be ujifi, sargan, etuku, ihan, eihen,
만한 사람들은 살려서, 아내와 옷, 소, 나귀,

← jeku bufi tokso ara, emteli bime ujici ojorakū
곡식을 주고 장원을 만들라. 홀몸이면서 살리면 안 되는

← kiyangkiyasa be inu dayabu, jai jakūn beile i booi
강건한 자들은 역시 제거하라. 또 여덟 버일러 집의

← tokso i nikan ci aname, jušen i boode dosika niyalma be,
장원에 있는 한인에서부터 여진인의 집에 들어간 사람들을,

← gemu jafafi ilgara an i ilga, jušen i aldungga, eimede, (66:8a)
모두 잡아서 통상 변별하던 대로 변별하라. 여진인 중 이상하고 혐오스럽고

← silemin sa, bi boode akū bihe, sarkū seme
고집센 이들이, 나는 집에 없었다 모른다 하여

← somifi tuciburakū ohode weile, nikan i fon i ciyandzung waka,
감추고 내놓지 않는다면 죄가 있다. 명나라 시기의 천총(千總)이 아니라,

← te musei tukiyefi ciyandzung araha niyalma, daci simiyan de
이제 우리가 천거해서 천총으로 삼은 사람, 본래 심양(瀋陽)에서

← boo tefi ama eme boigon yooni jifi bihengge be
거주하고 부모와 가호가 온전히 와서 있던 사람은

← guwebu, simiyan de boo tecibe, ama eme be gajihakū,
면해주라. 심양에서 거주해도 부모를 데려오지 않고

← haji sargan be gajihakū, holtome boo tehe gebu
아끼는 아내를 데려오지 않고, 거짓으로 거주하는 이름을

← arame, tulgiyen sargan beyei teile jifi tehengge be (66:8b)
만들어, 첩과 자신만 와서 사는 것은

← ume tebure, daci boo tehekū, uyun biyaci ebsi,
살게 하지 말라. 원래부터 거주하지 않고, 9월부터 지금까지

← yoo jeo, hai jeo i medege de golofi, simiyan de jihe
요주(耀州), 해주(海州)의 소식에 놀라서, 심양에 온

頭註: gingguleme baicaci, jakan toktobuha fe manju gisun i bithede, tulgiyen sargan sere gisun, uthai asihan sargan sere gisun inu sehebi. [신중하게 조사하니, 최근 편찬한 『舊淸語』에 tulgiyen sargan이라는 말은 곧 asihan sargan(첩)이라는 말이라고 했다.]

← niyalma be ume tebure, ilgara an i ilga, ere
사람은 살게 하지 말라. 통상 변별하던 대로 변별하라. 이를

← ilgara de, jongkoi adali menggun gaime guweburahū, simiyan,
변별할 때, 앞서 말했던 것처럼 은을 받으며 면해줄까 염려된다. 심양,

← fusi, keyen, cilin i harangga tesu niyalma be, gūwa ba i
무순(撫順), 개원(開原), 철령(鐵嶺) 소속의 해당되는 사람들은, 다른 지역의

← niyalma ci jaci oihori ilga, guwangning ci guribume gajiha
사람들보다 매우 관대하게 변별하라. 광녕(廣寧)으로부터 이주시켜 데려온

← niyalma be, fusi, simiyan i niyalmai sirame oihori ilga, (66:9a)
사람들을, 무순, 심양의 사람 다음으로 관대하게 변별하라.

← emu tokso de juwan ilan haha, nadan ihan i
한 장원에 장정 13명과 소 일곱 마리로

← banjibu, jangturi ahūn deo be juwan ilan haha i
편성하라. 마름의 형제를 13명의 장정의

← ton de dosimbu, jangturi beyebe simiyan de gajifi,
수에 넣으라. 마름 본인은 심양에 데려와서,

← nirui ejen i booi adame tebu, juwe jangturi boo be
니루 수장의 집에 가까이 살게 하라. 두 마름의 집을

← emu bade tebu, aika baita oci, tere juwe
한 곳에 살게 하라. 무슨 일이 생기면, 그 두

← jangturi jurceme idu banjifi genefi bošokini, jušen ume
마름이 번갈아 당번을 짜서 가서 감독하는 것이 좋겠다. 여진인은

← dara, jangturi gebu, tokso i juwan juwe haha i gebu, (66:9b)
신경 쓰지 말라. 마름의 이름과 장원의 13명 장정의 이름,

← ihan eihen i boco be, gemu bithe arafi gašan i
소와 나귀의 색깔 등을 모두 글로 써서 촌락의

← janggin de afabu, genehe amban bithe arafi gajime jio.
장긴에게 맡기라. 간 대신은 글로 써서 가져오라."

○ nikan be wara de, ceni facuhūn ehe be
한인을 죽일 때, 그들의 문란함과 포악함을

tucibume henduhe
밝히며 한

⇦ gisun, bi liyoodung be baha manggi, suwembe wahakū, tehe
말이다. "나는 요동(遼東)을 얻고 나서, 너희를 죽이지 않고, 살던

← boo, tariha usin be acinggiyahakū, booi aika jaka be (66:10a)
집, 경작하던 밭을 건드리지 않고, 집의 어떠한 물건도

← necihekū ujihe, tuttu ujici, ojorakū, gu ho i niyalma,
침해하지 않고 살려주었다. 그렇게 살려주어도 소용없었다. 고하(古河)의 사람들은

← mini takūraha niyalma be wafi ubašaha, ma ciyan jai i niyalma,
내가 파견한 사람을 죽이고 배반했다. Ma Ciyan Jai의 사람은,

← mini takūraha elcin be wafi ubašaha, jeng giyang ni
내가 파견한 사신을 죽이고 배반했다. 진강(鎭江)의

← niyalma, mini sindaha tung iogi be jafafi nikan de
사람은, 내가 임명한 동(佟) 유격(遊擊)을 잡아서 명나라에

← beneme ubašaha, cang šan doo i niyalma, mini takūraha
보내며 배반했다. 장산도(長山島)의 사람들은, 내가 파견한

← niyalma be jafafi guwangning de benehe, šuwang šan i niyalma,
사람을 잡아서 광녕(廣寧)에 보냈다. 쌍산(雙山)의 사람은,

← cargi cooha be boljofi gajifi, mini niyalma be waha, (66:10b)
저편의 군대를 약속하여 이끌고 와서, 나의 사람들을 죽였다.

← sio yan i niyalma ubašame genere be, fei šusai[3] gercilehe,
수암(岫巖) 사람이 배반해 가는 것을 Fei 생원이 고발했다.

← fu jeo i niyalma ubašame nikan cuwan boljofi gajiha, ping ding
복주(復州)의 사람이 배반하여 한인이 배를 약속해서 이끌고 왔다.

← šan i jaka i niyalma, mini dehi niyalma be wafi
평정산(平頂山) 인근의 사람은 나의 사람 40명을 죽이고

← ubašaha, mini ujihe baili be gūnirakū, kemuni nikan i
배반했다. 내가 살려준 은혜를 생각하지 않고, 여전히 명나라의

← baru ojoro jakade, weilengge ba i niyalma be waha,
편이기 때문에, 죄지은 지역의 사람들은 죽였다.

← weile akū ba i niyalma be tehei bici, facuhūn
죄 없는 지역의 사람들을 살던 대로 두면, 혼란이

← nakarakū seme guribufi, amargi ergi de gajiha, gajifi (66:11a)
그치지 않을 것이라 하여 이주시켜서, 북쪽으로 데려갔다. 데려가서

← boo usin jeku yooni bufi ujihe, tuttu ujicibe,
집과 밭과 곡식 일체를 주고 살려주었다. 그렇게 살려주었는데도

← kemuni giyansi halbure, jafu bithe alime gaijara, ukame
여전히 첩자를 불러들이고, 차부(劄付)를 받아 가지고, 도망하며

← ubašame generengge lakcarakū, te ere aniya cuwan ceng ni
배반해 가는 것이 끊이지 않고, 이제 올해는 Cuwan Ceng의

← niyalma, yoo jeo i niyalma, nikan de boigon gaju seme
사람과 요주의 사람이 명에게 가호를 데려가라 하며

---

3) 만주문으로는 fei šusai인 것이 분명하지만 제55권에 나오는 wei šusai와 같은 인물일 가능성도 있다. 참고로 일본 동양문고 만문노당연구회 역주본에서는 이것을 wei šusai로 전자하였으며 제55권에 나오는 wei šusai와 동일 인물로 보았다.

← niyalma takūrafi cooha boljofi gajiha, jang i jan i niyalma, nikan
사람을 파견해서 군사를 약속하고 이끌고 왔다. 창의참(彰義站)의 사람은, 명나라

← cooha jihe de, jušen be maitušambi seme maitu dagilaha,
군사가 오면 여진인을 매질하겠다며 몽둥이를 준비했다.

← jai an šan, hai jeo, gin cuwan, šeo šan, tere šurdeme (66:11b)
또 안산(鞍山), 해주, Gin Cuwan, 수산(首山), 그 주변의

← pu i niyalma, gemu giyansi halbufi cooha boljofi gajifi
보(堡)의 사람들은, 모두 첩자를 불러들여서 군사를 기약하고 데려와서

← genembihe, suwe, mini tehei bisire de, uttu jušen be
가려고 했다. 너희가 내가 주둔하고 있을 때도 이렇게 여진인을

← wafi generengge, maitu dagilarangge, meni aba cooha genehe
죽이고 배반해 가고, 몽둥이를 준비하는데, 우리가 몰이사냥이나 출병한

← amala, suwe ekisaka bimbio, nikan i takūraha giyansi halbure,
후에는, 너희가 잠잠하게 있겠는가. 명이 파견한 첩자를 불러들이고,

← jafu bithe alime gaijara, mukšan dagilara ai ai ehe be
차부(箚付) 받아 가지고, 몽둥이를 준비하는 등 갖가지 악행을

← deriburengge, gemu tulergi de tehe šusai sa, hafasai
도모하는 것은, 모두 밖에서 살던 생원들과 관원들의

← hūncihin, daci banjiha ambasa suwe deribumbi kai, simiyan de (66:12a)
친척과 원래부터 살던 대인들 너희가 도모하는 것이다. 심양에

← bisire hafasa, jai hoton hecen weilere, alban bure
있는 관원들, 그리고 성시의 일을 하며, 공역을 제공하는

← niyalmai saha aibi, suweni ehe de suwaliyame wabumbi kai,
사람들이 아는 것이 무엇이겠는가. 너희의 악행에 말려들어 죽임당할 것이다.

← suwembe eitereme ujici, suwe ujihe baili be gūnirakū,
너희를 아무리 살려주어도, 너희가 살려준 은혜를 생각하지 않고,

← kemuni nikan i baru gūnici tetendere seme, suweni tulergi
여전히 명나라 쪽으로 생각하니 그렇다면 너희의 바깥

← gašan i ujungga niyalma be warangge ere inu, buya
촌락의 우두머리인 사람을 죽이려는 이유가 이것이다. 소인은

← niyalma hoton hecen weilembi, giyansi ebunjirakū, ukame geneci,
성시의 일을 할 것이므로 첩자가 와서 머물지 않을 것이다. 도망해 가더라도

← ini emu beyei teile genekini seme, buya niyalma be (66:12b)
자기 혼자 몸으로 가니 괜찮다 하여 소인을

← ujirengge ere inu, ujihe niyalma be siden de
살리는 이유가 이것이다. 살린 사람은, 소속 없이

← bici, jušen nungnembi seme, gemu han, beise i tokso
있으면 여진인이 침해할 것으므로 모두 한(汗)과 버일러들의 장원을

← arambi, emu tokso de juwan ilan haha, nadan
만들어 넣을 것이다. 하나의 장원에 13명의 장정과 소 일곱 마리,

← ihan, tanggū cimari usin bumbi, orin cimari alban
밭 100상(晌)을 줄 것이다. 20상(晌)은 공곡용이며,

← ningge, jakūnju cimari suweni beyei jeterengge.
80상(晌)은 너희 자신이 먹을 것이다."

○ beise hendume, nikan hafasa suwe meni meni (66:13a)
버일러들이 말하기를, "한인 관원들 너희는 각자

hanciki niyaman hūncihin be gaisu, mujakū aldangga
가까운 친인척을 받아들이라. 터무니없이 먼

niyaman hūncihin be ume gaijara, ulin de
친인척은 받아들이지 말라. 재물에

dosifi balai gaifi, suweni dere girurahū seme
빠져서 함부로 받아들여서는, 너희의 체면이 부끄러워질까 염려된다"라고

hendufi, jakūn gūsai ambasa golo dendefi genefi,
말하고, 8구사의 대신들이 지역을 나누어 가서

gašan pu tome ebunefi waha, wame wajifi
촌락과 보(堡)마다 가서 머물며 죽였다. 죽이기를 마치고

ilgafi ujihengge be, juwan ilan haha, nadan
변별하여 살려준 이들을, 장정 13명과 소 일곱 마리를

ihan be emu tokso arafi, dzung bing guwan ci (66:13b)
장원 하나로 만들어서, 총병관

fusihūn, beiguwan ci wesihun, emu beiguwan de
이하 비어 이상에게 비어 한 명당

emte tokso buhe, tere wara de, saisa
장원 하나씩을 주었다. 그렇게 죽일 때, 학자나

šusai sa wabume wajifi, amala
생원들을 다 죽이게 해서, 후에

⇦ sure kundulen han ilifi nasame, funcehe sulaha ehe sain
수러 쿤둘런 한(汗)이 멈추고 한탄하여, 남은 생원들을 나쁘든 좋든

šusai sabe baicafi, dasame nikan doroi simnefi, ilan tanggū
조사해서, 다시 한인의 방식으로 과거를 보고, 300명

funceme šusai bahafi, juwete haha holbofi alban
넘게 생원을 구해서, 장정을 둘씩 붙여주고 공역을

guwebuhe. (66:14a)
면해주었다.

○ juwan uyun de, ooba de genehe arajai i
19일에, Ooba에게 갔던 Arajai가

gajiha bithei gisun, corji lama, korcin, cahar i
가져온 글이다. "Corji 라마가 Korcin과 Cahar의

doro be acabumbi seme jifi tehebi, musei
정권을 화친케 하겠다고 하여 와서 살고 있습니다. '우리

juwe gurun acaci hebei acaki, efujeci hebei
두 나라가 화친하더라도 의논하여 화친하자. 파기하더라도 의논하여

efujeki sehe bihe,
파기하자'라고 했습니다.

⇦ han, gintai de hendume, suwe ahūn deo i dolo weile bi, (66:14b)
한(汗)이 Gintai에게 말하기를, '너희 형제의 마음속에는 죄가 있다.

← hoton arara unde, jalidame gisurecina sehe bihe,
성은 아직 쌓지 않았다. 재주껏 말해보려무나'라고 하셨는데,

erei karu aiseme jabure,
이에 대한 답으로 무엇이라고 대답하겠습니까.

⇦ han sa, arajai be jiheci ilan duin jergi mejige jihe,
한(汗)이 판단하십시오. Arajai가 온 이후로 서너 번 소식이 왔습니다.

cooha jidere yargiyan sere, yargiyan cooha juraka
군사가 오는 것이 사실이라고 합니다. 정말로 군대가 출발했다는

mejige jici, ekšeme elcin takūrara, cooha dara
소식이 오면, 급히 사신을 파견하겠습니다. 군대를 원조해야 할

jalin de amaga elcin de hendufi unggire.
경우에는 이후에 사신에게 말해서 보내겠습니다."

(66:15a)

○ orin jakūn de, ooba i unggihe bithei gisun,
28일에, Ooba가 보낸 글이다.

hūng baturu elcin takūrafi, ebergi cahar ere
"Hūng 바투루가 사신을 파견해서, 이쪽의 Cahar가 이

biyai juwan emu de acafi, tofohon de
달 11일에 합류하여, 15일에

jurambi seme alanjiha, be cahar de amba weile
출발한다고 알려왔습니다. 우리는 Cahar에 큰 죄가

akū bihe, baibi ekisaka banjire de, dalai
없었고, 단지 조용히 살고 있는데, Dalai

taiji be wafi genehe, te geli waki seme
타이지를 죽이고 갔습니다. 이제 또 죽이자 하며

jimbi, darhan taiji, jalait, sibe, sahalca be waliyafi (66:15b)
옵니다. Darhan 타이지는 Jalait, Sibe, Sahalca를 포기하고

wesihun genehe, meni <u>ilan uju</u> i teile hoton de
동쪽으로 갔습니다. 수장인 우리 세 사람만 성에

tehebi, buceci emu ergen, olhoci emu buraki
주둔해 있습니다. '죽어도 한목숨이며 말라도 하나의 티끌이

oki sehe bihe, weijeng meni juwe nofi
되자'라고 했습니다. Weijeng과 우리 두 사람이

neneme mejige bahafi ebšeme jihe bihe,
먼저 정보를 얻고서 급히 와 있습니다.

頭註: gingguleme kimcici, ilan uju sere gisun, ainci dalaha ilan niyalma sere gisun dere. [신중하게 살펴보니, ilan uju라는 말은 아마도 '수장인 세 사람'이라는 말일 것이다.]

⇦ han, beise jici, tumen cooha, ambasa jici, minggan cooha
한(汗)은 '버일러들이 오면 병사 1만 명을, 대신들이 오면 병사 1000명을

unggire sehe bihe, beise i juse genekini sehe
보내겠다'라고 했었습니다. 버일러들의 아들들이 가는 것이 좋겠다고도

bihe, mejige hanci donjifi, ere ambasa be ebšeme (66:16a)
했었습니다. 정보를 가까이에서 듣고, 이 대신들을 급히

takūraha, cooha ambula komso unggire be,
파견합니다. 군대를 많이 보낼지 적게 보낼지는,

⇦ han i genggiyen de sa.
한(汗)의 영명함으로 판단하십시오."

○ omšon biyai ice juwe de, korcin i sereng
11월 초이틀에, Korcin의 Sereng

taiji, gumbu taiji duin morin gajime,
타이지와 Gumbu 타이지가 네 필의 말을 가지고

⇦ han de hengkileme jihe.
한(汗)에게 절하러 왔다.

(66:16b)

○ ice sunja de, korcin i ooba taiji i elcin, emu bandi,
초닷새에, Korcin의 Ooba 타이지의 사신인 사미승(沙彌僧) 한 명과

duin niyalma jihe gisun, cahar i cooha jidere yargiyan, baran
네 사람이 와서 한 말이, "Cahar의 군사가 오는 것이 사실입니다. 형세가

sabumbi seme alanjiha manggi, jakūn gūsai orin niyalma be
보입니다"라고 알려오자, 8구사의 20명을

tucibufi, menggetu de adabufi, ice ninggun de unggihe.
뽑아서 Menggetu에게 맡겨서 초엿새에 보냈다.

○ ice ninggun de, lama, monggo i beise be ujire ehe,
초엿새에, "라마승이 몽골의 버일러들은 잘 보살펴주지 않고

⇦ han be ujire sain seme, (66:17a)
한(汗)은 잘 보살펴준다고 하며,

⇦ han be baime jidere de, lama i sahalca sa banjiha ba,
한(汗)에게 귀부해 올 때, 라마승 예하의 Sahalca 사람들이 살던 지역과

jeke muke be waliyafi lama be dahame
먹던 물을 포기하고 라마승을 따라

jihengge, tereci jilakan ai bi, ere jihe
온 것, 그보다 가상한 것이 무엇이 있겠는가. 이 온

gung de lama be dahame jihe sahalca sabe,
공에 대해 라마승을 따라온 Sahalca 등을

gemu juse omosi jalan halame alban de ume
모두 자손 대대로 공역에 넣지 말고,

dabure, bucere weile bahaci giyala, ulin gaijara weile
죽을 죄를 지어도 거르고, 재물을 몰수할 죄를

bahaci waliya, gosire doro be ume lashalara seme (66:17b)
지어도 면제하라. 아껴주는 도리를 그치지 말라"고

bithe arafi, emu tanggū gūsin juwe niyalma de
글을 써서, 132명에게

ejehe buhe. (lama, tanggūt gurun i niyalma, monggo gurun i korcin i ba i beise be baime jifi bihe, ⇦ genggiyen han i kundulere be safi, liyoodung de baime jihe.)

칙서를 주었다. (라마승은 Tanggūt국의 사람이다. 몽골국의 Korcin 지역의 버일러들에게 귀부해 와 있었다. 경기연 한(汗)이 존중해줌을 알고, 요동에 귀부해 왔다.)

○ cahar i cooha, korcin be kame jimbi seme,
Cahar의 군사가 Korcin을 포위하러 온다 하여,

juwan de,
10일에

⇦ han, geren beise ambasa be gaifi, korcin de dame
한(汗)이 여러 버일러들과 대신들을 이끌고 Korcin을 원조하러

cooha juraka, k'ai yuwan hecen i amargi jeng be (66:18a)
출병했다. 개원성(開原城)의 북쪽 진북보(鎭北堡)에

pu de isinafi,
도달해서,

⇦ han, i amasi bedereme, manggūltai beile, duici beile, abatai
한(汗)이 자신은 뒤로 물러나며, Manggūltai 버일러, 제4버일러, Abatai

taiji, jirgalang taiji, ajige taiji, šoto taiji,
타이지, Jirgalang 타이지, Ajige 타이지, Šoto 타이지,

sahaliyen taiji, sonjoho sain sunja minggan cooha be
Sahaliyen 타이지와 선발한 정예병 5000명을

gaifi julesi unggihe,
이끌고 앞서 보냈다.4)

⇦ han, beise ambasa geren cooha be gaifi amasi bederehe,
한(汗)이 버일러들과 대신들, 여러 군사를 이끌고 되돌아왔다.

tere yamji ulgiyan erin de, juwe niyalma be (66:18b)
그날 저녁 해시(亥時)에, 열 명을

tucibufi, genehe beise de takūraha
뽑아서, 간 버일러들에게 파견하며 보낸

⇦ gisun, alagai, kalju de genefi poo sinda sehe bihe,
말이다. "Alagai와 Kalju에 가서 포를 쏘라 했었는데,

---

4) 『滿洲實錄』(8권, 天命 10년(1625) 11월)에는, 진북보에 이르러 보니 말들이 몰이사냥으로 많이 야윈 까닭에 좋은 말을 뽑아 5000명의 정예병을 보낸 것으로, 한(汗)이 돌아온 배경을 기술하고 있다.

← tede ume genere, nunggan subargan ci ebsi, cargici
그곳에 가지 말라. Nunggan Subargan으로부터 이쪽까지, 저편에서

← jidere mejige bahaci, casi geneci ojoro, mejige oci,
오는 정보를 얻으면, 저편으로 가도 될 것이다. 소식이 있으면,

← nunggan subargan de ilifi, ini cargici jihe monggo i
Nunggan Subargan에서 진을 치고, 저들 저편에서 온 몽골의

← elcin be casi takūra, takūrara elcin de hendufi
사신을 저쪽으로 파견하라. 파견하는 사신에게 말해서

← unggire gisun, geneme emu inenggi emu dobori, jime (66:19a)
보내는 말은, '가는 데 하루 밤낮, 오는 데

← emu inenggi emu dobori be aliyambi, terei dabala,
하루 밤낮을 기다리겠다. 그뿐이다.

← fulu aliyarakū seme hendufi unggi, cargici jidere mejige be
더 기다리지 않겠다'라고 말해서 보내라. 저편에서 올 소식을

← umai baharakūci, musei karun gidame genehe coohai niyalma be
전혀 얻지 못하면, 우리의 정탐병은 진압하러 간 군사들을

← aliyafi amasi jio seme takūraha, genehe beise nunggan de
기다렸다가 돌아오라"고 하며 파견했다. 간 버일러들은 Nunggan에

isinaha, cahar i cooha korcin be afame bahara
이르렀다. Cahar의 군사가[5] Korcin을 공격하여 빼앗을

isikangge, aisin i cooha isinjiha seme donjifi, dobori
참에, 금나라의 군대가 이르렀다고 듣고서, 밤을

dulime genehebi, tereci beise bederehe. (alagai, kalju, nunggan subargan, ba i gebu.) (66:19b)
새워 가버렸다. 그 후 버일러들은 물러났다. (Alagai, Kalju, Nunggan Subargan은 지역의 이름이다.)

---

5) 『滿洲實錄』(8권, 天命 10년(1625) 11월)에는 이때 출병한 Cahar군은 Lindan(Ligdan) 한(汗)의 군대라고 기술했다.

○ juwan jakūn de, kalka i bahūn i ilan elcin
18일에, Kalka의 Bahūn 예하의 사신 세 명이

jihe, jihe gisun,
왔다. 와서 한 말이다.

⇦ genggiyen han, jakūn beise de bithe wesimbuhe, sunja tatan i
"경기연 한(汗)과 여덟 버일러에게 글을 올립니다. 5부의

elcin genekini sehe mujangga bihe, jaisai, sebun
사신들이 가는 것이 좋겠다고 한 것은 사실이었습니다. Jaisai와 Sebun

juwe nofi, cahar han i emde cooha genembi
두 사람이 Cahar 한(汗)과 함께 출병하겠다고

sere jakade, hūng baturu jili banjifi, bumbutai be (66:20a)
했기 때문에, Hūng 바투루가 분노해서, Bumbutai를

jaisai de, nangnuk be bagadarhan de ilibu
Jaisai에게, Nangnuk을 Bagadarhan에게 멈추게 하라

seme unggihe bihe, tere beise ojorakū genehe
하며 보냈었는데, 그 버일러들이 말을 듣지 않고 출병했기

jalin de, kalka dulga, cahar han i emde
때문에, Kalka의 반수가 Cahar 한(汗)과 함께

cooha genefi,
출병해서,

⇦ genggiyen han, mini emgi adarame doro jafambi seme hendumbi dere
'경기연 한(汗)은 어찌 나와 함께 정권을 잡겠느냐고 말할 것이다'라고

seme elcin unggihekū, ilibuci ojorakū genehe, tere
하며 사신을 보내지 않았습니다. 멈추게 해도 듣지 않고 출병했습니다. 그

頭註: gingguleme baicaci, manju gisun i buleku bithede, emgi sere gisun be, inu emde seme gisurembi sehebi. [신중하게 조사하니, 『御製淸文鑑』에 emgi(함께)라는 말은 emde라고도 말한다고 했다.]

juwe weile be aname gisureki sembi, bolori (66:20b)
두 일을 해명하여 말하고자 합니다. 가을에

unggiki sehe elcin, nenehe biyade jiki sehe
보내고자 했던 사신, 이전 달에 오려고 했던

elcin, ere bithei gisun, gemu hūng baturu
사신, 이 글의 말 등은 모두 Hūng 바투루가

gisun i gisurehe bihe, aikabade sunja tatan i elcin
말로만 한 것입니다. 혹시 5부의 사신이

jiderakū oci, ineku hūng baturu holtome efuleci,
오지 않는다면, 바로 그 Hūng 바투루가 속여 파기한다면,

efulembi dere, suweni isibu sehe gisun be
파기하는 것입니다. 당신들이 보내라 했던 말을

⇦ han de elcin i gisun isibuha, yooni isibuha, akū be sarkū,
한(汗)에게 사신을 보내 말을 전했습니다. 온전히 전했는지 전하지 않았는지는 모릅니다.

muterei teile juwe doroi sidende yooni saikan (66:21a)
힘 닿는 데까지 두 정권의 사이에 온전히 잘

hendume jabuci,
말하여 대답하면,

⇦ han, beise fulu gosimbi dere seme gūnimbi kai, mini
한(汗)과 버일러들이 매우 아낄 것이라고 생각합니다. 제

beye holo ojoro ayoo seme ulhibumbi.
자신이 거짓말쟁이가 되면 어찌하나 하여 해명합니다."

제9함

태조황제 천명(天命) 10년(1625)부터 천명(天命) 11년(1626) 8월까지

uyuci dobton,
taidzu hūwangdi i abkai fulingga i juwanci
aniya ci, abkai fulingga i juwan
emuci aniya jakūn biyade isinahabi.

제67권 천명(天命) 10년(1625)
제68권 천명(天命) 10년(1625)
제69권 천명(天命) 10년(1625)
제70권 천명(天命) 10년(1625)
제71권 천명(天命) 11년(1626) 3월~6월
제72권 천명(天命) 11년(1626) 6월~8월

제67권

천명(天命) 10년(1625)

ninju nadaci debtelin,
abkai fulingga i
juwanci aniya.

tongki fuka sindaha hergen i dangse. (67:1a)
유권점 당안

⇦ abkai fulinggai fon be aliha
"천명(天命) 시기를 받은

⇦ han hendume ci, ume heoledere de isitala
한(汗)이 말씀하시기를"부터 "태만하지 말라"까지의

⇦ tacibuha gisun be, dzung bing guwan ci fusihūn, beiguwan de
가르치신 말을, 총병관(總兵官) 이하, 비어(備禦)에

isitala, yaya ejehe i uju de gemu arahabi, ume
이르도록, 온갖 칙서의 첫머리에 모두 써두었다.

heoledere sirame jergi jergi ambasai gebu be
"태만하지 말라"에 이어 각 품급의 대신들의 이름을

gebulefi, gung, bucere weile, gaijara weile be arahabi.
적고, 공(功)과 죽을 죄, 몰수할 죄를 기록했다.

(67:1b)

○ emu fuka i fejergi bithe emu ejehe.
하나의 동그라미 아래의 글이 하나의 칙서이다.

頭註: gingguleme baicaci, ere emu meyen i ⇦ tacibure gisun, uthai sirame fiyelen be jorime arahabi. [신중하게 조사하니, 이 한 단락의 가르치신 말은, 곧 다음 절(節)을 가리켜 쓴 것이다.]

○ kubuhe [原檔殘缺][1)]
양(鑲) □□□

⇦ abkai fulinggai fon be aliha
천명(天命)의 시기를 받은

⇦ han hendume, julgei enduringge han i abkai fejergi be dasahangge,
한(汗)이 말하기를, "예전의 성왕(聖王)들이 천하를 다스렸던 것은,

← inu coohai horon i sahaliyan ujungga irgen be toktobuhabi,
역시 무위(武威)로 검은 머리의 백성을 평정했던 것이다.

← bithei jurgan i canggi be yabubume, coohai jurgan be (67:2a)
문치(文治)의 의(義)만 행하게 하며 무치(武治)의 의(義)로

← dasahakūngge akū, bi julge be doorame coohai hafan
다스리지 않은 이가 없다. 나는 예전을 본받아 무관(武官)을

← ilibuha, ere ejehe be gaiha niyalma, tondo mujilen i
세웠다. 이 칙서를 받은 사람은, 충성스러운 마음으로

← beyebe yabubu, sain mujilen i geren be uji, mergen
스스로를 행하게 하라. 선한 마음으로 여럿을 보살피라. 현명한

← mujilen i majige babe kimci, jalingga be sere,
마음으로 작은 곳을 살피라. 간사한 것을 말하는 것과

← gidašara be ilibu, beyebe šolo ume tucibure, enteke be
업신여기는 것을 그만두라. 스스로를 한가하게 두지 말라. 이러한 것들을

← mutebuci, kesi ama mafa de isinambi, hūturi juse
능히 하면, 은혜가 부친과 조부에게 이르러 갈 것이고, 복이 자식들과

← omosi de tutambi, beye boo enteheme wesihun banjimbi kai, (67:2b)
손자에게 미칠 것이며, 본인과 집이 영원히 귀하게 살 것이다.

---

1) 기술 순서상으로 볼 때 이 부분에서 소실된 어구는 'suwayan gūsa(황기(黃旗))'이다.

← ginggule, ume heoledere.
받들라. 태만하지 말라."

○ kanggūri, namdulu goloi amban bihe, ba be waliyafi
Kanggūri는 Namdulu로(路)의 대인이었는데, 고향을 버리고

baime jihe gung, jai doro be kiceme dasambi,
귀부해 온 공이 있고 또 정무를 부지런히 다스리고

cooha be kadalame etembi seme ilaci jergi
능히 군사를 지휘할 수 있다고 하여, 3등

dzung bing guwan obuha, ilan jergi bucere weile be
총병관으로 삼았다. 죽을 죄를

guwebumbi, juse omosi jalan halame gosire doro be (67:3a)
세 번 면해준다. 자손 대대로 아껴주는 도리를

ume lashalara.
끊지 말라.

○ kakduri, namdulu goloi amban bihe, ba be waliyafi
Kakduri는 Namdulu로(路)의 대인이었는데, 고향을 버리고

baime jihe gung, jai doro be kiceme dasambi,
귀부해 온 공이 있고 또 정무를 부지런히 다스리고

cooha be kadalame etembi seme ilaci jergi
능히 군사를 지휘할 수 있다고 하여, 3등

dzung bing guwan obuha, ilan jergi bucere weile be
총병관으로 삼았다. 죽을 죄를 세 번

guwebumbi, juse omosi jalan halame gosire doro be (67:3b)
면해준다. 자손 대대로 아껴주는 도리를

ume lashalara.
끊지 말라.

○ unege be, doro be kiceme dasambi, cooha be
Unege를, 정무를 부지런히 다스리고

kadalame etembi seme ilaci jergi dzung bing guwan
능히 군사를 지휘할 수 있다고 하여, 3등 총병관으로

obuha, ilan jergi bucere weile be guwebumbi.
삼았다. 죽을 죄를 세 번 면해준다.

○ asan be, doro be kiceme dasambi, cooha be (67:4a)
Asan을, 정무를 부지런히 다스리고 능히 군사를

kadalame etembi seme uju jergi tsanjiyang obuha,
지휘할 수 있다고 하여, 1등 참장(參將)으로 삼았다.

emu jergi bucere weile be guwebumbi.
죽을 죄를 한 번 면해준다.

○ gibkada, funggiya goloi amban bihe, ba be waliyafi
Gibkada는 Funggiya로(路)의 대인이었는데, 고향을 버리고

baime jihe gung de, deo duilešen be
귀부해 온 공으로 동생 Duilešen으로 하여금

sirame uju jergi tsanjiyang obuha, juwe jergi
잇게 하여 1등 참장으로 삼았다.

bucere weile be guwebumbi, juse omosi jalan (67:4b)
죽을 죄를 두 번 면해준다. 자손 대대로

halame gosire doro be ume lashalara.
아껴주는 도리를 끊지 말라.

○ keceni, suifun goloi amban bihe, ba be waliyafi
Keceni는 Suifun로의 대인이었는데, 고향을 버리고

baime jihe gung, jai afabuha weile be
귀부해 온 공이 있고, 또 맡긴 일을

mutembi, joriha jurgan be jurcerakū seme ilaci
능히 하고, 지시한 바를 어기지 않는다 하여 3등

jergi tsanjiyang obuha, juwe jergi bucere weile be
참장으로 삼았다. 죽을 죄를 두 번

guwebumbi, juse omosi jalan halame gosire doro be (67:5a)
면해준다. 자손 대대로 아껴주는 도리를

ume lashalara.
끊지 말라.

○ hūwašan be, ama i gung, jai afabuha weile be
Hūwašan을, 아버지의 공이 있고, 또 맡긴 일을

mutembi, joriha jurgan be jurcerakū seme ilaci
능히 하고, 지시한 바를 어기지 않는다 하여 3등

jergi tsanjiyang obuha, emu jergi bucere weile be
참장으로 삼았다. 죽을 죄를 한 번

guwebumbi.
면해준다.

(67:5b)

○ gisha be, ula ci baime jihe gung,
Gisha를, Ula로부터 귀부해 온 공이 있고,

jai afabuha weile be mutembi, joriha jurgan be
또 맡긴 일을 능히 하고, 지시한 바를

jurcerakū seme ilaci jergi tsanjiyang obuha, emu
어기지 않는다 하여 3등 참장으로 삼았다.

jergi bucere weile be guwebumbi.
죽을 죄를 한 번 면해준다.

○ jirhai be, afabuha weile be mutembi, joriha
Jirhai를, 맡긴 일을 능히 하고, 지시한

jurgan be jurcerakū seme beiguwan obuha. (67:6a)
바를 어기지 않는다 하여 비어로 삼았다.

○ soohai be, ama i gung, jai afabuha weile be
Soohai를, 아버지의 공이 있고, 또 맡긴 일을

mutembi, joriha jurgan be jurcerakū seme ilaci
능히 하고, 지시한 바를 어기지 않는다 하여 3등

jergi iogi obuha, juwe jergi bucere weile be
유격(遊擊)으로 삼았다. 죽을 죄를 두 번

guwebumbi.
면해준다.

○ yasita be, afabuha weile be mutembi, joriha (67:6b)
Yasita를, 맡긴 일을 능히 하고, 지시한

jurgan be jurcerakū seme uju jergi iogi
바를 어기지 않는다 하여 1등 유격으로

obuha, emu jergi bucere weile be guwebumbi.
삼았다. 죽을 죄를 한 번 면해준다.

○ udahai be, afabuha weile be mutembi, joriha
Udahai를 맡긴 일을 능히 하고, 지시한

jurgan be jurcerakū seme jai jergi iogi
바를 어기지 않는다 하여 2등 유격으로

obuha.
삼았다.

(67:7a)

○ sirana be, afabuha weile be mutembi, joriha
Sirana를 맡긴 일을 능히 하고, 지시한

jurgan be jurcerakū seme ilaci jergi iogi
바를 어기지 않는다 하여 3등 유격으로

obuha, emu jergi bucere weile be guwebumbi.
삼았다. 죽을 죄를 한 번 면해준다.

○ lisan be, afabuha weile be mutembi, joriha
Lisan을 맡긴 일을 능히 하고, 지시한

jurgan be jurcerakū seme beiguwan obuha.
바를 어기지 않는다 하여 비어로 삼았다.

(67:7b)

○ bobotu be, afabuha weile be mutembi, joriha
Bobotu를 맡긴 일을 능히 하고, 지시한

jurgan be jurcerakū seme ilaci jergi iogi
바를 어기지 않는다 하여 3등 유격으로

obuha, emu jergi bucere weile be guwebumbi.
삼았다. 죽을 죄를 한 번 면해준다.

○ balan be, afabuha weile be mutembi, joriha
Balan을, 맡긴 일을 능히 하고, 지시한

jurgan be jurcerakū seme ilaci jergi iogi
바를 어기지 않는다 하여 3등 유격으로

obuha, emu jergi bucere weile be guwebumbi. (67:8a)
삼았다. 죽을 죄를 한 번 면해준다.

○ handai be, afabuha weile be mutembi, joriha
Handai를, 맡긴 일을 능히 하고, 지시한

jurgan be jurcerakū seme beiguwan obuha.
바를 어기지 않는다 하여 비어로 삼았다.

○ moodase be, afabuha weile be mutembi, joriha
Moodase를, 맡긴 일을 능히 하고, 지시한

jurgan be jurcerakū seme beiguwan obuha.
바를 어기지 않는다 하여 비어로 삼았다.

(67:8b)

○ dantan be, afabuha weile be mutembi, joriha
Dantan을, 맡긴 일을 능히 하고, 지시한

jurgan be jurcerakū seme beiguwan obuha.
바를 어기지 않는다 하여 비어로 삼았다.

○ tahai be, afabuha weile be mutembi, joriha
Tahai를, 맡긴 일을 능히 하고, 지시한

jurgan be jurcerakū seme beiguwan obuha.
바를 어기지 않는다 하여 비어로 삼았다.

○ fanggina be, afabuha weile be mutembi, joriha (67:9a)
Fanggina를, 맡긴 일을 능히 하고, 지시한

jurgan be jurcerakū seme beiguwan obuha.
바를 어기지 않는다 하여 비어로 삼았다.

○ kasari beiguwan,
Kasari는 비어이다.

○ dumbai beiguwan,
Dumbai는 비어이다.

○ asari beiguwan, (67:9b)
Asari는 비어이다.

○ dungsan beiguwan,
Dungsan은 비어이다.

○ usantai be, afabuha weile be mutembi, joriha
Usantai를, 맡긴 일을 능히 하고, 지시한

jurgan be jurcerakū seme beiguwan obuha.
바를 어기지 않는다 하여 비어로 삼았다.

○ maktu be, ama i gung de beiguwan obuha, (67:10a)
Maktu를, 아버지의 공으로 비어로 삼았다.

emu jergi bucere weile be guwebumbi, juse
죽을 죄를 한 번 면해준다. 자손

omosi jalan halame gosire doro be ume
대대로 아껴주는 도리를

lashalara.
끊지 말라.

○ bahi be, afabuha weile be mutembi, joriha
Bahi를, 맡긴 일을 능히 하고, 지시한

jurgan be jurcerakū seme beiguwan obuha.
바를 어기지 않는다 하여 비어로 삼았다.

(67:10b)

○ usitai be, afabuha weile be mutembi, joriha
Usitai를, 맡긴 일을 능히 하고, 지시한

jurgan be jurcerakū seme beiguwan obuha.
바를 어기지 않는다 하여 비어로 삼았다.

○ jaode be, afabuha weile be mutembi, joriha
Jaode를, 맡긴 일을 능히 하고, 지시한

jurgan be jurcerakū seme beiguwan obuha.
바를 어기지 않는다 하여 비어로 삼았다.

○ fulata be, afabuha weile be mutembi, joriha (67:11a)
Fulata를, 맡긴 일을 능히 하고, 지시한

jurgan be jurcerakū seme beiguwan obuha.
바를 어기지 않는다 하여 비어로 삼았다.

◯ janu korkon be, afabuha weile be mutembi,
Janu Korkon을, 맡긴 일을 능히 하고,

joriha jurgan be jurcerakū seme beiguwan obuha.
지시한 바를 어기지 않는다 하여 비어로 삼았다.

◯ tanggio, kilen goloi niyalma bihe, ba be waliyafi
Tanggio는 Kilen로(路)의 사람이었는데, 고향을 버리고

baime jihe gung de beiguwan obuha, emu (67:11b)
귀부해 온 공으로 비어로 삼았다.

jergi bucere weile be guwebumbi, juse omosi
죽을 죄를 한 번 면해준다. 자손

jalan halame gosire doro be ume lashalara.
대대로 아껴주는 도리를 끊지 말라.

◯ comno malan, lalin i niyalma bihe, ba be waliyafi
Comno Malan은 Lalin의 사람이었는데, 고향을 버리고

baime jihe gung de hontoho beiguwan obuha,
귀부해 온 공으로 절반 비어로 삼았다.

juwe jergi bucere weile be guwebumbi, juse
죽을 죄를 두 번 면해준다. 자손

omosi jalan halame gosire doro be ume (67:12a)
대대로 아껴주는 도리를

lashalara.
끊지 말라.

◯ hūsiri, hailan goloi amban bihe, ba be waliyafi
Hūsiri는 Hailan로(路)의 대인이었는데, 고향을 버리고

baime jihe gung de, emu jergi bucere
귀부해 온 공으로 죽을

weile be guwebumbi, juse omosi jalan halame
죄를 한 번 면해준다. 자손 대대로

gosire doro be ume lashalara.
아껴주는 도리를 끊지 말라.

(67:12b)

◯ gabula, sacikū goloi amban bihe, ba be waliyafi
Gabula는 Sacikū로(路)의 대인이었는데, 고향을 버리고

baime jihe gung, jai afabuha weile be mutembi,
귀부해 온 공이 있고, 또 맡긴 일을 능히 하고,

joriha jurgan be jurcerakū seme beiguwan obuha,
지시한 바를 어기지 않는다 하여 비어로 삼았다.

juwe jergi bucere weile be guwebumbi, juse
죽을 죄를 두 번 면해준다.

omosi jalan halame gosire doro be ume
자손 대대로 아껴주는 도리를

lashalara.
끊지 말라.

(67:13a)

○ juhūda, hingkan goloi amban bihe, ba be waliyafi
Juhūda는 Hingkan로(路)의 대인이었는데, 고향을 버리고

baime jihe gung, jai afabuha weile be butembi,
귀부해 온 공이 있고, 또 맡긴 일을 능히 하고,

joriha jurgan be jurcerakū seme beiguwan obuha,
지시한 바를 어기지 않는다 하여 비어로 삼았다.

emu jergi bucere weile be guwebumbi, juse
죽을 죄를 한 번 면해준다. 자손

omosi jalan halame gosire doro be ume
대대로 아껴주는 도리를

lashalara.
끊지 말라.

(67:13b)

○ sakca be, afabuha weile be mutembi, joriha
Sakca를, 맡긴 일을 능히 하고, 지시한

jurgan be jurcerakū seme beiguwan obuha.
바를 어기지 않는다 하여 비어로 삼았다.

○ songgotu be, afabuha weile be mutembi, joriha
Songgotu를, 맡긴 일을 능히 하고, 지시한

jurgan be jurcerakū seme beiguwan obuha.
바를 어기지 않는다 하여 비어로 삼았다.

○ sobohi, fio hoton i niyalma bihe, ama tsemtehe (67:14a)
Sobohi는 Fio성(城)의 사람이었는데, 부친인 Tsemtehe가

ba be waliyafi baime jihe gung, jai afabuha
고향을 버리고 귀부해 온 공이 있고, 또 맡긴

weile be mutembi, joriha jurgan be jurcerakū
일을 능히 하고, 지시한 바를 어기지 않는다

seme beiguwan obuha, juwe jergi bucere weile be
하여 비어로 삼았다. 죽을 죄를 두 번

guwebumbi, juse omosi jalan halame gosire doro be
면해준다. 자손 대대로 아껴주는 도리를

ume lashalara.
끊지 말라.

○ ibai be, afabuha weile be mutembi, joriha (67:14b)
Ibai를, 맡긴 일을 능히 하고, 지시한

jurgan be jurcerakū seme beiguwan obuha.
바를 어기지 않는다 하여 비어로 삼았다.

○ piyada be, afabuha weile be mutembi, joriha
Piyada를, 맡긴 일을 능히 하고, 지시한

jurgan be jurcerakū seme beiguwan obuha.
바를 어기지 않는다 하여 비어로 삼았다.

○ samhatu be, afabuha weile be mutembi, joriha
Samhatu를, 맡긴 일을 능히 하고, 지시한

jurgan be jurcerakū seme beiguwan obuha. (67:15a)
바를 어기지 않는다 하여 비어로 삼았다.

○ lenggeri be, afabuha weile be mutembi, joriha
Lenggeri를, 맡긴 일을 능히 하고, 지시한

jurgan be jurcerakū seme beiguwan obuha.
바를 어기지 않는다 하여 비어로 삼았다.

○ gulu suwayan gūsa,
정황기(正黃旗).

○ yeodehe, yaran goloi amban bihe, ba be waliyafi
Yeodehe는 Yaran로(路)의 대인이었는데, 고향을 버리고

baime jihe gung de, deo holdo be sirame (67:15b)
귀부해 온 공으로 동생 Holdo로 하여금 잇게 하여

jai jergi tsanjiyang obuha, emu jergi bucere
2등 참장으로 삼았다. 죽을

weile be guwebumbi.
죄를 한 번 면해준다.

○ ginggūlda, jakūta goloi amban bihe, ba be waliyafi
Ginggūlda는 Jakūta로(路)의 대인이었는데, 고향을 버리고

dahame jihe gung, jai afabuha weile be mutembi,
투항해 온 공이 있고, 또 맡긴 일을 능히 하고,

joriha jurgan be jurcerakū seme ilaci jergi
지시한 바를 어기지 않는다 하여 3등

tsanjiyang obuha, juwe jergi bucere weile be guwebumbi, (67:16a)
참장으로 삼았다. 죽을 죄를 두 번 면해준다.

juse omosi jalan halame gosire doro be
자손 대대로 아껴주는 도리를

ume lashalara.
끊지 말라.

○ asidarhan be, afabuha weile be mutembi, joriha
Asidarhan을, 맡긴 일을 능히 하고, 지시한

jurgan be jurcerakū seme uju jergi tsanjiyang
바를 어기지 않는다 하여 1등 참장으로

obuha, emu jergi bucere weile be guwebumbi.
삼았다. 죽을 죄를 한 번 면해준다.

(67:16b)

○ inggūldai be, afabuha weile be mutembi, joriha
Inggūldai를, 맡긴 일을 능히 하고, 지시한

jurgan be jurcerakū seme ilaci jergi tsanjiyang
바를 어기지 않는다 하여 3등 참장으로

obuha, emu jergi bucere weile be guwebumbi.
삼았다. 죽을 죄를 한 번 면해준다.

○ suna be, yehe ci baime jihe gung, jai
Suna를, Yehe로부터 귀부해 온 공이 있고, 또

afabuha weile be mutembi, joriha jurgan be
맡긴 일을 능히 하고, 지시한 바를

jurcerakū seme uju jergi tsanjiyang obuha, emu (67:17a)
어기지 않는다 하여 1등 참장으로 삼았다.

jergi bucere weile be guwebumbi.
죽을 죄를 한 번 면해준다.

○ baicuka be, afabuha weile be mutembi, joriha
Baicuka를, 맡긴 일을 능히 하고, 지시한

jurgan be jurcerakū seme ilaci jergi iogi
바를 어기지 않는다 하여 3등 유격으로

obuha, juwe jergi bucere weile be guwebumbi,
삼았다. 죽을 죄를 두 번 면해준다.

juse omosi jalan halame gosire doro be
자손 대대로 아껴주는 도리를

ume lashalara. (67:17b)
끊지 말라.

○ kamtani be, afabuha weile be mutembi, joriha
Kamtani를, 맡긴 일을 능히 하고, 지시한

jurgan be jurcerakū seme beiguwan obuha.
바를 어기지 않는다 하여 비어로 삼았다.

○ ninju, ehe kuren goloi amban bihe, ba be
Ninju는 Ehe Kuren로(路)의 대인이었는데, 고향을

waliyafi baime jihe gung, jai afabuha weile be
버리고 귀부해 온 공이 있고, 또 맡긴 일을

mutembi, joriha jurgan be jurcerakū seme ilaci (67:18a)
능히 하고, 지시한 바를 어기지 않는다 하여 3등

jergi iogi obuha, juwe jergi bucere weile be
유격으로 삼았다. 죽을 죄를 두 번

guwebumbi, juse omosi jalan halame gosire doro be
면해준다. 자손 대대로 아껴주는 도리를

ume lashalara.
끊지 말라.

○ sintai be, afabuha weile be mutembi, joriha
Sintai를, 맡긴 일을 능히 하고, 지시한

jurgan be jurcerakū seme jai jergi iogi
바를 어기지 않는다 하여 2등 유격으로

obuha, emu jergi bucere weile be guwebumbi. (67:18b)
삼았다. 죽을 죄를 한 번 면해준다.

○ bada, jakūta goloi niyalma bihe, ba be waliyafi
Bada는 Jakūta로(路)의 사람이었는데, 고향을 버리고

baime jihe gung de, ilaci jergi iogi
귀부해 온 공으로 3등 유격으로

obuha, juwe jergi bucere weile be guwebumbi,
삼았다. 죽을 죄를 두 번 면해준다.

juse omosi jalan halame gosire doro be
자손 대대로 아껴주는 도리를

ume lashalara.
끊지 말라.

(67:19a)

○ ajigenikan be, ama i gung de ilaci jergi
Ajigenikan을, 아버지의 공으로 3등

iogi obuha, emu jergi bucere weile be
유격으로 삼았다. 죽을 죄를 한 번

guwebumbi.
면해준다.

○ toktohoi be, afabuha weile be mutembi, joriha
Toktohoi를, 맡긴 일을 능히 하고, 지시한

jurgan be jurcerakū seme ilaci jergi iogi
바를 어기지 않는다 하여 3등 유격으로

obuha, emu jergi bucere weile be guwebumbi. (67:19b)
삼았다. 죽을 죄를 한 번 면해준다.

○ ilden be, ama i gung, jai afabuha weile be
Ilden을, 아버지의 공이 있고, 또 맡긴 일을

mutembi, joriha jurgan be jurcerakū seme ilaci
능히 하고, 지시한 바를 어기지 않는다 하여 3등

jergi fujiyang obuha, juwe jergi bucere weile be
부장(副將)으로 삼았다. 죽을 죄를 두 번

guwebumbi.
면해준다.

○ jekduri, ehe kuren goloi niyalma bihe, ba be (67:20a)
Jekduri는 Ehe Kuren로(路)의 사람이었는데, 고향을

waliyafi baime jihe gung de beiguwan obuha,
버리고 귀부해 온 공으로 비어로 삼았다.

emu jergi bucere weile be guwebumbi, juse
죽을 죄를 한 번 면해준다. 자손

omosi jalan halame gosire doro be ume
대대로 아껴주는 도리를

lashalara.
끊지 말라.

○ kanangga be, afabuha weile be mutembi, joriha
Kanangga를, 맡긴 일을 능히 하고, 지시한

jurgan be jurcerakū seme beiguwan obuha. (67:20b)
바를 어기지 않는다 하여 비어로 삼았다.

○ coohar be, ama i gung de beiguwan obuha.
Coohar를, 아버지의 공으로 비어로 삼았다.

○ badangga be, afabuha weile be mutembi, joriha
Badangga를, 맡긴 일을 능히 하고, 지시한

jurgan be jurcerakū seme beiguwan obuha.
바를 어기지 않는다 하여 비어로 삼았다.

○ junta be, afabuha weile be mutembi, joriha (67:21a)
Junta를, 맡긴 일을 능히 하고, 지시한

jurgan be jurcerakū seme beiguwan obuha.
바를 어기지 않는다 하여 비어로 삼았다.

○ šukio be, afabuha weile be mutembi, joriha
Šukio를, 맡긴 일을 능히 하고, 지시한

jurgan be jurcerakū seme beiguwan obuha.
바를 어기지 않는다 하여 비어로 삼았다.

○ biruhai, nikan i ba be waliyafi baime jihe gung,
Biruhai를, 명나라에 있는 고향을 버리고 귀부해 온 공이 있고,

jai afabuha weile be mutembi, joriha jurgan be (67:21b)
또 맡긴 일을 능히 하고, 지시한 바를

jurcerakū seme beiguwan obuha, emu jergi bucere
어기지 않는다 하여 비어로 삼았다. 죽을

weile be guwebumbi, juse omosi jalan halame
죄를 한 번 면해준다. 자손 대대로

gosire doro be ume lashalara.
아껴주는 도리를 끊지 말라.

○ kūniyakta, hongko goloi niyalma bihe, ba be waliyafi
Kūniyakta는 Hongko로(路)의 사람이었는데, 고향을 버리고

baime jihe gung de beiguwan obuha, juwe
귀부해 온 공으로 비어로 삼았다.

jergi bucere weile be guwebumbi, juse omosi (67:22a)
죽을 죄를 두 번 면해준다. 자손

jalan halame gosire doro be ume lashalara.
대대로 아껴주는 도리를 끊지 말라.

○ suwayan ilacin be, afabuha weile be mutembi, joriha
Suwayan Ilacin을, 맡긴 일을 능히 하고, 지시한

jurgan be jurcerakū seme beiguwan obuha.
바를 어기지 않는다 하여 비어로 삼았다.

○ tambai be, afabuha weile be mutembi, joriha
Tambai를, 맡긴 일을 능히 하고, 지시한

jurgan be jurcerakū seme beiguwan obuha. (67:22b)
바를 어기지 않는다 하여 비어로 삼았다.

○ maltu be, afabuha weile be mutembi, joriha
Maltu를, 맡긴 일을 능히 하고, 지시한

jurgan be jurcerakū seme beiguwan obuha, emu
바를 어기지 않는다 하여 비어로 삼았다.

jergi bucere weile be guwebumbi, juse omosi
죽을 죄를 한 번 면해준다. 자손

jalan halame gosire doro be ume lashalara.
대대로 아껴주는 도리를 끊지 말라.

○ dadai be, afabuha weile be mutembi, joriha (67:23a)
Dadai를, 맡긴 일을 능히 하고, 지시한

jurgan be jurcerakū seme ilaci jergi iogi
바를 어기지 않는다 하여 3등 유격으로

obuha, emu jergi bucere weile be guwebumbi.
삼았다. 죽을 죄를 한 번 면해준다.

○ harsungga be, afabuha weile be mutembi, joriha
Harsungga를, 맡긴 일을 능히 하고, 지시한

jurgan be jurcerakū seme beiguwan obuha.
바를 어기지 않는다 하여 비어로 삼았다.

○ hūnta be, ama i gung, jai afabuha weile be (67:23b)
Hūnta를, 아버지의 공이 있고, 또 맡긴 일을

mutembi, joriha jurgan be jurcerakū seme beiguwan
능히 하고, 지시한 바를 어기지 않는다 하여 비어로

obuha.
삼았다.

○ esen be, afabuha weile be mutembi, joriha
Esen을, 맡긴 일을 능히 하고, 지시한

jurgan be jurcerakū seme beiguwan obuha.
바를 어기지 않는다 하여 비어로 삼았다.

○ bayan be, afabuha weile be mutembi, joriha (67:24a)
Bayan을, 맡긴 일을 능히 하고, 지시한

jurgan be jurcerakū seme beiguwan obuha.
바를 어기지 않는다 하여 비어로 삼았다.

○ teodengge, sacikū i niyalma bihe, ula i niyalma dalifi
Teodengge는 Sacikū의 사람이었는데, Ula의 사람들이 몰고

gamaci, ojorakū, ahūn deo be waliyafi baime
데려가려 해도 듣지 않고서 형제를 버리고 귀부해

jihe gung de, jui be beiguwan obuha,
온 공으로 아들을 비어로 삼았다.

juwe jergi bucere weile be guwebumbi, juse
죽을 죄를 두 번 면해준다. 자손

omosi jalan halame gosire doro be ume (67:24b)
대대로 아껴주는 도리를

lashalara.
끊지 말라.

○ malaga be, afabuha weile be mutembi, joriha
Malaga를, 맡긴 일을 능히 하고, 지시한

jurgan be jurcerakū seme beiguwan obuha.
바를 어기지 않는다 하여 비어로 삼았다.

○ suijan be, afabuha weile be mutembi, joriha
Suijan을, 맡긴 일을 능히 하고, 지시한

jurgan be jurcerakū seme beiguwan obuha. (67:25a)
바를 어기지 않는다 하여 비어로 삼았다.

○ ayusi be, afabuha weile be mutembi, joriha
Ayusi를, 맡긴 일을 능히 하고, 지시한

jurgan be jurcerakū seme beiguwan obuha.
바를 어기지 않는다 하여 비어로 삼았다.

○ olbio, jakūta goloi niyalma bihe, ba be waliyafi
Olbio는 Jakūta로(路)의 사람이었는데, 고향을 버리고

baime jihe gung de beiguwan obuha, emu
귀부해 온 공으로 비어로 삼았다.

jergi bucere weile be guwebumbi, juse omosi (67:25b)
죽을 죄를 한 번 면해준다. 자손

jalan halame gosire doro be ume lashalara.
대대로 아껴주는 도리를 끊지 말라.

○ tulešen mafa, jakūta goloi amban bihe, ba be
Tulešen 마파는 Jakūta로(路)의 대인이었는데, 고향을

waliyafi juse be gaifi baime jihe gung de,
버리고 자식을 데리고 귀부해 온 공으로

juwe jergi bucere weile be guwebumbi, juse
죽을 죄를 두 번 면해준다. 자손

omosi jalan halame gosire doro be ume
대대로 아껴주는 도리를

lashalara. (67:26a)
끊지 말라.

○ nomtu be, ula ci baime jihe gung, jai
Nomtu를, Ula에서 귀부해 온 공이 있고, 또

afabuha weile be mutembi, joriha jurgan be
맡긴 일을 능히 하고, 지시한 바를

jurcerakū seme beiguwan obuha, emu jergi bucere
어기지 않는다 하여 비어로 삼았다. 죽을

weile be guwebumbi, juse omosi jalan halame
죄를 한 번 면해준다. 자손 대대로

gosire doro be ume lashalara.
아껴주는 도리를 끊지 말라.

(67:26b)

○ sengge, ningguta goloi amban bihe, ba be waliyafi
Sengge는, 영고탑로(寧古塔路)의 대인이었는데, 고향을 버리고

baime jihe gung de, jui niyanioke be beiguwan
귀부해 온 공으로 아들 Niyanioke를 비어로

obuha, emu jergi bucere weile be guwebumbi,
삼았다. 죽을 죄를 한 번 면해준다.

juse omosi jalan halame gosire doro be
자손 대대로 아껴주는 도리를

ume lashalara.
끊지 말라.

○ senioke be, ama sengge, ba be waliyafi (67:27a)
Senioke를, 아버지 Sengge가 고향을 버리고

baime jihe gung de, emu jergi bucere
귀부해 온 공으로 죽을

weile be guwebumbi.
죄를 한 번 면해준다.

○ namu be, afabuha weile be mutembi, joriha
Namu를, 맡긴 일을 능히 하고, 지시한

jurgan be jurcerakū seme beiguwan obuha.
바를 어기지 않는다 하여 비어로 삼았다.

○ kogo be, afabuha weile be mutembi, joriha (67:27b)
Kogo를, 맡긴 일을 능히 하고, 지시한

jurgan be jurcerakū seme beiguwan obuha.
바를 어기지 않는다 하여 비어로 삼았다.

○ buyantu be, afabuha weile be mutembi, joriha
Buyantu를, 맡긴 일을 능히 하고, 지시한

jurgan be jurcerakū seme beiguwan obuha.
바를 어기지 않는다 하여 비어로 삼았다.

○ monggo baduri be, afabuha weile be mutembi, joriha
몽골 Baduri를, 맡긴 일을 능히 하고, 지시한

jurgan be jurcerakū seme beiguwan obuha. (67:28a)
바를 어기지 않는다 하여 비어로 삼았다.

○ sibe i gurun i badana be, ama mafa i susu
Sibe국의 Badana를, 아버지와 할아버지의 본적지인

banjiha ba be waliyafi, gūsin haha be gajime
태어난 고향을 버리고, 30명의 장정을 이끌고

baime jihe gung de, wesibufi beiguwan hafan
귀부해 온 공으로 승직시켜 비어 관원으로

obuha bihe, badana akū oho manggi, deo
삼았었는데, Badana가 죽은 후, 동생

holohoi be sirame beiguwan obuha, sibe ci gajime
Holohoi로 하여금 잇게 하여 비어로 삼았다. Sibe에서 이끌고

jihe niyalma be, alban de ume dabure, (67:28b)
온 사람들은 공역에 넣지 말라.

juse omosi jalan halame gosime uji.
자손 대대로 아끼며 보살피라.

○ fulgiyan tasha aniya sunja biyai orin ninggun de buhe.
병인년(丙寅年, 1626) 5월 26일에 주었다.

제68권

천명(天命) 10년(1625)

ninju jakūci debtelin,
abkai fulingga i
juwanci aniya.

tongki fuka sindaha hergen i dangse. (68:1a)
유권점 당안

○ gulu fulgiyan i gūsai dangse.
정홍기(正紅旗)의 당안

○ hošotu be, ama i gung, jai doro be kiceme
Hošotu를, 아버지의 공이 있고, 또 정무를 부지런히

dasambi, cooha be kadalame etembi seme, uju
다스리고, 능히 군사를 지휘할 수 있다고 하여, 1등

jergi dzung bing guwan obuha, ilan jergi bucere
총병관(總兵官)으로 삼았다. 죽을

weile be guwebumbi.
죄를 세 번 면해준다.

○ yekšu be nimaca goloi amban bihe, ba be (68:1b)
Yekšu는, Nimaca로(路)의 대인이었는데, 고향을

waliyafi baime jihe gung, jai doro be
버리고 귀부해 온 공이 있고, 또 정무를

kiceme dasambi, cooha be kadalame etembi seme,
부지런히 다스리고, 능히 군사를 지휘할 수 있다고 하여,

ilaci jergi fujiyang obuha, juwe jergi bucere
3등 부장(副將)으로 삼았다. 죽을

weile be guwebumbi.
죄를 두 번 면해준다.

○ kitanggūr be, baime jihe gung, jai afabuha
Kitanggūr를, 귀부해 온 공이 있고, 또 맡긴

weile be mutembi, joriha jurgan be jurcerakū (68:2a)
일을 능히 하고, 지시한 바를 어기지 않는다

seme, ilaci jergi tsanjiyang obuha, juwe jergi
하여 3등 참장(參將)으로 삼았다.

bucere weile be guwebumbi.
죽을 죄를 두 번 면해준다.

○ yegude be, afabuha weile be mutembi, joriha
Yegude를, 맡긴 일을 능히 하고, 지시한

jurgan be jurcerakū seme, jai jergi tsanjiyang
바를 어기지 않는다 하여 2등 참장으로

obuha, emu jergi bucere weile be guwebumbi.
삼았다. 죽을 죄를 한 번 면해준다.

(68:2b)

○ cahara be, afabuha weile be mutembi, joriha
Cahara를, 맡긴 일을 능히 하고, 지시한

jurgan be jurcerakū seme, ilaci jergi tsanjiyang
바를 어기지 않는다 하여 3등 참장으로

obuha, emu jergi bucere weile be guwebumbi.
삼았다. 죽을 죄를 한 번 면해준다.

○ hūngniyaka be, afabuha weile be mutembi, joriha
Hūngniyaka를, 맡긴 일을 능히 하고, 지시한

jurgan be jurcerakū seme, ilaci jergi iogi
바를 어기지 않는다 하여 3등 유격(遊擊)으로

obuha, emu jergi bucere weile be guwebumbi. (68:3a)
삼았다. 죽을 죄를 한 번 면해준다.

○ loosa be, afabuha weile be mutembi, joriha
Loosa를, 맡긴 일을 능히 하고, 지시한

jurgan be jurcerakū seme, ilaci jergi iogi
바를 어기지 않는다 하여 3등 유격으로

obuha, emu jergi bucere weile be guwebumbi.
삼았다. 죽을 죄를 한 번 면해준다.

○ dayangga be, afabuha weile be mutembi, joriha
Dayangga를, 맡긴 일을 능히 하고, 지시한

jurgan be jurcerakū seme, ilaci jergi iogi (68:3b)
바를 어기지 않는다 하여 3등 유격으로

obuha, emu jergi bucere weile be guwebumbi.
삼았다. 죽을 죄를 한 번 면해준다.

○ ulkun be, afabuha weile be mutembi, joriha
Ulkun을, 맡긴 일을 능히 하고, 지시한

jurgan be jurcerakū seme beiguwan obuha. (68:6a)
바를 어기지 않는다 하여 비어로 삼았다.

○ šojan be, afabuha weile be mutembi, joriha
Šojan을, 맡긴 일을 능히 하고, 지시한

jurgan be jurcerakū seme beiguwan obuha.
바를 어기지 않는다 하여 비어로 삼았다.

○ gindarhan be, afabuha weile be mutembi, joriha
Gindarhan을, 맡긴 일을 능히 하고, 지시한

jurgan be jurcerakū seme beiguwan obuha.
바를 어기지 않는다 하여 비어로 삼았다.

(68:6b)

○ toktoi be, afabuha weile be mutembi, joriha
Toktoi를, 맡긴 일을 능히 하고, 지시한

jurgan be jurcerakū seme beiguwan obuha.
바를 어기지 않는다 하여 비어로 삼았다.

○ dumbai be, afabuha weile be mutembi, joriha
Dumbai를, 맡긴 일을 능히 하고, 지시한

jurgan be jurcerakū seme beiguwan obuha, emu
바를 어기지 않는다 하여 비어로 삼았다.

jergi gaijara weile be waliyambi.
징수할 죗값을 한 번 면해준다.

(68:7a)

○ jingsengge be, afabuha weile be mutembi, joriha
Jingsengge를, 맡긴 일을 능히 하고, 지시한

jurgan be jurcerakū seme beiguwan obuha.
바를 어기지 않는다 하여 비어로 삼았다.

○ haksaha be, afabuha weile be mutembi, joriha
Haksaha를, 맡긴 일을 능히 하고, 지시한

jurgan be jurcerakū seme beiguwan obuha.
바를 어기지 않는다 하여 비어로 삼았다.

○ ubahai be, afabuha weile be mutembi, joriha (68:7b)
Ubahai를, 맡긴 일을 능히 하고, 지시한

jurgan be jurcerakū seme beiguwan obuha.
바를 어기지 않는다 하여 비어로 삼았다.

○ enggetu be, afabuha weile be mutembi, joriha
Enggetu를, 맡긴 일을 능히 하고, 지시한

jurgan be jurcerakū seme beiguwan obuha.
바를 어기지 않는다 하여 비어로 삼았다.

○ fukana be, afabuha weile be mutembi, joriha
Fukana를, 맡긴 일을 능히 하고, 지시한

jurgan be jurcerakū seme beiguwan obuha. (68:8a)
바를 어기지 않는다 하여 비어로 삼았다.

○ senio, hūrha goloi amban bihe, elcin genehe
Senio는, Hūrha로(路)의 대인이었는데, 사신으로 간

niyalma be, hūrha goloi niyalma jafafi waha
사람을 Hūrha로(路)의 사람들이 잡아서 죽인

mejige be alanjiha gung, jai afabuha weile be
정보를 알려온 공이 있고, 또 맡긴 일을

mutembi, joriha jurgan be jurcerakū seme beiguwan
능히 하고, 지시한 바를 어기지 않는다 하여 비어로

obuha, emu jergi bucere weile be guwebumbi,
삼았다. 죽을 죄를 한 번 면해준다.

juse omosi jalan halame gosire doro be (68:8b)
자손 대대로 아껴주는 도리를

ume lashalara.
끊지 말라.

○ tuhei be, afabuha weile be mutembi, joriha
Tuhei를, 맡긴 일을 능히 하고, 지시한

jurgan be jurcerakū seme beiguwan obuha.
바를 어기지 않는다 하여 비어로 삼았다.

○ tonggoi be, afabuha weile be mutembi, joriha
Tonggoi를, 맡긴 일을 능히 하고, 지시한

jurgan be jurcerakū seme beiguwan obuha. (68:9a)
바를 어기지 않는다 하여 비어로 삼았다.

○ hithai be, afabuha weile be mutembi, joriha
Hithai를, 맡긴 일을 능히 하고, 지시한

jurgan be jurcerakū seme beiguwan obuha.
바를 어기지 않는다 하여 비어로 삼았다.

○ aisingga, fio hoton i ba be waliyafi baime jihe
Aisingga는 Fio성 지역을 버리고 귀부해 온

gung, jai afabuha weile be mutembi, joriha
공이 있고, 또 맡긴 일을 능히 하고, 지시한

jurgan be jurcerakū seme beiguwan obuha, juwe (68:9b)
바를 어기지 않는다 하여 비어로 삼았다.

jergi bucere weile be guwebumbi, juse omosi
죽을 죄를 두 번 면해준다. 자손

jalan halame gosire doro be ume lashalara.
대대로 아껴주는 도리를 끊지 말라.

○ hūlhūri be, afabuha weile be mutembi, joriha
Hūlhūri를, 맡긴 일을 능히 하고, 지시한

jurgan be jurcerakū seme beiguwan obuha.
바를 어기지 않는다 하여 비어로 삼았다.

○ gakda be, afabuha weile be mutembi, joriha (68:10a)
Gakda를, 맡긴 일을 능히 하고, 지시한

jurgan be jurcerakū seme beiguwan obuha, emu
바를 어기지 않는다 하여 비어로 삼았다.

jergi gaijara weile be waliyambi.
징수할 죗값을 한 번 면해준다.

○ garda be, afabuha weile be mutembi, joriha
Garda를, 맡긴 일을 능히 하고, 지시한

jurgan be jurcerakū seme beiguwan obuha, emu
바를 어기지 않는다 하여 비어로 삼았다.

jergi gaijara weile be waliyambi.
징수할 죗값을 한 번 면해준다.

(68:10b)

○ kurmei be, afabuha weile be mutembi, joriha
Kurmei를, 맡긴 일을 능히 하고, 지시한

jurgan be jurcerakū seme beiguwan obuha, emu
바를 어기지 않는다 하여 비어로 삼았다.

jergi gaijara weile be waliyambi.
징수할 죗값을 한 번 면해준다.

○ corokei be, afabuha weile be mutembi, joriha
Corokei를, 맡긴 일을 능히 하고, 지시한

jurgan be jurcerakū seme beiguwan obuha, emu
바를 어기지 않는다 하여 비어로 삼았다.

jergi gaijara weile be waliyambi. (68:11a)
징수할 죗값을 한 번 면해준다.

○ yehe i loosa be, afabuha weile be mutembi, joriha
Yehe의 Loosa를, 맡긴 일을 능히 하고, 지시한

jurgan be jurcerakū seme beiguwan obuha.
바를 어기지 않는다 하여 비어로 삼았다.

○ jimku be, afabuha weile be mutembi, joriha
Jimku를, 맡긴 일을 능히 하고, 지시한

jurgan be jurcerakū seme beiguwan obuha.
바를 어기지 않는다 하여 비어로 삼았다.

(68:11b)

○ kubuhe fulgiyan i gūsai dangse.
양홍기(鑲紅旗)의 당안.

○ dobi ecike be, afabuha weile be mutembi, joriha
Dobi 숙부를, 맡긴 일을 능히 하고, 지시한

jurgan be jurcerakū seme, ilaci jergi tsanjiyang
바를 어기지 않는다 하여 3등 참장으로

obuha.
삼았다.

○ hahana, namdulu goloi amban bihe, ba be waliyafi
Hahana는, Namdulu로(路)의 대인이었는데, 고향을 버리고

baime jihe gung, jai afabuha weile be mutembi, (68:12a)
귀부해 온 공이 있고, 또 맡긴 일을 능히 하고,

joriha jurgan be jurcerakū seme, ilaci jergi
지시한 바를 어기지 않는다 하여 3등

iogi obuha, emu jergi bucere weile be
유격으로 삼았다. 죽을 죄를 한 번

guwebumbi.
면해준다.

○ garu be, ama i gung, jai afabuha weile be
Garu를, 아버지의 공이 있고, 또 맡긴 일을

mutembi, joriha jurgan be jurcerakū seme, ilaci
능히 하고, 지시한 바를 어기지 않는다 하여 3등

jergi tsanjiyang obuha, emu jergi bucere weile be (68:12b)
참장으로 삼았다. 죽을 죄를 한 번

gūwebumbi.
면해준다.

○ cohono, namdulu goloi amban bihe, ba be waliyafi
Cohono는, Namdulu로(路)의 대인이었는데, 고향을 버리고

baime jihe gung, jai afabuha weile be mutembi,
귀부해 온 공이 있고, 또 맡긴 일을 능히 하고,

joriha jurgan be jurcerakū seme, ilaci jergi
지시한 바를 어기지 않는다 하여 3등

iogi obuha, emu jergi bucere weile be
유격으로 삼았다. 죽을 죄를 한 번

guwebumbi. (68:13a)
면해준다.

○ alanju be, ama i gung, jai tondoi kiceme
Alanju를, 아버지의 공이 있고, 또 충성스럽게 부지런히

hūsun bufi bucehe seme, ilaci jergi iogi
힘을 쓰다가 죽었다 하여, 3등 유격으로

obuha, emu jergi bucere weile be guwebumbi.
삼았다. 죽을 죄를 한 번 면해준다.

○ sunjacin bayan be, dain de bucehe gung de,
Sunjacin Bayan을, 전투에서 죽은 공으로

ilaci jergi iogi obuha, emu jergi bucere (68:13b)
3등 유격으로 삼았다. 죽을

weile be guwebumbi.
죄를 한 번 면해준다.

○ langge be, dain de bucehe gung de,
Langge를, 전투에서 죽은 공으로

ilaci jergi iogi obuha, emu jergi bucere
3등 유격으로 삼았다. 죽을

weile be guwebumbi.
죄를 한 번 면해준다.

○ langse be, afabuha weile be mutembi, joriha (68:14a)
Langse를, 맡긴 일을 능히 하고, 지시한

jurgan be jurcerakū seme, ilaci jergi iogi
바를 어기지 않는다 하여 3등 유격으로

obuha, emu jergi bucere weile be guwebumbi.
삼았다. 죽을 죄를 한 번 면해준다.

○ jangsiba be, afabuha weile be mutembi, joriha
Jangsiba를, 맡긴 일을 능히 하고, 지시한

jurgan be jurcerakū seme, ilaci jergi iogi
바를 어기지 않는다 하여 3등 유격으로

obuha, emu jergi bucere weile be guwebumbi.
삼았다. 죽을 죄를 한 번 면해준다.

(68:14b)

○ wangšan be, afabuha weile be mutembi, joriha
Wangšan을, 맡긴 일을 능히 하고, 지시한

jurgan be jurcerakū seme, ilaci jergi iogi obuha.
바를 어기지 않는다 하여 3등 유격으로 삼았다.

○ keri be, afabuha weile be mutembi, joriha
Keri를, 맡긴 일을 능히 하고, 지시한

jurgan be jurcerakū seme, jai jergi iogi
바를 어기지 않는다 하여 2등 유격으로

obuha, emu jergi bucere weile be guwebumbi.
삼았다. 죽을 죄를 한 번 면해준다.

(68:15a)

○ ooba be, afabuha weile be mutembi, joriha
Ooba를, 맡긴 일을 능히 하고, 지시한

jurgan be jurcerakū seme, ilaci jergi iogi
바를 어기지 않는다 하여 3등 유격으로

obuha, emu jergi bucere weile be guwebumbi.
삼았다. 죽을 죄를 한 번 면해준다.

○ susan be, afabuha weile be mutembi, joriha
Susan을, 맡긴 일을 능히 하고, 지시한

jurgan be jurcerakū seme, ilaci jergi iogi
바를 어기지 않는다 하여 3등 유격으로

obuha, emu jergi bucere weile be guwebumbi. (68:15b)
삼았다. 죽을 죄를 한 번 면해준다.

○ hara kuji be, afabuha weile be mutembi,
Hara Kuji를, 맡긴 일을 능히 하고,

joriha jurgan be jurcerakū seme, ilaci jergi
지시한 바를 어기지 않는다 하여 3등

iogi obuha, emu jergi bucere weile be
유격으로 삼았다. 죽을 죄를 한 번

guwebumbi.
면해준다.

○ sangguri be, afabuha weile be mutembi, joriha (68:16a)
Sangguri를, 맡긴 일을 능히 하고, 지시한

jurgan be jurcerakū seme, ilaci jergi iogi
바를 어기지 않는다 하여 3등 유격으로

obuha, emu jergi bucere weile be guwebumbi.
삼았다. 죽을 죄를 한 번 면해준다.

○ giošan be, ama i gung, jai afabuha weile be
Giošan을, 아버지의 공이 있고, 또 맡긴 일을

mutembi, joriha jurgan be jurcerakū seme beiguwan obuha.
능히 하고, 지시한 바를 어기지 않는다 하여 비어로 삼았다.

○ warka ecike be, afabuha weile be mutembi, (68:16b)
Warka 숙부를, 맡긴 일을 능히 하고,

joriha jurgan be jurcerakū seme beiguwan obuha.
지시한 바를 어기지 않는다 하여 비어로 삼았다.

○ asan be, afabuha weile be mutembi, joriha
Asan을, 맡긴 일을 능히 하고, 지시한

jurgan be jurcerakū seme beiguwan obuha.
바를 어기지 않는다 하여 비어로 삼았다.

○ begei be, afabuha weile be mutembi, joriha
Begei를, 맡긴 일을 능히 하고, 지시한

jurgan be jurcerakū seme beiguwan obuha. (68:17a)
바를 어기지 않는다 하여 비어로 삼았다.

○ ilacin bayan be, dain de bucehe gung de
Ilacin Bayan을, 전투에서 죽은 공으로

beiguwan obuha.
비어로 삼았다.

○ yecen be, afabuha weile be mutembi, joriha
Yecen을, 맡긴 일을 능히 하고, 지시한

jurgan be jurcerakū seme, ilaci jergi iogi
바를 어기지 않는다 하여 3등 유격으로

obuha, emu jergi bucere weile be guwebumbi. (68:17b)
삼았다. 죽을 죄를 한 번 면해준다.

○ tantaiju be, afabuha weile be mutembi, joriha
Tantaiju를, 맡긴 일을 능히 하고, 지시한

jurgan be jurcerakū seme beiguwan obuha.
바를 어기지 않는다 하여 비어로 삼았다.

○ santan be, afabuha weile be mutembi, joriha
Santan을, 맡긴 일을 능히 하고, 지시한

jurgan be jurcerakū seme beiguwan obuha.
바를 어기지 않는다 하여 비어로 삼았다.

(68:18a)

○ ancungga be, afabuha weile be mutembi, joriha
Ancungga를, 맡긴 일을 능히 하고, 지시한

jurgan be jurcerakū seme beiguwan obuha.
바를 어기지 않는다 하여 비어로 삼았다.

○ irgeni be, afabuha weile be mutembi, joriha
Irgeni를, 맡긴 일을 능히 하고, 지시한

jurgan be jurcerakū seme beiguwan obuha.
바를 어기지 않는다 하여 비어로 삼았다.

○ ilemu be, ama i gung, jai afabuha weile be (68:18b)
Ilemu를, 아버지의 공이 있고, 또 맡긴 일을

mutembi, joriha jurgan be jurcerakū seme beiguwan obuha.
능히 하고, 지시한 바를 어기지 않는다 하여 비어로 삼았다.

○ sitangga be, afabuha weile be mutembi, joriha
Sitangga를, 맡긴 일을 능히 하고, 지시한

jurgan be jurcerakū seme beiguwan obuha.
바를 어기지 않는다 하여 비어로 삼았다.

○ hongko i jui bordoi be, afabuha weile be
Hongko의 아들 Bordoi를, 맡긴 일을

mutembi, joriha jurgan be jurcerakū seme beiguwan obuha. (68:19a)
능히 하고, 지시한 바를 어기지 않는다 하여 비어로 삼았다.

○ wanju be, afabuha weile be mutembi, joriha
Wanju를, 맡긴 일을 능히 하고, 지시한

jurgan be jurcerakū seme beiguwan obuha.
바를 어기지 않는다 하여 비어로 삼았다.

○ kūrcan be, afabuha weile be mutembi, joriha
Kūrcan을, 맡긴 일을 능히 하고, 지시한

jurgan be jurcerakū seme beiguwan obuha.
바를 어기지 않는다 하여 비어로 삼았다.

(68:19b)

○ kūbai be, afabuha weile be mutembi, joriha
Kūbai를, 맡긴 일을 능히 하고, 지시한

jurgan be jurcerakū seme beiguwan obuha.
바를 어기지 않는다 하여 비어로 삼았다.

○ janggitai be, afabuha weile be mutembi, joriha
Janggitai를, 맡긴 일을 능히 하고, 지시한

jurgan be jurcerakū seme beiguwan obuha.
바를 어기지 않는다 하여 비어로 삼았다.

○ yangguri be, afabuha weile be mutembi, joriha (68:20a)
Yangguri를, 맡긴 일을 능히 하고, 지시한

jurgan be jurcerakū seme beiguwan obuha.
바를 어기지 않는다 하여 비어로 삼았다.

○ wangge be, dain de bucehe gung de
Wangge를, 전투에서 죽은 공으로

beiguwan obuha.
비어로 삼았다.

○ fadu be, afabuha weile be mutembi, joriha
Fadu를, 맡긴 일을 능히 하고, 지시한

jurgan be jurcerakū seme, ilaci jergi iogi (68:20b)
바를 어기지 않는다 하여 3등 유격으로

obuha, emu jergi bucere weile be guwebumbi.
삼았다. 죽을 죄를 한 번 면해준다.

○ donggoro be, afabuha weile be mutembi, joriha
Donggoro를, 맡긴 일을 능히 하고, 지시한

jurgan be jurcerakū seme beiguwan obuha.
바를 어기지 않는다 하여 비어로 삼았다.

○ yehe i loosa be, afabuha weile be mutembi,
Yehe의 Loosa를, 맡긴 일을 능히 하고,

joriha jurgan be jurcerakū seme beiguwan obuha. (68:21a)
지시한 바를 어기지 않는다 하여 비어로 삼았다.

○ gartu be, afabuha weile be mutembi, joriha
Gartu를, 맡긴 일을 능히 하고, 지시한

jurgan be jurcerakū seme beiguwan obuha.
바를 어기지 않는다 하여 비어로 삼았다.

○ dahū be, afabuha weile be mutembi, joriha
Dahū를, 맡긴 일을 능히 하고, 지시한

jurgan be jurcerakū seme beiguwan obuha.
바를 어기지 않는다 하여 비어로 삼았다.

(68:21b)

○ aituwan be, ši san šan i hada be tafafi
Aituwan을, 십삼산(十三山)의 봉우리를 올라서

gaiha gung de beiguwan obuha.
빼앗은 공으로 비어로 삼았다.

○ nikan be, afabuha weile be mutembi, joriha
Nikan을, 맡긴 일을 능히 하고, 지시한

jurgan be jurcerakū seme beiguwan obuha.
바를 어기지 않는다 하여 비어로 삼았다.

○ tulkun be, anafu cooha de takūraci akdun, (68:22a)
Tulkun을, 수자리에 파견하니 믿음직했고,

hūsun buhe ambula seme, bucehe beye be
힘을 많이 썼다 하여, 죽은 몸을

gung arafi beiguwan obuha.
공을 인정하여 비어로 삼았다.

○ conoi be, afabuha weile be mutembi, joriha
Conoi를, 맡긴 일을 능히 하고, 지시한

jurgan be jurcerakū seme beiguwan obuha.
바를 어기지 않는다 하여 비어로 삼았다.

○ ubahai be, afabuha weile be mutembi, joriha (68:22b)
Ubahai를, 맡긴 일을 능히 하고, 지시한

jurgan be jurcerakū seme beiguwan obuha.
바를 어기지 않는다 하여 비어로 삼았다.

○ daida be, afabuha weile be mutembi, joriha
Daida를, 맡긴 일을 능히 하고, 지시한

jurgan be jurcerakū seme beiguwan obuha.
바를 어기지 않는다 하여 비어로 삼았다.

○ kalcunggi be, afabuha weile be mutembi, joriha
Kalcunggi를, 맡긴 일을 능히 하고, 지시한

jurgan be jurcerakū seme beiguwan obuha. (68:23a)
바를 어기지 않는다 하여 비어로 삼았다.

○ buyan be, afabuha weile be mutembi, joriha
Buyan을, 맡긴 일을 능히 하고, 지시한

jurgan be jurcerakū seme beiguwan obuha.
바를 어기지 않는다 하여 비어로 삼았다.

○ tohoci be, afabuha weile be mutembi, joriha
Tohoci를, 맡긴 일을 능히 하고, 지시한

jurgan be jurcerakū seme beiguwan obuha.
바를 어기지 않는다 하여 비어로 삼았다.

(68:23b)

○ ajuhū be, afabuha weile be mutembi, joriha
Ajuhū를, 맡긴 일을 능히 하고, 지시한

jurgan be jurcerakū seme beiguwan obuha.
바를 어기지 않는다 하여 비어로 삼았다.

○ liyeliyehun be, afabuha weile be mutembi, joriha
Liyeliyehun을, 맡긴 일을 능히 하고, 지시한

jurgan be jurcerakū seme beiguwan obuha.
바를 어기지 않는다 하여 비어로 삼았다.

○ masingga be, afabuha weile be mutembi, joriha (68:24a)
Masingga를, 맡긴 일을 능히 하고, 지시한

jurgan be jurcerakū seme beiguwan obuha.
바를 어기지 않는다 하여 비어로 삼았다.

○ haise be, afabuha weile be mutembi, joriha
Haise를, 맡긴 일을 능히 하고, 지시한

jurgan be jurcerakū seme beiguwan obuha.
바를 어기지 않는다 하여 비어로 삼았다.

○ ušan be, afabuha weile be mutembi, joriha
Ušan을, 맡긴 일을 능히 하고, 지시한

jurgan be jurcerakū seme beiguwan obuha. (68:24b)
바를 어기지 않는다 하여 비어로 삼았다.

○ niyolmono [原檔殘缺] eimun be, afabuha weile be
Niyolmono □□□ Eimun을, 맡긴 일을

mutembi, joriha jurgan be jurcerakū seme, hontoho
능히 하고, 지시한 바를 어기지 않는다 하여 절반

beiguwan obuha.
비어로 삼았다.

제69권

천명(天命) 10년(1625)

ninju uyuci debtelin,
abkai fulingga i
juwanci aniya.

tongki fuka sindaha hergen i dangse. (69:1a)
유권점 당안

○ kubuhe lamun,
양람기(鑲藍旗)

○ mungtan be, doro be kiceme dasambi, cooha be
Mungtan을, 정무를 부지런히 다스리고, 능히 군사를

kadalame etembi seme, ilaci jergi fujiyang obuha,
지휘할 수 있다 하여, 3등 부장(副將)으로 삼았다.

juwe jergi bucere weile be guwebumbi.
죽을 죄를 두 번 면해준다.

○ šusai be, doro be kiceme dasambi, cooha be
Šusai를, 정무를 부지런히 다스리고, 능히 군사를

kadalame etembi seme, ilaci jergi fujiyang obuha, (69:1b)
지휘할 수 있다 하여, 3등 부장으로 삼았다.

juwe jergi bucere weile be guwebumbi.
죽을 죄를 두 번 면해준다.

○ gusantai be, doro be kiceme dasambi, cooha be
Gusantai를, 정무를 부지런히 다스리고, 능히 군사를

kadalame etembi seme, ilaci jergi fujiyang obuha,
지휘할 수 있다 하여, 3등 부장으로 삼았다.

juwe jergi bucere weile be guwebumbi.
죽을 죄를 두 번 면해준다.

○ kangkalai be, afabuha weile be mutembi, joriha (69:2a)
Kangkalai를, 맡긴 일을 능히 하고, 지시한

jurgan be jurcerakū seme, ilaci jergi tsanjiyang
바를 어기지 않는다 하여, 3등 참장(參將)으로

obuha, emu jergi bucere weile be guwebumbi.
삼았다. 죽을 죄를 한 번 면해준다.

○ langse be, afabuha weile be mutembi, joriha
Langse를, 맡긴 일을 능히 하고, 지시한

jurgan be jurcerakū seme, jai jergi tsanjiyang
바를 어기지 않는다 하여, 2등 참장으로

obuha, emu jergi bucere weile be guwebumbi.
삼았다. 죽을 죄를 한 번 면해준다.

(69:2b)

○ langgida be, afabuha weile be mutembi, joriha
Langgida를, 맡긴 일을 능히 하고, 지시한

jurgan be jurcerakū seme beiguwan obuha.
바를 어기지 않는다 하여, 비어(備禦)로 삼았다.

○ esentei be, afabuha weile be mutembi, joriha
Esentei를, 맡긴 일을 능히 하고, 지시한

jurgan be jurcerakū seme, ilaci jergi tsanjiyang
바를 어기지 않는다 하여, 3등 참장으로

obuha, juwe jergi bucere weile be guwebumbi.
삼았다. 죽을 죄를 두 번 면해준다.

(69:3a)

○ yamburi, dade warka goloi amban bihe, ba be waliyafi
Yamburi는 본래 Warka로(路)의 대인이었는데, 고향을 버리고

baime jifi, dain de bucehe gung de tsanjiyang
귀부해 와서 전투에서 죽은 공으로 참장으로

obuha, juse omosi jalan halame gosire doro be
삼았다. 자손 대대로 아껴주는 도리를

ume lashalara, emu jergi bucere weile be guwebumbi.
끊지 말라. 죽을 죄를 한 번 면해준다.

○ hūsibu be, afabuha weile be mutembi, joriha
Hūsibu를, 맡긴 일을 능히 하고, 지시한

jurgan be jurcerakū seme, jai jergi tsanjiyang (69:3b)
바를 어기지 않는다 하여, 2등 참장으로

obuha, emu jergi bucere weile be guwebumbi.
삼았다. 죽을 죄를 한 번 면해준다.

○ subahai be, afabuha weile be mutembi, joriha
Subahai를, 맡긴 일을 능히 하고, 지시한

jurgan be jurcerakū seme, jai jergi tsanjiyang
바를 어기지 않는다 하여, 2등 참장으로

obuha, emu jergi bucere weile be guwebumbi.
삼았다. 죽을 죄를 한 번 면해준다.

○ nomhon be, afabuha weile be mutembi, joriha (69:4a)
Nomhon을, 맡긴 일을 능히 하고, 지시한

jurgan be jurcerakū seme, ilaci jergi iogi
바를 어기지 않는다 하여, 3등 유격(遊擊)으로

obuha, juwe jergi bucere weile be guwebumbi.
삼았다. 죽을 죄를 두 번 면해준다.

○ loki be, afabuha weile be mutembi, joriha
Loki를, 맡긴 일을 능히 하고, 지시한

jurgan be jurcerakū seme, ilaci jergi iogi
바를 어기지 않는다 하여, 3등 유격으로

obuha, emu jergi bucere weile be guwebumbi.
삼았다. 죽을 죄를 한 번 면해준다.

(69:4b)

○ šundoi be, afabuha weile be mutembi, joriha
Šundoi를, 맡긴 일을 능히 하고, 지시한

jurgan be jurcerakū seme, uju jergi iogi
바를 어기지 않는다 하여, 1등 유격으로

obuha, emu jergi bucere weile be guwebumbi.
삼았다. 죽을 죄를 한 번 면해준다.

○ hūwašaha be, afabuha weile be mutembi, joriha
Hūwašaha를, 맡긴 일을 능히 하고, 지시한

jurgan be jurcerakū seme beiguwan obuha.
바를 어기지 않는다 하여 비어로 삼았다.

(69:5a)

○ dobui be, afabuha weile be mutembi, joriha
Dobui를, 맡긴 일을 능히 하고, 지시한

jurgan be jurcerakū seme beiguwan obuha.
바를 어기지 않는다 하여 비어로 삼았다.

○ emungge be, afabuha weile be mutembi, joriha
Emungge를, 맡긴 일을 능히 하고, 지시한

jurgan be jurcerakū seme, ilaci jergi iogi
바를 어기지 않는다 하여, 3등 유격으로

obuha, emu jergi bucere weile be guwebumbi.
삼았다. 죽을 죄를 한 번 면해준다.

(69:5b)

○ giyasulan be, afabuha weile be mutembi, joriha
Giyasulan을, 맡긴 일을 능히 하고, 지시한

jurgan be jurcerakū seme, ilaci jergi iogi
바를 어기지 않는다 하여, 3등 유격으로

obuha, emu jergi bucere weile be guwebumbi.
삼았다. 죽을 죄를 한 번 면해준다.

○ hūsitun, ahūn i gung, afabuha weile be mutembi,
Hūsitun을, 형의 공이 있고, 맡긴 일을 능히 하고,

joriha jurgan be jurcerakū seme, ilaci jergi
지시한 바를 어기지 않는다 하여, 3등

iogi obuha, emu jergi bucere weile be (69:6a)
유격으로 삼았다. 죽을 죄를 한 번

guwebumbi.
면해준다.

○ yahican be, afabuha weile be mutembi, joriha
Yahican을, 맡긴 일을 능히 하고, 지시한

jurgan be jurcerakū seme beiguwan obuha.
바를 어기지 않는다 하여 비어로 삼았다.

○ manggo be, afabuha weile be mutembi, joriha
Manggo를, 맡긴 일을 능히 하고, 지시한

jurgan be jurcerakū seme beiguwan obuha, emu (69:6b)
바를 어기지 않는다 하여 비어로 삼았다.

jergi bucere weile be guwebumbi.
죽을 죄를 한 번 면해준다.

○ modo be, afabuha weile be mutembi, joriha
Modo를, 맡긴 일을 능히 하고, 지시한

jurgan be jurcerakū seme beiguwan obuha.
바를 어기지 않는다 하여 비어로 삼았다.

○ dunggami be, afabuha weile be mutembi, joriha
Dunggami를, 맡긴 일을 능히 하고, 지시한

jurgan be jurcerakū seme beiguwan obuha. (69:7a)
바를 어기지 않는다 하여 비어로 삼았다.

○ yeke be, afabuha weile be mutembi, joriha
Yeke를, 맡긴 일을 능히 하고, 지시한

jurgan be jurcerakū seme beiguwan obuha.
바를 어기지 않는다 하여 비어로 삼았다.

○ nikada be, afabuha weile be mutembi, joriha
Nikada를, 맡긴 일을 능히 하고, 지시한

jurgan be jurcerakū seme beiguwan obuha.
바를 어기지 않는다 하여 비어로 삼았다.

(69:7b)

○ dadu be, afabuha weile be mutembi, joriha
Dadu를, 맡긴 일을 능히 하고, 지시한

jurgan be jurcerakū seme beiguwan obuha.
바를 어기지 않는다 하여 비어로 삼았다.

○ saimuka be, afabuha weile be mutembi, joriha
Saimuka를, 맡긴 일을 능히 하고, 지시한

jurgan be jurcerakū seme beiguwan obuha.
바를 어기지 않는다 하여 비어로 삼았다.

○ artai be, afabuha weile be mutembi, joriha (69:8a)
Artai를, 맡긴 일을 능히 하고, 지시한

jurgan be jurcerakū seme beiguwan obuha.
바를 어기지 않는다 하여 비어로 삼았다.

○ fanduri be, afabuha weile be mutembi, joriha
Fanduri를, 맡긴 일을 능히 하고, 지시한

jurgan be jurcerakū seme beiguwan obuha.
바를 어기지 않는다 하여 비어로 삼았다.

○ loosantai be, afabuha weile be mutembi, joriha
Loosantai를, 맡긴 일을 능히 하고, 지시한

jurgan be jurcerakū seme beiguwan obuha. (69:8b)
바를 어기지 않는다 하여 비어로 삼았다.

○ yabka be, afabuha weile be mutembi, joriha
Yabka를, 맡긴 일을 능히 하고, 지시한

jurgan be jurcerakū seme beiguwan obuha.
바를 어기지 않는다 하여 비어로 삼았다.

○ siteku be, afabuha weile be mutembi, joriha
Siteku를, 맡긴 일을 능히 하고, 지시한

jurgan be jurcerakū seme beiguwan obuha.
바를 어기지 않는다 하여 비어로 삼았다.

(69:9a)

○ nitangga be, afabuha weile be mutembi, joriha
Nitangga를, 맡긴 일을 능히 하고, 지시한

jurgan be jurcerakū seme beiguwan obuha, emu
바를 어기지 않는다 하여 비어로 삼았다.

jergi bucere weile be guwebumbi.
죽을 죄를 한 번 면해준다.

○ yanjuhū be, afabuha weile be mutembi, joriha
Yanjuhū를, 맡긴 일을 능히 하고, 지시한

jurgan be jurcerakū seme beiguwan obuha.
바를 어기지 않는다 하여 비어로 삼았다.

(69:9b)

○ tahabu be, afabuha weile be mutembi, joriha
Tahabu를, 맡긴 일을 능히 하고, 지시한

jurgan be jurcerakū seme beiguwan obuha.
바를 어기지 않는다 하여 비어로 삼았다.

○ daisu be, afabuha weile be mutembi, joriha
Daisu를, 맡긴 일을 능히 하고, 지시한

jurgan be jurcerakū seme, jai jergi iogi
바를 어기지 않는다 하여, 2등 유격으로

obuha, emu jergi bucere weile be guwebumbi.
삼았다. 죽을 죄를 한 번 면해준다.

(69:10a)

○ tomin be, afabuha weile be mutembi, joriha
Tomin을, 맡긴 일을 능히 하고, 지시한

jurgan be jurcerakū seme beiguwan obuha.
바를 어기지 않는다 하여 비어로 삼았다.

○ untai be, afabuha weile be mutembi, joriha
Untai를, 맡긴 일을 능히 하고, 지시한

jurgan be jurcerakū seme beiguwan obuha.
바를 어기지 않는다 하여 비어로 삼았다.

○ limbu be, afabuha weile be mutembi, joriha (69:10b)
Limbu를, 맡긴 일을 능히 하고, 지시한

jurgan be jurcerakū seme beiguwan obuha.
바를 어기지 않는다 하여 비어로 삼았다.

○ ninu be, afabuha weile be mutembi, joriha
Ninu를, 맡긴 일을 능히 하고, 지시한

jurgan be jurcerakū seme beiguwan obuha.
바를 어기지 않는다 하여 비어로 삼았다.

○ singgiya be, afabuha weile be mutembi, joriha
Singgiya를, 맡긴 일을 능히 하고, 지시한

jurgan be jurcerakū seme beiguwan obuha. (69:11a)
바를 어기지 않는다 하여 비어로 삼았다.

○ gulu lamun,
정람기(正藍旗)

○ tobohoi be, doro be kiceme dasambi, cooha be
Tobohoi를, 정무를 부지런히 다스리고, 능히 군사를

kadalame etembi seme, ilaci jergi fujiyang obuha.
지휘할 수 있다 하여, 3등 부장으로 삼았다.

○ irešen be, afabuha weile be mutembi, joriha
Irešen을, 맡긴 일을 능히 하고, 지시한

jurgan be jurcerakū seme, ilaci jergi tsanjiyang (69:11b)
바를 어기지 않는다 하여, 3등 참장으로

obuha, emu jergi bucere weile be guwebumbi.
삼았다. 죽을 죄를 한 번 면해준다.

○ boihoci be, afabuha weile be mutembi, joriha
Boihoci를, 맡긴 일을 능히 하고, 지시한

jurgan be jurcerakū seme, ilaci jergi iogi
바를 어기지 않는다 하여, 3등 유격으로

obuha.
삼았다.

○ sele be, afabuha weile be mutembi, joriha (69:12a)
Sele를, 맡긴 일을 능히 하고, 지시한

jurgan be jurcerakū seme, ilaci jergi iogi
바를 어기지 않는다 하여, 3등 유격으로

obuha.
삼았다.

○ hūsitun be, afabuha weile be mutembi, joriha
Hūsitun을, 맡긴 일을 능히 하고 지시한

jurgan be jurcerakū seme, ilaci jergi iogi
바를 어기지 않는다 하여, 3등 유격으로

obuha, emu jergi bucere weile be guwebumbi.
삼았다. 죽을 죄를 한 번 면해준다.

(69:12b)

○ hūwaktaka, hūrha goloi niyalma bihe, ini ahūn
Hūwaktaka는 Hūrha로(路)의 사람이었는데, 자신의 형과

deo be gajime baime jihe gung, jai afabuha
동생을 데리고 귀부해 온 공이 있고 또 맡긴

weile be mutembi, joriha jurgan be jurcerakū
일을 능히 하며 지시한 바를 어기지 않는다

seme, ilaci jergi iogi obuha, emu jergi
하여 3등 유격으로 삼았다.

bucere weile be guwebumbi.
죽을 죄를 한 번 면해준다.

○ yambulu be, afabuha weile be mutembi, joriha (69:13a)
Yambulu를, 맡긴 일을 능히 하고, 지시한

jurgan be jurcerakū seme, jai jergi iogi
바를 어기지 않는다 하여 2등 유격으로

obuha, emu jergi bucere weile be guwebumbi.
삼았다. 죽을 죄를 한 번 면해준다.

○ afuni be, afabuha weile be mutembi, joriha
Afuni를, 맡긴 일을 능히 하고, 지시한

jurgan be jurcerakū seme, ilaci jergi iogi
바를 어기지 않는다 하여, 3등 유격으로

obuha, emu jergi bucere weile be guwebumbi.
삼았다. 죽을 죄를 한 번 면해준다.

(69:13b)

○ baihū be, afabuha weile be mutembi, joriha
Baihū를, 맡긴 일을 능히 하고, 지시한

jurgan be jurcerakū seme, ilaci jergi iogi
바를 어기지 않는다 하여 3등 유격으로

obuha, emu jergi bucere weile be guwebumbi.
삼았다. 죽을 죄를 한 번 면해준다.

○ babuhū be, afabuha weile be mutembi, joriha
Babuhū를, 맡긴 일을 능히 하고, 지시한

jurgan be jurcerakū seme, jai jergi iogi
바를 어기지 않는다 하여, 2등 유격으로

obuha, juwe jergi bucere weile be guwebumbi. (69:14a)
삼았다. 죽을 죄를 두 번 면해준다.

○ šušalan be, afabuha weile be mutembi, joriha
Šušalan을, 맡긴 일을 능히 하고, 지시한

jurgan be jurcerakū seme, jai jergi iogi
바를 어기지 않는다 하여, 2등 유격으로

obuha, emu jergi bucere weile be guwebumbi.
삼았다. 죽을 죄를 한 번 면해준다.

○ bangsu be, afabuha weile be mutembi, joriha
Bangsu를, 맡긴 일을 능히 하고, 지시한

jurgan be jurcerakū seme, ilaci jergi iogi (69:14b)
바를 어기지 않는다 하여, 3등 유격으로

obuha, emu jergi bucere weile be guwebumbi.
삼았다. 죽을 죄를 한 번 면해준다.

○ sulhio be, afabuha weile be mutembi, joriha
Sulhio를, 맡긴 일을 능히 하고, 지시한

jurgan be jurcerakū seme beiguwan obuha.
바를 어기지 않는다 하여 비어로 삼았다.

○ daimungga be, afabuha weile be mutembi, joriha
Daimungga를, 맡긴 일을 능히 하고, 지시한

jurgan be jurcerakū seme beiguwan obuha. (69:15a)
바를 어기지 않는다 하여 비어로 삼았다.

○ hunio be, afabuha weile be mutembi, joriha
Hunio를, 맡긴 일을 능히 하고, 지시한

jurgan be jurcerakū seme beiguwan obuha.
바를 어기지 않는다 하여 비어로 삼았다.

○ nikan be, afabuha weile be mutembi, joriha
Nikan을, 맡긴 일을 능히 하고, 지시한

jurgan be jurcerakū seme beiguwan obuha.
바를 어기지 않는다 하여 비어로 삼았다.

(69:15b)

○ dumei be, afabuha weile be mutembi, joriha
Dumei를, 맡긴 일을 능히 하고, 지시한

jurgan be jurcerakū seme beiguwan obuha.
바를 어기지 않는다 하여 비어로 삼았다.

○ oode be, afabuha weile be mutembi, joriha
Oode를, 맡긴 일을 능히 하고, 지시한

jurgan be jurcerakū seme beiguwan obuha.
바를 어기지 않는다 하여 비어로 삼았다.

○ muhaliyan be, afabuha weile be mutembi, joriha (69:16a)
Muhaliyan을, 맡긴 일을 능히 하고, 지시한

jurgan be jurcerakū seme beiguwan obuha.
바를 어기지 않는다 하여 비어로 삼았다.

○ boroi be, afabuha weile be mutembi, joriha
Boroi를, 맡긴 일을 능히 하고, 지시한

jurgan be jurcerakū seme beiguwan obuha.
바를 어기지 않는다 하여 비어로 삼았다.

○ baindai be, afabuha weile be mutembi, joriha
Baindai를, 맡긴 일을 능히 하고, 지시한

jurgan be jurcerakū seme beiguwan obuha. (69:16b)
바를 어기지 않는다 하여 비어로 삼았다.

○ doksoho be, afabuha weile be mutembi, joriha
Doksoho를, 맡긴 일을 능히 하고, 지시한

jurgan be jurcerakū seme beiguwan obuha.
바를 어기지 않는다 하여 비어로 삼았다.

○ mangko be, afabuha weile be mutembi, joriha
Mangko를, 맡긴 일을 능히 하고, 지시한

jurgan be jurcerakū seme beiguwan obuha.
바를 어기지 않는다 하여 비어로 삼았다.

(69:17a)

○ boigon be, afabuha weile be mutembi, joriha
Boigon을, 맡긴 일을 능히 하고, 지시한

jurgan be jurcerakū seme beiguwan obuha.
바를 어기지 않는다 하여 비어로 삼았다.

○ giyamsu be, afabuha weile be mutembi, joriha
Giyamsu를, 맡긴 일을 능히 하고, 지시한

jurgan be jurcerakū seme beiguwan obuha.
바를 어기지 않는다 하여 비어로 삼았다.

○ aibari be, ama i gung, jai afabuha weile be (69:17b)
Aibari를, 아버지의 공이 있고, 또 맡긴 일을

mutembi, joriha jurgan be jurcerakū seme beiguwan obuha.
능히 하며 지시한 바를 어기지 않는다 하여 비어로 삼았다.

○ arai be, afabuha weile be mutembi, joriha
Arai를, 맡긴 일을 능히 하고, 지시한

jurgan be jurcerakū seme beiguwan obuha.
바를 어기지 않는다 하여 비어로 삼았다.

○ jaciba be, afabuha weile be mutembi, joriha
Jaciba를, 맡긴 일을 능히 하고, 지시한

jurgan be jurcerakū seme beiguwan obuha. (69:18a)
바를 어기지 않는다 하여 비어로 삼았다.

○ tuntasi be, afabuha weile be mutembi, joriha
Tuntasi를, 맡긴 일을 능히 하고, 지시한

jurgan be jurcerakū seme beiguwan obuha.
바를 어기지 않는다 하여 비어로 삼았다.

○ busan be, afabuha weile be mutembi, joriha
Busan을, 맡긴 일을 능히 하고, 지시한

jurgan be jurcerakū seme beiguwan obuha.
바를 어기지 않는다 하여 비어로 삼았다.

(69:18b)

○ yangguri be, yaya dain de, beyede alifi
Yangguri를, 모든 전투에서 스스로 맡아서

ujulame yabuha gung de, jakūn beile i sirame
앞장서서 행한 공으로 여덟 버일러 다음의

hashū ergi galai coohai ejen, uju jergi
좌익 군사의 수장이자 1등

dzung bing guwan obuha, ilan jergi bucere weile be
총병관(總兵官)으로 삼았다. 죽을 죄를 세 번

guwebumbi, emu minggan juwe tanggū sunja yan i weile
면해준다. 1205냥의 죗값을

waliyambi, ere gisun be bithe arafi jakūn
면해준다. 이 말을 글로 적어서 여덟

beise ci fusihūn, beiguwan ci wesihun monggolihabi. (69:19a)
버일러들 이하, 비어 이상이 목에 걸었다.

○ gulu šanggiyan i gūsai,
정백기(正白旗)의

○ lenggeri be, doro be kiceme dasambi, cooha be
Lenggeri를, 정무를 부지런히 다스리고, 능히 군사를

kadalame etembi seme, uju jergi dzung bing guwan
지휘할 수 있다 하여, 1등 총병관으로

obuha, juwe jergi bucere weile be guwebumbi.
삼았다. 죽을 죄를 두 번 면해준다.

○ baintu be, doro be kiceme dasambi, cooha be (69:19b)
Baintu를, 정무를 부지런히 다스리고, 능히 군사를

kadalame etembi seme, uju jergi fujiyang obuha.
지휘할 수 있다 하여, 1등 부장으로 삼았다.

○ hasan be, doro be kiceme dasambi, cooha be
Hasan을, 정무를 부지런히 다스리고, 능히 군사를

kadalame etembi seme, ilaci jergi fujiyang obuha,
지휘할 수 있다 하여, 3등 부장으로 삼았다.

juwe jergi bucere weile be guwebumbi.
죽을 죄를 두 번 면해준다.

○ yahican be, afabuha weile be mutembi, joriha (69:20a)
Yahican을, 맡긴 일을 능히 하고, 지시한

jurgan be jurcerakū seme, uju jergi tsanjiyang
바를 어기지 않는다 하여, 1등 참장으로

obuha, emu jergi bucere weile be guwebumbi.
삼았다. 죽을 죄를 한 번 면해준다.

○ bakiran be, afabuha weile be mutembi, joriha
Bakiran을, 맡긴 일을 능히 하고, 지시한

jurgan be jurcerakū seme, uju jergi iogi
바를 어기지 않는다 하여, 1등 유격으로

obuha, emu jergi bucere weile be guwebumbi.
삼았다. 죽을 죄를 한 번 면해준다.

(69:20b)

○ yahū be, afabuha weile be mutembi, joriha
Yahū를, 맡긴 일을 능히 하고, 지시한

jurgan be jurcerakū seme, ilaci jergi iogi
바를 어기지 않는다 하여, 3등 유격으로

obuha, emu jergi bucere weile be guwebumbi.
삼았다. 죽을 죄를 한 번 면해준다.

○ mandarhan be, afabuha weile be mutembi, joriha
Mandarhan을, 맡긴 일을 능히 하고, 지시한

jurgan be jurcerakū seme, ilaci jergi iogi
바를 어기지 않는다 하여, 3등 유격으로

obuha, emu jergi bucere weile be guwebumbi. (69:21a)
삼았다. 죽을 죄를 한 번 면해준다.

○ baisan be, afabuha weile be mutembi, joriha
Baisan을, 맡긴 일을 능히 하고, 지시한

jurgan be jurcerakū seme, ilaci jergi iogi obuha.
바를 어기지 않는다 하여, 3등 유격으로 삼았다.

○ tanggari i jui kakamu be, afabuha weile be mutembi,
Tanggari의 아들 Kakamu를, 맡긴 일을 능히 하고,

joriha jurgan be jurcerakū seme, ilaci jergi
지시한 바를 어기지 않는다 하여, 3등

iogi obuha, emu jergi bucere weile be guwebumbi. (69:21b)
유격으로 삼았다. 죽을 죄를 한 번 면해준다.

○ bojiri be, afabuha weile be mutembi, joriha
Bojiri를, 맡긴 일을 능히 하고, 지시한

jurgan be jurcerakū seme, ilaci jergi iogi
바를 어기지 않는다 하여, 3등 유격으로

obuha, emu jergi bucere weile be guwebumbi.
삼았다. 죽을 죄를 한 번 면해준다.

○ adai be, afabuha weile be mutembi, joriha
Adai를, 맡긴 일을 능히 하고, 지시한

jurgan be jurcerakū seme, ilaci jergi iogi (69:22a)
바를 어기지 않는다 하여, 3등 유격으로

obuha, emu jergi bucere weile be guwebumbi.
삼았다. 죽을 죄를 한 번 면해준다.

○ obondoi be, afabuha weile be mutembi, joriha
Obondoi를, 맡긴 일을 능히 하고, 지시한

jurgan be jurcerakū seme, ilaci jergi iogi
바를 어기지 않는다 하여, 3등 유격으로

obuha, emu jergi bucere weile be guwebumbi.
삼았다. 죽을 죄를 한 번 면해준다.

○ jangsan be, afabuha weile be mutembi, joriha (69:22b)
Jangsan을, 맡긴 일을 능히 하고, 지시한

jurgan be jurcerakū seme beiguwan obuha.
바를 어기지 않는다 하여 비어로 삼았다.

○ tanaka be, afabuha weile be mutembi, joriha jurgan be
Tanaka를, 맡긴 일을 능히 하고, 지시한 바를

jurcerakū seme beiguwan obuha.
어기지 않는다 하여 비어로 삼았다.

○ bahi be, afabuha weile be mutembi, joriha
Bahi를, 맡긴 일을 능히 하고, 지시한

jurgan be jurcerakū seme beiguwan obuha. (69:23a)
바를 어기지 않는다 하여 비어로 삼았다.

○ suldungga be, afabuha weile be mutembi, joriha
Suldungga를, 맡긴 일을 능히 하고, 지시한

jurgan be jurcerakū seme beiguwan obuha.
바를 어기지 않는다 하여 비어로 삼았다.

○ holohoi be, afabuha weile be mutembi, joriha
Holohoi를, 맡긴 일을 능히 하고, 지시한

jurgan be jurcerakū seme beiguwan obuha.
바를 어기지 않는다 하여 비어로 삼았다.

(69:23b)

○ hūsimu be, afabuha weile be mutembi, joriha
Hūsimu를, 맡긴 일을 능히 하고, 지시한

jurgan be jurcerakū seme, ilaci jergi iogi
바를 어기지 않는다 하여, 3등 유격으로

obuha, emu jergi bucere weile be guwebumbi.
삼았다. 죽을 죄를 한 번 면해준다.

○ namtai, ujihe be, afabuha weile be mutembi, joriha
Namtai Ujihe를,[1] 맡긴 일을 능히 하고, 지시한

jurgan be jurcerakū seme beiguwan obuha.
바를 어기지 않는다 하여 비어로 삼았다.

(69:24a)

○ wanggin be, afabuha weile be mutembi, joriha
Wanggin을, 맡긴 일을 능히 하고, 지시한

jurgan be jurcerakū seme beiguwan obuha.
바를 어기지 않는다 하여 비어로 삼았다.

○ jonggodoi be, afabuha weile be mutembi, joriha
Jonggodoi를, 맡긴 일을 능히 하고, 지시한

jurgan be jurcerakū seme beiguwan obuha.
바를 어기지 않는다 하여 비어로 삼았다.

○ karkama be, afabuha weile be mutembi, joriha (69:24b)
Karkama를, 맡긴 일을 능히 하고, 지시한

1) 원문에는 구두점이 있어서 구분되어 있지만 한 사람을 지칭하는 것으로 보인다.

jurgan be jurcerakū seme beiguwan obuha.
바를 어기지 않는다 하여 비어로 삼았다.

○ aitungga, dade fio hoton i emu amban bihe,
Aitungga는 원래 Fio성의 한 대인이었는데,

⇦ han be baime jihe gung de, deo omsoko be beiguwan
한(汗)에게 귀부해 온 공으로 동생인 Omsoko를 비어로

obuha, emu jergi bucere weile be guwebumbi juse omosi
삼았다. 죽을 죄를 한 번 면해준다. 자손

jalan halame gosire doro be ume lashalara.
대대로 아껴주는 도리를 끊지 말라.

(69:25a)

○ temuru be, afabuha weile be mutembi, joriha
Temuru를, 맡긴 일을 능히 하고, 지시한

jurgan be jurcerakū seme beiguwan obuha.
바를 어기지 않는다 하여 비어로 삼았다.

○ sunjacin be, afabuha weile be mutembi, joriha
Sunjacin을, 맡긴 일을 능히 하고, 지시한

jurgan be jurcerakū seme beiguwan obuha.
바를 어기지 않는다 하여 비어로 삼았다.

○ turusi be, afabuha weile be mutembi, joriha (69:25b)
Turusi를, 맡긴 일을 능히 하고, 지시한

jurgan be jurcerakū seme beiguwan obuha.
바를 어기지 않는다 하여 비어로 삼았다.

○ dajihan be, afabuha weile be mutembi, joriha
Dajihan을, 맡긴 일을 능히 하고, 지시한

jurgan be jurcerakū seme beiguwan obuha.
바를 어기지 않는다 하여 비어로 삼았다.

○ bashan be, afabuha weile be mutembi, joriha
Bashan을, 맡긴 일을 능히 하고, 지시한

jurgan be jurcerakū seme beiguwan obuha. (69:26a)
바를 어기지 않는다 하여 비어로 삼았다.

○ handu be, afabuha weile be mutembi, joriha
Handu를, 맡긴 일을 능히 하고, 지시한

jurgan be jurcerakū seme beiguwan obuha.
바를 어기지 않는다 하여 비어로 삼았다.

○ tohoci be, afabuha weile be mutembi, joriha
Tohoci를, 맡긴 일을 능히 하고, 지시한

jurgan be jurcerakū seme beiguwan obuha.
바를 어기지 않는다 하여 비어로 삼았다.

(69:26b)

○ mafuta be, afabuha weile be mutembi, joriha
Mafuta를, 맡긴 일을 능히 하고, 지시한

jurgan be jurcerakū seme beiguwan obuha.
바를 어기지 않는다 하여 비어로 삼았다.

○ yarbu be, afabuha weile be mutembi, joriha
Yarbu를, 맡긴 일을 능히 하고, 지시한

jurgan be jurcerakū seme beiguwan obuha.
바를 어기지 않는다 하여 비어로 삼았다.

○ babuhai be, afabuha weile be mutembi, joriha (69:27a)
Babuhai를, 맡긴 일을 능히 하고, 지시한

jurgan be jurcerakū seme beiguwan obuha.
바를 어기지 않는다 하여 비어로 삼았다.

○ asik be [原檔殘缺]
Asik을 □□□

○ bayartu i jui ajai be, afabuha weile be mutembi,
Bayartu의 아들 Ajai를, 맡긴 일을 능히 하고,

joriha jurgan be jurcerakū seme beiguwan obuha.
지시한 바를 어기지 않는다 하여 비어로 삼았다.

(69:27b)

○ gargio be, afabuha weile be mutembi, joriha
Gargio를, 맡긴 일을 능히 하고, 지시한

jurgan be jurcerakū seme beiguwan obuha.
바를 어기지 않는다 하여 비어로 삼았다.

○ darhan efu be, doro be kiceme dasambi,
Darhan 어푸를, 정무를 부지런히 다스리고,

cooha be kadalame etembi seme, ilaci jergi
능히 군사를 지휘할 수 있다고 하여, 3등

fujiyang obuha, juwe jergi bucere weile be guwebumbi.
부장으로 삼았다. 죽을 죄를 두 번 면해준다.

(69:28a)

○ dajuhū be, doro be kiceme dasambi, cooha be
Dajuhū를, 정무를 부지런히 다스리고, 능히 군사를

kadalame etembi seme, ilaci jergi iogi obuha,
지휘할 수 있다 하여, 3등 유격으로 삼았다.

emu jergi bucere weile be guwebumbi.
죽을 죄를 한 번 면해준다.

○ nikari, ningguta goloi amban bihe, ba be waliyafi
Nikari는 영고탑로(寧古塔路)의 대인이었는데, 고향을 버리고

jihe gung, jai afabuha weile be mutembi, joriha
온 공이 있고, 또 맡긴 일을 능히 하며 지시한

jurgan be jurcerakū seme, jai jergi tsanjiyang obuha, (69:28b)
바를 어기지 않는다 하여, 2등 참장으로 삼았다.

emu jergi bucere weile be guwebumbi.
죽을 죄를 한 번 면해준다.

○ yarna be, afabuha weile be mutembi, joriha
Yarna를, 맡긴 일을 능히 하고, 지시한

jurgan be jurcerakū seme, ilaci jergi tsanjiyang
바를 어기지 않는다 하여, 3등 참장으로

obuha, emu jergi bucere weile be guwebumbi.
삼았다. 죽을 죄를 한 번 면해준다.

○ alha be, afabuha weile be mutembi, joriha (69:29a)
Alha를, 맡긴 일을 능히 하고, 지시한

jurgan be jurcerakū seme, ilaci jergi iogi
바를 어기지 않는다 하여, 3등 유격으로

obuha, emu jergi bucere weile be guwebumbi.
삼았다. 죽을 죄를 한 번 면해준다.

○ donoi be, afabuha weile be mutembi, joriha
Donoi를, 맡긴 일을 능히 하고, 지시한

jurgan be jurcerakū seme, ilaci jergi iogi
바를 어기지 않는다 하여, 3등 유격으로

obuha, emu jergi bucere weile be guwebumbi.
삼았다. 죽을 죄를 한 번 면해준다.

제70권

천명(天命) 10년(1625)

nadanjuci debtelin,
abkai fulingga i
juwanci aniya.

tongki fuka sindaha hergen i dangse. (70:1a)
유권점 당안

◯ onoi, jakūta goloi amban bihe, ba be waliyafi
Onoi는 Jakūta로(路)의 대인이었는데, 고향을 버리고

baime jihe gung, jai afabuha weile be mutembi,
귀부해 온 공이 있고, 또 맡긴 일을 능히 하며

joriha jurgan be jurcerakū seme ilaci jergi iogi
지시한 바를 어기지 않는다 하여 3등 유격(遊擊)으로

obuha, emu jergi bucere weile be guwebumbi.
삼았다. 죽을 죄를 한 번 면해준다.

◯ jergene, jakūta goloi niyalma bihe, ba be waliyafi
Jergene는 Jakūta로(路)의 사람이었는데, 고향을 버리고

baime jihe gung de, deo kaju be afabuha (70:1b)
귀부해 온 공이 있어서, 동생 Kaju를, 맡긴

weile be mutembi, joriha jurgan be jurcerakū seme
일을 능히 하고, 지시한 바를 어기지 않는다 하여

ilaci jergi iogi obuha, emu jergi bucere weile be
3등 유격으로 삼았다. 죽을 죄를 한 번

guwebumbi.
면해준다.

○ ubahai be, afabuha weile be mutembi, joriha
Ubahai를, 맡긴 일을 능히 하고, 지시한

jurgan be jurcerakū seme beiguwan obuha.
바를 어기지 않는다 하여 비어(備禦)로 삼았다.

(70:2a)

○ fukca be, afabuha weile be mutembi, joriha
Fukca를, 맡긴 일을 능히 하고, 지시한

jurgan be jurcerakū seme beiguwan obuha.
바를 어기지 않는다 하여 비어로 삼았다.

○ nusan be, afabuha weile be mutembi, joriha
Nusan을, 맡긴 일을 능히 하고, 지시한

jurgan be jurcerakū seme beiguwan obuha.
바를 어기지 않는다 하여 비어로 삼았다.

○ wehede be, baime jihe gung, jai afabuha (70:2b)
Wehede를, 귀부해 온 공이 있고, 또 맡긴

weile be mutembi, joriha jurgan be jurcerakū
일을 능히 하며, 지시한 바를 어기지 않는다

seme beiguwan obuha.
하여 비어로 삼았다.

○ akio be, afabuha weile be mutembi, joriha
Akio를, 맡긴 일을 능히 하고, 지시한

jurgan be jurcerakū seme beiguwan obuha.
바를 어기지 않는다 하여 비어로 삼았다.

○ elki be, afabuha weile be mutembi, joriha (70:3a)
Elki를, 맡긴 일을 능히 하고, 지시한

jurgan be jurcerakū seme beiguwan obuha.
바를 어기지 않는다 하여 비어로 삼았다.

○ jukšu be, afabuha weile be mutembi, joriha
Jukšu를, 맡긴 일을 능히 하고, 지시한

jurgan be jurcerakū seme beiguwan obuha.
바를 어기지 않는다 하여 비어로 삼았다.

○ haningga be, afabuha weile be mutembi, joriha
Haningga를, 맡긴 일을 능히 하고, 지시한

jurgan be jurcerakū seme beiguwan obuha. (70:3b)
바를 어기지 않는다 하여 비어로 삼았다.

○ cirgešen be, afabuha weile be mutembi, joriha
Cirgešen을, 맡긴 일을 능히 하고, 지시한

jurgan be jurcerakū seme beiguwan obuha.
바를 어기지 않는다 하여 비어로 삼았다.

○ kūwataiju be, afabuha weile be mutembi, joriha
Kūwataiju를, 맡긴 일을 능히 하고, 지시한

jurgan be jurcerakū seme beiguwan obuha.
바를 어기지 않는다 하여 비어로 삼았다.

(70:4a)

○ abutai be, afabuha weile be mutembi, joriha
Abutai를, 맡긴 일을 능히 하고, 지시한

jurgan be jurcerakū seme beiguwan obuha.
바를 어기지 않는다 하여 비어로 삼았다.

○ congjika be, afabuha weile be mutembi, joriha
Congjika를, 맡긴 일을 능히 하고, 지시한

jurgan be jurcerakū seme beiguwan obuha.
바를 어기지 않는다 하여 비어로 삼았다.

○ cecekei i jui omina be, afabuha weile be mutembi, (70:4b)
Cecekei의 아들 Omina를, 맡긴 일을 능히 하고,

joriha jurgan be jurcerakū seme beiguwan obuha.
지시한 바를 어기지 않는다 하여 비어로 삼았다.

○ samjan bayan be, dain de bucehe gung
Samjan Bayan을, 전투에서 죽은 공으로

seme beiguwan obuha.
비어로 삼았다.

○ nanggin be, afabuha weile be mutembi, joriha
Nanggin을, 맡긴 일을 능히 하고, 지시한

jurgan be jurcerakū seme beiguwan obuha. (70:5a)
바를 어기지 않는다 하여 비어로 삼았다.

○ cingšan be, afabuha weile be mutembi, joriha
Cingšan을, 맡긴 일을 능히 하고, 지시한

jurgan be jurcerakū seme beiguwan obuha.
바를 어기지 않는다 하여 비어로 삼았다.

○ nacibu be, afabuha weile be mutembi, joriha
Nacibu를, 맡긴 일을 능히 하고, 지시한

jurgan be jurcerakū seme beiguwan obuha.
바를 어기지 않는다 하여 비어로 삼았다.

(70:5b)

○ solho mafa i gung de, gisun be beiguwan obuha.
Solho 마파의 공으로 Gisun을 비어로 삼았다.

○ yangšan be beiguwan obuha.
Yangšan을 비어로 삼았다.

○ uici be beiguwan obuha.
Uici를 비어로 삼았다.

○ noyodo be, afabuha weile be mutembi, joriha (70:6a)
Noyodo를, 맡긴 일을 능히 하고, 지시한

jurgan be jurcerakū seme beiguwan obuha.
바를 어기지 않는다 하여 비어로 삼았다.

○ hūlmai be, afabuha weile be mutembi, joriha
Hūlmai를, 맡긴 일을 능히 하고, 지시한

jurgan be jurcerakū seme beiguwan obuha.
바를 어기지 않는다 하여 비어로 삼았다.

○ budai be, afabuha weile be mutembi, joriha
Budai를, 맡긴 일을 능히 하고, 지시한

jurgan be jurcerakū seme beiguwan obuha. (70:6b)
바를 어기지 않는다 하여 비어로 삼았다.

○ nomin be, afabuha weile be mutembi, joriha
Nomin을, 맡긴 일을 능히 하고, 지시한

jurgan be jurcerakū seme beiguwan obuha.
바를 어기지 않는다 하여 비어로 삼았다.

○ ereci jakūn gūsai ice gūwalca i ejehe i dangse.
여기서부터는 8구사의 새로운 Gūwalca의 칙서의 기록이다.

⇦ han hendume, šabtu, gūwalca goloi amban bihe, ama mafa i giran,
한(汗)이 말하기를, "Šabtu는 Gūwalca로(路)의 대인이었는데, 아버지와 할아버지의 유해와

← banjiha ba, jeke muke be waliyafi, emu biyai on be (70:7a)
태어난 땅, 먹던 물을 버리고, 한 달이나 되는 거리를

← alin be dabame muke be olome jihengge, tereci
산을 넘고 물을 건너온 자이다. 그보다

← jilakan ai bi, ere baime jihe gung de, tubaci
가상한 것이 무엇이 있겠는가. 이렇게 귀부해 온 공으로 그곳으로부터

← dahame jihe niyalma be, gemu juse omosi jalan
따라서 온 사람을 모두 자손 대대로

← halame alban de ume dabure, endeme calame bucere
공역에 넣지 말고, 과오로 죽을

← weile bahaci guwebu, ulin gaijara weile bahaci waliya,
죄를 지어도 면해주라. 재물을 빼앗을 죄를 지어도 면제하라.

← gosire doro be ume lashalara, uju jergi šabtu,
아껴주는 도리를 끊지 말라." 1등은 Šabtu이고

jai jergi unggadai, oni, ilaci jergi sangsina, hanghū, (70:7b)
2등은 Unggadai와 Oni이다. 3등은 Sangsina, Hanghū,

ijikuwa, gurimbulu, endulen, ilgana, urhūmak, duici jergi harao,
Ijikuwa, Gurimbulu, Endulen, Ilgana, Urhūmak이다. 4등은 Harao,

meruge, kusiken, onoju, gartu, solbina, badabulu, noki, samdari,
Meruge, Kusiken, Onoju, Gartu, Solbina, Badabulu, Noki, Samdari,

kūwaraka mafa, koikon mafa, uksin eturakū beri jafarangge
Kūwaraka 마파, Koikon 마파이다. 갑옷을 입지 않고 화살을 잡는 사람은

ajigen tasigun, dorimbu, senggede, tesilen, kūwaraka, temurtu, ahada.
Ajigen Tasigun, Dorimbu, Senggede, Tesilen, Kūwaraka, Temurtu, Ahada이다.

⇦ han hendume, jenjuken gūwalca goloi niyalma bihe, ama mafa i giran,
한(汗)이 말하기를, "Jenjuken은 Gūwalca로(路)의 사람이었는데, 아버지와 할아버지의 유해와

← banjiha ba, jeke muke be waliyafi, emu biyai on be (70:8a)
태어난 땅, 먹던 물을 버리고, 한 달이나 되는 거리를

← olome jihe jilakan seme tukiyefi beiguwan obuha, emu
건너온 것이 가상하다 하여 등용하여 비어로 삼았다. 한

← jergi bucere weile be guwebumbi, ere baime jihe
번 죽을 죄를 면해준다. 이렇게 귀부해 온

← gung de, tubaci dahame jihe niyalma be, gemu
공으로, 그곳에서부터 따라서 온 사람을, 모두

← juse omosi jalan halame alban de ume dabure,
자손 대대로 공역에 넣지 말고,

← endeme calame bucere weile bahaci guwebu, ulin gaijara
과오로 죽을 죄를 지어도 면해주라. 재물을 빼앗을

← weile bahaci waliya, gosire doro be ume lashalara,
죄를 지어도 면제하라. 아껴주는 도리를 끊지 말라."

jai jergi olbaga, hithai, yenggei, tusitu, monggocun, buhelji, (70:8b)
2등은 Olbaga, Hithai, Yenggei, Tusitu, Monggocun, Buhelji,

mali, cecebu, duici jergi manggiju, darhan, monio, belge,
Mali, Cecebu이다. 4등은 Manggiju, Darhan, Monio, Belge,

unebu, uksin eturakū beri jafarangge todai, ujei,
Unebu이다. 갑옷을 입지 않고 활을 잡는 사람은 Todai와 Ujei,

carji, talakna, jondoi, isirhan, gūnata.
Carji, Talakna, Jondoi, Isirhan, Gūnata이다.

⇦ han hendume, arkina, cecike mergen, bamburi, selgio, hūrha goloi ambasa
한(汗)이 말하기를, "Arkina, Cecike Mergen, Bamburi, Selgio는 Hūrha로(路)의 대인들이었는데,

← bihe, dergi mederi tun de tefi, nimaha gasha i
동해의 섬에 살며 물고기, 새와

← emgi banjiha bihe, ama mafa i giran, banjiha ba, (70:9a)
함께 살았었다. 아버지와 할아버지의 유해와 태어난 땅,

← jeke muke be waliyafi, emu biyai on be
먹던 물을 버리고, 한 달이나 되는 거리를

← alin be dabame muke be olome jihengge, tereci
산을 넘고 물을 건너온 자이다. 그보다

← jilakan ai bi, ere baime jihe gung de,
가상한 것이 무엇이 있겠는가. 이렇게 귀부해 온 공으로,

← tubaci dahame jihe niyalma be, gemu juse omosi
그곳으로부터 따라서 온 사람을 모두 자손

← jalan halame alban de ume dabure, endeme calame
대대로 공역에 넣지 말라. 과오로

← bucere weile bahaci guwebu, ulin gaijara weile bahaci
죽을 죄를 지어도 면해주라. 재물을 빼앗을 죄를 지어도

← waliya, gosire doro be ume lashalara, sawalji, conoho, (70:9b)
면제하라. 아껴주는 도리를 끊지 말라." Sawalji, Conoho,

elkio, gartu, damišan, iselen, kimkeri, huniolan, sahaliyan, ningtanggi,
Elkio, Gartu, Damišan, Iselen, Kimkeri, Huniolan, Sahaliyan, Ningtanggi,

irkeo, sirangga, sanggina, duici, piyanpiyan, abuda, manggaju,
Irkeo, Sirangga, Sanggina, Duici, Piyanpiyan, Abuda, Manggaju,

jabjao, meltege, irina, fuldu, suhecen, toika, sailanggo,
Jabjao, Meltege, Irina, Fuldu, Suhecen, Toika, Sailanggo,

mulangga, golju, nimula, gurehu, arhū, gisungga, saimao,
Mulangga, Golju, Nimula, Gurehu, Arhū, Gisungga, Saimao,

dehine, durio, gisure, natao, gimsu, bojina, uilengge,
Dehine, Durio, Gisure, Natao, Gimsu, Bojina, Uilengge,

sihana, joobotu, niongniyaha, satao, jalgana, bojunggi, soosangga,
Sihana, Joobotu, Niongniyaha, Satao, Jalgana, Bojunggi, Soosangga,

anio, joliha. (70:10a)
Anio, Joliha이다.

← ○ galju, šose, malan, lalin ci baime jihe
"Galju, Šose, Malan은 Lalin으로부터 귀부해 온

← gung de, juse omosi jalan de isitala
공으로, 자손 대에 이르기까지

← alban de ume dabure, endeme calame bucere
공역에 넣지 말라. 과오로 죽을

← weile bahaci guwebu, ulin gaijara weile bahaci
죄를 지어도 면해주고, 재물을 빼앗을 죄를 지어도

← waliya, jai jergi namtai mafa, ilaci jergi
면제하라." 2등은 Namtai 마파이다. 3등은

šosita, hūyamsu, aitu, duici jergi laba, taringga, (70:10b)
Šosita, Hūyamsu, Aitu이다. 4등은 Laba, Taringga,

hadai, uksin eturakū beri jafarangge bambuda, dalai,
Hadai이다. 갑옷을 입지 않고 활을 잡는 사람은 Bambuda, Dalai,

sohon, hondai, sijika, ihada, galju, šusai, ere
Sohon, Hondai, Sijika, Ihada, Galju, Šusai이다. 이

gung be cenoi ejehe de arahabi.
공을 Cenoi의 칙서에 적었다.

⇦ han hendume, suisun, gūwalca goloi amban bihe, ama mafa i giran,
한(汗)이 말하기를, "Suisun은 Gūwalca로(路)의 대인이었는데, 아버지와 할아버지의 유해와

← banjiha ba, jeke muke be waliyafi, emu biyai
태어난 땅, 먹던 물을 버리고, 한 달이나 되는

← on be alin be dabame muke be olome jihengge, (70:11a)
거리를 산을 넘고 물을 건너온 자이다.

← tereci jilakan ai bi, ere baime jihe gung de,
그보다 가상한 것이 무엇이 있겠는가. 이렇게 귀부해 온 공으로,

← tubaci dahame jihe niyalma be, gemu juse omosi
그곳으로부터 따라서 온 사람을 모두 자손

← jalan halame alban de ume dabure,
대대로 공역에 넣지 말고,

← endeme calame bucere weile, bahaci guwebu, ulin gaijara
과오로 죽을 죄를 지어도 면해주라. 재물을 빼앗을

← weile bahaci waliya, gosire doro be ume lashalara,
죄를 지어도 면제하라. 아껴주는 도리를 끊지 말라."

uju jergi suisun, jai jergi tulhu, sahaliyan, darhan,
1등은 Suisun이다. 2등은 Tulhu, Sahaliyan, Darhan이다.

ilaci jergi olbo, lodoi, tonai, julantai, longko, taiguwan, (70:11b)
3등은 Olbo, Lodoi, Tonai, Julantai, Longko, Taiguwan,

bultana, ahatai, duici jergi janggūda, narbu, keisun,
Bultana, Ahatai이다. 4등은 Janggūda, Narbu, Keisun,

nemehe, uksin eturakū beri jafarangge jangtabu, dadu,
Nemehe이다. 갑옷을 입지 않고 활을 잡는 사람은 Jangtabu, Dadu,

dobi, jonghoi, yanggai, kūwata, nahabu, jelguwe, indesi,
Dobi, Jonghoi, Yanggai, Kūwata, Nahabu, Jelguwe, Indesi이다.

uksin eturakū mafa, tangsu mafa, tanu mafa,
갑옷을 입지 않는 마파는 Tangsu 마파, Tanu 마파,

baihū mafa, kosili mafa.
Baihū 마파, Kosili 마파이다.

⇦ han hendume, olbio, gūwalca goloi amban bihe, ama mafa i giran, (70:12a)
한(汗)이 말하기를, "Olbio는 Gūwalca로(路)의 대인이었는데, 아버지와 할아버지의 유해와

← banjiha ba, jeke muke be waliyafi, emu biyai
태어난 곳, 먹던 물을 버리고, 한 달이나 되는

← on be alin be dabame muke be olome jihengge,
거리를 산을 넘고 물을 건너온 자이다.

← tereci jilakan ai bi, ere baime jihe gung de,
그보다 가상한 것이 무엇이 있겠는가. 이렇게 귀부해 온 공으로

← tubaci dahame jihe niyalma be, gemu juse omosi
그곳으로부터 따라서 온 사람을 모두 자손

← jalan halame alban de ume dabure, endeme calame
대대로 공역에 넣지 말고, 과오로

← bucere weile bahaci guwebu, ulin gaijara weile bahaci
죽을 죄를 지어도 면해주라. 재물을 빼앗을 죄를 지어도

← waliya, gosire doro be ume lashalara, uju jergi (70:12b)
면제하라. 아껴주는 도리를 끊지 말라." 1등은

olbio, jai jergi tulhu, ilaci jergi nosai,
Olbio이다. 2등은 Tulhu이다. 3등은 Nosai이다.

duici jergi kūwata, kimkala, tanggina, uksin eturakū
4등은 Kūwata, Kimkala, Tanggina이다. 갑옷을 입지 않고

beri jafarangge onika, darhan, ulka mafa, fangkala, anatai.
활을 잡는 사람은 Onika, Darhan, Ulka 마파, Fangkala, Anatai이다.

← ○ kamtani nirui ulacan, nikan, tofohon haha be gajime
"Kamtani 니루의 Ulacan과 Nikan은 장정 15명을 이끌고

← ula ci ukame jihe gung, dahio, jakūn haha be
Ula에서 도망해 온 공으로, Dahio는 장정 여덟 명을

← gajime monggo ci ukame jihe gung de, ulacan, (70:13a)
이끌고 몽골에서 도망해 온 공으로, Ulacan,

← nikan, dahio be juse omosi jalan de isitala
Nikan, Dahio를 자손 대에 이르기까지

← alban de ume dabure, endeme calame bucere weile
공역에 넣지 말고 과오로 죽을 죄를

← bahaci guwebu, ulin gaijara weile bahaci waliya, ulacan,
지어도 면해주라. 재물을 빼앗을 죄를 지어도 면제하라." Ulacan과

nikan i ere gung be kamtani ejehe de arahabi.
Nikan의 이 공을 Kamtani의 칙서에 적었다.

← ○ nomtu nirui hondai, baju, gebku, sibe ci juse
"Nomtu 니루의 Hondai, Baju, Gebku는 Sibe에서 자식들과

← hehesi gajime ukame jihe gung de, juse omosi (70:13b)
여자들을 데리고 도망해 온 공으로, 자손

← jalan halame alban de ume dabure, endeme
대대로 공역에 넣지 말고, 과오로

← calame bucere weile bahaci guwebu, ulin gaijara
죽을 죄를 지어도 면해주라. 재물을 빼앗을

← weile bahaci waliya, hondai, baju i ere gung be
죄를 지어도 면제하라." Hondai와 Baju의 이 공을

nomtu i ejehe de arahabi.
Nomtu의 칙서에 적었다.

⇦ han hendume, ineke, gūwalca goloi amban bihe, ama mafa i giran,
한(汗)이 말하기를 "Ineke는 Gūwalca로(路)의 대인이었는데, 아버지와 할아버지의 유해와

← banjiha ba, jeke muke be waliyafi, emu biyai (70:14a)
태어난 곳, 먹던 물을 버리고, 한 달이나 되는

← on be alin be dabame muke be olome jihengge,
거리를 산을 넘고 물을 건너온 자이다.

← tereci jilakan ai bi, ere baime jihe gung de,
그보다 가상한 것이 무엇이 있겠는가. 이렇게 귀부해 온 공으로,

← tubaci dahame jihe niyalma be, gemu juse omosi
그곳으로부터 따라서 온 사람을 모두 자손

← jalan halame alban de ume dabure, endeme calame
대대로 공역에 넣지 말고, 과오로

← bucere weile bahaci guwebu, ulin gaijara weile bahaci
죽을 죄를 지어도 면해주라. 재물을 빼앗을 죄를 지어도

← waliya, gosire doro be ume lashalara, ineke uju
면제하라. 아껴주는 도리를 끊지 말라." Ineke는 1등이다.

jergi, samturi, toibuna, jekdene, ere ilan niyalma (70:14b)
Samturi, Toibuna, Jekdene, 이 세 사람은

jai jergi, lioha, jadabu, werio, jenduken, temdehe,
2등이다. Lioha, Jadabu, Werio, Jenduken, Temdehe,

mohota, alaha, ilden, absalan, g'aohede, ergude, jamuka,
Mohota, Alaha, Ilden, Absalan, G'aohede, Ergude, Jamuka,

gūnaka, baitakan, cinggibu, ere tofohon niyalma ilaci
Gūnaka, Baitakan, Cinggibu, 이 15명은 3등이다.

jergi, monggo, hondai, kirabio, udabu, bagūla, kulekte,
Monggo, Hondai, Kirabio, Udabu, Bagūla, Kulekte,

basita, aruka, tuyengge, ejingge, kele, gonji, dodohū,
Basita, Aruka, Tuyengge, Ejingge, Kele, Gonji, Dodohū,

aru, mendu, gentei, buhatu baksi, cingginu, wangde,
Aru, Mendu, Gentei, Buhatu 박시, Cingginu, Wangde,

ere orin niyalma duici jergi, uksin eturakū (70:15a)
이 20명은 4등이다. 갑옷을 입지 않고

beri jafarangge gemede, donoi, lekeni, dolišan, harihū,
활을 잡는 사람은 Gemede, Donoi, Lekeni, Dolišan, Harihū,

ahana, wamadi, wanggada, subanda, loodaha mafa.
Ahana, Wamadi, Wanggada, Subanda, Loodaha 마파이다.

⇦ han hendume, koci hiya, gūwalca goloi amban bihe, ama mafa i giran,
한(汗)이 말하기를, "Koci 히야는 Gūwalca로(路)의 대인이었는데, 아버지와 할아버지의 유해와

← banjiha ba, jeke muke be waliyafi, emu biyai
태어난 땅, 먹던 물을 버리고, 한 달이나 되는

← on be alin be dabame muke be olome jihengge,
거리를 산을 넘고 물을 건너온 자이다.

← tereci jilakan ai bi, ere baime jihe gung de, (70:15b)
그보다 가상한 것이 무엇이 있겠는가. 이렇게 귀부해 온 공으로,

← tubaci dahame jihe niyalma be, gemu juse omosi
그곳으로부터 따라서 온 사람을, 모두 자손

← jalan halame alban de ume dabure, endeme calame
대대로 공역에 넣지 말고, 과오로

← bucere weile bahaci guwebu, ulin gaijara weile bahaci
죽을 죄를 지어도 면해주라. 재물을 빼앗을 죄를 지어도

← waliya, gosire doro be ume lashalara, uju jergi
면제하라. 아껴주는 도리를 끊지 말라." 1등은

koci hiya, budai, jorgodai, gaju, dahatai, sanu
Koci 히야, Budai, Jorgodai, Gaju, Dahatai, Sanu

mergen, jodofu, ere nadan niyalma, jai jergi
Mergen, Jodofu, 이 일곱 사람이다. 2등은

amkila, ganaha, burhašan, boitoho, siokune, ere sunja (70:16a)
Amkila, Ganaha, Burhašan, Boitoho, Siokune, 이 다섯

niyalma, ilaci jergi enggede, bukuri, monggo, dutan,
사람이다. 3등은 Enggede, Bukuri, Monggo, Dutan,

siraba, joboltu, maise, junggina, hoto, dulbaga, geodene,
Siraba, Joboltu, Maise, Junggina, Hoto, Dulbaga, Geodene,

hamtuni, ūgulen, jokira, uda, daindari, ere juwan
Hamtuni, Ūgulen, Jokira, Uda, Daindari, 이 16명이다.

ninggun niyalma, duici jergi uksin eturakū beri
4등인 갑옷을 입지 않고 활을

jafarangge honci, ekene, gobiltu, yaki, borho, tesubu,
잡는 사람은 Honci, Ekene, Gobiltu, Yaki, Borho, Tesubu,

jamu, anai, jukū, yordo, bulak, jaseheo mafa,
Jamu, Anai, Jukū, Yordo, Bulak, Jaseheo 마파,

burhatu mafa. (70:16b)
Burhatu 마파이다.

○ kubuhe lamun,
양람기(鑲藍旗)

⇦ han hendume, šongšon, buyeri, gūwalca goloi amban bihe, ama mafa i giran,
한(汗)이 말하기를, "Šongšon과 Buyeri는 Gūwalca로(路)의 대인이었는데, 아버지와 할아버지의 유해와

← banjiha ba, jeke muke be waliyafi, emu biyai
태어난 땅, 먹던 물을 버리고, 한 달이나 되는

← on be alin be dabame muke be olome jihengge,
거리를 산을 넘고 물을 건너온 자이다.

← tereci jilakan ai bi, ere baime jihe gung de,
그보다 가상한 것이 무엇이 있겠는가. 이렇게 귀부해 온 공으로,

← tubaci dahame jihe niyalma be, gemu juse omosi (70:17a)
그곳으로부터 따라서 온 사람을, 모두 자손

← jalan halame alban de ume dabure, endeme calame
대대로 공역에 넣지 말고, 과오로

← bucere weile bahaci guwebu, ulin gaijara weile bahaci
죽을 죄를 지어도 면해주라. 재물을 빼앗을 죄를 지어도

← waliya, gosire doro be ume lashalara, šongšon, buyeri,
면제하라. 아껴주는 도리를 끊지 말라." Šongšon과 Buyeri는

uju jergi, wajina, jamuhai, yenggei, ere ilan niyalma
1등이다. Wajina, Jamuhai, Yenggei, 이 세 사람은

jai jergi, ilaci jergide minggai, abultai, biyanggina,
2등이다. 3등에는 Minggai, Abultai, Biyanggina,

jangkoda, enggebu, baran, janu, bumbai, duici jergide
Jangkoda, Enggebu, Baran, Janu, Bumbai이다. 4등에는

kecu, bekti, tagatai, omšono, tontai, saimbulu, mindari, (70:17b)
Kecu, Bekti, Tagatai, Omšono, Tontai, Saimbulu, Mindari,

yendehei, butaha, yendebu, cilbana, jatabu, jorhoi, basitu,
Yendehei, Butaha, Yendebu, Cilbana, Jatabu, Jorhoi, Basitu,

ibadan, enen, konata, ahani, jurga, herbu, judebu,
Ibadan, Enen, Konata, Ahani, Jurga, Herbu, Judebu,

yamsina, uksin eturakū beri jafarangge bujai, kanjibu,
Yamsina이다. 갑옷을 입지 않고 활을 잡는 사람은 Bujai, Kanjibu,

gali, daican, kele, bugede, fure, hejiri, bahū,
Gali, Daican, Kele, Bugede, Fure, Hejiri, Bahū,

nisiha, yendebu, iruha, bahada , sahaji, tooi, niohe
Nisiha, Yendebu, Iruha, Bahada, Sahaji, Tooi, Niohe

mafa, arjan mafa, dunduhu mafa, tomoro mafa.
마파, Arjan 마파, Dunduhu 마파, Tomoro 마파이다.

(70:18a)

○ gulu lamun,
정람기(正藍旗)

⇦ han hendume, gori hiya, gūwalca goloi amban bihe, ama mafa i giran,
한(汗)이 말하기를, "Gori 히야는 Gūwalca로(路)의 대인이었는데, 아버지와 할아버지의 유해와

← banjiha ba, jeke muke be waliyafi, emu biyai
태어난 땅, 먹던 물을 버리고, 한 달이나 되는

← on be alin be dabame muke be olome jihengge,
거리를 산을 넘고 물을 건너온 자이다.

← tereci jilakan ai bi, ere baime jihe gung de,
그보다 가상한 것이 무엇이 있겠는가. 이렇게 귀부해 온 공으로,

← tubaci dahame jihe niyalma be, gemu juse omosi
그곳으로부터 따라서 온 사람을, 모두 자손

← jalan halame alban de ume dabure, endeme calame (70:18b)
대대로 공역에 넣지 말고, 과오로

← bucere weile bahaci guwebu, ulin gaijara weile bahaci
죽을 죄를 지어도 면해주라. 재물을 빼앗을 죄를 지어도

← waliya, gosire doro be ume lashalara, gori hiya
면제하라. 아껴주는 도리를 끊지 말라." Gori 히야는

uju jergi, nikan, siohuda, borkida, ere ilan
1등이다. Nikan, Siohuda, Borkida, 이 세

niyalma jai jergi, sanabu, sirantai, sontobu, itokan,
사람은 2등이다. Sanabu, Sirantai, Sontobu, Itokan,

ebtei, ere sunja niyalma ilaci jergi, kele,
Ebtei, 이 다섯 사람은 3등이다. Kele,

bagūla, marahū, gūnata, fudao, tambai, monggo, ambai,
Bagūla, Marahū, Gūnata, Fudao, Tambai, Monggo, Ambai,

kambio, inu, munggu, sirabu, totani, bultana, dasangga, (70:19a)
Kambio, Inu, Munggu, Sirabu, Totani, Bultana, Dasangga,

ere tofohon niyalma duici jergi, uksin eturakū
이 15명은 4등이다. 갑옷을 입지 않고

beri jafarangge alhūda mafa, oronggo mafa, taiboho
활을 잡는 사람은 Alhūda 마파, Oronggo 마파, Taiboho

mafa, etehe saman, naribu mafa, weitana mafa,
마파, Etehe 사만, Naribu 마파, Weitana 마파,

ketai mafa, jonaha mafa, gonggina mafa, mihan
Ketai 마파, Jonaha 마파, Gonggina 마파, Mihan

mafa, sahaliyan mafa.
마파, Sahaliyan 마파이다.

⇦ han hendume, hoto bayan, gūwalca goloi amban bihe, ama mafa i giran, (70:19b)
한(汗)이 말하기를, "Hoto Bayan은 Gūwalca로(路)의 대인이었는데, 아버지와 할아버지의 유해와

← banjiha ba, jeke muke be waliyafi, emu biyai
태어난 땅, 먹던 물을 버리고, 한 달이나 되는

← on be alin be dabame muke be olome jihengge,
거리를 산을 넘고 물을 건너온 자이다.

← tereci jilakan ai bi, ere baime jihe gung de,
그보다 가상한 것이 무엇이 있겠는가. 이렇게 귀부해 온 공으로,

← tubaci dahame jihe niyalma be, gemu juse omosi
그곳으로부터 따라서 온 사람을, 모두 자손

← jalan halame alban de ume dabure, endeme calame
대대로 공역에 넣지 말고, 과오로

← bucere weile bahaci guwebu, ulin gaijara weile bahaci
죽을 죄를 지어도 면해주라. 재물을 빼앗을 죄를 지어도

← waliya, gosire doro be ume lashalara, hoto bayan (70:20a)
면제하라. 아껴주는 도리를 끊지 말라." Hoto Bayan은

uju jergi, jamhani, ambu, kekji mafa, ere
1등이다. Jamhani, Ambu, Kekji 마파, 이

ilan niyalma jai jergi, matala mafa, tangju,
세 사람은 2등이다. Matala 마파, Tangju,

tanika, tunangga, enggifu, kusene, horio, kilio, jaltu,
Tanika, Tunangga, Enggifu, Kusene, Horio, Kilio, Jaltu,

anio, barbu, ombai, manggiya, balju, nangnari, ere
Anio, Barbu, Ombai, Manggiya, Balju, Nangnari, 이

tofohon niyalma ilaci jergi, tokina, jersi, etu,
15명은 3등이다. Tokina, Jersi, Etu,

keikede, tatai, fudari, burikan, batuhan, duhūcan, lekjungge,
Keikede, Tatai, Fudari, Burikan, Batuhan, Duhūcan, Lekjungge,

keikede, eke mafa, yegude, nikan mafa, niksu, (70:20b)
Keikede, Eke 마파, Yegude, Nikan 마파, Niksu,

ere tofohon niyalma duici jergi, uksin eturakū
이 15명은 4등이다. 갑옷을 입지 않고

beri jafarangge olg'ari, urikan, eisungge, dooha, ukanju,
활을 잡는 사람은 Olg'ari, Urikan, Eisungge, Dooha, Ukanju,

bainda, jandofu, tulu, basabulu, arigowan mafa, šantu,
Bainda, Jandofu, Tulu, Basabulu, Arigowan 마파, Šantu,

caihu mafa, warka, longko, nanutu, yaju, lobida,
Caihu 마파, Warka, Longko, Nanutu, Yaju, Lobida,

kiyangkiyan, ebki mafa, soju, beri jafarakū uksin
Kiyangkiyan, Ebki 마파, Soju이다. 활을 잡지 않고 갑옷을

eturakū bai sula niyalma, dahamu, ahamu, basutu
입지 않는 직위가 없는 사람은 Dahamu, Ahamu, Basutu

mafa, ongtori, burgašan, tottu, kamju, marikan. (70:21a)
마파, Ongtori, Burgašan, Tottu, Kamju, Marikan이다.

⇦ han hendume, irhai, warka, gūwalca goloi amban bihe, ama mafa i giran,
한(汗)이 말하기를, "Irhai와 Warka는 Gūwalca로(路)의 대인이었는데, 아버지와 할아버지의 유해와

← banjiha ba, jeke muke be waliyafi, emu biyai
태어난 땅, 먹던 물을 버리고, 한 달이나 되는

← on be alin be dabame muke be olome jihengge,
거리를 산을 넘고 물을 건너온 자이다.

← tereci jilakan ai bi, ere baime jihe gung de,
그보다 가상한 것이 무엇이 있겠는가. 이렇게 귀부해 온 공으로,

← tubaci dahame jihe niyalma be, gemu juse omosi
그곳으로부터 따라서 온 사람을 모두 자손

← jalan halame alban de ume dabure, endeme calame (70:21b)
대대로 공역에 넣지 말고, 과오로

← bucere weile bahaci guwebu, ulin gaijara weile bahaci
죽을 죄를 지어도 면해주라. 재물을 빼앗을 죄를 지어도

← waliya, gosire doro be ume lashalara, irhai, warka,
면제하라. 아껴주는 도리를 끊지 말라." Irhai와 Warka는

uju jergi, burhai, tergujen, hoto, ijake mafa,
1등이다. Burhai, Tergujen, Hoto, Ijake 마파,

doina mafa, ere sunja niyalma jai jergi,
Doina 마파, 이 다섯 사람은 2등이다.

kojina, fataha, sahaliyan, dingsio, oljimo, toktoi, omai,
Kojina, Fataha, Sahaliyan, Dingsio, Oljimo, Toktoi, Omai,

sitaga, hocikon, kuri, udari, yehecen, dursun, oota,
Sitaga, Hocikon, Kuri, Udari, Yehecen, Dursun, Oota,

hondai, malda, cojini, salgūri, badamu, jiju, amburi, (70:22a)
Hondai, Malda, Cojini, Salgūri, Badamu, Jiju, Amburi,

coromo, tulai, yordo, tumei, tooka, omoktoi, ere
Coromo, Tulai, Yordo, Tumei, Tooka, Omoktoi, 이

orin nadan niyalma ilaci jergi, manduhū, kinai,
27명은 3등이다. Manduhū, Kinai,

taljibu, nogoitu, badanai, tongki, daimbulu, nikana, kemne,
Taljibu, Nogoitu, Badanai, Tongki, Daimbulu, Nikana, Kemne,

aljuda, taimuka, ere juwan emu niyalma duici
Aljuda, Taimuka, 이 11명은 4등이다.

jergi, uksin eturakū beri jafarangge baihū, ulantai,
갑옷을 입지 않고 활을 잡는 사람은 Baihū, Ulantai,

wesio, baihoro, warka, ujei, ketiri, danda, kūtuktu,
Wesio, Baihoro, Warka, Ujei, Ketiri, Danda, Kūtuktu,

tabuta, modota, jandai, taiga, kejibu, anai, ehetu, (70:22b)
Tabuta, Modota, Jandai, Taiga, Kejibu, Anai, Ehetu,

imatu.
Imatu이다.

제71권

천명(天命) 11년(1626) 3월부터 6월까지

nadanju emuci debtelin,
abkai fulingga i juwan
emuci aniya ilan biyaci
ninggun biyade isinahabi.

tongki fuka sindaha hergen i dangse. (71:1a)
유권점 당안

○ fulgiyan tasha aniya ilan biyai juwan uyun de,
병인년(丙寅年, 1626) 3월 19일에,

lio hiyo ceng ni bithe wesimbuhe gisun, weile be
Lio Hiyo Ceng이 글로 올린 말이다. "일을

deriburengge niyalma, weile muterengge
시작하는 것은 사람이지만, 일을 이루는 것은

⇦ abka kai,
하늘입니다.

⇦ han, šun dekdere ergi emu ujan i bade banjiha, ajigan ci
한(汗)은 해가 뜨는 쪽 한 변두리 지방에서 태어났습니다. 어려서부터

cooha coohalame, minggan hacin i bodoro, tumen hacin i
군사를 운용하며 천 가지를 헤아리고 만 가지를

seolerengge, enduri hutu tucire dosire be sereburakū (71:1b)
고려하는 것이, 귀신이 드나드는 것을 들키지 않는 것과

adali, niyalma de ulhiburakū namburakū, singgeri, dobi be
같이 남들에게 발각되지도 잡히지도 않고, 쥐가 여우에게

alici ojorakū gese, yendahūn, tasha be alici
대적할 수 없고, 개가 호랑이에게 대적할 수

ojorakū gese ofi,
없는 것과 같아서,

⇦ abka,
하늘이

⇦ han de neneme giyan jeo i šurdeme ba be uhe obufi
한(汗)에게 먼저 건주(建州) 주변 지역을 통일하여

buhe, tere be
주었습니다. 그것을

⇦ han bahafi sahabio, tere fonde, (71:2a)
한(汗)이 알 수 있었겠습니까. 그 시절에는

⇦ han i dolo, giyan jeo i teile joo dere sehebi kai, ula, hada,
한(汗)이 속으로, 건주면 족하다고 했을 것입니다. 'Ula, Hada,

hoifa, dergi mederi gurun be bahaki seme
Hoifa 등 동해의 나라를 얻자'라고

gūnihabio,
생각했겠습니까.

⇦ abka,
하늘이

⇦ han be terese gurun be bahabufi, cooha hūsun nonggibuhangge kai,
한(汗)으로 하여금 저들 나라를 얻게 하여서, 군세를 늘리게 한 것입니다.

頭註: gingguleme baicaci, jakan toktobuha fe manju gisun i bithede, terese gurun sere gisun, uthai tere jergi gurun sere gisun inu sehebi. [신중하게 조사하니, 최근 편찬한 『舊淸語』에 terese gurun이라는 말은 곧 tere jergi gurun(저들 등의 나라)이라는 말이라 했다.]

tere be inu
그것을 또한

⇦ han bahafi sahabio, yehe i sargan jui be bumbi (71:2b)
한(汗)이 알 수 있었겠습니까. Yehe의 딸아이를 주겠다

sefi yehe gūwaliyafi burakū, nikan urhume dara
하고서 Yehe가 변심하여 주지 않고 명나라를 편들어 도운

jakade,
까닭에,

⇦ han, karu gaiki seme fusi be dailaha,
한(汗)이 보복하자며 무순(撫順)을 정벌했습니다.

⇦ han i dolo, urunakū jang dzung bing guwan be waki,
한(汗)이 속으로, '반드시 장(張) 총병관(總兵官)을 죽이자.

duin goloi cooha be waki, liyoodung ni ba be
네 지역의 군사를 죽이자. 요동(遼東) 지역을

gaiki, yehe be necin obuki seme gūnihabio, gemu
취하자. Yehe를 평정하자'라고 생각했겠습니까. 전부

⇦ abkai dolori gamahangge, (71:3a)
하늘이 암암리에 처리한 것입니다.

⇦ han inu bahafi sarkū kai,
한(汗)께서도 알 수 없었을 것입니다.

⇦ han,
한(汗)은

⇦ abkai jui,
하늘의 아들입니다.

⇦ abka de acabume yabuci, hiyoošungga jui kai, irgen,
하늘에 부합하도록 행해야 효자입니다. 백성은

⇦ han i jui, irgen i mujilen de acabume yabuci, gosire
한(汗)의 자식입니다. 백성의 마음에 부합하도록 행해야 자애로운

ama kai,
아버지입니다.

⇦ han dade liyoodung be baha manggi, julesi lioi šūn keo de (71:3b)
한(汗)이 처음에 요동을 얻은 후에, 남으로는 여순구(旅順口)에

isitala, wesihun jeng giyang de isitala, irgen be
이르기까지, 동으로는 진강(鎭江)에 이르기까지 백성을

tehe tehei ujihe, amala ulhirakū irgen,
정착하는 곳마다 보살폈습니다. 그 뒤에 깨치지 못한 백성이

⇦ han i ujihe be urgedefi, aniyadari ukandara ubašara, jui hiyoošun
한(汗)의 보살핌을 저버리고 해마다 도망하고 배반하며 자식이 효도하지

akū oci, ama gosici ombio, ini ehe de
않게 되니, 아버지가 사랑할 수 있겠습니까. 그들의 잘못으로 인해

guribure wara erinde isinjiha, ere gemu duleke
이주시키고 죽이는 지경에 이르렀습니다. 이 모든 지나간

weile, inu
일 또한

⇦ abkai gamahangge, jai (71:4a)
하늘이 처리한 것입니다. 또한

⇦ han, simiyan be inenggi dulin ohakū gaiha, liyoodung be
한(汗)은 심양(瀋陽)을 반나절도 되지 않아 취했고 요동을

emu inenggi gaiha, gūwa hecen ai ton, te
하루 만에 취했습니다. 다른 성은 얼마나 됩니까. 이번에는

ning yuwan be juwe inenggi ainu bahakū,
어찌 영원(寧遠)을 이틀 동안 얻지 못했습니까.

liyoodung, simiyan i niyalma, ning yuwan ci komso budun i
요동과 심양의 사람이 영원보다 적고 무능한

haran waka, poo miyoocan, ning yuwan ci komso
탓이 아닙니다. 포와 조총이 영원보다 적고

moyo haran waka,
무딘 탓이 아닙니다.

⇦ han, guwangning be gaiha ci ebsi, morin yafahan i cooha (71:4b)
한(汗)이 광녕(廣寧)을 얻은 이래로, 기병과 보병이

ilan aniya afahakū, coohai ejete heolen ohobi,
3년을 싸우지 않았습니다. 군사의 수장들이 태만해졌습니다.

coohai niyalma afara mujilen akū ohobi, jai
병사들이 투지가 없어졌습니다. 또

sejen wan kalka niyere fangkala, agūra dacun akū,
수레, 사다리, 방패가 약하고 저급하고, 병기가 예리하지 않습니다.

⇦ han, ning yuwan be ja tuwara jakade,
한(汗)이 영원을 쉽게 본 까닭에,

⇦ abka,
하늘이

⇦ han be suilabuhangge,
한(汗)을 괴롭게 한 것입니다.

⇦ han [原檔殘缺] mederi de baitakū tere ba arafi aikabade (71:5a)
한(汗) □□□ 바다에 쓸데없이 살 곳을 만들어 혹시라도

baitalara de tookabure ayoo,
사용함에 어긋나게 될까 두렵습니다.

⇦ han seole, te
한(汗)은 고려하십시오. 이제

⇦ han ambasa, ama juse, emu mujilen i dergi
한(汗)과 대신들, 아버지와 자식들이 한마음으로 위로는

⇦ abka gūniha de acabume, fejergi niyalmai mujilen be dahame
하늘이 생각한 바에 부합하고, 아래로는 사람들의 마음을 따라서

yabuci, ojorakū ba bio, bi baili isibure
행하면, 되지 않을 바가 있겠습니까. 제가 은혜에 보답할

ba akū ofi, gūniha duin gisun be wesimbumbi,
길이 없어서, 생각한 네 가지 말씀을 올리겠습니다.

gungge niyalma de minggan yan aisin hairandarakū (71:5b)
공이 있는 사람에게 천 냥 금을 아까워하지 않고

šangnara, gung akū niyalma be niyaman hūncihin
상을 주고, 공이 없는 사람은 친인척이라

seme guweburakū, šang koro genggiyen oci, amba
하여 면해주지 않으며 상벌을 명확히 하면, 큰

weile mutembi, ere emu, julgeci ebsi, gungge
일을 이룰 수 있습니다. 이것이 하나입니다. 예로부터, 공이 있는

niyalma be takūrarangge, weilengge niyalma be takūrara de
사람을 부리는 것이 죄가 있는 사람을 부리는 것에

isirakū seme henduhebi, liyoodung ni niyalma ukandara ubašara
미치지 못한다 했습니다. 요동의 사람이 도망하고 배반하니

oci, weilengge niyalma kai, wafi ainambi, tere be
죄가 있는 사람입니다. 죽여서 무엇 하겠습니까. 그들을

cooha de gamafi, nikan, nikan be afaci, (71:6a)
병사로 데리고 가서, 한인이 한인과 싸우면

jušen de tusa kai, ere juwe, ba be
여진에게 이익입니다. 이것이 둘입니다. 땅을

baha manggi, efulere ci uthai biburengge dele,
얻고 나면, 멸하는 것보다는 존속시키는 것이 상책입니다.

ning yuwan be baha manggi, ning yuwan de
영원을 얻은 후에, 영원에

uthai cooha sindafi šanaha be afambi seme
곧 군사를 배치하여 산해관(山海關)을 공격하겠다 하며

yarkiyara, amba cooha i piyan ši deri genehe de,
유인하고, 대군이 일편석(一片石) 쪽으로 해서 가면

uthai han i hecen de ini gūnihakū de isinambi,
바로 황제의 성에 그들이 생각하지 못한 때에 다다릅니다.

jabduhakū be afambi, tuttu oci, tung jeo i hecen de (71:6b)
준비가 되지 않은 자들과 싸웁니다. 그렇게 되면 통주성(通州城)에

isabuha jeku, irgen i boo, tiyan ki han i
모아둔 곡물, 민가, 천계(天啓) 황제의

boobai ulin gemu bahambi, tuttu akū šanaha be
보배와 재물을 모두 얻을 것입니다. 그렇게 하지 않고 산해관을

afafi, emu udu inenggi oho manggi, šanaha ci
공격해서 수일이 지나면, 산해관으로부터

casi, han i hecen de isitala gemu tuwa
저편으로 황제의 성에 이르기까지 모두 불을

sindafi, ginjeo, hing šan, ta šan, liyan šan, sung šan i
놓아서, 금주(錦州), 행산(杏山), 탑산(塔山), 연산(連山), 송산(松山)과

adali fulenggi ombi, baha seme ai tusa,
같이 잿더미가 될 것입니다. 얻었다 한들 무슨 이득입니까.

ere ilan, monggo i morin tarhūha manggi, musei (71:7a)
이것이 셋입니다. 몽골의 말이 살찌고 나면 우리가

genehe amala aika baita tucike de, minggan
간 후에는, 무슨 일이 생겼을 때 1000리

baci jici mangga, monggo i morin tarhūre onggolo,
길을 오려면 힘듭니다. 몽골의 말이 살찌기 전에,

hecen tuwakiyara cooha werifi geneci sain kai,
성을 지키는 군사를 남기고 가는 것이 좋을 것입니다.

ere duin seme bithe wesimbure jakade,
이것이 넷입니다"라고 글을 올리니

⇦ han saišaha.
한(汗)이 칭찬했다.

○ tere aniya sunja biyai orin de, mao (71:7b)
그해의 5월 20일에, 모문룡(毛文龍)에게

wen lung de unggihe
보낸

⇦ bithei gisun, julgeci ebsi, yaya gurun i wesike efujehengge, gemu
글이다. "예로부터, 무릇 나라가 부흥하거나 쇠망하는 것은 모두

⇦ abkai forgošoro erin, efujere erin isika manggi,
하늘이 뒤바꾸는 때이다. 쇠망하는 때가 다다르면

⇦ abka, hacin hacin i ganio sabi jorime, ba bade dain
하늘이 갖가지 흉한 조짐을 가리키며 곳곳에 전쟁이

← dekdebume efulehebi, wesindere erin isika manggi,
일어나게 하여 멸망시켰다. 부흥하는 때가 다다르면

⇦ abka, dolori aisilame, aššahadari jabšabume wesibuhebi, enteke kooli be
하늘이 은밀히 도와 움직일 때마다 성공하게 하여 부흥시켰다. 이러한 선례를

← sini sarkū aibi, julge i yen, giyei han i (71:8a)
네가 모를 리가 있는가. 이전에 이윤(伊尹)은[1] 걸왕(桀王)의

← banjiha idu wajiha be safi, ceng tang han de
살던 시기가 끝난 것을 알고, 성탕(成湯) 왕에게

← genefi gucu arahabi, giyang tai gung, juo han i
가서 구추가 되었다. 강태공(姜太公)은 주왕(紂王)의

← banjiha idu wajiha be safi, u wang han be
살던 시기가 끝난 것을 알고, 무왕(武王)에게

← baime genefi gucu arahabi, mao jiyanggiyūn si, mimbe
귀부하여 가서 구추가 되었다. 모 장군 너는, 나에 대해

← niyalma ainu wambi, niyalma warakūci, we daharakū seme
'사람을 왜 죽이는가. 사람을 죽이지 않으면 아무도 따르지 않는가'라고

← hendumbi sere, liyoodung, guwangning ni niyalma, dade ju giya i han i
말한다고 한다. 요동과 광녕의 사람은 원래 주(朱)씨 황제의

← irgen bihe, (71:8b)
백성이었지만,

⇦ abka minde bure jakade, bi gurun nonggiha, cooha nonggiha,
하늘이 나에게 주었기 때문에, 나는 '백성이 늘었다, 병사가 늘었다,

← caliyan nonggiha seme urgunjeme, lioi šūn keo ci amasi
전량(錢糧)이 늘었다'라고 기뻐하며 여순구로부터 북으로

← keyen de isitala, jeng giyang ci wasihūn, guwangning de
개원(開原)에 이르기까지, 진강으로부터 서쪽으로 광녕에

---

1) 하(夏)나라 말기에서 상(商)나라 초기의 정치가이다. 상나라를 도와 하나라를 멸망시키는 데 기여하고 탕왕(湯王)을 보좌하며 상왕조 수립에 큰 역할을 했다.

頭註: gingguleme baicaci, jakan toktobuha fe manju gisun i bithede, banjiha idu sere gisun, uthai banjiha forgon sere gisun inu sehebi. [신중하게 조사하니, 최근 편찬한『舊淸語』에 banjiha idu라는 말은 곧 banjiha forgon(살던 시기)라는 말이라 했다.]

← isitala gemu ujihe, ujici, ojorakū, mini sindaha hafan be
이르기까지 모두 살려주었다. 살려주어도 소용없이 내가 임명한 관리를

← wara, takūraha elcin be wara, giyansi amasi julesi
죽이고, 파견한 사신을 죽이고, 첩자가 이리저리

← yabume ukame ubašame generengge be warakū, baibi sindafi
다니며 도망하고 배반하여 가는 것을 죽이지 않고, 그저 놓아서

← unggimbio, mini wahangge jurgan kai, minci tucifi sinde (71:9a)
보내겠는가. 내가 죽인 것은 정당한 것이다. 나에게서 도망하여 너에게

← arkan seme isinaha niyalma be, si alime gaifi
간신히 도달한 사람을 너는 받아들여서

← ujirakū, mujakū mujakū niyalma be cooha ilibufi amasi
돌보지 않고, 마구잡이로 사람을 징병하여 도로

← afana seme unggihebi, ba bade waburengge, sini warangge
싸우러 가라며 보냈다. 곳곳에서 죽게 하는 것, 네가 죽이는 것이

← fudasihūn kai, mini gurun ujire genggiyen mergen ofi,
패역한 짓이다. 내가 백성을 보살피는 것이 명확하고 지혜롭기 때문에

← dergi mederi ci ebsi, gubci gurun gemu ini
동해로부터 여기까지, 온 백성들이 모두 스스로

← cihai dahame jihe, jai hada, yehe, ula, hoifa i
복종하여 왔다. 또 Hada, Yehe, Ula, Hoifa의

← niyalma be dain de gabtame sacime afaci, tucirakū, (71:9b)
사람들을 전쟁에서 쏘며 베며 공격해도 나오지 않아서,

← gidame jafafi ujime isabuha, ere fon i monggo de
제압하여 잡고서 살려주며 모았다. 이 시기에 몽골에

← cooha genefi mini bahangge ci, ini cihai dahame
출병하여 내가 얻은 이들보다 스스로 복종하여

← dosikangge ambula, te bicibe, dube lakcarakū dahame jimbi kai,
들어온 자가 많다. 지금도 끊임없이 복종하며 오고 있다.

← tere gemu mini ujire algin de jimbi dere,
저들은 모두 내가 살려준다는 소문에 오는 것이리라.

← waci ainu jimbi, mao jiyanggiyūn simbe bi genggiyen
죽이면 왜 오겠는가. 모 장군 너를 내가 명석하다고

← seme gūniha bihe, si
생각했는데, 너는

⇦ abkai erin be sarkū, farhūn nikai, nikan gurun i banjiha (71:10a)
하늘의 때를 모른다. 미혹하도다. 명나라의 살던

← idu wajifi, bucere ton wajire unde ofi, ya
시기가 끝나고, 죽을 운명이 아직 끝나지 않았으니 어느

← bade nikan be warakū, an bang jan, šan yen,
곳에서 한인을 죽이지 않겠는가. 안방언(安邦彥)이[2] 산음(山陰),

← an nan, gui jeo, sycuwan, guwangsi, yūn nan,
안남(安南), 귀주(貴州), 사천(四川), 광서(廣西), 운남(雲南),

← dzoo[3] hiyan, tang hiyan, tere ba bade wahangge komsoo, nikan
조현(曹縣), 등현(滕縣)의 곳곳에서 죽인 것이 적은가. 명나라가

← gurun i efujere erin kai,
쇠망할 때이다.

⇦ abkai efulere be si aitubuci ombio, julge jeo gurun i
하늘이 멸망시키는 것을 네가 구원할 수 있겠는가. 옛날 주나라가

---

2) 명 말기의 유명한 이족(彝族) 토관(土官)이다. 천계(天啟) 원년(1621) 반명(反明)을 기치로 거병했다가 1629년에 패하여 죽었다. 이 인명은 an bang yan이 아니라 an bang jan으로 표기되어 있는데, 랴오닝성 당안관에 소장된 숭모각본을 실사하여(2018년 11월 9일) 확인하여 보니 역시 동일하게 표기되어 있었다.

3) 만주문에서 '조(曹)' 자는 보통 tsoo로 표기되지만, 여기에서는 dzoo로 쓰여 있다.

← banjiha idu wajifi, dubei jalan de gurun facuhūraha (71:10b)
살던 시기가 끝나고, 마지막 대에 나라가 혼란하게 되자

← manggi, enduringge kungfudzy, mengdzy aitubuki seci, mutehekū, inu
성인인 공부자(孔夫子), 맹자(孟子)가 구원하고자 하여도 이루지 못하고, 결국

← efujehebi, tere be sini sarkū aibi, sain gasha,
쇠망했다. 그것을 네가 모를 리가 있는가. 좋은 새는

← moo be sonjofi dombi, sain niyalma, ejen be sonjofi
나무를 골라서 앉고, 좋은 사람은 주인을 골라서

← guculembi sere, han' sin, ba wang be waliyafi han' g'ao dzu de
사귄다고 한다. 한신(韓信)이 패왕(霸王)을 버리고 한고조(漢高祖)에게

← genehengge, lio jeng, sung gurun be waliyafi monggo i
간 것, 유정(劉整)이 송(宋)나라를 버리고 몽골의

← hūbilai han de dahahangge, tere gemu
Hūbilai 한(汗)에게 복종한 것, 그것이 모두

⇦ abkai erin be tuwafi, ejen be sonjofi guculefi, amaga (71:11a)
하늘의 때를 보고 주인을 골라서 사귀어, 후대에

← jalan de sain gebu werihe dabala, tese be yaka
좋은 이름을 남긴 것뿐이다. 그들을 누가

← ehe sembio,
나쁘다 하겠는가.

⇦ abkai fulinggai banjibuha yaya han beise, bata kimun seme
하늘의 복으로 태어난 모든 한(汗)과 버일러들은, 원수라고

← gūnirakū, gung erdemu be tuwame ujimbi, julge hūwan
생각하지 않고, 공과 재능을 보아 살린다. 옛날 환공(桓公)은

← gung, ini beyebe gabtaha guwan jung be ujifi
자신을 쏜 관중(管仲)을 살려서

← doro amban ohobi, tang taidzung batalafi afaha hū
정권이 크게 되었다. 당태종(唐太宗)은 적이 되어 싸운 호(胡)

← ging de be ujifi tusa bahabi, mao jiyanggiyūn si (71:11b)
경덕(敬德)을 살려서 이로움을 얻었다. 모 장군 네가

← ainame han i jalin de faššaha seme, sini gurun i
어떻게든 황제를 위해서 분투한다 하여도 너의 나라가

← efujere erin isifi, han ambasa liyeliyefi, elemangga sinde
멸망하는 때에 다다랐고 황제와 대신들이 어리석어서, 더욱 너에게

← jobolon isinjire dabala, sain aibi, nikan gurun efujeme
괴로움이 다다를 뿐이다. 좋을 것이 무엇이 있겠는가. 명나라는 멸망하여

← wajiha kai, tutala ba bade dain dekdehengge, fulgiyan
버렸다. 저렇게 곳곳에서 전쟁이 일어난 것, 병진년(丙辰年, 1616)

← muduri aniya amba edun de, han i hecen i dorgi
큰 바람에 황성 안

← eiten yamun de tebuhe moo fulehe suwaliyame ukcahangge,
모든 아문(衙門)에 심은 나무가 뿌리째 모두 뽑힌 것,

← pailu i wehei tura mokcohongge, suwayan morin, sohon honin (71:12a)
패루(牌樓)의 돌기둥이 부러진 것, 무오년(戊午年, 1618)과 기미년(己未年, 1619)

← juwe aniya, han i hecen i dorgi bira de senggi
두 해에, 황성 안 개천에서 피가

← eyehengge, tere gemu
흐른 것, 그것이 모두

⇦ abkai efulere be sakini seme tuwabuhangge wakao,
하늘이 멸망시킴을 알게 하려고 보인 것이 아니겠는가.

⇦ abkai erin, julgei kooli be, jiyanggiyūn sini sarkū aibi,
하늘의 때와 옛 선례를 장군 네가 모를 리 있는가.

← si seole, erin ucuri be ufarame wajiha manggi,
너는 생각해보라. 시기를 놓쳐버린 후에,

← jai aliyaci amcambio, tung fuma, lio fujiyang, emte beye
다시 후회한들 따라잡겠는가. 동(佟) 부마(駙馬)와 유(劉) 부장(副將)이 각자 단신으로

← ukame jihe, lii fuma, liyoodung, guwangning ni hafasa be (71:12b)
도망해 왔다. 이(李) 부마와 요동, 광녕의 관리들을

← dain de baha, tese be gemu tukiyefi wesibufi
전쟁에서 얻었다. 그들을 모두 등용하고 승직시켜서

← ujire be sarkūn, si unenggi mini baru oci,
보살피는 것을 모르는가. 네가 진정 우리 편이 되면,

← tesei ai dalji.
그들보다 앞설 것이다."

○ fulgiyan tasha aniya ninggun biyai ice ninggun de,
병인년(丙寅年, 1626) 6월 초엿새에,

korcin i ooba taiji i baru doro jafame,
Korcin의 Ooba 타이지와 결의를 맺으며,

⇦ abka de šanggiyan morin wame, (71:13a)
하늘에는 흰말을 죽이고

⇦ na de sahaliyan ihan wame gashūha gisun,
땅에는 검은 소를 죽이며 맹세한 말이다.

⇦ abka na de aisin gurun i han ■■■[4] gashūrengge,
"하늘과 땅에 금나라의 황제 ■■■가 맹세하는 것이다.

4) 피휘(避諱)하기 위하여 글자 위에 색이 있는 띠지를 붙여놓았다.

mini tondo banjire niyalma be, nikan, cahar,
나같이 바르게 사는 사람을, 명과 Cahar와

kalka gidašara akabure de, bi dosorakū
Kalka가 업신여기고 괴롭히므로 내가 견딜 수 없어서

⇦ abka de habšara jakade,
하늘에 호소하니

⇦ abka mimbe urulehe, jai cahar, kalka acafi korcin i
하늘이 나를 옳게 여겼다. 또 Cahar와 Kalka가 결탁하여 'Korcin의

ooba hūwang taiji be waki gaiki seme (71:13b)
Ooba Hūwang 타이지를 죽이자. 빼앗자'라고 하며

cooha jihe,
출병했다.

⇦ abka ooba hūwang taiji be urulehe, ooba hūwang taiji,
하늘이 Ooba Hūwang 타이지를 옳게 여겼다. Ooba Hūwang 타이지가

cahar kalka de korsofi, doroi jalin hebdeki seme minde
Cahar와 Kalka에 원한을 품고, 도리에 대하여 의논하고자 나에게

acanjihangge, meni juwe joboro be
합치러 온 것은, 우리 둘이 근심하는 것을

⇦ abka acabuhabi dere,
하늘이 합치게 한 것이리라.

⇦ abkai acabuha be gūnime ishunde geodeburakū sain yabuci,
하늘이 합치게 한 것을 생각하여 서로 기만하지 않고 잘 지내면

⇦ abka gosime ujikini, (71:14a)
하늘이 사랑하여 보살필 것이다.

⇦ abkai acabuha be gūnirakū geodebume holtome yabuci,
하늘이 합치게 한 것을 생각하지 않고 기만하며 속이며 지내면

⇦ abka wakalafi jobobukini, meni juwe nofi jafaha doro be
하늘이 책망하여 괴롭혀도 좋다. 우리 두 사람이 맺은 결의를

amala banjire juse omosi efuleci, efulehe niyalma be
나중에 태어날 자손이 허물면, 허문 사람을

⇦ abka wakalafi jobobukini, kemuni akūmbume banjici, jalan halame juse
하늘이 책망하여 괴롭혀도 좋다. 항상 성의를 다하며 살면, 대를 이어

omosi be
자손을

⇦ abka ujikini.
하늘이 보살필 것이다."

(71:14b)

○ ooba hūwang taiji gashūha gisun,
Ooba Hūwang 타이지가 맹세한 말이다.

⇦ dergi jalafungga abkai hesebun i
"높고 영원하신 하늘의 명으로

⇦ abkai fejergi amba na de wesihun sain fulehe use ci banjinaha teheren akū
하늘 아래 큰 땅에서 고귀하고 좋은 뿌리와 씨에서 태어난 비견할 데 없는

⇦ han i hūncihin oho, teksin mujilengge
한(汗)의 친척이 되었다. 정연한 마음을 가진

⇦ genggiyen han, dalibun akū ucarabuha ooba hūwang taiji juwe nofi gingguleme
경기연 한(汗)과 허물없이 마주하게 된 Ooba Hūwang 타이지 두 사람은 경건하게

⇦ abka de donjibume alambi, unenggi gūnin i cahar kalka de jasaktu
하늘에 들리도록 고한다. 진심으로, Cahar와 Kalka에게 Jasaktu

頭註: ere emu meyen, fe dangse de arahangge monggo hergen, te manjurame ubaliyambuha. [이 한 단락은, 『滿文原檔』에 적힌 것은 몽골 글자이다. 이제 만주어로 번역했다.]

han ci ebsi, meni korcin i beise ehe akū, be dahame (71:15a)
한(汗)으로부터 지금까지, 우리 Korcin의 버일러들이 나쁘게 한 것이 없다. 우리가 복종하여

sain yabuki seci, ojorakū, wara gaire be nakarakū,
잘 행하겠다 하여도, 듣지 않고, 죽이고 빼앗는 것을 그치지 않는다.

meni boro korcin be wacihiyaha, terei amala weile akū
우리의 Boro Korcin을 멸망시켰다. 그 뒤에 죄가 없는데도

bime, dalai taiji be waha, terei amala jaisai jifi
Dalai 타이지를 죽였다. 그 뒤에 Jaisai가 와서

ninggun beile be waha, facuhūn akū sain yabuki seci,
여섯 버일러를 죽였다. 혼란함 없이 잘 지내고자 하여도

ojorakū, weile akū gaijara wara de, be iselehe,
소용없이, 죄가 없는데도 빼앗고 죽이므로 우리가 저항했다.

iselere jakade, cahar kalka suwe ainu iselehe seme
저항하니, Cahar와 Kalka가 '너희가 어찌 저항했는가'라고 하며

waki gaiki seme cooha aššafi jihe, ede (71:15b)
죽이고 빼앗으려고 군사를 움직여서 왔다. 이에

⇦ abka ama aisime aitubuha, manju i
아버지 하늘이 도우며 구원했다. Manju의

⇦ han inu gosime aisilaha,
한(汗) 또한 사랑하여 도와주었다.

⇦ abkai aitubume tucibuhe manju i
하늘이 구원하여 내어준 Manju의

⇦ han i gosiha be onggorakū, hukšeme gūnifi sain i yabuki seme, manju i
한(汗)이 아껴준 것을 잊지 않고, 감사하게 여기고 잘 지내고자 하여, Manju의

⇦ han de acame jifi,
한(汗)에게 만나러 와서,

⇦ abka na de doroi jalin de akdun gisun i jalbarime gashūmbi,
하늘과 땅에 도리에 대해서 신실한 말로 기원하며 맹세한다.

⇦ abka de gashūha gisun be efuleme, manju i (71:16a)
하늘에 맹세한 말을 어기며 Manju의

⇦ han i gosiha be onggofi, cahar kalka i emgi acaci, ooba hūwang
한(汗)이 아껴준 것을 잊고 Cahar와 Kalka와 함께 결탁하면, 나 Ooba Hūwang

taiji be ubiyara dade ubiyakini, jobobure dade jobobukini,
타이지를 미워하고 또 미워해도 좋다. 괴롭히고 또 괴롭혀도 좋다.

⇦ abka de gashūha gisun i songkoi yabufi, manju i
하늘에 맹세한 말을 따라 행하고, Manju의

⇦ han i gosiha be onggorakū sain yabuci,
한(汗)이 아껴준 것을 잊지 않고 옳게 행하면,

⇦ abka gosire dade gosikini, ujire dade ujikini, ere gashūha be
하늘이 아끼고 또 아낄 것이다. 보살피고 또 보살필 것이다. 이 맹세한 것을

amaga jalan i juse omosi aikabade efuleci, efulehe niyalma be
후대의 자손들이 만약 어긴다면, 어긴 사람을

⇦ abka wakašame ubiyara dade ubiyakini, jobobure dade jobobukini, ere (71:16b)
하늘이 잘못이라 여겨서 미워하고 또 미워해도 좋다. 괴롭히고 또 괴롭혀도 좋다. 이

gashūha be efulerakū kemuni sain yabuci,
맹세한 것을 어기지 않고 항상 옳게 행하면,

⇦ abka ujire dade ujikini, gosire dade gosikini.
하늘이 보살피고 또 보살피며, 아끼고 또 아낄 것이다."

gashūre de julergi birai dalin i ten de šanggiyan morin
맹세할 때 남쪽 강가 언덕의 꼭대기에서 흰말과

sahaliyan ihan wafi, hiyan dabufi yali be gemu
검은 소를 죽이고, 향을 피우고 고기를 모두

yooni dobofi,
온전히 바치고 나서,

⇦ han, ooba hūwang taiji be gaifi, ilan jergi niyakūraha, uyun
한(汗)이 Ooba Hūwang 타이지를 데리고, 세 번 무릎을 꿇고 아홉

jergi hengkilehe, hengkileme wajiha manggi, juwe bithe be (71:17a)
번 절을 했다.[5] 절하기를 마친 후에 두 글을

geren de donjibume hūlafi deijihe.
여럿에게 들리도록 읽고 불살랐다.

---

5) 예전부터 왕을 알현할 때나 제사에서 예의를 갖추면서 행하던 가장 큰 절이며, 삼배구고두례(三拜九叩頭禮)라고 한다.

제72권

천명(天命) 11년(1626) 6월부터 8월까지

nadanju juweci debtelin,
abkai fulingga i juwan
emuci aniya ninggun biyaci
jakūn biyade isinahabi.

tongki fuka sindaha hergen i dangse. (72:1a)
유권점 당안

○ ice nadan de, jakūn gūsai jakūnju dere
초이레에 8구사의 80개 상을

dasafi, jakūn honin wafi sarin sarilame, korcin i
차리고, 양 여덟 마리를 잡아서 주연을 베풀며, Korcin의

ooba hūwang taiji de bithe hūlame gebu
Ooba Hūwang 타이지에게 글을 읽으며 이름을

buhe
내려준

⇦ bithei gisun, ehe waka be
글이다. "악과 잘못을

⇦ abka wakalaci, doro be wasibume efulembi, tondo uru be
하늘이 책망하면 정권을 쇠퇴하게 하여 멸망시킬 것이다. 바르고 옳음을

⇦ abka gosici, doro be wesibume han obumbi, eitereci (72:1b)
하늘이 어여삐 여기면 정권을 흥성하게 하여 한(汗)이 되게 할 것이다. 모든 것이

⇦ abkai ciha kai, cahar i han, ooba hūwang taiji be waki
하늘의 뜻이다. Cahar의 한(汗)이 Ooba Hūwang 타이지를 죽이겠다고

← seme cooha jihe,
출병했다.

⇦ abka, ooba hūwang taiji be gosiha,
하늘이 Ooba Hūwang 타이지를 어여삐 여겼으므로

⇦ abkai gosiha niyalma be han seki seme,
하늘이 어여삐 여긴 사람을 한(汗)이라고 하고자

⇦ abkai jurgan be dahame, bi ooba hūwang taiji de
하늘의 뜻을 따라 나는 Ooba Hūwang 타이지에게

← tusiyetu han i gebu buhe, tumei de dai darhan
Tusiyetu 한(汗)의 이름을 준다. Tumei에게 Dai Darhan,

← butaci de jasaktu dureng, horhotui de cing joriktu (72:2a)
Butaci에게 Jasaktu Dureng, Horhotui에게 Cing Joriktu의

← gebu buhe, tese gemu tusiyetu han i ahūta deote.
이름을 준다. 그들은 모두 Tusiyetu 한(汗)의 형제들이다."

○ tusiyetu han, juwan duin de genehe.
Tusiyetu 한(汗)이 14일에 갔다.

○ juwan nadan de,
17일에,

⇦ genggiyen han i bithe, tusiyetu han de amcame unggihe
경기연 한(汗)의 글이다. Tusiyetu 한(汗)에게 뒤쫓아 보낸

← bithei gisun, si mini baru hoton araha manggi, (72:2b)
글이다. "네가 나에게 성을 지은 후에

← ambasa be teburakū, buya niyalma be tebumbi seme
대인들을 살게 하지 않고 소인을 살게 할 것이라고

← henduci, mini dolo acahakū bihe, dere de hendume
말하니 내 마음에 마땅치 않았으나 얼굴에 대고 말할 수

← baharakū, amala hendufi unggire sehe bihe, buya niyalma be
없어서 나중에 말해서 보내겠다고 했었다. 소인을

← hoton de tebufi, beise ambasa suwe, suweni boo
성에 살게 하고서 버일러들과 대신들 너희는 너희의 집을

← ararakū tuleri bifi, aika baita tucike manggi, hoton de
짓지 않고 밖에 있다가 만약 일이 생기고 나서 성에

← dosinjici, buya niyalmai boo, buya niyalmai jeku orho
들어온다면 소인의 집과 소인의 곡물과 목초가

← udu bi, terei emu majige bisirengge, be wacihiyaci, (72:3a)
얼마나 있겠는가. 그들의 아주 조금 있는 것을 우리가 써버린다면

← buya irgen jai adarame banjimbi, jobolon serengge tere kai,
소인인 백성이 또 어찌 살겠는가. 걱정인 것이 그것이다.

← ere aniya suweni ninggude dai darhan, cing joriktu
올해에 너희에 더해 Dai Darhan과 Cing Joriktu까지

← nongginjifi, suweni juhe wacihiyaha gese ombikai, araha hoton de
오니 너희의 곡물이 얼음 녹듯 할 것이다. 지은 성에

← beise ambasa boo arafi, jeku orho isabufi sindafi,
버일러들과 대인들이 집을 짓고 곡물과 목초를 모아놓고

← beye kemuni nukteme yabure, olhoro, emu juwe biyade
자신은 여전히 유목하며 다니고, 경계하며, 한두 달

頭註: gingguleme baicaci, jaka toktobuha fe manju gisun i bithede, dere de hendume baharakū sere gisun, uthai dere tokome bahafi henduhekū sere gisun inu sehebi. [신중하게 조사하니, 최근 편찬한 『舊淸語』에 dere de hendume baharakū라는 말은 곧 dere tokome bahafi henduhekū(얼굴에 대고 말할 수 없었다)라는 말이라고 했다.]

← hoton de dosinjici, meni meni boo, jeku orho de
성에 들어올 때는 각자의 집, 곡물과 목초가 있는 곳으로

← uthai jici antaka, jušen i ambasa be hoton de (72:3b)
바로 오면 어떠한가. 속민의 대인들을 성에

← tebuci, olhoci, beyei sasa nukteme gaifi yabuci antaka,
살게 하는 것이 불안하면, 직접 모두 유목하러 데리고 다니면 어떠한가.

← ebsi minde geli aikabade akdarakū olhome gūnire babio,
지금까지 나를 또 혹시 믿지 못하여 경계하는 것이 있는가.

← minde akdarakū gūnici, muse
나를 믿지 못하겠다 생각하더라도, 우리는

⇦ abka de akdulame, niyalma be donjibume gashūha kai, yaya
하늘에 약속하고, 사람들이 듣도록 맹세했다.

← niyalma,
누구든

⇦ abka be holtoro, niyalma be gidašara niyalma jabšahangge akū,
하늘을 속이거나 사람을 업신여기는 사람이 잘된 자가 없다.

← mini tondo uru de, (72:4a)
내가 바르고 옳으므로

⇦ abka gosime banjimbi dere, suwende akdafi banjimbio, bi suweni
하늘이 어여삐 여겨 사는 것이지, 너희를 믿고 살겠는가. 내가 너희를

← jalin de hendumbi dere, julgeci ebsi, hehe niyalma, jušen i
위해서 말하는 것이다. 옛날부터 지금까지 여자와 속민의

← ambasai gisun de akdaci ojorakū, hehe niyalma de eigen
대인들의 말은 믿을 수 없다. 여자에게 지아비가

← ai joboro, jušen niyalma de ejen ai joboro, gūwa i
무엇이 부족한가. 속민에게 주인이 무엇이 부족한가. 남의

← gisun de ume dosire, bingtu suweni juwe nofi acafi
말에 빠지지 말라. Bingtu와 너 두 사람이 만나서

← seole, mini ere gisun acacibe, acarakū ocibe, karu gisun i
고려하라. 나의 이 말이 맞든 맞지 않든 답장의

← bithe unggi. (72:4b)
글을 보내라."

○ tusiyetu han fudenehe baci karu arafi unggihe
Tusiyetu 한(汗)이 배웅하러 간 곳으로부터 회답을 써서 보낸

bithe, orin emu de ilden gajiha,
글이다. 21일에 Ilden이 가져왔다.

⇦ genggiyen han i tacibuha gisun gemu inu kai, hoton arara be
"경기연 한(汗)의 가르친 말씀이 모두 옳습니다. 성을 짓는 것은

meni geren i emgi gisurefi, hoton enteke bade
우리 여럿이 같이 의논해서 성을 이러이러한 곳에

arambi seme, darhan taiji de niyalma takūraki,
짓겠다고 하여 'Darhan 타이지에게 사람을 보내자.

beise ambasa be hoton de boo ara (72:5a)
버일러들과 대신들은 성에 집을 지으라고

serengge inu kai, be inu araki seme
하는 것이 옳으니, 우리도 짓자'라고

gisurehe bihe, be,
말했었습니다. 우리가

⇦ han de ainu akdarakū, akdarakū bihe bici,
한(汗)을 어찌 믿지 않겠습니까. 믿지 않았으면

⇦ han i genggiyen de acanjimbiheo, bai ulhirakū i
한(汗)의 영명함에 알현하러 왔겠습니까. 단지 깨우치지 못하여

⇦ han i amala dahame muterakū be hendumbi dere,
한(汗)의 뒤를 능히 따르지 못함을 말하는 것입니다.

⇦ dergi abka sambi kai.
위의 하늘이 알 것입니다."

(72:5b)

○ fulgiyan tasha aniya anagan i ninggun biyai juwan
병인년(丙寅年, 1626) 윤6월 19일에

uyun de, kalka de cooha genefi, nangnuk
Kalka에 출병해서 Nangnuk

beile de, ajige age beile ninggun niyalma
버일러에 대항하여 Ajige 아거 버일러 등 여섯 사람이

juleri isinafi gabtame afara bade, minggan beile i
선두로 도달해서 화살을 쏘며 싸우는 곳에, Minggan 버일러의

jui angkūn taiji isinafi, ajige age beile i
아들인 Angkūn 타이지가 도달해서, Ajige 아거 버일러의

morin i cilburi be jafafi, beile si ainu
말의 고삐를 잡고서 "버일러 당신이 어찌

juleri afambi, sini (72:6a)
앞에서 싸우십니까. 당신의

⇦ han ama i isabuha ai cooha akū seme hendure jakade,
한(汗) 아버지가 모은 병사가 아무도 없습니까"라고 말하자

ajige age hendume, mimbe tafulara anggala, si
Ajige 아거가 말하기를, "나를 말리기만 할 뿐 네가

ainu dosirakū sere jakade, angkūn taiji uthai
어찌 들어가지 않느냐"라고 했기 때문에 Angkūn 타이지가 바로

juleri dosifi, nangnuk beile i dalai tabunang be
앞으로 들어가서 Nangnuk 버일러의 Dalai 타부낭을

fuhali gabtahabi, tere dosika be, beise,
마침내 화살로 쏘았다. 그가 돌진해 들어간 것을 버일러들이

⇦ han de alara jakade,
한(汗)에게 고하니

⇦ han hendume, muse ai gurun i niyalma be ujihekū, we (72:6b)
한(汗)이 말하기를, "우리가 어떤 나라의 사람이든 살려주지 않았는가. 누가

← erei gese ujihe baili isibuhabi seme saišafi,
이처럼 살려준 은혜를 갚았는가"라고 칭찬하고

darhan hošooci gebu buhe, gucu arame yabukini
Darhan Hošooci라는 이름을 주었다. 구추를 이루어 다니는 것이 좋겠다

seme, jakūn gūsai beile, uksin etuhe hahai
하여 8구사의 버일러들이 갑옷을 입은 장정의

boigon emte, <u>kutule jafara hahai</u> boigon emte,
가호 하나씩, 말구종인 남자의 가호 하나씩,

○[1] uheri juwan ninggun boigon šangname buhe, beise ci
모두 하여 16가호를 상으로 주었다. 버일러들 이하,

fusihūn, buya niyalma ci wesihun, angkūn taiji i da
소인 이상이 Angkūn 타이지의 원래

頭註: ginggulrme kimcici, kutule jafara haha sere gisun, ainci kutule ofi, jaka hacin jafara haha sere gisun dere. [신중하게 살펴보니, kutule jafara haha라는 말은 아마도 '말구종이므로, 물건 등을 담당하는 장정'이라는 말일 것이다.]

1) 기사의 시작이 아닌 부분에 동그라미(○)가 있는데 이것은 오류이다.

gebu be gebulehe de, etuhe etuku sume gaimbi, (72:7a)
이름을 불렀을 때는 입은 옷을 벗겨서 빼앗는다.

anagan i ninggun biyai juwan uyun de gebu buhe.
윤6월 19일에 이름을 주었다.

○ fulgiyan tasha aniya anagan i ninggun biyai orin i
병인년(丙寅年, 1626) 윤6월 20일에,

inenggi, mao wen lung acaki seme takūraha juwe
모문룡(毛文龍)이 화친하자고 파견한 두

niyalma de, karu arafi unggihe
사람에게 답장을 써서 보낸

⇦ bithei gisun, ere dain be bi deribuhebio, sini nikan i
글이다. "이 전쟁을 내가 시작했느냐. 너희 명나라의

← wan lii han deribuhe kai, te nikan han (72:7b)
만력제(萬曆帝)가 시작한 것이다. 지금 명나라 황제가

← dain deribuhe waka seme alime gaime acaki seme,
전쟁을 시작한 것이 잘못이라고 받아들이며 화친하자고

← han i doron gidaha bithe jafabufi, amba hafan be
황제의 인장을 찍은 글을 들려서 대관을

← takūrafi, šanaha i duka be jici, terei baru gisurembi
보내어 산해관(山海關)의 성문으로 온다면 그와 이야기할 수도 있겠지만,

← dere, sini ukanju tuwakiyame tehe niyalmai baru ainu
너같이 도망자나 지키며 주둔한 사람에게 어찌

← gisurembi.
말하겠느냐."

○ fulgiyan tasha aniya anagan i ninggun biyai orin (72:8a)
병인년(丙寅年, 1626) 윤6월 22일에

juwe de, jarut i ūljeitu daicing de unggihe
Jarut의 Ūljeitu Daicing에게 보낸

bithei gisun,
글이다.

⇦ genggiyen han hendume, monggo suwe unenggi oci, muse juwe
경기연 한(汗)이 말하기를, "몽골 너희가 진심이면 우리 두

← gurun emu hebei nikan be dailafi, hoton hecen be
나라가 한뜻으로 명나라를 정복해서 성시(城市)를

← gaifi nisiha nisihai dendefi alban gaime banjici inu
취하고 전체를 다 같이 나누고 공물을 받으며 살 수도

← ombihe, akūci, musei bade gajifi, suje, gecuheri, mocin,
있었을 것이다. 아니면 우리의 땅에 데려와서 비단, 망룡단, 모청포,

← samsu jodobume banjici, inu sain bihe, suwe ubabe (72:8b)
삼승을 짜게 하여 살아도 역시 좋았을 것이다. 너희는 이것을

← gūnirakū, elemangga
생각하지 않고 오히려

⇦ abkai wakalaha batangga nikan de dafi, minde dain ohongge,
하늘이 책망한 적인 명나라를 도와서 나에게 적이 된 것이니,

← suwe inu farhūn kai,
너희야말로 몽매한 것이다.

⇦ abka mimbe urušefi, dergi mederi ci wasihūn, šanaha ci ebsi,
하늘이 우리를 옳게 여겨서 동해로부터 서쪽으로, 산해관으로부터 이쪽으로

← yehe, hada, ula, hoifa, guwangning, liyoodung ni ba babe
Yehe, Hada, Ula, Hoifa, 광녕(廣寧), 요동(遼東)의 모든 지역을

← siran siran i
연이어

⇦ abkai bure be, suweni yasai sahakūn, šan i donjihakūn, te (72:9a)
하늘이 주는 것을 너희의 눈으로 보지 않았는가. 귀로 듣지 않았는가. 지금이라도

← bicibe, muse juwe gurun hebe acafi dain gurun be
우리 두 나라가 뜻을 합쳐서 적국을

← dailame, batangga gurun i ulin be gaime banjici antaka,
정벌하여 적국의 재물을 빼앗으며 살면 어떠한가.

← ere be gūnirakū, musei dolo temšenume dain oci,
이것을 생각하지 않고 우리끼리 서로 다투고 싸우면

← emken urhurakū doro bio, weri weile de dafi
한쪽이 기울지 않을 도리가 있겠는가. 남의 일을 도와서

← juse omosi de dain be werirengge, muse inu
자손들에게 적을 남기는 것이니, 우리야말로

← farhūn kai.
몽매한 것이다."

(72:9b)

○ fulgiyan tasha aniya nadan biyai orin ilan de,
병인년(丙寅年, 1626) 7월 23일에

⇦ han beye nimeme, niowanggiyaha i halhūn muke de genefi, jakūn
한(汗)이 몸에 병이 나서 청하(淸河)의 온천에 가서, 8월

biyai ice inenggi, amin beile be takūrafi
초하루에 Amin 버일러를 파견해서

unggihe bithei gisun,
보낸 글이다.

⇦ ama, sini jui han beye nimeme ofi,
"'아버지, 당신의 아들인 한(汗)이 몸에 병이 나서

⇦ ama sini ūren be ilibufi wecembi, jui mini
아버지 당신의 신위(神位)를 세우고 제사를 지내겠습니다. 아들인 저의

nimeku be hūdun dulembu, ai jaka oci wehiye, (72:10a)
병을 빨리 낫게 하시고 온갖 일은 도우소서.

jui bi sain oho manggi, biyadari ice
아들인 제가 좋아지면, 달마다

inenggi kemuni lakcarakū wecere, dulemburakūci bi ainara,
초하루에 매번 끊임없이 제사를 지내겠습니다. 낫게 해주지 않으면 저는 어찌하겠습니까.'

juwe ihan wame jiha deijime,
소 두 마리를 잡고 돈을 태워

⇦ ama de neneme henduhe durun i wece, jai
아버지에게 앞서 말한 형식으로 제사를 지내라. 또

gūwa
다른

⇦ mafari de neigen dobofi, aisila, wehiye, hūdun dulembu
조상들에게 골고루 제물을 바치고, '도와주십시오. 돌보아주십시오. 빨리 낫게 해주십시오'라고

seme hendume hengkile, wecere de warka ecike, (72:10b)
말하며 절하라. 제사를 지낼 때에 Warka 숙부,

wangšan ecike, sahalca ecike, [原檔殘缺]
Wangšan 숙부, Sahalca 숙부, □□□"

○ ice inenggi beise hendume, usin i jeku be
초하루에 버일러들이 말하기를, "밭의 곡식을

juse hehesi gemu tucifi homila, hūdun hukše,
아이들과 여자들이 모두 나와서 호미로 김을 매라. 빨리 흙을 북돋으라.

nimeku nimeci, nirui niyalma geren i aisila.
병이 났다면 니루 사람들 여럿이 도우라."

○ [原檔殘缺] hošonggo ordo de tucifi, duin (72:11a)
□□□ 각전(角殿)에 나와서

ihan wafi, dehi dere dasafi, jušen, nikan
소 네 마리를 잡고 40개의 상을 차려서 여진인, 한인,

monggo dzung bing guwan ci fusihūn, ciyandzung ci
몽골인의 총병관 이하 천총(千總)

wesihun, [原檔殘缺] amba sarin sarilaha.
이상으로 □□□ 큰 주연을 베풀었다.

○ ice juwe de,
초이틀에,

⇦ han, musei beise, monggo i beise, geren i baru hebešere gisun,
한(汗)이 우리의 버일러들과 몽골의 버일러들, 여럿을 향하여 의논하는 말이다.

頭註: gingguleme kimcici, homila sere gisun, ainci homin i yangsa sere gisun dere. [신중하게 살펴보니, homila라는 말은 아마도 '호미로 김매라'는 말일 것이다.]

← fejergi girire jalan i niyalma be asuru ambula giribure,[2](72:11b)
"젊은 세대의 사람을 지나치게 많이 삼가게 하거나

← gasacun i doro de asuru ambula sinagalara doro mangga kai,
애도하는 예법에 너무 크게 상(喪)을 치르는 예법은 힘들다.

← tere doro be kemuni bici saiyūn, taka banjire
그런 예법이 그대로 있으면 좋은가. 잠시 사는

← beye seme weihuken doro ilibuci geli antaka, ere
몸이니 가벼운 예법을 세우면 또 어떨까. 이

← juwe doroi dube be, suwe toktobufi amasi wesimbu
두 예법의 끝을 너희가 결정해서 다시 올리라"고

seme henduhe, tere gisun de, geren beise,
말했다. 그 말에 여러 버일러가

gemu sain seme amasi wesimbuhe,
모두 좋다고 하여 다시 올리고,

⇦ han i toktobume wasimbuha bithei gisun, fejergi jalan i girire doro, (72:12a)
한(汗)이 확정하여 내린 글이다. "젊은 세대가 삼가는 예법은,

← manggai ambula girire niyalma oci, jugūn de gaitai
매우 많이 삼가야 하는 사람이라면 길에서 갑자기

← acaha de, morin yaluci, morin ci ebufi niyakūrafi
만났을 때에 말에 타고 있었다면, 말에서 내려서 꿇어앉은 후에

頭註: fe manju gisun i bithede, asuru ambula giribure sere gisun akū, manju gisun i buleku bithede, girimbi sere gisun bicibe, ici acarakū, gingguleme baicaci, ⇦ yargiyan kooli de 若遇卑幼過嚴則卑幼 ← 者必無得所之時 manju gisun oci, fejergi ← jalan i niyalma be asuru giribuci, fejergi jalan i ← niyalma jirgara šolo akū sehebi. [『舊清語』에 asuru ambula giribure라는 말이 없다. 『御製清文鑑』에 girimbi라는 말이 있지만 뜻이 맞지 않는다. 신중하게 조사하니, 『清實錄』에 若遇卑幼過嚴則卑幼者必無得所之時는 만주어로 '젊은 세대의 사람을 너무 삼가게 하면 젊은 세대의 사람이 편안히 있을 틈이 없다'라고 했다.]

2) 『滿洲實錄』(8권, 天命 10년(1625) 4월)의 문장은 실제로는 두주(頭註)의 기술과 다소 차이가 있다. fejergi jalan i niyalma be asuru girubuci, fejergi jalan i niyalma jirgara šolo akū로 giribuci가 아니라 girubuci(모욕하면, 부끄럽게 하면)로 되어 있다.

← hengkilefi dulembu, tehe ba oci, niyakūrafi [原檔殘缺]

절하고 지나가게 하라. 앉은 곳에서는 꿇어앉아서 □□□

← sarin de oci, niyakūrafi hengkilefi [原檔殘缺] jugūn de

주연에서는 꿇어앉은 후 절하고 □□□ 길에서

← gaitai acaha de, morin yaluci, morin ci ebufi

갑자기 만났을 때에 말에 타고 있었다면 말에서 내려서

← dulembu, tehe ba oci, jailame dulenu, sarin de

지나가게 하라. 앉은 곳에서는 피하여 서로 지나가라. 주연에서는

← oci, tehe baci uthai hengkile, sinagan i doro de (72:12b)

앉은 곳에서 바로 절하라. 복상(服喪)의 예법에

← ambula joboci, musei beye enteheme banjimbio, taka banjire

많이 고생한들 우리의 몸이 영원히 살겠는가. 잠시 사는

← beyebe ainu jobobumbi,

몸을 어찌 수고롭게 하는가.

⇦ abkai kemnefi unggihe jalgan kai, emdubei banjire emdubei bucere

하늘이 부여하고 정한 수명이다. 거듭 살고 거듭 죽을

← beyebe, kemuni tuttu sinagalame jobobuci, jai ai šolo de

몸을 매번 그렇게 상을 치르느라 고생하게 하면 또 어느 틈에

← jirgambi, beise ambasa niyaman hūncihin, gemu emu bade

편히 쉬겠는가. 버일러들과 대신들, 친인척이 모두 한 곳에서

← tehebi, bucehe jobolon de sinagalara, weihun doro de

살아왔다. 상사(喪事)에 상을 치르는 것과 살아 있는 자의 예법에

頭註: gingguleme baicaci, fe manju gisun i bithede, ⇦ abkai kemnefi unggihe jalgan sere gisun, uthai ⇦ abkai salgabume toktobuha jalgan sere gisun inu sehebi. [신중하게 조사하니, 『舊淸語』에 abkai kemnefi unggihe jalgan이라는 말이 바로 abkai salgabume toktobuha jalgan(하늘이 부여하고 정한 수명)이라는 말이라고 했다.]

← giribure be, gemu nakaci sain kai. (72:13a)
너무 엄격히 하는 것을 모두 그만두면 좋겠다."

○ ineku tere inenggi,
같은 날에,

⇦ han, eksingge de unggihe bithei gisun, te gene sehe
한(汗)이 Eksingge에게 보낸 글이다. "지금 가라고 했었는데,

← bihe, taka nakafi ere biyai juwan be duleke
잠시 멈추었다가 이번 달 10일이 지난

← manggi, gene sehe bade gene.
후에 가라고 했던 곳으로 가라."

○ ice ilan de, beise cifun gaijara jalin de (72:13b)
초사흘에 버일러들이 세금을 걷는 것에 대하여

toktobume henduhe gisun, niyalma, morin, ihan, losa,
결정하여 한 말이다. "사람, 말, 소, 노새,

eihen, honin, niman, ere nadan jaka de,
나귀, 양, 염소, 이 일곱 가지에,

emu yan de cifun emu jiha gaifi,
한 냥에 세금 1전을 걷어서

ilan ubu sindafi, juwe ubu be šajin de
세 몫으로 나누어서 두 몫을 법에 따라

gaimbi, emu ubu be uncaha niyalmai nirui
취하고 한 몫을 판 사람의 니루의

ejen, janggin, daise dendeme gaisu, nikan i harangga
수장과 장긴, 서리가 나누어 가지라. 한인 관하의

niyalma uncaci, iogi, ciyandzung dendeme gaisu, ere (72:14a)
사람이 팔면 유격(遊擊)과 천총이 나누어 가지라. 이

nadan jaka ci dabala, gūwa jaka de cifun
일곱 가지 이외에 다른 물건에 세금을

gaijara be gemu naka.
걷는 것은 모두 그만두라."

○ ice ilan de, kūbai, si mu ceng ni ergi de
초사흘에 Kūbai가 석목성(析木城) 쪽에

anafu tenefi, mao wen lung ni takūraha
수자리 살러 가서, 모문룡이 파견한

sunja giyansi be, duin be waha, emken be
첩자 다섯 명 중에 네 명은 죽였고 한 명은

dung ging de benjihe, tede fonjici, mao wen (72:14b)
동경에 보내왔다. 그에게 물으니, "모문룡은

lung tiyei šan de bi, morin yafahan
철산(鐵山)에 있습니다. 기병과 보병

cooha uheri nadan tumen bi, musei baru
총 7만 명이 있습니다. 우리를 향하여

cooha jimbi serengge akū, muse be cende
출병한다는 말은 없고, 우리가 그들에게

genembi seme olhome, giyang ni dalirame cooha tehebi
간다고 하여 경계하며, 강변을 따라 병사가 주둔해 있습니다"라고

seme alaha.
고했다.

○ ice duin de, weile beidere yamun i jakūn (72:15a)
초나흘에, 죄를 심리하는 아문(衙門)의 여덟 명의

tungse de, ciyandzung ni hergen buhe seme, dondohoi,
통사(通事)에게 천총의 관직을 주었다고 Dondohoi와

šunggutu alanjifi dangse de araha.
Šunggutu가 알려와서 당안(檔案)에 기록했다.

○ ineku tere inenggi, amba beile i u beiguwan
같은 날에, 대버일러 예하의 U 비어(備禦)가

habšame, jase golo de tehebi, emu minggan
호소하기를, "경계 지역에 주둔하고 있었는데 1000여 명의

funceme nikan ukaka seme donjifi, bi amin
한인이 도망했다고 듣고, 제가 Amin

beile i gin ciyandzung be guilefi, uheri gūsin (72:15b)
버일러의 Gin 천총과 약속하여 만나서, 총

sunja niyalma be gaifi, ehe holo i teisu
35명을 이끌고 Ehe 계곡 방향의

bira de amcafi waha, yoto age i sun
강까지 쫓아가서 죽였습니다. Yoto 아거의 Sun

beiguwan be tubade bahafi sindaha, gūsin nadan
비어를 거기에서 구해서 풀어주었습니다. 여자 37명,

hehe, morin, losa, eihen dehi baha, hangki
말, 노새, 나귀 40마리를 얻었습니다. Hangki

janggin sambi, tereci geli
장긴이 압니다. 그러고 나서 또

⇦ han i lan beiguwan, hooge ama beile i mampingga janggin, lio
한(汗)의 Lan 비어, Hooge 아버지 버일러의 Mampingga 장긴, Lio

beiguwan, lifangga mafa de takūraha, takūrafi bi (72:16a)
비어, Lifangga 마파에게 사람을 보냈습니다. 보낸 후에 저는

geli niyeleku de amcafi, geli emu jergi
다시 Niyeleku에 쫓아가서 다시 한 차례

waha, mini emgi mampingga bihe, tere sambi,
죽였습니다. 저와 함께 Mampingga가 있었는데 그가 압니다.

jai inenggi, ba bade takūraha coohai niyalma
다음날에 곳곳에 파견했던 병사들이

isinjifi, be amcafi jaka furdan de amcanafi
돌아왔고, 저희가 추격해서 Jaka관(關)에 쫓아가서

gemu waha, ilan tanggū uyunju hehe, morin,
모두 죽였습니다. 여자 390명, 말,

ihan, losa, eihen juwe tanggū dehi baha,
소, 노새, 나귀 240마리를 획득했습니다.

mini neneme emhun amcanafi afaha bade, mini (72:16b)
제가 먼저 혼자서 쫓아가서 싸운 곳에서 저의

juwan niyalma bucehe, orin niyalma feye baha,
사람 열 명이 죽었고 20명이 부상을 입었습니다.

mini morin emu feye baha, mini deo
제 말은 한 군데 부상을 입었고, 제 동생은

juwe feye baha, jai murikū ci emu minggan
두 군데 부상을 입었습니다. 또 Murikū로부터 1000여

funceme niyalma ukame genere be, bi wang
명이 도망해 가는 것을 제가 Wang

beiguwan i emgi amcafi waha, tere turgunde, wang
비어와 같이 추격해서 죽였습니다. 그런 이유로 Wang

beiguwan be iogi hergen buhe, mimbe umai
비어에게 유격 관직을 주셨는데 저는 전혀

wesibuhe šangnahakū, jang ši g'ao gebungge niyalma (72:17a)
승직시키거나 상을 주지 않았습니다. Jang Ši G'ao라는 사람이

ukame genere be, bi emhun amcafi waha
도망해 가는 것을 저 혼자 추격해서 죽인

gung de, minde beiguwan i hergen buhe, ilaci
공으로 저에게 비어의 관직을 주셨습니다.

jergi de, ukanju be amcafi waha seme
세 번째에는 도망자를 추격해서 죽였다고 하여

dehi yan menggun buhe, duici jergi ukanju be
은 40냥을 주셨습니다. 네 번째에는 도망자를

amcafi waha seme, emu morin, emu niyalma,
추격해서 죽였다고 하여 말 한 마리, 사람 한 명과

juwan etuku buhe, bi wang iogi i emgi
옷 열 벌을 주셨습니다. 저는 Wang 유격과 함께

ilan giyansi jafaha, giyansi jafaha seme wang (72:17b)
첩자 세 명을 잡았습니다. 첩자를 잡았다고 하여 Wang

iogi be tsanjiyang obuha, mimbe umai wesibuhe
유격을 참장(參將)이 되게 했는데 저는 전혀 승직시키거나

šangnahakū, uheri sunja jergi ukanju be amcafi
상을 주지 않았습니다. 모두 하여 다섯 번 도망자를 추격해서

waha seme habšara jakade, beiguwan be wesibufi
죽였습니다"라고 호소했기 때문에 비어를 승직시켜

ilaci jergi tsanjiyang ni hergen buhe, jušen i
3등 참장의 관직을 주었다. 여진인의

dangse de araha.
당안에 기록했다.

○ kubuhe lamun gūsai nikan iogi ju ji wen, (72:18a)
양람기(鑲藍旗)의 한인 유격인 주계문(朱計文)이

ini hūsun buhe be bithe wesimbure jakade,
자기가 힘쓴 것을 글로 올렸기 때문에

iogi be wesibufi tsanjiyang obuha, wesimbuhe bithei
유격을 승직시켜 참장으로 삼았다. 올린 글이다.

gisun, liyoodung be gaiha manggi, aiha i niyalma
"요동을 얻은 후에 애하(靉河) 사람이

samsiha bihe, ju ji wen bargiyame ganafi
흩어져 있었는데, 저 주계문이 거두기 위해 데리러 가서

hoton de dosimbuha, fung hūwang ceng, jeng
성에 들어가게 했습니다. 봉황성(鳳凰城), 진강(鎭江),

giyang, tang šan, cang diyan, jeng dung, ere
탕산(湯山), 장전(長奠), 진동(鎭東), 이

sunja hoton de niyalma akū untuhun bihe, (72:18b)
다섯 성에는 사람이 없이 비어 있었습니다.

ju ji wen baicafi, meni meni hoton de
저 주계문이 조사해서 각 성에

amasi tebuhe, jeng giyang ni lo šusai sunja
다시 정착시켰습니다. 진강의 Lo 생원이

tanggū niyalma be gaifi, giyang dooha be
500명을 이끌고 강을 건넌 것을

amcafi gajiha, wang šeobei sambi, mao wen lung ni
추격해서 데려왔습니다. Wang 수비(守備)가 압니다. 모문룡의

emu cuwan be bahafi gemu waha, emu
배 한 척을 잡아서 모두 죽이고, 한

niyalma be benjihe, jang iogi sambi, hūwang gu doo de
사람을 보내왔는데 Jang 유격이 압니다. 황골도(黃骨島)에

tenefi emu cuwan baha, gemu waha, emu (72:19a)
주둔하러 가서 배 한 척을 잡았습니다. 모두 죽이고 한

niyalma be benjihe, jaisa sambi, g'ai jeo de
사람을 보내왔는데 Jaisa가 압니다. 개주(蓋州)에

tefi juwe giyansi baha, yarbihi, aita sambi,
주둔해서 첩자 두 명을 잡았는데 Yarbihi와 Aita가 압니다.

g'ai jeo de jai juwe giyansi jafafi benjihe,
개주에서 또 첩자 두 명을 잡아서 보내왔는데

sosori sambi, alin de tafaka ubašaha niyalma be
Sosori가 압니다. 산에 올라간 배반한 사람을

afafi waha, hehe gūsin, menggun gūsin yan
공격해서 죽였습니다. 여자 30명, 은 30냥을

benjihe, šancin de tafaka niyalma be, haha be
보내왔습니다. 산채에 올라간 사람 중에 남자를

waha, orin hehe benjihe, dajuhū sambi, ejen (72:19b)
죽였고 여자 20명을 보내왔습니다. Dajuhū가 압니다. 주인이

akū jeku be baicafi, ilan tanggū hule
없는 곡식을 조사해서 300섬을

bahafi, tsang de sindaha, ice hoton be

획득해서 창고에 두었습니다. 동경성(東京城)을

bošome sahabuha, weile bahakū, ukanju, tai niyalma de

독려하여 쌓게 했습니다. 죄를 짓지 않았습니다. 도망자가 대(臺)의 사람에게

angga sime jakūnju yan menggun bufi genehe be

입을 막기 위하여 은 80냥을 주고 간 것을

baicafi, tai niyalma be benjifi waha seme,

조사하여 대(臺)의 사람을 데리고 와서 죽였습니다"라고

ice duin de bithe wesimbuhe.

초나흘에 글을 올렸다.

제10함

태조황제 천명(天命) 연간에 기록한 연월이 완전하지 않은 당안

juwanci dobton,
taidzu hūwangdi i abkai fulingga i
aniya de ejehe aniya biya
yongkiyan akū dangse.

제73권 무연월(無年月). 천명(天命) 시기의 일 13건
제74권 무연월(無年月). 천명(天命) 시기의 일 12건
제75권 무연월(無年月). 여러 대인이 맹세한 글
제76권 무연월(無年月). 여러 대인이 맹세한 글
제77권 무연월(無年月). 여러 대인이 맹세한 글
제78권 무연월(無年月). 여러 대인이 맹세한 글
제79권 무연월(無年月). 무쿤 · 타탄
제80권 무연월(無年月). 무쿤 · 타탄
제81권 무연월(無年月). 무쿤 · 타탄

제73권

천명(天命) 시기에 기록한 일 13가지이다.
월과 일만 적었을 뿐 연도를 적지 않았다.

nadanju ilaci debtelin,
abkai fulingga i forgon de
ejehe baita juwan ilan hacin,
biya inenggi ejehe gojime aniya
ejehekūbi.

tongki fuka sindaha hergen i dangse. (73:1a)
유권점 당안

○ ilan biyai tofohon de, haksaha, engke i gajiha
3월 15일에, Haksaha와 Engke가 가지고 온

bithe, ere unggihe menggun be kūrcan si
글이다. "보낸 이 은을 Kūrcan 네가

alime gaifi, g'ao fujiyang de afabufi baitangga
받아서 G'ao 부장(副將)에게 맡겨서 쓸 만한

sain suje udabu, menggun i ton sunja tanggū
좋은 비단을 사게 하라. 은의 수는 500냥이다.

yan, orin yan de nirure okto uda,
20냥으로 안료(顔料)를 사라.

udara okto cinuhūn, hūwang dan, aisin okto, ši cing,
살 안료는 주사(朱砂), 황단(黃丹), 금약(金藥), 석청(石青),

tung lu, teng hūwang, ši hūwang, da lu, ere hacin i (73:1b)
동록(銅綠), 등황(藤黄), 석황(石黃), 대록(大綠)이다. 이런 종류의

okto be kiceme udabu.
안료를 부지런히 사게 하라."

○ beise i bithe, g'ao, lang de unggihe, jeku
버일러들의 글을 G'ao와 Lang에게 보냈다. "곡물을

buki serengge, sain jurgan mujangga, mujangga seme
주겠다고 하는 것은 훌륭하고 의로운 것이 사실이나, 사실이라 해도

suweni tubade jeku ganaci, hanci bahambi, fe
너희 쪽에서는 곡물을 가지러 가도 가까이에서 얻을 것이고 이전의

jeku geli bi, meni ubade coohai niyalma
곡물도 있다. 우리 쪽에는 병사와

morin i jeterengge hono akū, ku de isabuha (73:2a)
말이 먹을 것조차 없다. 창고에 쌓아둔

jeku orho, amangga beise orho jeku umesi
곡물과 목초는 나중에 버일러들이 목초와 곡물이 완전히

wajiha manggi isinjimbi, jeci isirakū, bume deribuhe de,
소진된 후에야 도달할 것이다. 먹기에도 부족할 것이다. 주기 시작하면

nikan niyalma bahara de dosifi holtome der seme
한인이 물욕에 빠져서 속이고 여기저기서

tucike de, ai bume isimbi, tuba uba seme
나타나면 무엇을 주어야 충분하겠는가. 여기저기에

bure be nakaki.
주는 것을 그만두자."

頭註: gingguleme baicaci, jaka toktobuha fe manju gisun i bithe, amangga sere gisun, uthai amaga inenggi sere gisun inu sehebi. [신중하게 조사하니, 최근 편찬한 『舊淸語』에 amangga라는 말은 곧 amaga inenggi(나중에)라는 말이라고 했다.]

◯ luwan jeo i jang jyjeo, neneme emu jergi ukaka be, (73:2b)
난주(灤州)의 장(張) 지주(知州)가 이전에 한 번 도망했던 것을

g'ao fujiyang, kūrcan amcafi gajiha, jai jergi
G'ao 부장과 Kūrcan이 뒤쫓아서 잡아왔다. 또 한 번

ukaka be, hošotu efu, kūrcan amcafi gajiha,
도망한 것을 Hošotu 어푸와 Kūrcan이 뒤쫓아서 잡아왔다.

tere be ukaka seme alanjiha hiyang wei
그가 도망했다고 고하러 온 Hiyang Wei

šan de juwan yan menggun, emu losa
Šan에게 은 열 냥과 노새 한 마리를

šangnaha, kuwaišeo bihe, wesibufi limu hafan obuha,
상으로 주었다. 쾌수(快手)가[1] 있었는데 승직시켜서 이목(吏目)[2] 관원으로 삼았다.

ilaci jergi dobori hecen be dabame ukaka,
세 번째는 밤에 성을 넘어 도망했는데

amcaci ambuhakū, terei boigon ai jaka be (73:3a)
뒤쫓아도 따라잡지 못했다. 그의 가호와 온갖 물건을

gemu yung ping de benehe, emgi bihe wei
모두 영평(永平)에 보냈다. 같이 있던 Wei

šuban be waha.
서반(書辦)을 죽였다.

◯ ilan biyai orin uyun de, emu nirui
3월 29일에, 한 니루당

1) 쾌수(快手)는 '활 잘 쏘는 병사' 또는 '관아에서 수색과 검거를 담당하는 심부름꾼'이라는 뜻이다.
2) 이목(吏目)은 형옥(刑獄)이나 문서 관리를 담당하는 관리이다.

orita uksin, emu jalan i sunjata amban be,
갑병 20명씩, 한 잘란당 대신 다섯 명씩을

amin beile gamame šun tuhere baru cooha juraka.
Amin 버일러가 인솔하여 해가 지는 쪽을 향하여 출병했다.

(73:3b)

○ duin biyai ice ilan i dobori ulgiyan erinde,
4월 초사흘의 밤 해시(亥時)에,

lo ting, fu ning ni ergici cooha jifi, luwan jeo
낙정(樂亭)과 무녕(撫寧) 쪽에서 적병이 와서 난주성

hecen i julergi duka de emu jergi afanjifi
남문에서 한 차례 싸운 뒤

bederehe, šun tuhere amargi hošo de emu
물러갔다. 서북 쪽에도 한

jergi afanjifi bederehe, gerendere onggolo cooha uthai
차례 싸우러 왔다가 물러갔다. 날이 밝기 전에 병사가 바로

bedereme bira dooha, gereke manggi, yung ping ci
물러가 강을 건넜다. 날이 밝은 뒤에 영평(永平)에서

abatai beile, sahaliyen beile ilan gūsai cooha be (73:4a)
Abatai 버일러와 Sahaliyen 버일러가 세 구사의 병사를

gaifi muduri erinde isinjifi, lan ho birai
이끌고 진시(辰時)에 도착하여 난하(灤河)의

dalin de cooha ing ilifi hendume, absi koro,
언덕에 영을 세우고서 말하기를, "얼마나 분한가.

jihe cooha jai majige goidame membe aliyaha bicina,
온 병사가 조금 더 오래 우리를 기다렸으면 좋았을텐데.

⇦ abkai kesi de arbušame tuwara bihe kai seme hendufi, morin ci
하늘의 은혜로 해볼 것이었는데"라고 말하고서, 말에서

ebufi moo sebderi de tehe, juwe beile de
내려서 나무 그늘에 앉았다. 두 버일러에게

juwe ihan wafi ulebuhe, tereci cooha uthai
소 두 마리를 잡아서 먹게 했다. 그 후 병사가 바로

bedereme yung ping de genehe. (73:4b)
돌아가 영평으로 갔다.

○ ice ninggun de, k'ai ping ni ergide amin beile de
초엿새에, 개평(開平) 쪽으로 Amin 버일러에게

takūraha gisun, beile i takūraha ilan niyalma, ice ninggun de
보낸 말이다. "버일러가 보낸 세 사람이 초엿새에

amba buda erinde luwan jeo de isinjifi, luwan jeo ci
큰 식사 때, 난주에 도착하여 난주로부터

yung ping de takūraha bihe, yung ping ni beise
영평으로 보냈었다. 영평의 버일러들이

hendume, be orho ganarakū, membe ume aliyara sembi, jai
말하기를, '우리가 목초를 가지러 가지 않을 것이니 우리를 기다리지 말라'고 한다. 또

lo ting ni ergide nikan be sindafi medege gaici, (73:5a)
낙정 쪽에 한인을 풀어서 정보를 모으니,

dzu dzung bing guwan i cooha juwe tumen, ice sunja de
'조(祖) 총병관(總兵官)의 병사 2만 명이 초닷새에

lo ting de isinjiha, hoton de dosikakū tuleri
낙정에 도착했는데 성에 들어가지 않고 밖에서

tatafi bi, luwan jeo de afanambi, jušen i cooha
머물고 있습니다. 난주에 싸우러 갈 것입니다. 여진인 병사

ilan tanggū bi seme hendumbi sere, beise aikabade
300명이 있습니다'라고 말한다고 한다. 버일러들이 혹시나

lo ting ni baru orho ai gaime cooha
낙정에 목초 등 어떤 것을 가지러 병사를

sindarahū seme unggihe.
보낼까 염려된다"라고 보냈다.

(73:5b)

○ wasihūn tabcilaha cooha, duin biyai ice nadan de
서쪽에서 노략질한 병사가 4월 초이레에

amasi isinjiha, jakūn inenggi tabcilafi bederehe, olji ulha
도로 돌아왔다. 8일 동안 노략질하고 돌아왔다. 노획물과 가축을

ajige ajige baha, jeng dzy jeng be dahabufi
조금 얻고, 진자진(榛子鎭)을 항복시켜서

dulga be boigon araha, dulga be olji araha.
반을 가호로 만들고, 반을 포로로 만들었다.

○ juwan juwe de, abatai beile, jirgalang beile, sahaliyen
12일에 Abatai 버일러와 Jirgalang 버일러, Sahaliyen

beile neneme jihe cooha be gaifi booi baru (73:6a)
버일러가 먼저 온 병사를 이끌고 본성(本城)을 향하여

juraka, tere jurandara de, olji niyalma ulha ulin
출발했다. 출발할 때에 노획물인 사람, 가축, 재물과

sain tetun eiten hacin i jaka be gemu
좋은 가재도구 등 온갖 종류의 물건을 모두

gamame, ba baktandarakū dalime gamaha.
가지고 가느라 수용할 자리가 없어서 몰아서 끌고 갔다.

○ amin beile i bithe, juwan juwe de, luwan jeo i
Amin 버일러의 글을 12일에 난주의

amban tanggūdai, namtai, turgei de unggihe, morin
대신인 Tanggūdai와 Namtai, Turgei에게 보냈다. "말을

tuwakiyara de niru tome emte janggin, jalan de (73:6b)
지킬 때, 니루마다 장긴 한 명씩을 잘란에서

emu ejen gaifi tuwakiyana, dahaha irgen i aika
수장 한 명이 이끌고 지키러 가라. 항복한 백성의 어떤

jaka be nungnere, tariha usin be fehutere,
물건이든 침해하거나, 경작한 밭을 밟거나,

maise ulebure facuhūn yabuci, gaifi genehe jalan i
말에게 밀을 먹이는 등 혼란을 행하면 데리고 간 잘란의

ejen janggin de weile, jai jušen nikan
수장과 장긴에게 죄가 있다. 또 여진인과 한인은

meni meni giyai dendefi tehebi kai, nikan i giyai de
각각 거리를 나누어서 살고 있다. 한인의 거리에

ume genere, nikan i giyai de jušen genehe be
가지 말라. 한인의 거리에 여진인이 간 것을

saha de jafa, gūsai ejen meni meni gūsai (73:7a)
보면 붙잡으라. 구사 수장이 각자의 구사

niyalma be, yamji cimari saikan ulhitele hendurakū
사람에게 밤낮으로 잘 이해하도록 말하지 않으니

ofi, weile arambi kai, ulhitele geterembume henduci, aide
죄를 짓는 것이다. 이해하도록 완벽하게 말하면 왜

weile arambi, coohai niyalma suwe dain i bade
죄를 짓겠는가. 병사 너희가 전쟁터에서

anafu tefi joboro koro seci, šajin be
수자리 살면서 고생하는 괴로움이 있다고는 하지만, 법을

jurceme weile arafi tantara erulere oci, geli saiyūn.
어기고 죄를 지어서 때리고 형벌을 가한다면 또 좋겠느냐."

○ sunja biyai ice ilan de, yung ping ci (73:7b)
5월 초사흘에 영평에서

beile i unggihe bithe, kūrcan de ilan hule
버일러가 보낸 글이다. "Kūrcan에게 밀 세 섬을

maise unggi sehe bihe, balai nikan de
보내라고 했었는데, 함부로 한인에게

gaifi unggirahū, ku i maise unggi, jai coohai
징수해서 보낼까 염려되니, 창고의 밀을 보내라. 또 병사의

niyalmai anggala de jeku bure de ice baha
식구들에게 곡물을 줄 때 새로 얻은

olji nikan be daburakū, booci jihe anggala be
포로인 한인을 포함시키지 않을 것이다. 본성에서 온 인구를

bodofi bu, ere bithe be kūrcan baksi de bu.
세어서 주라. 이 글을 Kūrcan 박시에게 주라."

(73:8a)

○ ice ninggun de, beile i unggihe bithe,
초엿새에 버일러가 보낸 글이다.

⇦ han hendume, beile de jasime, hoton tuwakiyara cooha be werifi,
"한(汗)께서 말씀하시기를, '버일러에게 글을 보내서, 성을 지킬 병사를 남기고

← gūwa cooha be bargiyafi tucici ojoro gese oci tucinu seme
다른 병사를 모아서, 나올 수 있을 것 같으면 모두 나오라'고

henduhe bihe, jai bi jabume, bi tubade
말씀하셨다. 또 내가 대답하기를, '제가 그곳에

genefi seoleme tuwara seme jabuha bihe, te
가서 고려하여 살펴보겠습니다'라고 대답했다. 지금

mini gūnirengge, jihe coohai arbun be tuwafi
내가 생각하기에는, 온 병사의 상황을 봐서

bargiyaki sembi, tubai ambasa suwe geli aisembi, (73:8b)
모으고자 한다. 그곳의 대신들 너희는 또 무엇이라 할 것인지,

suweni gūniha babe jabufi unggi, leose de
너희가 생각한 것을 대답해서 보내라. 누각에

bisire poo i okto be saikan tuwakiyabu, encu
있는 화약을 잘 지키게 하라. 따로

niyalma tucibufi asarabu, afara ergi dere be
사람을 뽑아서 보관하게 하라. 싸우는 쪽 방면을

saikan wehe sahabu, poo i okto, muhaliyan dosifi
돌을 잘 쌓게 하라. 탄환이 들어가서 화약이

dulerahū, jai duka be saikan akdulame jafa,
불이 날까 염려된다. 또 성문을 견고하게 잘 지키라.

duka fiheme jimbihede, nushure cooha be encu
성문에 쇄도해 왔을 때에는 돌파할 병사를 따로

tucibufi sinda, gūsai ejete suwe afara bade (73:9a)
뽑아서 배치하라. 구사의 수장들 너희는 싸우는 곳으로

ume genere, suweni beye feye baha manggi,
가지 말라. 너희가 몸에 부상을 입으면,

coohai niyalma mujilen ehe ombikai.
병사의 마음이 나빠진다."

○ g'ao giya ši gebungge niyalma, ejen akū
G'ao Giya Ši라는 사람이 주인 없는

niyalmai ulin benjihe sain seme, juwan yan
재물을 보내온 것이 좋다고 하여 은 열 냥을

menggun šangnaha, g'ao kuwaišeo de ulin benjihe
상으로 주었다. G'ao 쾌수에게 재물을 보내왔다고 하여

seme juwan yan menggun šangnaha, ši wei gi, lii (73:9b)
은 열 냥을 상으로 주었다. Ši Wei Gi, Lii

yoo hiyan ere juwe šusai de gūsita
Yoo Hiyan 이 두 생원에게 은 30냥씩을

yan menggun buhe, šuban meng yang jeng de orin
주었다. 서반(書辦)인 Meng Yang Jeng에게 은 20냥을,

yan menggun, kuwaišeo duin, lio gi cang, cen hūng
쾌수 네 명, Lio Gi Cang, Cen Hūng

ioi, wang wen bing, io wei sin, ede
Ioi, Wang Wen Bing, Io Wei Sin 이들에게는

tofohoto yan menggun buhe.
은 15냥씩을 주었다.

○ [原檔殘缺] kijimi tanggū boose, bithe jafafi (73:10a)
□□□ 해삼 100꾸러미와 글을 들고

benjime jidere be, tun de tehe hūwang
보내러 오는 것을, 섬에 주둔한 Hūwang

dzung bing guwan doore cuwan be heturefi,
총병관이 건너가는 배를 가로막아서

⇦ han de benjire jaka, orin ninggun niyalma gemu gaibuhabi,
한(汗)에게 보낼 물건과 26명의 사람을 모두 빼앗겼다.

tsanjiyang ni beye emu ciyandzung ebšeme tucifi g'ai jeo de
참장(參將) 본인과 천총(千總) 한 명이 황급히 도망쳐서 개주(蓋州)에

isinjifi, fujiyang ši guwe ju de ucarafi benjihe, orin de
도착하여, 부장인 석국주(石國柱)와 마주쳐서 보내왔다. 20일에

isinjiha.
도착했다.

제74권

천명(天命) 시기에 기록한 일 12가지이다.
연월을 모두 적지 않았다.

nadanju duici debtelin,
abkai fulingga i forgon de
ejehe baita juwan juwe hacin,
aniya biya gemu ejehekūbi.

tongki fuka sindaha hergen i dangse. (74:1a)
유권점 당안

← ○ mafa si hendume, mini jidere onggolo meni nikan
"마파 당신이 말씀하시기를, '내가 오기 전에 우리 한인이

← sinde ukame genehebi seme henduhebi, ukame jidere emu
너에게 도망갔다'라고 말했습니다. 도망해 오는 한두 명의

← juwe guwanggun niyalma be gaijara anggala, g'ao taigiyan i
무뢰한을 받아들이기는커녕, 고 태감(太監)의

← alban de geleme ninggun tumen niyalma jase jakade
공역을 꺼려하여 6만 명이 경계 부근에

← jifi, si alime gaici, sinde be jase tucime
와서 '당신이 받아주시면 당신에게 저희가 경계를 나와

← geneki seme takūraci, bi hendume, sini guwanggun de
가겠습니다'라고 하여 사람을 보내니 내가 말하기를, '너희 무뢰한에게

← ai hūturi bi, simbe bi alime gaici, han de (74:1b)
무슨 복이 있느냐. 너희를 내가 받아들이면 황제에게

← waka ombi seme alime gaihakū kai, tere ninggun
잘못하게 되는 것이다'라고 하여 받아들이지 않았습니다. 그

← tumen niyalma be alime gaihakū niyalma, bi tere
6만 명의 사람도 받아들이지 않은 사람인 내가 그

← emu juwe i ukame yabure guwanggun be bi ainambi,
한두 명의 도망다니는 무뢰한을 내가 어디에 쓰겠습니까.

← jai jasei hanci morin ihan be hūlhafi gamambi
또 경계 가까이에서 말과 소를 도적질해서 가져간다고

← seme henduci, mini beye gashūfi [原檔殘缺] geli
하는데, 나 스스로 맹세해서 □□□ 또

← same hūlhara doro bio, ere gese ukaka niyalmai
알면서 도적질하는 법이 있겠습니까. 이처럼 도망한 사람의

← ejen, aha akū ofi, ejen, usin [原檔殘缺] (74:2a)
주인이 노복이 없어서 주인이 밭 □□□

← weileme baharakū ofi, ejen hendume, si gashūfi sain
경작할 수 없으므로 주인이 말하기를, '당신이 맹세하고 좋다고

← sehengge aba, mini aha dosifi amasi bedereburengge aba
말한 것이 어디인가. 나의 노복이 들어가서 되돌아가게 하는 것이 어디인가'라고

← seme, ini aha i teisuleme korome yadame gajici gajihabi dere,
하며, 자신의 노복과 마주쳐서 괴롭고 궁핍하여 데리고 오면 데리고 왔을 것입니다.

← tere be bi hendume baharakū, terei gisun uru, bi
그것을 내가 말할 수 없고 그의 말이 옳습니다. 내가

← baibi umai weile akū jasei orho bilame same
그저 일 없이 경계의 곡물을 꺾으며 알면서도

← hūlhaci, mini gashūha babi, hūlha ehe mujilengge niyalmai
도적질했다면, 내가 맹세한 바가 있는데 도적의 악한 마음을 가진 사람이

← jabšaha aibi, mini mujilen i tondo de, (74:2b)
성공했을 리가 있습니까. 나의 마음이 정직하므로

⇦ abka han i gosiha beyebe tenteke ehe hūlha de bi ainu
하늘과 황제가 아낀 몸으로 그런 악한 도적과 내가 어찌

← latunambi, jai niyalma waha kooli sere gisun henduci,
내통하겠습니까. 또 사람을 죽인 선례에 대해서 말하자면

← nikan dabame jasei tule jušen i orhoda gurure, megu,
한인이 넘어와서 경계 밖에서 여진인이 인삼을 캐거나 버섯과

← sanca baire niyalma be, nikan durime gaijara, jušen i
목이를 찾는 것을 한인이 빼앗아갈 때, 여진인이

← iselere de nikan buceci bucehebi dere, jušen i gurure
저항하다가 한인이 죽었다면 죽었을 것입니다. 여진인이 캐는

← orhoda, megu, sanca be, nikan durime gaime waci,
인삼과 버섯, 목이를 한인이 빼앗아 취하려고 죽이려 하면,

← jušen baibi dedufi bucembio, jai geli hendume, mimbe (74:3a)
여진인이 그저 누워서 죽겠습니까. 또 말하기를 '내가

← isinjiha ci ebsi, ice hecen, dung jeo, ba ba i pu i niyalma
도달한 이래로, 신전(新奠)과 동주(東州) 각 보의 사람이

← kemuni boolanjime, aciha acifi yabure niyalma be, sejen
매번 와서 고하기를 짐을 싣고 다니는 사람을, 수레와

← ihan jafafi yabure niyalma be wafi, ulin gaifi
소를 가지고 다니는 사람을 죽이고 재물을 빼앗아

← gamambi seme henduhebi, wehei bithe ilibume gashūha ci
가져간다고 한다'라고 말했습니다. 석비를 세워서 맹세했을 때부터

← ebsi, bi juwe gurun emu gurun, juwe boo
지금까지 나는 두 나라가 한 나라이고, 두 가문이

← emu boo seme gūnime banjimbi kai, enteke niyalma wara
한 가문이라고 생각하며 살고 있습니다. 이렇게 사람을 죽이고

← ulin durime gaijara weile be, bi sarkū kai, (74:3b)
재물을 약탈하여 빼앗는 일을 나는 모릅니다.

← mini beye gashūfi
내가 스스로 맹세했는데

⇦ abka de gelerakūn, tuttu niyalma wara ulin durime gaijarangge, mini
하늘에 두렵지 않겠습니까. 그렇게 사람을 죽이고 재물을 약탈해서 가져가는 것이 나

← beye ci deleo, buya niyalmai belehe gisun be ainu
자신보다 우선이겠습니까. 소인이 무고한 말을 어찌

← gaimbi, geli hendume, sini bade nikan i emu gašan bi
믿습니까. 또 말하기를 '너의 지역에 한인의 마을 하나가 있다'라고

← seme henduhebi, ere gemu ukaka niyalma ini beyebe
말했습니다. 이는 모두 도망한 사람이 자신의 목숨을

← singgebukini seme holtome belehe gisun kai, jai geli
살리고자 하여 속이며 무고한 말입니다. 또 다시

← hendume, meni nikan i hūlha, morin ihan hūlhafi sinde (74:4a)
말하기를, '우리 한인 도적이, 말과 소를 훔쳐서 너에게

← benembi seme henduhebi, nikan i hūlha be nikan baicambi,
보낸다'라고 말했습니다. 한인 도적은 한인이 조사하고

← jušen i hūlha be jušen baicambi dere, suweni nikan i hūlha be
여진인 도적을 여진인이 조사하는 것입니다. 당신들의 한인 도적을

← bi baicaci ombio, wan lii i gūsin ningguci aniya, nikan i
내가 조사할 수 있겠습니까. 만력(萬曆) 36년에 한인

← juwe hūlha, sunja ulha be meni jušen de benjihe be
도적 두 명이 가축 다섯 마리를 우리 여진인에게 보낸 것을

← bi donjifi baicafi, tere juwe hūlha be jafafi huthufi,
내가 듣고 조사한 후 그 두 도적을 잡아서 묶고,

← hūlhafi benjihe sunja ulha be, gemu gangguri be
도적질해서 보내온 가축 다섯 마리는 모두 Gangguri를

← takūrafi fusi wang beiguwan de benehe, tereci nikan i (74:4b)
파견해서 무순(撫順)의 Wang 비어(備禦)에게 보냈습니다. 그 이후에 한인

← hūlha be bi ainambahafi sara, bi saci, dule terei
도적을 제가 어찌 알 수 있겠습니까. 내가 알면 역시 그처럼

← gese jafafi huthufi suwende benembi kai, geli hendume,
잡은 후 묶어서 당신들에게 보낼 것입니다. 또 말하기를,

← ere gemu getuken ice bekdun kai, bi tungse be
'이것은 모두 명백히 새 빚이다. 내가 통사(通事)를

← takūrame simbe baicafi benju seme bithe unggici, si
파견해서 너에게 조사해서 보내오라고 글을 보냈지만 네가

← sarkū arafi emu niyalma emu ulha be amasi
모르는 척하며 사람 한 명이나 가축 한 마리도 되돌려

← benjihekū, sini jušen i niyalma waha hūlha be si
보내오지 않았다. 너의 여진인이 죽인 도적을 네가

← baicahakū seme henduci, hūlha bici baicafi jafafi benembi dere, (74:5a)
조사하지 않았다'라고 말하는데, 도적이 있으면 조사한 뒤 잡아서 보낼 것입니다.

← hūlha akū de, bi we be jafafi benere, wan lii i gūsin
도적이 없는데 내가 누구를 잡아서 보내겠습니까. 만력(萬曆) 39년에,

← uyuci aniya, meni sindara sunja tanggū ejehe be, suwe
우리가 받은 500개의 칙서 중에 당신들이

← emu ejehe be faitaha, tere faitaha ejehe baha dodoi
칙서 하나를 박탈했습니다. 그 박탈한 칙서는 Baha Dodo의

← omolo i ejehe faitabuha bihe, tere faitabuha ejehe i ejen
손자의 칙서인데 박탈당했습니다. 그 박탈당한 칙서의 주인인

← baha dodoi omolo fusi de genefi, dobori nikan i
Baha Dodo의 손자가 무순에 가서 밤에 한인의

← emu haha jui be wafi, emu morin be
남자아이 한 명을 죽이고 말 한 마리를

← gajiha be nikan sahakūbi, baicame jihekū bihe, bi (74:5b)
가져온 것을 한인이 몰랐고 조사하러 오지도 않았습니다. 내가

← donjifi mini cisui jafafi huthufi, bi hendume, amba
듣고 직접 잡아서 묶은 후에 말하기를, '큰

← gurun i niyalma gashūha gisun be aifuci aifukini, mini
나라의 사람이 맹세한 말을 어기겠다면 어기게 하라. 내가

← gashūha gisun be efuleme, si ainu niyalma waha
맹세한 말을 깨뜨리고 네가 어찌 사람을 죽이고

← morin be gajiha seme, tere niyalma be fusi
말을 빼앗았는가'라고 하여 그 사람을 무순의

← giyoocan de gamafi, meni niyalma sacime waha, morin be
교장(敎場)에 데려가서 우리 쪽 사람이 베어 죽였습니다. 말은

← fusi de benehe, ere niyalma waha weile be suweni
무순에 보냈습니다. 이 사람을 죽인 일을 당신들의

← nikan baicahakū, bi baicame bahanafi, mini jušen be bi (74:6a)
한인이 조사하지 않았습니다. 내가 조사할 수 있어서 나의 여진인을 내가

← fusi giyoocan de gamafi waha kai, tere fusi
무순 교장에 데려가서 죽였습니다. 그 무순의

← giyoocan de gamafi waha niyalmai ama, mini ududu
교장에 데려가서 죽인 사람의 아버지가, '나의

← jalan halame sindaha ejehe be faitaha de korofi, bi
수세대에 걸쳐 받은 칙서를 박탈한 것에 원한을 품고, 내가

← niyalma de sabuburakū dobori butu hūlhame nikan be
남들에게 보이지 않는 밤에 은밀하게 한인을

← waha kai, tere waha niyalmai jalinde nikan sahakū
죽였다. 그 죽인 사람에 대하여 한인이 몰랐고

← baicahakū bade, mini ejehe be faitahai dele, mini
조사하지도 않은 것인데 나의 칙서를 박탈했을 뿐만 아니라, 나의

← jui be geli waha seme, tede korofi sunja (74:6b)
아들도 죽였다'라고 하여 거기에 한을 품고 다섯

← niyalma sunja morin be gamame ukame genere be,
사람과 말 다섯 마리를 데리고 도망가는 것을

← meni jušen amcame genefi, jase de amcafi jafara
우리 여진인이 추격했습니다. 경계에서 추격하여 잡을

← niyalma be, niowanggiyaha i ba i niyalma okdome tucifi, ukaka
사람을 청하(淸河) 지역의 사람이 맞이하러 나와서 도망간

← sunja niyalma sunja morin be nikan i gašan de
다섯 사람과 말 다섯 마리를 한인의 마을에

← dosimbufi, nikan tucifi amcaha jušen be alime gaifi
들어가게 한 후에 한인이 나와서 추격한 여진인에 대적해서

← gabtame afafi, nikan jušen gemu feye bahabi, uttu
활로 쏘고 싸우자 한인과 여진인이 모두 상처를 입었습니다. 이렇게

← yasa tuwahai bošome gamaha ukanju be amasi burakūci, (74:7a)
눈으로 보면서 쫓아서 몰고간 도망자를 도로 주지 않았으니

頭註: gingguleme baicaci, fe manju gisun i bithede, bime sere gisun be, inu dele seme gisurembi sehebi. [신중하게 조사하니, 『舊淸語』에 bime라는 말을 또한 dele라고 말한다고 했다.]

← bi jai adarame akdara, ere aniyai sunja biyade
내가 다시 어찌 믿겠습니까. 올해 5월에

← meni ninggun niyalma jakūn morin ukame genere be,
우리 사람 여섯 명이 말 여덟 마리를 몰고 도망가는 것을

yasa tuwahai fusi ho keo tai de dosimbuha,
눈으로 보면서도 무순의 하구대(河口臺)에 들어가게 했습니다.

← niyalma morin be sarkū seme burakūci, bi te
사람과 말을 모른다고 하며 주지 않았으니 내가 지금

← we de akdara, tugi hafu šun be atanggi tucire
누구를 믿겠습니까. 구름을 뚫고 태양이 언제 나오는가 하며

← seme tuwara gese, jecen i niyalma mimbe aika seme
기다리는 것처럼 변경의 사람인 내가 얼마나

← ba i ejen mafa simbe šun i gese gūnime, ai (74:7b)
지역의 주인 마파 당신을 태양처럼 생각하며 어떤

← weile be mafa sinde akdaha bihe, te mini akdara
일이든 마파 당신을 믿었는데 이제 내가 믿을

← niyalma akū oho, jase jakade tehe mini dube
사람이 없어졌습니다. 경계 근처에 자리 잡은 나의 끝의

← jecen be, gemu amasi bargiyafi tembi, aha i gese mini
변경을 모두 도로 거두어서 살 것입니다. 노복과 같이 내

← mujilen tondo de,
마음이 충직하여

⇦ abka mimbe gosici, bi gūnime amba gurun i niyalma suwembe
하늘이 나를 사랑하시니 내가 생각하기에 큰 나라의 사람인 당신들을

頭註: gingguleme kimcici, ere aika seme sere gisun, ainci ai tuttu sere gūnin dere. [신중하게 살펴보니, 이 aika seme 라는 말은 아마도 '얼마나'라는 뜻일 것이다.]

← geli gosimbi seme gūniha bihe kai, keyen i niyalma
또한 사랑할 것이라고 생각했었습니다. 개원(開原)의 사람이

← mimbe hacin hacin i ehe gisun i beleci, bi gūnime (74:8a)
나를 온갖 나쁜 말로 모함하여도 내가 생각하기에,

← mini ba i ejen mafa simbe atanggi isinjire seme
'내 땅의 주인 마파인 당신은 언젠가 돌아올 것이다'라고

← sinde akdaha bihe, belehe keyen i niyalmai gisun be
당신을 믿었는데, 모함한 개원 사람의 말을

← inu arafi, mimbe enteheme darakū arafi, uttu mini
옳다고 여기고 나를 영원히 돌보지 않아서, 이렇게 나의

← ukanju be minde amasi burakūci, bi jai we de
도망자를 나에게 도로 주지 않으니 내가 또 누구를

← akdara, minde jasei orho bilara ehe mujilen akū,
믿겠습니까. 나에게 경계의 목초를 꺾을 나쁜 마음이 없습니다.

← baibi sain niyalma de suwe buyeme ehe oci,
단지 착한 사람이면 당신들이 사랑하고, 악하면

← ehe miosihon niyalma be waci ombidere, tondo niyalma be (74:8b)
사악한 사람을 죽이면 될 것입니다. 정직한 사람을

← waci ombio, han i aisin doroi gebu ehe be hendumbi dere,
죽이면 되겠습니까. 황제의 고귀한 정권의 명성을 나쁘게 말할 것인데

⇦ abka de gashūha be gelerakūn, han i aisin
하늘에 맹세한 것이 두렵지 않습니까. 황제의 고귀한

← doro be gūnirakū beyei jirgara be gūnirakū, bi
정권을 생각하지 않고 스스로의 평안함을 생각하지 않으며 내가

← ehe mujilen jafaci, tere nantuhūn ukandara ehe aha de
나쁜 마음을 먹는다면 그 더러운 도망간 나쁜 노복에게

← donjibumbio, ukaka niyalma ini beyebe singgebukini seme holtoho
들게 하겠습니까. 도망간 사람이 자기 자신을 살리고자 하여 속인

← gisun be ainu akdambi, mafa suwende aika ehe
말을 어찌 믿습니까. 마파 당신들에게 만약 나쁜

← mujilen bici, buya hafasa de hono donjibumbio, tere (74:9a)
마음이 있다면 작은 관원들에게 더욱이 듣게 하겠습니까. 그렇게

← ukaka niyalmai sara aibi, mafa simbe jilaci, ere
도망간 사람이 아는 것이 무엇이 있겠습니까. 마파 당신이 자애롭다면,

← ukaka niyalma morin be bumbi seme ereme, gangguri,
도망간 사람과 말을 주실 거라고 기대하며 Gangguri와

← fanggina fusi de aliyame tehebi, ukaka niyalma morin i
Fanggina가 무순에서 기다리며 주둔하고 있습니다. 도망간 사람과 말의

← ejen cangšu, yangšu duka de aliyame tehebi.
주인인 Cangšu와 Yangšu가 성문에서 기다리며 주둔하고 있습니다."

○ wan lii i dehi juweci aniya [原檔殘缺] tasha aniya ninggun
만력(萬曆) 42년에 □□□ 갑인년(甲寅年, 1614)[1)]

biyai juwan nadan de, šang hesei benjihe (74:9b)
6월 17일에 상(賞)의 교지로 보내온

bithei karu gisun ere inu.
글에 대한 답장은 이것이다.

○ [原檔殘缺] biyai ice ineggi, julergi de anafu
□□□월 초하루에 남쪽에서 수자리

---

1) 만력(萬曆) 42년은 1614년, 즉 갑인년(甲寅年)이다. 원당잔결(原檔殘缺)에 누락된 부분에는 갑(甲)에 해당하는 niowanggiyan이 포함되어 있었을 것으로 보인다.

tehe coohai ambasa de wasimbuha, jušen nikan
사는 군사의 대인들에게 내렸다. “여진인과 한인이

jeku ganara be karmambi seme
곡물을 가지러 가는 것을 지킨다고

⇦ han donjifi gasambi, jeku ganara jušen nikan casi cihai baime
한(汗)이 듣고 걱정하신다. 곡물을 가져갈 여진인과 한인을 저쪽에서 임의로 구하여

ganakini, coohai niyalma dahame gene, jiderede amala fiyanjilafi (74:10a)
가지러 가기 바란다. 병사가 따라가라. 올 때에는 뒤에서 지켜서

bargiyame gaju, ere bithe be jirhai si dashūwan
거두어 데려와라. 이 글을 Jirhai 네가

ergi galai duin gūsa de isibu, jebele ergi
좌익[2] 네 구사에 보내라. 우익

galai duin gūsa de gangguri efu si isibu,
네 구사에 Gangguri 어푸 네가 보내라.

isiburakūci suwende weile.
보내주지 않으면 너희에게 죄가 있다.”

○ duici beile, abatai beile, jirgalang beile, yoto
제4버일러, Abatai 버일러, Jirgalang 버일러, Yoto

beile, šoto beile, sahaliyen age, hoton tai (74:10b)
버일러, Šoto 버일러와 Sahaliyen 아거 등, 성의 대(臺)를

2) 만주어에서 왼쪽은 dashūwan(활집)을 차는 쪽을 말한다. 따라서 dashūwan ergi는 왼쪽의 다른 표현이다. 마찬가지로 jebele ergi는 jebele(화살통)을 차는 방향, 즉 오른쪽이다.

arame genehe be henuneme ganafi isinjiha, isinjifi
지으러 간 자를, 사람을 보내서 초청하러 데리러 갔다가 돌아왔다. 돌아와서

⇦ han de alame, musei guribuhe gurun, cilin ci casi
한(汗)에게 고하기를, "우리의 이주한 백성이 철령(鐵嶺)으로부터 저쪽으로,

dung ci ebsi, tariha jeku fangkala, yangsame tutahabi,
Dung으로부터 이쪽으로 경작한 곡물이 낮게 자랐고, 김을 매는 것이 늦었습니다.

jetere jeku isirakū, dabsun akū, simiyan i dogon de
먹을 곡물이 부족하고 소금도 없습니다. 심양(瀋陽)의 나루터에

weihu komso seme [原檔殘缺]
통나무배가 적습니다"라고 하여 □□□

○ tofohon de, simiyan i juleri hunehe birai dalin de (74:11a)
15일에 심양 남쪽 혼하(渾河)강의 언덕에서

deduhe, tere inenggi, korcin i minggan mafa i jui
숙박했다. 그날 Korcin의 Minggan 마파의 아들

sanggarjai nakcu ini sargan jui be benjime
Sanggarjai 외삼촌이 자신의 딸을 보내며

emu morin gajime jihe,
말 한 마리를 가져왔다.

⇦ han de acara de, emgi jihe urut i ilima beile, neneme
한(汗)에게 알현할 때, 같이 온 Urut의 Ilima 버일러가 먼저

niyakūrafi hengkilefi,
무릎을 꿇고 절하고

頭註: gingguleme baicaci, jaka toktobuha fe manju gisun i bithede, henuneme sere gisun, uthai takūrafi helneme sere gisun de adali sehebi. [신중하게 조사하니, 최근에 편찬한 『舊淸語』에 henuneme라는 말은 곧 takūrafi helneme(보내서 초청하러)라는 말과 같다고 했다.]

⇦ han i buhi be tebeliyeme acaha, terei sirame [原檔殘缺]
한(汗)의 넓적다리를 껴안으며 알현했다. 이어서 □□□

(74:11b)

⇦ han i jui dorgon age de, korcin i sanggarjai beile i sargan
한(汗)의 아들인 Dorgon 아거에게 Korcin의 Sanggarjai 버일러의

jui be benjifi, orin jakūn i inenggi, uyun ulha
딸을 보내와서 28일에, 가축 아홉 마리를

wafi dehi dere dasafi,
잡은 후 40개의 상을 차려서

⇦ han, fujisa, beise, ambasa jakūn hošonggo ordo de tucifi
한(汗)과 푸진들, 버일러들, 대신들이 팔각전에 나와서

hacin hacin i efin efibume yengsilehe.
갖가지 놀이를 하며 주연을 베풀었다.

⇦ han hendume, gusantai, ubahai, langgida, hūsibu janggin, suweni kadalaha (74:12a)
한(汗)이 말하기를, "Gusantai, Ubahai, Langgida, Hūsibu 장긴, 너희가 관할한

← niru tome bayara emke jušen sunja tucibufi,
각 니루에 바야라 한 명과 여진인 다섯 명을 뽑아서

← yangguri efu i jakade unggihe.
Yangguri 어푸의 근처에 보낸다."

○ jai ša ho pu ci takūraha gisun, niyang niyang gung de
또 사하보(沙河堡)에서 보내온 말이다. "낭랑궁(娘娘宮)에

頭註: gingguleme kimcici, ere yengsilehe sere gisun, ainci sarilaha sere gisun de adali dere. [신중하게 살펴보니, 이 yengsilehe라는 말은 아마도 sarilaha(주연을 베풀었다)라는 말과 같을 것이다.]

jase weileme genehe niyalma be gemu sindafi unggi,
경계를 세우러 간 사람을 모두 놓아서 보내라.

usin weilekini, usin weilebure niyalma tucibufi saikan
밭을 경작하게 하라. 밭을 경작하게 하는 사람을 뽑아서 잘

bošome hoton weilebu, degelei age, šoto age (74:12b)
감독하여 성을 짓게 하라. Degelei 아거와 Šoto 아거가

jifi hoton de te, niyang niyang gung ni fe anafu coohai
와서 성에 주둔하라. 낭랑궁의 원래 수자리 산 병사

dele, emu nirui emte niyalma be emu fujiyang
이외에 한 니루당 한 명씩을 부장 한 명이

gaifi jase bitume neigen tebu, fujiyang sini
데려가서 경계를 따라 골고루 주둔하게 하라. 부장 너

beye jasei dulimba de te seme bithe unggihe,
자신은 경계의 중간에 주둔하라"고 글을 보냈다.

jai ere durun i bithe arafi, jirgalang age,
다시 이 형식의 글을 써서, "Jirgalang 아거와

dodo age be
Dodo 아거는

⇦ han be baime jio seme takūraha. (74:13a)
한(汗)을 찾아오라"고 하며 파견하여 보냈다.

○ orin jakūn de,
28일에,

⇦ han hendume, fe ala i kooli yamulara doro be kemuni
한(汗)이 말하기를, "Fe Ala의 전례인 조회(朝會)하는 법 그대로

← yamula, jušen nikan monggo yaya nirui niyalma, cimari
조회하라. 여진인, 한인과 몽골인의 모든 니루의 사람이 아침

← erde farhūn de nirui ejen beiguwan i yamun de
일찍 어두울 때에 니루 수장인 비어(備禦)의 아문에

← isa, nirui ejen beiguwan bisire akū be baica,
모이라. 니루 수장인 비어가 출석 유무를 조사하라.

← tereci gereme dzung bing guwan fujiyang tsanjiyang iogi beiguwan (74:13b)
그러고 나서 날이 밝아질 때 총병관(總兵官), 부장(副將), 참장(參將), 유격(遊擊)과 비어가

← gemu gūsai beile i yamun de isa, isafi hafasai
모두 구사 버일러의 아문에 모이라. 모여서 관원들이

← jihe jihekū be baica, tereci gūsai beile gaifi
왔는지 안 왔는지를 조사하라. 그러고 나서 구사 버일러가 인솔하여

← šun tucime jakūn hošonggo ordo de isa, tere
해가 나올 때에 팔각전에 모이라.

← isara de, dzung bing guwan ci fusihūn, beiguwan ci wesihun
모일 때에 총병관 이하, 비어 이상은

← meni meni ba i hūwaitaha kiru be gajifi, ordo i
각자 지역의 매어놓은 기(旗)를 가져와서 전각

← juleri meni meni sisire bade sisi, jihekū hafasa be
앞의 각자 꽂는 곳에 꽂으라. 오지 않은 관원들을

← tere kiru be tuwame baica, anafu tenehe hafasa, (74:14a)
그 기(旗)를 보며 파악하라. 수자리 살러 간 관원들과

← aika baita de takūraha hafasai funde deote juse
무슨 일이든 파견한 관원들 대신 동생들과 자식들이

← yamula, inenggi emu jergi geren hafasa meni meni
조회에 참여하라. 하루에 한 번 여러 관원이 각자

← gūsai i yamun de medege gaisu, jai nirui
구사의 아문에서 소식을 받으라. 또 니루의

← niyalma, nirui ejen i yamun de yamji emu jergi isa,
사람은 니루 수장의 아문에 저녁에 한 차례 모이라.

← bisire akū be saikan baica, uttu yamulara erin be
있는지 없는지를 잘 조사하라. 그렇게 조회하는 시간을

← jurceci, beise de honin, dzung bing guwan de menggun duin
어기면 버일러들에게는 양, 총병관에게는 은 넉 냥,

← yan, fujiyang de ilan yan, tsanjiyang iogi de juwe (74:14b)
부장에게는 은 석 냥, 참장과 유격에게는

← yan, beiguwan de emu yan, ciyandzung de sunja jiha gaisu,
은 두 냥, 비어에게는 은 한 냥, 천총(千總)에게는 5전을 징수하라.

← bai niyalma be sunja šusiha tanta, tulergi hecen pu
일반 백성은 채찍 다섯 대를 때리라. 바깥의 성, 보,

← gašan gašan de inu ere [原檔殘缺]
각 마을에도 이 □□□"

○ [原檔殘缺] cooha be gaifi fulha i hoton be
□□□ 병사를 인솔해서 Fulha성을

duleme jifi yafahalafi alime gaihabi,
지나와서, 걸어가면서 대적했다.

⇦ sure kundulen han i cooha dosime genefi, tanggū okson i dubede (74:15a)
수러 쿤둘런 한(汗)의 병사가 들어가서 100걸음 끝

dain i niyalmai gabtaha sirdan isinjire bade, morin ci
적군이 쏜 화살이 도달한 곳에서, 말에서

ebufi ibeme genefi afara de, juwe amba coohai
내려서 전진하며 싸울 때, 두 대군이

ishunde gabtara sirdan be
서로 쏜 화살을

⇦ sure kundulen han tuwaci, abkai nimanggi nimarara de edun
수러 쿤둘런 한(汗)이 보니, 하늘의 눈이 내릴 때, 바람이

furgire [原檔殘缺] ilha juwara gese sabufi,
밀려드는 □□□ 꽃이 피는 것처럼 보여서,

⇦ sure kundulen han ini beyei juleri [原檔殘缺]
수러 쿤둘런 한(汗) 자신의 앞 □□□

(74:15b)

○ [原檔殘缺][3] tuherahū seme gūnimbi dere, mini beye te
□□□ 쓰러질까 염려된다고 생각하는 것이다. 나 자신이 지금

← geleme hendure gisun waka, doro be hairame
두려워서 하는 말이 아니다. 도리를 애석해 하며

← hendumbi dere,
말하는 것이다.

⇦ abkai kesi de mini beye ajigan ci tanggū minggan cooha de
하늘의 은혜로 나 자신이 어려서부터 수백 수천의 군사에

← emhun dosifi, kūthūme gabtame sacime afaha beye seme
홀로 들어가서, 엉키며 쏘며 베며 싸운 몸이다"라고

← jilidame hendufi, afaci afaki, yabu, uksin gaji seme
화를 내며 말하고는, "싸우자면 싸우자. 가라. 갑옷을 가져오라"고 하며

---

3) 『滿洲實錄』(3권, 萬曆 41년(1613) 1월)의 내용을 참고하면, 제2권 16a 제1행의 ambasai beye 뒤에 제74권 15b 제2행이 연결된다. 뒤이어 제74권 16a 제5행의 ilan tumen 뒤의 원당잔결(原檔殘缺) 부분에는 제74권 14b 제6행부터 제74권 15a 제7행까지의 단락이 연결되고, 그 단락 뒤에 제2권 16a 제1행의 sacime dosifi가 이어진다.

← uksin gaifi etuki seme ilire jakade, coohai beise (74:16a)
"갑옷을 받아서 입자"라고 하며 일어나니, 군사의 버일러들,

ambasa geren coohai niyalma gemu urgunjeme, abka akjaka
대신들, 여러 군사가 모두 기뻐하며, 하늘이 천둥치고

na aššaha gese sucume genefi morin yalufi, tereci
땅이 흔들린 것처럼 습격하러 가서 말을 타고, 그로부터

cooha [原檔殘缺] geneci, bujantai han ini
병사가 □□□ 가니, Bujantai 한(汗)이 그의

ilan tumen [原檔殘缺][4] isinjiha, isinjifi tere
3만 □□□ 도착해 왔다. 도착해 온 그

ula i cooha be sabufi,
Ula의 병사를 보고

⇦ sure kundulen han i juwe jui morin šusihalame jilidame hendume,
수러 쿤둘런 한(汗)의 두 아들이 말을 채찍질하며 화를 내고 말하기를,

julge monggo gurun i han, hanggūbai gebungge amban be (74:16b)
"이전에 몽골국의 한(汗)이 Hanggūbai라는 대신을

sindafi gurun be dailame dahabufi boode bederere de,
임명해서 나라를 정벌하여 항복시키고 집에 돌아왔을 때,

deo i belehe gisun be han gaifi hanggūbai be
동생이 모함한 말을 한(汗)이 받아들여서 Hanggūbai를

waha sere, tere be donjifi dahaha dain i
죽였다고 한다. 그것을 듣고 항복했던 적국이

gurun gemu dasame ubašafi, monggo han be
모두 다시 배반해서 몽골의 한(汗)을

4) 『滿洲實錄』(3권, 1607)의 내용을 참고하면, 이곳의 isinjiha, isinjifi tere에서부터 단락이 끝나는 제74권 17a 제7행까지는 제1권 1b 제1행의 원당잔결(原檔殘缺) 부분에 포함된다.

dailara de, [原檔殘缺] hanggūbai de banjiha
공격할 때, □□□ Hanggūbai에게서 태어난

hara, cagan gebungge juwe jui, tere dain be
Hara와 Cagan이라는 두 아들이 그 적을

gidafi geli dahabuha sere, musei jušen gurun i (74:17a)
진압해서 다시 항복하게 했다고 한다. 우리 여진국의

dain be dailame gurun be dahabuha
적을 정벌하고 나라를 항복하게 한

⇦ ama han boode tehebi dere,
아버지 한(汗)은 집에 계실 것이나

⇦ ama han de banjiha juwe juse, be jihebi, musei coohai
아버지 한(汗)에게 태어난 두 아들인 우리가 왔다. 우리의

niyalma suwe ume joboro, ere bujantai muse de
병사인 너희는 근심하지 말라. 이 Bujantai가 우리에게

dain genefi muse jafafi monggon de sele futa
싸우러 와서 우리가 잡아서 목에 쇠사슬로

hūwaitafi, [原檔殘缺]
묶어서 □□□

(74:17b)

⇦ han ama kemuni gosikini, uttu
"한(汗) 아버지가 계속 사랑해주시기 바랍니다. 그렇게

⇦ ujihe ama de hūsun burakū ofi, jai ya ama de hūsun
길러준 아버지에게 힘을 주지 않고, 또 어떤 아버지를 위해 힘을

bumbi, mini kadalara emu gūsai cooha be
쓰겠습니까. 제가 관할하는 한 구사의 병사를

⇦ han i fafun i tondoi kadalambi, ehe sain be dere banirakū,

한(汗)의 법도대로 바르게 관리하겠습니다. 선과 악을, 체면을 봐주지 않고,

niyaman hūncihin seme haršarakū, bata kimun seme

친인척이라 하여 감싸지 않고, 원수라 하여

gidarakū, ehe be ehe, sain be sain seme

억압하지 않고, 악을 악, 선을 선이라고

⇦ han ama de alambi, tuttu tondoi [原檔殘缺] (74:18a)

한(汗) 아버지에게 고하겠습니다. 이렇게 바르게 □□□

頭註: gingguleme baicaci, fe manju gisun i bithede, dere banime sere gisun, uthai dere banjime sere gisun inu sehebi. [신중하게 조사하니, 『舊淸語』에 dere banime라는 말은 곧 dere banjime(체면을 보고)라는 말이라고 했다.]

제75권

여러 대인이 맹세한 글이다. 연월을 적지 않았다.

nadanju sunjaci debtelin,
geren ambasai gashūha
bithe, aniya biya
ejehekūbi.

tongki fuka sindaha hergen i dangse. (75:1a)
유권점 당안

⇦ han i afabuha jurgan be, ereci amasi joriktu bi, tondoi
한(汗)께서 맡기신 직무를, 지금부터 Joriktu 저는 바르게

kiceme hūsun buki, dain cooha de oci,
부지런히 힘쓰겠습니다. 군대에서는

kadalame fafulame yabuki, gašan de banjici, hūlha
관리하고 통제하며 다니겠습니다. 마을에서 지낼 때는,

holo akū tondo banjimbi.
도적질하지 않고 바르게 지낼 것입니다.

⇦ han i afabuha jurgan be, subahai bi, muterei teile tondo
한(汗)께서 맡기신 직무를, Subahai 저는, 할 수 있는 데까지 바른

mujilen jafafi hūsun buki. (75:1b)
마음을 가지고 힘쓰겠습니다.

⇦ han i gosime ujire de, urgūdai bi, afabuha weile be
한(汗)께서 아끼고 보살피심에, Urgūdai 저는 맡기신 일을

bahanarakū bicibe, tondoi kiceme akūmbuki, dain cooha de
능히 해내지 못하더라도, 충성스럽게 열심히 힘을 다하겠습니다. 군대에서는

bandarakū, muterei teile kiceme fafulaki, dergi niyalmai
태만하지 않고, 할 수 있는 데까지 노력하며 통솔하겠습니다. 윗사람의

waka be saha de, beyede waka ojoro be
잘못을 알았을 때에는, 자신이 잘못되는 것을

gūnirakū henduki, fejergi niyalmai waka be saha de,
생각하지 않고 말하겠습니다. 아랫사람의 잘못을 알았을 때는,

gidame somirakū (75:2a)
은닉하지 않고

⇦ dele wesimbuki.
위로 글을 올리겠습니다.

⇦ han i tukiyefi gosime ujire baili be gūnime, kakduri, afaha
한(汗)께서 등용하여 아끼며 보살펴주신 은혜를 생각하며, 맡은

weile de muterei teile akūmbuki, hūlha holo
일에 할 수 있는 데까지 힘을 다하겠습니다. 도적질하지 않고,

ehe kiyangdu koimali jalingga mujilen be deriburakū,
강악을 부리지 않으며, 간교한 마음을 품지 않고,

tondo banjiki.
바르게 살겠습니다.

(75:2b)

○ baduri fujiyang ni hergen, beidere jurgan i weile de
Baduri는 부장(副將)의 직위이며, 형부(刑部)의 일을

dahabi, duilehe weile be beise de emhun
맡고 있습니다. 심리한 일을 버일러들에게 홀로

dosifi alarakū, acuhiyan holo haldaba gisun tucirakū,
들어가 알리지 않고, 비방하고 거짓되고 아부하는 말을 내지 않으며,

monggo beisei booi banjire be tuwambi, gašan de
몽골 버일러들이 집에서 사는 것을 살피겠습니다. 촌락에서

afaha ere juwe weile, dain de fujiyang ni
맡은 것은 이 두 가지 일입니다. 전장에서는 부장의

ba be kadalame fafulame mutembi, erebe muterakūci,
위치에서 관리하고 통제하는 일을 능히 해내겠습니다. 이를 못하면,

dain i jurgan i tuhere weile de tuhekini, dain (75:3a)
군법에 따라 받아야 할 죄를 받아도 좋습니다. 전쟁에

dailahai emu jaka hūlhahakū, hūlhaci, guculehe gucu
나가서 하나도 도적질하지 않았습니다. 도적질했다면, 교류하는 구추들과

booi aha endembio.
집안의 노복이 모르겠습니까.

⇦ han i afabuha ci, obohoi, dain de oci bedererakū, juwe
한(汗)께서 맡기신 이래로, Obohoi는 전장에서는 물러서지 않았고, 두

bade ulin jafaha, hūlha holo akū, mini
지역에서 재물을 관리했습니다. 도적질을 하지 않고 제가

muterei teile tondo yabuha, te bicibe, afabuha
할 수 있는 데까지 바르게 수행했습니다. 지금부터도 맡은

jurgan i weile be mutembi. (75:3b)
직무를 잘 해낼 것입니다.

⇦ han, busan be dain i jurgan de faššaha be safi,
한(汗)께서, Busan이 군사 직무에 힘쓰는 것을 알고,

busan i beye de teisu akū mujakū wesibuhe,
Busan 저에게 과분할 정도로 크게 승직시켰습니다.

ere wesibuhe be, busan bi elefi, yadahūn
이 승직시킨 것에 대하여 Busan 제가 만족하고 가난한

beye bayan ci tetendere seme, kadalara fafulara
몸이 부유해졌다 하여, 관리하며 통제하는

tondo sain mujilen be kicerakūci, bucehe bade,
바르고 선한 마음을 갈고 닦지 않으면, 죽어서도

weihun banjire de sui aide guwembi, enculeme (75:4a)
살아서도 그 죄를 무엇으로 면하겠습니까. 단독으로

cooha afabuha de muterakū ayoo seme ume
군사를 맡겼을 때 해내지 못할까 하고

olhoro, tucifi yabure de, dain i jurgan be
걱정하지 마십시오. 나가서 행군할 때에는 군사의 직무를

sambi, jai boode banjire de, dolo farhūn
아는데, 집에서 지낼 때에는 마음이 혼란하므로

ofi, guculehe gucu de saikan ici acaburakū.
교류하는 구추와 잘 의기투합할 수 없습니다.

⇦ han gosime ujire de, cergei bi, ereci julesi hūlha
한(汗)께서 아끼며 보살펴주심에, Cergei 저는 이제부터 도적질을 하거나

holo koimali jalingga akū, (75:4b)
간계를 꾀하지 않고,

⇦ han i afabuha jurgan be, tondo mujilen jafafi jurcerakū kiceme banjiki.
한(汗)께서 맡기신 직무를 바른 마음을 가지고 어기지 않고 노력하며 살겠습니다.

⇦ han gosime ujire de, darhan bi, ereci julesi hūlha
한(汗)께서 아끼며 보살펴주심에, Darhan 저는 이제부터 도적질을 하거나

holo koimali jalingga akū,
간계를 꾀하지 않고,

⇦ han i afabuha jurgan be, tondo mujilen jafafi jurcerakū kiceme banjiki.
한(汗)께서 맡기신 직무를 바른 마음을 가지고 어기지 않고 노력하며 살겠습니다.

○ gangguri, hūlharakū holtorakū, tondo mujilen jafafi banjimbi. (75:5a)
Gangguri 저는 도적질을 하지 않으며 속이지 않고, 바른 마음을 가지고 살겠습니다.

⇦ han, asidarhan be doroi jurgan de afabuhabi, afabuha jurgan de
한(汗)께서 Asidarhan 저에게 예법(禮法)의 직무를 맡기셨습니다. 맡기신 직무에 대해서

tondo mujilen be jafafi hūlha holo akū,
바른 마음을 가지고 도적질을 하지 않겠으며,

šang ni dabala, dain i jurgan de oci,
상뿐이면 됩니다. 군사의 직무에 있어서는

muterei teile julesi faššame hūsun buki.
할 수 있는 데까지 앞으로 발분하여 힘쓰겠습니다.

○ sintai, usin i jurgan debi, ereci julesi mini (75:5b)
Sintai 저는 밭일의 직무를 맡았습니다. 지금부터는 저의

booi ujihe ujima, weilehe jeku,
집에서 기른 가축과 경작한 곡식,

⇦ han i šangname buhe jaka dabala, jai ehe kiyangdu hūlha
한(汗)께서 상으로 주신 것들뿐입니다. 또 강악을 부리거나

holo, geren i hūsun de baha tonggo ulme ci
도적질을 하지 않고, 여럿의 힘으로 얻은 실과 바늘보다

wesihun, emhun de sabuha jaka seme inu
귀한 것은 혼자서 발견한 물건이라 해도

gidarakū, gemu geren de banjimbi, tondo mujilen be kicembi.
숨기지 않고, 모두 여럿이서 나누겠습니다. 바른 마음을 갖고 닦겠습니다.

○ soohai mimbe ama be gūnime, ama i hergen (75:6a)
Soohai 저의 아버지를 생각하여, 아버지의 직위를

bufi ujimbi, muterei teile tondo mujilen i kiceme
제게 주고 보살펴주셨습니다. 할 수 있는 데까지 바른 마음으로 노력하며

banjiki,
살겠습니다.

⇦ han i šangname bure jaka dabala, hūlha holo ehe kiyangdu
한(汗)께서 상으로 주시는 물건 이외에 도적질을 하고 강악을 부리며

miosihon banjici, wasikini, ekisaka uksin saca afaha
사악하게 살면, 몰락해도 좋습니다. 묵묵히 갑옷과 투구를 맡은

jurgan be bošome akūmbuki, ereci julesi hūlha
직무를 관리하며 힘을 다할 것입니다. 지금부터 도적질을

holo akū, tondo mujilen jafafi banjimbi.
하지 않고, 바른 마음을 가지고 살겠습니다.

(75:6b)

○ abtai bi,
Abtai 저는

⇦ han i tacibuha gisun be kiceme ejeki, afabuha jurgan be
한(汗)께서 가르치신 말씀을 노력하여 명심하겠습니다. 맡기신 직무를

tondoi akūmbuki,
바르게 힘을 다하겠습니다.

⇦ han i juleri emu mujilen, enggici emu mujilen gūnirakū, kadalara
한(汗)의 앞에서 한 마음, 안 보이는 곳에서 또 다른 마음을 먹지 않고, 관리하고

fafulara bade beye bandarakū, dere banirakū.
통제하는 경우에는 몸을 게을리 하지 않고, 정에 휘둘리지 않겠습니다.

⇦ han gosime ujire de, turgei bi, (75:7a)
한(汗)께서 아끼고 돌보심에, Turgei 저는,

⇦ han i afabuha jurgan be jurcerakū, hūlha holo koimali jalingga
한(汗)께서 맡기신 직무를 어기지 않고, 도적질을 하거나 간계를

akū tondo banjiki.
부리지 않고 바르게 살겠습니다.

○ abagai, ereci julesi mini booi ujihe ujima,
Abagai 저는 지금부터 제 집에서 키운 가축,

weilehe jeku i dabala, jai ehe kiyangdu hūlha
경작한 곡식 이외에 또 강악을 부리거나 도적질을

holo be deriburakū, tondo mujilen kiceme banjiki,
꾀하지 않고, 바른 마음을 갈고 닦으며 살겠습니다.

dain dailaci, (75:7b)
전쟁에 나가면,

⇦ han i afabuha jurgan be kiceme yabuki.
한(汗)께서 맡기신 직무를 열심히 수행하겠습니다.

⇦ han ama i gosime ujiha baili be tondoi kiceki, koimali
한(汗) 아버지께서 아끼고 돌보신 은혜에 대해서 바르게 노력하겠습니다.

jalingga oci, sui de wasikini,
간계를 부리면, 죄로 인해 몰락해도 좋습니다.

⇦ han i šang, booi ulha ujima i dabala, hūlha holo be
한(汗)의 상과 집안의 가축들 이외에 도적질을

deribuci, beyei ehe de wasikini, unege mini bithe.
꾀하면, 스스로의 악행에 의해 몰락해도 좋습니다. Unege 저의 글입니다.

(75:8a)

⇦ han gosime ujire de, asan bi,
한(汗)께서 아끼고 돌보심에, Asan 저는

⇦ han i afabuha jurgan be jurcerakū,
한(汗)께서 맡기신 직무를 어기지 않겠습니다.

⇦ han i bure šang, booi ujihe ujima, weilehe jeku i dabala,
한(汗)이 주시는 상과 집에서 기른 가축, 경작한 곡식 이외에

hūlha holo koimali jalingga akū tondo banjiki.
도적질을 하거나 간계를 부리지 않고 바르게 살겠습니다.

○ suna bi, hūlha holo ehe miosihon akū, tondoi akūmbume
Suna 저는, 도적질을 하거나 사악함을 행하지 않고, 바르게 힘을 다하며

banjiki. (75:8b)
살겠습니다.

⇦ han i afabuha uksin saca wan kalka be, yegude bi,
한(汗)께서 맡기신 갑옷과 투구, 사다리와 방패에 대해서, Yegude 저는

kiceme bošome akūmbuki,
노력하여 관리하며 힘을 다하겠습니다.

⇦ han i bure šang, booi ujihe ujima, weilehe jeku i dabala,
한(汗)께서 주시는 상, 집에서 기른 가축, 경작한 곡식 이외에

hūlha holo koimali jalingga akū tondo banjiki.
도적질을 하거나 간계를 부리지 않고 바르게 살겠습니다.

⇦ han i afabuha jurgan be, ereci amasi dainju bi, tondoi (75:9a)
한(汗)께서 맡기신 직무를, 이제부터 Dainju 저는 바르게

kiceme hūsun buki, booi ujihe ujima, weilehe
노력하며 힘쓰겠습니다. 집에서 기른 가축, 경작한

jeku i dabala, hūlha holo koimali jalingga akū
곡식 이외에 도적질을 하거나 간계를 부리지 않고

tondo banjiki.
바르게 살겠습니다.

⇦ han gosifi daju minde beiguwan i hergen buhebi,
한(汗)께서 아끼셔서 Daju 제게 비어(備禦)의 직위를 주셨습니다.

⇦ han i buhe šang, boode ujihe ujima, weilehe jeku i dabala,
한(汗)께서 주신 상, 집에서 기른 가축, 경작한 곡식 이외에

doosi ehe mujilen jafafi hūlhame holtome banjici, (75:9b)
탐욕을 부리고 악한 마음을 먹고 도적질을 하거나 속이며 살면,

beyei ehe de wasikini.
스스로의 악행에 의해서 몰락해도 좋습니다.

⇦ han gosime ujire de, nanjilan bi,
한(汗)께서 아끼고 보살펴주심에, Nanjilan 저는

⇦ han i afabuha jurgan be jurcerakū,
한(汗)께서 맡기신 직무를 어기지 않겠습니다.

⇦ han i bure šang, booi ujihe ujima, weilehe jeku i dabala,
한(汗)께서 주시는 상, 집에서 기른 가축, 경작한 곡식 이외에

hūlha holo koimali jalingga akū tondo banjiki.
도적질을 하거나 간계를 부리지 않고 바르게 살겠습니다.

(75:10a)

⇦ han i afabuha jurgan be, ereci amasi fukca bi, dain
한(汗)께서 맡기신 직무에 대해서, 이제부터 Fukca 저는 전쟁에

cooha de oci, tondoi yabuki, gašan de
출병할 때는 바르게 다니겠습니다. 마을에서

banjire de, booi ujihe ujima, weilehe jeku i
지낼 때는 집에서 기른 가축, 경작한 곡식

dabala, hūlha holo koimali jalingga akū tondo banjiki.
이외에 도적질을 하거나 간계를 부리지 않고 바르게 살겠습니다.

⇦ han i afabuha jurgan be, yakcan bi, jurcerakū akūmbuki,
한(汗)께서 맡기신 직무를, Yakcan 저는 어기지 않고 힘을 다하겠습니다.

⇦ han i bure šang, booi ujihe ujima, weilehe jeku i dabala, (75:10b)
한(汗)께서 주시는 상, 집에서 기른 가축, 경작한 곡식 이외에

hūlha holo koimali jalingga akū tondo banjimbi.
도적질을 하거나 간계를 부리지 않고 바르게 살겠습니다.

⇦ han i gosime ujire de, jongnoi bi,
한(汗)께서 아끼고 보살펴주심에, Jongnoi 저는

⇦ han i afabuha jurgan be jurcerakū,
한(汗)께서 맡기신 직무를 어기지 않겠습니다.

⇦ han i bure šang, booi ujihe ujima, weilehe jeku i dabala,
한(汗)께서 주시는 상, 집에서 기른 가축, 경작한 곡식 이외에

hūlha holo koimali jalingga akū tondo banjiki.
도적질을 하거나 간계를 부리지 않고 바르게 살겠습니다.

(75:11a)

⇦ han i tacibuha gisun be ejefi, ikina bi, hūlhame holtorakū,
한(汗)께서 가르치신 말씀을 명심하고, Ikina 저는 도적질을 하거나 속이지 않고

tondo mujilen i afabuha weile be kiceme takūrabuki,
바른 마음으로 맡기신 일을 노력하며 수행하겠습니다.

ere gisun be jurceme hūlhame holtome miosihon
이 말을 어기고 도적질을 하거나 속이고 사악한

mujilen i banjici, beyei ehe de wasikini.
마음으로 살면, 스스로의 악행에 의해서 몰락해도 좋습니다.

○ yambulu bi, bahara šang ni dabala, hūlha
Yambulu 저는 받는 상 이외에 도적질을 하거나

holo koimali jalingga akū, tondo mujilen i afabuha (75:11b)
간계를 부리지 않고, 바른 마음으로 맡기신

jurgan be muterei teile akūmbume banjiki.
직무를 할 수 있는 데까지 힘을 다하며 살겠습니다.

⇦ han gosifi, babuhū mini olji beye be tukiyefi hergen
한(汗)이 아끼셔서 저 Babuhū의 포로인 몸을 등용하여 직위를

bufi ujihe, ere ujihe baili be gūnime
주시고 보살펴주셨습니다. 이 보살펴주신 은혜를 생각하며

afabuha jurgan be bahanarai teile banjiki, hūlame
맡기신 직무에 온힘을 다하며 살겠습니다. 호명하며

bure šang ni dabala, hūlha holo akū
주시는 상 이외에 도적질을 하지 않고

tondo mujilen i akūmbume banjiki, ere gisun be (75:12a)
바른 마음으로 힘을 다하며 살겠습니다. 이 말을

jurceme hūlhame holtome ehe miosihon mujilen i banjici,
어기고 도적질을 하거나 속이며 사악한 마음으로 살면,

beyei sui de wasikini.
스스로의 죄업에 의해서 몰락해도 좋습니다.

⇦ han i hūlame bure šang ni dabala, eksingge bi, gurun i
한(汗)께서 호명하며 주시는 상 이외에 Eksingge 저는 나라의

ulin be hūlhame holtome gaijarakū, afabuha jurgan be
재산을 몰래 훔쳐 가지지 않겠습니다. 맡기신 직무를

kiceme tondoi banjiki, ere gisun be jurceme
열심히 하며 바르게 살겠습니다. 이 말을 어기고

hūlhame holtome ehe miosihon mujilen i banjici, mini (75:12b)
도적질을 하거나 속이며 나쁘고 사악한 마음으로 살면, 저의

sui de wasikini.
죄업에 의해서 몰락해도 좋습니다.

⇦ han i bure šang ni dabala, bangsu bi, hūlha holo
한(汗)께서 주시는 상 이외에 Bangsu 저는 도적질을 하지 않고

akū tondoi akūmbume, afabuha jurgan be kiceme banjiki.
바르게 힘을 다하여 맡기신 직무를 열심히 하며 살겠습니다.

⇦ han i afabuha weile be jurcerakū, irešen bi, šang ni dabala,
한(汗)께서 맡기신 일을 어기지 않겠습니다. Irešen 저는 상 이외에

hūlha holo mujilen be jafarakū, tondoi kiceme bošoki. (75:13a)
도적질을 할 마음을 먹지 않고, 바르게 노력하며 관리하겠습니다.

⇦ han i tacibuha gisun be ejefi, tumburu bi, bure šang ni dabala,
한(汗)께서 가르치신 말씀을 명심하겠습니다. Tumburu 저는 주시는 상 이외에

hūlhame holtorakū tondo mujilen i afabuha weile be
도적질을 하거나 속이지 않고 바른 마음으로 맡기신 일을

kiceme takūrabuki, ere gisun be jurceme hūlha
열심히 수행하겠습니다. 이 말을 어기고 도적질을 하거나

holo ehe miosihon mujilen i banjici, beyei ehe de
사악한 마음으로 살면, 스스로의 악행에 의해서

wasikini.
몰락해도 좋습니다.

(75:13b)

⇦ han i tacibuha gisun be onggorakū, dajuhū bi,
한(汗)께서 가르치신 말씀을 잊지 않고, Dajuhū 저는

⇦ han i afabuha weile be tondoi akūmbuki, dain de oci,
한(汗)께서 맡기신 일을 바르게 힘을 다하겠습니다. 전장에서는

beye bandarakū kadalame fafulame afaki, ere gisun be
몸을 게을리 하지 않고 관리하고 통제하며 싸우겠습니다. 이 말을

jurceme ehe weile araci, beyei sui de
어기고 나쁜 죄를 지으면, 스스로의 죄업에 의해서

wasikini, hūlame bure šang ni dabala, hūlhame
몰락해도 좋습니다. 호명하며 주시는 상 이외에 도적질을 하거나

holtome banjirakū.
속이며 살지 않겠습니다.

(75:14a)

⇦ han ahūn gosime boihoci minde iogi hergen buhe, buhe
한(汗) 형님께서 아끼셔서 Boihoci 저에게 유격(遊擊)의 직위를 주셨습니다. 주신

hergen be jafafi tondoi banjiki, hūlame bure
직위를 받아 바르게 살겠습니다. 호명하며 주시는

šang ni dabala, hūlhame holtome banjirakū.
상 이외에 도적질을 하거나 속이며 살지 않겠습니다.

⇦ han i tacibuha gisun afabuha weile be, arai bi, šang ni
한(汗)께서 가르치신 말씀과 맡기신 일을, Arai 저는 상

dabala, hūlha holo akū, tondoi beye bandarakū
이외에 도적질을 하지 않고, 바르게 몸을 게을리 하지 않고

kiceme kadalaki. (75:14b)
노력하며 관리하겠습니다.

⇦ han i afabuha jurgan be, jaisai bi, tondoi kadalaki, hūlha
한(汗)께서 맡기신 직무를, Jaisai 저는 바르게 관리하겠습니다. 도적질을 하지

holo akū, ujihe ujima, weilehe jeku,
않겠습니다. 기른 가축과 경작한 곡식,

⇦ han i bure šang ni dabala, fulu holtome hūlhame gaijarakū.
한(汗)께서 주시는 상 이외에 넘치게 속여 도적질하여 가지지 않겠습니다.

⇦ han i kesi de, yahū bi, iogi hergen bahafi, hūlha
한(汗)의 은혜로, Yahū 저는 유격 직위를 얻어서, 도적질을 하지 않으며,

holo akū, afabuha weile be bandarakū muterei (75:15a)
맡기신 일을 게을리 하지 않고 할 수 있는 데까지

teile kadalaki.
관리하겠습니다.

⇦ han i afabuha jurgan be, bakiran bi, tondoi kadalaki, hūlha
한(汗)께서 맡기신 직무를, Bakiran 저는, 바르게 관리하겠습니다. 도적질을 하지

holo akū, ujihe ujima, weilehe jeku,
않겠습니다. 기른 가축과 경작한 곡식,

⇦ han i bure šang ni dabala, fulu holtome hūlhame gaijarakū.
한(汗)께서 주시는 상 이외에 넘치게 속여 도적질하여 가지지 않겠습니다.

⇦ han i kesi de, adai bi hergen bahafi, hūlha holo (75:15b)
한(汗)의 은혜로, Adai 저는 직위를 얻어서, 도적질을 하지

akū, ai ai afabuha weile be bandarakū
않으며 갖가지 맡기신 일을 게을리 하지 않고

muterei teile kadalaki.
할 수 있는 데까지 관리하겠습니다.

⇦ han i kesi de, namtai bi iogi hergen bahafi, hūlha
한(汗)의 은혜로, Namtai 저는 유격의 직위를 얻어서, 도적질을 하지

holo akū, afabuha weile be muterei teile kadalaki.
않고, 맡기신 일을 할 수 있는 데까지 관리하겠습니다.

⇦ han i hūlame buhe šang, ujihe ujima, weilehe jeku i dabala, (75:16a)
한(汗)께서 호명하며 주신 상, 기른 가축, 경작한 곡식 이외에

hasan bi, hūlha holo mujilen jafarakū, afabuha
Hasan 저는 도적질을 할 마음을 먹지 않고, 맡기신

jurgan be tondoi kadalambi.
직무를 바르게 관리하겠습니다.

⇦ han i hūlame buhe šang, ujihe ujima, weilehe jeku i dabala,
한(汗)께서 호명하며 주신 상, 기른 가축, 경작한 곡식 이외에

bayartu bi, hūlha holo mujilen jafarakū, afabuha
Bayartu 저는 도적질을 할 마음을 먹지 않고, 맡기신

jurgan be tondoi kicembi.
직무를 바르게 관리하겠습니다.

(75:16b)

⇦ han i buhe dzung bing guwan i hergen i šang dabala, hūlha
한(汗)께서 주신 총병관(總兵官)의 직위에 따른 상 이외에 도적질을

holo be deribuci, tanggūdai mini beyei sui de
꾀하면, Tanggūdai 제 자신의 죄업에 의해서

wasikini, afabuha jurgan be muterei teile teng
몰락해도 좋습니다. 맡기신 직무를 할 수 있는 데까지 굳건히

seme kadalaki.
관리하겠습니다.

⇦ han gosifi fujiyang ni hergen buhe, tondoi banjirakūci, sui de
한(汗)께서 아끼셔서 부장의 직위를 주셨습니다. 바르게 살지 않으면, 죄업에 의해서

burhanggū bi wasikini. (75:17a)
Burhanggū 제가 몰락해도 좋습니다.

⇦ han, weile beide seme sindahabi, dobi bi, jalingga koimali
한(汗)께서, 죄를 심판하라고 하시며 임명하셨습니다. Dobi 제가 간교한

mujilen jafafi tob seme gisurerakūci, sui isifi
마음을 먹고서 똑바로 말하지 않으면, 죄업이 미치고

⇦ han de hūdun waka sabukini, tondo mujilen i bahanarai teile
한(汗)께 바로 잘못이 발각되어도 좋습니다. 바른 마음으로 할 수 있는 데까지

akūmbuki,
힘을 다하겠습니다.

⇦ han i buhe šang, ujihe ujima i dabala, hūlha holo be
한(汗)께서 주신 상, 기른 가축 이외에 도적질을

deribuci, beyei ehe de wasikini. (75:17b)
꾀한다면, 스스로의 악행에 의해서 몰락해도 좋습니다.

⇦ han i gosime buhe hergen i šang ni dabala,
한(汗)께서 아껴주시며 내리신 직위에 따른 상 이외에

⇦ han i gisun be jurceme hūlha holo banjici, tobohoi mini
한(汗)의 말씀을 어기고 도적질을 하며 살면, Tobohoi 제

beyei ehe sui de wasikini, afabuha jurgan be
자신의 악행에 의해서 몰락해도 좋습니다. 맡기신 직무를

bahanarai teile kiceki.
할 수 있는 데까지 열심히 하겠습니다.

⇦ han i gosime buhe hergen i šang ni dabala, hūlha holo (75:18a)
한(汗)께서 아껴주시며 내리신 직위에 따른 상 이외에 도적질을 하거나

koimali jalingga faksi oci, anggara mini beyei
간교한 술수를 부리면 Anggara 제 자신의

sui de wasikini,
죄업에 의해 몰락해도 좋습니다.

⇦ han i afabuha jurgan be tondoi kiceme banjiki.
한(汗)께서 맡기신 직무를 바르게 열심히 하며 살겠습니다.

○ burgi mimbe fujiyang sindahabi, fujiyang ni jurgan be
Burgi 저를 부장(副將)으로 임명하셨습니다. 부장의 직무를

kiceme akūmbuki, koimali jalingga oci, sui de
열심히 힘을 다하겠습니다. 간계를 부리면, 죄업에 의해서

wasikini, (75:18b)
몰락해도 좋습니다.

⇦ han i šangnaha šang, booi ujihe ujima i dabala, hūlha holo be
한(汗)께서 주신 상, 집에서 기른 가축 이외에 도적질을

deribuci, beyei ehe de wasikini.
꾀하면, 스스로의 악행에 의해서 몰락해도 좋습니다.

⇦ han, wangšan minde iogi hergen buhe,
한(汗)께서 Wangšan 제게 유격의 직위를 주셨습니다.

⇦ han i šangname buhe šang, ujihe ujima i dabala, hūlha holo be
한(汗)께서 주신 상, 기른 가축 이외에 도적질을

deribuci, wangšan mini beyei sui de wasikini,
꾀하면, Wangšan 제 자신의 죄업에 의해서 몰락해도 좋습니다.

jai wangšan bi, dain i jurgan be jalingga (75:19a)
또 Wangšan 제가 군사의 직무를 간계를 부리며

koimali yabuci, beyei ehe de wasikini, afabuha
수행한다면, 스스로의 악행에 의해서 몰락해도 좋습니다. 맡기신

jurgan be tondoi kiceme banjiki.
직무를 바르게 열심히 하며 살겠습니다.

○ moobari bi, jalingga koimali mujilen jafafi tob
Moobari 제가 간교한 마음을 먹고, 똑바로

seme gisurerakūci, sui isifi
말하지 않으면, 죄업이 미쳐서

⇦ han de hūdun waka sabukini, tondo mujilen jafafi akūmbuki,
한(汗)께 바로 잘못이 발각될 것입니다. 바른 마음을 가지고 힘을 다하겠습니다.

⇦ han i šangname buhe jaka, ujihe ujima i dabala, hūlha holo be (75:19b)
한(汗)께서 상으로 주신 물건, 기른 가축 이외에 도적질을

deribuci, beyei ehe de wasikini.
꾀한다면, 스스로의 악행에 의해서 몰락해도 좋습니다.

⇦ han, yekšu minde tsanjiyang ni hergen buhe,
한(汗)께서 Yekšu 저에게 참장(參將)의 직위를 주셨습니다.

⇦ han i šangname buhe šang, ujihe ujima i dabala, hūlha holo
한(汗)께서 주신 상, 기른 가축 이외에 도적질을

deribuci, yekšu mini beyei sui de wasikini,
꾀한다면, Yekšu 제 자신의 죄업에 의해서 몰락해도 좋습니다.

afabuha jurgan be tondoi kiceme akūmbume banjiki.
맡기신 직무를 바르게 열심히 힘을 다하며 살겠습니다.

(75:20a)

⇦ han, šumuru minde iogi hergen buhe,
한(汗)께서 Šumuru 제게 유격의 직위를 주셨습니다.

⇦ han i šangname buhe šang, ujihe ujima i dabala, hūlha holo be
한(汗)께서 주신 상, 기른 가축 이외에 도적질을

deribuci, šumuru mini beyei sui de wasikini,
꾀한다면, Šumuru 제 자신의 죄업에 의해서 몰락해도 좋습니다.

afabuha jurgan be kiceki.
맡기신 직무를 열심히 하겠습니다.

⇦ han i afabuha jurgan be moohai bi jurcerakū, tondo mujilen be
한(汗)께서 맡기신 직무를 Moohai 저는 어기지 않고, 바른 마음을

jafafi kiceme hūsun buki, hūlame bure šang ni (75:20b)
가지고 노력하며 힘쓰겠습니다. 호명하며 주시는 상

dabala, hūlhame holtome banjici, beyei ehe de
이외에 도적질을 하거나 속이며 살면, 스스로의 악행에 의해서

wasikini.
몰락해도 좋습니다.

⇦ han i afabuha jurgan be, hūsitun bi tondo mujilen be
한(汗)께서 맡기신 직무를, Hūsitun 저는 바른 마음을

jafafi kiceme hūsun buki, bure šang ni
가지고 노력하며 힘쓰겠습니다. 주시는 상

dabala, ehe mujilen i hūlhame holtorakū banjiki.
이외에 나쁜 마음으로 도적질을 하거나 속이며 살지 않겠습니다.

(75:21a)

⇦ han i afabuha jurgan be, munggan bi jurcerakū kiceme akūmbuki,
한(汗)께서 맡기신 직무를, Munggan 저는 어기지 않고 열심히 힘을 다하겠습니다.

bure šang ni dabala, ehe kiyangdu mujilen
주시는 상 이외에 강악한 마음을

jafafi hūlhame holtome banjici, beyei ehe de wasikini.
먹고 훔치고 속이며 살면, 스스로의 악행에 의해서 몰락해도 좋습니다.

⇦ han i afabuha jurgan be, langgida bi jurcerakū kiceme akūmbuki,
한(汗)께서 맡기신 직무를, Langgida 저는 어기지 않고 열심히 힘을 다하겠습니다.

bure šang ni dabala, ehe miosihon mujilen i
주시는 상 이외에 사악한 마음으로

hūlhame holtome banjici, beyei ehe de wasikini. (75:21b)
도적질을 하거나 속이며 살면, 스스로의 악행에 의해서 몰락해도 좋습니다.

⇦ han i afabuha jurgan be, yarbahi bi, tondo mujilen be
한(汗)께서 맡기신 직무를, Yarbahi 저는, 바른 마음을

jafafi kiceme hūsun buki, hūlame bure šang ni
가지고 노력하며 힘쓰겠습니다. 호명하며 주시는 상

dabala, hūlha holo banjici, beyei ehe de wasikini.
이외에 도적질을 하며 살면, 스스로의 악행에 의해서 몰락해도 좋습니다.

○ munggatu mimbe sunja jurgan i weile de afabuhabi,
Munggatu 제게 다섯 가지 직무의 일을 맡기셨습니다.

⇦ han i juleri ohode weihuken kicebe ojoro, enggici ohode šadambi (75:22a)
한(汗)의 앞에서는 겉으로만 부지런하게 굴고, 안 보이는 곳에서는 '피곤하다,

bambi seme bulcarakū, juleri enggici emu adali
지겹다'라고 하며 회피하지 않고, 앞에서도 안 보이는 곳에서도 한결같이

takūrabumbi, ai ai banjire de tondoi banjimbi
수행하겠습니다. 어떻게 살더라도 바르게 살겠다

seme bithe arafi beise ambasa de tuwabufi,
하고 글로 써서 버일러들과 대인들에게 보이고서

⇦ tangse de bithe deijime indahūn aniya omšon biyade gashūha,
당자(堂子)에서 글을 태우며 임술년(壬戌年, 1622) 11월에 맹세합니다.

tondo mujilen be jafafi hūsun bumbi.
바른 마음을 가지고 힘쓰겠습니다.

○ darhan hiya bi, ereci amasi hūlha holo (75:22b)
Darhan 히야 저는 이제부터 도적질을 하거나

koimali jalingga ehe miosihon mujilen be jafaci,
간계를 부리며 사악한 마음을 먹으면,

beyei ehe sui de wasikini.
스스로의 죄업에 의해서 몰락해도 좋습니다.

⇦ han ama, daimbu mimbe ujihe jui gese ujihe, ujihe
한(汗) 아버지께서 Daimbu 저를 양자(養子)와 같이 보살펴주셨습니다. 보살펴주신

⇦ han be waliyafi ukaka, ukacibe geli gosime ujimbi, ere
한(汗)을 버리고 도망했었으나, 도망쳤음에도 또 아끼며 보살펴주셨습니다. 이

頭註: gingguleme kimcici, weihuken kicebe sere gisun, ainci oilori kicebe sere gūnin dere. [신중하게 살펴보니, weihuken kicebe라는 말은 아마도 '겉으로만 부지런하다'라는 뜻일 것이다.]

ujihe baili be onggorakū kiceme, hūlha holo
보살피신 은혜를 잊지 않고 열심히 노력하며, 도적질을 하거나

koimali jalingga akū tondo mujilen jafafi banjimbi. (75:23a)
간계를 부리지 않고 바른 마음을 가지고 살겠습니다.

⇦ han i afabuha jurgan be, emungge bi tondoi kiceme akūmbuki,
한(汗)께서 맡기신 직무를, Emungge 저는 바르게 노력하며 힘을 다하겠습니다.

⇦ han i bure šang ni dabala, ehe miosihon mujilen jafaci, wasikini.
한(汗)께서 주시는 상 이외에 사악한 마음을 먹으면, 몰락해도 좋습니다.

⇦ han i afabuha jurgan be, hūsibu bi kiceme tondoi akūmbuki,
한(汗)께서 맡기신 직무를, Hūsibu 저는 노력하며 바르게 힘을 다하겠습니다.

⇦ han i bure šang, boode ujihe ujima, tariha usin i jeku i
한(汗)께서 주시는 상, 집에서 기른 가축, 경작한 밭의 곡식

dabala, ehe miosihon mujilen i hūlha holo oci, (75:23b)
이외에 사악한 마음으로 도적질을 하면,

beyei ehe de wasikini.
스스로의 악행에 의해 몰락할 것입니다.

⇦ han i afabuha jurgan be, langse bi tondoi kiceme akūmbuki,
한(汗)께서 맡기신 직무를 Langse 저는 바르게 부지런히 힘을 다하겠습니다.

⇦ han i bure šang, boode ujihe ujima, weilehe jeku i
한(汗)께서 주시는 상, 집에서 기른 가축, 경작한 곡식

dabala, hūlha holo koimali jalingga akū banjiki.
이외에 도적질을 하거나 간계를 부리지 않고 살겠습니다.

⇦ han i afabuha jurgan be, šundui bi tondoi kiceme akūmbuki, (75:24a)
한(汗)께서 맡기신 직무를, Šundui 저는 바르게 부지런히 힘을 다하겠습니다.

⇦ han i bure šang ni dabala, ehe kiyangdu mujilen jafafi
한(汗)께서 주시는 상 이외에 강악한 마음을 먹고

hūlha holo oci, mujilen i ehe de wasikini.
도적질을 하면, 마음의 악함에 의해서 몰락해도 좋습니다.

⇦ han i afabuha jurgan be, manggo bi tondoi kiceme akūmbume
한(汗)께서 맡기신 직무를, Manggo 저는 바르게 열심히 힘을 다하며

hūsun buki,
힘쓰겠습니다.

⇦ han i bure šang ni dabala, ehe kiyangdu mujilen jafafi
한(汗)께서 주시는 상 이외에 강악한 마음을 먹고

hūlha holo banjici, beyei ehe de wasikini. (75:24b)
도적질하며 살면, 스스로의 악행에 의해서 몰락해도 좋습니다.

⇦ han i afabuha jurgan be, mungtan bi tondoi akūmbume kiceme
한(汗)께서 맡기신 직무를, Mungtan 저는 바르게 힘을 다하며 열심히

hūsun buki,
힘쓰겠습니다.

⇦ han i bure šang, boode ujihe ujima, tariha usin i jeku i
한(汗)께서 주시는 상, 집에서 기른 가축, 경작한 밭의 곡식

dabala, ehe kiyangdu koimali jalingga mujilen jafafi
이외에 강악을 부리고, 간교한 마음을 먹고

hūlha holo oci, beyei ehe mujilen i doosi de
도적질을 하면, 스스로의 악한 마음의 탐욕에 의해서

wasikini. (75:25a)
몰락해도 좋습니다.

⇦ han i afabuha jurgan be, šusai bi tondoi akūmbuki,
한(汗)께서 맡기신 직무를, Šusai 저는 바르게 힘을 다하겠습니다.

⇦ han i bure šang dabala, ehe mujilen be jafafi hūlha
한(汗)께서 주시는 상 이외에 나쁜 마음을 먹고 도적질을 하거나

holo koimali jalingga oci, beyei ehe de wasikini.
간계를 부리면, 스스로의 악행에 의해서 몰락해도 좋습니다.

⇦ han i bure šang, ujihe ujima, weilehe jeku i dabala, tottoi
한(汗)께서 주시는 상, 기른 가축, 경작한 곡식 이외에 Tottoi

bi, hūlha holo koimali jalingga ehe mujilen i (75:25b)
저는, 도적질을 하거나, 간계를 부리고, 나쁜 마음으로

banjici, beyei sui de wasikini.
살면 스스로의 죄업에 의해서 몰락해도 좋습니다.

⇦ han i hūlame bure šang, ujihe ujima, weilehe jeku i dabala,
한(汗)께서 호명하며 주시는 상, 기른 가축, 경작한 곡식 이외에

šušalan bi, hūlha holo mujilen jafarakū, afabuha
Šušalan 저는, 도적질을 할 마음을 먹지 않고, 맡기신

jurgan be tondoi banjiki, ere gisun be
직무를 바르게 수행하며 살겠습니다. 이 말을

jurceci, beyei ehe sui de wasikini.
어기면, 스스로의 나쁜 죄업에 의해서 몰락해도 좋습니다.

(75:26a)

⇦ han i hūlame bure šang, ujihe ujima, weilehe jeku i dabala,
한(汗)께서 호명하며 주시는 상, 기른 가축, 경작한 곡식 이외에

unahalai bi, hūlha holo mujilen jafarakū, afabuha jurgan be
Unahalai 저는 도적질할 마음을 먹지 않고, 맡기신 직무를

tondoi banjiki, ere gisun be jurceci, beyei
바르게 행하며 살겠습니다. 이 말을 어기면, 스스로의

sui de wasikini.
죄업에 의해서 몰락해도 좋습니다.

⇦ han i hūlame bure šang, ujihe ujima, weilehe jeku i dabala,
한(汗)께서 호명하며 주시는 상, 기른 가축, 경작한 곡식 이외에

hūsitun bi, hūlha holo mujilen jafarakū, afabuha (75:26b)
Hūsitun 저는 도적질할 마음을 먹지 않고, 맡기신

jurgan be tondoi banjiki, ere gisun be
직무를 바르게 수행하며 살겠습니다. 이 말을

jurceci, beyei sui de wasikini.
어기면, 스스로의 죄업에 의해서 몰락해도 좋습니다.

⇦ han i hūlame bure šang, ujihe ujima, weilehe jeku i dabala,
한(汗)께서 호명하며 주시는 상과, 기른 가축, 경작한 곡식 이외에

afuni bi, hūlha holo mujilen jafarakū, afabuha jurgan be
Afuni 저는 도적질할 마음을 먹지 않고, 맡기신 직무를

tondoi banjiki, ere gisun be jurceci, beyei
바르게 수행하며 살겠습니다. 이 말을 어기면, 스스로의

sui de wasikini. (75:27a)
죄업에 의해서 몰락해도 좋습니다.

⇦ han i afabuha jurgan be, hūngniyaka bi, ereci amasi dain
한(汗)께서 맡기신 직무를, Hūngniyaka 저는 지금부터 전장에서

cooha de oci, kiceme kadalaki,
열심히 관리하겠습니다.

⇦ han i bure šang, booi ujihe ujima, weilehe jeku i dabala,
한(汗)께서 주시는 상, 집에서 기른 가축, 경작한 곡식 이외에

hūlha holo koimali jalingga akū tondoi banjiki.
도적질을 하거나 간계를 부리지 않고 바르게 살겠습니다.

⇦ han i afabuha jurgan be, seoken bi bandarakū šadarakū kiceme (75:27b)
한(汗)께서 맡기신 직무를, Seoken 저는 태만하지 않고 지치지 않고 열심히

akūmbuki, booi ujihe ujima, weilehe jeku i dabala,
힘을 다하겠습니다. 집에서 기른 가축, 경작한 곡식 이외에

hūlha holo koimali jaḷingga akū tondoi banjiki.
도적질을 하지 않고 간계를 부리지 않고 바르게 살겠습니다.

⇦ han i afabuha jurgan be, baisan bi ereci amasi [原檔殘缺]
한(汗)께서 맡기신 직무를, Baisan 저는 지금부터 □□□

kadalaki,
관리하겠습니다.

⇦ han i bure šang, booi ujihe ujima, weilehe jeku i dabala,
한(汗)께서 주시는 상, 집에서 기른 가축, 경작한 곡식 이외에

hūlha holo koimali jalingga akū tondoi banjiki. (75:28a)
도적질을 하지 않고 간계를 부리지 않고 바르게 살겠습니다.

⇦ han i afabuha jurgan be, kūwataiju bi, ereci amasi gingguleme
한(汗)께서 맡기신 직무를, Kūwataiju 저는 이제부터 삼가 받들어

akdulame akūmbuki,
지키며 힘을 다하겠습니다.

⇦ han i bure šang, booi ujihe ujima, weilehe jeku i dabala,
한(汗)께서 주시는 상, 집에서 기른 가축, 경작한 곡식 이외에

hūlha holo koimali jalingga akū tondoi banjiki.
도적질을 하지 않고 간계를 부리지 않고 바르게 살겠습니다.

⇦ han i afabuha jurgan be, loosa bi kiceme hūsun buki, (75:28b)
한(汗)께서 맡기신 직무를, Loosa 저는 열심히 힘쓰겠습니다.

dain cooha de oci, kiceme kadalaki,
군대에서는 열심히 관리하겠습니다.

⇦ han i bure šang, booi ujihe ujima, weilehe jeku i dabala,
한(汗)께서 주시는 상, 집에서 기른 가축, 경작한 곡식 이외에

hūlha holo koimali jalingga akū tondoi banjiki.
도적질을 하지 않고 간계를 부리지 않고 바르게 살겠습니다.

⇦ han i afabuha jurgan be, haningga bi kiceme hūsun buki,
한(汗)께서 맡기신 직무를, Haningga 저는 열심히 힘쓰겠습니다.

dain cooha de oci, kiceme kadalaki,
군대에서는 열심히 관리하겠습니다.

⇦ han i šangnara šang, booi ujihe ujima, weilehe jeku i dabala, (75:29a)
한(汗)께서 주시는 상, 집에서 기른 가축, 경작한 곡식 이외에

hūlha holo koimali jalingga akū tondoi banjiki.
도적질을 하지 않고 간계를 부리지 않고 바르게 살겠습니다.

⇦ han i afabuha jurgan be, jukšu bi, ereci amasi kiceme
한(汗)께서 맡기신 직무를, Jukšu 저는, 지금부터 열심히

kadalaki,
관리하겠습니다.

⇦ han i bure šang, booi ujihe ujima, weilehe jeku i dabala,
한(汗)께서 주시는 상, 집에서 기른 가축, 경작한 곡식 이외에

hūlha holo koimali jalingga akū tondoi banjiki.
도적질을 하지 않고 간계를 부리지 않고 바르게 살겠습니다.

(75:29b)

⇦ han i afabuha jurgan be, ereci amasi hūlhūri bi tondoi
한(汗)께서 맡기신 직무를, 지금부터 Hūlhūri 저는 바르게

kiceme hūsun buki,
열심히 힘쓰겠습니다.

⇦ han i bure šang, booi ujihe ujima, weilehe jeku i dabala,
한(汗)께서 주시는 상, 집에서 기른 가축, 경작한 곡식 이외에

hūlha holo koimali jalingga akū tondoi banjiki.
도적질을 하지 않고 간계를 부리지 않고 바르게 살겠습니다.

⇦ han i afabuha jurgan be, ereci amasi tuku bi tondoi
한(汗)께서 맡기신 직무를, 지금부터 Tuku 저는 바르게

kiceme hūsun buki, (75:30a)
열심히 힘쓰겠습니다.

⇦ han i bure šang, booi ujihe ujima, weilehe jeku i dabala,
한(汗)께서 주시는 상, 집에서 기른 가축, 경작한 곡식 이외에

hūlha holo koimali jalingga akū tondoi banjiki.
도적질을 하지 않고 간계를 부리지 않고 바르게 살겠습니다.

⇦ han i afabuha jurgan be, genderbei bi tondoi kadalaki,
한(汗)께서 맡기신 직무를, Genderbei 저는 바르게 관리하겠습니다.

⇦ han i bure šang, booi ujihe ujima, weilehe jeku i dabala,
한(汗)께서 주시는 상, 집에서 기른 가축, 경작한 곡식 이외에

hūlha holo koimali jalingga akū tondoi banjiki.
도적질을 하지 않고 간계를 부리지 않고 바르게 살겠습니다.

(75:30b)

⇦ han i afabuha jurgan be, gakda bi tondoi kadalaki,
한(汗)께서 맡기신 직무를, Gakda 저는 바르게 관리하겠습니다.

⇦ han i bure šang, booi ujihe ujima, weilehe jeku i dabala,
한(汗)께서 주시는 상, 집에서 기른 가축, 경작한 곡식 이외에

hūlha holo koimali jalingga akū tondoi banjiki.
도적질을 하지 않고 간계를 부리지 않고 바르게 살겠습니다.

⇦ han i afabuha jurgan be, ubahai bi, dain cooha de
한(汗)께서 맡기신 직무를, Ubahai 저는 군대에서는

oci, kiceme kadalaki,
열심히 관리하겠습니다.

⇦ han i bure šang, booi ujihe ujime, weilehe jeku i dabala, (75:31a)
한(汗)께서 주시는 상, 집에서 기른 가축, 경작한 곡식 이외에

hūlha holo koimali jalingga akū tondoi banjiki.
도적질을 하지 않고 간계를 부리지 않고 바르게 살겠습니다.

⇦ han i afabuha jurgan be, conoi bi kiceme akūmbuki,
한(汗)께서 맡기신 직무를, Conoi 저는 열심히 힘을 다하겠습니다.

⇦ han i bure šang, booi ujihe ujima, weilehe jeku i dabala,
한(汗)께서 주시는 상, 집에서 기른 가축, 경작한 곡식 이외에

hūlha holo koimali jalingga akū tondoi banjiki.
도적질을 하지 않고 간계를 부리지 않고 바르게 살겠습니다.

⇦ han i afabuha jurgan be, cingšan bi kiceme akūmbuki, (75:31b)
한(汗)께서 맡기신 직무를, Cingšan 저는 열심히 힘을 다하겠습니다.

⇦ han i bure šang, booi ujihe ujima, weilehe jeku i dabala,
한(汗)께서 주시는 상, 집에서 기른 가축, 경작한 곡식 이외에

hūlha holo koimali jalingga akū tondoi banjiki.
도적질을 하지 않고 간계를 부리지 않고 바르게 살겠습니다.

⇦ han i afabuha jurgan be, fukani bi ereci amasi kiceme
한(汗)께서 맡기신 직무를, Fukani 저는 지금부터 열심히

hūsun buki,
힘쓰겠습니다.

⇦ han i bure šang, booi ujihe ujima, weilehe jeku i dabala,
한(汗)께서 주시는 상, 집에서 기른 가축, 경작한 곡식 이외에

hūlha holo koimali jalingga akū tondoi banjiki. (75:32a)
도적질을 하지 않고 간계를 부리지 않고 바르게 살겠습니다.

⇦ han i hūlame bure šang, ujihe ujima, weilehe jeku i dabala,
한(汗)께서 호명하며 주시는 상, 기른 가축, 경작한 곡식 이외에

baduhū, hūlha holo koimali jalingga ehe kiyangdu
Baduhū는 도적질을 하거나, 간계를 부리며, 강악한

mujilen i banjirakū, yaya tucike bade, gašan i banjire de
마음으로 살지 않고, 어디로든 나갔을 때에도, 마을에서 살 때라고

seme tondoi akūmbuki, ere gisun be jurceci,
생각하며 바르게 힘을 다하겠습니다. 이 말을 어기면,

beyei sui de wasikini.
스스로의 죄업에 의해서 몰락해도 좋습니다.

(75:32b)

⇦ han i hūlame bure šang, booi ujihe ujima, weilehe jeku i
한(汗)께서 호명하며 주시는 상, 집에서 기른 가축, 경작한 곡식

dabala, karkaji, hūlha holo koimali jalingga ehe
이외에 Karkaji는 도적질을 하거나, 간계를 부리며 강악한

kiyangdu mujilen i banjirakū, yaya tucike bade, gašan i
마음으로 살지 않겠습니다. 어디로든 나갔을 때라도, 마을에서

banjire de seme tondoi akūmbuki.
살 때라고 생각하며 바르게 힘을 다하겠습니다.

⇦ han i gosime ujire de, nikari bi booi ujihe ujima,
한(汗)께서 아끼며 보살펴주심에, Nikari 저는 집에서 기른 가축,

weilehe jeku i dabala, hūlha holo koimali jalingga (75:33a)
경작한 곡식 이외에 도적질을 하거나, 간계를 부리며,

ehe kiyangdu akū tondoi banjiki, bi ereci
강악을 부리지 않고 바르게 살겠습니다. 저는 지금부터

julesi tondoi hūsun buki, miosihon mujilen i banjici,
바르게 힘쓰겠습니다. 사악한 마음으로 살면,

beyei sui de wasikini.
스스로의 죄업에 의해서 몰락해도 좋습니다.

⇦ han i afabuha jurgan be, abutai bi, ereci julesi kiceme
한(汗)께서 맡기신 직무를, Abutai 저는 지금부터 열심히

hūsun buki,
힘쓰겠습니다.

⇦ han i šangname bure šang, booi ujihe ujima, weilehe jeku i (75:33b)
한(汗)께서 주신 상, 집에서 기른 가축, 경작한 곡식

dabala, hūlha holo koimali jalingga akū tondoi
이외에 도적질을 하거나 간계를 부리지 않고 바르게

banjiki, ere gisun be jurceci, beyei sui de
살겠습니다. 이 말을 어기면, 스스로의 죄업에 의해서

wasikini.
몰락해도 좋습니다.

⇦ han i tacibuha gisun be ejefi, wantasi beiguwan afabuha jurgan be
한(汗)께서 가르치신 말씀을 명심하고, Wantasi 비어는 맡기신 직무를

tondoi akūmbuki, booi weilehe jeku, ujihe ujima i
바르게 힘을 다하겠습니다. 집에서 경작한 곡식, 기른 가축

dabala, hūlha holo jalingga mujilen banjici, beyei (75:34a)
이외에 도적질을 하거나 간교한 마음으로 살면, 스스로의

sui de wasikini.
죄업에 의해서 몰락해도 좋습니다.

⇦ han i afabuha jurgan be, weihede bi, ereci julesi kiceme
한(汗)께서 맡기신 직무를, Weihede 저는 지금부터 열심히

hūsun buki,
힘쓰겠습니다.

⇦ han i šangname bure šang, booi ujihe ujima, weilehe jeku i
한(汗)께서 주신 상, 집에서 기른 가축, 경작한 곡식

dabala, hūlha holo koimali jalingga akū tondoi
이외에 도적질을 하지 않고 간계를 부리지 않고 바르게

banjiki, ere gisun be jurceci, beyei sui de (75:34b)
살겠습니다. 이 말을 어기면, 스스로의 죄업에 의해서

wasikini.
몰락해도 좋습니다.

⇦ han i afabuha jurgan be, niyahan bi, ereci amasi kiceme
한(汗)께서 맡기신 직무를, Niyahan 저는 지금부터 열심히

hūsun buki,
힘쓰겠습니다.

⇦ han i šangname bure šang, booi ujihe ujima, weilehe jeku i
한(汗)께서 주신 상, 집에서 기른 가축, 경작한 곡식

dabala, hūlha holo koimali jalingga akū tondoi banjiki.
이외에 도적질을 하지 않고 간계를 부리지 않고 바르게 살겠습니다.

(75:35a)

⇦ han i hūlame bure šang, booi ujihe ujima, weilehe jeku i
한(汗)께서 호명하며 주시는 상, 집에서 기른 가축, 경작한 곡식

dabala, otonggo bi, hūlha holo koimali jalingga
이외에 Otonggo 저는 도적질을 하거나, 간계를 부리며,

ehe kiyangdu mujilen i banjirakū, tondoi banjiki.
강악한 마음으로 살지 않고, 바르게 살겠습니다.

⇦ han i tacibuha gisun be ejefi, burantai beiguwan afabuha jurgan be
한(汗)께서 가르치신 말씀을 명심하며, Burantai 비어는 맡기신 직무를

tondoi akūmbuki,
바르게 힘을 다하겠습니다.

⇦ tacibuha gisun be ejerakū, hūlha holo koimali jalingga (75:35b)
가르치신 말씀을 명심하지 않고 도적질을 하거나 간교한

mujilen i banjici, beyei sui de wasikini, bucekini.
마음으로 살면, 스스로의 죄업에 의해서 몰락해도, 죽어도 좋습니다.

제76권

여러 대인이 맹세한 글이다. 연월을 적지 않았다.

nadanju ningguci debtelin,
geren ambasai gashūha
bithe, aniya biya
ejehekūbi.

tongki fuka sindaha hergen i dangse. (76:1a)
유권점 당안

○ fujiyang baduhū,
부장(副將) Baduhū는

⇦ han i pai be gaifi, mini kadalara emu galai cooha be
한(汗)의 패(牌)를 받들고 제가 관할하는 한 익(翼)의 군사를 이끌고

dzung bing guwan ci fakcarakū, dzung bing guwan ci fakcaha de, baduhū mimbe
총병관(總兵官)에게서 이탈하지 않겠습니다. 총병관에게서 이탈했을 때에는, Baduhū 저를

wakini, fakcarakūci, dzung bing guwan fakcahakū seme wesihun
죽이셔도 좋습니다. 이탈하지 않으면, 총병관이 이탈하지 않았다고 높으신

⇦ han de ala,
한(汗)께 알리십시오.

⇦ han i fafun i tondoi kadalambi, ehe sain be dere banirakū,
한(汗)의 법도대로 바르게 관할하겠습니다. 악한 자와 선한 자를, 체면을 봐주지 않고,

niyaman hūncihin seme haršarakū, bata kimun seme (76:1b)
친인척이라 하여 감싸지 않고, 원수라 하여

gidarakū, sain be sain, ehe be ehe seme
억압하지 않고, 선을 선, 악을 악이라고

⇦ han de alambi, tuttu tondoi fafularakū ehe miosihon jurgan i yabuci,
한(汗)께 고하겠습니다. 그렇게 바르게 법령으로 다스리지 않고 사악한 법도로 행하면,

⇦ han de waka sabufi weile bahafi boo yadakini, beye bucekini,
한(汗)께 잘못이 발각되어 벌을 받아서 집은 곤궁해지고 제 몸은 죽어도 좋습니다.

⇦ han i tacibuha tondo fafun be jurcerakū banjici, mini juse
한(汗)께서 가르치신 바른 법도를 어기지 않고 살면, 저의 자손이

omosi jalan halame
대를 이어

⇦ han de gosibume wesihun banjikini.
한(汗)께 사랑받으며 귀하게 살 것입니다.

(76:2a)

○ daise fujiyang ikina,
부장 서리 Ikina는

⇦ han i pai be gaifi, mini kadalara emu galai cooha be
한(汗)의 패를 받들고 제가 관할하는 한 익(翼)의 군사를 이끌고

dzung bing guwan ci fakcarakū, dzung bing guwan ci fakcaha de, ikina mimbe
총병관에게서 이탈하지 않겠습니다. 총병관에게서 이탈했을 때에는, Ikina 저를

wakini, fakcarakūci, dzung bing guwan fakcahakū seme wesihun
죽이셔도 좋습니다. 이탈하지 않으면, 총병관이 이탈하지 않았다고 높으신

⇦ han de ala,
한(汗)께 알리십시오.

⇦ han i fafun i tondoi kadalambi, ehe sain be dere banirakū,
한(汗)의 법도대로 바르게 관할하겠습니다. 악한 자와 선한 자를, 체면을 봐주지 않고,

niyaman hūncihin seme haršarakū, bata kimun seme (76:2b)
친인척이라 하여 감싸지 않고, 원수라 하여

gidarakū, sain be sain, ehe be ehe seme
억압하지 않고, 선을 선, 악을 악이라고

⇦ han de alambi, tuttu tondoi fafularakū ehe miosihon jurgan i yabuci,
한(汗)께 고하겠습니다. 그렇게 바르게 법령으로 다스리지 않고 사악한 법도로 행하면,

⇦ han de waka sabufi weile bahafi boo yadakini, beye bucekini,
한(汗)께 잘못이 발각되어 벌을 받아서 집은 곤궁해지고 제 몸은 죽어도 좋습니다.

⇦ han i tacibuha tondo fafun be jurcerakū banjici, mini juse omosi jalan halame
한(汗)께서 가르치신 바른 법도를 어기지 않고 살면, 저의 자손이 대를 이어

⇦ han de gosibume wesihun banjikini.
한(汗)께 사랑받으며 귀하게 살 것입니다.

○ boihoci iogi, (76:3a)
Boihoci 유격(遊擊)은

⇦ han i pai be gaifi, mini kadalara emu jalan i sunja
한(汗)의 패를 받들고 제가 관할하는 한 잘란 다섯

nirui cooha be fujiyang ci fakcarakū, fujiyang ci
니루의[1] 군사를 이끌고 부장에게서 이탈하지 않겠습니다. 부장에게서

fakcaha de, boihoci mimbe wakini, fakcarakūci, fujiyang
이탈했을 때에는, Boihoci 저를 죽이셔도 좋습니다. 이탈하지 않으면, 부장이

fakcahakū seme wesihun
이탈하지 않았다고 높으신

1) '한 잘란, 즉 다섯 니루'라는 말이다. 더 자세한 것은 제17권 각주 1 참고.

⇦ han de ala,
한(汗)께 알리십시오.

⇦ han i fafun i tondoi kadalambi, ehe sain be dere banirakū,
한(汗)의 법도대로 바르게 관할하겠습니다. 악한 자와 선한 자를, 체면을 봐주지 않고,

niyaman hūncihin seme haršarakū, bata kimun seme (76:3b)
친인척이라 하여 감싸지 않고, 원수라 하여

gidarakū, sain be sain, ehe be ehe seme
억압하지 않고, 선을 선, 악을 악이라고

⇦ han de alambi, tuttu tondoi fafularakū ehe miosihon jurgan i yabuci,
한(汗)께 고하겠습니다. 그렇게 바르게 법령으로 다스리지 않고 사악한 법도로 행하면,

⇦ han de waka sabufi weile bahafi boo yadakini, beye bucekini,
한(汗)께 잘못이 발각되어 벌을 받아서 집은 곤궁해지고 제 몸은 죽어도 좋습니다.

⇦ han i tacibuha tondo fafun be jurcerakū banjici, mini juse
한(汗)께서 가르치신 바른 법도를 어기지 않고 살면, 저의 자손이

omosi jalan halame
대를 이어

⇦ han de gosibume wesihun banjikini.
한(汗)께 사랑받으며 귀하게 살 것입니다.

(76:4a)

○ sele iogi,
Sele 유격은

⇦ han i pai be gaifi, mini kadalara emu jalan i sunja
한(汗)의 패를 받들고 제가 관할하는 한 잘란 다섯

nirui cooha be fujiyang ci fakcarakū, fujiyang ci
니루의 군사를 이끌고 부장에게서 이탈하지 않겠습니다. 부장에게서

fakcaha de, sele mimbe wakini, fakcarakūci, fujiyang
이탈했을 때에는, Sele 저를 죽이셔도 좋습니다. 이탈하지 않으면, 부장이

fakcahakū seme wesihun
이탈하지 않았다고 높으신

⇦ han de ala,
한(汗)께 알리십시오.

⇦ han i fafun i tondoi kadalambi, ehe sain be dere banirakū, (76:4b)
한(汗)의 법도대로 바르게 관할하겠습니다. 악한 자와 선한 자를, 체면을 봐주지 않고,

niyaman hūncihin seme haršarakū, bata kimun seme
친인척이라 하여 감싸지 않고, 원수라 하여

gidarakū, sain be sain, ehe be ehe seme
억압하지 않고, 선을 선, 악을 악이라고

⇦ han de alambi, tuttu tondoi fafularakū ehe miosihon jurgan i yabuci,
한(汗)께 고하겠습니다. 그렇게 바르게 법령으로 다스리지 않고 사악한 법도로 행하면,

⇦ han de waka sabufi weile bahafi boo yadakini, beye bucekini,
한(汗)께 잘못이 발각되어 벌을 받아서 집은 곤궁해지고 제 몸은 죽어도 좋습니다.

⇦ han i tacibuha tondo fafun be jurcerakū banjici, mini juse
한(汗)께서 가르치신 바른 법도를 어기지 않고 살면, 저의 자손이

omosi jalan halame
대를 이어

⇦ han de gosibume wesihun banjikini. (76:5a)
한(汗)께 사랑받으며 귀하게 살 것입니다.

○ tottoi iogi,
Tottoi 유격은

⇦ han i pai be gaifi, mini kadalara emu jalan i sunja
한(汗)의 패를 받들고 제가 관할하는 한 잘란 다섯

nirui cooha be fujiyang ci fakcarakū, fujiyang ci
니루의 군사를 이끌고 부장에게서 이탈하지 않겠습니다. 부장에게서

fakcaha de, tottoi mimbe wakini, fakcarakūci, fujiyang
이탈했을 때에는, Tottoi 저를 죽이셔도 좋습니다. 이탈하지 않으면, 부장이

fakcahakū seme wesihun
이탈하지 않았다고 높으신

⇦ han de ala, (76:5b)
한(汗)께 알리십시오.

⇦ han i fafun i tondoi kadalambi, ehe sain be dere banirakū,
한(汗)의 법도대로 바르게 관할하겠습니다. 악한 자와 선한 자를, 체면을 봐주지 않고,

niyaman hūncihin seme haršarakū, bata kimun seme
친인척이라 하여 감싸지 않고, 원수라 하여

gidarakū, sain be sain, ehe be ehe seme
억압하지 않고, 선을 선, 악을 악이라고

⇦ han de alambi, tuttu tondoi fafularakū ehe miosihon jurgan i yabuci,
한(汗)께 고하겠습니다. 그렇게 바르게 법령으로 다스리지 않고 사악한 법도로 행하면,

⇦ han de waka sabufi, weile bahafi boo yadakini, beye bucekini,
한(汗)께 잘못이 발각되어 벌을 받아서 집은 곤궁해지고 제 몸은 죽어도 좋습니다.

⇦ han i tacibuha tondo fafun be jurcerakū banjici, mini juse
한(汗)께서 가르치신 바른 법도를 어기지 않고 살면, 저의 자손이

omosi jalan halame (76:6a)
대를 이어

⇦ han de gosibume wesihun banjikini.
한(汗)께 사랑받으며 귀하게 살 것입니다.

○ arai iogi,
Arai 유격은

⇦ han i pai be gaifi, mini kadalara emu jalan i sunja
한(汗)의 패를 받들고 제가 관할하는 한 잘란 다섯

nirui cooha be fujiyang ci fakcarakū, fujiyang ci
니루의 군사를 이끌고 부장에게서 이탈하지 않겠습니다. 부장에게서

fakcaha de, arai mimbe wakini, fakcarakūci, fujiyang
이탈했을 때에는, Arai 저를 죽이셔도 좋습니다. 이탈하지 않으면, 부장이

fakcahakū seme wesihun (76:6b)
이탈하지 않았다고 높으신

⇦ han de ala,
한(汗)께 알리십시오.

⇦ han i fafun i tondoi kadalambi, ehe sain be dere banirakū,
한(汗)의 법도대로 바르게 관할하겠습니다. 악한 자와 선한 자를, 체면을 봐주지 않고,

niyaman hūncihin seme haršarakū, bata kimun seme
친인척이라 하여 감싸지 않고, 원수라 하여

gidarakū, sain be sain, ehe be ehe seme
억압하지 않고, 선을 선, 악을 악이라고

⇦ han de alambi, tuttu tondoi fafularakū ehe miosihon jurgan i yabuci,
한(汗)께 고하겠습니다. 그렇게 바르게 법령으로 다스리지 않고 사악한 법도로 행하면,

⇦ han de waka sabufi weile bahafi boo yadakini, beye bucekini,
한(汗)께 잘못이 발각되어 벌을 받아서 집은 곤궁해지고 제 몸은 죽어도 좋습니다.

⇦ han i tacibuha tondo fafun be jurcerakū banjici, mini juse (76:7a)
한(汗)께서 가르치신 바른 법도를 어기지 않고 살면, 저의 자손이

omosi jalan halame
대를 이어

⇦ han de gosibume wesihun banjikini.
한(汗)께 사랑받으며 귀하게 살 것입니다.

○ dumei iogi,
Dumei 유격은

⇦ han i pai be gaifi, mini kadalara emu jalan i sunja
한(汗)의 패를 받들고 제가 관할하는 한 잘란 다섯

nirui cooha be fujiyang ci fakcarakū, fujiyang ci
니루의 군사를 이끌고 부장에게서 이탈하지 않겠습니다. 부장에게서

fakcaha de, dumei mimbe wakini, fakcarakūci, fujiyang (76:7b)
이탈했을 때에는, Dumei 저를 죽이셔도 좋습니다. 이탈하지 않으면, 부장이

fakcahakū seme wesihun
이탈하지 않았다고 높으신

⇦ han de ala,
한(汗)께 알리십시오.

⇦ han i fafun i tondoi kadalambi, ehe sain be dere banirakū,
한(汗)의 법도대로 바르게 관할하겠습니다. 악한 자와 선한 자를, 체면을 봐주지 않고,

niyaman hūncihin seme haršarakū, bata kimun seme
친인척이라 하여 감싸지 않고, 원수라 하여

gidarakū, sain be sain, ehe be ehe seme
억압하지 않고, 선을 선, 악을 악이라고

⇦ han de alambi, tuttu tondoi fafularakū ehe miosihon jurgan i yabuci,
한(汗)께 고하겠습니다. 그렇게 바르게 법령으로 다스리지 않고 사악한 법도로 행하면,

⇦ han de waka sabufi weile bahafi boo yadakini, beye bucekini, (76:8a)
한(汗)께 잘못이 발각되어 벌을 받아서 집은 곤궁해지고 제 몸은 죽어도 좋습니다.

⇦ han i tacibuha tondo fafun be jurcerakū banjici, mini juse
한(汗)께서 가르치신 바른 법도를 어기지 않고 살면, 저의 자손이

omosi jalan halame
대를 이어

⇦ han de gosibume wesihun banjikini.
한(汗)께 사랑받으며 귀하게 살 것입니다.

○ onoi iogi,
Onoi 유격은

⇦ han i pai be gaifi, mini kadalara emu jalan i sunja
한(汗)의 패를 받들고 제가 관할하는 한 잘란 다섯

nirui cooha be fujiyang ci fakcarakū, fujiyang ci (76:8b)
니루의 군사를 이끌고 부장에게서 이탈하지 않겠습니다. 부장에게서

fakcaha de, onoi mimbe wakini, fakcarakūci, fujiyang
이탈했을 때에는, Onoi 저를 죽이셔도 좋습니다. 이탈하지 않으면, 부장이

fakcahakū seme wesihun
이탈하지 않았다고 높으신

⇦ han de ala,
한(汗)께 알리십시오.

⇦ han i fafun i tondoi kadalambi, ehe sain be dere banirakū,
한(汗)의 법도대로 바르게 관할하겠습니다. 악한 자와 선한 자를, 체면을 봐주지 않고,

niyaman hūncihin seme haršarakū, bata kimun seme
친인척이라 하여 감싸지 않고, 원수라 하여

gidarakū, sain be sain, ehe be ehe seme
억압하지 않고, 선을 선, 악을 악이라고

⇦ han de alambi, tuttu tondoi fafularakū ehe miosihon jurgan i yabuci, (76:9a)
한(汗)께 고하겠습니다. 그렇게 바르게 법령으로 다스리지 않고 사악한 법도로 행하면,

⇦ han de waka sabufi weile bahafi boo yadakini, beye bucekini,
한(汗)께 잘못이 발각되어 벌을 받아서 집은 곤궁해지고 제 몸은 죽어도 좋습니다.

⇦ han i tacibuha tondo fafun be jurcerakū banjici, mini juse
한(汗)께서 가르치신 바른 법도를 어기지 않고 살면, 저의 자손이

omosi jalan halame
대를 이어

⇦ han de gosibume wesihun banjikini.
한(汗)께 사랑받으며 귀하게 살 것입니다.

○ tumburu iogi,
Tumburu 유격은

⇦ han i pai be gaifi, mini kadalara emu jalan i sunja (76:9b)
한(汗)의 패를 받들고 제가 관할하는 한 잘란 다섯

nirui cooha be fujiyang ci fakcarakū, fujiyang ci
니루의 군사를 이끌고 부장에게서 이탈하지 않겠습니다. 부장에게서

fakcaha de, tumburu mimbe wakini, fakcarakūci, fujiyang
이탈했을 때에는, Tumburu 저를 죽이셔도 좋습니다. 이탈하지 않으면, 부장이

fakcahakū seme wesihun
이탈하지 않았다고 높으신

⇦ han de ala,
한(汗)께 알리십시오.

⇦ han i fafun i tondoi kadalambi, ehe sain be dere banirakū,
한(汗)의 법도대로 바르게 관할하겠습니다. 악한 자와 선한 자를, 체면을 봐주지 않고,

niyaman hūncihin seme haršarakū, bata kimun seme
친인척이라 하여 감싸지 않고, 원수라 하여

gidarakū, sain be sain, ehe be ehe seme (76:10a)
억압하지 않고, 선을 선, 악을 악이라고

⇦ han de alambi, tuttu tondoi fafularakū ehe miosihon jurgan i yabuci,
한(汗)께 고하겠습니다. 그렇게 바르게 법령으로 다스리지 않고 사악한 법도로 행하면,

⇦ han de waka sabufi weile bahafi boo yadakini, beye bucekini,
한(汗)께 잘못이 발각되어 벌을 받아서 집은 곤궁해지고 제 몸은 죽어도 좋습니다.

⇦ han i tacibuha tondo fafun be jurcerakū banjici, mini juse
한(汗)께서 가르치신 바른 법도를 어기지 않고 살면, 저의 자손이

omosi jalan halame
대를 이어

⇦ han de gosibume wesihun banjikini.
한(汗)께 사랑받으며 귀하게 살 것입니다.

○ iogi unahalai, (76:10b)
유격 Unahalai는

⇦ han i pai be gaifi, mini kadalara emu jalan i sunja
한(汗)의 패를 받들고 제가 관할하는 한 잘란 다섯

nirui cooha be fujiyang ci fakcarakū, fujiyang ci
니루의 군사를 이끌고 부장에게서 이탈하지 않겠습니다. 부장에게서

fakcaha de, unahalai mimbe wakini, fakcarakūci, fujiyang
이탈했을 때에는, Unahalai 저를 죽이셔도 좋습니다. 이탈하지 않으면, 부장이

fakcahakū seme wesihun
이탈하지 않았다고 높으신

⇦ han de ala,

한(汗)께 알리십시오.

⇦ han i fafun i tondoi kadalambi, ehe sain be dere banirakū,

한(汗)의 법도대로 바르게 관할하겠습니다. 악한 자와 선한 자를, 체면을 봐주지 않고,

niyaman hūncihin seme haršarakū, bata kimun seme (76:11a)

친인척이라 하여 감싸지 않고, 원수라 하여

gidarakū, sain be sain, ehe be ehe seme

억압하지 않고, 선을 선, 악을 악이라고

⇦ han de alambi, tuttu tondoi fafularakū ehe miosihon jurgan i yabuci,

한(汗)께 고하겠습니다. 그렇게 바르게 법령으로 다스리지 않고 사악한 법도로 행하면,

⇦ han de waka sabufi weile bahafi boo yadakini, beye bucekini,

한(汗)께 잘못이 발각되어 벌을 받아서 집은 곤궁해지고 제 몸은 죽어도 좋습니다.

⇦ han i tacibuha tondo fafun be jurcerakū banjici, mini juse

한(汗)께서 가르치신 바른 법도를 어기지 않고 살면, 저의 자손이

omosi jalan halame

대를 이어

⇦ han de gosibume wesihun banjikini.

한(汗)께 사랑받으며 귀하게 살 것입니다.

(76:11b)

○ iogi šušalan,

유격 Šušalan은

⇦ han i pai be gaifi, mini kadalara emu jalan i sunja

한(汗)의 패를 받들고 제가 관할하는 한 잘란 다섯

nirui cooha be fujiyang ci fakcarakū, fujiyang ci

니루의 군사를 이끌고 부장에게서 이탈하지 않겠습니다. 부장에게서

fakcaha de, šušalan mimbe wakini, fakcarakūci, fujiyang
이탈했을 때에는, Šušalan 저를 죽이셔도 좋습니다. 이탈하지 않으면, 부장이

fakcahakū seme wesihun
이탈하지 않았다고 높으신

⇦ han de ala,
한(汗)께 알리십시오.

⇦ han i fafun i tondoi kadalambi, ehe sain be dere banirakū, (76:12a)
한(汗)의 법도대로 바르게 관할하겠습니다. 악한 자와 선한 자를, 체면을 봐주지 않고,

niyaman hūncihin seme haršarakū, bata kimun seme
친인척이라 하여 감싸지 않고, 원수라 하여

gidarakū, sain be sain, ehe be ehe seme
억압하지 않고, 선을 선, 악을 악이라고

⇦ han de alambi, tuttu tondoi fafularakū ehe miosihon jurgan i yabuci,
한(汗)께 고하겠습니다. 그렇게 바르게 법령으로 다스리지 않고 사악한 법도로 행하면,

⇦ han de waka sabufi weile bahafi boo yadakini, beye bucekini,
한(汗)께 잘못이 발각되어 벌을 받아서 집은 곤궁해지고 제 몸은 죽어도 좋습니다.

⇦ han i tacibuha tondo fafun be jurcerakū banjici, mini juse
한(汗)께서 가르치신 바른 법도를 어기지 않고 살면, 저의 자손이

omosi jalan halame
대를 이어

⇦ han de gosibume wesihun banjikini. (76:12b)
한(汗)께 사랑받으며 귀하게 살 것입니다.

○ iogi hūsitun,
유격 Hūsitun은

⇦ han i pai be gaifi, mini kadalara emu jalan i sunja
한(汗)의 패를 받들고 제가 관할하는 한 잘란 다섯

nirui cooha be fujiyang ci fakcarakū, fujiyang ci
니루의 군사를 이끌고 부장에게서 이탈하지 않겠습니다. 부장에게서

fakcaha de, hūsitun mimbe wakini, fakcarakūci, fujiyang
이탈했을 때에는, Hūsitun 저를 죽이셔도 좋습니다. 이탈하지 않으면, 부장이

fakcahakū seme wesihun
이탈하지 않았다고 높으신

⇦ han de ala, (76:13a)
한(汗)께 알리십시오.

⇦ han i fafun i tondoi kadalambi, ehe sain be dere banirakū,
한(汗)의 법도대로 바르게 관할하겠습니다. 악한 자와 선한 자를, 체면을 봐주지 않고,

niyaman hūncihin seme haršarakū, bata kimun seme
친인척이라 하여 감싸지 않고, 원수라 하여

gidarakū, sain be sain, ehe be ehe seme
억압하지 않고, 선을 선, 악을 악이라고

⇦ han de alambi, tuttu tondoi fafularakū ehe miosihon jurgan i yabuci,
한(汗)께 고하겠습니다. 그렇게 바르게 법령으로 다스리지 않고 사악한 법도로 행하면,

⇦ han de waka sabufi weile bahafi boo yadakini, beye bucekini,
한(汗)께 잘못이 발각되어 벌을 받아서 집은 곤궁해지고 제 몸은 죽어도 좋습니다.

⇦ han i tacibuha tondo fafun be jurcerakū banjici, mini juse
한(汗)께서 가르치신 바른 법도를 어기지 않고 살면, 저의 자손이

omosi jalan halame (76:13b)
대를 이어

⇦ han de gosibume wesihun banjikini.
한(汗)께 사랑받으며 귀하게 살 것입니다.

○ iogi bangsun,
유격 Bangsun은

⇦ han i pai be gaifi, mini kadalara emu jalan i sunja
한(汗)의 패를 받들고 제가 관할하는 한 잘란 다섯

nirui cooha be fujiyang ci fakcarakū, fujiyang ci
니루의 군사를 이끌고 부장에게서 이탈하지 않겠습니다. 부장에게서

fakcaha de, bangsun mimbe wakini, fakcarakūci, fujiyang
이탈했을 때에는, Bangsun 저를 죽이셔도 좋습니다. 이탈하지 않으면, 부장이

fakcahakū seme wesihun (76:14a)
이탈하지 않았다고 높으신

⇦ han de ala,
한(汗)께 알리십시오.

⇦ han i fafun i tondoi kadalambi, ehe sain be dere banirakū,
한(汗)의 법도대로 바르게 관할하겠습니다. 악한 자와 선한 자를, 체면을 봐주지 않고,

niyaman hūncihin seme haršarakū, bata kimun seme
친인척이라 하여 감싸지 않고, 원수라 하여

gidarakū, sain be sain, ehe be ehe seme
억압하지 않고, 선을 선, 악을 악이라고

⇦ han de alambi, tuttu tondoi fafularakū ehe miosihon jurgan i yabuci,
한(汗)께 고하겠습니다. 그렇게 바르게 법령으로 다스리지 않고 사악한 법도로 행하면,

⇦ han de waka sabufi weile bahafi boo yadakini, beye bucekini,
한(汗)께 잘못이 발각되어 벌을 받아서 집은 곤궁해지고 제 몸은 죽어도 좋습니다.

⇦ han i tacibuha tondo fafun be jurcerakū banjici, mini juse (76:14b)
한(汗)께서 가르치신 바른 법도를 어기지 않고 살면, 저의 자손이

omosi jalan halame
대를 이어

⇦ han de gosibume wesihun banjikini.
한(汗)께 사랑받으며 귀하게 살 것입니다.

○ iogi afuni,
유격 Afuni는

⇦ han i pai be gaifi, mini kadalara emu jalan i sunja
한(汗)의 패를 받들고 제가 관할하는 한 잘란 다섯

nirui cooha be fujiyang ci fakcarakū, fujiyang ci
니루의 군사를 이끌고 부장에게서 이탈하지 않겠습니다. 부장에게서

fakcaha de, afuni mimbe wakini, fakcarakūci, fujiyang (76:15a)
이탈했을 때에는, Afuni 저를 죽이셔도 좋습니다. 이탈하지 않으면, 부장이

fakcahakū seme wesihun
이탈하지 않았다고 높으신

⇦ han de ala,
한(汗)께 알리십시오.

⇦ han i fafun i tondoi kadalambi, ehe sain be dere banirakū,
한(汗)의 법도대로 바르게 관할하겠습니다. 악한 자와 선한 자를, 체면을 봐주지 않고,

niyaman hūncihin seme haršarakū, bata kimun seme
친인척이라 하여 감싸지 않고, 원수라 하여

gidarakū, sain be sain, ehe be ehe seme
억압하지 않고, 선을 선, 악을 악이라고

⇦ han de alambi, tuttu tondoi fafularakū ehe miosihon jurgan i yabuci,
한(汗)께 고하겠습니다. 그렇게 바르게 법령으로 다스리지 않고 사악한 법도로 행하면,

⇦ han de waka sabufi weile bahafi boo yadakini, beye bucekini, (76:15b)
한(汗)께 잘못이 발각되어 벌을 받아서 집은 곤궁해지고 제 몸은 죽어도 좋습니다.

⇦ han i tacibuha tondo fafun be jurcerakū banjici, mini juse
한(汗)께서 가르치신 바른 법도를 어기지 않고 살면, 저의 자손이

omosi jalan halame
대를 이어

⇦ han de gosibume wesihun banjikini.
한(汗)께 사랑받으며 귀하게 살 것입니다.

○ iogi yarna,
유격 Yarna는

⇦ han i pai be gaifi, mini kadalara emu jalan i sunja
한(汗)의 패를 받들고 제가 관할하는 한 잘란 다섯

nirui cooha be fujiyang ci fakcarakū, fujiyang ci (76:16a)
니루의 군사를 이끌고 부장에게서 이탈하지 않겠습니다. 부장에게서

fakcaha de, yarna mimbe wakini, fakcarakūci, fujiyang
이탈했을 때에는, Yarna 저를 죽이셔도 좋습니다. 이탈하지 않으면, 부장이

fakcahakū seme wesihun
이탈하지 않았다고 높으신

⇦ han de ala,
한(汗)께 알리십시오.

⇦ han i fafun i tondoi kadalambi, ehe sain be dere banirakū,
한(汗)의 법도대로 바르게 관할하겠습니다. 악한 자와 선한 자를, 체면을 봐주지 않고,

niyaman hūncihin seme haršarakū, bata kimun seme
친인척이라 하여 감싸지 않고, 원수라 하여

gidarakū, sain be sain, ehe be ehe seme
억압하지 않고, 선을 선, 악을 악이라고

⇦ han de alambi, tuttu tondoi fafularakū ehe miosihon jurgan i yabuci, (76:16b)
한(汗)께 고하겠습니다. 그렇게 바르게 법령으로 다스리지 않고 사악한 법도로 행하면,

⇦ han de waka sabufi weile bahafi boo yadakini, beye bucekini,
한(汗)께 잘못이 발각되어 벌을 받아서 집은 곤궁해지고 제 몸은 죽어도 좋습니다.

⇦ han i tacibuha tondo fafun be jurcerakū banjici, mini juse
한(汗)께서 가르치신 바른 법도를 어기지 않고 살면, 저의 자손이

omosi jalan halame
대를 이어

⇦ han de gosibume wesihun banjikini.
한(汗)께 사랑받으며 귀하게 살 것입니다.

○ tsanjiyang irešen,
참장(參將) Irešen은

⇦ han i pai be gaifi, mini kadalara emu jalan i sunja (76:17a)
한(汗)의 패를 받들고 제가 관할하는 한 잘란 다섯

nirui cooha be fujiyang ci fakcarakū, fujiyang ci
니루의 군사를 이끌고 부장에게서 이탈하지 않겠습니다. 부장에게서

fakcaha de, irešen mimbe wakini, fakcarakūci, fujiyang
이탈했을 때에는, Irešen 저를 죽이셔도 좋습니다. 이탈하지 않으면, 부장이

fakcahakū seme wesihun
이탈하지 않았다고 높으신

⇦ han de ala,
한(汗)께 알리십시오.

⇦ han i fafun i tondoi kadalambi, ehe sain be dere banirakū,
한(汗)의 법도대로 바르게 관할하겠습니다. 악한 자와 선한 자를, 체면을 봐주지 않고,

niyaman hūncihin seme haršarakū, bata kimun seme
친인척이라 하여 감싸지 않고, 원수라 하여

gidarakū, sain be sain, ehe be ehe seme (76:17b)
억압하지 않고, 선을 선, 악을 악이라고

⇦ han de alambi, tuttu tondoi fafularakū ehe miosihon jurgan i yabuci,
한(汗)께 고하겠습니다. 그렇게 바르게 법령으로 다스리지 않고 사악한 법도로 행하면,

⇦ han de waka sabufi weile bahafi boo yadakini, beye bucekini,
한(汗)께 잘못이 발각되어 벌을 받아서 집은 곤궁해지고 제 몸은 죽어도 좋습니다.

⇦ han i tacibuha tondo fafun be jurcerakū banjici, mini juse
한(汗)께서 가르치신 바른 법도를 어기지 않고 살면, 저의 자손이

omosi jalan halame
대를 이어

⇦ han de gosibume wesihun banjikini.
한(汗)께 사랑받으며 귀하게 살 것입니다.

○ iogi yambulu, (76:18a)
유격 Yambulu는

⇦ han i pai be gaifi, mini kadalara emu jalan i sunja
한(汗)의 패를 받들고 제가 관할하는 한 잘란 다섯

nirui cooha be fujiyang ci fakcarakū, fujiyang ci
니루의 군사를 이끌고 부장에게서 이탈하지 않겠습니다. 부장에게서

fakcaha de, yambulu mimbe wakini, fakcarakūci, fujiyang
이탈했을 때에는, Yambulu 저를 죽이셔도 좋습니다. 이탈하지 않으면, 부장이

fakcahakū seme wesihun
이탈하지 않았다고 높으신

⇦ han de ala,

한(汗)께 알리십시오.

⇦ han i fafun i tondoi kadalambi, ehe sain be dere banirakū,

한(汗)의 법도대로 바르게 관할하겠습니다. 악한 자와 선한 자를, 체면을 봐주지 않고,

niyaman hūncihin seme haršarakū, bata kimun seme (76:18b)

친인척이라 하여 감싸지 않고, 원수라 하여

gidarakū, sain be sain, ehe be ehe seme

억압하지 않고, 선을 선, 악을 악이라고

⇦ han de alambi, tuttu tondoi fafularakū ehe miosihon jurgan i yabuci,

한(汗)께 고하겠습니다. 그렇게 바르게 법령으로 다스리지 않고 사악한 법도로 행하면,

⇦ han de waka sabufi weile bahafi boo yadakini, beye bucekini,

한(汗)께 잘못이 발각되어 벌을 받아서 집은 곤궁해지고 제 몸은 죽어도 좋습니다.

⇦ han i tacibuha tondo fafun be jurcerakū banjici, mini juse

한(汗)께서 가르치신 바른 법도를 어기지 않고 살면, 저의 자손이

omosi jalan halame

대를 이어

⇦ han de gosibume wesihun banjikini.

한(汗)께 사랑받으며 귀하게 살 것입니다.

(76:19a)

○ iogi jergene,

유격 Jergene는

⇦ han i pai be gaifi, mini kadalara emu jalan i sunja

한(汗)의 패를 받들고 제가 관할하는 한 잘란 다섯

nirui cooha be fujiyang ci fakcarakū, fujiyang ci

니루의 군사를 이끌고 부장에게서 이탈하지 않겠습니다. 부장에게서

fakcaha de, jergene mimbe wakini, fakcarakūci, fujiyang
이탈했을 때에는, Jergene 저를 죽이셔도 좋습니다. 이탈하지 않으면, 부장이

fakcahakū seme wesihun
이탈하지 않았다고 높으신

⇦ han de ala,
한(汗)께 알리십시오.

⇦ han i fafun i tondoi kadalambi, ehe sain be dere banirakū, (76:19b)
한(汗)의 법도대로 바르게 관할하겠습니다. 악한 자와 선한 자를, 체면을 봐주지 않고,

niyaman hūncihin seme haršarakū, bata kimun seme
친인척이라 하여 감싸지 않고, 원수라 하여

gidarakū, sain be sain, ehe be ehe seme
억압하지 않고, 선을 선, 악을 악이라고

⇦ han de alambi, tuttu tondoi fafularakū ehe miosihon jurgan i yabuci,
한(汗)께 고하겠습니다. 그렇게 바르게 법령으로 다스리지 않고 사악한 법도로 행하면,

⇦ han de waka sabufi weile bahafi boo yadakini, beye bucekini,
한(汗)께 잘못이 발각되어 벌을 받아서 집은 곤궁해지고 제 몸은 곤궁해져도 좋습니다.

⇦ han i tacibuha tondo fafun be jurcerakū banjici, mini juse
한(汗)께서 가르치신 바른 법도를 어기지 않고 살면, 저의 자손이

omosi jalan halame
대를 이어

⇦ han de gosibume wesihun banjikini. (76:20a)
한(汗)께 사랑받으며 귀하게 살 것입니다.

○ iogi sulhio,
유격 Sulhio는

⇦ han i pai be gaifi, mini kadalara emu jalan i sunja
한(汗)의 패를 받들고 제가 관할하는 한 잘란 다섯

nirui cooha be fujiyang ci fakcarakū, fujiyang ci
니루의 군사를 이끌고 부장에게서 이탈하지 않겠습니다. 부장에게서

fakcaha de, sulhio mimbe wakini, fakcarakūci, fujiyang
이탈했을 때에는, Sulhio 저를 죽여도 좋습니다. 이탈하지 않으면, 부장이

fakcahakū seme wesihun
이탈하지 않았다고 높으신

⇦ han de ala, (76:20b)
한(汗)께 알리십시오.

⇦ han i fafun i tondoi kadalambi, ehe sain be dere banirakū,
한(汗)의 법도대로 바르게 관할하겠습니다. 악한 자와 선한 자를, 체면을 봐주지 않고,

niyaman hūncihin seme haršarakū, bata kimun seme
친인척이라 하여 감싸지 않고, 원수라 하여

gidarakū, sain be sain, ehe be ehe seme
억압하지 않고, 선을 선, 악을 악이라고

⇦ han de alambi, tuttu tondoi fafularakū ehe miosihon jurgan i yabuci,
한(汗)께 고하겠습니다. 그렇게 바르게 법령으로 다스리지 않고 사악한 법도로 행하면,

⇦ han de waka sabufi weile bahafi boo yadakini, beye bucekini,
한(汗)께 잘못이 발각되어 벌을 받아서 집은 곤궁해지고 제 몸은 죽어도 좋습니다.

⇦ han i tacibuha tondo fafun be jurcerakū banjici, mini juse
한(汗)께서 가르치신 바른 법도를 어기지 않고 살면, 저의 자손이

omosi jalan halame (76:21a)
대를 이어

⇦ han de gosibume wesihun banjikini.
한(汗)께 사랑받으며 귀하게 살 것입니다.

○ iogi karkaji,
유격 Karkaji는

⇦ han i pai be gaifi, mini kadalara emu jalan i sunja
한(汗)의 패를 받들고 제가 관할하는 한 잘란 다섯

nirui cooha be fujiyang ci fakcarakū, fujiyang ci
니루의 군사를 이끌고 부장에게서 이탈하지 않겠습니다. 부장에게서

fakcaha de, karkaji mimbe wakini, fakcarakūci, fujiyang
이탈했을 때에는, Karkaji 저를 죽이셔도 좋습니다. 이탈하지 않으면, 부장이

fakcahakū seme wesihun (76:21b)
이탈하지 않았다고 높으신

⇦ han de ala,
한(汗)께 알리십시오.

⇦ han i fafun i tondoi kadalambi, ehe sain be dere banirakū,
한(汗)의 법도대로 바르게 관할하겠습니다. 악한 자와 선한 자를, 체면을 봐주지 않고,

niyaman hūncihin seme haršarakū, bata kimun seme
친인척이라 하여 감싸지 않고, 원수라 하여

gidarakū, sain be sain, ehe be ehe seme
억압하지 않고, 선을 선, 악을 악이라고

⇦ han de alambi, tuttu tondoi fafularakū ehe miosihon jurgan i yabuci,
한(汗)께 고하겠습니다. 그렇게 바르게 법령으로 다스리지 않고 사악한 법도로 행하면,

⇦ han de waka sabufi weile bahafi boo yadakini, beye bucekini,
한(汗)께 잘못이 발각되어 벌을 받아서 집은 곤궁해지고 제 몸은 죽어도 좋습니다.

⇦ han i tacibuha tondo fafun be jurcerakū banjici, mini juse (76:22a)
한(汗)께서 가르치신 바른 법도를 어기지 않고 살면, 저의 자손이

omosi jalan halame
대를 이어

⇦ han de gosibume wesihun banjikini.
한(汗)께 사랑받으며 귀하게 살 것입니다.

○ iogi kūwahū,
유격 Kūwahū는

⇦ han i pai be gaifi, mini kadalara emu jalan i sunja
한(汗)의 패를 받들고 제가 관할하는 한 잘란 다섯

nirui cooha be fujiyang ci fakcarakū, fujiyang ci
니루의 군사를 이끌고 부장에게서 이탈하지 않겠습니다. 부장에게서

fakcaha de, kūwahū mimbe wakini, fakcarakūci, fujiyang (76:22b)
이탈했을 때에는, Kūwahū 저를 죽이셔도 좋습니다. 이탈하지 않으면, 부장이

fakcahakū seme wesihun
이탈하지 않았다고 높으신

⇦ han de ala,
한(汗)께 알리십시오.

⇦ han i fafun i tondoi kadalambi, ehe sain be dere banirakū,
한(汗)의 법도대로 바르게 관할하겠습니다. 악한 자와 선한 자를, 체면을 봐주지 않고,

niyaman hūncihin seme haršarakū, bata kimun seme
친인척이라 하여 감싸지 않고, 원수라 하여

gidarakū, sain be sain, ehe be ehe seme
억압하지 않고, 선을 선, 악을 악이라고

⇦ han de alambi, tuttu tondoi fafularakū ehe miosihon jurgan i yabuci,
한(汗)께 고하겠습니다. 그렇게 바르게 법령으로 다스리지 않고 사악한 법도로 행하면,

⇦ han de waka sabufi weile bahafi boo yadakini, beye bucekini, (76:23a)
한(汗)께 잘못이 발각되어 벌을 받아서 집은 곤궁해지고 제 몸은 죽어도 좋습니다.

⇦ han i tacibuha tondo fafun be jurcerakū banjici, mini juse

한(汗)께서 가르치신 바른 법도를 어기지 않고 살면, 저의 자손이

omosi jalan halame

대를 이어

⇦ han de gosibume wesihun banjikini.

한(汗)께 사랑받으며 귀하게 살 것입니다.

○ iogi babuhū,

유격 Babuhū는

⇦ han i pai be gaifi, mini kadalara emu jalan i sunja

한(汗)의 패를 받들고 제가 관할하는 한 잘란 다섯

nirui cooha be fujiyang ci fakcarakū, fujiyang ci (76:23b)

니루의 군사를 이끌고 부장에게서 이탈하지 않겠습니다. 부장에게서

fakcaha de, babuhū mimbe wakini, fakcarakūci, fujiyang

이탈했을 때에는, Babuhū 저를 죽이셔도 좋습니다. 이탈하지 않으면, 부장이

fakcahakū seme wesihun

이탈하지 않았다고 높으신

⇦ han de ala,

한(汗)께 알리십시오.

⇦ han i fafun i tondoi kadalambi, ehe sain be dere banirakū,

한(汗)의 법도대로 바르게 관할하겠습니다. 악한 자와 선한 자를, 체면을 봐주지 않고,

niyaman hūncihin seme haršarakū, bata kimun seme

친인척이라 하여 감싸지 않고, 원수라 하여

gidarakū, sain be sain, ehe be ehe seme

억압하지 않고, 선을 선, 악을 악이라고

⇦ han de alambi, tuttu tondoi fafularakū ehe miosihon jurgan i yabuci, (76:24a)
한(汗)께 고하겠습니다. 그렇게 바르게 법령으로 다스리지 않고 사악한 법도로 행하면,

⇦ han de waka sabufi weile bahafi boo yadakini, beye bucekini,
한(汗)께 잘못이 발각되어 벌을 받아서 집은 곤궁해지고 제 몸은 죽어도 좋습니다.

⇦ han i tacibuha tondo fafun be jurcerakū banjici, mini juse
한(汗)께서 가르치신 바른 법도를 어기지 않고 살면, 저의 자손이

omosi jalan halame
대를 이어

⇦ han de gosibume wesihun banjikini.
한(汗)께 사랑받으며 귀하게 살 것입니다.

제77권

여러 대인이 맹세한 글이다. 연월을 적지 않았다.

nadanju nadaci debtelin,
geren ambasai gashūha
bithe, aniya biya
ejehekūbi.

tongki fuka sindaha hergen i dangse. (77:1a)
유권점 당안

◯ beiguwan doksoho,
비어(備禦) Doksoho는

⇦ han i pai be gaifi, mini kadalara emu nirui cooha be
한(汗)의 패(牌)를 받들고 제가 관할하는 한 니루의 군사를 이끌고

iogi tsanjiyang ci fakcarakū, fakcaha de, doksoho mimbe
유격(遊擊)과 참장(參將)에게서 이탈하지 않겠습니다. 이탈했을 때에는, Doksoho 저를

wakini, fakcarakūci, iogi tsanjiyang fakcahakū seme wesihun
죽이셔도 좋습니다. 이탈하지 않으면, 유격과 참장이 이탈하지 않았다고 높으신

⇦ han de ala,
한(汗)께 알리십시오.

⇦ han i fafun i tondoi kadalambi, ehe sain be dere banirakū,
한(汗)의 법도대로 바르게 관할하겠습니다. 악한 자와 선한 자를, 체면을 봐주지 않고,

niyaman hūncihin seme haršarakū, bata kimun seme (77:1b)
친인척이라 하여 감싸지 않고, 원수라 하여

gidarakū, sain be sain, ehe be ehe seme
억압하지 않고, 선을 선, 악을 악이라고

⇦ han de alambi, tuttu tondoi fafularakū ehe miosihon jurgan i yabuci,
한(汗)께 고하겠습니다. 그렇게 바르게 법령으로 다스리지 않고 사악한 법도로 행하면,

⇦ han de waka sabufi weile bahafi boo yadakini, beye bucekini,
한(汗)께 잘못이 발각되어 벌을 받아서 집은 곤궁해지고 제 몸은 죽어도 좋습니다.

⇦ han i tacibuha tondo fafun be jurcerakū banjici, mini juse
한(汗)께서 가르치신 바른 법도를 어기지 않고 살면, 저의 자손이

omosi jalan halame
대를 이어

⇦ han de gosibume wesihun banjikini.
한(汗)께 사랑받으며 귀하게 살 것입니다.

(77:2a)

○ beiguwan nantai,
비어 Nantai는

⇦ han i pai be gaifi, mini kadalara emu nirui cooha be
한(汗)의 패를 받들고 제가 관할하는 한 니루의 군사를 이끌고

iogi tsanjiyang ci fakcarakū, fakcaha de, nantai mimbe
유격과 참장에게서 이탈하지 않겠습니다. 이탈했을 때에는, Nantai 저를

wakini, fakcarakūci, iogi tsanjiyang fakcahakū seme wesihun
죽이셔도 좋습니다. 이탈하지 않으면, 유격과 참장이 이탈하지 않았다고 높으신

⇦ han de ala,
한(汗)께 알리십시오.

⇦ han i fafun i tondoi kadalambi, ehe sain be dere banirakū,
한(汗)의 법도대로 바르게 관할하겠습니다. 악한 자와 선한 자를, 체면을 봐주지 않고,

niyaman hūncihin seme haršarakū, bata kimun seme (77:2b)
친인척이라 하여 감싸지 않고, 원수라 하여

gidarakū, sain be sain, ehe be ehe seme
억압하지 않고, 선을 선, 악을 악이라고

⇦ han de alambi, tuttu tondoi fafularakū ehe miosihon jurgan i yabuci,
한(汗)께 고하겠습니다. 그렇게 바르게 법령으로 다스리지 않고 사악한 법도로 행하면,

⇦ han de waka sabufi weile bahafi boo yadakini, beye bucekini,
한(汗)께 잘못이 발각되어 벌을 받아서 집은 곤궁해지고 제 몸은 죽어도 좋습니다.

⇦ han i tacibuha tondo fafun be jurcerakū banjici, mini juse
한(汗)께서 가르치신 바른 법도를 어기지 않고 살면, 저의 자손이

omosi jalan halame
대를 이어

⇦ han de gosibume wesihun banjikini.
한(汗)께 사랑받으며 귀하게 살 것입니다.

(77:3a)

○ beiguwan hūwaktaka,
비어 Hūwaktaka는

⇦ han i pai be gaifi, mini kadalara emu nirui cooha be
한(汗)의 패를 받들고 제가 관할하는 한 니루의 군사를 이끌고

iogi tsanjiyang ci fakcarakū, fakcaha de, hūwaktaka mimbe
유격과 참장에게서 이탈하지 않겠습니다. 이탈했을 때에는, Hūwaktaka 저를

wakini, fakcarakūci, iogi tsanjiyang fakcahakū seme wesihun
죽이셔도 좋습니다. 이탈하지 않으면, 유격과 참장이 이탈하지 않았다고 높으신

⇦ han de ala,
한(汗)께 알리십시오.

⇦ han i fafun i tondoi kadalambi, ehe sain be dere banirakū,
한(汗)의 법도대로 바르게 관할하겠습니다. 악한 자와 선한 자를, 체면을 봐주지 않고,

niyaman hūncihin seme haršarakū, bata kimun seme (77:3b)
친인척이라 하여 감싸지 않고, 원수라 하여

gidarakū, sain be sain, ehe be ehe seme
억압하지 않고, 선을 선, 악을 악이라고

⇦ han de alambi, tuttu tondoi fafularakū ehe miosihon jurgan i yabuci,
한(汗)께 고하겠습니다. 그렇게 바르게 법령으로 다스리지 않고 사악한 법도로 행하면,

⇦ han de waka sabufi weile bahafi boo yadakini, beye bucekini,
한(汗)께 잘못이 발각되어 벌을 받아서 집은 곤궁해지고 제 몸은 죽어도 좋습니다.

⇦ han i tacibuha tondo fafun be jurcerakū banjici, mini juse
한(汗)께서 가르치신 바른 법도를 어기지 않고 살면, 저의 자손이

omosi jalan halame
대를 이어

⇦ han de gosibume wesihun banjikini.
한(汗)께 사랑받으며 귀하게 살 것입니다.

(77:4a)

○ beiguwan abutai,
비어 Abutai는

⇦ han i pai be gaifi, mini kadalara emu nirui cooha be
한(汗)의 패를 받들고 제가 관할하는 한 니루의 군사를 이끌고

iogi tsanjiyang ci fakcarakū, fakcaha de, abutai mimbe
유격과 참장에게서 이탈하지 않겠습니다. 이탈했을 때에는, Abutai 저를

wakini, fakcarakūci, iogi tsanjiyang fakcahakū seme wesihun
죽이셔도 좋습니다. 이탈하지 않으면, 유격과 참장이 이탈하지 않았다고 높으신

⇦ han de ala,
한(汗)께 알리십시오.

⇦ han i fafun i tondoi kadalambi, ehe sain be dere banirakū,
한(汗)의 법도대로 바르게 관할하겠습니다. 악한 자와 선한 자를, 체면을 봐주지 않고,

niyaman hūncihin seme haršarakū, bata kimun seme (77:4b)
친인척이라 하여 감싸지 않고, 원수라 하여

gidarakū, sain be sain, ehe be ehe seme
억압하지 않고, 선을 선, 악을 악이라고

⇦ han de alambi, tuttu tondoi fafularakū ehe miosihon jurgan i yabuci,
한(汗)께 고하겠습니다. 그렇게 바르게 법령으로 다스리지 않고 사악한 법도로 행하면,

⇦ han de waka sabufi weile bahafi boo yadakini, beye bucekini,
한(汗)께 잘못이 발각되어 벌을 받아서 집은 곤궁해지고 제 몸은 죽어도 좋습니다.

⇦ han i tacibuha tondo fafun be jurcerakū banjici, mini juse
한(汗)께서 가르치신 바른 법도를 어기지 않고 살면, 저의 자손이

omosi jalan halame
대를 이어

⇦ han de gosibume wesihun banjikini.
한(汗)께 사랑받으며 귀하게 살 것입니다.

(77:5a)

○ beiguwan [原檔殘缺]
비어 □□□는

⇦ han i pai be gaifi mini kadalara emu nirui cooha be
한(汗)의 패를 받들고 제가 관할하는 한 니루의 군사를 이끌고

iogi tsanjiyang ci fakcarakū, fakcaha de, [原檔殘缺] mimbe
유격과 참장에게서 이탈하지 않겠습니다. 이탈했을 때에는, □□□ 저를

wakini, fakcarakūci, iogi tsanjiyang fakcahakū seme wesihun
죽이셔도 좋습니다. 이탈하지 않으면, 유격과 참장이 이탈하지 않았다고 높으신

⇦ han de ala,
한(汗)께 알리십시오.

⇦ han i fafun i tondoi kadalambi, ehe sain be dere banirakū,
한(汗)의 법도대로 바르게 관할하겠습니다. 악한 자와 선한 자를, 체면을 봐주지 않고,

niyaman hūncihin seme haršarakū, bata kimun seme (77:5b)
친인척이라 하여 감싸지 않고, 원수라 하여

gidarakū, sain be sain, ehe be ehe seme
억압하지 않고, 선을 선, 악을 악이라고

⇦ han de alambi, tuttu tondoi fafularakū ehe miosihon jurgan i yabuci,
한(汗)께 고하겠습니다. 그렇게 바르게 법령으로 다스리지 않고 사악한 법도로 행하면,

⇦ han de waka sabufi weile bahafi boo yadakini, beye bucekini,
한(汗)께 잘못이 발각되어 벌을 받아서 집은 곤궁해지고 제 몸은 죽어도 좋습니다.

⇦ han i tacibuha tondo fafun be jurcerakū banjici, mini juse
한(汗)께서 가르치신 바른 법도를 어기지 않고 살면, 저의 자손이

omosi jalan halame
대를 이어

⇦ han de gosibume wesihun banjikini.
한(汗)께 사랑받으며 귀하게 살 것입니다.

(77:6a)

○ beiguwan congjika,
비어 Congjika는

⇦ han i pai be gaifi, mini kadalara emu nirui cooha be
한(汗)의 패를 받들고 제가 관할하는 한 니루의 군사를 이끌고

iogi tsanjiyang ci fakcarakū, fakcaha de, congjika mimbe wakini,
유격과 참장에게서 이탈하지 않겠습니다. 이탈했을 때에는, Congjika 저를 죽이셔도 좋습니다.

fakcarakūci, iogi tsanjiyang fakcahakū seme wesihun
이탈하지 않으면, 유격과 참장이 이탈하지 않았다고 높으신

⇦ han de ala,
한(汗)께 알리십시오.

⇦ han i fafun i tondoi kadalambi, ehe sain be dere banirakū,
한(汗)의 법도대로 바르게 관할하겠습니다. 악한 자와 선한 자를, 체면을 봐주지 않고,

niyaman hūncihin seme haršarakū, bata kimun seme (77:6b)
친인척이라 하여 감싸지 않고, 원수라 하여

gidarakū, sain be sain, ehe be ehe seme
억압하지 않고, 선을 선, 악을 악이라고

⇦ han de alambi, tuttu tondoi fafularakū ehe miosihon jurgan i yabuci,
한(汗)께 고하겠습니다. 그렇게 바르게 법령으로 다스리지 않고 사악한 법도로 행하면,

⇦ han de waka sabufi weile bahafi boo yadakini, beye bucekini,
한(汗)께 잘못이 발각되어 벌을 받아서 집은 곤궁해지고 제 몸은 죽어도 좋습니다.

⇦ han i tacibuha tondo fafun be jurcerakū banjici, mini juse
한(汗)께서 가르치신 바른 법도를 어기지 않고 살면, 저의 자손이

omosi jalan halame
대를 이어

⇦ han de gosibume wesihun banjikini.
한(汗)께 사랑받으며 귀하게 살 것입니다.

(77:7a)

○ beiguwan burantai,
비어 Burantai는

⇦ han i pai be gaifi, mini kadalara emu nirui cooha be
한(汗)의 패를 받들고 제가 관할하는 한 니루의 군사를 이끌고

iogi tsanjiyang ci fakcarakū, fakcaha de, burantai mimbe
유격과 참장에게서 이탈하지 않겠습니다. 이탈했을 때에는, Burantai 저를

wakini, fakcarakūci, iogi tsanjiyang fakcahakū seme wesihun
죽이셔도 좋습니다. 이탈하지 않으면, 유격과 참장이 이탈하지 않았다고 높으신

⇦ han de ala,
한(汗)께 알리십시오.

⇦ han i fafun i tondoi kadalambi, ehe sain be dere banirakū,
한(汗)의 법도대로 바르게 관할하겠습니다. 악한 자와 선한 자를, 체면을 봐주지 않고,

niyaman hūncihin seme haršarakū, bata kimun seme (77:7b)
친인척이라 하여 감싸지 않고, 원수라 하여

gidarakū, sain be sain, ehe be ehe seme
억압하지 않고, 선을 선, 악을 악이라고

⇦ han de alambi, tuttu tondoi fafularakū ehe miosihon jurgan i yabuci,
한(汗)께 고하겠습니다. 그렇게 바르게 법령으로 다스리지 않고 사악한 법도로 행하면,

⇦ han de waka sabufi weile bahafi boo yadakini, beye bucekini,
한(汗)께 잘못이 발각되어 벌을 받아서 집은 곤궁해지고 제 몸은 죽어도 좋습니다.

⇦ han i tacibuha tondo fafun be jurcerakū banjici, mini juse
한(汗)께서 가르치신 바른 법도를 어기지 않고 살면, 저의 자손이

omosi jalan halame
대를 이어

⇦ han de gosibume wesihun banjikini.
한(汗)께 사랑받으며 귀하게 살 것입니다.

(77:8a)

○ beiguwan muhaliyan,
비어 Muhaliyan은

⇦ han i pai be gaifi, mini kadalara emu nirui cooha be
한(汗)의 패를 받들고 제가 관할하는 한 니루의 군사를 이끌고

iogi tsanjiyang ci fakcarakū, fakcaha de, muhaliyan mimbe
유격과 참장에게서 이탈하지 않겠습니다. 이탈했을 때에는, Muhaliyan 저를

wakini, fakcarakūci, iogi tsanjiyang fakcahakū seme wesihun
죽이셔도 좋습니다. 이탈하지 않으면, 유격과 참장이 이탈하지 않았다고 높으신

⇦ han de ala,
한(汗)께 알리십시오.

⇦ han i fafun i tondoi kadalambi, ehe sain be dere banirakū,
한(汗)의 법도대로 바르게 관할하겠습니다. 악한 자와 선한 자를, 체면을 봐주지 않고,

niyaman hūncihin seme haršarakū, bata kimun seme (77:8b)
친인척이라 하여 감싸지 않고, 원수라 하여

gidarakū, sain be sain, ehe be ehe seme
억압하지 않고, 선을 선, 악을 악이라고

⇦ han de alambi, tuttu tondoi fafularakū ehe miosihon jurgan i yabuci,
한(汗)께 고하겠습니다. 그렇게 바르게 법령으로 다스리지 않고 사악한 법도로 행하면,

⇦ han de waka sabufi weile bahafi boo yadakini, beye bucekini,
한(汗)께 잘못이 발각되어 벌을 받아서 집은 곤궁해지고 제 몸은 죽어도 좋습니다.

⇦ han i tacibuha tondo fafun be jurcerakū banjici, mini juse
한(汗)께서 가르치신 바른 법도를 어기지 않고 살면, 저의 자손이

omosi jalan halame
대를 이어

⇦ han de gosibume wesihun banjikini.
한(汗)께 사랑받으며 귀하게 살 것입니다.

(77:9a)

○ beiguwan tuntasi,
비어 Tuntasi는

⇦ han i pai be gaifi, mini kadalara emu nirui cooha be
한(汗)의 패를 받들고 제가 관할하는 한 니루의 군사를 이끌고

iogi tsanjiyang ci fakcarakū, fakcaha de, tuntasi mimbe
유격과 참장에게서 이탈하지 않겠습니다. 이탈했을 때에는, Tuntasi 저를

wakini, fakcarakūci, iogi tsanjiyang fakcahakū seme wesihun
죽이셔도 좋습니다. 이탈하지 않으면, 유격과 참장이 이탈하지 않았다고 높으신

⇦ han de ala,
한(汗)께 알리십시오.

⇦ han i fafun i tondoi kadalambi, ehe sain be dere banirakū,
한(汗)의 법도대로 바르게 관할하겠습니다. 악한 자와 선한 자를, 체면을 봐주지 않고,

niyaman hūncihin seme haršarakū, bata kimun seme (77:9b)
친인척이라 하여 감싸지 않고, 원수라 하여

gidarakū, sain be sain, ehe be ehe seme
억압하지 않고, 선을 선, 악을 악이라고

⇦ han de alambi, tuttu tondoi fafularakū ehe miosihon jurgan i yabuci,
한(汗)께 고하겠습니다. 그렇게 바르게 법령으로 다스리지 않고 사악한 법도로 행하면,

⇦ han de waka sabufi weile bahafi boo yadakini, beye bucekini,
한(汗)께 잘못이 발각되어 벌을 받아서 집은 곤궁해지고 제 몸은 죽어도 좋습니다.

⇦ han i tacibuha tondo fafun be jurcerakū banjici, mini juse
한(汗)께서 가르치신 바른 법도를 어기지 않고 살면, 저의 자손이

omosi jalan halame
대를 이어

⇦ han de gosibume wesihun banjikini.
한(汗)께 사랑받으며 귀하게 살 것입니다.

(77:10a)

○ beiguwan weihede,
비어 Weihede는

⇦ han i pai be gaifi, mini kadalara emu nirui cooha be
한(汗)의 패를 받들고 제가 관할하는 한 니루의 군사를 이끌고

iogi tsanjiyang ci fakcarakū, fakcaha de, weihede mimbe
유격과 참장에게서 이탈하지 않겠습니다. 이탈했을 때에는, Weihede 저를

wakini, fakcarakūci, iogi tsanjiyang fakcahakū seme wesihun
죽이셔도 좋습니다. 이탈하지 않으면, 유격과 참장이 이탈하지 않았다고 높으신

⇦ han de ala,
한(汗)께 알리십시오.

⇦ han i fafun i tondoi kadalambi, ehe sain be dere banirakū,
한(汗)의 법도대로 바르게 관할하겠습니다. 악한 자와 선한 자를, 체면을 봐주지 않고,

niyaman hūncihin seme haršarakū, bata kimun seme (77:10b)
친인척이라 하여 감싸지 않고, 원수라 하여

gidarakū, sain be sain, ehe be ehe seme
억압하지 않고, 선을 선, 악을 악이라고

⇦ han de alambi, tuttu tondoi fafularakū ehe miosihon jurgan i yabuci,
한(汗)께 고하겠습니다. 이렇게 바르게 법령으로 다스리지 않고 사악한 법도로 행하면,

⇦ han de waka sabufi weile bahafi boo yadakini, beye bucekini,
한(汗)께 잘못이 발각되어 벌을 받아서 집은 곤궁해지고 제 몸은 죽어도 좋습니다.

⇦ han i tacibuha tondo fafun be jurcerakū banjici, mini juse
한(汗)께서 가르치신 바른 법도를 어기지 않고 살면, 저의 자손이

omosi jalan halame
대를 이어

⇦ han de gosibume wesihun banjikini.
한(汗)께 사랑받으며 귀하게 살 것입니다.

(77:11a)

○ tersun beiguwan,
Tersun 비어는

⇦ han i pai be gaifi, mini kadalara emu nirui cooha be
한(汗)의 패를 받들고 제가 관할하는 한 니루의 군사를 이끌고

iogi tsanjiyang ci fakcarakū, fakcaha de, tersun mimbe
유격과 참장에게서 이탈하지 않겠습니다. 이탈했을 때에는 Tersun 저를

wakini, fakcarakūci, iogi tsanjiyang fakcahakū seme wesihun
죽이셔도 좋습니다. 이탈하지 않으면 유격과 참장이 이탈하지 않았다고 높으신

⇦ han de ala,
한(汗)께 알리십시오.

⇦ han i fafun i tondoi kadalambi, ehe sain be dere banirakū,
한(汗)의 법도대로 바르게 관할하겠습니다. 악한 자와 선한 자를, 체면을 봐주지 않고,

niyaman hūncihin seme haršarakū, bata kimun seme (77:11b)
친인척이라 하여 감싸지 않고, 원수라 하여

gidarakū, sain be sain, ehe be ehe seme
억압하지 않고, 선을 선, 악을 악이라고

⇦ han de alambi, tuttu tondoi fafularakū ehe miosihon jurgan i yabuci,
한(汗)께 고하겠습니다. 그렇게 바르게 법령으로 다스리지 않고 사악한 법도로 행하면,

⇦ han de waka sabufi weile bahafi boo yadakini, beye bucekini,
한(汗)께 잘못이 발각되어 벌을 받아서 집은 곤궁해지고 제몸은 죽어도 좋습니다.

⇦ han i tacibuha tondo fafun be jurcerakū banjici, mini juse
한(汗)께서 가르치신 바른 법도를 어기지 않고 살면, 저의 자손이

omosi jalan halame
대를 이어

⇦ han de gosibume wesihun banjikini.
한(汗)께 사랑받으며 귀하게 살 것입니다.

(77:12a)

○ wentasi beiguwan,
Wentasi 비어는

⇦ han i pai be gaifi, mini kadalara emu nirui cooha be
한(汗)의 패를 받들고 제가 관할하는 한 니루의 군사를 이끌고

iogi tsanjiyang ci fakcarakū, fakcaha de, wentasi mimbe
유격과 참장에게서 이탈하지 않겠습니다. 이탈했을 때에는 Wentasi 저를

wakini, fakcarakūci, iogi tsanjiyang fakcahakū seme wesihun
죽이셔도 좋습니다. 이탈하지 않으면 유격과 참장이 이탈하지 않았다고 높으신

⇦ han de ala,
한(汗)께 알리십시오.

⇦ han i fafun i tondoi kadalambi, ehe sain be dere banirakū,
한(汗)의 법도대로 바르게 관할하겠습니다. 악한 자와 선한 자를, 체면을 봐주지 않고,

niyaman hūncihin seme haršarakū, bata kimun seme (77:12b)
친인척이라 하여 감싸지 않고, 원수라 하여

gidarakū, sain be sain, ehe be ehe seme
억압하지 않고, 선을 선, 악을 악이라고

⇦ han de alambi, tuttu tondoi fafularakū ehe miosihon jurgan i yabuci,
한(汗)께 고하겠습니다. 그렇게 바르게 법령으로 다스리지 않고 사악한 법도로 행하면,

⇦ han de waka sabufi weile bahafi boo yadakini, beye bucekini,
한(汗)께 잘못이 발각되어 벌을 받아서 집은 곤궁해지고 몸은 죽어도 좋습니다.

⇦ han i tacibuha tondo fafun be jurcerakū banjici, mini juse
한(汗)께서 가르치신 바른 법도를 어기지 않고 살면, 저의 자손이

omosi jalan halame
대를 이어

⇦ han de gosibume wesihun banjikini.
한(汗)께 사랑받으며 귀하게 살 것입니다.

(77:13a)

○ gūsan beiguwan,
Gūsan 비어는

⇦ han i pai be gaifi, mini kadalara emu nirui cooha be
한(汗)의 패를 받들고 제가 관할하는 한 니루의 군사를 이끌고

iogi tsanjiyang ci fakcarakū, fakcaha de, gūsan mimbe
유격과 참장에게서 이탈하지 않겠습니다. 이탈했을 때에는 Gūsan 저를

wakini, fakcarakūci, iogi tsanjiyang fakcahakū seme wesihun
죽이셔도 좋습니다. 이탈하지 않으면 유격과 참장이 이탈하지 않았다고 높으신

⇦ han de ala,
한(汗)께 알리십시오.

⇦ han i fafun i tondoi kadalambi, ehe sain be dere banirakū,
한(汗)의 법도대로 바르게 관할하겠습니다. 악한 자와 선한 자를, 체면을 봐주지 않고,

niyaman hūncihin seme haršarakū, bata kimun seme (77:13b)
친인척이라 하여 감싸지 않고, 원수라 하여

gidarakū, sain be sain, ehe be ehe seme
억압하지 않고, 선을 선, 악을 악이라고

⇦ han de alambi, tuttu tondoi fafularakū ehe miosihon jurgan i yabuci,
한(汗)께 고하겠습니다. 그렇게 바르게 법령으로 다스리지 않고 사악한 법도로 행하면,

⇦ han de waka sabufi weile bahafi boo yadakini, beye bucekini,
한(汗)께 잘못이 발각되어 벌을 받아서 집은 곤궁해지고 몸은 죽어도 좋습니다.

⇦ han i tacibuha tondo fafun be jurcerakū banjici, mini juse
한(汗)께서 가르치신 바른 법도를 어기지 않고 살면, 저의 자손이

omosi jalan halame
대를 이어

⇦ han de gosibume wesihun banjikini.
한(汗)께 사랑받으며 귀하게 살 것입니다.

(77:14a)

○ otonggo beiguwan,
Otonggo 비어는

⇦ han i pai be gaifi, mini kadalara emu nirui cooha be
한(汗)의 패를 받들고 제가 관할하는 한 니루의 군사를 이끌고

iogi tsanjiyang ci fakcarakū, fakcaha de, otonggo mimbe
유격과 참장에게서 이탈하지 않겠습니다. 이탈했을 때에는 Otonggo 저를

wakini, fakcarakūci, iogi tsanjiyang fakcahakū seme wesihun
죽이셔도 좋습니다. 이탈하지 않으면 유격과 참장이 이탈하지 않았다고 높으신

⇦ han de ala,
한(汗)께 알리십시오.

⇦ han i fafun i tondoi kadalambi, ehe sain be dere banirakū,
한(汗)의 법도대로 바르게 관할하겠습니다. 악한 자와 선한 자를, 체면을 봐주지 않고,

niyaman hūncihin seme haršarakū, bata kimun seme (77:14b)
친인척이라 하여 감싸지 않고, 원수라 하여

gidarakū, sain be sain, ehe be ehe seme
억압하지 않고, 선을 선, 악을 악이라고

⇦ han de alambi, tuttu tondoi fafularakū ehe miosihon jurgan i yabuci,
한(汗)께 고하겠습니다. 그렇게 바르게 법령으로 다스리지 않고 사악한 법도로 행하면,

⇦ han de waka sabufi weile bahafi boo yadakini, beye bucekini,
한(汗)께 잘못이 발각되어 벌을 받아서 집은 곤궁해지고 몸은 죽어도 좋습니다.

⇦ han i tacibuha tondo fafun be jurcerakū banjici, mini juse
한(汗)께서 가르치신 바른 법도를 어기지 않고 살면, 저의 자손이

omosi jalan halame
대를 이어

⇦ han de gosibume wesihun banjikini.
한(汗)께 사랑받으며 귀하게 살 것입니다.

(77:15a)

○ udahai beiguwan,
Udahai 비어는

⇦ han i pai be gaifi, mini kadalara emu nirui cooha be
한(汗)의 패를 받들고 제가 관할하는 한 니루의 군사를 이끌고

iogi tsanjiyang ci fakcarakū, fakcaha de, udahai mimbe
유격과 참장에게서 이탈하지 않겠습니다. 이탈했을 때에는 Udahai 저를

wakini, fakcarakūci, iogi tsanjiyang fakcahakū seme wesihun
죽이셔도 좋습니다. 이탈하지 않으면 유격과 참장이 이탈하지 않았다고 높으신

⇦ han de ala,
한(汗)께 알리십시오.

⇦ han i fafun i tondoi kadalambi, ehe sain be dere banirakū,
한(汗)의 법도대로 바르게 관할하겠습니다. 악한 자와 선한 자를, 체면을 봐주지 않고,

niyaman hūncihin seme haršarakū, bata kimun seme (77:15b)
친인척이라 하여 감싸지 않고, 원수라 하여

gidarakū, sain be sain, ehe be ehe seme
억압하지 않고, 선을 선, 악을 악이라고

⇦ han de alambi, tuttu tondoi fafularakū ehe miosihon jurgan i yabuci,
한(汗)께 고하겠습니다. 그렇게 바르게 법령으로 다스리지 않고 사악한 법도로 행하면,

⇦ han de waka sabufi weile bahafi boo yadakini, beye bucekini,
한(汗)께 잘못이 발각되어 벌을 받아서 집은 곤궁해지고 몸은 죽어도 좋습니다.

⇦ han i tacibuha tondo fafun be jurcerakū banjici, mini juse
한(汗)께서 가르치신 바른 법도를 어기지 않고 살면, 저의 자손이

omosi jalan halame
대를 이어

⇦ han de gosibume wesihun banjikini.
한(汗)께 사랑받으며 귀하게 살 것입니다.

(77:16a)

○ borhoi beiguwan,
Borhoi 비어는

⇦ han i pai be gaifi, mini kadalara emu nirui cooha be
한(汗)의 패를 받들고 제가 관할하는 한 니루의 군사를 이끌고

iogi tsanjiyang ci fakcarakū, fakcaha de, borhoi mimbe
유격과 참장에게서 이탈하지 않겠습니다. 이탈했을 때에는 Borhoi 저를

wakini, fakcarakūci, iogi tsanjiyang fakcahakū seme wesihun
죽이셔도 좋습니다. 이탈하지 않으면 유격과 참장이 이탈하지 않았다고 높으신

⇦ han de ala,
한(汗)께 알리십시오.

⇦ han i fafun i tondoi kadalambi, ehe sain be dere banirakū,
한(汗)의 법도대로 바르게 관할하겠습니다. 악한 자와 선한 자를, 체면을 봐주지 않고,

niyaman hūncihin seme haršarakū, bata kimun seme (77:16b)
친인척이라 하여 감싸지 않고, 원수라 하여

gidarakū, sain be sain, ehe be ehe seme
억압하지 않고, 선을 선, 악을 악이라고

⇦ han de alambi, tuttu tondoi fafularakū ehe miosihon jurgan i yabuci,
한(汗)께 고하겠습니다. 그렇게 바르게 법령으로 다스리지 않고 사악한 법도로 행하면,

⇦ han de waka sabufi weile bahafi boo yadakini, beye bucekini,
한(汗)께 잘못이 발각되어 벌을 받아서 집은 곤궁해지고 몸은 죽어도 좋습니다.

⇦ han i tacibuha tondo fafun be jurcerakū banjici, mini juse
한(汗)께서 가르치신 바른 법도를 어기지 않고 살면, 저의 자손이

omosi jalan halame
대를 이어

⇦ han de gosibume wesihun banjikini.
한(汗)께 사랑받으며 귀하게 살 것입니다.

(77:17a)

○ boigon beiguwan,
Boigon 비어는

⇦ han i pai be gaifi, mini kadalara emu nirui cooha be
한(汗)의 패를 받들고 제가 관할하는 한 니루의 군사를 이끌고

iogi tsanjiyang ci fakcarakū, fakcaha de, boigon mimbe
유격과 참장에게서 이탈하지 않겠습니다. 이탈했을 때에는 Boigon 저를

wakini, fakcarakūci, iogi tsanjiyang fakcahakū seme wesihun
죽이셔도 좋습니다. 이탈하지 않으면 유격과 참장이 이탈하지 않았다고 높으신

⇦ han de ala,
한(汗)께 알리십시오.

⇦ han i fafun i tondoi kadalambi, ehe sain be dere banirakū,
한(汗)의 법도대로 바르게 관할하겠습니다. 악한 자와 선한 자를, 체면을 봐주지 않고,

niyaman hūncihin seme haršarakū, bata kimun seme (77:17b)
친인척이라 하여 감싸지 않고, 원수라 하여

gidarakū, sain be sain, ehe be ehe seme
억압하지 않고, 선을 선, 악을 악이라고

⇦ han de alambi, tuttu tondoi fafularakū ehe miosihon jurgan i yabuci,
한(汗)께 고하겠습니다. 그렇게 바르게 법령으로 다스리지 않고 사악한 법도로 행하면,

⇦ han de waka sabufi weile bahafi boo yadakini, beye bucekini,
한(汗)께 잘못이 발각되어 벌을 받아서 집은 곤궁해지고 몸은 죽어도 좋습니다.

⇦ han i tacibuha tondo fafun be jurcerakū banjici, mini juse
한(汗)께서 가르치신 바른 법도를 어기지 않고 살면, 저의 자손이

omosi jalan halame
대를 이어

⇦ han de gosibume wesihun banjikini.
한(汗)께 사랑받으며 귀하게 살 것입니다.

(77:18a)

○ beiguwan nikan,
비어 Nikan은

⇦ han i pai be gaifi, mini kadalara emu nirui cooha be
한(汗)의 패를 받들고 제가 관할하는 한 니루의 군사를 이끌고

iogi tsanjiyang ci fakcarakū, fakcaha de, nikan mimbe
유격과 참장에게서 이탈하지 않겠습니다. 이탈했을 때에는 Nikan 저를

wakini, fakcarakūci, iogi tsanjiyang fakcahakū seme wesihun
죽이셔도 좋습니다. 이탈하지 않으면 유격과 참장이 이탈하지 않았다고 높으신

⇦ han de ala,
한(汗)께 알리십시오.

⇦ han i fafun i tondoi kadalambi, ehe sain be dere banirakū,
한(汗)의 법도대로 바르게 관할하겠습니다. 악한 자와 선한 자를, 체면을 봐주지 않고,

niyaman hūncihin seme haršarakū, bata kimun seme (77:18b)
친인척이라 하여 감싸지 않고, 원수라 하여

gidarakū, sain be sain, ehe be ehe seme
억압하지 않고, 선을 선, 악을 악이라고

⇦ han de alambi, tuttu tondoi fafularakū ehe miosihon jurgan i yabuci,
한(汗)께 고하겠습니다. 그렇게 바르게 법령으로 다스리지 않고 사악한 법도로 행하면,

⇦ han de waka sabufi weile bahafi boo yadakini, beye bucekini,
한(汗)께 잘못이 발각되어 벌을 받아서 집은 곤궁해지고 몸은 죽어도 좋습니다.

⇦ han i tacibuha tondo fafun be jurcerakū banjici, mini juse
한(汗)께서 가르치신 바른 법도를 어기지 않고 살면, 저의 자손이

omosi jalan halame
대를 이어

⇦ han de gosibume wesihun banjikini.
한(汗)께 사랑받으며 귀하게 살 것입니다.

(77:19a)

○ beiguwan detde,
비어 Detde는

⇦ han i pai be gaifi, mini kadalara emu nirui cooha be
한(汗)의 패를 받들고 제가 관할하는 한 니루의 군사를 이끌고

iogi tsanjiyang ci fakcarakū, fakcaha de, detde mimbe
유격과 참장에게서 이탈하지 않겠습니다. 이탈했을 때에는 Detde 저를

wakini, fakcarakūci, iogi tsanjiyang fakcahakū seme wesihun
죽이셔도 좋습니다. 이탈하지 않으면 유격과 참장이 이탈하지 않았다고 높으신

⇦ han de ala,
한(汗)께 알리십시오.

⇦ han i fafun i tondoi kadalambi, ehe sain be dere banirakū,
한(汗)의 법도대로 바르게 관할하겠습니다. 악한 자와 선한 자를, 체면을 봐주지 않고,

niyaman hūncihin seme haršarakū, bata kimun seme (77:19b)
친인척이라 하여 감싸지 않고, 원수라 하여

gidarakū, sain be sain, ehe be ehe seme
억압하지 않고, 선을 선, 악을 악이라고

⇦ han de alambi, tuttu tondoi fafularakū ehe miosihon jurgan i yabuci,
한(汗)께 고하겠습니다. 그렇게 바르게 법령으로 다스리지 않고 사악한 법도로 행하면,

⇦ han de waka sabufi weile bahafi boo yadakini, beye bucekini,
한(汗)께 잘못이 발각되어 벌을 받아서 집은 곤궁해지고 몸은 죽어도 좋습니다.

⇦ han i tacibuha tondo fafun be jurcerakū banjici, mini juse
한(汗)께서 가르치신 바른 법도를 어기지 않고 살면, 저의 자손이

omosi jalan halame
대를 이어

⇦ han de gosibume wesihun banjikini.
한(汗)께 사랑받으며 귀하게 살 것입니다.

(77:20a)

○ beiguwan barintai,
비어 Barintai는

⇦ han i pai be gaifi, mini kadalara emu nirui cooha be
한(汗)의 패를 받들고 제가 관할하는 한 니루의 군사를 이끌고

iogi tsanjiyang ci fakcarakū, fakcaha de, barintai mimbe
유격과 참장에게서 이탈하지 않겠습니다. 이탈했을 때에는 Barintai 저를

wakini, fakcarakūci, iogi tsanjiyang fakcahakū seme wesihun
죽이셔도 좋습니다. 이탈하지 않으면 유격과 참장이 이탈하지 않았다고 높으신

⇦ han de ala,
한(汗)께 알리십시오.

⇦ han i fafun i tondoi kadalambi, ehe sain be dere banirakū,
한(汗)의 법도대로 바르게 관할하겠습니다. 악한 자와 선한 자를, 체면을 봐주지 않고,

niyaman hūncihin seme haršarakū, bata kimun seme (77:20b)
친인척이라 하여 감싸지 않고, 원수라 하여

gidarakū, sain be sain, ehe be ehe seme
억압하지 않고, 선을 선, 악을 악이라고

⇦ han de alambi, tuttu tondoi fafularakū ehe miosihon jurgan i yabuci,
한(汗)께 고하겠습니다. 그렇게 바르게 법령으로 다스리지 않고 사악한 법도로 행하면,

⇦ han de waka sabufi weile bahafi boo yadakini, beye bucekini,
한(汗)께 잘못이 발각되어 벌을 받아서 집은 곤궁해지고 몸은 죽어도 좋습니다.

⇦ han i tacibuha tondo fafun be jurcerakū banjici, mini juse
한(汗)께서 가르치신 바른 법도를 어기지 않고 살면, 저의 자손이

omosi jalan halame
대를 이어

⇦ han de gosibume wesihun banjikini.
한(汗)께 사랑받으며 귀하게 살 것입니다.

제78권

여러 대인이 맹세한 글이다. 연월을 적지 않았다.

nadanju jakūci debtelin,
geren ambasai gashūha
bithe, aniya biya
ejehekūbi.

tongki fuka sindaha hergen i dangse. (78:1a)
유권점 당안

○ [原檔殘缺] fafularakū, miosihon jurgan i yabuci,
□□□ 법령으로 다스리지 않고 사악한 법도로 행하면,

⇦ han de waka sabufi weile bahafi boo yadakini, beye bucekini,
한(汗)께 잘못이 발각되어 벌을 받아서 집은 곤궁해지고 제 몸은 죽어도 좋습니다.

⇦ han i tacibuha tondo fafun be jurcerakū banjici, mini juse
한(汗)께서 가르치신 바른 법도를 어기지 않고 살면, 저의 자손이

omosi jalan halame
대를 이어

⇦ han de gosibume wesihun banjikini.
한(汗)께 사랑받으며 귀하게 살 것입니다.

○ sirin taiji iogi, (78:1b)
Sirin 타이지 유격(遊擊)이,

⇦ han i pai be gaifi hendume, mini kadalara emu jalan i sunja
한(汗)의 패(牌)를 받들고 말하기를, "제가 관할하는 한 잘란 다섯

nirui cooha be gaifi fujiyang ci fakcarakū,
니루의 군사를 이끌고 부장(副將)에게서 이탈하지 않겠습니다.

fujiyang ci fakcaha de, sirin taiji mimbe wakini,
부장에게서 이탈했을 때에는, Sirin 타이지 저를 죽여도 좋습니다.

fakcarakūci, fujiyang fakcahakū seme wesihun
이탈하지 않으면, 부장이 이탈하지 않았다고 높으신

⇦ han de ala,
한(汗)께 알리십시오.

⇦ han i fafun i tondoi kadalambi, ehe sain be dere banirakū,
한(汗)의 법도대로 바르게 관할하겠습니다. 악한 자와 선한 자를, 체면을 봐주지 않고,

niyaman hūncihin seme haršarakū, bata kimun seme (78:2a)
친인척이라 하여 감싸지 않고, 원수라 하여

gidarakū, sain be sain, ehe be ehe seme
억압하지 않고, 선을 선, 악을 악이라고

⇦ han de alambi, tuttu tondoi fafularakū ehe miosihon jurgan i
한(汗)께 고하겠습니다. 그렇게 바르게 법령으로 다스리지 않고 사악한 법도로

yabuci,
행하면,

⇦ han de waka sabufi weile bahafi boo yadakini, beye bucekini,
한(汗)께 잘못이 발각되어 벌을 받아서 집은 곤궁해지고 제 몸은 죽어도 좋습니다.

⇦ han i tacibuha tondo fafun be jurcerakū banjici, mini juse
한(汗)께서 가르치신 바른 법도를 어기지 않고 살면, 저의 자손이

omosi jalan halame
대를 이어

⇦ han de gosibume wesihun banjikini. (78:2b)
한(汗)께 사랑받으며 귀하게 살 것입니다."

○ fujiyang abtai,
부장 Abtai는

⇦ han i uttu gosime ujifi kadala seme afabuha jurgan be,
한(汗)께서 이토록 아끼며 보살피시고, 관할하라고 하여 맡기신 직무를,

juleri enggici seme emu kemun i gūnime banirakūci,
앞에서든 보이지 않는 곳에서든 하나의 기준으로 생각하며 살지 않으면

⇦ abkai sindaha
하늘이 내린

⇦ han de waka sabufi hūdun efujekini,
한(汗)께 잘못이 발각되어 바로 몰락해도 좋습니다.

⇦ han i pai be gaifi, mini kadalara emu galai cooha be (78:3a)
한(汗)의 패를 받들고 제가 관할하는 한 익(翼)의 군사를

⇦ han i fafun i tondoi kadalambi, ehe sain be dere banirakū,
한(汗)의 법도대로 바르게 관할하겠습니다. 악한 자와 선한 자를, 체면을 봐주지 않고,

niyaman hūncihin seme haršarakū, bata kimun seme
친인척이라 하여 감싸지 않고, 원수라 하여

gidarakū, sain be sain, ehe be ehe seme
억압하지 않고, 선을 선, 악을 악이라고

⇦ han de alambi, tuttu tondoi fafularakū ehe miosihon jurgan i
한(汗)께 고하겠습니다. 그렇게 바르게 법령으로 다스리지 않고 사악한 법도로

banjici,
살면,

⇦ han de waka sabufi weile bahafi boo yadakini, beye bucekini,
한(汗)께 잘못이 발각되어 벌을 받아서 집은 곤궁해지고 제 몸은 죽어도 좋습니다.

⇦ han i tacibuha tondo fafun be jurcerakū banjici, mini juse (78:3b)
한(汗)께서 가르치신 바른 법도를 어기지 않고 살면, 저의 자손이

omosi jalan halame
대를 이어

⇦ han de gosibume wesihun banjikini.
한(汗)께 사랑받으며 귀하게 살 것입니다.

○ dzung bing guwan turgei,
총병관(總兵官) Turgei는

⇦ han i pai be gaifi, mini kadalara emu gūsai cooha be
한(汗)의 패를 받들고 제가 관할하는 한 구사의 군사를

⇦ han i fafun i tondoi kadalambi, ehe sain be dere banirakū,
한(汗)의 법도대로 바르게 관할하겠습니다. 악한 자와 선한 자를, 체면을 봐주지 않고,

niyaman hūncihin seme haršarakū, bata kimun seme (78:4a)
친인척이라 하여 감싸지 않고, 원수라 하여

gidarakū, sain be sain, ehe be ehe seme
억압하지 않고, 선을 선, 악을 악이라고

⇦ han de alambi, tuttu tondoi fafularakū ehe miosihon jurgan i
한(汗)께 고하겠습니다. 그렇게 바르게 법령으로 다스리지 않고 사악한 법도로

yabuci,
행하면,

⇦ han de waka sabufi weile bahafi boo yadakini, beye bucekini,
한(汗)께 잘못이 발각되어 벌을 받아서 집은 곤궁해지고 제 몸은 죽어도 좋습니다.

⇦ han i tacibuha tondo fafun be jurcerakū banjici, mini juse
한(汗)께서 가르치신 바른 법도를 어기지 않고 살면, 저의 자손이

omosi jalan halame
대를 이어

⇦ han de gosibume wesihun banjikini. (78:4b)
한(汗)께 사랑받으며 귀하게 살 것입니다.

○ busan bi,
Busan 제가,

⇦ ejen i juleri seme wacihiyame, enggici seme beyede alime gaijarakū,
주인의 앞이라 하여 일을 다 하고, 안 보이는 곳이라 하여 스스로 받아들이지 않고,

beyebe sulakan arame, bata kimun seme sain be
스스로는 느슨하게 만들고, 원수라 하여 선한 자를

gidame, niyaman hūncihin seme ehe be tukiyeme
억압하고, 친인척이라 하여 악한 자를 추켜세우게

oci, bucere jalgan hanci okini, busan mimbe
된다면, 죽을 운명이 가까워질 것입니다. Busan 저를

fujiyang obuci, cooha gaifi yabume muterakū seme (78:5a)
부장으로 삼으시면, 군사를 이끌고 다니지 못하겠다 하며

olhome gūnirakū, busan bi olhome karun juce
두려워하지 않고, Busan 제가 경계하여 초소와 진지를

sindame, kadalame fafulame dain i jurgan be bi
설치하며, 관리하고 통제하며 전쟁의 업무를 제가

mutembi, ahūn de amba tu afabuha ci, ahūn
해낼 것입니다. 형에게 큰 둑(纛)을 맡기셨을 때부터, 형이

tehe dulin yabuha dulin amba tu be
주둔하던 것이 반, 행군하던 것이 반이던 큰 둑(纛)을

gaifi yabume, bi dain i jurgan de ufaraha ba
들고다니며, 제가 전장에서 패배한 적이

akū, fujiyang busan,
없습니다. 부장 Busan은,

⇦ han i pai be gaifi, mini kadalara emu galai cooha be (78:5b)
한(汗)의 패를 받들고 제가 관할하는 한 익(翼)의 군사를

⇦ han i fafun i kadalambi, ehe sain be dere banirakū,
한(汗)의 법도대로 바르게 관할하겠습니다. 악한 자와 선한 자를, 체면을 봐주지 않고,

niyaman hūncihin seme haršarakū, bata kimun seme
친인척이라 하여 감싸지 않고, 원수라 하여

gidarakū, sain be sain, ehe be ehe seme
억압하지 않고, 선을 선, 악을 악이라고

⇦ han de alambi, tuttu tondoi fafularakū ehe miosihon jurgan i
한(汗)께 고하겠습니다. 그렇게 바르게 법령으로 다스리지 않고 사악한 법도로

banjici,
살면,

⇦ han de waka sabufi weile bahafi boo yadakini, beye bucekini,
한(汗)께 잘못이 발각되어 벌을 받아서 집은 곤궁해지고 제 몸은 죽어도 좋습니다.

⇦ han i tacibuha tondo fafun be jurcerakū banjici, mini juse (78:6a)
한(汗)께서 가르치신 바른 법도를 어기지 않고 살면, 저의 자손이

omosi jalan halame
대를 이어

⇦ han de gosibume wesihun banjikini.
한(汗)께 사랑받으며 귀하게 살 것입니다.

○ dzung bing guwan baduri, mini kadalara emu gūsai cooha be
총병관 Baduri는, 제가 관할하는 한 구사의 군사를

⇦ han i fafun i tondoi kadalambi, ehe sain be dere banirakū,
한(汗)의 법도대로 바르게 관할하겠습니다. 악한 자와 선한 자를, 체면을 봐주지 않고,

niyaman hūncihin seme haršarakū, bata kimun seme
친인척이라 하여 감싸지 않고, 원수라 하여

gidarakū, sain be sain, ehe be ehe seme (78:6b)
억압하지 않고, 선을 선, 악을 악이라고

⇦ han de alambi, tuttu tondoi fafularakū ehe miosihon jurgan i
한(汗)께 고하겠습니다. 그렇게 바르게 법령으로 다스리지 않고 사악한 법도로

banjici,
살면,

⇦ han de waka sabufi weile bahafi boo yadakini, beye bucekini,
한(汗)께 잘못이 발각되어 벌을 받아서 집은 곤궁해지고 제 몸은 죽어도 좋습니다.

⇦ han i tacibuha tondo fafun be jurcerakū banjici, mini juse
한(汗)께서 가르치신 바른 법도를 어기지 않고 살면, 저의 자손이

omosi jalan halame
대를 이어

⇦ han de gosibume wesihun banjikini.
한(汗)께 사랑받으며 귀하게 살 것입니다.

(78:7a)

○ dzung bing guwan yangguri, mini kadalara emu gūsai cooha be
총병관 Yangguri는, 제가 관할하는 한 구사의 군사를

⇦ han i fafun i tondoi kadalambi, ehe sain be dere banirakū,
한(汗)의 법도대로 바르게 관할하겠습니다. 악한 자와 선한 자를, 체면을 봐주지 않고,

niyaman hūncihin seme haršarakū, bata kimun seme
친인척이라 하여 감싸지 않고, 원수라 하여

gidarakū, sain be sain, ehe be ehe seme
억압하지 않고, 선을 선, 악을 악이라고

⇦ han de alambi, tuttu tondoi fafularakū ehe miosihon jurgan i
한(汗)께 고하겠습니다. 그렇게 바르게 법령으로 다스리지 않고 사악한 법도로

banjici,
살면,

⇦ han de waka sabufi weile bahafi boo yadakini, beye bucekini (78:7b)
한(汗)께 잘못이 발각되어 벌을 받아서 집은 곤궁해지고 제 몸은 죽어도 좋습니다.

⇦ han i tacibuha tondo fafun be jurcerakū banjici, mini juse
한(汗)께서 가르치신 바른 법도를 어기지 않고 살면, 저의 자손이

omosi jalan halame
대를 이어

⇦ han de gosibume wesihun banjikini.
한(汗)께 사랑받으며 귀하게 살 것입니다.

○ tsanjiyang daise fujiyang nacin, mini afaha weile be
참장(參將) 서리 부장 Nacin은, 제가 맡은 일을

⇦ han i fafun i tondoi kadalambi, ehe sain be dere banirakū,
한(汗)의 법도대로 바르게 관할하겠습니다. 악한 자와 선한 자를, 체면을 봐주지 않고,

niyaman hūncihin seme haršarakū, bata kimun seme (78:8a)
친인척이라 하여 감싸지 않고, 원수라 하여

gidarakū, sain be sain, ehe be ehe seme
억압하지 않고, 선을 선, 악을 악이라고

⇦ han de alambi, tuttu tondoi fafularakū ehe miosihon jurgan i
한(汗)께 고하겠습니다. 그렇게 바르게 법령으로 다스리지 않고 사악한 법도로

banjici,
살면,

⇦ han de waka sabufi weile bahafi boo yadakini, beye bucekini,
한(汗)께 잘못이 발각되어 벌을 받아서 집은 곤궁해지고 제 몸은 죽어도 좋습니다.

⇦ han i tacibuha tondo fafun be jurcerakū banjici, mini juse
한(汗)께서 가르치신 바른 법도를 어기지 않고 살면, 저의 자손이

omosi jalan halame
대를 이어

⇦ han de gosibume wesihun banjikini. (78:8b)
한(汗)께 사랑받으며 귀하게 살 것입니다.

○ fujiyang eksingge, mini ama ajigan de waliyafi genehe,
부장 Eksingge는, 저의 아버지가 어릴 때 버리고 갔는데,

⇦ han gosime ujihe,
한(汗)께서 아끼며 보살펴주셨습니다.

⇦ han i afabuha tondo jurgan be kicerakū, miosihon jurgan be
한(汗)께서 맡기신 바른 직무를 열심히 하지 않고, 사악한 법도로

kadalara fafulara oci,
관리하거나 통제한다면,

⇦ han i sanggala,
한(汗)께서 알기 전에,

⇦ abka safi beye bucekini, mini kadalara emu galai cooha be (78:9a)
하늘이 알아서 몸이 죽을 것입니다. 제가 관할하는 한 익(翼)의 군사를

頭註: gingguleme baicaci, fe manju gisun i bithede, sanggala sere gisun, uthai sara onggolo sere gisun inu sehebi. [신중히 조사하니, 『舊淸語』에 sanggala라는 말은 곧 sara onggolo(알기 전에)라는 말이라고 했다.]

⇦ han i fafun i tondoi kadalambi, ehe sain be dere banirakū,
한(汗)의 법도대로 바르게 관할하겠습니다. 악한 자와 선한 자를, 체면을 봐주지 않고,

niyaman hūncihin seme haršarakū, bata kimun seme
친인척이라 하여 감싸지 않고, 원수라 하여

gidarakū, sain be sain, ehe be ehe seme
억압하지 않고, 선을 선, 악을 악이라고

⇦ han de alambi, tuttu tondoi fafularakū ehe miosihon jurgan i
한(汗)께 고하겠습니다. 그렇게 바르게 법령으로 다스리지 않고 사악한 법도로

banjici,
살면,

⇦ han de waka sabufi weile bahafi boo yadakini, beye bucekini,
한(汗)께 잘못이 발각되어 벌을 받아서 집은 곤궁해지고 제 몸은 죽어도 좋습니다.

⇦ han i tacibuha tondo fafun be jurcerakū banjici, mini juse (78:9b)
한(汗)께서 가르치신 바른 법도를 어기지 않고 살면, 저의 자손이

omosi jalan halame
대를 이어

⇦ han de gosibume wesihun banjikini.
한(汗)께 사랑받으며 귀하게 살 것입니다.

○ fujiyang asan,
부장 Asan은,

⇦ han i pai be gaifi, mini kadalara emu galai cooha be
한(汗)의 패를 받들고 제가 관할하는 한 익(翼)의 군사를

⇦ han i fafun i tondoi kadalambi, ehe sain be dere banirakū,
한(汗)의 법도대로 바르게 관할하겠습니다. 악한 자와 선한 자를, 체면을 봐주지 않고,

niyaman hūncihin seme haršarakū, bata kimun seme (78:10a)
친인척이라 하여 감싸지 않고, 원수라 하여

gidarakū, sain be sain, ehe be ehe seme
억압하지 않고, 선을 선, 악을 악이라고

⇦ han de alambi, tuttu tondoi fafularakū ehe miosihon jurgan i
한(汗)께 고하겠습니다. 그렇게 바르게 법령으로 다스리지 않고 사악한 법도로

banjici,
살면,

⇦ han de waka sabufi weile bahafi boo yadakini, beye bucekini,
한(汗)께 잘못이 발각되어 벌을 받아서 집은 곤궁해지고 제 몸은 죽어도 좋습니다.

⇦ han i tacibuha tondo fafun be jurcerakū banjici, mini juse
한(汗)께서 가르치신 바른 법도를 어기지 않고 살면, 저의 자손이

omosi jalan halame
대를 이어

⇦ han de gosibume wesihun banjikini. (78:10b)
한(汗)께 사랑받으며 귀하게 살 것입니다.

○ beiguwan erketu bi,
비어(備禦) Erketu 저는,

⇦ han i pai be gaifi, mini kadalara emu nirui cooha be
한(汗)의 패를 받들고 제가 관할하는 한 니루의 군사를 이끌고

iogi tsanjiyang ci fakcarakū, fakcaha de, mimbe wakini,
유격과 참장에게서 이탈하지 않을 것입니다. 이탈했을 때에는 저를 죽이셔도 좋습니다.

fakcarakūci, iogi tsanjiyang fakcahakū seme wesihun
이탈하지 않으면, 유격과 참장은 이탈하지 않았다고 높으신

⇦ han de ala,
한(汗)께 알리십시오.

⇦ han i fafun i tondoi kadalambi, ehe sain be dere banirakū, (78:11a)
한(汗)의 법도대로 바르게 관할하겠습니다. 악한 자와 선한 자를, 체면을 봐주지 않고,

niyaman hūncihin seme haršarakū, bata kimun seme
친인척이라 하여 감싸지 않고, 원수라 하여

gidarakū, sain be sain, ehe be ehe seme
억압하지 않고, 선을 선, 악을 악이라고

⇦ han de alambi, tuttu tondoi fafularakū ehe miosihon jurgan i
한(汗)께 고하겠습니다. 그렇게 바르게 법령으로 다스리지 않고 사악한 법도로

yabuci,
행하면,

⇦ han de waka sabufi weile bahafi boo yadakini, beye bucekini,
한(汗)께 잘못이 발각되어 벌을 받아서 집은 곤궁해지고 제 몸은 죽어도 좋습니다.

⇦ han i tacibuha tondo fafun be jurcerakū banjici, mini juse
한(汗)께서 가르치신 바른 법도를 어기지 않고 살면, 저의 자손이

omosi jalan halame (78:11b)
대를 이어

⇦ han de gosibume wesihun banjikini.
한(汗)께 사랑받으며 귀하게 살 것입니다.

○ fujiyang tanggūdai,
부장 Tanggūdai는,

⇦ han i pai be gaifi, mini kadalara emu galai cooha be
한(汗)의 패를 받들고 제가 관할하는 한 익의 군사를

⇦ han i fafun i tondoi kadalambi, ehe sain be dere banirakū,
한(汗)의 법도대로 바르게 관할하겠습니다. 악한 자와 선한 자를, 체면을 봐주지 않고,

niyaman hūncihin seme haršarakū, bata kimun seme
친인척이라 하여 감싸지 않고, 원수라 하여

gidarakū, sain be sain, ehe be ehe seme (78:12a)
억압하지 않고, 선을 선, 악을 악이라고

⇦ han de alambi, tuttu tondoi fafularakū ehe miosihon jurgan i
한(汗)께 고하겠습니다. 그렇게 바르게 법령으로 다스리지 않고 사악한 법도로

banjici,
살면,

⇦ han de waka sabufi weile bahafi boo yadakini, beye bucekini,
한(汗)께 잘못이 발각되어 벌을 받아서 집은 곤궁해지고 제 몸은 죽어도 좋습니다.

⇦ han i tacibuha tondo fafun be jurcerakū banjici, mini juse
한(汗)께서 가르치신 바른 법도를 어기지 않고 살면, 저의 자손이

omosi jalan halame
대를 이어

⇦ han de gosibume wesihun banjikini.
한(汗)께 사랑받으며 귀하게 살 것입니다.

(78:12b)

○ daise fujiyang burgi,
부장 서리 Burgi는

⇦ han i pai be gaifi, mini kadalara emu galai cooha be
한(汗)의 패를 받들고 제가 관할하는 한 익의 군사를

⇦ han i fafun i tondoi kadalambi, ehe sain be dere banirakū,
한(汗)의 법도대로 바르게 관할하겠습니다. 악한 자와 선한 자를, 체면을 봐주지 않고,

niyaman hūncihin seme haršarakū, bata kimun seme
친인척이라 하여 감싸지 않고, 원수라 하여

gidarakū, sain be sain, ehe be ehe seme
억압하지 않고, 선을 선, 악을 악이라고

⇦ han de alambi, tuttu tondoi fafularakū ehe miosihon jurgan i
한(汗)께 고하겠습니다. 그렇게 바르게 법령으로 다스리지 않고 사악한 법도로

banjici, (78:13a)
살면,

⇦ han de waka sabufi weile bahafi boo yadakini, beye bucekini,
한(汗)께 잘못이 발각되어 벌을 받아서 집은 곤궁해지고 제 몸은 죽어도 좋습니다.

⇦ han i tacibuha tondo fafun be jurcerakū banjici, mini juse
한(汗)께서 가르치신 바른 법도를 어기지 않고 살면, 저의 자손이

omosi jalan halame
대를 이어

⇦ han de gosibume wesihun banjikini.
한(汗)께 사랑받으며 귀하게 살 것입니다.

○ fujiyang hahana,
부장 Hahana는

⇦ han i pai be gaifi, mini kadalara emu galai cooha be (78:13b)
한(汗)의 패를 받들고 제가 관할하는 한 익의 군사를

⇦ han i fafun i tondoi kadalambi, ehe sain be dere banirakū,
한(汗)의 법도대로 바르게 관할하겠습니다. 악한 자와 선한 자를, 체면을 봐주지 않고,

niyaman hūncihin seme haršarakū, bata kimun seme
친인척이라 하여 감싸지 않고, 원수라 하여

gidarakū, sain be sain, ehe be ehe seme
억압하지 않고, 선을 선, 악을 악이라고

⇦ han de alambi, tuttu tondoi fafularakū ehe miosihon jurgan i
한(汗)께 고하겠습니다. 그렇게 바르게 법령으로 다스리지 않고 사악한 법도로

banjici,
살면,

⇦ han de waka sabufi weile bahafi boo yadakini, beye bucekini,
한(汗)께 잘못이 발각되어 벌을 받아서 집은 곤궁해지고 제 몸은 죽어도 좋습니다.

⇦ han i tacibuha tondo fafun be jurcerakū banjici, mini juse (78:14a)
한(汗)께서 가르치신 바른 법도를 어기지 않고 살면, 저의 자손이

omosi jalan halame
대를 이어

⇦ han de gosibume wesihun banjikini.
한(汗)께 사랑받으며 귀하게 살 것입니다.

○ fujiyang yecen, sihan,
부장 Yecen과 Sihan은

⇦ han gosime wara beyebe ujihe, fujiyang ni hergen buhe, ere be
한(汗)께서 아끼시어 죽일 몸을 살리셨습니다. 부장의 관직을 주셨습니다. 이것을

gūnime dain de oci ergen be hairandarakū
생각하며 전장에서는 목숨을 아끼지 않고

afaki, ai ai afabuha jurgan be enggici (78:14b)
싸우겠습니다. 갖가지 맡기신 직무를 보이지 않든

iletu seme bandarakū sitarakū gingguleme gūnimbi,
보이든 태만하거나 지연하지 않고 신중하게 생각하겠습니다.

⇦ han i pai be gaifi, fujiyang mini kadalara emu galai cooha be
한(汗)의 패를 받들고 부장인 제가 관할하는 한 익의 군사를

⇦ han i fafun i tondoi kadalambi, ehe sain be dere banirakū,
한(汗)의 법도대로 바르게 관할하겠습니다. 악한 자와 선한 자를, 체면을 봐주지 않고,

niyaman hūncihin seme haršarakū, bata kimun seme
친인척이라 하여 감싸지 않고, 원수라 하여

gidarakū, sain be sain, ehe be ehe seme
억압하지 않고, 선을 선, 악을 악이라고

⇦ han de alambi, tuttu tondoi fafularakū ehe miosihon jurgan i
한(汗)께 고하겠습니다. 그렇게 바르게 법령으로 다스리지 않고 사악한 법도로

banjici, (78:15a)
살면,

⇦ han de waka sabufi weile bahafi boo yadakini, beye bucekini,
한(汗)께 잘못이 발각되어 벌을 받아서 집은 곤궁해지고 제 몸은 죽어도 좋습니다.

⇦ han i tacibuha tondo fafun be jurcerakū banjici, mini juse
한(汗)께서 가르치신 바른 법도를 어기지 않고 살면, 저의 자손이

omosi jalan halame
대를 이어

⇦ han de gosibume wesihun banjikini.
한(汗)께 사랑받으며 귀하게 살 것입니다.

○ iogi salu,
유격 Salu는

⇦ han gosime wara beyebe ujihe, iogi hergen buhe, ere be (78:15b)
한(汗)께서 아끼시어 죽일 몸을 살리셨습니다. 유격의 관직을 주셨습니다. 이것을

gūnime dain de oci ergen be hairandarakū
생각하며 전장에서는 목숨을 아끼지 않고

afaki, ai ai afabuha jurgan be enggici
싸우겠습니다. 갖가지 맡기신 직무를 보이지 않든

iletu seme bandarakū sitarakū gingguleme gūnimbi,
보이든 태만하거나 지연하지 않고 신중하게 생각하겠습니다.

⇦ han i pai be gaifi, iogi mini kadalara emu jalan i cooha be
한(汗)의 패를 받들고 유격인 제가 관할하는 한 잘란의 군사를

⇦ han i fafun i tondoi kadalambi, ehe sain be dere banirakū,
한(汗)의 법도대로 바르게 관할하겠습니다. 악한 자와 선한 자를, 체면을 봐주지 않고,

niyaman hūncihin seme haršarakū, bata kimun seme
친인척이라 하여 감싸지 않고, 원수라 하여

gidarakū, sain be sain, ehe be ehe seme (78:16a)
억압하지 않고, 선을 선, 악을 악이라고

⇦ han de alambi, tuttu tondoi fafularakū ehe miosihon jurgan i
한(汗)께 고하겠습니다. 그렇게 바르게 법령으로 다스리지 않고 사악한 법도로

banjici,
살면,

⇦ han de waka sabufi weile bahafi boo yadakini, beye bucekini,
한(汗)께 잘못이 발각되어 벌을 받아서 집은 곤궁해지고 제 몸은 죽어도 좋습니다.

⇦ han i tacibuha tondo fafun be jurcerakū banjici, mini juse
한(汗)께서 가르치신 바른 법도를 어기지 않고 살면, 저의 자손이

omosi jalan halame
대를 이어

⇦ han de gosibume wesihun banjikini.
한(汗)께 사랑받으며 귀하게 살 것입니다.

(78:16b)

○ iogi yungšun,
유격 Yungšun은

⇦ han i pai be gaifi, mini kadalara emu jalan i cooha be
한(汗)의 패를 받들고 제가 관할하는 한 잘란의 군사를

⇦ han i fafun i tondoi kadalambi, ehe sain be dere banirakū,
한(汗)의 법도대로 바르게 관할하겠습니다. 악한 자와 선한 자를, 체면을 봐주지 않고,

niyaman hūncihin seme haršarakū, bata kimun seme
친인척이라 하여 감싸지 않고, 원수라 하여

gidarakū, sain be sain, ehe be ehe seme
억압하지 않고, 선을 선, 악을 악이라고

⇦ han de alambi, tuttu tondoi fafularakū ehe miosihon jurgan i
한(汗)께 고하겠습니다. 그렇게 바르게 법령으로 다스리지 않고 사악한 법도로

banjici, (78:17a)
살면,

⇦ han de waka sabufi weile bahafi boo yadakini, beye bucekini,
한(汗)께 잘못이 발각되어 벌을 받아서 집은 곤궁해지고 제 몸은 죽어도 좋습니다.

⇦ han i tacibuha tondo fafun be jurcerakū banjici, mini juse
한(汗)께서 가르치신 바른 법도를 어기지 않고 살면, 저의 자손이

omosi jalan halame
대를 이어

⇦ han de gosibume wesihun banjikini.
한(汗)께 사랑받으며 귀하게 살 것입니다.

○ iogi langse,
유격 Langse는

⇦ han i pai be gaifi, mini kadalara emu jalan i cooha be (78:17b)
한(汗)의 패를 받들고 제가 관할하는 한 잘란의 군사를

⇦ han i fafun i tondoi kadalambi, ehe sain be dere banirakū,
한(汗)의 법도대로 바르게 관할하겠습니다. 악한 자와 선한 자를, 체면을 봐주지 않고,

niyaman hūncihin seme haršarakū, bata kimun seme
친인척이라 하여 감싸지 않고, 원수라 하여

gidarakū, sain be sain, ehe be ehe seme [原檔殘缺]
억압하지 않고, 선을 선, 악을 악이라고 □□□

○ [原檔殘缺] fujiyang fakcahakū seme wesihun
□□□ 부장이 이탈하지 않았다고 높으신

⇦ han de ala,
한(汗)께 알리십시오.

⇦ han i fafun i tondoi kadalambi, ehe sain be dere banirakū, (78:18a)
한(汗)의 법도대로 바르게 관할하겠습니다. 악한 자와 선한 자를, 체면을 봐주지 않고,

niyaman hūncihin seme haršarakū, bata kimun seme
친인척이라 하여 감싸지 않고, 원수라 하여

gidarakū, sain be sain, ehe be ehe seme
억압하지 않고, 선을 선, 악을 악이라고

⇦ han de alambi, tuttu tondoi fafularakū ehe miosihon jurgan i
한(汗)께 고하겠습니다. 그렇게 바르게 법령으로 다스리지 않고 사악한 법도로

yabuci,
행하면,

⇦ han de waka sabufi weile bahafi boo yadakini, beye bucekini,
한(汗)께 잘못이 발각되어 벌을 받아서 집은 곤궁해지고 제 몸은 죽어도 좋습니다.

⇦ han i tacibuha tondo fafun be jurcerakū banjici, mini juse
한(汗)께서 가르치신 바른 법도를 어기지 않고 살면, 저의 자손이

omosi jalan halame (78:18b)
대를 이어

⇦ han de gosibume wesihun banjikini.
한(汗)께 사랑받으며 귀하게 살 것입니다.

○ [原檔殘缺]
□□□

⇦ han i pai be gaifi, mini kadalara emu gūsai cooha be
한(汗)의 패를 받들고 제가 관할하는 한 구사의 군사를

⇦ han i fafun i tondoi kadalambi, ehe sain be dere banirakū,
한(汗)의 법도대로 바르게 관할하겠습니다. 악한 자와 선한 자를, 체면을 봐주지 않고,

niyaman hūncihin seme haršarakū, bata kimun seme
친인척이라 하여 감싸지 않고, 원수라 하여

gidarakū, ehe be ehe, sain be sain seme (78:19a)
억압하지 않고, 선을 선, 악을 악이라고

⇦ han de alambi, tuttu tondoi fafularakū ehe miosihon jurgan i
한(汗)께 고하겠습니다. 그렇게 바르게 법령으로 다스리지 않고 사악한 법도로

yabuci,
행하면,

⇦ han de waka sabufi weile bahafi boo yadakini, beye bucekini,
한(汗)께 잘못이 발각되어 벌을 받아서 집은 곤궁해지고 제 몸은 죽어도 좋습니다.

⇦ han i tacibuha tondo fafun be jurcerakū banjici, mini juse
한(汗)께서 가르치신 바른 법도를 어기지 않고 살면, 저의 자손이

omosi jalan halame
대를 이어

⇦ han de gosibume wesihun banjikini.
한(汗)께 사랑받으며 귀하게 살 것입니다.

(78:19b)

○ fujiyang daimbu,
부장 Daimbu는

⇦ han i pai be gaifi, kadala seme afabuha jurgan be
한(汗)의 패를 받들고 지휘하라고 하여 맡기신 직무를

juleri enggici seme emu kemun i gūnime banirakūci,
앞에서든 안 보이는 곳에서든 하나의 기준으로 생각하며 살지 않으면

⇦ abkai sindaha
하늘이 내린

⇦ han de waka sabufi hūdun efujekini, mini kadalara emu galai cooha be
한(汗)께 잘못이 발각되어 바로 몰락해도 좋습니다. 제가 관리하는 한 익의 군사를

⇦ han i fafun i tondoi kadalambi, ehe sain be dere banirakū,
한(汗)의 법도대로 바르게 관할하겠습니다. 악한 자와 선한 자를, 체면을 봐주지 않고,

niyaman hūncihin seme haršarakū, bata kimun seme (78:20a)
친인척이라 하여 감싸지 않고, 원수라 하여

gidarakū, sain be sain, ehe be ehe seme
억압하지 않고, 선을 선, 악을 악이라고

⇦ han de alambi, tuttu tondoi fafularakū ehe miosihon jurgan i
한(汗)께 고하겠습니다. 그렇게 바르게 법령으로 다스리지 않고 사악한 법도로

banjici,
살면,

⇦ han de waka sabufi weile bahafi boo yadakini, beye bucekini,

한(汗)께 잘못이 발각되어 벌을 받아서 집은 곤궁해지고 제 몸은 죽어도 좋습니다.

⇦ han i tacibuha tondo fafun be jurcerakū banjici, mini juse

한(汗)께서 가르치신 바른 법도를 어기지 않고 살면, 저의 자손이

omosi jalan halame

대를 이어

⇦ han de gosibume wesihun banjikini. (78:20b)

한(汗)께 사랑받으며 귀하게 살 것입니다.

제79권

무쿤과 타탄을 기록한 당안이다. 연월을 적지 않았다.

nadanju uyuci debtelin,
mukūn tatan be
ejehe dangse, aniya
biya ejehekūbi.

tongki fuka sindaha hergen i dangse. (79:1a)
유권점 당안

◯ [原檔殘缺] genere wan lii i gūsin jakūci aniyai dangse.
□□□ 가는 만력(萬曆) 38년의 당안

◯ uju mukūn i uju tatan,
제1 무쿤의 제1 타탄[1)]

⇦ han i booi ejehe, hai si pu ho wei i dudu tungjy
한(汗)의 집의 칙서이다. 〈해서(海西) Pu Ho위의 도독동지(都督同知)

daiši i jui gungdi, wan lii i uyuci aniya
Daiši의 아들 Gungdi, 만력 9년

sunja biyai orin nadan de baha, hai si
5월 27일에 획득했다.〉〈해서성(海西城)

cing togon wei i du jy hūi ši luta i
토온위(討溫衛)의 도지휘사(都指揮使) Luta의

1) 제79권부터 제81권까지는 무쿤 타탄당으로 불리는데 1600년에 Hada부를 무너뜨린 후에 획득한 칙서 363도를 건주부에 분배한 내용이다. 79권(제1무쿤)에는 주로 Nurhaci와 후금 오대신에게 분배한 것, 80권(제2무쿤)에는 주로 Cuyeng과 Urgūdai에게 분배한 것, 81권(제3무쿤)에는 주로 Šurhaci와 Daišan에게 분배한 것이다(유소맹 2013:201-205).

omolo miha, lung king ni sunjaci aniya (79:1b)
손자 Miha, 융경(隆慶) 5년

jakūn biyai orin sunja de baha, hai si
8월 25일에 획득했다.〉〈해서

isi šo wei i du jy hūi ši usingga i
익실좌위(益實左衛)의 도지휘사 Usingga의

omolo tabiha, giya jing ni dehi sunjaci aniya
손자 Tabiha, 가정(嘉靖) 45년

nadan biyai orin emu de baha, hai si
7월 21일에 획득했다.〉〈해서

tu pu wei i du jy hūi ši tamo i jui
Tu Pu위의 도지휘사 Tamo의 아들

sailingge, lung king ni ilaci aniya duin biyai
Sailingge, 융경 3년 4월

orin sunja de baha, taha wei i du jy hūi (79:2a)
25일에 획득했다.〉〈탑합위(塔哈衛)의 도지휘동지(都指揮同知)

tungjy taotaha i omolo jodo, wan lii i gūsin nadaci
Taotaha의 손자 Jodo, 만력 37년

aniya omšon biyai orin sunja de baha,
11월 25일에 획득했다.〉

u lii ho wei i du jy hūi tungjy anduru i
〈올리하위(兀里河衛)의 도지휘동지 Anduru의

jui barji, wan lii i orin nadaci aniya juwe biyai
아들 Barji, 만력 27년 2월

ice uyun de baha, kubut wei i du jy hūi tungjy
초아흐레에 획득했다.〉〈Kubut위의 도지휘동지

sasa i omolo mahana, wan lii i orin nadaci aniya
Sasa의 손자 Mahana, 만력 27년

juwe biyai ice uyun de baha, tu ho wei i (79:2b)
2월 초아흐레에 획득했다.〉〈독하위(禿河衛)의

du jy hūi tungjy alušan i omolo ubadai, wan lii i orin
도지휘동지 Alušan의 손자 Ubadai, 만력 27년

nadaci aniya juwe biyai ice uyun de baha,
2월 초아흐레에 획득했다.〉

lan šan wei i du jy hūi ciyanši tabuci i omolo ahai, wan lii i
〈Lan Šan위의 도지휘첨사(都指揮僉事) Tabuci의 손자 Ahai, 만력

orin nadaci aniya juwe biyai ice uyun de
27년 2월 초아흐레에

baha, hai si isi wei i du jy hūi ciyanši dabuha i
획득했다.〉〈해서 익실위(益實衛)의 도지휘첨사 Dabuha의

omolo aimbulu, wan lii i sunjaci aniya jorgon
손자 Aimbulu, 만력 5년 12월

biyai orin nadan de baha. (79:3a)
27일에 획득했다.〉

○ uju mukūn i jai tatan,
제1 무쿤의 제2 타탄

⇦ han i booi ejehe, gio ta wei i dudu ciyanši sangkuwer i jui
한(汗)의 집의 칙서이다. 〈Gio Ta위의 도독첨사(都督僉事) Sangkuwer의 아들

sungtaiju, wan lii i gūsin nadaci aniya omšon biyai
Sungtaiju, 만력 37년 11월

orin sunja de baha, hai si gitan ho wei i du jy hūi
25일에 획득했다.〉〈해서 길탄하위(吉灘河衛)의 도지휘사

ši ujuhu i jui alinca, lung king i tehe aniya
Ujuhu의 아들 Alinca, 융경 원년

jakūn biyai orin ilan de baha, hai si (79:3b)
8월 23일에 획득했다.〉〈해서

uje šan wei i du jy hūi tungjy senggu i omolo
올자전위(兀者前衛)의 도지휘동지 Senggu의 손자

ulusuga, lung king ni tehe aniya jakūn biyai orin
Ulusuga, 융경 원년 8월 23일에

ilan de baha, mu šan wei i du jy hūi tungjy
획득했다.〉〈Mu Šan위의 도지휘동지

tohina i jui jeksi, wan lii i orin nadaci aniya
Tohina의 아들 Jeksi, 만력 27년

juwe biyai ice uyun de baha, hai si ici
2월 초아흐레에 획득했다.〉〈해서 Ici위의

wei i du jy hūi ciyanši hoto i jui etebu, lung king ni
도지휘첨사 Hoto의 아들 Etebu, 융경

ilaci aniya duin biyai orin sunja de baha, (79:4a)
3년 4월 25일에 획득했다.〉

pu ho wei i du jy hūi ciyanši unggai i omolo daimbulun,
〈Pu Ho위의 도지휘첨사 Unggai의 손자 Daimbulun,

wan lii i orin sunjaci aniya sunja biyai ice de
만력 25년 5월 초하루에

baha, hai si durbi wei i du jy hūi ciyanši
획득했다.〉〈해서 Durbi위의 도지휘첨사

cungyang ni jui keke, giya jing ni dehi duici aniya
Cungyang의 아들 Keke, 가정 44년

nadan biyai orin sunja de baha, an ho
7월 25일에 획득했다.〉〈안하위(安河衛)의

wei i du jy hūi ciyanši buyan mon silu i omolo
도지휘첨사 Buyan Mon Silu의 손자

jali kima, giya jing ni dehi juweci aniya ninggun (79:4b)
Jali Kima, 가정 42년 6월

biyai juwan duin de baha, ulgiyan ho
14일에 획득했다.〉〈Ulgiyan Ho위의

wei i du jy hūi ciyanši baši i jui urga, wan lii i
도지휘첨사 Baši의 아들 Urga, 만력

orin nadaci aniya juwe biyai ice uyun de
27년 2월 초아흐레에

baha, hai si ajin wei i du jy hūi ciyanši uli i jui
획득했다.〉〈해서 Ajin위의 도지휘첨사 Uli의 아들

alaga, giya jing ni dehi sunjaci aniya uyun biyai orin
Alaga, 가정 45년 9월 22일에

juwe de baha.
획득했다.〉

(79:5a)

○ uju mukūn i ilaci tatan,
제1 무쿤의 제3 타탄

⇦ han i booi ejehe, sika moli wei i dudu ciyanši sibetu i omolo
한(汗)의 집의 칙서이다.〈Sika Moli위의 도독첨사 Sibetu의 손자

yanggūrudai, wan lii i gūsin nadaci aniya omšon biyai orin
Yanggūrudai, 만력 37년 11월 25일에

sunja de baha, toto ho wei i du jy hūi ši
획득했다.〉〈독도하위(禿都河衛)의 도지휘사

suhetu i omolo kingdasi, wan lii i orin nadaci aniya juwe
Suhetu의 손자 Kingdasi, 만력 27년 2월

biyai ice uyun de baha, hai si desiku wei i du jy hūi ši
초아흐레에 획득했다.〉〈해서 Desiku위의 도지휘사

cumige i omolo tabutai, lung king ni duici aniya nadan (79:5b)
Cumige의 손자 Tabutai, 융경 4년 7월

biyai orin jakūn de baha, gu šan wei i du jy hūi
28일에 획득했다.〉〈Gu Šan위의 도지휘동지

tungjy lata i jui šose, wan lii gūsin emuci aniya
Lata의 아들 Šose, 만력 31년

uyun biyai orin de baha, hailan ceng ni wei i du jy hūi
9월 20일에 획득했다.〉〈합란성위(哈蘭城衛)의 도지휘동지

tungjy hūsimu i omolo utai, wan lii i orin sunjaci
Hūsimu의 손자 Utai, 만력 25년

aniya sunja biyai ice de baha, kamo wei i
5월 초하루에 획득했다.〉〈Kamo위의

du jy hūi ciyanši laicuha i omolo babudai, wan lii i gūsin
도지휘첨사 Laicuha의 손자 Babudai, 만력 37년

nadaci aniya omšon biyai orin sunja de baha, (79:6a)
11월 25일에 획득했다.〉

yaru wei i du jy hūi ciyanši borji i omolo adai, wan lii i
〈아로위(牙魯衛)의 도지휘첨사 Borji의 손자 Adai, 만력

juwan uyuci aniya ninggun biyai orin duin de
19년 6월 24일에

baha, karfun wei i du jy hūi ciyanši sahaliyan i jui jantai,
획득했다.〉〈합아분위(哈兒分衛)의 도지휘첨사 Sahaliyan의 아들 Jantai,

wan lii i orin sunjaci aniya sunja biyai ice de
만력 25년 5월 초하루에

baha, hai si tu ho pu wei i
획득했다.〉〈해서 Tu Ho Pu위의

du jy hūi ciyanši sudu i jui mikei, lung king ni duici
도지휘첨사 Sudu의 아들 Mikei, 융경 4년

aniya nadan biyai orin jakūn de baha, (79:6b)
7월 28일에 획득했다.〉

šolingho wei i du jy hūi ciyanši aguna i omolo
〈Šolingho위의 도지휘첨사 Aguna의 손자

nukui, wan lii i juwan uyuci aniya ninggun biyai
Nukui, 만력 19년 6월

orin duin de baha.
24일에 획득했다.〉

○ uju mukūn i duici tatan,
제1 무쿤의 제4 타탄

⇦ han i booi ejehe, hai si alcu wei i du jy hūi ši adu,
한(汗)의 집의 칙서이다.〈해서 Alcu위의 도지휘사 Adu,

wan lii i duici aniya duin biyai tofohon de baha, (79:7a)
만력 4년 4월 15일에 획득했다.〉

jimiki wei i du jy hūi ši dotoga i jui ubadai, wan lii i

〈Jimiki위의 도지휘사 Dotoga의 아들 Ubadai, 만력

orin nadaci aniya juwe biyai ice uyun de

27년 2월 초아흐레에

baha, durbi ho wei i du jy hūi ši gimboo i omolo

획득했다.〉〈타아필하위(朶兒必河衛)의 도지휘사 Gimboo의 손자

namdari, wan lii i orin emuci aniya uyun biyai orin

Namdari, 만력 21년 9월 23일에

ilan de baha, ujahū wei i du jy hūi ši

획득했다.〉〈Ujahū위의 도지휘사

jangburu i jui anjuhū, wan lii i orin [原檔殘缺]

Jangburu의 아들 Anjuhū, 만력 20 □□□[2)]

aniya juwe biyai [原檔殘缺] uyun de baha, mušu (79:7b)

년 2월 □□□ 9일에 획득했다.〉〈목속하위(木束河衛)의

ho wei i du jy hūi tungjy daimbulu i jui

도지휘동지 Daimbulu의 아들

mangsi, wan lii i orin sunjaci aniya sunja biyai

Mangsi, 만력 25년 5월

ice de baha, kaiking wei i du jy hūi tungjy

초하루에 획득했다.〉〈Kaiking위의 도지휘동지

gelehun i jui daibulun, wan lii i orin sunjaci aniya

Gelehun의 아들 Daibulun, 만력 25년

---

2) 같은 날에 여러 개의 칙서를 내린 일이 많기 때문에 비슷한 날짜를 역으로 추정하면 이 경우에는 '만력 27년'일 가능성이 높다. 같은 방법으로 원당잔결(原檔殘缺) 부분에 대해서 연월일을 추정하는 것이 불가능한 일은 아니지만 그것이 확실하다고 단정할 수는 없다. 일본 동양문고 만문노당연구회 역주본에서는 원당잔결 중 가능한 부분에 대해서 추정하여 연월일을 보충해 두었다.

sunja biyai ice de baha, mušu ho
5월 초에 획득했다.〉〈목속하위(木束河衛)의

wei i du jy hūi ciyanši ungtai i jui jiltu, wan lii i
도지휘첨사 Ungtai의 아들 Jiltu, 만력

orin emuci aniya uyun biyai orin ilan de (79:8a)
21년 9월 23일에

baha, donggo šan wei i du jy hūi ciyanši hūsitun i omolo
획득했다.〉〈Donggo Šan위의 도지휘첨사 Hūsitun의 손자

baha, wan lii i orin nadaci aniya juwe biyai
Baha, 만력 27년 2월

ice uyun de baha, hai si ši fo wei i
초아흐레에 획득했다.〉〈해서 Ši Fo위의

du jy hūi ciyanši ugesang ni jui santan, wan lii i jai
도지휘첨사 Ugesang의 아들 Santan, 만력 2년

aniya juwan biyai ice jakūn de baha,
10월 초여드레에 획득했다.〉

hai si jontoji wei i du jy hūi ciyanši hūsihan i jui daiši,
〈해서 Jontoji위의 도지휘첨사 Hūsihan의 아들 Daiši,

wan lii i jai aniya juwan biyai ice jakūn de (79:8b)
만력 2년 10월 초여드레에

baha.
획득했다.〉

○ uju mukūn i sunjaci tatan, eidu baturu, hai si
제1 무쿤의 제5 타탄. Eidu 바투루, 〈해서

moo ho wei i du jy hūi ši silu i jui haihūn,
목하위(木河衛)의 도지휘사 Silu의 아들 Haihūn,

lung king ni ilaci aniya duin biyai orin sunja de
융경 3년 4월 25일에

baha, eidu baturu, hai ši dolin wei i du jy hūi ši
획득했다.〉 Eidu 바투루, 〈해서 Dolin위의 도지휘사

madangga i jui mudaode, giya jing ni dehi ilaci aniya (79:9a)
Madangga의 아들 Mudaode, 가정 43년

ninggun biyai orin juwe de baha, eidu baturu,
6월 22일에 획득했다.〉 Eidu 바투루,

ajin ho wei i du jy hūi tungjy unggilu i jui
〈Ajin Ho위의 도지휘동지 Unggilu의 아들

jinggeri, wan lii i orin nadaci aniya juwe biyai
Jinggeri, 만력 27년 2월

ice uyun de baha, eidu baturu, hai si
초아흐레에 획득했다.〉 Eidu 바투루, 〈해서

u tai ho wei i du jy hūi tungjy muihana i jui
U Tai Ho위의 도지휘동지 Muihana의 아들

ukamju, wan lii i tehe aniya ninggun biyai juwan
Ukamju, 만력 원년 6월 14일에

duin de baha, dumbai, hai si olokan wei i (79:9b)
획득했다.〉 Dumbai, 〈해서 Olokan위의

du jy hūi ciyanši šoguda i omolo tuhana, wan lii i
도지휘첨사 Šoguda의 손자 Tuhana, 만력

duici aniya duin biyai tofohon de baha,
4년 4월 15일에 획득했다.〉

eidu baturu, hai si ba ta wei i du jy hūi ciyanši
Eidu 바투루, 〈해서 Ba Ta위의 도지휘첨사

asitan i omolo usita, giya jing ni dehi duici aniya
Asitan의 손자 Usita, 가정 44년

uyun biyai juwan ilan de baha, eidu
9월 13일에 획득했다.〉 Eidu

baturu, ca doo ho wei i du jy hūi ciyanši uriku i
바투루, 〈Ca Doo Ho위의 도지휘첨사 Uriku의

omolo daiši, wan lii i juwan uyuci aniya ninggun (79:10a)
손자 Daiši, 만력 19년 6월

biyai orin de baha, uje i koota ho
20일에 획득했다.〉 〈올자(兀者)의 Koota Ho위의

wei i du jy hūi ciyanši agūru i omolo hotonggo,
도지휘첨사 Agūru의 손자 Hotonggo,

wan lii i orin emuci aniya uyun biyai orin
만력 21년 9월 23일에

ilan de baha, udaha, namu ho wei i
획득했다.〉 Udaha, 〈납목하위(納木河衛)의

du jy hūi ciyanši dasigan i omolo udaha, wan lii i
도지휘첨사 Dasigan의 손자 Udaha, 만력

orin emuci aniya uyun biyai orin ilan de
21년 9월 23일에

baha, eidu baturu, hai si kubuni ho wei i (79:10b)
획득했다.〉 Eidu 바투루, 〈해서 Kubuni Ho위의

du jy hūi ciyanši hasali i jui tungdaiši, wan lii i uyuci
도지휘첨사 Hasali의 아들 Tungdaiši, 만력 9년

aniya duin biyai orin jakūn de baha.
4월 28일에 획득했다.〉

◯ uju mukūn i ningguci tatan, donggo efu, buda
제1 무쿤의 제6 타탄. Donggo 어푸, 〈복답위(卜答衛)의

wei i du jy hūi ši tabuta i jui bakcina, wan lii i
도지휘사 Tabuta의 아들 Bakcina, 만력

juwan emuci aniya omšon biyai juwan nadan de
11년 11월 17일에

baha, hohori, hai si ujan wei i du jy hūi ši (79:11a)
획득했다.〉 Hohori, 〈해서 Ujan위의 도지휘사

naiha i jui bojina, lung king ni duici aniya nadan
Naiha의 아들 Bojina, 융경 4년 7월

biyai orin jakūn de baha, hohori, hai si
28일에 획득했다.〉 Hohori, 〈해서

toli šan wei i du jy hūi ši kekene i jui etemi,
Toli Šan위의 도지휘사 Kekene의 아들 Etemi,

wan lii i uyuci aniya duin biyai orin jakūn de
만력 9년 4월 28일에

baha, hohori, hai si ši ho wei i du jy hūi ši
획득했다.〉 Hohori, 〈해서 Ši Ho위의 도지휘사

eke i omolo sibege, giya jing ni dehi duici aniya
Eke의 손자 Sibege, 가정 44년

nadan biyai orin sunja de baha, kara, (79:11b)
7월 25일에 획득했다.〉 Kara,

hai si šog'o wei i du jy hūi ši hūsita i omolo buyan,
〈해서 Šog'o위의 도지휘사 Hūsita의 손자 Buyan,

giya jing ni dehi ilaci aniya nadan biyai juwan
가정 43년 7월 16일에

ninggun de baha, hohori, hai si umi ho
획득했다.〉 Hohori, 〈해서 Umi Ho위의

wei i du jy hūi tungjy umu i omolo abai, giya jing ni
도지휘동지 Umu의 손자 Abai, 가정

dehi sunjaci aniya nadan biyai orin emu de
45년 7월 21일에

baha, hohori, hai si imahū šan wei i du jy hūi tungjy
획득했다.〉 Hohori, 〈해서 역마홀산위(亦馬忽山衛)의 도지휘동지

sisingga i omolo sahaliyan, lung king ni tehe aniya jakūn (79:12a)
Sisingga의 손자 Sahaliyan, 융경 원년 8월

biyai orin ilan de baha, hohori, hai si
23일에 획득했다.〉 Hohori, 〈해서

kilamon wei i du jy hūi tungjy bagan i omolo takta,
Kilamon위의 도지휘동지 Bagan의 손자 Takta,

giya jing ni dehi ilaci aniya ninggun biyai orin
가정 43년 6월 22일에

juwe de baha, kūwaci, hai si ici wei i du jy hūi
획득했다.〉 Kūwaci, 〈해서 Ici위의 도지휘첨사

ciyanši ihada i omolo ul, lung king ni duici aniya
Ihada의 손자 Ul, 융경 4년

nadan biyai juwan jakūn de baha, kūwaci, hai si
7월 18일에 획득했다.〉 Kūwaci, 〈해서

gūlakū šan wei i du jy hūi ciyanši daidu i omolo (79:12b)
Gūlakū Šan위의 도지휘첨사 Daidu의 손자

munggi, wan lii i uyuci aniya duin biyai orin
Munggi, 만력 9년 4월 28일에

jakūn de baha.
획득했다.〉

○ uju mukūn i nadaci tatan, amba jargūci, kemir
제1 무쿤의 제7 타탄. 대자르구치, 〈극묵이하위(克默而河衛)의

ho wei i du jy hūi ši belektei i jui asidi,
도지휘사 Belektei의 아들 Asidi,

wan lii i orin sunjaci aniya sunja biyai ice de
만력 25년 5월 초하루에

baha, fiongdon jargūci, hai si ta šan wei i (79:13a)
획득했다.〉 Fiongdon 자르구치, 〈해서 탑산위(塔山衛)의

du jy hūi ši tungginu i jui sibege, giya jing ni dehi
도지휘사 Tungginu의 아들 Sibege, 가정 45년

sunjaci aniya nadan biyai orin emu de baha,
7월 21일에 획득했다.〉

jargūci, hai si isuri ho wei i tungjy weihuna i
자르구치, 〈해서 역속리하위(亦速里河衛)의 동지 Weihuna의

jui hūsi, lung king ni ilaci aniya duin biyai
아들 Hūsi, 융경 3년 4월

orin sunja de baha, jargūci, hai si ilu
25일에 획득했다.〉 자르구치, 〈해서 역노하위(亦魯河衛)의

ho wei i du jy hūi ciyanši bolot i omolo udai,
도지휘첨사 Bolot의 손자 Udai,

wan lii i [原檔殘缺] aniya duin biyai orin jakūn de (79:13b)
만력 □□□ 년 4월 28일에

baha, anggai, hai si cilin wei i du jy hūi ciyanši
획득했다.〉 Anggai, 〈해서 Cilin위의 도지휘첨사

borji i jui daiši, wan lii i jai aniya juwan
Borji의 아들 Daiši, 만력 2년 10월

biyai ice jakūn de baha, jargūci, hai si
초여드레에 획득했다.〉 자르구치, 〈해서

u lii wei i du jy hūi ciyanši kicengge i omolo olikan,
올리위(兀里衛)의 도지휘첨사 Kicengge의 손자 Olikan,

wan lii i uyuci aniya sunja biyai orin nadan de
만력 9년 5월 27일에

baha, jargūci, hai si kolomo wei i du jy hūi ciyanši
획득했다.〉 자르구치, 〈해서 홀로목위(忽魯木衛)의 도지휘첨사

sat i jui casung, wan lii i sunjaci aniya jorgon (79:14a)
Sat의 아들 Casung, 만력 5년 12월

biyai orin nadan de baha, baban, dalingho wei i
27일에 획득했다.〉 Baban, 〈Dalingho위의

du jy hūi ciyanši cure i jui sat, wan lii i
도지휘첨사 Cure의 아들 Sat, 만력

orin nadaci aniya juwe biyai ice uyun de
27년 2월 초아흐레에

baha, dodo ecike, hai si hūrha wei i du jy hūi
획득했다.〉 Dodo 숙부, 〈해서 홀아해위(忽兒海衛)의 도지휘첨사

ciyanši kesitu i jui ahai, lung king ni tehe aniya
Kesitu의 아들 Ahai, 융경 원년

jakūn biyai orin ilan de baha, jargūci,
8월 23일에 획득했다.〉 자르구치,

hai si mulan wei i du jy hūi ciyanši boloko i omolo (79:14b)
〈해서 Mulan위 도지휘첨사 Boloko의 손자

anjiha, wan lii i nadaci aniya ninggun biyai juwan
Anjiha, 만력 7년 6월 12일에

juwe de baha.
획득했다.〉

○ uju mukūn i jakūci tatan, darhan hiya, [原檔殘缺]
제1 무쿤의 제8 타탄. Darhan 히야, 〈□□□

wei du jy hūi ši cinggiha i jui hūsimu, wan lii i
위 도지휘사 Cinggiha의 아들 Hūsimu, 만력

orin emuci aniya uyun biyai orin ilan de
21년 9월 23일에

baha, darhan hiya, u lii wei i du jy hūi ši ungnahū i (79:15a)
획득했다.〉 Darhan 히야, 〈올리위(兀里衛)의 도지휘사 Ungnahū의

omolo dayangga, giya jing ni dehi juweci aniya ninggun
손자 Dayangga, 가정 42년 6월

biyai juwan duin de baha, darhan hiya,
14일에 획득했다.〉 Darhan 히야,

hai si baori wei i du jy hūi ši kekuhe i jui
〈해서 Baori위의 도지휘사 Kekuhe의 아들

mungla, lung king ni sunjaci aniya jakūn biyai orin
Mungla, 융경 5년 8월 25일에

sunja de baha, darhan hiya, hai si wen giya
획득했다.〉 Darhan 히야, 〈해서 Wen Giya위의

wei i du jy hūi ši asana i jui susu, lung king ni
도지휘사 Asana의 아들 Susu, 융경

sunjaci aniya jakūn biyai orin sunja de (79:15b)
5년 8월 25일에

baha, alima, kema wei i du jy hūi ši balida i
획득했다.〉 Alima, 〈Kema위의 도지휘사 Balida의

jui barda, wan lii i orin nadaci aniya juwe
아들 Barda, 만력 27년 2월

biyai ice uyun de baha, darhan hiya,
초아흐레에 획득했다.〉 Darhan 히야,

moo ho wei i du jy hūi tungjy jotangga i omolo
〈목하위(木河衛)의 도지휘동지 Jotangga의 손자

hūsimu, giya jing ni dehi juweci aniya ninggun biyai
Hūsimu, 가정 42년 6월

juwan duin de baha, darhan hiya, gitan
14일에 획득했다.〉 Darhan 히야, 〈길탄위(吉灘衛)의

wei i du jy hūi tungjy aru i omolo domodaicu, wan lii i (79:16a)
도지휘동지 Aru의 손자 Domodaicu, 만력

juwan uyuci aniya ninggun biyai orin duin de
19년 6월 24일에

baha, darhan hiya, hai si šeri wei i du jy hūi
획득했다.〉 Darhan 히야, 〈해서 Šeri위의 도지휘첨사

ciyanši batinu i jui bakemu, lung king ni ilaci aniya
Batinu의 아들 Bakemu, 융경 3년

duin biyai orin sunja de baha, janggiya,
4월 25일에 획득했다.〉 Janggiya,

halu ho wei i du jy hūi ciyanši mungke i jui
〈Halu Ho위의 도지휘첨사 Mungke의 아들

daising, wan lii i orin sunjaci aniya sunja
Daising, 만력 25년 5월

biyai ice de baha, alima, daruhai ilike wei i (79:16b)
초하루에 획득했다.〉 Alima와 Daruhai, 〈역리극위(亦里克衛)의

du jy hūi ciyanši er i omolo iha, wan lii i orin
도지휘첨사 Er의 손자 Iha, 만력

sunjaci aniya sunja biyai ice de baha.
25년 5월 초하루에 획득했다.〉

○ uju mukūn i uyuci tatan, šongkoro baturu, u tai g'ang
제1 무쿤의 제9 타탄. Šongkoro 바투루, 〈U Tai G'ang

ho wei i du jy hūi ši ihaca i omolo betung,
Ho위의 도지휘사 Ihaca의 손자 Betung,

wan lii i orin nadaci aniya juwe biyai ice
만력 27년 2월

uyun de baha, erdeni, hai si odo wei i (79:17a)
초아흐레에 획득했다.〉 Erdeni, 〈해서 Odo위의

du jy hūi ši hūsiha i jui aoke, lung king ni tehe
도지휘사 Hūsiha의 아들 Aoke, 융경 원년

aniya jakūn biyai orin ilan de baha, šongkoro,
8월 23일에 획득했다.〉 Šongkoro,

ari wei i du jy hūi tungjy tangšeng ni omolo erimbulu,
〈Ari위의 도지휘동지 Tangšeng의 손자 Erimbulu,

wan lii i juwan emuci aniya omšon biyai juwan
만력 11년 11월 17일에

nadan de baha, šongkoro, hai si bolo wei i
획득했다.〉 Šongkoro, 〈해서 박라위(薄羅衛)의

du jy hūi tungjy bagūtu i jui taiha, lung king ni ilaci
도지휘동지 Bagūtu의 아들 Taiha, 융경 3년

aniya duin biyai orin sunja de baha, (79:17b)
4월 25일에 획득했다.〉

ambulu, simburu, sokun ho wei i du jy hūi tungjy
Ambulu와 Simburu, 〈소온하위(蘇溫河衛)의 도지휘동지

dung ni jui jimbulu, wan lii i orin nadaci aniya
Dung의 아들 Jimbulu, 만력 27년

juwe biyai ice uyun de baha, šongkoro, kolomo
2월 초아흐레에 획득했다.〉 Šongkoro, 〈홀로목위(忽魯木衛)의

wei i du jy hūi ciyanši kuimi, giya jing ni gūsin juweci
도지휘첨사 Kuimi, 가정 32년

aniya sunja biyai gūsin de baha, šongkoro,
5월 30일에 획득했다.〉 Šongkoro,

hai si mokon ho wei i du jy hūi ciyanši nadanju i
〈해서 막온하위(莫溫河衛)의 도지휘첨사 Nadanju의

jui kangsahūi, wan lii i nadaci aniya ninggun biyai (79:18a)
아들 Kangsahūi, 만력 7년 6월

juwan juwe de baha, šongkoro, gintasi, acan
12일에 획득했다.〉 Šongkoro와 Gintasi 공동 소유,

hai si wei lai wei i du jy hūi ciyanši sibu i jui
〈해서 Wei Lai위의 도지휘첨사 Sibu의 아들

hūsimu, wan lii i jai aniya juwan biyai ice
Hūsimu, 만력 2년 10월

jakūn de baha, yangšu, hai si simu wei i
초여드레에 획득했다.〉 Yangšu, 〈해서 Simu위의

du jy hūi ciyanši seke i jui beksing, giya jing ni dehi
도지휘첨사 Seke의 아들 Beksing, 가정

duici aniya uyun biyai juwan ilan de baha,
44년 9월 13일에 획득했다.〉

jangkio, alin wei i du jy hūi ciyanši gujing ni jui (79:18b)
Jangkio, 〈아림위(阿林衛)의 도지휘첨사 Gujing의 아들

jangkū, giya jing ni orin duici aniya nadan biyai
Jangkū, 가정 24년 7월

ice ninggun de baha.
초엿새에 획득했다.〉

○ uju mukūn i juwanci tatan, babutai, babuhai, utun
제1 무쿤의 제10 타탄. Babutai와 Babuhai, 〈오둔하위(五屯河衛)의

ho wei i du jy hūi ši sujangga i jui unggutu,
도지휘사 Sujangga의 아들 Unggutu,

wan lii i juwan emuci aniya omšon biyai juwan nadan de
만력 11년 11월 17일에

baha, yartai, bolkon gulu šan wei i du jy hūi tungjy (79:19a)
획득했다.〉 Yartai와 Bolkon, 〈고로산위(古魯山衛)의 도지휘동지

asika i omolo menggetu, giya jing ni gūsin jakūci aniya
Asika의 손자 Menggetu, 가정 38년

nadan biyai juwan uyun de baha, ubadai,
7월 19일에 획득했다.〉 Ubadai와

jumatai, hai si cooton ho wei i du jy hūi ciyanši
Jumatai, 〈해서 Cooton Ho위의 도지휘첨사

yunge i omolo yungge, wan lii i nadaci aniya ninggun
Yunge의 손자 Yungge, 만력 7년 6월

biyai juwan juwe de baha, jongdoi, ayusi,
12일에 획득했다.〉 Jongdoi와 Ayusi

acan u lii ho wei i du jy hūi ciyanši dejuhe i
공동 소유, 〈올리하위(兀里河衛)의 도지휘첨사 Dejuhe의

omolo agūni, giya jing ni dehi juweci aniya ninggun (79:19b)
손자 Agūni, 가정 42년 6월

biyai juwan duin de baha, dajuhū, imahū šan
14일에 획득했다.〉 Dajuhū, 〈역마홀산위(亦馬忽山衛)의

wei i du jy hūi ciyanši bolot i jui dajuhū, wan lii i
도지휘첨사 Bolot의 아들 Dajuhū, 만력

juwan emuci aniya omšon biyai juwan nadan de
11년 11월 17일에

baha, irešen, mingganu, acan hai si ajoo wei i
획득했다.〉 Irešen과 Mingganu 공동 소유, 〈해서 Ajoo위의

du jy hūi ciyanši santan i jui ere, giya jing ni dehi
도지휘첨사 Santan의 아들 Ere, 가정 44년

duici aniya uyun biyai juwan ilan de baha,
9월 13일에 획득했다.〉

gibkada, wejilen, acan i mu ho wei i du jy hūi (79:20a)
Gibkada와 Wejilen 공동 소유, 〈의목하위(依木河衛)의 도지휘첨사

ciyanši yendahūn i jui iberi, lung king ni ilaci aniya
Yendahūn의 아들 Iberi, 융경 3년

duin biyai orin sunja de baha, šose,
4월 25일에 획득했다.〉 Šose,

šog'o wei i du jy hūi ciyanši bangūda i omolo jintao,
〈Šog'o위의 도지휘첨사 Bangūda의 손자 Jintao,

giya jing ni dehici aniya nadan biyai orin uyun de
가정 40년 7월 29일에

baha, yasun, oti šan wei i du jy hūi ciyanši
획득했다.〉 Yasun, 〈Oti Šan위의 도지휘첨사

latabu i jui yadaršan, giya jing ni orin duici aniya
Latabu의 아들 Yadaršan, 가정 24년

nadan biyai ice ninggun de baha. (79:20b)
7월 초엿새에 획득했다.〉

○ uju mukūn i juwan emuci tatan, adun hiya,
제1 무쿤의 제11 타탄. Adun 히야,

hai si ku ling wei i du jy hūi ši cangtai i omolo
〈해서 Ku Ling위의 도지휘사 Cangtai의 손자

hūsiba, wan lii i duici aniya duin biyai tofohon de
Hūsiba, 만력 4년 4월 15일에

baha, tunggadai, du mu kiyoo wei i du jy hūi ši hulengge i
획득했다.〉 Tunggadai, 〈Du Mu Kiyoo위의 도지휘사 Hulengge의

omolo cangbolot, giya jing ni dehici aniya nadan
손자 Cangbolot, 가정 40년 7월

biyai orin uyun de baha, ubadai, hai si an (79:21a)
29일에 획득했다.〉 Ubadai, 〈해서 안하위(安河衛)의

ho wei i du jy hūi ši sunja i omolo suiha,
도지휘사 Sunja의 손자 Suiha,

giya jing ni dehi ilaci aniya ninggun biyai orin
가정 43년 6월

juwe de baha, fuli, busantai, dading wei i
22일에 획득했다.〉 Fuli와 Busantai, 〈탑정위(塔亭衛)의

du jy hūi tungjy hengbu i jui fuli, wan lii i orin
도지휘동지 Hengbu의 아들 Fuli, 만력 27년

nadaci aniya juwe biyai ice uyun de baha,
2월 초아흐레에 획득했다.〉

unege, hūlan šan wei i du jy hūi tungjy huju i jui asibu,
Unege, 〈홀란산위(忽蘭山衛)의 도지휘동지 Huju의 아들 Asibu,

giya jing ni juwan emuci aniya ninggun biyai orin (79:21b)
가정 11년 6월 29일에

uyun de baha, turusi, hai si hūlan šan wei i
획득했다.〉 Turusi, 〈해서 홀란산위(忽蘭山衛)의

du jy hūi ciyanši kuken i omolo bekibulu, giya jing ni dehi
도지휘첨사 Kuken의 손자 Bekibulu, 가정

duici aniya nadan biyai orin sunja de baha,
44년 7월 25일에 획득했다.〉

mandari, honin, acan kimjinak wei i du jy hūi
Mandari와 Honin 공동 소유, 〈Kimjinak위의 도지휘

camdumu i omolo kimcibu, wan lii i juwan emuci aniya
Camdumu의 손자 Kimcibu, 만력 11년

omšon biyai juwan nadan de baha, labi,
11월 17일에 획득했다.〉 Labi와

baicuka, acan jukio tu ho wei i du jy hūi ciyanši (79:22a)
Baicuka 공동 소유, 〈Jukio Tu Ho위의 도지휘첨사

nerengge i omolo kina, giya jing ni dehi juweci aniya
Nerengge의 손자 Kina, 가정 42년

ninggun biyai juwan duin de baha, damin,
6월 14일에 획득했다.〉 Damin과

ubadai, acan, bolo wei i du jy hūi ciyanši mungki i
Ubadai 공동 소유, 〈박라위(薄羅衛)의 도지휘첨사 Mungki의

omolo turda, wan lii i orin sunjaci aniya sunja
손자 Turda, 만력 25년 5월

biyai ice de baha.
초하루에 획득했다.〉

○ uju mukūn i juwan juweci tatan, tundai, gio ta wei i du jy hūi (79:22b)
제1 무쿤의 제12 타탄. Tundai, 〈Gio Ta위의 도지휘사

ši dobuha i jui daiši, wan lii i orin
Dobuha의 아들 Daiši, 만력 27년

nadaci aniya juwe biyai ice uyun de baha,
2월 초아흐레에 획득했다.〉

tantaiju, hailan ceng wei i du jy hūi ši mori i omolo
Tantaiju, 〈합란성위(哈蘭城衛)의 도지휘사 Mori의 손자

utai, wan lii i orin nadaci aniya juwe biyai
Utai, 만력 27년 2월

ice uyun de baha, gintaisi, habujai, acan
초아흐레에 획득했다.〉 Gintaisi와 Habujai 공동 소유,

hai si silmen wei i du jy hūi ši isuha i jui
〈해서 실리면위(失里綿衛)의 도지휘사 Isuha의 아들

saosi, giya jing ni dehi sunjaci aniya nadan biyai (79:23a)
Saosi, 가정 45년 7월

orin emu de baha, tantaiju, guli šan wei i
21일에 획득했다.〉 Tantaiju, 〈홀리산위(忽里山衛)의

du jy hūi ciyanši uyaha i omolo saimbolot, giya jing ni
도지휘첨사 Uyaha의 손자 Saimbolot, 가정

gūsin duici aniya nadan biyai orin nadan de
34년 7월 27일에

baha, sarin, šanuka, acan šajin ho wei i
획득했다.〉 Sarin과 Šanuka 공동 소유, 〈Šajin Ho위의

du jy hūi ciyanši dingge i omolo bantasi, giya jing ni gūsin
도지휘첨사 Dingge의 손자 Bantasi, 가정 38년

jakūci aniya jakūn biyai orin emu de baha,
8월 21일에 획득했다.〉

tumei, cakiri, acan hai si yar wei i du jy hūi (79:23b)
Tumei와 Cakiri 공동 소유, 〈해서 Yar위의 도지휘첨사

ciyanši albatai i jui bartai, giya jing ni dehi sunjaci
Albatai의 아들 Bartai, 가정 45년

aniya nadan biyai orin emu de baha, budasiri,
7월 21일에 획득했다.〉 Budasiri,

gumu ho wei i du jy hūi ciyanši muhaliyan i omolo
〈고목하위(古木河衛)의 도지휘첨사 Muhaliyan의 손자

ahai, giya jing ni gūsin jakūci aniya jakūn biyai
Ahai, 가정 38년 8월

orin emu de baha, [原檔殘缺] hai si taibu
21일에 획득했다.〉 □□□ 〈해서 Taibu위의

wei i du jy hūi ciyanši ceke i jui dungbolot, daiši,
도지휘첨사 Ceke의 아들 Dungbolot와 Daiši,

lung king ni tehe aniya jakūn biyai orin ilan de (79:24a)
융경 원년 8월 23일에

baha, burhai, hai si simu wei i du jy hūi ciyanši
획득했다.〉 Burhai, 〈해서 식목위(式木衛)의 도지휘첨사

saiha i omolo yolan, giya jing ni dehi ilaci aniya
Saiha의 손자 Yolan, 가정 43년

ninggun biyai orin juwe de baha.
6월 22일에 획득했다.〉

제80권

무쿤과 타탄을 기록한 당안이다. 연월을 적지 않았다.

jakūnjuci debtelin,
mukūn tatan be
ejehe dangse, aniya
biya ejehekūbi.

tongki fuka sindaha hergen i dangse. (80:1a)
유권점 당안

○ jai mukūn i uju tatan, argatu tumen, osan
제2 무쿤의 제1 타탄. Argatu Tumen, 〈Osan San위(衛)의

san wei i dudu ciyanši wangginu i omolo hūng
도독첨사(都督僉事) Wangginu의 손자 Hūng

baturu, wan lii i gūsin [原檔殘缺] aniya omšon
바투루, 만력(萬曆) 30 □□□ 년 11월

biyai orin sunja de baha, kina ho wei i
25일에 획득했다.〉 〈Kina Ho위의

du jy hūi ši gūcin i omolo [原檔殘缺]
도지휘사(都指揮使) Gūcin의 손자 □□□

giya jing ni gūsin jakūci aniya jakūn biyai
가정(嘉靖) 38년 8월

orin emu de baha, hai si da mao (80:1b)
21일에 획득했다.〉 〈해서(海西) Da Mao위의

wei i du jy hūi [原檔殘缺] narkibu i omolo dagūda,
도지휘 □□□ Narkibu의 손자 Dagūda,

wan lii i jai aniya juwan biyai ice jakūn de
만력 2년 10월 초여드레에

baha, hai si [原檔殘缺] du jy hūi ši
획득했다.〉〈해서 □□□ 도지휘사

kes i jui hadai, lung king ni sunjaci aniya jakūn biyai
Kes의 아들 Hadai, 융경(隆慶) 5년 8월

orin sunja [原檔殘缺] gumu wei i du jy hūi
25일 □□□〉〈Gumu위의 도지휘동지(都指揮同知)

tungjy saigūsi i jui amtasi, wan lii i orin emuci aniya
Saigūsi의 아들 Amtasi, 만력 21년

uyun biyai orin ilan de baha, hai si (80:2a)
9월 23일에 획득했다.〉〈해서

oke wei i du jy hūi tungjy uncaltu i omolo
액극위(額克衛)의 도지휘동지 Uncaltu의 손자

behede, giya jing ni dehi ilaci aniya ninggun biyai
Behede, 가정 43년 6월

orin juwe de baha, siromo ho wei i
22일에 획득했다.〉 Siromo Ho위의

du jy hūi [原檔殘缺] jui yangbulu, wan lii i
도지휘 □□□ 아들 Yangbulu, 만력

juwan emuci aniya omšon biyai juwan emu de
11년 11월 11일에

baha, kina ho i [原檔殘缺] ilacin, giya jing ni
획득했다.〉〈Kina Ho의 □□□ Ilacin, 가정

gūsin emuci aniya [原檔殘缺] orin nadan de (80:2b)
31년 □□□ 27일에

baha, hai si hali wei i du jy hūi ciyanši
획득했다.〉〈해서 합리위(哈里衛)의 도지휘첨사

losi i jui abuha, lung king ni sunjaci aniya jakūn
Losi의 아들 Abuha, 융경 5년 8월

biyai orin sunja de baha.
25일에 획득했다.〉

○ jai mukūn i jai tatan, argatu tumen, kemir
제2 무쿤의 제2 타탄. Argatu Tumen, 〈극묵이하위(克默而河衛)의

ho wei i dudu ciyanši fudangga i omolo todo
도독첨사 Fudangga의 손자 Todo 아거,

age, wan lii i gūsin nadaci aniya omšon biyai (80:3a)
만력 37년 11월

orin sunja de baha, hai si gu ceng
25일에 획득했다.〉〈해서 고성위(古城衛)의

wei i du jy hūi tungjy aha i jui šulu,
도지휘동지 Aha의 아들 Šulu,

wan lii i gūsin nadaci aniya omšon biyai orin sunja de
만력 37년 11월 25일에

baha, hai si ta šan san wei i du jy hūi
획득했다.〉〈해서 탑산전위(塔山前衛)의 도지휘동지

tungjy wangtai i jui menggubulu, lung king ni sunjaci aniya
Wangtai의 아들 Menggubulu, 융경 5년

jakūn biyai orin sunja de baha, lamun
8월 25일에 획득했다.〉〈열문하위(列門河衛)의

ho wei i du jy hūi tungjy samha i jui yekehe, (80:3b)
도지휘동지 Samha의 아들 Yekehe,

giya jing ni gūsin juweci aniya duin biyai gūsin de
가정 32년 4월 30일에

baha, hai si simu wei i du jy hūi ciyanši
획득했다.〉〈해서 식목위(式木衛)의 도지휘첨사

ilingga i jui dolokima, giya jing ni dehi sunjaci aniya
Ilingga의 아들 Dolokima, 가정 45년

uyun biyai orin juwe de baha, girin šan
9월 22일에 획득했다.〉〈Girin Šan위의

wei i du jy hūi ciyanši arigūli i omolo guyung, wan lii i
도지휘첨사 Arigūli의 손자 Guyung, 만력

gūsin nadaci aniya omšon biyai orin sunja de
37년 11월 25일에

baha, hai si i dergi wei i du jy hūi ciyanši (80:4a)
획득했다.〉〈해서의 동위(東衛) 도지휘첨사

dejute i omolo adai, lung king ni tehe aniya jakūn
Dejute의 손자 Adai, 융경 원년 8월

biyai orin ilan de baha, goobolo wei i
23일에 획득했다.〉〈화복라위(和卜羅衛)의

du jy hūi ciyanši cinggiyanu i omolo nantu, giya jing ni gūsin
도지휘첨사 Cinggiyanu의 손자 Nantu, 가정 35년

sunjaci aniya nadan biyai juwan uyun de baha,
7월 19일에 획득했다.〉

hai si biri wei i du jy hūi ciyanši desu i
〈해서 Biri위의 도지휘첨사 Desu의

jui tana, giya jing ni dehi duici aniya uyun
아들 Tana, 가정 47년 9월

biyai juwan ilan de baha, ili wei i (80:4b)
13일에 획득했다.〉〈Ili위의

du jy hūi ciyanši guluma i jui naimida, giya jing ni orin
도지휘첨사 Guluma의 아들 Naimida, 가정 28년

jakūci aniya jakūn biyai juwan duin de baha.
8월 14일에 획득했다.〉

○ jai mukūn i ilaci tatan, urgūdai, uje šan
제2 무쿤의 제3 타탄. Urgūdai, 〈올자전위(兀者前衛)의

wei i dudu ciyanši taktu, fuka, wan lii i gūsin
도독첨사 Taktu, Fuka, 만력 35년

sunjaci aniya anagan i ninggun biyai juwan juwe de
윤6월 12일에

baha, hai si ši lii ho wei i du jy hūi ši (80:5a)
획득했다.〉〈해서 Ši Lii Ho위의 도지휘사 Siliku의

siliku i omolo musila, wan lii i uyuci aniya duin
손자 Musila, 만력 9년 4월

biyai orin jakūn de baha, hai si ici
28일에 획득했다.〉〈해서 Ici

ho wei i du jy hūi ši šanggung ni jui busengge,
Ho위의 도지휘사 Šanggung의 아들 Busengge,

giya jing ni dehi duici aniya uyun biyai juwan
가정 44년 9월 13일에

ilan de baha, hai si sugiya wei i du jy hūi
획득했다.〉〈해서 Sugiya위의 도지휘사

ši sihardalang ni jui daiši, giya jing ni dehi
Sihardalang의 아들 Daiši, 가정 44년

duici aniya uyun biyai juwan ilan de baha, (80:5b)
9월 13일에 획득했다.〉

hai si nargi wei i du jy hūi tungjy katingga i
〈해서 Nargi위의 도지휘동지 Katingga의

omolo dayangga, wan lii i uyuci aniya duin biyai
손자 Dayangga, 만력 9년 4월

orin jakūn de baha, hai si jatala wei i
28일에 획득했다.〉〈해서 자첩렬위(者帖列衛)의

du jy hūi tungjy dorohon i omolo jajuhū, wan lii i
도지휘동지 Dorohon의 손자 Jajuhū, 만력

ujuci aniya duin biyai orin jakūn de baha,
9년 4월 28일에 획득했다.〉

hai si ši lii ho wei i du jy hūi tungjy cagan i
〈해서 Ši Lii Ho위의 도지휘동지 Cagan의

omolo hahina, giya jing ni gūsin [原檔殘缺] uliki šan wei i (80:6a)
손자 Hahina, 가정 30 □□□〉〈올리해산위(兀里奚山衛)의

du jy hūi ciyanši tabi, udai, giya jing ni gūsin
도지휘첨사 Tabi Udai, 가정 32년

juweci aniya duin biyai gūsin de baha,
4월 30일에 획득했다.〉

jamu ho wei i du jy hūi ciyanši belingge i jui
〈야목하위(野木河衛)의 도지휘첨사 Belingge의 아들

deyengge, giya jing ni gūsin juweci aniya duin biyai
Deyengge, 가정 32년 4월

gūsin de baha, hai si ara ho wei i
30일에 획득했다.〉〈해서 Ara Ho위의

du jy hūi ciyanši anju i omolo ajutai. lung king ni sunjaci
도지휘첨사 Anju의 손자 Ajutai. 융경 5년

aniya jakūn biyai orin sunja de baha. (80:6b)
8월 25일에 획득했다.〉

○ jai mukūn i duici tatan, subahai gu ceng
제2 무쿤의 제4 타탄. Subahai, 〈고성위(古城衛)의

wei i dudu ciyanši šusiha, wan lii i gūsin
도독첨사 Šusiha, 만력 35년

sunjaci aniya anagan i ninggun biyai juwan juwe de
윤6월 12일에

baha, manggo, yasun, loma wei i du jy hūi
획득했다.〉 Manggo와 Yasun, 〈Loma위의 도지휘사

ši bocita i jui mantai, wan lii i juwan
Bocita의 아들 Mantai, 만력 11년

emuci aniya omšon biyai juwan nadan de (80:7a)
11월 17일에

baha, sunta omoho wei i du jy hūi
획득했다.〉 Sunta, 〈아목하위(阿木河衛)의 도지휘사

ši beheci i omolo bahani, giya jing ni orin juweci aniya
Beheci의 손자 Bahani, 가정 22년

ninggun biyai juwan duin de baha, subahai,
6월 14일에 획득했다.〉 Subahai,

hai si durbi wei i du jy hūi tungjy elingge i
〈해서 Durbi위의 도지휘동지 Elingge의

jui fudacan, wan lii i jai aniya juwan biyai
아들 Fudacan, 만력 2년 10월

ice jakūn de baha, manggo, korkon wei i
초여드레에 획득했다.〉 Manggo, 〈Korkon위의

du jy hūi tungjy iliha, sunja, wan lii i orin (80:7b)
도지휘동지 Iliha와 Sunja, 만력 27년

nadaci aniya juwe biyai ice uyun de
2월 초아흐레에

baha, tanggū, mijing wei i du jy hūi ciyanši dalija i
획득했다.〉 Tanggū, 〈Mijing위의 도지휘첨사 Dalija의

jui gembulu, wan lii i orin sunjaci aniya sunja
아들 Gembulu, 만력 25년 5월

biyai ice de baha, subahai, ša ling wei i
초하루에 획득했다.〉 Subahai, 〈Ša Ling위의

du jy hūi ciyanši taibuha i jui suheli, wan lii i
도지휘첨사 Taibuha의 아들 Suheli, 만력

orin nadaci aniya juwe biyai ice uyun de
27년 2월 초아흐레에

baha, sunta, halu wei i du jy hūi ciyanši (80:8a)
획득했다.〉 Sunta, 〈Halu위의 도지휘첨사

erekan i jui tungbulu, wan lii i orin sunjaci aniya
Erekan의 아들 Tungbulu, 만력 25년

sunja biyai ice de baha, tanggū, hai si
5월 초하루에 획득했다.〉 Tanggū, 〈해서

tomoho wei i du jy hūi ciyanši nitangga i
탈목하위(脫木河衛)의 도지휘첨사 Nitangga의

jui utasi, giya jing ni dehi duici aniya nadan
아들 Utasi, 가정 44년 7월

biyai orin sunja de baha, sunta, mokon ho
25일에 획득했다.〉 Sunta, 〈막온하위(莫溫河衛)의

wei i du jy hūi ciyanši udahūta i omolo yambulu,
도지휘첨사 Udahūta의 손자 Yambulu,

giya jing ni gūsin juweci aniya duin biyai (80:8b)
가정 32년 4월

gūsin de baha.
30일에 획득했다.〉

○ jai mukūn i sunjaci tatan, argatu tumen,
제2 무쿤의 제5 타탄. Argatu Tumen,

namu wei i du jy hūi ši šoli i
〈납목위(納木衛)의 도지휘사 Šoli의

jui sulengge, giya jing ni dehi juweci
아들 Sulengge, 가정 42년

aniya ninggun biyai juwan duin de
6월 14일에

baha, girin wei i du jy hūi ši bahana i jui (80:9a)
획득했다.〉 〈Girin위의 도지휘사 Bahana의 아들

alha, wan lii i orin nadaci aniya juwe biyai
Alha, 만력 27년 2월

ice uyun de baha, oijo wei i du jy hūi
초아흐레에 획득했다.〉〈Oijo위의 도지휘동지

tungjy cutala i jui burgi, wan lii i orin emuci
Cutala의 아들 Burgi, 만력 21년

aniya uyun biyai orin ilan de baha, hai si
9월 23일에 획득했다.〉〈해서

sugiya wei i du jy hūi tungjy sibe omolo
Sugiya위의 도지휘동지 Sibe의 손자

cangtai, wan lii i gūsin nadaci aniya omšon biyai
Cangtai, 만력 37년 11월

orin sunja de baha, hai si ta šan san (80:9b)
25일에 획득했다.〉〈해서 탑산전위(塔山前衛)의

wei i du jy hūi tungjy langjuka i omolo hūsibulu,
도지휘동지 Langjuka의 손자 Hūsibulu,

wan lii i uyuci aniya duin biyai orin jakūn de
만력 9년 4월 28일에

baha, hai si ili wei i du jy hūi tungjy canggulu i
획득했다.〉〈해서 Ili위의 도지휘동지 Canggulu의

jui hejingge, wan lii i uyuci aniya duin biyai
아들 Hejingge, 만력 9년 4월

orin jakūn de baha, ulunai wei i du jy hūi
28일에 획득했다.〉〈Ulunai위의 도지휘동지

tungjy aihalu i jui aji, wan lii i orin nadaci
Aihalu의 아들 Aji, 만력 27년

aniya juwe biyai ice uyun de baha, (80:10a)
2월 초아흐레에 획득했다.〉

hai si tomo wei i du jy hūi yendahūn i jui ulina,
〈해서 Tomo위의 도지휘 Yendahūn의 아들 Ulina,

wan lii i uyuci aniya duin biyai orin jakūn de
만력 9년 4월 28일에

baha, hali šo wei i du jy hūi ciyanši šose i omolo
획득했다.〉〈Hali Šo위의 도지휘첨사 Šose의 손자

gintaisi, wan lii i juwan uyuci aniya ninggun biyai
Gintaisi, 만력 19년 6월

orin duin de baha, gio ceng wei i du jy hūi
24일에 획득했다.〉〈Gio Ceng위의 도지휘첨사

ciyanši nujuku i jui najubu, giya jing ni gūsin duici
Nujuku의 아들 Najubu, 가정 34년

aniya nadan biyai juwan ninggun de baha. (80:10b)
7월 16일에 획득했다.〉

○ jai mukūn i ningguci tatan, argatu tumen, hai si
제2 무쿤의 제6 타탄. Argatu Tumen, 〈해서

hobe wei i du jy hūi ši tokto i omolo adu,
Hobe위의 도지휘사 Tokto의 손자 Adu,

wan lii i jai aniya juwan biyai ice jakūn de
만력 2년 10월 초여드레에

baha, i mu ho wei i du jy hūi tungjy
획득했다.〉〈의목하위(依木河衛)의 도지휘동지

daijuha i jui baindari, wan lii i orin emuci
Daijuha의 아들 Baindari, 만력 21년

aniya uyun biyai orin ilan de baha, ta šan wei i (80:11a)
9월 23일에 획득했다.〉〈탑산위(塔山衛)의

du jy hūi tungjy semuhe i omolo bekina, wan lii i
도지휘동지 Semuhe의 손자 Bekina, 만력

orin nadaci aniya juwe biyai ice uyun de
27년 2월 초아흐레에

baha, hai si mulu wei i du jy hūi tungjy
획득했다.〉〈해서 Mulu위의 도지휘동지

nikan i jui urika, giya jing ni dehi sunjaci aniya juwe
Nikan의 아들 Urika, 가정 45년 2월

biyai orin juwe de baha, nalaki ho wei i
22일에 획득했다.〉〈납랄길하위(納剌吉河衛)의

du jy hūi ciyanši duingge i jui weinahūn, giya jing ni
도지휘첨사 Duingge의 아들 Weinahūn, 가정

gūsin jakūci aniya nadan biyai juwan uyun de (80:11b)
38년 7월 19일에

baha, ilu wei i du jy hūi ciyanši basuka i jui
획득했다.〉〈Ilu위의 도지휘첨사 Basuka의 아들

wendaisi, wan lii i juwan emuci aniya omšon biyai juwan
Wendaisi, 만력 11년 11월 17일에

nadan de baha, namu wei i du jy hūi
획득했다.〉〈납목위(納木衛)의 도지휘첨사

ciyanši akuli i jui arda, wan lii i orin sunjaci
Akuli의 아들 Arda, 만력 25년

aniya sunja biyai ice de baha, hai si ši san
5월 초하루에 획득했다.〉〈해서 실산위(實山衛)의

wei i du jy hūi ciyanši dainku i omolo sintai,
도지휘첨사 Dainku의 손자 Sintai,

wan lii i uyuci aniya duin biyai orin jakūn de (80:12a)
만력 9년 4월 28일에

baha, ku ling ho wei i du jy hūi ciyanši
획득했다.〉〈Ku Ling Ho위의 도지휘첨사

daiju i jui anabu, wan lii i orin emuci aniya
Daiju의 아들 Anabu, 만력 21년

uyun biyai orin ilan de baha, ši ho wei i
9월 23일에 획득했다.〉〈Ši Ho위의

du jy hūi ciyanši šose i jui todai, wan lii i
도지휘첨사 Šose의 아들 Todai, 만력

orin emuci aniya uyun biyai orin
21년 9월 23일에

ilan de baha.
획득했다.〉

(80:12b)

○ jai mukūn i nadaci tatan, urgūdai, hai si uju
제2 무쿤의 제7 타탄. Urgūdai, 〈해서 Uju위의

wei i du jy hūi ši ulai i jui dahamu, wan lii i
도지휘사 Ulai의 아들 Dahamu, 만력

tehe aniya ninggun biyai juwan duin de baha,
원년 6월 14일에 획득했다.〉

hai si gitan wei i du jy hūi ši akūsi i omolo
〈해서 길탄위(吉灘衛)의 도지휘사 Akūsi의 손자

cingkū, wan lii i nadaci aniya ninggun biyai juwan juwe de
Cingkū, 만력 7년 6월 12일에

baha, hai si itili šan wei i du jy hūi tungjy
획득했다.〉〈해서 Itili Šan위의 도지휘동지

cunculu i jui simulun, wan lii i sunjaci aniya jorgon (80:13a)
Cunculu의 아들 Simulun, 만력 5년 12월

biyai orin nadan de baha, holo wei i du jy hūi
27일에 획득했다.〉〈고로위(古魯衛)의 도지휘

tungjy iliha i omolo batangga, giya jing ni dehici aniya
동지 Iliha의 손자 Batangga, 가정 40년

nadan biyai orin uyun de baha, hai si
7월 29일에 획득했다.〉〈해서

ebiho wei i du jy hūi tungjy cinggita i jui
Ebiho위의 도지휘동지 Cinggita의 아들

maiji, giya jing ni dehi duici aniya uyun biyai
Maiji, 가정 44년 9월

juwan ilan de baha, hai si mulu šan wei i du jy hūi
13일에 획득했다.〉〈해서 Mulu Šan위의 도지휘첨사

ciyanši naikuwa, giya jing ni dehi juweci aniya ninggun (80:13b)
Naikuwa, 가정 42년 6월

biyai juwan duin de baha, i mu wei i du jy hūi
14일에 획득했다.〉〈I Mu위의 도지휘첨사

ciyanši loro i jui yangbulu, wan lii i orin nadaci
Loro의 아들 Yangbulu, 만력 27년

aniya juwe biyai ice uyun de baha,
2월 초아흐레에 획득했다.〉

ku ling ho wei i du jy hūi ciyanši silta i
〈Ku Ling Ho위의 도지휘첨사 Silta의

omolo yeke, giya jing ni orin nadaci aniya nadan
손자 Yeke, 가정 27년 7월

biyai ice uyun de baha, hai si bai ho
초아흐레에 획득했다.〉〈해서 배고위(拜苦衛)의

wei i du jy hūi ciyanši asibu i omolo baisan, (80:14a)
도지휘첨사 Asibu의 손자 Baisan,

wan lii i nadaci aniya ninggun biyai juwan juwe de
만력 7년 6월 12일에

baha, ša ling wei i du jy hūi ciyanši ilata i jui
획득했다.〉〈Ša Ling위의 도지휘첨사 Ilata의 아들

saisundai, wan lii i orin sunjaci aniya sunja biyai
Saisundai, 만력 25년 5월

ice de baha.
초하루에 획득했다.〉

○ jai mukūn i jakūci tatan, urgūdai, hai si fe
제2 무쿤의 제8 타탄. Urgūdai, 〈해서 법위(法衛)의

wei i du jy hūi ši cingge i omolo hūsina, wan lii i (80:14b)
도지휘사 Cingge의 손자 Hūsina, 만력

sunjaci aniya jorgon biyai orin nadan de baha,
5년 12월 27일에 획득했다.〉

kuru šan wei i du jy hūi tungjy sukunu i jui dailina,
〈홀로산위(忽魯山衛)의 도지휘동지 Sukunu의 아들 Dailina,

giya jing ni orin nadaci aniya uyun biyai juwan nadan de
가정 27년 9월 17일에

baha, hai si tiye ling wei i du jy hūi tungjy
획득했다.〉〈Tiye Ling위의 도지휘동지

šose i jui yatabu, lung king ni tehe aniya jakūn
Šose의 아들 Yatabu, 융경 원년 8월

biyai orin ilan de baha, hai si jari wei i
23일에 획득했다.〉〈해서 차리위(箚里衛)의

du jy hūi ciyanši bage i omolo mantai, wan lii i (80:15a)
도지휘첨사 Bage의 손자 Mantai, 만력

uyuci aniya duin biyai orin jakūn de
9년 4월 28일에

baha, jacin wei i du jy hūi ciyanši bandan i
획득했다.〉〈차진위(箚眞衛)의 도지휘첨사 Bandan의

jui badai, giya jing ni orin duici aniya nadan
아들 Badai, 가정 24년 7월

biyai ice ninggun de baha, fusemu wei i
초엿새에 획득했다.〉〈불사목위(弗思木衛)의

du jy hūi ciyanši aimbulu i omolo fuka,
도지휘첨사 Aimbulu의 손자 Fuka,

wan lii i juwan uyuci aniya ninggun biyai orin
만력 19년 6월 24일에

duin de baha, hai si hobe wei i du jy hūi (80:15b)
획득했다.〉〈해서 Hobe위의 도지휘첨사

ciyanši jujunggiya i omolo yasibu, wan lii i uyuci
Jujunggiya의 손자 Yasibu, 만력 9년

aniya duin biyai orin jakūn de baha,
4월 28일에 획득했다.〉

hai si ši fang ho wei i du jy hūi ciyanši
〈해서 사방하위(使方河衛)의 도지휘첨사

hutu i omolo šose, giya jing ni dehi duici aniya
Hutu의 손자 Šose, 가정 44년

uyun biyai juwan ilan de baha, hai si
9월 13일에 획득했다.〉〈해서

ši ho wei i du jy hūi ciyanši anaktu i omolo
Ši Ho위의 도지휘첨사 Anaktu의 손자

gentai, wan lii i nadaci aniya ninggun biyai juwan juwe de (80:16a)
Gentai, 만력 7년 6월 12일에

baha, hai si ku e wei i du jy hūi ciyanši
획득했다.〉〈해서 Ku E위의 도지휘첨사

jabusi i omolo abuhai, lung king ni sunjaci aniya jakūn
Jabusi의 손자 Abuhai, 융경 5년 8월

biyai orin sunja de baha.
25일에 획득했다.〉

○ jai mukūn i uyuci tatan, yahū, hai si asa
제2 무쿤의 제9 타탄. Yahū, 〈해서 Asa위의

wei i du jy hūi tungjy hūsi i jui hadai, giya jing ni
도지휘동지 Hūsi의 아들 Hadai, 가정

dehi ilaci aniya ninggun biyai orin juwe de (80:16b)
43년 6월 22일에

baha, manduli, hailan ho wei i du jy hūi tungjy
획득했다.〉 Manduli, 〈Hailan Ho위의 도지휘동지

alhatu i omolo giyamangga, wan lii i orin sunjaci aniya
Alhatu의 손자 Giyamangga, 만력 25년

sunja biyai ice de baha, yahū, ci lii ho wei i
5월 초하루에 획득했다.〉 Yahū, 〈Ci Lii Ho위의

du jy hūi ciyanši siboo i omolo nari, wan lii i
도지휘첨사 Siboo의 손자 Nari, 만력

orin nadaci aniya juwe biyai ice uyun de
27년 2월 초아흐레에

baha, gintaisi, gulhun hai si donggo šan wei i du jy hūi
획득했다.〉 Gintaisi 단독 소유, 〈해서 Donggo Šan위의 도지휘첨사

ciyanši cibi i omolo babu, wan lii i sunjaci aniya (80:17a)
Cibi의 손자 Babu, 만력 5년

jorgon biyai ice sunja de baha, mandarhan,
12월 초닷새에 획득했다.〉 Mandarhan

gulhun hai si yasun wei i du jy hūi ciyanši
단독 소유, 〈해서 Yasun위의 도지휘첨사

šugung ni omolo muke, wan lii i duici aniya duin
Šugung의 손자 Muke, 만력 4년 4월

biyai tofohon de baha, furdan, ho si men wei i
15일에 획득했다.〉 Furdan, 〈홀석문위(忽石門衛)의

du jy hūi ciyanši šota i omolo hada, wan lii i
도지휘첨사 Šota의 손자 Hada, 만력

orin nadaci aniya juwe biyai ice uyun de
27년 2월 초아흐레에

baha, babutai, ku ling wei i du jy hūi ciyanši (80:17b)
획득했다.〉 Babutai, 〈Ku Ling위의 도지휘첨사

coki i jui hūdungge, wan lii i orin nadaci aniya
Coki의 아들 Hūdungge, 만력 27년

juwe biyai ice uyun de baha, yahū,
2월 초아흐레에 획득했다.〉 Yahū,

genggiyen ho wei i du jy hūi ciyanši simnu i
〈Genggiyen Ho위의 도지휘첨사 Simnu의

jui argatu, wan lii i orin emuci aniya uyun
아들 Argatu, 만력 21년 9월

biyai orin ilan de baha, jonggodoi, yade acan
23일에 획득했다.〉 Jonggodoi와 Yade 공동 소유,

kila wei i du jy hūi ciyanši sangguli i jui
〈Kila위의 도지휘첨사 Sangguli의 아들

hūsitu, wan lii i orin nadaci aniya juwe biyai (80:18a)
Hūsitu, 만력 27년 2월

ice uyun de baha.
초아흐레에 획득했다.〉

○ jai mukūn i juwanci tatan, moobari hiya, ši ho
제2 무쿤의 제10 타탄. Moobari 히야, 〈Ši Ho위의

wei i du jy hūi ciyanši cerik i jui ganjuhū, wan lii i
도지휘첨사 Cerik의 아들 Ganjuhū, 만력

orin nadaci aniya juwe biyai ice uyun de
27년 2월 초아흐레에

baha, moobari, ajin tun wei i du jy hūi ciyanši alu i
획득했다.〉 Moobari, 〈Ajin Tun위의 도지휘첨사 Alu의

omolo lungtu, giya jing ni dehi ilaci aniya juwan biyai (80:18b)
손자 Lungtu, 가정 43년 10월

orin uyun de baha, moobari, gaha ho wei i
29일에 획득했다.〉 Moobari, 〈Gaha Ho위의

du jy hūi ciyanši mulamu i jui bahamu, giya jing ni
도지휘첨사 Mulamu의 아들 Bahamu, 가정

gūsin sunjaci aniya nadan biyai juwan uyun de
35년 7월 19일에

baha, kecu, tutahai, aji ho wei i du jy hūi tungjy
획득했다.〉 Kecu와 Tutahai, 〈Aji Ho위의 도지휘동지

tungtu i omolo yadai, giya jing ni dehi duici aniya
Tungtu의 손자 Yadai, 가정 44년

jorgon biyai juwan juwe de baha, moobari,
12월 12일에 획득했다.〉 Moobari,

mulan šan wei i du jy hūi ciyanši hangsi i jui (80:19a)
〈Mulan Šan위의 도지휘첨사 Hangsi의 아들

moobari, wan lii i juwan emuci aniya omšon biyai
Moobari, 만력 11년 11월

juwan nadan de baha, janggalji, lumbai, hai si kekur
17일에 획득했다.〉 Janggalji와 Lumbai, 〈해서 Kekur

wei i du jy hūi tungjy unggi i jui tabu, giya jing ni
위의 도지휘동지 Unggi의 아들 Tabu, 가정

dehi duici aniya uyun biyai juwan ilan de
44년 9월 13일에

baha, tuldai, sahaliyan, hūlan wei i du jy hūi
획득했다.〉 Tuldai와 Sahaliyan, 〈Hūlan위의 도지휘첨사

ciyanši silehe i omolo hūwakiya, wan lii i juwan uyuci
Silehe의 손자 Hūwakiya, 만력 19년

aniya ninggun biyai orin duin de baha, (80:19b)
6월 24일에 획득했다.〉

⇦ han i booi udame gaiha ejehe, uje šo wei i du jy hūi
한(汗)의 집에서 사서 취한 칙서이다. 〈올자좌위(兀者左衛)의 도지휘첨사

ciyanši unggulu i jui daijuhū, wan lii i orin
Unggulu의 아들 Daijuhū, 만력 27년

nadaci aniya juwe biyai [原檔殘缺] uyun de
2월 □□□ 9일에

baha, yantai, alun wei i du jy hūi ciyanši udingge i
획득했다.〉 Yantai, 〈아륜위(阿倫衛)의 도지휘첨사 Udingge의

omolo yantai, wan lii i [原檔殘缺] aniya uyun
손자 Yantai, 만력 □□□년 9월

biyai orin ilan de baha.
23일에 획득했다.〉

(80:20a)

○ jai mukūn i juwan emuci tatan, kipai, langse
제2 무쿤의 제11 타탄. Kipai와 Langse

gulhun ulan ho wei i du jy hūi ši imanju i
단독 소유, 〈알란하위(斡蘭河衛)의 도지휘사 Imanju의

omolo utai, wan lii i orin sunjaci aniya sunja
손자 Utai, 만력 25년 5월

biyai ice de baha kipai, hai si yunggan gajarun[1] i
초하루에 획득했다.〉 Kipai, 〈해서 용감(埇坎) 지역의

du jy hūi ciyanši senggulu i jui oken, wan lii i
도지휘첨사 Senggulu의 아들 Oken, 만력

sunjaci aniya jorgon biyai ice sunja de baha,
5년 12월 초닷새에 획득했다.〉

adabaha, folin šan wei i du jy hūi tungjy dahišan i (80:20b)
Adabaha, 〈Folin Šan위의 도지휘동지 Dahišan의

omolo mungtu, wan lii i orin sunjaci aniya sunja
손자 Mungtu, 만력 25년 5월

biyai ice de baha, esen, šaka ho wei i
초하루에 획득했다.〉 Esen, 〈Šaka Ho위의

du jy hūi ciyanši kubune i jui adun,
도지휘첨사 Kubune의 아들 Adun,

wan lii i orin emuci aniya [原檔殘缺] ilan de
만력 21년 □□□ 3일에

baha, erketu, hai si niman wei i du jy hūi
획득했다.〉 Erketu, 〈해서 역만위(亦蠻衛)의 도지휘첨사

ciyanši umehe i jui sucihu, wan lii i [原檔殘缺] aniya
Umehe의 아들 Sucihu, 만력 □□□ 년

ninggun biyai juwan juwe de baha, kipai bujan wei i (80:21a)
6월 12일에 획득했다.〉 Kipai, 〈Bujan위의

1) gajarun은 몽골어 γaǰar(땅, 지면)의 속격이다.

du jy hūi ciyanši tuluhu [原檔殘缺] ilaci aniya jakūn biyai orin
도지휘첨사 Tuluhu □□□ 3년 8월 29일에

uyun de baha, menggetu gulhun hai si u lii ho wei i
획득했다.〉 Menggetu 단독 소유, 〈해서 올리하위(兀里河衛)의

du jy hūi ciyanši cita i omolo muli, wan lii i
도지휘첨사 Cita의 손자 Muli, 만력

nadaci aniya ninggun biyai juwan juwe de baha,
7년 6월 12일에 획득했다.〉

gūnata, dading ho wei i du jy hūi [原檔殘缺]
Gūnata, 〈Dading Ho위 도지휘 □□□

hasengge i omolo [原檔殘缺] aniya ninggun biyai juwan
Hasengge의 손자 □□□ 년 6월 17일에

nadan de baha, burgi [原檔殘缺] du jy hūi (80:21b)
획득했다.〉 Burgi 〈□□□ 도지휘첨사

ciyanši [原檔殘缺] gūsin emuci aniya ninggun biyai
□□□ 31년 6월

ice [原檔殘缺]
초 □□□〉

○ jai mukūn i juwan juweci tatan, yambulu, udaha,
제2 무쿤의 제12 타탄. Yambulu, Udaha,

tobohoi, hai si namu wei i du jy hūi ši aisibu i
Tobohoi, 〈해서 납목위(納木衛)의 도지휘사 Aisibu의

jui badatai, giya jing ni dehi duici aniya nadan
아들 Badatai, 가정 44년 7월

biyai orin sunja de baha, šorohoi, šumboi, (80:22a)
25일에 획득했다.〉 Šorohoi, Šumboi,

hūwandai, hai si ku ling wei i du jy hūi ši tangkan i
Hūwandai, 〈해서 Ku Ling위의 도지휘사 Tangkan의

omolo cangtak, lung king ni duici aniya nadan biyai
손자 Cangtak, 융경 4년 7월

orin jakūn de baha, batangga, berjigi, mohori
28일에 획득했다.〉 Batangga와 Berjigi, 〈Mohori

ho wei i du jy hūi tungjy [原檔殘缺]
Ho위의 도지휘동지 □□□

subahai, wan lii i orin sunjaci aniya sunja biyai
Subahai, 만력 25년 5월

ice de baha, daimbulu, jaisan, hai si [原檔殘缺]
초하루에 획득했다.〉 Daimbulu와 Jaisan, 〈해서 □□□

du jy hūi tungjy ukun i jui ikna, lung king ni (80:22b)
도지휘동지 Ukun의 아들 Ikna, 융경

duici aniya nadan biyai orin [原檔殘缺] namdari,
4년 7월 20 □□□〉 Namdari와

karkama, isi wei i du jy hūi tungjy
Karkama, 〈익실위(益實衛)의 도지휘동지

hetemu i jui namdari, wan lii i [原檔殘缺]
Hetemu의 아들 Namdari, 만력 □□□

omšon biyai juwan nadan de baha, bohonari, lodoi,
11월 17일에 획득했다.〉 Bohonari와 Lodoi,

hai si looli ho wei i du jy hūi [原檔殘缺]
〈해서 Looli Ho위의 도지휘 □□□

jui sansang, lung king ni ilaci aniya duin biyai
아들 Sansang, 융경 3년 4월

orin sunja de baha, yambulu, budari, asukiyang (80:23a)
25일에 획득했다.〉 Yambulu와 Budari, 〈Asukiyang위의

wei i [原檔殘缺] buyanju i jui boojuken, wan lii i
□□□ Buyanju의 아들 Boojuken, 만력

orin sunjaci aniya sunja biyai ice de baha,
25년 5월 초하루에 획득했다.〉

unahalai dandari, alun wei i [原檔殘缺]
Unahalai와 Dandari, 〈아룬위(阿倫衛)의 □□□

aihū i jui nahai, [原檔殘缺] emuci aniya
Aihū의 아들 Nahai, □□□ 1년

uyun biyai orin ilan de baha, nombalai, [原檔殘缺]
9월 23일에 획득했다.〉 Nombalai, 〈□□□

ciyanši daijuhū i jui [原檔殘缺] sunjaci aniya
첨사 Daijuhū의 아들 □□□ 5년

sunja biyai [原檔殘缺] (80:23b)
5월 □□□〉

◯ jai mukūn i juwan ilaci tatan, salgūri, hai si
제2 무쿤의 제13 타탄. Salgūri, 〈해서

ša dzy ho wei i du jy hūi ši ukaha i jui ukan,
Ša Dzy Ho위의 도지휘사 Ukaha의 아들 Ukan,

giya jing ni dehi sunjaci aniya uyun biyai orin
가정 45년 9월 22일에

juwe de baha, molho, mugiya wei i du jy hūi ši
획득했다.〉 Molho, 〈Mugiya위의 도지휘사

gundei i jui hūsibu, wan lii i orin sunjaci aniya
Gundei의 아들 Hūsibu, 만력 25년

sunja biyai ice de baha, mandasi, [原檔殘缺] (80:24a)
5월 초하루에 획득했다.〉 Mandasi, 〈□□□

du jy hūi tungjy kuliosan i jui ageni, wan lii i
도지휘동지 Kuliosan의 아들 Ageni, 만력

orin emuci aniya uyun biyai orin [原檔殘缺]
21년 9월 20 □□□〉

jaisa, uje ho wei i du jy hūi tungjy
Jaisa, 〈Uje Ho위의 도지휘동지

otohon i jui daijihan, giya jing ni orin nadaci
Otohon의 아들 Daijihan, 가정 27년

aniya [原檔殘缺] ice uyun de baha, daimbulu,
□□□ 초아흐레에 획득했다.〉 Daimbulu와

hūsibu, calakū šan wei i du jy hūi tungjy
Hūsibu, 〈Calakū Šan위의 도지휘동지

ongginu i jui [原檔殘缺] orin nadaci aniya juwe (80:24b)
Ongginu의 아들 □□□ 27년 2월

biyai ice uyun de baha, nikada, seoken,
초아흐레에 획득했다.〉 Nikada, Seoken,

fiyanggū, aja wei i du jy hūi [原檔殘缺]
Fiyanggū, 〈아자위(阿者衛)의 도지휘 □□□

utai, wan lii i juwan uyuci aniya ninggun biyai
Utai, 만력 19년 6월

orin duin de baha, gendurbei [原檔殘缺] mikiyan i omolo
24일에 획득했다.〉 Gendurbei 〈□□□ Mikiyan의 손자

yendelu, giya jing ni orin nadaci aniya
Yendelu, 가정 27년

nadan biyai ice uyun de baha, [原檔殘缺]
7월 초아흐레에 획득했다.〉 〈□□□

du jy hūi ciyanši cingdehe i jui ahai, wan lii i (80:25a)
도지휘첨사 Cingdehe의 아들 Ahai, 만력

orin nadaci aniya juwe [原檔殘缺] hai si sele
27년 2월 □□□〉 〈해서 Sele

wei i du jy hūi ciyanši daiju i jui
위의 도지휘첨사 Daiju의 아들

asibu, giya jing ni [原檔殘缺] juwe de baha salhūri,
Asibu, 가정 □□□ 2일에 획득했다.〉 Salhūri,

hai si gumu wei i du jy hūi [原檔殘缺] jakūn
〈해서 Gumu위의 도지휘 □□□ 8월

biyai orin sunja de baha.
25일에 획득했다.〉

제81권

무쿤과 타탄을 기록한 당안이다. 연월을 적지 않았다.

jakūnju emuci debtelin,
mukūn tatan be
ejehe dangse, aniya
biya ejehekūbi.

tongki fuka sindaha hergen i dangse. (81:1a)
유권점 당안

◯ ilaci mukūn i uju tatan, wan lii i gūsin jakūci
제3 무쿤의 제1 타탄. 만력(萬曆) 38년

aniya [原檔殘缺] darhan baturu, jarting ho
□□□ Darhan 바투루, 〈야아정하위(野兒定河衛)의

wei i dudu ciyanši [原檔殘缺] almintaiju, wan lii i gūsin
도독첨사(都督僉事) □□□ Almintaiju, 만력 37년

nadaci aniya omšon biyai orin [原檔殘缺]
11월 20 □□□〉

hai si ša ling wei i du jy hūi ši teyungge i jui
〈해서(海西) Ša Ling위(衛)의 도지휘사(都指揮使) Teyungge의 아들

daica [原檔殘缺] aniya nadan biyai orin
Daica □□□년 7월 25일에

sunja de baha, hai si [原檔殘缺] sakirkui i jui (81:1b)
획득했다.〉〈해서 □□□ Sakirkui의 아들

manikan, lung king ni sunjaci aniya [原檔殘缺] de
Manikan, 융경(隆慶) 5년 □□□에

baha, mohori wei i du jy hūi tungjy alitu, [原檔殘缺]
획득했다.〉〈Mohori위의 도지휘동지(都指揮同知) Alitu, □□□

nadaci aniya juwe biyai ice uyun de
7년 2월 초아흐레에

baha, [原檔殘缺] mokon ho wei i du jy hūi
획득했다.〉〈□□□ 막온하위(莫溫河衛)의 도지휘동지

tungjy sama i jui jotai, wan lii i orin emuci
Sama의 아들 Jotai, 만력 21년

aniya uyun biyai orin ilan de baha,
9월 23일에 획득했다.〉

ša ling ho wei i du jy hūi tungjy sebek i jui (81:2a)
〈Ša Ling Ho위의 도지휘동지 Sebek의 아들

kumdu, wan lii i orin nadaci aniya juwe biyai
Kumdu, 만력 27년 2월

ice uyun de baha, hai si uje wei i
초아흐레에 획득했다.〉〈해서 올자위(兀者衛)의

du jy hūi ciyanši ungsi i omolo cingsahū, wan lii i
도지휘첨사(都指揮僉事) Ungsi의 손자 Cingsahū, 만력

gūsin nadaci aniya omšon biyai orin sunja de
37년 11월 25일에

baha, aja wei i du jy hūi ciyanši goho i omolo
획득했다.〉〈아자위(阿者衛)의 도지휘첨사 Goho의 손자

tarda, wan lii i juwan uyuci aniya ninggun biyai
Tarda, 만력 19년 6월

orin duin de baha, ujekuye, sacikū šo i du jy hūi (81:2b)
24일에 획득했다.〉〈올자규(兀者揆) Sacikū소(所)의 도지휘첨사

ciyanši kuyakū i jui arabu, wan lii i orin nadaci
Kuyakū의 아들 Arabu, 만력 27년

aniya juwe biyai ice uyun de baha,
2월 초아흐레에 획득했다.〉

mohori ho wei i du jy hūi ciyanši taburu i omolo
〈Mohori Ho위 도지휘첨사 Taburu의 손자

altaisi, wan lii i orin nadaci aniya juwe biyai
Altaisi, 만력 27년 2월

ice uyun de baha.
초아흐레에 획득했다.〉

○ ilaci mukūn i jai tatan, darhan baturu, an giya (81:3a)
제3 무쿤의 제2 타탄. Darhan 바투루, 〈An Giya

wan ho wei i dudu tungjy kanjihan i omolo jasaktu,
Wan Ho위의 도독동지(都督同知) Kanjihan의 손자 Jasaktu,

wan lii i gūsin nadaci aniya omšon biyai orin
만력 37년 11월 25일에

sunja de baha, šeri wei i du jy hūi ši
획득했다.〉 〈Šeri위의 도지휘사

tuibulu i jui tangbulun, wan lii i orin nadaci aniya
Tuibulu의 아들 Tangbulun, 만력 27년

juwe biyai ice uyun de baha, suiman ho
2월 초아흐레에 획득했다.〉 〈수만하위(隨滿河衛)의

wei i du jy hūi tungjy bada i omolo omotai, wan lii i
도지휘동지 Bada의 손자 Omotai, 만력

gūsin nadaci aniya omšon biyai orin sunja de (81:3b)
37년 11월 25일에

baha, cing togon wei i du jy hūi tungjy bulu i jui
획득했다.〉〈성토온위(城討溫衛)의 도지휘동지 Bulu의 아들

daimbulu, wan lii i orin nadaci aniya juwe
Daimbulu, 만력 27년 2월

biyai ice uyun de baha, suiman wei i du jy hūi
초아흐레에 획득했다.〉〈Suiman위의 도지휘동지

tungjy hasiha i omolo daisungga, giya jing ni dehici aniya
Hasiha의 손자 Daisungga, 가정(嘉靖) 40년

nadan biyai orin uyun de baha, fodoho
7월 29일에 획득했다.〉〈Fodoho

wei i du jy hūi tungjy unggulu i jui adangga,
위의 도지휘동지 Unggulu의 아들 Adangga,

giya jing ni orin duici aniya nadan biyai ice (81:4a)
가정 24년 7월 초엿새에

ninggun de baha, hai si isu ho wei i
획득했다.〉〈해서 역속하위(亦速河衛)의

du jy hūi ciyanši olojung ni jui cunglu, wan lii i nadaci
도지휘첨사 Olojung의 아들 Cunglu, 만력 7년

aniya ninggun biyai juwan juwe de baha,
6월 12일에 획득했다.〉

hai si fomon ho wei i du jy hūi ciyanši dotona i
〈해서 보문하위(甫門河衛)의 도지휘첨사 Dotona의

jui gajiha, wan lii i sunjaci aniya jorgon biyai
아들 Gajiha, 만력 5년 12월

ice sunja de baha, hai si nanala wei i
초닷새에 획득했다.〉〈해서 Nanala위의

du jy hūi ciyanši taiju i jui bataga, lung king ni sunjaci (81:4b)
도지휘첨사 Taiju의 아들 Bataga, 융경 5년

aniya jakūn biyai orin sunja de baha, hai si
8월 25일에 획득했다.〉〈해서

mo ta šan wei i du jy hūi ciyanši buda i jui buha,
목답산위(木答山衛)의 도지휘첨사 Buda의 아들 Buha,

lung king ni tehe aniya jakūn biyai orin ilan de
융경 원년 8월 23일에

baha.
획득했다.〉

○ guyeng baturu, ilaci mukūn i ilaci tatan, hai si hali
Guyeng 바투루, 제3 무쿤 제3 타탄. 〈해서 합리위(哈里衛)의

wei i dudu ciyanši erkis i jui guyeng baduli, (81:5a)
도독첨사 Erkis의 아들 Guyeng Baduli,

wan lii i gūsin nadaci aniya omšon biyai orin
만력 37년 11월 25일에

sunja de narin baha, hai si ši lii mu wei i jing
Narin이 획득했다.〉〈해서 실리목위(失里木衛)의 정(正)

du jy hūi tungjy tegus i jui abutai, lung king ni tehe
도지휘동지 Tegus의 아들 Abutai, 융경 원년

aniya jakūn biyai orin ilan de baha
8월 23일에 획득했다.〉

hai si soyo wei i du jy hūi tungjy amutai i jui
〈해서 Soyo위의 도지휘동지 Amutai의 아들

dabaru, lung king ni ilaci aniya ninggun biyai ice
Dabaru, 융경 3년 6월 초아흐레에

uyun de baha hai si ša ho, wei i (81:5b)
획득했다.〉〈해서 Ša Ho위

du jy hūi tungjy iliki i omolo obo, giya jing ni dehi
도지휘동지 Iliki의 손자 Obo, 가정 43년

ilaci aniya ninggun biyai orin juwe de baha,
6월 22일에 획득했다.〉

dolin wei i jing du jy hūi tungjy alasun i omolo
〈Dolin위의 정(正) 도지휘동지 Alasun의 손자

sekusi, giya jing ni dehi juweci aniya ninggun biyai
Sekusi, 가정 42년 6월

juwan duin de baha, hai si hok wei i
14일에 획득했다.〉〈해서 Hok위의

du jy hūi tungjy keke i jui saosi, lung king ni tehe
도지휘동지 Keke의 아들 Saosi, 융경 원년

aniya jakūn biyai orin ilan de baha, (81:6a)
8월 23일에 획득했다.〉

hai si uming doo wei i du jy hūi ciyanši desu i
〈해서 Uming Doo위의 도지휘첨사 Desu의

jui agi, lung king ni ilaci aniya duin biyai
아들 Agi, 융경 3년 4월

orin sunja de baha, boyo wei i du jy hūi
25일에 획득했다.〉〈Boyo위의 도지휘첨사

ciyanši canggoro i omolo jodoi, wan lii i orin nadaci
Canggoro의 손자 Jodoi, 만력 27년

aniya omšon biyai orin sunja de baha,
11월 25일에 획득했다.〉

toli šan wei i jing du jy hūi ciyanši solo i
〈Toli Šan위의 정(正) 도지휘첨사 Solo의

omolo karatu, giya jing ni dehi juweci aniya ninggun (81:6b)
손자 Karatu, 가정 42년 6월

biyai orin nadan de baha, hai si tam
27일에 획득했다.〉〈해서 탑마소위(塔麻所衛)의

šo wei i du jy hūi ciyanši todai i jui samha,
도지휘첨사 Todai의 아들 Samha,

wan lii i sunjaci aniya jorgon biyai orin nadan de
만력 5년 12월 27일에

baha.
획득했다.〉

○ guyeng baturu, ilaci mukūn i duici tatan, yaran
Guyeng 바투루, 제3 무쿤의 제4 타탄. 〈Yaran위의

wei i dudu ciyanši niohe i jui adu, wan lii i (81:7a)
도독첨사 Niohe의 아들 Adu, 만력

orin emuci aniya uyun biyai orin ilan de
21년 9월 23일에

baha, uje dogon ša ho šo i du jy hūi ši ujangga,
획득했다.〉〈올자탁온(兀者托溫) 천호소(千戶所)의 도지휘사 Ujangga와

su langjung, wan lii i orin nadaci aniya juwe biyai
Su Langjung, 만력 27년 2월

ice uyun de baha, hai si ba holo wei i
초아흐레에 획득했다.〉〈해서 파홀로위(巴忽魯衛)의

jing du jy hūi tungjy ijingge i omolo saosi, giya jing ni
정(正) 도지휘동지 Ijingge의 손자 Saosi, 가정

dehi ilaci aniya ninggun biyai orin juwe de
43년 6월 22일에

baha, sele ho wei i du jy hūi tungjy nelge i (81:7b)
획득했다.〉〈설렬하위(薛列河衛)의 도지휘동지 Nelge의

jui sacibu, wan lii i juwan uyuci aniya ninggun
아들 Sacibu, 만력 19년 6월

biyai orin duin de baha, hai si ai ho
24일에 획득했다.〉〈해서 애화위(愛和衛)의

wei i du jy hūi tungjy sidengge i omolo fuka, wan lii i
도지휘동지 Sidengge의 손자 Fuka, 만력

duici aniya duin biyai tofohon de baha,
4년 4월 15일에 획득했다.〉

hai si mimon wei i du jy hūi ciyanši tasimu i jui
〈해서 Mimon위의 도지휘첨사 Tasimu의 아들

taiki, lung king ni ilaci aniya duin biyai orin
Taiki, 융경 3년 4월 25일에

sunja de baha, hai si tasha wei i du jy hūi (81:8a)
획득했다.〉〈해서 Tasha위의 도지휘첨사

ciyanši dahana i omolo daisehūi, wan lii i nadaci aniya
Dahana의 손자 Daisehūi, 만력 7년

ninggun biyai juwan juwe de baha, ujala wei i
6월 12일에 획득했다.〉〈Ujala위의

du jy hūi ciyanši yaju i jui andulu, giya jing ni
도지휘첨사 Yaju의 아들 Andulu, 가정

dehi juweci aniya ninggun biyai juwan duin de
42년 6월 14일에

baha, mo ta šan wei i du jy hūi ciyanši ulana i
획득했다.〉〈목답산위(木答山衛)의 도지휘첨사 Ulana의

jui dasi, giya jing ni dehi juweci aniya ninggun
아들 Dasi, 가정 42년 6월

biyai juwan duin de baha, šolingho wei i (81:8b)
14일에 획득했다.〉〈Šolingho위의

du jy hūi ciyanši gejihe i jui dekdeli, wan lii i
도지휘첨사 Gejihe의 아들 Dekdeli, 만력

orin sunjaci aniya sunja biyai ice de baha.
25년 5월 초하루에 획득했다.〉

○ ilaci mukūn i sunjaci tatan, jasaktu, hai si šeri
제3 무쿤의 제5 타탄. Jasaktu, 〈해서 Šeri위의

wei i du jy hūi ši kukelu i jui hūsitu, lung king ni
도지휘사 Kukelu의 아들 Hūsitu, 융경

ilaci aniya duin biyai orin sunja de baha,
3년 4월 25일에 획득했다.〉

i miyan šan wei i du jy hūi tungjy daiju i omolo aluhū, (81:9a)
〈I Miyan Šan위의 도지휘동지 Daiju의 손자 Aluhū,

giya jing ni gūsin ilaci aniya jakūn biyai
가정 33년 8월

orin uyun de baha, hai si hailan
29일에 획득했다.〉〈해서 Hailan위의

wei i du jy hūi tungjy wanggadai i jui algatu,
도지휘동지 Wanggadai의 아들 Algatu,

giya jing ni dehi sunjaci aniya nadan biyai orin
가정 45년 7월 21일에

emu de baha, hai si isi wei i du jy hūi
획득했다.〉〈해서 익실위(益實衛)의 도지휘첨사

ciyanši ujanta i jui saosi, giya jing ni dehi
Ujanta의 아들 Saosi, 가정 43년

ilaci aniya ninggun biyai orin juwe de (81:9b)
6월 22일에

baha, korfin wei i du jy hūi ciyanši taimi i
획득했다.〉〈Korfin위의 도지휘첨사 Taimi의

jui hūrhaci, giya jing ni gūsin jakūci aniya nadan
아들 Hūrhaci, 가정 38년 7월

biyai juwan uyun de baha, hai si
19일에 획득했다.〉〈해서

ku ling wei i du jy hūi ciyanši yangsanggū i jui
Ku Ling위의 도지휘첨사 Yangsanggū의 아들

yangsiku, lung king ni ilaci aniya duin biyai orin
Yangsiku, 융경 3년 4월 25일에

sunja de baha, hai si tal wei i du jy hūi
획득했다.〉〈해서 Tal위의 도지휘

ciyanši biliki i jui ultuhū, lung king ni sunjaci (81:10a)
첨사 Biliki의 아들 Ultuhū, 융경 5년

aniya jakūn biyai orin sunja de baha,
8월 25일에 획득했다.〉

hai si yalu wei i du jy hūi ciyanši jaona i jui
〈해서 아로위(牙魯衛)의 도지휘첨사 Jaona의 아들

tungcuhū, giya jing ni dehi sunjaci aniya
Tungcuhū, 가정 45년

uyun biyai orin juwe de baha, hai si
9월 22일에 획득했다.〉〈해서

u ta šan wei i du jy hūi ciyanši buha i jui
U Ta Šan위의 도지휘첨사 Buha의 아들

jinggemu, lung king ni duici aniya nadan biyai orin
Jinggemu, 융경 4년 7월 28일에

jakūn de baha, hai si mo ta wei i du jy hūi (81:10b)
획득했다.〉〈해서 Mo Ta위의 도지휘첨사

ciyanši jakūci i omolo tuta, lung king ni duici aniya
Jakūci의 손자 Tuta, 융경 4년

nadan biyai orin jakūn de baha.
7월 28일에 획득했다.〉

○ ilaci mukūn i ningguci tatan, guyeng baturu, cooton
제3 무쿤의 제6 타탄. Guyeng 바투루, 〈죽돈위(竹墩衛)의

wei i du jy hūi ši sono i jui cangsi,
도지휘사 Sono의 아들 Cangsi,

giya jing ni dehi juweci aniya ninggun biyai juwan
가정 42년 6월 14일에

duin de baha, hai si karfun wei i du jy hūi (81:11a)
획득했다.〉〈해서 합아분위(哈兒分衛)의 도지휘사

ši sanggu i jui harha, lung king ni ilaci aniya
Sanggu의 아들 Harha, 융경 3년

duin biyai orin sunja de baha, hai si
4월 25일에 획득했다.〉〈해서

ulhoi wei i du jy hūi tungjy tabina i omolo bangsuha,
Ulhoi위의 도지휘동지 Tabina의 손자 Bangsuha,

wan lii i sunjaci aniya jorgon biyai ice sunja de
만력 5년 12월 초닷새에

baha, hai si irkuli wei i du jy hūi tungjy bilini i
획득했다.〉〈해서 역아고리위(亦兒古里衛)의 도지휘동지 Bilini의

omolo giohoo, giya jing ni dehi duici aniya
손자 Giohoo, 가정 44년

nadan biyai orin sunja de baha, hai si (81:11b)
7월 25일에 획득했다.〉〈해서

cooton wei i du jy hūi tungjy samhū i jui
죽돈위(竹墩衛)의 도지휘동지 Samhū의 아들

lotaona, giya jing ni dehi ilaci aniya ninggun biyai
Lotaona, 가정 43년 6월

orin juwe de baha, hai si i mu ho wei i du jy hūi
22일에 획득했다.〉〈해서 의목하위(依木河衛)의 도지휘첨사

ciyanši naitung ni jui manggiyalu, wan lii i
Naitung의 아들 Manggiyalu, 만력

sunjaci aniya jorgon biyai ice sunja de baha,
5년 12월 초닷새에 획득했다.〉

hai si imari wei i du jy hūi ciyanši mutuha i jui
〈해서 Imari위의 도지휘첨사 Mutuha의 아들

heyene, wan lii i sunjaci aniya jorgon biyai ice (81:12a)
Heyene, 만력 5년 12월 초닷새에

sunja de baha, hai si i mu wei i du jy hūi
획득했다.〉〈해서 I Mu위의 도지휘첨사

ciyanši gioceng ni jui aisingga, lung king ni
Gioceng의 아들 Aisingga, 융경

ilaci aniya duin biyai orin sunja de baha,
3년 4월 25일에 획득했다.〉

hai si gitan ho wei i du jy hūi ciyanši daiju i
〈해서 길탄하위(吉灘河衛)의 도지휘첨사 Daiju의

omolo manda, wan lii i tehe aniya ninggun biyai
손자 Manda, 만력 원년 6월

juwan duin de baha, hai si ukan ho
14일에 획득했다.〉〈해서 구한하위(嘔罕河衛)의

wei i du jy hūi ciyanši bada i jui hūrhan, (81:12b)
도지휘첨사 Bada의 아들 Hūrhan,

giya jing ni dehi sunjaci aniya nadan biyai orin
가정 45년 7월 21일에

emu de baha.
획득했다.〉

○ ilaci mukūn i nadaci tatan, guyeng baturu, tokjan
제3 무쿤의 제7 타탄. Guyeng 바투루, 〈Tokjan Ho위의

ho wei i du jy hūi tungjy daimbulu i jui
도지휘동지 Daimbulu의 아들

tungde, wan lii i orin nadaci aniya juwe biyai
Tungde, 만력 27년 2월

ice uyun de baha, hai si sotar wei i (81:13a)
초아흐레에 획득했다.〉 〈해서 Sotar위의

du jy hūi tungjy esen i omolo daimbulu, wan lii i
도지휘동지 Esen의 손자 Daimbulu, 만력

uyuci aniya duin biyai orin jakūn de
9년 4월 28일에

baha, tsoo ho wei i du jy hūi tungjy
획득했다.〉 〈Tsoo Ho위의 도지휘동지

cooha i jui daisanggū, giya jing ni gūsin juweci aniya
Cooha의 아들 Daisanggū, 가정 32년

sunja biyai gūsin de baha, sojing wei i
5월 30일에 획득했다.〉 〈Sojing위의

du jy hūi ciyanši šanaha i omolo siopi, wan lii i
도지휘첨사 Šanaha의 손자 Siopi, 만력

orin emuci aniya uyun biyai orin ilan de (81:13b)
21년 9월 23일에

baha, hai si uliki wei i du jy hūi ciyanši
획득했다.〉 〈해서 Uliki위의 도지휘첨사

buyan i jui hei fung, wan lii i jai aniya
Buyan의 아들 Hei Fung, 만력 2년

juwan biyai ice jakūn de baha, hai si
10월 초여드레에 획득했다.〉〈해서

amin ho wei i du jy hūi ciyanši sai oo i omolo
Amin Ho위의 도지휘첨사 Sai Oo의 손자

ambulu, giya jing ni dehi duici aniya nadan biyai
Ambulu, 가정 44년 7월

orin sunja de baha, hai si imahū šan wei i
25일에 획득했다.〉〈해서 역마홀산위(亦馬忽山衛)의

du jy hūi ciyanši suna i omolo adu, wan lii i (81:14a)
도지휘첨사 Suna의 손자 Adu, 만력

tehe aniya ninggun biyai juwan duin de
원년 6월 14일에

baha, namu ho wei i du jy hūi ciyanši silu i
획득했다.〉〈납목하위(納木河衛)의 도지휘첨사 Silu의

jui dung darhan, wan lii i orin emuci aniya
아들 Dung Darhan, 만력 21년

uyun biyai orin ilan de baha, hai si tun
9월 23일에 획득했다.〉〈해서 둔하위(屯河衛)의

ho wei i du jy hūi ciyanši jaingge i omolo
도지휘첨사 Jaingge의 손자

karka, giya jing ni dehi ilaci aniya ninggun biyai
Karka, 가정 43년 6월

orin juwe de baha, hai si uši wei i du jy hūi (81:14b)
22일에 획득했다.〉〈해서 올실위(兀失衛)의 도지휘첨사

ciyanši layuju i jui eide, wan lii i sunjaci aniya
Layuju의 아들 Eide, 만력 5년

jorgon biyai ice sunja de baha.
12월 초닷새에 획득했다.〉

◯ ilaci mukūn i jakūci tatan, darhan baturu, naho
제3 무쿤의 제8 타탄. Darhan 바투루, 〈Naho위의

wei i du jy hūi ši ahadan i omolo suhūng, giya jing ni
도지휘사 Ahadan의 손자 Suhūng, 가정

dehi juweci aniya ninggun biyai juwan duin de
42년 6월 14일에

baha, darhan baturu, hai si hūrha wei i du jy hūi (81:15a)
획득했다.〉 Darhan 바투루, 〈해서 홀아해위(忽兒海衛)의 도지휘사

ši tuna i omolo asibu, giya jing ni dehi ilaci
Tuna의 손자 Asibu, 가정 43년

aniya ninggun biyai orin juwe de baha,
6월 22일에 획득했다.〉

darhan baturu, cartu šan wei i du jy hūi tungjy atai i
Darhan 바투루, 〈찰랄독산위(察剌禿山衛)의 도지휘동지 Atai의

jui hada, wan lii i orin sunjaci aniya sunja
아들 Hada, 만력 25년 5월

biyai ice de baha, darhan baturu, hai si
초하루에 획득했다.〉 Darhan 바투루, 〈해서

cangkut šan wei i du jy hūi tungjy oliha i omolo
Cangkut Šan위의 도지휘동지 Oliha의 손자

cadao, lung king ni tehe aniya jakūn biyai orin (81:15b)
Cadao, 융경 원년 8월 23일에

ilan de baha, darhan baturu, hai si jibingna
획득했다.〉 Darhan 바투루, 〈해서 Jibingna위의

wei i du jy hūi ciyanši salutun i omolo badamu,
도지휘첨사 Salutun의 손자 Badamu,

giya jing ni dehi duici aniya nadan biyai orin
가정 44년 7월 25일에

sunja de baha, jucehe, neodei, songku wei i
획득했다.〉 Jucehe와 Neodei, 〈쌍고위(雙古衛)의

du jy hūi ciyanši yangsanggū, giya jing ni gūsin juweci
도지휘첨사 Yangsanggū, 가정 32년

aniya sunja biyai gūsin de baha, jumbulu
5월 30일에 획득했다.〉 Jumbulu

gulhun hai si heo tun wei i du jy hūi (81:16a)
단독 소유, 〈해서 Heo Tun위의 도지휘첨사

ciyanši tanggili i omolo ahabu, giya jing ni dehi duici
Tanggili의 손자 Ahabu, 가정 44년

aniya nadan biyai orin sunja de baha, jamuri,
7월 25일에 획득했다.〉 Jamuri와

manggo, hai si be ta wei i du jy hūi ciyanši naciha i
Manggo, 〈해서 Be Ta위의 도지휘첨사 Naciha의

omolo bayan, wan lii i uyuci aniya duin biyai
손자 Bayan, 만력 9년 4월

orin jakūn de baha, loho, hoto acan hai si
28일에 획득했다.〉 Loho와 Hoto 공동 소유, 〈해서

hologai wei i du jy hūi ciyanši kujiha i omolo dobi,
홀로애위(忽魯愛衛)의 도지휘첨사 Kujiha의 손자 Dobi,

giya jing ni dehi ilaci aniya ninggun biyai orin (81:16b)
가정 43년 6월 22일에

juwe de baha, aitungga, uluka, hai si giya doo
획득했다.〉 Aitungga와 Uluka, 〈해서 Giya Doo위의

wei i du jy hūi ciyanši cubu i omolo tutaha,
도지휘첨사 Cubu의 손자 Tutaha,

wan lii i jai aniya juwan biyai
만력 2년 10월

ice jakūn de baha.
초여드레에 획득했다.〉

○ ilaci mukūn i uyuci tatan, duhūcan, hai si mulan
제3 무쿤의 제9 타탄. Duhūcan, 〈해서 목란하위(木蘭河衛)의

ho wei i du jy hūi ši taji i jui baiji, (81:17a)
도지휘사 Taji의 아들 Baiji,

wan lii i nadaci aniya ninggun biyai juwan juwe de
만력 7년 6월 12일에

baha, mohoto, ahadan, kemu wei i du jy hūi ši
획득했다.〉 Mohoto와 Ahadan, 〈가목위(可木衛)의 도지휘사

oting ni jui asibu, giya jing ni dehi juweci aniya
Oting의 아들 Asibu, 가정 42년

ninggun biyai juwan duin de baha, takei,
6월 14일에 획득했다.〉 Takei,

somnin wei i du jy hūi tungjy joji i jui cinggisun,
〈Somnin위의 도지휘동지 Joji의 아들 Cinggisun,

wan lii i orin nadaci aniya juwe biyai ice
만력 27년 2월 초아흐레에

uyun de baha, yahican, ari šan wei i du jy hūi (81:17b)
획득했다.〉 Yahican, 〈Ari Šan위의 도지휘동지

tungjy jiruha i jui eimija, wan lii i juwan emuci
Jiruha의 아들 Eimija, 만력 11년

aniya omšon biyai juwan nadan de baha,
11월 17일에 획득했다.〉

yahican, adabu acan g'a mu ho wei i du jy hūi
Yahican과 Adabu 공동 소유, 〈G'a Mu Ho위의 도지휘첨사

ciyanši jaliha i jui adabu, wan lii i orin nadaci
Jaliha의 아들 Adabu, 만력 27년

aniya juwe biyai ice uyun de baha,
2월 초아흐레에 획득했다.〉

joriktu, hai si uje dogon i ša ho šo i du jy hūi
Joriktu, 〈해서 올자탁온(兀者托溫) 천호소(千戶所)의 도지휘첨사

ciyanši taoga i jui motasu, lung king ni tehe (81:18a)
Taoga의 아들 Motasu, 융경 원년

aniya jakūn biyai orin ilan de baha, tottamu
8월 23일에 획득했다.〉 Tottamu가

ilan ubu, yangguri emu ubu, dorgi šan
세 몫, Yangguri가 한 몫, 〈Dorgi Šan위의

wei i du jy hūi ciyanši taramu i jui gulugu,
도지휘첨사 Taramu의 아들 Gulugu,

wan lii i juwan emuci aniya omšon biyai juwan
만력 11년 11월 17일에

nadan de baha, joriktu, iletu šan wei i
획득했다.〉 Joriktu, 〈Iletu Šan위의

du jy hūi ciyanši sibenege i omolo mengke, giya jing ni
도지휘첨사 Sibenege의 손자 Mengke, 가정

gūsin sunjaci aniya nadan biyai juwan uyun de (81:18b)
35년 7월 19일에

baha, bainju, juntai acan, hai si korimu wei i
획득했다.〉 Bainju와 Juntai 공동 소유, 〈해서 Korimu위의

du jy hūi ciyanši kuji i omolo babai,
도지휘첨사 Kuji의 손자 Babai,

giya jing ni gūsin ningguci aniya uyun biyai orin
가정 36년 9월 29일에

uyun de baha, tehei, hai si saha wei i
획득했다.〉 Tehei, 〈해서 Saha위의

du jy hūi ciyanši iliha i omolo kekebolot,
도지휘첨사 Iliha의 손자 Kekebolot,

giya jing ni dehi ilaci aniya ninggun biyai orin
가정 43년 6월 22일에

juwe de baha. (81:19a)
획득했다.〉

○ ilaci mukūn i juwanci tatan, tanggūdai, hai si ukan
제3 무쿤의 제10 타탄. Tanggūdai, 〈해서 구한하위(嘔罕河衛)의

ho wei i du jy hūi ši iliha i omolo
도지휘사 Iliha의 손자

ainca, giya jing ni gūsin ningguci aniya nadan biyai
Ainca, 가정 36년 7월

orin emu de baha, modo gulhun hotonggi wei i
21일에 획득했다.〉 Modo 단독 소유, 〈화둔길위(和屯吉衛)의

du jy hūi ši bušuku i omolo silangga, giya jing ni
도지휘사 Bušuku의 손자 Silangga, 가정

dehi juweci aniya ninggun biyai juwan duin de (81:19b)
42년 6월 14일에

baha, dahabu gulhun hai si toto wei i du jy hūi
획득했다.〉 Dahabu 단독 소유, 〈해서 Toto위의 도지휘동지

tungjy tabuta i jui gimbulu, lung king ni tehe
Tabuta의 아들 Gimbulu, 융경 원년

aniya jakūn biyai orin ilan de baha, keri
8월 23일에 획득했다.〉 Keri

gulhun uliki šan wei i du jy hūi ciyanši
단독 소유, 〈올리해산위(兀里奚山衛)의 도지휘첨사

afikū i jui gungtai, wan lii i orin emuci aniya
Afikū의 아들 Gungtai, 만력 21년

uyun biyai orin ilan de baha, tondosi
9월 23일에 획득했다.〉 Tondosi

gulhun hai si bili wei i du jy hūi ciyanši (81:20a)
단독 소유, 〈해서 Bili위의 도지휘첨사

bil i jui aluta, wan lii i nadaci aniya ninggun
Bil의 아들 Aluta, 만력 7년 6월

biyai juwan juwe de baha, yerengge gulhun narki
12일에 획득했다.〉 Yerengge 단독 소유, 〈납랄길하위(納剌吉河衛)의

ho wei i du jy hūi ciyanši cinu i omolo enggudani,
도지휘첨사 Cinu의 손자 Enggudani,

giya jing ni gūsici aniya nadan biyai orin juwe de
가정 30년 7월 22일에

baha, sahaliyan, tumburu acan hai si šolingho
획득했다.〉 Sahaliyan과 Tumburu 공동 소유, 〈해서 Šolingho위의

wei i du jy hūi ciyanši dege i jui baibuli, wan lii i
도지휘첨사 Dege의 아들 Baibuli, 만력

nadaci aniya ninggun biyai juwan juwe de baha, (81:20b)
7년 6월 12일에 획득했다.〉

sirab gulhun hailan šan wei i du jy hūi ciyanši
Sirab 단독 소유, 〈Hailan Šan위의 도지휘첨사

keres i jui tanggūna, giya jing ni gūsin duici aniya
Keres의 아들 Tanggūna, 가정 34년

nadan biyai juwan ninggun de baha, looton
7월 16일에 획득했다.〉 Looton

mafa gulhun hai si jaling wei i du jy hūi ciyanši
마파 단독 소유, 〈해서 찰령위(札嶺衛)의 도지휘첨사

todot i jui hūsibu, wan lii i uyuci aniya duin
Todot의 아들 Hūsibu, 만력 9년 4월

biyai orin jakūn de baha, daimbulu,
28일에 획득했다.〉 Daimbulu와

keri, ilina ho wei i du jy hūi ciyanši (81:21a)
Keri, 〈Ilina Ho위의 도지휘첨사

alanju i jui jihao, wan lii orin sunjaci aniya
Alanju의 아들 Jihao, 만력 25년

sunja biyai ice de baha.
5월 초하루에 획득했다.〉

◯ ilaci mukūn i juwan emuci tatan, bayan, muca
제3 무쿤의 제11 타탄. Bayan, 〈Muca Ho위의

ho wei i du jy hūi tungjy sunaha i omolo fukatu,
도지휘동지 Sunaha의 손자 Fukatu,

giya jing ni gūsin sunjaci aniya nadan biyai juwan
가정 35년 7월 19일에

uyun de baha, hūsi gulhun mulan šan (81:21b)
획득했다.〉 Hūsi 단독 소유, 〈Mulan Šan위의

wei i du jy hūi hūsimu i omolo ajintai, wan lii i orin
도지휘 Hūsimu의 손자 Ajintai, 만력 25년

sunjaci aniya sunja biyai ice de baha, nomohon
5월 초하루에 획득했다.〉 Nomohon

gulhun isuli ho wei i du jy hūi ciyanši
단독 소유, 〈역속리하위(亦速里河衛)의 도지휘첨사

utaiju, giya jing ni dehi juweci aniya ninggun biyai
Utaiju, 가정 42년 6월

juwan duin de baha, urgūni, guigun, hai si
14일에 획득했다.〉 Urgūni와 Guigun, 〈해서

tasha wei i du jy hūi ciyanši kini man
Tasha위의 도지휘첨사 Kini Man Uge의

uge i omolo cangbolot, giya jing ni gūsin ningguci aniya (81:22a)
손자 Cangbolot, 가정 36년

nadan biyai orin emu de baha, bayan gulhun
7월 21일에 획득했다.〉 Bayan 단독 소유,

hai si gumu wei i du jy hūi ciyanši silhū i omolo
〈해서 Gumu위의 도지휘첨사 Silhū의 손자

hūsi, wan lii i nadaci aniya ninggun biyai juwan
Hūsi, 만력 7년 6월 12일에

juwe de baha, karai gulhun hai si lolike wei i
획득했다.〉 Karai 단독 소유, 〈해서 Lolike위의

du jy hūi ciyanši idar i omolo isika, giya jing ni dehi
도지휘첨사 Idar의 손자 Isika, 가정 43년

ilaci aniya ninggun biyai orin juwe de
6월 22일에

baha, baindai gulhun tsoo ho wei i du jy hūi (81:22b)
획득했다.〉 Baindai 단독 소유, 〈Tsoo Ho위의 도지휘첨사

ciyanši tunaha, dung darhan, wan lii i juwan emuci aniya omšon
Tunaha, Dung Darhan, 만력 11년 11월

biyai juwan nadan de baha, gišan, baindari
17일에 획득했다.〉 Gišan과 Baindari

acan ajina ho wei i du jy hūi ciyanši teku i
공동 소유, 〈아적납하위(阿的納河衛)의 도지휘첨사 Teku의

omolo ahai, giya jing ni dehi ilaci aniya ninggun
손자 Ahai, 가정 43년 6월

biyai juwan duin de baha, hūsi gulhun
14일에 획득했다.〉 Hūsi 단독 소유,

kūrka wei i du jy hūi ciyanši neone i omolo
〈Kūrka위 도지휘첨사 Neone의 손자

dahūn, giya jing ni gūsin sunjaci aniya nadan biyai (81:23a)
Dahūn, 가정 35년 7월

juwan uyun de baha, sirai, saina acan
19일에 획득했다.〉 Sirai와 Saina 공동 소유,

ben teo wei i du jy hūi ciyanši sitehe i jui
〈Ben Teo위의 도지휘첨사 Sitehe의 아들

hara babai, wan lii i orin emuci aniya uyun biyai
Hara Babai, 만력 21년 9월

orin ilan de baha.
23일에 획득했다.〉

◯ ilaci mukūn i juwan juweci tatan, abatai, lumbu,
제3 무쿤의 제12 타탄. Abatai, Lumbu,

fiongdon, hai si hosi wei i du jy hūi ši tobono i (81:23b)
Fiongdon, 〈해서 홀실위(忽失衛)의 도지휘사 Tobono의

jui saosi, lung king ni tehe aniya jakūn biyai
아들 Saosi, 융경 원년 8월

orin ilan de baha, nomci, bonakon wei i
23일에 획득했다.〉 Nomci, 〈Bonakon위의

du jy hūi tungjy tulai i jui bodonggo, wan lii i
도지휘동지 Tulai의 아들 Bodonggo, 만력

juwan emuci aniya omšon biyai juwan nadan de
11년 11월 17일에

baha, nomci, aru wei i du jy hūi tungjy [原檔殘缺]
획득했다.〉 Nomci, 〈Aru위의 도지휘동지 □□□

jui sujangga, wan lii i orin nadaci aniya juwe
아들 Sujangga, 만력 27년 2월

biyai ice uyun de baha, nomci, todai, (81:24a)
초아흐레에 획득했다.〉 Nomci와 Todai,

hai si hali šo wei i du jy hūi tungjy cohongge i
〈해서 Hali Šo위 도지휘동지 Cohongge의

omolo saosi, wan lii i uyuci aniya duin biyai
손자 Saosi, 만력 9년 4월

orin jakūn de baha, altušan, hai si ši ho
28일에 획득했다.〉 Altušan, 〈해서 Ši Ho위의

wei i du jy hūi tungjy holomi i jui utai,
도지휘동지 Holomi의 아들 Utai,

giya jing ni dehi sunjaci aniya nadan biyai orin
가정 45년 7월 21일에

emu de baha, abatai, coro wei i du jy hūi
획득했다.〉 Abatai, 〈Coro위의 도지휘첨사

ciyanši kunde i omolo keitemu, giya jing ni dehi juweci (81:24b)
Kunde의 손자 Keitemu, 가정 42년

aniya ninggun biyai juwan duin de baha,
6월 14일에 획득했다.〉

baduri, u lii wei i du jy hūi ciyanši cukungge i jui
Baduri, 〈올리위(兀里衛)의 도지휘첨사 Cukungge의 아들

imahu, lung king ni tehe aniya jakūn biyai orin
Imahu, 융경 원년 8월 23일에

ilan de baha, aisingga, sirungge, [原檔殘缺]
획득했다.〉 Aisingga, Sirungge, □□□

lamtai i jui barbu, wan lii i orin sunjaci aniya [原檔殘缺]
Lamtai의 아들 Barbu, 만력 25년 □□□

biyai [原檔殘缺] baha, nanjilan, hai si namu
월 □□□ 획득했다.〉 Nanjilan, 〈해서 납목위(納木衛)의

wei i du jy hūi ciyanši silingga i jui taoge, wan lii i (81:25a)
도지휘첨사 Silingga의 아들 Taoge, 만력

sunjaci aniya jorgon biyai ice sunja de baha,
5년 12월 초닷새에 획득했다.〉

manggatu, hai si uje šan wei i du jy hūi
Manggatu, 〈해서 올자전위(兀者前衛)의 도지휘첨사

ciyanši haiju i jui carbuha, wan lii i sunjaci aniya
Haiju의 아들 Carbuha, 만력 5년

jorgon biyai orin nadan de baha.
12월 27일에 획득했다.〉

기사 제목

제43권 | 천명(天命) 8년(1623) 1월

제44권 | 천명(天命) 8년(1623) 1월~2월

제46권 | 천명(天命) 8년 2월~3월

제47권 | 천명(天命) 8년(1623) 3월

제48권 | 천명(天命) 8년(1623) 3월~4월

제49권 | 천명(天命) 8년(1623) 4월

제50권 | 천명(天命) 8년(1623) 4월~5월

제51권 | 천명(天命) 8년(1623) 5월

제52권 | 천명(天命) 8년(1623) 5월

제55권 | 천명(天命) 8년(1623) 6월

제56권 | 천명(天命) 8년(1623) 6월~7월

제58권 | 천명(天命) 8년(1623) 7월~8월

제62권 | 천명(天命) 9년(1624)

참고문헌

구범진(2012), 『청나라, 키메라의 제국』, 민음사.

김두현(2008), 「『滿文原檔』과 入關前 淸史硏究」, 『명청사연구』 30, 명청사학회, pp. 259-286.

김두현(2010), 『滿文老檔과 舊滿洲檔 對照表 — 太祖朝』, 울산대학교출판부.

김선민(2012), 「『舊滿洲檔』에서 『滿洲實錄』까지 — 청 태조실록의 편찬과 수정」, 『史叢』 77, 고려대학교 역사연구소, pp. 139-175.

김주원(2008), 『조선왕조실록의 여진족 족명과 인명』, 서울대학교출판부.

김주원(2010), 「여진족 추장 하질이(何叱耳)의 실록상 이표기에 대하여」, 『인문논총』 64, 서울대학교 인문학연구원, pp. 51-74.

김주원(2012), 「서울대학교 도서관 소장 만주어 몽골어 문헌에 대하여」, 『알타이학보』 22, 한국알타이학회, pp. 1-28.

김주원(2014), 「두 실록의 번역서 — 조선태조실록과 만주실록」, 『인문논총』 71(3), 서울대학교 인문학연구원, pp. 361-378.

김주원 · 이형미(2017), 「『滿文原檔』에서 『滿文老檔』으로의 내용 변개에 관한 연구」, 『인문논총』 74(3), 서울대학교 인문학연구원, pp. 11-47.

김혜(2018), 「『滿文老檔』 한어 차용어의 표기 체계」, 『한국알타이학회 전국학술대회 발표논문집』, pp. 79-104.

도정업(2015), 「『滿文老檔』—『滿洲實錄』 만주문 대조 연구」, 『알타이학보』 25, 한국알타이학회, pp. 1-35.

만주실록역주회(2014), 『만주실록 역주』(고려대학교 민족문화연구원 만주학센터), 소명출판.

박상철(2017), 「만주어 문어의 시제와 양상 연구 —『滿文老檔』의 용례를 중심으로—」, 서울대학교 박사학위논문.

박은용(1969), 『만주어문어연구(1)』, 형설출판사.

박은용(1973), 『만주어문어연구(2)』, 형설출판사..

성백인(1968), 「만주어 문어의 부동사 어미 -me에 대하여」, 『한글』 142, 한글학회, pp. 72-102. (성백인 1999b에 재수록)

성백인(1970), 「만주어의 의문법에 대하여」, 『명대논문집』 3, 명지대학, pp. 257-290. (성백인 1999b에 재수록)

성백인(1977), 「만문 특수문자의 로마자 표기법」, 『언어학』 2, 한국언어학회. (성백인 1999b에 재수록)

성백인(1978), 「만문 무권점 십이자두 연구」, 『말』 3, 연세대학교 한국어학당, pp. 97-134. (성백인 1999b에 재수록)

성백인(1981), 『만주어 음운론 연구』, 명지대학출판부.

성백인(1986), 「초기 만주어 사전들에 대하여」, 『동방학지』 52, 연세대학교 국학연구원, pp. 219-258. (성백인 1999b에 재수록)

성백인(1999a), 「청조의 청문감 편찬」, 『새국어생활』 9(1), 국립국어원, pp. 145-157.

성백인(1999b),『만주어와 알타이어학 연구』, 태학사.
유소맹(2013),『여진 부락에서 만주 국가로』(이훈 · 이선애 · 김선민 공역), 푸른역사.
이형미(2018),「『滿文老檔』의 법률 용어」,『한국알타이학회 전국학술대회 발표논문집』, pp. 57-78.
최계영 · 김주원(2018),「『滿文老檔』 한 · 일 번역본의 표기와 번역 차이 — 저본으로 인한 차이를 중심으로」,『한국알타이학회 전국학술대회 발표논문집』, pp. 1-20.
최동권(2007),『舊滿洲檔: 荒字檔』, 보고사.
최학근(1980),『알타이어학논고』, 현문사.

關嘉祿 · 佟永功 · 關照宏(1987),『天聰九年檔』, 天津: 天津古籍出版社.
廣祿 · 李學智(1965),「淸太祖朝『老滿文原檔』與『滿文老檔』之比較硏究」,『中國東亞學術硏究計畫委員會年報』4, 中國東亞學術硏究計劃委員會, pp. 1-165.
國立故宮博物院 編(1969),『舊滿洲檔』全10冊, 臺北: 國立故宮博物院.
譚其驤 主編(1982),『中國歷史地圖集 第七冊 元明時期』. 北京: 中國地圖出版社.
佟永功(1998),「述崇謨閣『滿文老檔』」,『滿學硏究』4, 北京社會科學院滿學硏究所, 北京: 民族出版社, pp. 141-155.
馮明珠 編(2006),『滿文原檔』全10冊, 臺北: 國立故宮博物院. (『舊滿洲檔』(1969)의 개정판)
白洪希(1998),「崇謨閣與『滿文老檔』」,『滿學硏究』4, 北京社會科學院滿學硏究所, 北京: 民族出版社, pp. 169-180.
安雙成 主編(1993),『滿漢大辭典』, 瀋陽: 遼寧民族出版社.
閻崇年(1998),「論『滿洲老檔』」,『滿學硏究』4, 北京社會科學院滿學硏究所, 北京: 民族出版社, pp. 1-84.
遼寧大學歷史系 編(1978-1979),『重譯滿文老檔』, 瀋陽: 遼寧大學.
遼寧大學歷史系 編(1979),『漢譯滿文舊檔』, 瀋陽: 遼寧大學.
劉小萌(2001),『滿族從部落到國家的發展』, 瀋陽: 遼寧民族出版社.
劉厚生(1994),「關於『滿文老檔』(大黃綾本)的簽註」,『舊滿洲檔硏究』, 長春: 吉林文史出版社, pp. 105-174.
李學智(1982),『乾隆重鈔本滿文老檔簽註正誤』, 臺北: 中央硏究院歷史語言硏究所.
李學智 · 廣祿 譯註(1970 · 1971),『淸太祖老滿文原檔』1 · 2, 臺北: 中央硏究院歷史語言硏究所.
張葳 譯註(1977 · 1980),『舊滿洲檔譯註 淸太宗朝』1 · 2, 臺北: 國立故宮博物院.
齊木德道爾吉 · 敖拉 · 崔東權(2009),「『武皇帝實錄』與『舊滿洲檔』的史料价値的分析」,『몽골학』25, 한국몽골학회, pp. 269-290.
趙志强 · 江橋(1998),「『無圈點檔』及乾隆抄本補絮」,『滿學硏究』4, 北京社會科學院滿學硏究所, 北京: 民族出版社, pp. 142-144.
中國第一歷史檔案館 整理 · 編譯(2009),『內閣藏本滿文老檔』1~20, 瀋陽: 遼寧民族出版社.
中國第一歷史檔案館 · 中國社會科學院歷史硏究所 譯註(1990),『滿文老檔』上 · 下, 北京: 中華書局.
中華書局(1986),『淸實錄』, 北京: 中華書局.
陳捷先(1969),「『舊滿洲檔』述略」,『舊滿洲檔』(國立故宮博物院 編), pp. 1-56.
陳捷先(1978),「滿文淸實錄硏究」,『滿文檔案叢考 第一集』, 臺北: 大化書局.

陳捷先(1981),「滿文清本紀研究」,『滿文檔案叢考 第二集』, 臺北: 明文書局.

崔東權 · 齊木德道爾吉 · M. Bayarsaikhan · 敖拉 巴雅爾賽漢(2007),「『清太祖武皇帝實錄』與『舊滿洲檔』史料比較研究(1)—以內客爾喀部史料爲主—」,『몽골학』 23, 한국몽골학회, pp. 29-76.

今西春秋(1959a),「『滿文老檔』の重鈔年次」,『東方學紀要』 1, pp. 89-93.

今西春秋(1959b),「『滿文老檔』乾隆付註譯解」,『東方學紀要』 1, pp. 104-219.

東洋文庫清代史研究室 譯註(1972 · 1975),『舊滿洲檔 天摠九年』 1 · 2, 東京: 東洋文庫.

滿文老檔研究會 譯註(1955~1963),『滿文老檔』 1~7, 東京: 東洋文庫.

上原久(1960),『滿文滿洲實錄の研究』, 東京: 不昧堂書店.

松村潤(2001),『清太祖實錄の研究』, 東京: 東北アジア文獻研究會.

神田信夫(1978),「清朝興起史の研究—序說『滿文老檔』から『舊滿洲檔』へ」,『明治大學人文科學研究所年報』 20, pp. 20-30.

神田信夫(1996),「從『滿文老檔』到『舊滿洲檔』」,『滿學研究』 3, 北京社會科學院滿學研究所, pp. 256-278.

早田輝洋(2012),「滿洲語の n ~ Ø 交替の史的概觀」,『알타이학보』 22, pp. 93-110.

早田輝洋(2014),「『滿文原檔』中の重複滿文の相對年代」,『알타이학보』 24, pp. 69-81.

池上二良(1965),「Tongki Fuka Akū Hergen i Bitheとそのウランバートル刊本」,『言語研究』 48, pp. 46-52.

池上二良(1999),『滿洲語研究』, 東京: 汲古書院.

津曲敏郎(2002),『滿洲語入門20講』, 東京: 大學書林.

河內良弘(1992),『明代女眞史の研究』, 京都: 同朋社.

河內良弘 編(2014),『滿洲語辭典』, 京都: 松香堂書店.

河內良弘 · 清瀨義三郎則府(2002),『滿洲語文語入門』, 京都: 京都大學學術出版會.

Atwood, Ch. P. (2004), *Encyclopedia of Mongolia and the Mongol Empire*, New York: Facts on File.

Avrorin, V. A. (2000), *Grammatika man'čžurskogo pis'mennogo jazyka* [Grammar of Written Manchu], Sankt-Peterburg: Nauka.

Elliott, M. C. (2001), *The Manchu Way: The Eight Banners and Ethnic Identity in Late Imperial China*, Stanford: Stanford University Press.

Gorelova, L. M. (2002), *Manchu Grammar*, Leiden/Boston/Köln: Brill.

Kim, J., Ko, D., Chaoke, D. O., Han, Y., Piao, L., & Boldyrev, B. V. (2008), *Materials of Spoken Manchu* (Altaic Languages Series 1), Seoul: Seoul National University Press.

Kim, Juwon (2010), "An Examination of Chinese Character Transcriptions of Jurchen and Manchu Personal Names as Reflected in the Annals of the Choson Dynasty," *SCRIPTA* Vol. 2: 85-114.

Möllendorff, P. G. von (1892), *A Manchu Grammar, With Analysed Texts,* Shanghai: American Presbyterian mission Press.

Norman, J. (2013), *A Comprehensive Manchu-English Dictionary* (Harvard-Yenching Institute monograph series 85), Cambridge, MA: Harvard University Asia Center.

Poppe, N. (1965), *Introduction to Altaic Linguistics,* Wiesbaden: Otto Harrassowitz.

Roth Li, G. (2000), *Manchu: A Textbook for Reading Documents,* Honolulu: University of Hawaii Press.

Zaxarov, I. (1879), *Grammatika man'čžurskogo jazyka* [Manchu Grammar], Sankt-Peterburg: Tipografija Imperatorskoj Akademii Nauk.

색인

일러두기

(1) 색인은 인명 색인과 지명 색인으로 나누고, 원문에 나타나는 모든 고유명사를 포함하며, 한만(漢滿) 대조표를 붙인다.
(2) 인명 색인에는 인명 외에 aisin gioro 등의 씨족(hala)명도 포함한다.
(3) 지명 색인에는 지명 외에 jušen 등의 민족명도 포함한다.
(4) 인명 색인과 지명 색인에는 먼저 대상 명사를 로마자 표기로 적고, 동명이면서 다른 것에는 번호를 붙여 구별한다.
(5) 인명 색인과 지명 색인에는 이하의 여러 문헌에 보이는 한자 표기를 붙인다.
    (A) 滿洲實錄(滿洲帝國國務院景印大淸歷朝實錄本)
    (B) 大淸太祖承天廣運聖德神功肇紀立極仁孝武皇帝實錄(武皇帝實錄, 北京故宮博物院排印本)
    (C) 大淸太祖承天廣運聖德神功肇紀立極仁孝睿武弘文定業高皇帝實錄(康熙太祖實錄, 恭仁山莊舊藏淸三朝實錄本)
    (D) 大淸太祖承天廣運聖德神功肇紀立極仁孝睿武端毅欽安弘文定業高皇帝實錄(乾隆太祖實錄, 滿洲帝國國務院景印大淸歷朝實錄本)
    (E) 八旗通志初集
    (F) 八旗滿洲氏族通譜
    (G) 遼東志(尊經閣叢書本)
    (H) 全遼志(遼海叢書本)
    (I) 盛京通志(乾隆四十八年重修本)
    (J) 盛京吉林黑龍江等處標注戰蹟輿圖(滿洲文化協會覆印本)
    (K) 朝鮮實錄(國史編纂委員會)
    (L) 柵中日錄, 建州聞見錄(李民寏)
    (M) 瀋陽日記(昭顯世子)
    단, (E)와 (F)에는 권차를 표시해두었다.
(6) 한만 대조표는 인명과 지명으로 나누며, 색인에서 보였던 한자를 가나다 순으로 배열하고 이에 해당하는 만주어 인명과 지명을 로마자로 표기한 것이다.
(7) 이상의 체제는『滿文老檔』(滿文老檔硏究會 譯註(1955~1963))에 따랐으며 문헌 중에서 (K), (L), (M)은 조선에서 간행된 것인데 본서에서 새로 넣은 것이다.

인명 색인

*색인에서는 1권과 2권을 통합하여 쪽번호를 제시했다. 권의 구분을 위해 제2권에서 나타나는 경우는 2001쪽에서 시작하는 것으로 표시한다. 예를 들어 2495쪽은 제2권의 495쪽을 의미한다.

B

M

N

Ts

지명 색인

*색인에서는 1권과 2권을 통합하여 쪽번호를 제시했다. 권의 구분을 위해 제2권에서 나타나는 경우는 2001쪽에서 시작하는 것으로 표시한다. 예를 들어 2495쪽은 제2권의 495쪽을 의미한다.

C

G'

H

I

K'

L

M

N

O

P

S

한만(漢滿) 대조표

1. 人名

呵呵里	hohori	康都里	kakduri
加麟	garin	剛里馬	g'arma
哥藺	garin	剛里嗎	g'arma
加獜	garin	剛林	garin
加吝	garin	剛木塔尼	kamdani
加鱗	garin	康武理	kanggūri
加文乃	degelei	剛兒搭	karda
嘉素蘭	giyasulan	姜總兵官[姜弼]	jang dzung bing guwan(2)
覺善	giošan	姜太公	giyang tai gung
噶蓋	g'ag'ai	姜弘立	giyang gung liyei
噶喇馬	g'arma	介沙	jaisa(5)
噶卜喇	gabula	喀喀木	kakamu
噶爾瑪	g'arma	喀克都里	kakduri
噶爾馬	g'arma	喀克篤禮	kakduri
噶布拉	gabula	喀囊阿	kanangga
剛蓋	g'ag'ai	喀喇	kara
康喀賚	kangkalai	喀木達尼	kamdani
康喀勒拜瑚	hanggal baihū	喀穆達尼	kamdani
康喀兒拜虎	hanggal baihū	喀爾喀瑪	karkama(1)
康古禮	kanggūri	喀爾喀馬	karkama(1)
綱古禮	gangguri	喀爾喀濟	karkaji
康孤里	kanggūri	喀爾達	karda
綱古里	gangguri	桀	giyei, jiyei
綱孤里	gangguri	格根代青	gegen daicing
康古里	gangguri	格根岱青	gegen daicing
康胯兒擺胡	hanggal baihū	格根戴青	gegen daicing
姜功立	giyang gung liyei	卿家奴	cinggiyanu(1)
康果禮	kanggūri	卿把土魯	cing baturu(1)
康果里	kanggūri	戒沙	jaisa(5)
姜求里	gangguri	季思哈	gisha
姜宏立	giyang gung liyei	戒桑孤	jaisanggū

古魯博什	gurbusi(1)
古勒布石	gurbusi(2)
古勒布什	gurbusi(2)
庫里纏	kūrcan
孤里布什	gurbusi(1)
古里布什	gurbusi(1, 2)
庫拜	kūbai
高副將[高鴻中]	g'ao fujiyang
顧三台	gusantai
固三泰	gusantai
故石木	hūsimu(1)
胯兒胯嗎	karkama(1)
庫兒纏	kūrcan
古兒布石	gurbusi(1)
古英巴圖魯	guyeng baturu
古英把土魯	guyeng baturu
顧爾馬渾	gūlmahūn
庫爾禪	kūrcan
庫爾纏	kūrcan
顧爾布錫	gurbusi(2)
古爾布什	gurbusi(1, 2)
高太監	g'ao taigiyan
高赫德	g'aohede
崑都侖汗	kundulen genggiyen han
空戈落	konggor
孔課兒	konggor
孔果爾	konggor
誇克他哈	kūwaktaka
郭元帥[郭子興]	g'o yuwanšuwai
郭肇基	g'o jao gi
管仲	guwan jung
光石	guwangsi
光實	guwangsi
交善	giošan
具榮介	guyeng baturu
俱榮介	guyeng baturu
九王	dorgon
貴盈哥	guyeng baturu
貴永哥	guyeng baturu
貴永介	guyeng baturu
貴盈介	guyeng baturu
貴榮介	guyeng baturu
克福	keifu
克石克圖	kesiktu(1)
克石克土	kesiktu(1)
克石兎	kesiktu(1)
克石革兎	kesiktu(1)
克實克圖	kesiktu(1)
克徹尼	keceni(2)
錦台什	gintaisi(1)
奇普塔爾	kibtar
奇卜塔爾	kibtar
箕子	gi dzy
祁總兵官[祁秉忠]	ci dzung bing guwan
祁充格	kicungge
奇布他里	kibtar
奇筆他爾	kibtar
吉嗎松	gimbasun
吉木巴蓀	gimbasun
吉木巴遜	gimbasun
吉拔克達	gibkada
吉白里杜吉胡	jiberi dujiho
吉普喀達	gibkada
吉思哈	gisha
吉蓀	gisun
吉兒剛郎	jirgalang
吉巴克達	gibkada
吉布克達	gibkada
吉布哈答	gibkada
金[景瑞]	jin halangga hafan
金玉和	gin ioi ho
金他實	gintaisi(1)
金台石	gintaisi(1)
金台時	gintaisi(1)
金太祖	aisin taidzu
那木泰	namtai(1)
那爾察	narca
南濟蘭	nanjilan
納噶答	nakada
納喀達	nakada
納喀答	nakada
納奇木	nacibu
納鄰	narin
納林卜祿	narimbulu

納林布祿	narimbulu
納木泰	namtai(1)
納穆泰吳濟赫	namtai ujihe(2)
納爾察	narca
納齊布	bacibu
囔奴	nangnuk(1)
囔弩	nangnuk(2)
囊奴克	nangnuk(1)
囊努克	nangnuk(1, 2)
囊弩克	nangnuk(2)
內齊汗	neici han
內齊漢	neici han
內七漢	neici han
努山	nusan
尼堪	nikan
尼喀達	nikada
尼喀禮	nikari(1)
尼喀里	nikari(1)
尼努	ninu
尼唐阿	nitangga(1)
尼哈里	nikari(1)
多內	donoi(2)
多里吉	dorji
多里哄	dorgon(2)
多兒哄	dorgon(2)
多爾袞	dorgon(2)
多爾濟	dorji
多躲	dodo(1)
多鐸	dodo(1)
多畢	dobi
單遊擊[單蓋忠]	san iogi
達賴	dalai(1, 2, 4)
達勒漢巴圖魯	darhan baturu(2)
達牙	daya
達雅	daya
達音布	daimbu
達爾泰	dartai
達爾漢	darhan(1)
達爾漢侍衛	darhan hiya
達爾漢巴圖魯	darhan baturu(1, 2)
達爾漢蝦	darhan hiya
達爾漢轄	darhan hiya
達爾哈	darhan(1)
達諸護	dajuhū
達朱戶	dajuhū
達珠瑚	dajuhū
荅兒漢	darhan(1)
荅兒漢巴土魯	darhan baturu(2)
荅兒漢蝦	darhan hiya
荅主戶	dajuhū
唐噶里	tanggari
唐阿禮	tanggari
唐王	tang wang
唐太宗	tang taidzung
代噶兒	daigal
代噶爾	daigal
岱噶爾	daigal
代剛兒	daigal
代達喇漢	dai darhan(1)
代達爾漢	dai darhan(1, 2)
岱達爾漢	dai darhan(1, 2)
代達爾汗	dai darhan(2)
大里漢把土魯	darhan baturu(2)
代木布	daimbu
岱穆布	daimbu
戴穆布	daimbu
大福金	amba fujin
大妃	amba fujin
大舍	darhan hiya
代善	daišan
帶善	daišan
大兒漢蝦	darhan hiya
大王	amba beile
戴音布	daimbu
代因札	tainca
代因扎	tainca
戴一位	dai i wei
大定帝	dai ding han
戴集賓	dai ji bin
代打里汗	dai darhan(1)
大貝勒	amba beile
大海	dahai
大后	amba fujin
大賚	dalai(2)

德格類	degelei
德爾格勒	delger
德因澤	tainca
圖勒伸	tulešen
圖勒愼	tulešen
刀都	dodo
都督	dudu
圖賴	tulai(1)
圖倫	tulen
圖楞	tulen
都稜洪巴圖魯	dureng hūng baturu
都稜洪把土魯	dureng hūng baturu
圖梅	tumei(3)
圖們札薩克圖	tumen han
圖爾格	turgei
圖爾坤	tulkun
禿兒空	tulkun
突胡	dorgon
突虎	dorgon
洞口魚夫	donggo efu
董國胤	dung guwe yun
董國蔭	dung guwe yun
董國廕	dung guwe yun
東貴	tonggoi
杜[松]	du fung ši
杜度	dudu age
豆豆	dudu
頭頭	dudu
斗斗阿古	dudu age
豆斗羅古	dudu age
杜稜洪巴圖魯	dureng hūng baturu
屯布嚕	tumburu
得格壘	degelei
得兒格里	delger
羅屯	looton
羅里	narimbulu
喇哈	laha
落屯	looton
拉都	ladu
拉普什喜	labsihi
拉巴斯希璧	labasihib
拉巴斯希布	labasihib
拉巴西希璧	labasihib
拉巴實希卜	labasihib
拉布太	labtai
拉哈	laha
拉哈墨爾根	laha mergen
朗格	langge(1)
郎格	langge(1, 2)
郎塞	langse(2)
郎色	langse(2)
朗革	langge(1)
郎熙載	lang ši dzai
冷格里	lenggeri(1)
呂遊擊[呂世舉]	lioi iogi
勞薩	loosa
老薩	loosa(1)
撈扎	loosa
魯太監	lo taigiyan
劉武周	lio u jeo
劉邦	lio bang
劉副將[劉興祚]	lio fujiyang(1)
劉尤寬	lio io kuwan
劉遊擊[劉興祚]	lio iogi(1)
劉惟國	lio wei guwe
劉整	lio jeng
劉綎	lio ting
劉總兵官[劉渠]	io dzung bing guwan(2)
劉興文	lio sing wen
楞格理	lenggeri(1)
楞額禮	lenggeri(1)
李[繼學]	lii cing sai(1)
李果	lii g'o
李适	lii g'o
李國	lii g'o
李世科	lii ši k'o
李永芳	lii yung fang
李維龍	lii wei lung
李總兵官[李秉誠]	lii dzung bing guwan
馬克度	maktu
馬夫達	mafuta
馬付達	mafuta
馬夫大	mafuta
亇應巨	menggebulu

馬總兵官[馬林]	ma dzung bing guwan
滿達爾漢	mandarhan
滿賭答哈	mendu dagan
萬曆帝	wan lii han
滿月介	mandarhan
滿柱石里	manjusiri
滿朱習禮	manjusiri
滿珠習禮	manjusiri
滿珠實哩	manjusiri
慢打兒韓	mandarhan
滿太	mantai(1)
滿泰	mantai(1)
晚太	mantai han(1)
萬汗	wang han
亡可退	manggūldai(2)
亡可退	manggūltai
莽古	manggūs, manggū tabunang
蟒古	manggū tabunang
蟒孤	manggūs
亡古歹	manggūltai
莽古勒岱	manggūldai(2)
莽古勒岱岱青	manggūldai daicing
莽古思	manggūs
莽古斯	manggūs
蟒古兒	manggol
莽古兒代	manggūldai(2)
蟒古兒代	manggūldai(2)
蟒古兒代歹青	manggūldai daicing
莽古兒泰	manggūltai
蟒孤兒太	manggūldai taiji(1)
莽古爾代	manggūldai(1)
莽古爾岱	manggūldai(1, 3)
芒古爾代	manggūldai(2)
莽古爾代戴青	manggūldai daicing
莽古爾泰	manggūldai
莽古泰	manggūltai
莽果爾	manggol
莽果爾代	manggūldai(3)
莽果爾泰	manggūldai(3)
莽果爾泰代青	manggūldai daicing
孟格布祿	menggebulu
孟古愼郭和	menggušen
孟子	mengdzy
孟革卜鹵	menggebulu
明安	minggan(1, 2)
明皇帝	genggiyen han
毛文龍	mao wen lung
毛韓那里	muhaliyan
冒海	moohai(1)
毛海	moohai(1)
木庫石公主	mukusi gege
穆庫什公主	mukusi gege
木哈量	muhaliyan(1)
穆哈連	muhaliyan(1)
蒙格布祿	menggebulu
武克善	ukšan
武訥格	unege
武大海	udahai(1)
撫西額駙	fusi efu
武善	ušan
武王[周]	u wang
武爾古岱	urgūdai
武爾坤	ulkun
茂海	moohai(1)
門都達哈	mendu dagan
門都答哈	mendu dagan
文王	wen wang
密賽	misai
朴葵英	piyoo gui ing
博克多	bokdo
朴只乃	bakiran
箔吉里	bojiri
博羅齊	boroci
朴燁	piyoo hūwa
薄二計	borjin
博爾崑	bolkon
博爾坤	bolkun
博爾晉	borjin
博伊和齊	boihoci
博濟里	bojiri
博濟哩	bojiri
朴化	piyoo hūwa
潘道吏[潘宗顔]	pan dooli

撥兒孔	bolkon
方吉納	fanggina
拜代	baindai(2)
裵隱達	baindari
培隱達伊	baindari
拜音達里	baindari
拜音達哩	baindari
拜音代	baindai(2)
拜音岱	baindai(2)
拜賚戶	baijuhū
拜珠扈	baijuhū
背胡吉	boihoci
白奇策	be ki ce
白羊骨	buyanggū
法譚	fatan
甫郎古	burhanggū
甫乙之舍	borjin hiya
福蘭	fulan
卜陽古	buyanggū(2)
本科理	bungkori
富喀納	fukana
夫陽古	buyanggū
夫者	bujai
浮者他	bujantai
夫子卓古	bujantai
夫者太	bujantai
夫者漢古	bujantai
富哈納	fukana
非揚古	fiyanggū
蜚英東	fiongdon
費英東	fiongdon
非英涷	fiongdon
比巴	hife
琵琶	hife
渣沙兎汗	jasaktu han(1)
查薩克圖土門汗	jasaktu han
查薩克圖汗	jasaktu han
唆兒戈	solho mafa
四王	duici beile
查齊巴	jaciba
沙津	šajin
沙進	šajin
四貝勒	duici beile
沙汔里	sahaliyen age
沙汔伊	sahaliyen age
查哈量	sahaliyan(1, 2)
沙哈量	sahaliyen age
散單	santan(1)
山談	santan(1)
纖坦	santan(1)
薩木什喀	samsika
薩哈連	sahaliyan(2)
薩哈廉	sahaliyan(1), sahaliyen age
桑噶爾寨	sanggarjai(1, 2, 3)
桑剛里寨	sanggarjai(1)
桑剛兒賽	sanggarjai(1)
桑固理	sangguri
桑圖	sangtu
常書	cangšu
常舒	cangšu
桑阿喇寨	sanggarjai(2)
桑阿拉寨	sanggarjai(3)
桑阿力寨	sanggarjai(2)
桑阿里寨	sanggarjai(3)
桑阿兒寨	sanggarjai(1)
桑阿爾寨	sanggarjai(1)
常住	cangju(1)
常朱	cangju(1)
桑土	sangtu
塞紐克	senioke
索諾木	sonom
索寧	sonin taiji
色紐	senio
色紐克	senioke
色冷	sereng(4)
色稜	sereng(4)
色蚌	sebun
色本	sebun
色牛克	senioke
索凝	sonin taiji
索爾果	solho mafa
色剔希兒	setkil
色特希爾	setkil

索海	soohai
舒穆魯	šumuru
舒賽	šusai(1)
黍兒哈奇	šurgaci beile
舒爾哈齊	šurgaci beile
石國柱	ši guwe ju
錫喇納	sirana
碩洛輝	šorohoi
碩落輝	šorohoi
石拉那	sirana
石拉納	sirana
石勒胡那克	sirhūnak
石里泰	sirtai
石里胡那克	sirhūnak
石里胡那革	sirhūnak
碩色	šose(2)
石兒胡那革	sirhūnak
碩翁科羅	šongkoro
碩翁科落	šongkoro
席爾泰	sirtai
石爾泰	sirtai
石爾胡那克	sirhūnak
石天柱	ši tiyan ju
碩託	šoto(1)
聶牛克	niyanioke
攝政王	dorgon
成吉思汗	cinggis han
成湯	ceng tang
蘇納	suna(1)
所豆里	baduri
小羅赤	šurgaci
蘇本	sebun
蕭奉先	siyoo fung siyan
蕭備禦[蕭伯芝]	siyoo beiguwan(1)
蘇山	susan
素兒東剛	suldungga
小乙可赤	šurgaci
蘇爾東阿	suldungga
蘇爾東安	suldungga
蘇爾修	sulhio
小酋	šurgaci
素把海	subahai(1)
蘇巴海	subahai(1)
蘇把海	subahai(1)
蘇覇海	subahai(2)
速兒哈赤	šurgaci
蓀嘉秦	sunjacin(1)
鎖諾木	sonom
瑣諾木	sonom
鎖寧	sonin taiji
叟根	seogen(2)
隨蓀	suisun
隋煬帝	sui yang di han
垂爾札爾	coirjal
搜特希兒	setkil
舜	šūn
順科落	šongkoro
僧格	sengge(1)
僧額	sengge(1)
僧革	sengge(1)
神武英明皇帝	kundulen genggiyen han
辛泰	sintai(1)
實爾泰	sirtai
實爾呼納克	sirhūnak
十王	dodo
雅喀木	yakamu
阿骨打	agūda
阿几格夫今	ajige fujin
阿吉格	ajige
兒吉格	eljige(1)
阿吉格福金	ajige fujin
阿達海	adahai
阿代	adai(1)
阿都奇	aduci(1)
阿都齊	aduci(1)
阿敦	adun(1)
阿涷	adun(1)
阿東	adun(1)
阿喇穆	alamu
阿蘭柱	alanju(1)
俄孟額	emungge
雅母布立	yamburi
俄木索科	omsoko
阿未羅古	amin age

阿彌太主	amin taiji
阿敏	amin
阿民太主	amin taiji
餓博貨	obogo tabunang
阿拜	abai(1, 2)
阿福尼	afuni
阿不兎	abutu
阿山	asan(1, 2)
阿疎	asu
雅孫	yasun
雅蓀	yasun
雅遜	yasun
雅松	yasun
阿斗	adun
阿什達爾罕	asidarhan
阿兒塔什	artasi
阿兒太	artai
阿兒哈兎土門	argatu tumen
娥恩姐	onje gege
娥恩哲	onje gege
雅爾納	yarna
俄爾博	olbo
阿爾津	arjin
阿爾塔石	artasi
阿爾塔什	artasi
阿爾泰	artai
阿爾布尼	arbuni
阿爾哈圖圖們	argatu tumen
阿爾哈圖土門	argatu tumen
阿積格尼堪	ajigenikan
阿濟格	ajige
俄齊爾桑	ocirsang
阿之巨	ajige
阿叱月介	asidargan
阿巴太	abatai
阿巴泰	abatai
阿布圖	abutu
阿布泰	abatai, abtai(1), abutai
阿布太	abatai
阿布兎	abutu
阿哈那	ahana(1)
阿哈旦	ahadan
阿哈圖	ahatu
雅虎	yahū(1)
雅護	yahū(1)
鴉虎	yahū(1)
阿胡圖	ahūtu
雅希禪	yahican
雅希闡	yahican
鴉希諂	yahican
鄂德	oode
惡洛合	uluka
鄂博惠	obohoi
鄂博和	obogo tabunang
鄂齊禮桑	ocirsang
鄂齊里桑	ocirsang
鄂齊爾桑	ocirsang
岳託	yoto
鄂巴	ooba(2)
鄂巴岱青	ooba daicing(1)
安邦彦	an bang yan
顔珠瑚	yanjuhū
顔布祿	yambulu(1)
押大	abatai
押頭	yoto
押哈木	yakamu
押希闡	yahican
昻剛	angga
昻古	anggū
昻孤	anggū
昻坤	angkūn
昻空	angkūn
昻武	anggū
昻阿	angga
昻安	angga
昻洪	angkūn
艾古理	aiguri
愛達漢	aidahan
艾摶	aituwan
愛新覺羅	aisin gioro
愛新覺洛	aisin gioro
愛新覺落	aisin gioro
愛音察	ainca
愛音布祿	aimbulu(1)

愛塔	aita
愛通阿	aitungga
艾通阿	aitungga
額克星格	eksingge
額克星額	eksingge
厄滕	edeng
額滕	edeng
厄勒伸	erešen
額勒伸	erešen
額孟格	emungge
額森	esen(3)
額塞	esei(2)
厄兒吉格	eljige(1)
厄兒得尼	erdeni
厄兒得溺	erdeni
厄亦都	eidu
額亦都	eidu
額宜都	eidu
額爾德尼	erdeni
厄爾濟格	eljige(1)
額爾濟格	eljige(1)
厄一都	eidu
厄參	esen
額參	esen(1)
厄布格德衣	ebugedei
額布格德依	ebugedei
厄布格特	ebugedei
厄革腥格	eksingge
夜革樹	yekšu
揚古利	yangguri(1)
楊古利	yangguri(1)
楊古里	yangguri(1)
羊古有	yangguri(1)
揚機努	yangginu
楊機奴	yangginu
揚吉努	yangginu
楊吉砮	yangginu
楊都堂[楊鎬]	yang du tang
揚書	yangšu
楊書	yangšu
楊舒	yangšu
楊善	yangšan(1)

楊于渭	jang ioi wei
楊遊擊[楊于渭]	jang iogi(2)
楊布祿	yambulu(1)
於斗	eidu
彥加里	erdeni
鄢布魯	yambulu(1)
亦林七	irinci
亦沙木	isamu
易沙穆	isamu
延布祿	yambulu(1)
葉古德	yegude
葉克書	yekšu(1)
葉克舒	yekšu(1)
葉錫	yesi
葉臣	yecen(1, 2)
葉兒登	yeldeng
英明皇帝	genggiyen han
英俄兒代	inggūldai
英俄爾岱	inggūldai
永樂帝	yung lo han
英吾兒代	inggūldai
永濟	yungji
英主	genggiyen han
英主青吉汗	baturu cinggis han
拽古得	yegude
倪馬禪	nimacan
吳乞買	ukimai
吳克善	ukšan
吳內格	unege
吳訥格	unege
吳達海	udahai(1)
敖德	oode
吳禮戡	urikan(1)
烏路噶	uluka
烏路喀	uluka
烏魯喀	uluka
吳賴	ulai(1)
吳理戡	urikan(1)
梧木道	omoktu
吳拜	ubai
吳善	ušan
吳兒戶代	urgūdai

吾乙古多	urgūdai
吳爾古代	urgūdai
吳爾昆	ulkun
奧巴	ooba(2)
奧巴代青	ooba daicing(1)
奧巴戴青	ooba daicing(1)
烏巴什	ubasi
奧巴歹青	ooba daicing
吳巴海	ubahai(1)
烏胡齊	uhuci hiya mendu
兀古大	urgūdai
兀古歹	urgūdai
兀內格	unege
兀里堪	urikan
兀善	ukšan
兀兒坤	ulkun
兀爾坤	ulkun
兀把什	ubasi(1)
兀巴海	ubahai baturu
兀革苫	ukšan
兀胡七	uhuci hiya mendu
瓮剛代	unggadai(1)
雍舜	yungšun
瓮阿代	unggadai(1)
翁阿代	unggadai(1)
翁阿岱	unggadai(1)
要土	yoto
瓦克達	wakda age
臥齊里桑	ocirsang
窩闊台汗	ūgedei han
完顏亮	wan yan liyang
王格	wangge(1)
王丙	wang bin
旺善	wangšan
王善	wangšan
王一屏	wang i ping
王子登	wang dzy deng
王參將[王紹勳]	wang tsanjiyang(1)
堯	yoo
姚托	yoto
春科落	šongkoro
尤德赫	yeodehe
尤總兵官[尤世功]	io dzung bing guwan(1)
熊[延弼]	hiong ciyan
雄科落	šongkoro
雄廓落	šongkoro
袁軍門[袁應泰]	yuwan giyūn men
位征	uijeng
衞齊	uici
魏徵	uijeng
衞徵	uijeng
胃七	uici
恩格圖	enggetu
恩格得力	enggeder
恩格得里	enggeder
恩格得兒	enggeder
恩格得爾	enggeder
恩格得爾	enggeder
恩格壘	enggelei
恩格式勒	enggeder
恩革得里	enggeder
音德	yendei
陰得	yendei
宜拜	ibai
宜蓀	isun(1)
宜爾登	ilden(2)
宜巴理	ibari
伊拉喀	ilaka
伊拉秦巴顏	ilacin bayan
伊郎阿	ilangga
伊勒穆	ilemu
伊勒愼	irešen
伊林齊	irinci
伊沙穆	isamu
伊尹	i yen
益撒木	isamu
因德	yendei
者送哈	jaisanggū
者乙古赤	jargūci
綽啓諾	cokinai
綽啓鼐	cokinai
綽內	conoi
灼落貨	šorohoi
綽里吉	corji(1)

綽乙喇札爾	coirjal
綽乙里扎里	coirjal
綽爾齊	corji(1)
灼托	šoto
綽哈爾	coohar
綽虎勒	cūhur(1)
綽瑚爾	cūhur(1)
綽護爾	cūhur(1)
綽和諾	cohono
張覺	jang giyo
壯諾	jongnon
張盤	jang ban
張承胤	jang ceng yen
張承蔭	jang ceng yen
張承廕	jang ceng yen
張應京	jang ing ging
張銓	jang ciowan
長住	cangju(1)
張知州[張文秀]	jang jyjeo
張總兵官[張承蔭]	jang dzung bing guwan(1)
張昌國	jang ciowan
宰滅喉恨	jaisang keoken
齋沙	jaisa(5)
齋薩	jaisa(5)
宰桑	jaisang
載桑	jaisang
齋桑古	jaisanggū
宰桑扣肯	jaisang keoken
載桑侯痕	jaisang keoken
著內	jongnoi
著里革兎	joriktu(1, 2)
著扯特喉恨	jocit keoken
褚胡里	cūhur(1)
跡兒哈朗	jirgalang
鄭道吏[鄭之範]	jeng dooli
鄭應井	jang ing ging
鄭判事[鄭忠信]	ting pan ši
濟伯哩都濟呼	jiberi dujiho
濟白里杜濟獲	jiberi dujiho
齊爾格申	cirgešen
濟爾哈朗	jirgalang
兆里兎	joriktu(1)
趙位寵	jao wei jung
趙衛忠	jao wei jung
趙惟忠	jao wei jung
趙一霍	jao i ho
趙一鶴	jao i ho
祖總兵官[祖大壽]	dzu dzung bing guwan
趙太祖	jao taidzu
趙徽宗	jao hoidzung, joo hoidzung
趙欽宗	jao kindzung, joo kindzung
鐘諾	jongnoi
鐘嫩	jongnon
紂	juo
朱家	ju giya
朱繼文	ju ji wen
朱計文	ju ji wen
朱元璋	ju yuwan jang
朱扯特侯痕	jocit keoken
珠徹特扣肯	jocit keoken
朱總兵官[朱萬良]	ju dzung bing guwan
朱瑚達	juhūda
重昏侯	farhūn heo
陳九階	cen gio giyai
陳良策	cen liyang tse
秦始皇帝	cin ši hūwang han
秦二世皇帝	cin el ši han
真柱懇	jenjuken
陳中軍[陳良策]	cen jung giyūn
扯兒革	cergei
扎諾	janu korkon
扎努	janu korkon
札福尼	jafuni
扎薩克圖都稜	jasaktu dureng
扎薩克圖杜稜	jasaktu dureng
扎薩克圖土門汗	jasaktu han
扎薩克圖汗	jasaktu han
扎撒兎都領	jasaktu dureng
扎撒兎汗	jasaktu han
扎兒布	jalbu
札易薩	jaisa(5)
扎爾布	jalbu
扎齊巴	jaciba
債桑	jaisang

寨桑	jaisang
債桑孤	jaisanggū
寨桑古	jaisanggū
寨桑俟痕	jaisang keoken
策穆德黑	tsemtehe
策穆特赫	tsemtehe
策穆特黑	tsemtehe
天啓帝	tiyan ki han
天祚帝	tiyan dzo han
天聰皇帝	sure han
天會帝	iyan hūi han
鐵木眞	temujin
徹爾格	cergei
淸佳努	cinggiyanu(1)
淸佳砮	cinggiyanu(1)
靑加努	cinggiyanu(3)
靑加奴	cinggiyanu(3)
靑著里兎	cing joriktu(2)
靑著里革兎	cing joriktu(1)
靑卓禮克圖	cing joriktu(1, 2)
靑巴圖魯	cing baturu(1)
靑把土魯	cing baturu(1)
焦鄯	giošan
楚覇王	cu ba wang
超哈爾	coohar
祝世昌	ju ši cang
椿農	jongnon
衷諾	jongnoi
吹爾扎爾	coirjal
打喇漢把土魯	darhan baturu(1)
打喇漢蝦	darhan hiya
朶勒濟	dorji
朶里吉	dorji
打兒漢貝勒	darhan baturu(2)
妥懽貼睦爾汗	tohon temur han
托克推	toktoi(1)
卓禮克圖	joriktu(1, 2)
卓里克圖	joriktu(1)
卓立克圖	joriktu(1)
鐸弼	dobi
搭賴	dalai(2)
塔拜	tabai
搭兒漢蝦	darhan hiya
搭葉	daya
塔羽	tayu
塔裕	tayu
湯古代	tanggūdai
湯古岱	tanggūdai
湯古太	tanggūdai
湯古台	tanggūdai
兌勒愼	duilešen
太祖	taidzu genggiyen han
泰昌帝	tai cang han
泰打兒汗	dai darhan(2)
泰和帝	tai hoo han
土勒伸	tulešen
吐朗	tulen
土梅	tumei(3)
土穆布祿	tumburu
土門查薩克圖汗	tumen han
土們扎散兎汗	tumen han
土門札薩克圖汗	tumen han
土美	tumei(3)
土謝圖	tusiyetu han
吐舍兎	tusiyetu han
通果毅	tonggoi
通貴	tonggoi
透登額	teodengge
佟家	tung jiya, tunggiya
佟山	tungsan
佟松年	tung sung niyan
佟養性	tung yang sing
佟養員	tung yang yuwan
佟養正	tung yang yuwan
佟養眞	tung yang yuwan
佟鎭國	tung jeng guwe
佟布路	tumburu
特靈	teling
特爾孫	tersun
波可多	bokdo
巴剛答里漢	bagadarhan
巴喀	bak
巴格	bak
巴克	bak

何叱耳	bujantai
何和禮	hohori
何和理	hohori
何和里	hohori
漢高祖	han' g'ao dzu
韓明璉	han' ming liyan
韓明廉	han' ming liyan
韓信	han' sin
漢王	han' wang
韓潤	han' yūn
韓義	han i
哈克薩哈	haksaha
哈爾松阿	harsungga
哈哈納	hahana
海濱王[遼天祚帝]	hai bin wang
革根歹青	gegen daicing
荊古爾達	ginggūlda
豪格	hooge
胡敬德	hū ging de
好古伐於	hooge beile
虎口	hooge
瑚鈕	hunio
胡道吏[胡嘉棟]	ho dooli
戶力布	hūribu
扈壘	hulei
胡壘	hulei
瑚錫	hūsi(1)
扈石木	hūsimu(1)
胡錫穆	hūsimu(1)
瑚錫布	hūsibu(1)
胡星剛	gosingga
祜星阿	gosingga
扈實木	hūsimu(1)
胡什布	hūsibu(1)
胡里布	hūribu
虎兒憨	hūrhan(1)
胡兒剛	hūrhan(1)
扈爾漢	hūrhan(1)
好好里	hohori
昏德公	farhūn gung
忽必烈 薛禪汗[元世祖]	hūbilai secen han
弘尼牙喀	hūngniyaka
洪武帝	hūng u han
弘所土里	hūng baturu
紅破道里	hūng baturu
和碩圖	hošotu
和爾和岱	horhotui
和托	hoto(2)
和托巴顏	hoto bayan
和和理	hohori
桓公[齊]	hūwan gung
黃總兵官[黃龍]	hūwang dzung bing guwan
懷遠將軍	hūwai yuwan jiyanggiyūn
侯總兵官[侯世祿]	heo dzung bing guwan
徽宗	hoidzung
欽宗	kindzung
希福	hife

2. 地名

架孔木	jakūmu
可木衛	kemu wei
加木河	giyamuhū
嘉木湖	giyamuhū
嘉穆瑚	giyamuhū
嘉班	giyaban
加合	giyaha
嘉哈	giyaha
加哈	giyaha, jaka
噶克察謨都	gakca modo
鱇場	giyamcan
鱇廠	giyamcan
甘泉堡	g'an ciowan pu
甘泉鋪	g'an ciowan pu
甲孔木	jakūmu
甲板	giyaban
甲版	giyaban
江[鴨綠江]	giyang
岡干塞忒勒黑	ganggan i seterhei
岡干色得里黑	ganggan i seterhei
開原	keyen, k'ai yuwan
蓋州	g'ai jeo
開平	k'ai ping
喀喇沁	karacin
喀爾喀	kalka
建州	giyan jeo
慶雲堡	king yūn pu
界藩	jaifiyan
界凡	jaifiyan
固納喀庫倫	gūnaka kuren
顧納喀庫倫	gūnaka kuren
顧納哈枯稜	gūnaka kuren
胯喇沁	karacin
古埒	gure
古哷	gure
古魯山衛	gulu šan wei
古魯衛	holo wei
古勒	gure
古木河衛	gumu ho wei
古貴河衛	kubuni ho wei
孤山	gu šan
古城堡	gu ceng pu
古城衛	gu ceng wei
胯兒胯	kalka
雇兒奔	gūlbon
古爾本	gūlbon
高平	g'ao ping
古河	gu ho
鼓河	gu ho
科爾沁	korcin
郭家屯	go giya tun
郭多	godo
廓兒沁	korcin
寬奠	kuwan diyan
寬甸	kuwan diyan
刮兒恰	gūwalca
廣寧	guwangning
廣鹿島	guwang lu doo
廣西	guwangsi
卦勒察	gūwalca
掛兒揷	gūwalca
卦爾察	gūwalca

嘔罕河衛	ukan ho wei
歸服堡	gui fu pu
貴州	gui jeo
歸化堡	gui hūwa pu
極陵	girin hada
克默爾河衛	kemir ho wei
克亦特	keintei
克音特	keintei
克伊特	keintei
錦州	ginjeo(3)
掯特	keintei
吉當剛	gidangga
吉當阿	gidangga
吉隣崖	girin hada
吉林岡	girin hada
吉林山	girin hada
吉林崖	girin hada
吉灘衛	gitan wei, gi tan wei
吉灘河衛	gitan ho wei
金	aisin(1)
金州	ginjeo(1,2)
金塔寺	gin ta sy
那木都魯	namdulu
諾囉	nooro
諾洛	nooro
諾壘	nooro
南京	nan ging
南海	julergi mederi
納丹佛哷	nadan fere
納剌吉河衛	nalaki ho wei, narki ho wei
納木衛	namu wei
納木河衛	namu ho wei
納殷	neyen
娘娘宮	niyang niyang gung
內陰	neyen
內河路	dorgi birai golo
女直	nioi jy, jušen
寧古塔	ningguta
寧東堡	ning dung pu
寧遠	ning yuwan
砮安塔	nunggan subargan
農安塔	nunggan subargan
嫩河	non
訥殷	neyen
訥音	neyen
尼麻喇	nimalan
尼瑪蘭	nimalan
尼馬蘭	nimalan
尼麻蘭	nimalan
尼馬叉	nimaca
尼瑪察	nimaca
尼馬察	nimaca
尼馬諂	nimaca
尼牙罕	niyahan
尼雅罕	niyahan
團山堡	tuwan šan pu
達岱塔	dadai subargan
大官屯	daguwan tun
大都	daidu
大屯	amba gašan
大遼	dailiyoo
大龍灣	da lung wan
大淩河	dalingho
大明	daiming
大茂堡	da mao pu
大白山	šanggiyan alin
大樂屯	tai loo tun
大奠	da diyan
大甸	da diyan
大清堡	da cing pu
大黑山	da he šan
德立石	deli wehe
德佛	defe
都喀岡	duka ala, dukai ala
圖扪	tumen
都兒鼻	durbi
都爾鼻	durbi
都爾弼	durbi
禿都河衛	toto ho wei
禿河衛	tu ho wei
洞	dung
東京	dung ging(2)
東果	donggo
東寧衛	dung ning wei

東山	dung šan
東勝崗	dongsingga, dungsingga
棟鄂	donggo
董鄂	donggo
東州	dung jeo
東昌堡	dung cang pu
棟興阿	dongsingga, dungsingga
屯河衛	tun ho wei
登州	tai jeo, tang jeo
滕縣	tang hiyan
欒古堡	luwan gu pu
欒固堡	luwan gu pu
蘭磐	lan pan i
灤州	luwan jeo
灤河	lan ho
拉林	lalin
拉發	lafa
閭山	lioi šan
旅順口	lioi šūn keo
閭陽驛	lioi yang i
連山	liyan šan
連山關	liyan šan guwan
列門河衛	lamun ho wei
老虎洞	loo hū dung
遼孤山	liyoo gu šan
遼東[遼陽]	liyoodung
遼陽	liyoo yang
遼河	lioha, liyoha, liyooha
龍川	lung cuwan
留名屯	lioming tun
勒克	leke
李家	ligiya
理嘉	ligiya
林畔	lin pan, lin ban
瑪根丹	magendan
馬根單	magendan, mahadan
馬頭山	ma teo šan
馬兒墩	mardun
瑪爾墩	mardun
瑪哈丹[馬根丹]	mahadan
莫溫河衛	mokon ho wei
滿洲	manju
滿浦	mampu
望海堝	wang hai to
望海嵎	wang hai to
明	nikan, daiming
毛憐衛	moolin wei
穆家堡	mu giya pu
牧奇	muki
穆奇	muki
木答山衛	mo ta šan wei
木蘭河衛	mulan ho wei
木冷	muren
木倫	muren
穆稜	muren
木城驛	mu cang i
木束河衛	mušu ho wei
木場驛	mu cang i
木河衛	moo ho wei
穆瑚覺羅	muhu gioro
木戶角洛	muhu gioro
木胡角落	muhu gioro
蒙古	monggo
撫寧	fu ning
撫西[撫順]	fusi
撫安堡	fu an
武靖營	u jing ing
彌串堡	mai cuwan pu
薄羅衛	bolo wei
盤山	pan šan
拜苦衛	bai ho wei
白頭山	šanggiyan alin
白山	šanggiyan alin
白塔鋪	be ta pu
白塔河	be ta ho
白土廠	be tu cang
汎納哈[范河]	fanaha
范河	fa ho, fan ho, fanaha
汎河	fan ho, fa ho, fanaha
法納哈	fanaha
法衛	fe wei
甫門河衛	fomon ho wei
卜答衛	buda wei
伏兒哈	fulha

伏爾哈	fulha	查哈拉	cahar
復州	fu jeo	查哈量	sahaliyan
奉集堡	fung ji pu	查哈量江	sahaliyan ula
鳳凰城	fung hūwang ceng	沙哈梁兀喇	sahaliyan ula
傅家莊	fu giya juwang	查哈兒	cahar, sahalca
富家莊	fu giya juwang	沙革達	sakda
富勒哈	fulha	酸	suwan
付兒簡岡	fulgiyan ala	山東	šandung
付兒江阿拉	fulgiyan ala	山西	sansi
富爾簡岡	fulgiyan ala	山羊峪	šan yang ioi
富爾簡阿拉	fulgiyan ala	散羊峪	šan yang ioi
富爾哈	fulha	山陰	šan yen
付嗏	fuca	山齊拉	sancara
富察	fuca	山海關	šanaha, šan hai
北京	beging	薩克達	sakda
佛納赫托克索	fenehe tokso	薩倫	salun
佛内黑	fenehe	薩瑪吉	sai ma gi, saimagi
佛訥赫	fenehe	薩馬吉	sai ma gi, saimagi
佛訥赫托克索	fenehe tokso	薩木禪	samcan, samjan
佛多羅坤	fodorogon	撒兒湖	sarhū
佛多羅袞	fodorogon	撒兒滸	sarhū
佛多落坤	fodorogon	撒爾湖	sarhū
弗思木衛	fusemu wei	薩爾滸	sarhū
弗兒哈	fulha	薩齊庫	sacikū
費德哩	feideri	薩哈連	sahaliyan
斐芬山	fiyefun	薩哈連烏拉	sahaliyan ula
飛芬山	fiyefun	薩哈簾	sahaliyan
非夜分山	fiyefun	薩哈爾察	sahalca
蜚敖城	fio hoton	三岔兒	sancara
斐優城	fio hoton	三七拉	sancara
蜚悠城	fio hoton	三河堡	san ho pu, sanakū pu, sanoko pu
使犬路	yendahūn takūrara gurun		
沙嶺	ša ling	揷哈拉	cahar
舍里甸	siyeri bigan	尚間山	šanggiyan hada
謝里甸	siyeri bigan	尚間崖	šanggiyan hada
謝哩甸	siyeri bigan	上榆林	šang ioi lin
使方河衛	ši fang ho wei	西寧堡	si ning pu
泗上亭	sy šang ting	舒勒	šokin
四川	sycuwan	西璘	sirin
沙河	ša ho	西林	sirin
沙河屯	ša ho tun	西臨	sirin
沙河鋪	ša ho pu	西麥城	si mu ceng

瑞分	suifun
瑞粉	suifun
瑞哈	suiha
錫喇忻	sirahin
石拉忻	sirahin
石臨	sirin
析木城	si mu ceng
錫伯	sibe
席北	sibe
石城	ša cang, ša jing, ši ceng
石嘴堡	ši dzui pu
石河	ši ho
石河驛	ši ho i
碩欽	šokin
船城	cuwan ceng
薛列河衛	sele ho wei
聶垺庫	niyeleku
城討溫衛	cing togon wei
洒馬吉	sai ma gi, saimagi
小凌河	šolingho
蘇斡延坡	suwayan po
蘇溫河衛	sokun ho wei
蘇瓦延岡	suwayan jidun
蘇瓦延坡	suwayan po
蘇完	suwan
蘇州	su jeo
小黑山	siyoo he šan
孫扎塔	sunjata
孫扎泰	sunjata
宋	sung gurun
宋家泊	sung giya po
松噶里吳喇河	sunggari ula
松山	sung šan
松山墩	sung šan tun
松山堡	sung šan pu(1)
松阿里河	sunggari ula
蒐登	seoden
隨滿河衛	suiman ho wei
綏分	suifun
綏芬	suifun
首山	šeo šan
岫巖	sio yan
綏哈	suiha
须彌山	sumbur alin
柴河堡	caiha
式木衛	simu wei
新開河	sin k'ai ho
新東郭	ice donggo
新棟鄂	ice donggo
新董鄂	ice donggo
新城[寬甸]	ice hecen
新奠	sin diyan
新甸	sin diyan
實喇忻	sirahin
失里綿衛	silmen wei
失里木衛	ši lii mu wei
實伯	sibe
實山衛	ši san wei
瀋陽	simiyan
十里河	ši lii ho
十方寺	ši fang sy
什白	sibe
十三山	ši san šan
雙古衛	songku wei
雙臺	šuwang tai
雙山	sowangsa, šuwang šan
俄及塔	ogidai
阿奇蘭	akiran
阿氣蘭	akiran
阿氣郎	akiran
俄吉岱	ogidai
雅蘭	yaran
雅攬	yaran
牙魯衛	yalu wei, yaru wei
阿倫衛	alun wei
俄里都施	ordos
阿林衛	alin wei
俄漠	omo
俄莫	omo
俄漠惠蘇魯	omoho suru
俄漠和蘇魯	omoho suru
阿木河衛	omoho wei
峨嵋莊	o mi juwang
蛾眉莊	o mi juwang

阿索特	asot
阿索忒	asot
阿蘇忒	asot
阿速江衞	asukiyang wei
阿孫特	asot
雅爾古	yarhū
俄爾紅童	olhon tung
阿者衞	aja wei
阿的納河衞	ajina ho wei
阿眞河衞	ajin ho wei
阿布達里	abdari
阿布達哩	abdari
阿布塔力	abdari
雅哈	yaha
雅哈河	yaha muke
阿哈河洛	aga holo
阿哈和洛	aga holo
鄂吉岱	ogidai
鄂摩和索囉	omoho suru
鄂謨	omo
鄂謨和蘇嚕	omoho suru
鄂兒紅童	olhon tung
鄂爾多峯	ordo hada
鄂爾多斯	ordos
鄂爾琿通	olhon tung
樂亭	lo ting
鄂陀堡	o to pu
安南	an nan
鞍山	an šan
安褚拉庫	anculakū
按褚拉庫	anculakū
安州	an jeo
安楚拉庫	anculakū
安河衞	an ho wei
斡蘭河衛	ulan ho wei
乞里胯什	warkasi
斡兒哈	warka
斡瑚穆	wahūmu
斡琿鄂謨	wahūn omo
乞閑泊	wahūn omo
乞閑萼漠	wahūn omo
乞閑萼莫	wahūn omo
諳巴城	amba hoton
鴨喇古	yarhū
押攬	yaran
鴨綠江	yalu giyang
鴨里古	yarhū
押兒孤	yarhū
押爾孤	yarhū
押哈	yaha
靉河[靉陽]	aiha
愛和衞	ai ho wei
額克衛	oke wei
厄兒格勒	ergele
額兒泯	elmin
厄爾格勒	ergele
額爾格勒	ergele
額爾敏	elmin
額赫庫倫	ehe kuren
額黑庫倫	ehe kuren
厄黑枯稜	ehe kuren
野木河衛	jamu ho wei
野兒定河衛	jarting ho wei
夜黑	yehe
楊官堡	yang guwan pu
亦魯河衛	ilu ho wei
亦里克衛	ilike wei
亦馬忽山衛	imahū šan wei
亦蠻衛	niman wei
亦速里河衛	isuli ho wei, isuri ho wei
亦速河衛	isu ho wei
亦兒古里衛	irkuli wei
易州	i jeo
煙筒山	hūlan hada
閻家閘山	yan giya ja šan
鹽場堡	yan cang pu
葉赫	yehe
永寧監	yung ning giyan, yung ning jiyan
英額	yengge
永奠	yung diyan
永甸	yung diyan
永平	yung ping
五國城	sunja gurun i hecen, u

	guwe ceng
五屯河衛	utun ho wei
吳喇	ula
烏喇	ula
烏拉	ula
烏魯哩	uluri
烏嚕哩	uluri
烏勒間	ulgiyan
敖莫和所羅	omoho suru
烏蘇	usu
五十寨	u ši jai
烏爾古宸	urgucen
兀喇	ula
兀魯特	urut
兀輪特	urut
兀里溪山衛	uliki šan wei
兀里衛	u lii wei
兀里河衛	u lii ho wei
兀蘇	usu
兀失衛	uši wei
兀兒簡河	ulgiyan bira
兀兒姜河	ulgiyan bira
兀兒孤沈	urgucen
兀爾簡河	ulgiyan bira
兀者揆野人千户所	ujekuye sacikū šo
兀者衛	uje wei
兀者前衛	uje šan wei
兀者左衛	uje šo wei
兀者托溫千戶所	uje dogon ša ho šo
雍謝布	yungsiyebu
雍壽布	yungsiyebu
瓦爾喀	warka
瓦爾喀什	warkasi
倭	odzy
倭子	odzy
耀州	yoo jeo
埇坎地面	yunggan gajarun
右屯衛	io tun wei
牛莊	nio juwang
雲南	yūn nan
熊岳	hiong yo
魏家嶺	wei giya ling
威寧營	wei ning ing
陰達琿塔庫喇喇	yendahūn takūrara gurun
陰答関塔庫拉拉	yendahūn takūrara gurun
邑廝虎	imahū
懿路	i lu, ilu
依木河衛	i mu ho wei
義州	ai jeo, i jeo(2, 3)
宜罕山	ilan alin
異憨山	ihan alin
伊蘭穆哈連	ilan muhaliyan
伊蘭博里庫	ilan bolikū
伊瑪呼	imahū
耳敏	elmin
伊罕山	ilan alin
益實衛	isi wei
益實左衛	isi šo wei
益州	i jeo(1)
一堵墻	i du ciyang
一堵牆	i du ciyang
一媽虎	imahū
一面山	i miyan šan
者貼列衛	jatala wei
灼勤	šokin
勺琴	šokin
張	jang
璋	jang
長寧堡	cang ning pu
張立屯	jang lii tun
長白山	šanggiyan alin
長山島	cang šan dao, cang šan doo
長勝堡	cang šeng pu
長安堡	cang an pu
長勇堡	cang yung pu
長勇堡	cang yung pu
張義站	jang i jan
章義站	jang i jan
長奠	cang diyan
長甸堡	cang diyan
前屯衞	ciyan tun wei
折陳	jecen
粘罕	niyahan

丁家泊	ding dzy po
靜安堡	jing an pu
靜遠堡	jing yuwan pu
丁字泊	ding dzy po
靜州	ging jeo
齊家堡	ci giya pu
兆佳	jaogiya
兆嘉	jaogiya
趙家	jaogiya, joogiya
趙家屯	jao giya tun
曹官屯	tsoo guwan tun
朝鮮	solho
趙親屯	jao cin tun
曹縣	tsoo hiyan
左屯衛	dzo tun wei
剉草峪	tso tsoo ioi
周	jeo gurun
中固	jung gu
中安堡	jung an pu
鎭江	jeng giyang
鎭東堡	jeng dung pu
鎭武堡	jeng u pu
鎭北堡	jeng be pu
鎭安堡	jeng an pu
鎭夷堡	jeng i pu
鎭彝堡	jeng i pu
榛子鎭	jeng dzy jeng
鎭靜堡	jeng jing pu
劄里衛	jari wei
劄眞衛	jacin wei
扎喀	jaka
札庫穆	jakūmu
扎庫木	jakūmu
扎庫穆	jakūmu
扎古塔	jakūta
扎庫塔	jakūta
扎克丹	jakdan
察剌禿山衞	cartu šan wei
札嶺衛	jaling wei
扎魯特	jarut
扎嚕特	jarut
扎掄衛	jarut
察哈爾	sahar, sahalca
彰義站	jang i jan
蔡河	caiha
釵河	caiha
釵哈	caiha
戚家堡	ci giya pu
天妃宮	niyang niyang gung
千山	ciyan šan
天成堡	tiyan ceng pu
鐵嶺	cilin, tiyei ling
鐵山	tiye šan, tiyei šan
哲陳	jecen
甜水站	tiyan šui jan
沾河	jan i bira
青城堡	cing ceng pu
青台峪	cing tai ioi
青苔峪	cing tai ioi
淸河	niowanggiyaha
淸河堡	cing ho pu
招加	jaogiya, joogiya
草河堡	tsoo ho pu
崔三屯	sung šan tun
拖克索	tokso
拖素	tokso
朶兒必河衛	durbi ho wei
托莫河	tomohoi bira
托謨河	tomohoi bira
托木河	tomohoi bira
脫木河衛	tomoho wei
塔麻所為	tam šo wei
塔山	ta šan(2)
塔山屯	ta šan tun
塔山堡	ta šan pu(1)
塔山衛	ta šan wei
塔山前衛	ta šan san wei
塔兒峪	tal ioi
塔亭衞	dading wei
塔哈衛	taha wei
湯山	tangsa, tang šan
湯站	tang jan
太子河	tai dzy ho, tasha bira
土木河	tomohoi bira

土墨忒	tumet
土默特	tumet
土河堡	tu ho pu
通遠堡	tung yuwan pu
通州	tung jeo
佟家	tunggiya
佟甲	tunggiya
巴領	barin
把里答	barda
巴林	barin
把岳	bayot
把岳忒	bayot
巴約特	bayot
把玉特	bayot
巴允	bayot
巴爾達	barda
把爾達	barda
播一混山城	boihon šancin
播一混寨	boihon šancin
巴忽魯衛	ba holo wei
汴京	biyan ging
孛羅鋪	bolo pu
貝歡寨	boihon šancin
平盧堡	ping lu pu
平鲁堡	ping lu pu
平安道	ping an doo
平壤	ping zang
平頂山	ping ding šan
平州	bing jeo
蒲河	puho
避蔭	bi yan, bi yen
必音	bi yen, bi yan
河口臺	ho keo tai
何敦	hodon
河東[遼東]	birai dergi
河東	ho dung
賀里氣山	hūrki hada
河西[遼西]	birai wargi
河西	ho si
河水橋臺	ho šui kiyoo tai
呀哈	yaha
漢	nikan
哈達	hada
哈蘭城衛	hailan ceng wei
哈里衛	hali wei
哈兒分衛	karfun wei
哈爾薩	garsa
杭嘉	hanggiya
杭家	hanggiya
夯家	hanggiya
杭甲	hanggiya
杭州	hang jeo
海蘭路	hailan golo
海西	hai si
海州	hai jeo
杏山	hing šan
向陽寺	hiyang yang sy
險山堡	hiyan šan pu
赫席赫	hesihe
赫席黑	hesihe
赫什赫	hesihe
赫爾蘇	hersu
赫濟格	hejige(1)
赫徹穆	hecemu
夾木和	giyamuhū
夾山河村	giya šan ho gašan
夾哈	giyaha, jaka
胡吉	hūji
呼蘭	hūlan
胡攔	hūlan
虎欄	hūlan
虎攔	hūlan
呼蘭哈達	hūlan hada
虎欄哈達	hūlan hada
虎攔哈達	hūlan hada
瑚埒	hule
糊籠	hūlun
胡籠	hūlun
呼倫	hūlun
扈倫	hūlun
胡里氣山	hūrki hada
虎里哈	hūrha
胡兒胯	hūrha
虎兒哈	hūrha

呼夜	huye
滹野	huye
瑚葉	huye
呼爾奇山	hūrki hada
扈爾奇山	hūrki hada
呼爾哈	hūrha
瑚爾哈	hūrha
湖濟	hūji
瑚濟	hūji
呼珠嶺	huju
虎皮驛	hū pi i
渾河	hunehe
忽蘭山衛	hūlan šan wei
忽魯木衛	kolomo wei
忽魯山衛	kuru šan wei
忽魯愛衛	hologai wei
忽里山衛	guli šan wei
忽石門衛	ho si men wei
忽失衛	hoši wei
忽兒海衛	hūrha wei
紅草島	hūng tsoo dao, hūng tsoo tun
紅嘴堡	hūng dzui
和敦	hodon
和屯吉衛	hotonggi wei
和卜羅衛	goobolo wei
火石嶺	ho ši ling
花豹沖	hūwa boo cung
花豹衝	hūwa boo cung
化皮峪	hūwa pi ioi
黃骨島	hūwang gu doo
黃泥窪	hūwang ni wa
黃州	hūwang jeo
黃海道	hūwang hai doo
淮	hūwai
灰扒	hoifa
會安堡	hūi an pu
後金	aisin(2), amaga aisin
輝發	hoifa
黑機革	hejige(1)
黑龍江	sahaliyan ula
黑十黑	hesihe
黑兒蘇	hersu
黑濟格	hejige(1)
黑濟克	hejige(1)
興喀路	hingkan golo
希卜蘇峯	hibsu hada
喜布蘇峯	hibsu hada

발간사

알타이학이라는 용어는 많은 이에게 생소할지도 모른다. 종래에는 주로 한국어계통론이라는 명칭으로 연구되면서 시각과 연구 범위도 다소 한정되어 한국어의 조상 언어를 찾아내고 이웃 언어와의 계통적 연관성을 연구하는 분야 정도로 알려져 왔다.

그러나 알타이학은 이른바 알타이어족으로 불린 언어를 사용하는 민족들의 언어, 문학, 역사, 신화, 민속, 종교, 관습, 유전체 등을 종합적으로 연구하는 분야이다. 이러한 학문 분야 연구는 개별적으로 진행되기보다는 융합적인 관점에서 서로의 연구 성과를 아우르면서 진행되어야 소기의 목적을 달성할 수 있다. 그렇게 함으로써 편협한 시각에서 벗어나 우리 자신과 우리의 이웃을 총체적으로 이해할 수 있다. 이런 점에서 알타이학은 알타이계 제 민족의 언어와 문화 등을 연구하는 데 머무르지 않고 한국의 어제와 오늘을 이해하려는 한국학의 중요한 한 부분이다.

2009년 서울대학교 인문학연구원에 알타이학연구소가 설립되었다. 이를 계기로 연구자들이 뿔뿔이 흩어져 개인적으로 연구하고 있던 과제를 상호 토론하고 종합함으로써 알타이학 발전의 새로운 계기를 마련할 수 있게 되었다. 이렇게 상호 소통하며 토론하고 종합한 연구 결과를 남기고 공유하고자 알타이학총서를 출판하기로 하였다.

그런데 알타이계 여러 민족이나 집단의 역사, 문학 등에 접근하기 위해서는 다른 나라의 언어로 쓰인 자료도 필요하겠지만, 알타이계 민족이 자신들의 언어로 서술한 저작물에 대한 이해가 반드시 필요하다. 어떤 저작물이든 그것을 기록한 언어를 사용한 민족의 주관적인 시각이 배어 있기 때문이다.

알타이계 민족은 자신들의 언어를 표기하는 고유 문자를 가지고 있는 경우가 적지 않다. 대표적으로 만주어나 몽골어 등으로 출판된 자료는 그것이 꼭 읽어야 하는 것임에도 불구하고 언어의 장벽 때문에 쉽사리 접근하기가 어렵다. 알타이학번역총서는 이러한 알타이계 언어로 쓰인 원전에 용이하게 접근하게 하기 위해 기획된 것이다. 이 총서를 통해 관련 학자들뿐만 아니라 이 분야의 학문적 정보에 목말라 있는 대중에게 깊이 있고 종합적인 정보를 제공하고자 한다. 아울러 이 총서를 통해 한국의 알타이학이 그 기초가 더 튼튼해지고 세계적인 수준으로 성장하기를 기대한다.

2019년 1월

서울대학교 알타이학연구소 소장

역주자 약력

김주원

서울대학교 언어학과 교수

서울대학교 언어학과 졸업

박사학위 논문: 「만주퉁구스제어의 모음조화 연구」(1989, 서울대학교)

경력: 1983.3.~1999.8. 영남대학교 국어국문학과 교수
1999.9.~현재 서울대학교 부교수, 교수

대표 논저: *A Grammar of Ewen*(2011, SNU Press), *Materials of Spoken Manchu*(2008, SNU Press, 공저), 『조선왕조실록의 여진족 족명과 인명』(2008, 서울대학교출판부), 『언어다양성 보존을 위한 알타이언어 문서화』(2012, 태학사, 공저)

고동호

전북대학교 국어국문학과 교수

서울대학교 언어학과 졸업

박사학위 논문: 「국어 마찰음의 통시적 연구」(1995, 서울대학교)

경력: 1999.4.~2000.8. 도쿄외국어대학 객원조교수
2000.9.~현재 전북대학교 조교수, 부교수, 교수

대표 논저: 『사라져 가는 알타이언어를 찾아서』(2008, 태학사, 공저), *Materials of Spoken Manchu*(2008, SNU Press, 공저), *A Description of Najkhin Nanai*(2011, SNU Press, 공저)

최계영

서울대학교 언어학과 시간강사

서울대학교 언어학과 졸업

박사학위 논문: 「『漢淸文鑑』의 사전학적 연구」(2016, 서울대학교)

대표 논저: 「『御製增訂淸文鑑』 신규 표제어 연구」(2017, 알타이학보 27)

박상철

전북대학교 국어국문학과 박사후연구원

서울대학교 언어학과 졸업

박사학위 논문: 「만주어 문어의 시제와 양상 연구: 『滿文老檔』의 용례를 중심으로」(2017, 서울대학교)

경력: 2017.9.~2018.6. 서울대학교 언어학과 시간강사
2018.7.~현재 전북대학교 국어국문학과 박사후연구원

대표 논저: 「만주어 문법서에서 기술한 -ra와 -ha의 의미: 시제(時制)인가 양상(樣相)인가」(2017, 인문논총 74-3)

도정업

서울대학교 언어학과 시간강사

서울대학교 언어학과 졸업

박사학위 논문: 「만주어 격 표지 be의 기능 연구」(2018, 서울대학교)

대표 논저: 「『滿文老檔』과 『滿洲實錄』의 만주문 대조 연구」(2015, 알타이학보 25)

이형미

서울대학교 언어학과 박사과정 수료

대표 논저: 「『滿文原檔』에서 『滿文老檔』으로의 내용 변개에 관한 연구」(2017, 인문논총 74-3, 공저)

김혜(金慧)

서울대학교 언어학과 박사

박사학위 논문: 「『滿文原檔』의 차용 표기에 나타난 만주어와 한어의 음운현상 연구」(2019, 서울대학교)

대표 논저: 「만주어 표기에 반영된 만주어와 한어의 구개음화」(2018, 언어학 80)

심재훈

서울대학교 언어학과 박사과정

서울대학교 언어학과 졸업

석사학위 논문: 「전북 임실방언의 모음체계 변화 연구」(2018, 서울대학교 언어학과)